민주화운동의 세계사적 배경

이 도서의 국립중앙도서관 출판예정도서목록(CIP)은 서지정보유통지원시스템 홈페이지(http://seoji.nl.go.kr)
와 국가자료공동목록시스템(http://www.nl.go.kr/kolisnet)에서 이용하실 수 있습니다.
CIP제어번호: CIP2016030591(양장), CIP2016030630(반양장)

민주화운동의
세계사적 배경

The Nine Cases of Comparative Democratization

민주화운동기념사업회 기획 ∣ 김호섭 · 이병택 엮음

한울
아카데미

대한민국의 현대사는 민주화와 산업화의 격랑 속에서 전진해왔다. 제2차 세계대전 후 새롭게 탄생한 140여 개 독립국가 중에서 민주화와 산업화를 동시에 달성한 나라는 대한민국뿐이다. 그러므로 한국의 민주화운동은 세계적으로, 특히 민주화 이행 과정에 있는 나라들의 주목을 받고 있으며, 현재 한국 민주주의의 전개에 대해서도 세계가 주목하고 있다.

민주화운동이란 우리 사회에 민주주의를 정착시키고, 그것을 더욱 심화하기 위한 모든 노력을 의미한다. 단순히 독재정치권력에 맞서 싸운 반독재 민주화 투쟁만을 지칭하지는 않는다. 따라서 민주화운동은 반독재 민주화 투쟁뿐 아니라 사회 각 부문에서 권위주의적이고 전근대적인 사회관계를 민주화하기 위한 각종 노력을 포괄한다.

민주화운동기념사업회 한국민주주의연구소는 이러한 관점에서 한국의 민주화운동사와 민주주의에 대한 역사를 정리하고 이론적으로 조명하는 연구에 매진해왔다. 대표적으로 2008년부터 2010년까지 펴낸 『한국민주화운동사』 1~3권, 2007년부터 2009년까지 펴낸 『민주주의 강의』 1~4권, 2010년에 펴낸 『4월혁명과 한국 민주주의』 등 '4월혁명 총서' 1~7권, 2012년부터 지금까지 계속 펴내고 있는 『경기민주화운동사』등 '지역민주화운동사 시리즈' 등을 들 수 있다.

이번에는 1년 반 동안 연구와 토론, 검토 끝에 한국과 세계의 민주화운동의 의미를 분석하는 두 권의 책,『민주화운동의 세계사적 배경』,『한국의 민주화와 민주화운동: 성공과 좌절』을 내놓는다. 그리고 이어서 2017년 6월에는 6월민주항쟁 30주년을 맞아『한국 민주주의의 미래와 과제』를 출간할 예정이다.

이 책『민주화운동의 세계사적 배경』은 세계 여러 나라 중 우리에게 흥미롭고 유의미한 아홉 곳의 사례를 대륙별·유형별로 고려해서 선정하고 분석한 비교 연구서다. 집필자들은 이들 국가가 걸어온 민주화의 노정을 소개할 뿐만 아니라 정치·경제·사회·문화에 이르는 다양한 맥락을 이해할 수 있도록 하는 데 많은 힘을 쏟았다. 이번 비교 연구를 통해 독자들이 그간 민주주의가 잘 발달한 서구 선진국들뿐 아니라 세계 각 대륙의 다양한 유형의 국가에서 발견되는 민주화운동의 경험과 노력을 이해함으로써 민주주의에 대한 좀 더 폭넓고 명료한 시야를 얻는 데 도움이 되길 바란다.

민주주의는 앞으로만 가는 것은 아니다. 갈지자로 횡보하기도 하고 때로는 퇴행하기도 한다. 그리고 지금 우리가 목도하는 민주주의의 현실은 어둡게 느껴지기도 한다. 하지만 장구한 인류의 역사, 한국의 역사에서 수많은 사람들의 땀과 눈물의 제단(祭壇) 위에 세워진 민주주의가 끝내는 압제와 착취, 소외와 불평등을 걷어내고 공동체를 이만큼 더 앞으로 나아가게 했다는 것은 누구도 부정할 수 없는 사실이다. 이 책은 민주화운동과 민주주의에 관한 학술서이지만 시민과 함께하는 대중서로 읽히기를 바란다. 이 책에 한계와 문제점이 있다면 연구소와 필자들의 책임이다. 독자들의 많은 관심과 질정을 기대한다.

이 책이 나오는 데에는 민주화운동기념사업회와 지역 문제 및 민주주의 이론에 해박한 열한 명의 전문 연구자 외에도 여러 사람들의 도움이 있었다. 그중에서도 책의 산파 역할을 함께한 한울엠플러스 여러분의 몫이 크다. 지면을 빌어서 김종수 대표와 진행을 맡은 윤순현 님, 그리고 편집 작업을 도맡아 해준 신순남 님께 진심어린 감사의 마음을 전한다.

2016년 12월
민주화운동기념사업회 이사장
박상증

차례

| 2부 |

유럽과 근동: 이념, 습속, 그리고 시민사회

서론

김호섭 | 중앙대학교
이병택 | 동북아역사재단

이 책은 한국 민주화를 세계사적 맥락에서 평가하고 정립하려는 의도로 기획되었다. 한국의 민주화는 다른 나라의 민주화와 비교함으로써 더욱 객관적으로 이해할 수 있다. 다른 나라 민주화와의 비교를 통해 한국의 민주화를 객관적으로 이해하는 것은 독자들에게 몇 가지 유익한 점을 제공할 것으로 기대된다. 우선 민주화에 대한 비교 연구는 한국이 이룩한 민주화의 성과를 과대평가하지도, 그렇다고 과소평가하지도 않는 온건한 태도를 형성하도록 돕는다. 민주화에 대한 온건한 태도는 무엇보다도 민주주의 이행과 공고화에 내재한 복잡한 문제들을 냉철하게 인식하는 데서 비롯된다. 이 책에서 다루는 각 나라의 민주주의 이행과 민주주의 공고화의 성공 및 실패 사례들은 민주화가 얼마나 힘겨운 일인지를 깨닫게 한다. 둘째, 각 나라의 민주화 과정에 나타나는 복잡하고 어려운 문제들에 대한 자각은 우리 사회 곳곳에서 분출하는 지나친 당파주의의 병폐를 교정하는 효과가 있을 것이다. 특히 한국 사회의 분열을 상징하는 산업화 세력과 민주화 세력의 구분이 우리가 생각했던 것만큼 이분법적으로 사고될 수 없다는 점은 민주화의 비교 연구를 통해 잘 드러날 것이라 생각한다. 셋째, 민주주의 이행과 공고화에 실패한 여러 사례는 민주화가 단순히 민주주의에 대한 열정만으로 성취될 수 없는 '녹록치 않은 현실(stubborn reality)'에 기초한다는 점을 깨닫게 한다. 오늘날에는 '민주주의의 후퇴(Democracy in Retreat)'라는 말이 회자되고 있다. 그만큼 민주주의의 공고화가 힘들다는 의미일 것이다. 이 책은 녹록치 않은 현실을 주제로 다루지는 않는다. 그러나 각각의 사례를 비교·검토한다면 민주화가 당면한 녹록치 않은 현실을 어렴풋하게나마 피부로 느낄 수 있을 것이다.

이 책이 다루는 나라들 중에는 민주주의 공고화에 성공했다고 간주되는 나라도 있고, 공고화 과정에서 뒷걸음치거나 혼란 상태에 있는 나라도 있으며, 권위주의로 회귀한 나라도 있다. 이 나라들의 민주화 성공과 실패의 원인을 분석하는 것이 이 책의 일차적인 과제다. 그리고 그들의 성공과 실패를 반추하면서 한국 민주화가 이룩한 성과와 더불어 그 한계를 확인하면서 한국 민주화의 미래를 더듬어보려 한다.

각 나라의 민주화 과정은 나름대로의 역사적 맥락을 가진다. 민주화 과정은 이른바 경로의존적(path-dependent) 성격을 띤다. 오늘날 민주화에 대한 논의는 '정치 문화론', '정치경제론', '제도론'이 다루었던 변수들의 설명력에 대해 의문을 표시하면서 맥락(context)과 관련된 새로운 변수들로 관심을 넓혀가고 있다. 따라서 어떤 측면에서 보면 오늘날 민주화에 대한 논의는 민주화 과정을 설명하는 '과학적' 특성을 지니고 있다기보다는 각 나라의 민주화 과정에 대한 '이야기'의 성격이 강하다는 느낌을 받는다. 이 책에 참여한 연구자들은 모두 각 나라의 민주화 과정에 대한 이해를 재고하기 위해 민주화로 전환하기 이전의 전사(前史)를 비교적 자세하게 소개하고 있다. 달리 말하면 오늘날 민주화 과정에 대한 논의는 각 나라의 특수한 역사적 맥락을 고려해야 하기 때문에 보편적이고 일반적인 분석적 틀을 가지고서는 설명할 수 없는 상황에 직면해 있다고 말할 수 있다.

그럼에도 불구하고 이 책에 실린 개별 연구를 전반적으로 이해하기 위해서는 오늘날 민주화의 설명에 통용되는 주요한 변수들과 설명 틀을 소개할 필요가 있을 것 같다. 먼저 민주주의가 무엇인지에 대한 논의부터 시작하자. 이 책의 참여자들은 모두 경험주의의 전통이 강하게 녹아 있는 조지프 슘페터(Joseph Schumpeter)의 민주주의에 대한 최소주의 규정을, 차이는 있겠지만, 편의상 공통적으로 공유한다. "필요한 것 이상으로 여러 가지를 가정하지 않아야 한다(pluralitas non est ponenda sine necessitate)"[1]라는 윌리엄 오브 오컴(William of Occam)의 경험주의적 전통의 영향하에서 슘페터는 민주주의를 '지도자의 선거를 위한 메커니즘'으로 다음과 같이 최소주의적 방식으로 정의한다. '민주주의는 인민이 그들을 통치할 사람들에 대한 가부의 기회를 가지는 것을 의미할 뿐이다.' 그리고 '최소주의적이고 절차적인' 슘페터의 민주주의에 대한 정의를 로버트 달(Robert Dahl)은 다원주의적인 방식으로 정의해, 민주주의의 공고화를 공정하고 정기적이며 경쟁적인 선거가 이루어지고 선거의 패자가 다음의 선거에서 당선을 기대할 수 있는 상태로 정의한다. 이것은 최소주의적이고 절차적인 방식의 민주주의 공고화에 대한 정의로서 '마을에서의 유일한 게임(the only game in town)'이라는 유행어가 생겨날 수 있는 배경이 되었다. 민주주의에 대한 최소주의적이고 절차적인 정의는 동유럽과 라틴아메리카를 연구한 셰보르스키 외(Przeworski et al.), 라틴 아메리카를 연구한 린츠와 스테판(Linz and Stepan), 그리고 한국과 대만을 연구한 임혁백이나 주원한·린저민

---

1   이 인용구는 흔히 '존재는 필요 이상으로 부풀려져서는 안 된다(Entia non sunt multiplicanda praeter necessitatem)'라는 말로 널리 알려져 있다.

등의 민주주의 공고화 연구자들에 의해 광범위하게 사용되었다.

그러나 민주주의를 최소주의적이고 절차적인 경험주의적 방식으로 정의하는 데 대한 반론도 만만치 않다. 최소주의적인 정의에는 민주주의의 목적이 빠져 있다는 사실을 쉽게 알 수 있다. 오늘날의 용어로 말하자면 민주주의가 전제해야 할 가치나 또는 지향해야 할 목표가 생략되어 있는 것이다. 민주주의에 대한 절차적 정의와 실제적 정의의 대결을 이해하기 위해서는 근대의 과학 논쟁으로 소급해야 할 것이다. 하지만 여기서는 과도한 이론적 논쟁을 피하고, 민주주의에 대한 경험적 연구가 놓치고 있는 현상이나 경험적 연구의 전제에 대한 두 가지 비판을 간략하게 검토하고 넘어가겠다.

사실상 민주주의에 대한 경험주의적 정의는 현존하는 서구 민주주의의 특징을 추출한 것이다. 그리고 최소주의적 정의에 몇 가지 부가적인 특징을 덧붙인다고 하더라도 사정은 마찬가지다. 그렇기 때문에 행태주의로 대변되는 경험적 연구는 현존하는 서구 민주주의 정체를 긍정하는(positive) 보수적 성격을 띤다고 비판받는다. 가령 직접민주주의의 특징을 강하게 표출하는 제3세계의 정체나 관행이 있다고 하더라도, 그것은 경험주의적 규정으로부터 민주주의로 인정받을 수 없을 것이다. 현존하는 서구 사회의 특징을 민주주의의 특징으로 정의하는 태도는 나아가 서구 민주주의 자체의 현실적인 문제점들을 보지 못하게 만든다. 게다가 서구가 민주주의의 모델이기 때문에 비서구 국가는 그 모델에 비추어 평가될 수밖에 없는 존재가 된다.

방법론적으로 경험적 연구는 귀납적 추론에 크게 의존한다고 흔히 생각한다. 그러나 앞에서 언급한 민주주의에 대한 최소주의적 정의에 따라 연구를 진행할 경우 귀납적 추론은 사라지고 연역적 추론이 지배하는 아이러니가 발생한다. 사례의 비교를 통한 경험적 통찰의 자리를 대신해서 서구의 민주주의를 정점으로 하는 위계적 질서가 경험연구를

지배하게 되는 것이다.[2]

이와 더불어 민주주의에 대한 경험주의적 정의에는 심각한 문제가 따른다. 정치제도는 정치적 문제와 관련된다. 정치적 문제를 완화하거나 해결할 수 없는 제도는 이념적으로 더 그럴싸해 보이더라도 정치제도로서는 현실적으로 의미가 없을 것이다. 여러 가지 한계가 있음에도 대의 민주주의가 서구 정치의 문제를 해결하는 데 사람들이 납득할 만한 결과를 가져왔긴 했지만, 그렇다고 그러한 제도가 서구와 역사적·문화적 배경을 달리하는 곳에서도 기대했던 효과를 발휘할 것이라고 추론하는 것은 근거가 빈약하다. 비근한 예로 한국에서 비교적 민주적 방식이라고 할 수 있는 대학 총장 직선제에 대한 회의가 생기는 것은 총장 직선제가 대학의 문제를 제대로 해결하지 못했다는 평가에서 비롯되었다. 이러한 비판적 생각의 끈을 연장한다면 '아시아적 민주주의'라는 발상이 생긴 이유를 이해할 수 있다. 더 나아가 선거로 대변되는 민주주의가 정치 문제를 해결하는 데 효과적이거나 바람직한지에 대한 의문도 제기되고 있다.

다른 한편으로 민주주의에 대한 경험적 정의와 달리 오늘날 민주주의 옹호자들은 '최선의 정체'라는 고전 정치학적 술어를 사용해서 민주주의를 이상화할 수도 있다. '최선'을 사고한 플라톤이나 아리스토텔레스와 같은 고전 정치철학자들은 민주주의를 그다지 좋은 정체로 받아들이지 않았다. 그렇다면 민주주의를 최선의 정체로 예찬하는 사람은 고전 철학자와 동일한 방식으로 민주주의를 최선의 정체로 논증해야 할 과제가 있다. 마찬가지로 민주주의를 오늘날 현실 정치에서 '작동할 수 있는(workable)' 최선의 정치제도로 간주한다면 그러한 기준에서 민

---

2   이러한 사고의 전도는 비교정치의 분야에서뿐 아니라 역사학 및 사회과학 전반에 공통적으로 나타난다.

주주의를 평가해야 할 것이다. 다시 말하면 민주주의를 옹호하는 방식에 따라 민주주의에 대한 평가 또한 변경되어야 할 것이다. 민주주의 이상론에서 특히 경계해야 할 점은 민주주의를 정치적 문제를 해결하는 만병통치약으로 선전하는 일일 것이다.

이 책에 참여한 몇몇 필자는 제한적 방식으로 민주주의에 대한 이상론을 경계하기도 하고, 민주주의의 정치적 효능에 대해 의문을 제기하기도 한다. 그럼에도 불구하고 전체적인 내러티브는 독재나 권위주의 정부에 대항해 시작된 민주화를 서술하기 때문에 세계적인 추세로서의 민주주의에 대한 가치를 전제하고 있다. 역사적인 측면에서 보면 공산주의의 붕괴로 인해 민주주의에 대항할 만한 정치적 대안이 존재하지 않는다는 점도 지적할 수 있다. 이로 인해 민주주의를 이론적으로 적극 옹호할 필요는 현재 사라진 것처럼 보인다. 그럼에도 불구하고 민주화 성취와 민주정치의 정착이 대단히 힘든 과제라는 점은 변함없다. 이 책에서 다루는 대부분의 나라가 민주정치를 정착시키는 데 어려움을 겪거나 실패했다는 사실은 민주정치를 사회적 관행으로 안착시키는 것이 힘겨운 일임을 대변한다.

앞에서 언급한 민주주의에 대한 경험적 정의는 민주화 이행이나 공고화를 기술하는 방법론과 밀접하게 관련된다. 민주주의에 대한 정의는 민주화의 이행이나 공고화를 기술하는 내레이션의 틀을 제공한다. 즉, 어떠한 특징을 이행이나 공고화의 기준으로 삼을 것인지에 대한 내레이션의 틀이 경험적 연구에 필요하다. 경험적 연구는 선거가 발생하는지, 선거가 정기적으로 일어나는지, 선거의 결과를 받아들이는지, 선거를 통해 정권 교체가 일어난 적이 있는지 등에 관심을 집중하고 있는 것이다. 민주화 이행과 공고화의 특징을 세분화하거나, 특정한 특징을 집중 조명하는 일은 연구의 방향에 따라 결정된다.

그다음에 해야 할 일은 내레이션의 틀에 포착된 특징적인 사건이 왜 일어났는지를 설명하는 것이다. 민주화 이행과 공고화에 대한 만족할 만한 설명은 현재 없다고 할 수 있다. 사실상 특정한 나라의 민주화에 대한 '설득력 있는 변수'는 몇 가지 꼽을 수 있지만, 엄밀하게 말해 모든 나라를 관통해서 적용할 수 있는 '설명력 있는 변수(explanatory variable)'는 집어내기가 힘들다. 즉, 대부분의 설명은 민주주의 이행과 공고화의 성공과 실패에 대한 인과관계를 밝히지 못하는 수준에 머물고 있다. 따라서 민주화에 대한 설명에서 과학적인 예측을 기대하는 것은 금물이다. 물론 그렇다고 해서 특정한 나라의 민주화를 해명하기 위한 좀 더 설득력 있는 논의가 진전되고 있다는 사실을 부정하는 것은 아니다. 다만 이론적인 설명은 일어난 사건을 사후적으로 이해해보려는 노력 정도로 받아들이는 것이 좋다.

이 책은 2부로 구성된다. 1부는 동아시아와 남미의 사례를 다루고 2부는 유럽과 근동의 사례를 다룬다. 민주화와 관련된 변수들 중에서 1부는 근대화와 국가성의 변수에 초점을 두고, 2부는 이념적·역사적으로 지속된 습속과 시민사회에 더 초점을 둔다.

이 책의 1부는 대만, 태국, 필리핀, 그리고 아르헨티나의 민주화 과정을 다룬다. 대만, 태국, 필리핀은 한국과 인접해 있기 때문에 가장 비근한 비교 사례다.

먼저 대만의 민주화 이행은 1987년을 기점으로 본격화되었다. 대만의 민주화 이행은 1986년 필리핀의 민주화운동과 1987년 한국의 6·29 선언에 의한 민주적 전환으로부터 영향을 받았다. 이른바 제3의 민주화 물결을 배경으로 하고 있다. 그리고 1987년 미국의 민주화 지원 또한 큰 몫을 했다. 지은주는 대만의 민주화 과정을 체제 내의 강경파와 온건파, 그리고 체제 밖의 반대 세력 간의 전략적 게임 이론을 중심으로 설명한다. 체제 내의 온건파는 민주화 요구를 일부 수용해 점진적인 개혁을 진행해가는 '확장된 독재'를 수립하려 했다. 반면 반대 세력(민진당)은 전면적 민주화를 요구했다. 1992년 통과된 헌정 개혁안을 통해 입법기관의 선거가 부활했고 총통의 직접선거가 가능해졌다. 그리고 1996년 총통의 직접선거가 실시되었다. 2000년과 2004년에는 민진당의 천수이볜(陳水扁) 후보가 당선되었고, 2008년과 2012년에는 다시 국민당의 마잉주(馬英九)가, 2016년에는 차이잉원(蔡英文)이 당선되었다. 2008년 선거는 야당에서 다시 여당으로 정권 교체를 이룬 선거였고 민주 정치의 습관이 어느 정도 형성되었다는 의미에서 민주주의 공고화의 주요한 사건으로 평가된다.

대만의 민주화는 한국과 비교해 크게 다음 세 가지 특징을 지니고 있다. 첫째, 안정적인 권위주의로부터 안정적인 민주주의로 체제가 전환되었다는 점에서 새뮤얼 헌팅턴(Samuel Huntington)의 체제 전환 유형 중 '직접적 변천(direct transition)'에 해당한다. 반면 한국은 제2의 민주화 물결에 힘입어 해방 이후 민주화되었다가 박정희의 독재로 인해 권위주의로 후퇴했다가 다시 제3의 물결에 기대어 민주화를 이루었다고 보기 때문에 '순환적 패턴(cyclical pattern)'으로 평가된다. 둘째, 대만의 민주화 과정에서는 온건파이자 총통이었던 장징궈(蔣經國)의 선택이 중요한 역할을 했다. 체제 내 온건파의 '확장된 독재'가 궁극적으로 온전한 민주주의로 진전했기 때문에 온건파의 속도 조절이 중요한 역할을 한 것이다. 반면 한국에서의 민주화는 확장된 독재를 거부한 야당과 재야 세력의 정치적 저항이 자유화와 민주화를 추동했다. 셋째, 대만의 민주화는 주로 지식인 세력이 이끌었던 반면, 한국에서는 야당, 재야 세력, 대학생, 그리고 노동자들이 민주화운동을 이끌었다. 그리고 끝으로 두 나라의 민주화에서는 미국의 영향이라는 변수도 빼놓을 수 없다.

대만 민주주의는 공고화 과정에서 몇 가지 한계가 드러났다. 대만에서 외성인(外省人)과 본성인(本省人) 간의 정체성 갈등은 중국을 바라보는 입장의 차이를 빚으며, 전반적으로 사회 통합을 어렵게 한다. 한편 인권 보장이나 교육 공무원의 정치활동 금지 등 시민적 자유도 제한을 받고 있다. 강한 총통제나 비포용적 선거제도로의 선회 또한 문제로 남아 있다. 그리고 시민사회의 성장 수준이나 민주제도에 대한 시민들의 정치적 효능감도 낮다.

이동윤의 태국 민주화에 대한 내레이션은 군부의 재집권을 저지하는 데 성공한 1992년을 중심으로 전후의 맥락을 분석한다. 태국은 1932년 궁정 쿠데타에 성공한 이래 입헌군주제를 유지했으나, 경쟁적인 군부 내 파벌들의 쿠데타만 정권 교체의 유일한 수단으로 통용되었다. 그러나 1992년 군부 재집권을 저지한 민주화운동의 결과로 1997년에는 태국 정치사상 가장 민주적 헌법으로 평가되는 인민헌법이 제정되었다. 인민헌법에 따라 치러진 2001년과 2005년 선거에서 탁씬이 연이어 집권했으나 그는 권위주의적 통치 형태, 부패 스캔들로 국민의 원성을 샀으며, 탁씬 총리에 대한 야당과 시민단체들의 저항운동은 폭력 시위로 발전했다. 이러한 정국 혼란은 2006년과 2014년 두 차례에 걸쳐 군부 쿠데타에 빌미를 제공했다.

이동윤은 태국의 사례를 설명하기 위해 '제도적·절차적 민주주의'(민주주의 이행)와 '실질적 민주주의'(민주주의 공고화)를 구분한다. 그리고 그는 실질적 민주주의를 구성하는 주요한 특징으로 '정치적 합의'와 '견제와 균형'을 들고 있다. 이 구분을 경험적인 용어로 풀어쓴다면 선거의 규칙성(regularity)이 수립되었는지 여부를 묻는 질문이 될 것이다. 어쨌거나 절차적 민주주의와 실질적 민주주의를 구분하는 것은 선거를 통한 탁씬의 집권을 평가절하하는 효과를 가질 수도 있고, 민주화를 민주 세력 대 반민주 세력의 구도로 파악하는 데 사용될 가능성도 있다. 그리고 실질적 민주주의라는 용어는 민주주의를 정치적 이상(理想)으로 만들 가능성이 농후하다는 점도 지적할 수 있다. 사실상 민주주의 정착의 문제는 세력의 문제보다 훨씬 깊은 차원의 연구가 필요한 부분이다.[3] 이러한 시각에서 보면 탁씬 반대자들(노란셔츠)과 탁씬 지지자들(빨강셔츠)의 정치적 성향의 공통점과 차이점 및 그들의 사회적 습관에 대한 심도 있는 분석이 가미되었다면 태국의 민주화 문제점에 대한 훨씬 흥미로운 분석이 되었을 것 같다. 또한 태국의 입헌군주제 성격을 더 연구할 필요가 있다. 태국의 국왕은 1992년에는 민주화를 요구하는 세력을 지지한 반면, 2006년과 2014년에는 탁씬 세력을 제거하려는 쪽으로 기울었기 때문이다.

김동엽이 기술하는 필리핀의 민주화는 마르코스 독재 정권을 이른바 '국민의 힘(People Power I)'으로 몰아낸 1986년을 기점으로 시작된다. 필리핀은 1565년부터 1898년까지 스페인의 식민 지배를 받았고, 1901년부터는 미국의 식민 통치를 받았다. 스페인은 식민 지배의 편의를 위해 현지 토착 엘리트와 현지화된 중국계 상인들을 활용했으며, 이는 그들이 정치적·경제적 영향력을 집중할 수 있는 계기가 되었다. 그들은 전통적 엘리트 계층을 형성했는데, 그들이 정치적·경제적 권력을 독점한 것은 필리핀 민주주의 현실에 여전히 큰 영향을 미치고 있다. 필리핀 민주주의의 전통은 미국의 식민지 통치로부터 시작되었다. 1902년 '필리핀 조직법(Philippine Organic Act)'에 의거해 선거를 통해 하원의원을 구성할 수 있도록 했고, 1907년에는 제한적이기는 하지만 필리핀에서 최초의 근대적 선거가 실시되었다. 미국 정부는 1935년 10년간의 유예 기간을 거쳐서 필리핀을 독립시킨다는 계획하에 필리핀 헌법을 제정했다. 1940년에는 1935년 제정한 헌법을 개정했으며, 개정된 헌법은 독립 이후 필리핀의 헌법이 되었다.

페르디난드 마르코스(Ferdinand Marcos)는 1949년 32세의 나이에 하

---

3   한 예로 후쿠야마의 『정치질서의 기원』(웅진지식하우스, 2012)을 들 수 있다. 이 책의 기본적인 주제는 근대 정치사상이 놓치고 있는 '질서(order)'의 문제를 제기하는 데 있다.

원에 진출했고, 1965년 대선에서 대통령이 되었으며, 4년간의 임기를 마치고 1969년 다시 대통령에 당선되었다. 1972년 그는 공산 세력의 준동으로 사회가 불안하다는 이유를 들어 계엄령을 선포하고 의회를 해산함으로써 종신 집권이 가능한 독재 체제를 구축했다. 당시 베트남 전쟁에 개입해 있던 미국은 반공을 내세운 마르코스 독재 정권의 탄생을 묵인했다. 그러나 경제성장의 혜택이 전통적 엘리트 그룹 내부에서 공정하게 분배되지 못하고 정치권력이 시장에 개입함에 따라 마르코스 측근의 특혜가 가중되자 엘리트 내부가 분열되었다. 엘리트 내부의 분열과 더불어 기존의 야권 세력과 결합된 반독재 민주화 시민운동이 급속도로 확산되었다. 마르코스 정권에 저항한 세력으로는 야권, 소외된 경제인들, 급진적 혁명론자, 학생운동 및 노동운동 세력, 종교적 차별을 받던 이슬람 반군들, 그리고 필리핀 사회에 지대한 영향을 미치고 있던 가톨릭 사제단 내부의 진보적 인사들이었다. 이러한 다양한 세력은 마르코스 독재에 반대하는 데에는 동의했지만 그 이후의 행보는 각기 다를 수밖에 없었다.

마르코스의 망명 이후 1987년 공포된 필리핀 민주헌법은 독재 체제 수립 이전의 헌법 체계로 회귀한 것으로 평가된다. 흥미로운 점은 1946년 독립 이후 1969년까지 필리핀은 주기적인 선거를 통해 정권 교체가 이루어지는 등 절차적 민주주의가 수립된 것처럼 보였음에도 결국 마르코스 독재 정권이 탄생되었다는 사실이다. 민주주의로 회귀한 이후 1986년부터 1990년까지 10차례나 쿠데타가 시도되었으나 아키노 정부에서 라모스 정부로, 라모스 정부에서 에스트라다 정부로 평화적 정권 교체가 이루어지는 듯했다. 하지만 에스트라다 대통령은 2001년 이른바 '제2의 국민의 힘(People Power II)'으로 불리는 대중시위로 쫓기듯 대통령궁을 떠났다. 그는 전통적 엘리트와는 달리 대학을 중퇴하고 영화계에서 성공한 사람으로 별다른 정치적 업적이 없는 인물이었다. 그러한 인물이 대통령에 당선될 수 있었던 것은 필리핀 국민들의 전반적인 정서를 반영하는 것으로 해석된다.

필리핀이 갈지자(之) 모양의 민주화 과정을 보이는 원인을 김동엽은 구조적 차원과 과정적 차원에서 찾고 있다. 그리고 그는 정치적 기회구조의 분석틀로 포괄적 토지개혁 프로그램, 정당 비례 대표제, 민다나오 무슬림 자치구 문제를 분석하면서 필리핀 민주주의 공고화의 한계를 진단한다. 특히 인구의 90%에 해당하는 빈곤 또는 극빈층이 존재하는 현실과 그러한 현실을 재생산하는 구조적 성격의 한계는 필리핀 민주주의 공고화의 한계를 여실히 대변한다.

필리핀의 민주화 과정을 보면 정부와 사회 간 관계에 대한 전통적인 정치학의 문제가 떠오른다. 자유주의는 전통적으로 사회 우위의 관점을 채택했다. 그러나 사회에는 항상 분열과 갈등이 상존하기 때문에 사회 우위의 관점을 실천적인 시각에서 시행할 경우 파국을 맞을 수밖에 없다. 이것이 마키아벨리가 『군주론』에서 던지는 메시지의 하나다. 이 문제는 중세 의회의 생존 여부에도 적용될 수 있다. 중세에 수많은 의회가 존재했지만 근대에까지 생존한 것은 영국의 의회뿐이다. 그 이유로 마이클 오크쇼트(Michael Oakeshott)는 영국 의회가 견지했던 의사결정의 불가피성 또는 필요성(necessity)에 대한 자각을 꼽는다.

1부의 마지막 장에서 고명현은 아르헨티나의 경제적 악순환과 이로 인해 민주주의 공고화가 요원한 현실을 설명한다. 아르헨티나는 정치경제학적 설명이 가장 적합하게 적용되는 사례다. 아르헨티나는 1880년대에 이미 근대화의 첫발을 내디뎠다. 1880년부터 1914년까지를 이른바 '영광의 30년'이라고 부르는데, 당시는 사실상 경제 성공을 경험한 시기이자 아르헨티나 민주주의에 계속되는 걸림돌로 작용하는 경제정책이 선택된 시기이기도 하다. 이 시기의 경제적 문제들은 그 이후로도 계속해서 반복되면서 아르헨티나의 민주화를 결정적으로 제약하고 있다.

아르헨티나는 1816년 스페인으로부터 독립했다. 남미 대륙에서도 변방에 위치한 지정학적 고립과 적은 인구수는 아르헨티나가 근대적 국가로 탈바꿈하는 데 장애로 작용했다. 1862년 부에노스아이레스에 근거를 둔 근대화 세력은 연방국가제를 선호하는 지방 세력에 승리를 거두면서 강력한 국가를 구축하는 데 매진했다. 근대화 세력은 지방 토호 세력을 척결하고 문맹을 타파하며 산업을 현대화하는 데 힘을 쏟았으며, 근대적 교육 체계를 확립하고 유럽으로부터 이민을 적극 유치했다. 그리고 파타고니아를 정복해 국토의 면적을 거의 두 배로 늘렸다. 1880년 정권을 물려받은 세력을 '80세대'라 부르는데, 이들은 정책의 일관성을 강조하고 정권 교체를 피하기 위해 반대 세력을 억압했다. 80세대가 정치적 자유를 탄압하고 노동운동을 억압한 까닭에 아르헨티나는 근대화에 비해 정치발전이 더뎠고, 국민(남성)의 보편적 투표권은 1912년에야 주어졌다.

80세대는 대영제국을 통해 세계 최대 규모의 시장을 지배하던 영국과 긴밀한 외교 관계를 맺음으로써 아르헨티나의 농산물을 수출했으며, 영국으로부터 신진기술과 자본을 받아들여 농업의 생산성을 늘렸다. 정치적 억압을 통한 국내의 안정과 영국과의 교류를 통한 안정적 해외시장의 확보는 괄목할 만한 경제성장으로 연결되었다. 1880년에서 1914년 사이의 기간에 경제는 16배가량 성장했다. 그러나 아르헨티나의 압축 성장은 부작용을 수반했다. 첫째, 정치적 참여 욕구의 지속적 억제는 정치적 안정을 해치는 결과를 가져왔다. 둘째, 경이로운 경제성장을 이루게 했던 해외 자본에 대한 의존과 경제적 교조주의는 산업구조의 다변화를 등한시했고, 농업과 경공업에 고착된 산업구조를 낳았다. 이는 아르헨티나의 경제를 외부의 충격에 특히 취약하게 만들었다.

1914년 시작된 제1차 세계대전으로 국제 무역과 자금의 흐름이 어려워지자 아르헨티나의 대외 환경이 급격히 악화되었다. 참전국들의 보호무역 장벽은 전쟁이 끝난 이후에도 폐기되지 않았기 때문에 영국이 지배하던 국제 자유무역 체계에 전적으로 의존하던 아르헨티나는 큰 경제적 피해를 입었다. 이러한 상황에서 치러진 1916년 대통령 선거에서는 중도좌파 성향의 급진시민연맹당(UCR)이 승리했다. 급진시민연맹당은 유럽에서 유행하던 사회주의적 사상을 대거 차용해 하루 8시간 근무, 기간산업의 국유화, 중립적 외교노선 등 전 정권과는 180도 반대되는 사회주의적 노선을 추구했다. 급진시민연맹당은 사회적 안정책으로 대중적인 정책을 실행했다. 대중 정책을 실행하기 위해서는 정부 재정의 확대와 내수의 증진이 불가피하기 때문에 수출세를 신설했다.

고명현은 아르헨티나의 경제적 실패를 정치적 포퓰리즘으로 설명하는 기존의 지배적 논의를 수정하면서, 산업화의 중요성을 부각시킨다. 고전경제학의 비교우위 논리에 매몰되어 원자재와 농업으로 경제구조를 고착화시키고 산업화의 노력을 게을리한 결과 아르헨티나는 주기적으로 경제 위기를 맞았고 정치적으로는 포퓰리즘의 함정에서 벗어나지 못했다는 것이다. 아르헨티나의 경제구조를 특징짓는 용어는 제로섬 (zero sum)과 악순환이다. 인구와 농업 간의 관계뿐 아니라 수출과 내수의 관계도 제로섬에 갇혀 있다. 제조업의 기반이 허약하기 때문에 무역 흑자는 투자보다 소비에 돌려졌다. 이는 곧 화폐의 평가절상으로 이어져 인플레이션을 유발했고, 이는 다시 수출품의 대외 경쟁력을 떨어뜨리는 악순환으로 이어졌다. 이런 가운데 페론의 조합주의적(후견주의적) 복지국가의 기억은 아직도 아르헨티나 국민들의 의식에 살아남아 있다.

1976년부터 1983년까지 7년간 군부가 집권한 이후에 이루어진 민정 이양은 남미 주요 국가 중 첫 민주화 사례였다. 민정 이양 이후 각 정권은 케인스주의로부터 신자유주의까지 경제 정책을 실험했으나 결과는 좋지 못했다. 공공 부문의 투자 확대를 통해 경제 활성화를 도모했으나 정부의 만성적 재정 적자를 유발했다. 또한 정부의 규모를 축소하고 시장을 활성화하는 신자유주의 정책은 인플레이션 억제에는 유용했으나 아르헨티나의 장기적 성장에는 도움이 되지 않았다. 2003년 대통령 선거에서 당선된 네스토르 키르치네르(Nestor kirchner)는 페론주의로 회귀해, 호전된 경제 상황을 경제성장을 위한 구조 개혁과 투자로 연결하지 않고 복지를 확장하고 자신의 정치 세력을 공고화하는 데 집중했다. 결국 2013~2014년 원자재 가격이 하락하자 아르헨티나는 13년 만에 다시 디폴트를 선언하게 되었다.

고명현에 따르면 사회지도층뿐만 아니라 일반 국민들도 호황 뒤 경제 위기가 반드시 찾아온다는 사실을 인지하고 있었다. 그러나 반복되는 파괴의 사이클을 피하지 못한 것은 경제성장이 없는 상태에서 재분배만이 유일한 경제 정책이었고 부의 재분배에는 정치논리가 적용되기 때문이었다. 여기서 민주주의가 경제구조 개혁과 맞물릴 수 있는지에 대한 의문이 생긴다. 알렉시 드 토크빌(Alexis de Tocqueville)은 귀족주의에 비해 민주주의는 자원의 낭비 습관과 떼려야 뗄 수 없는 관계에 있다는 사실을 밝혔다.[4] 오늘날 한국 정치에서도 잘 나타나듯이 그것이 표를 얻기 위한 재분배의 논리이든 아니면 선심성 공약이든 말이다. 이러한 점을 염두에 둔다면 아르헨티나에서 정치 선진화는 어떠한 지점을 가리켜야 하는가? 한국의 경우에도 경공업 중심의 산업이 더 나았을 것이라고 주장하는 논자들이 있다는 점, 중화학공업으로 산업을 개편하면서 자본 축적과 노동 억압이 있었던 점 등을 고려할 때 아르헨티나의 민주주의는 요원하다는 저자의 주장이 의미심장하다.

---

4   알렉시 드 토크빌, 『미국의 민주주의 I』, 임효선·박지동 옮김(파주: 한길사, 2008).

이 책의 2부는 포르투갈과 스페인, 그리스, 러시아, 동유럽, 그리고 아랍 지역의 민주화를 분석한다. 먼저 고주현은 포르투갈과 스페인의 민주화 과정을 비교 분석한다. 두 나라는 민주주의를 경험하지 못한 채 약 40년간 권위주의 체제를 유지했다. 그러다가 포르투갈은 혁명으로 민주화를 쟁취했고, 스페인은 권위주의 체제 내의 엘리트에 의해 민주주의로 이행했다. 따라서 포르투갈의 민주화 과정은 과거와의 철저한 단절이 특징인 반면, 스페인의 민주화 과정에서는 사회구조의 변화와 내부 정치 세력 간의 상호작용에 더 주목해야 한다. 포르투갈에서는 혁명 주도 세력(좌파 군부운동과 체제 외부의 공산주의자들)이 살라자르 정권과 철저히 단절하려 했지만, 스페인의 경우에는 프랑코 체제의 법질서에서 민주주의 체제의 법질서로 점진적으로 이행했다. 고주현은 정치 행위자의 합리적 선택이라는 관점에서 두 나라의 민주화 과정을 설명한다.

포르투갈에서 이념을 달리했던 세력들이 1974년 혁명에 협력할 수 있었던 요인으로는 살라자르 체제에 대한 반감, 민주화에 대한 갈망, 그리고 아프리카에 있는 식민지와의 전쟁 종식에 대한 염원을 들 수 있다. 고주현은 각 세력의 구성 및 주요 쟁점, 갈등, 타협의 양상을 분석함으로써 각 세력의 합리적 선택을 설명한다. 그러나 1975년 선거에서 급진적 개혁을 내세운 공산당은 낮은 득표율을 기록했고, 사회당과 대중민주당이 각각 37.9%와 26.4%를 득표했다. 공산당이 무산 노동자 계층을 동원해서 밀어붙인 급진적 개혁은 지지 기반이 미약했으며, 보수적 농민이나 소자산가들은 공산당의 급진적 개혁을 봉쇄했다. 공산당의 급진적 토지 몰수는 보수적 농민들이 공산당에 대항해서 협력할 수 있는 계기가 되었던 것이다. 아이러니하게도 고주현의 합리적 선택의 관점은 공산당의 선택을 설명하는 데는 적용되지 못하는 것 같다. 공산당은 이념적 이유에서든 다른 이유에서든 자신에게 불리한 선택을 계속했기 때문이다.

이에 반해 스페인의 경우 주요한 정치 행위자들이 비교적 실용적인 선택을 한 것으로 그려진다. 1975년 프란시스코 프랑코(Francisco Franco) 총통의 사망으로 스페인은 전환기적 상황에 처했다. 이때 프랑코에 의해 후계자로 지명된 후안 카를로스(Juan Carlos) 국왕과 프랑코 체제하에서 각료를 역임했던 아돌포 수아레스(Adolfo Suárez) 수상 등 체제 내의 엘리트들이 민주화 과정의 주도권을 장악해 프랑코 체제의 법질서를 통해 그 체제를 해체했다. 구체제를 해체하는 과정에서는 구체제로부터 배제되거나 억압받던 세력들과의 유혈 충돌이나 폭력 대결 없이 평화적으로 의회 민주주의로 전환되었다.

평화적 전환의 원인은 여러 가지로 설명될 수 있다. 먼저 1931년 제2공화국을 선포한 이후 좌우가 극심하게 대립했던 경험과, 1936년 총선에서 인민전선이 승리한 이후 1937년 군사반란을 통해 프랑코 체제가 수립되었던 역사적 경험으로 인해 좌우의 대립에 따른 정치 불안이 스페인에 불행을 가져다줄 것이라는 인식이 자리 잡게 되었다. 그리고 국가와 시민사회 간의 통합을 상징하는 카를로스 국왕이 확고한 민주화 의지를 보여주었다는 점을 들 수 있다. 또한 수아레스의 점진적이고 포용적인 국정 운영도 하나의 요인으로 작용했다. 수아레스는 구체제와의 급격한 단절이 가져올 수 있는 저항을 최소화하기 위해 프랑코 체제의 법질서에 따라 개혁 입법을 통과시켰고, 체제 밖의 공산당을 의회 민주주의의 틀로 끌어들이면서 공산당이 극단적(이념적) 선택을 유보하고 현실에 적응하도록 했다.

프랑코 체제 내의 인사들에 의해 점진적으로 수행된 민주화 과정은 역으로 프랑코 체제의 성격을 이해하는 데도 유용하다. 프랑코 체제가 파시스트의 전형이라고 한다면, 그 체제 내에서 성장한 인물들이 파시스트적 특성을 벗어던지기는 쉽지 않을 뿐 아니라 유연한 정치력을 발휘하기란 더더욱 어렵다. 이와 연관해 고주현은 후안 린츠(Juan Linz)의 의견을 수용하면서 프랑코가 통치한 전 기간을 통해 볼 때 그 체제는 '탄력성 있는 권위주의 체제'로 간주하는 것이 더 합당하다고 본다.

　김남국은 1974년 민주주의로 이행한 이후 20여 년 동안 민주주의 공고화 과정을 밟다가 최근 국가 파산의 위기로 이어진 그리스를 고찰한다. 고대 민주주의의 발상지인 그리스는 1909년, 1936년, 1967년 세 차례 군사정권의 등장을 경험했지만 1973년 제3의 민주화 물결 가운데서 가장 먼저 민주화를 이룬 나라이며, 최근 국가 파산 위기에서 보듯이 세계화의 물결 한가운데서 세계경제 질서가 국민국가의 운명에 미치는 영향을 가장 앞서 경험하고 있다. 이러한 그리스의 역사적 과정은 어떠한 요인이 군부의 등장을 가능하게 했는지, 그리고 어떤 국내적인 변수들이 상대적으로 빠른 민주화와 민주주의 이행을 가능하게 했는지, 그리고 어떠한 민주주의 공고화 과정을 거쳤기에 2010년 국가 파산의 위기에 직면하게 되었는지 등의 의문을 자연스럽게 불러일으킨다.

　그리스는 1915년 제1차 세계대전 참전을 둘러싸고 왕과 총리 사이에 발생한 갈등으로 왕당파와 공화파가 대립했고, 1944년부터 1949년에 이르는 좌우파의 내전 기간 동안 공산진영과 민족진영이 대립했다. 이 두 가지 갈등의 축은 20세기 그리스 정치를 규정짓는 가장 근본적인 균열이 되었다. 이 균열의 중심에 있던 그리스 군은 왕당파와 공화파로 서로 대립하다가 1940년대 반공산주의 이념 대결이 시작되자 대부분 왕당파와 우파 민족진영으로 정리되었다. 그리스 군은 1909년과 1936년, 1967년 세 차례에 걸쳐 군사정권을 수립했고 정치 개입의 가능성을 항상 열어놓고 있었다. 1973년 세계적인 경기 불황 속에서 군사정권은 지지가 떨어지는 상황을 피하기 위해서 키프로스에 친그리스 정권을 세우려는 계획을 추진했으나 터키의 군사 개입으로 인해 실패하면서 국민의 신뢰를 완전히 잃었다. 이에 군은 군부 전체의 이익을 보호하기 위해 자신들이 선택한 민간 정치인에게 정권을 이양했다. 민주주의 이행을 맡은 보수파의 전 총리 콘스탄틴 카라만리스(Constantine Karamanlis)는 1974년 국민투표를 통해 그리스 삼두체제의 한 축을 맡고 있던 왕을 퇴진시켰고, 1975년에는 실패한 군사 쿠데타를 계기로 관련자를 처벌함과 동시에 국방비를 증액하는 타협을 통해 삼두체제의 다른 한 축인 군부를 정치에서 퇴진시키고 민주주의 이행기를 안정적으로 관리해나갔다.

공정한 경쟁 규칙과 절차의 정착이라는 최소주의 관점에서 보면 그리스 민주주의 공고화는 1981년 범그리스 사회주의 운동당이 집권함으로써 두 차례 평화적인 정권 교체를 이룩한 시점이 민주주의 공고화의 완성 시기가 된다. 그러나 최대주의 관점을 적용해 재분배의 정의와 사회경제적 평등이 이뤄진 실질적 민주주의가 달성되고 있는가를 따지면 그리스 민주주의는 1980년대부터 최근에 이르기까지 여전히 불완전한 민주주의 공고화 현상을 보이고 있다. 이 시기에 그리스 민주주의 공고화를 특징짓는 가장 큰 두 가지 변수는 온건화를 중심으로 한 좌우파 엘리트의 정책 수렴 현상과 서구식 근대화를 목표로 시도한 유럽연합(EU) 가입이다. 그리스에서 정치 엘리트의 온건화 수렴은 그리스 정치를 20세기 초반보다는 덜 대립적이고 덜 투쟁적이게 만들었지만, 좌우파 모두 가부장적 국가주의와 정당 후견주의라는 그리스 특유의 분절적이고 고립된 문화를 지지 기반 확충을 위해 이용함으로써 재정 적자가 늘어가는 상황을 초래했다.

이러한 시각에서 저자는 민주주의 공고화 과정에서 재분배의 정의와 사회경제적 평등이라는 민주주의에 대한 최대주의적 정의가 제대로 정착되지 않으면 절차적 민주주의도 그 존재 기반이 무너진다고 주장한다. 그리스의 엘리트가 채택한 온건화 정책 수렴은 정치 과정을 상대적으로 안정시켰지만, 안정을 위한 지나친 타협은 기득권 세력의 온존과 부패의 온존으로 이어져 근본적인 개혁을 불가능하게 했다. 그리스는 가부장적 국가주의와 정당 후견주의라는 특유의 문화로 인해서 어떤 정당이 집권하든지 이로부터 벗어나지 못했다. 그 결과 정책 집행의 투명성과 객관성이 떨어지고 온정주의적 부패가 일상화되는 현상이 나타났다. 이러한 특징은 학연, 지연, 출신을 따지는 인맥의 문화가 잔존하는 한국과 비슷한 측면이 있다. 바로 다음에 다룰 러시아의 경우도 예외가 아니다.

유진숙은 러시아의 민주화 이행과 공고화를 1985년 미하일 고르바초프(Михаил Горбачёв)의 페레스트로이카를 기점으로 해서 다루고 있다. 민주주의 이행기를 페레스트로이카부터 시작해서 1992년까지로, 민주주의 공고화를 1993년을 기점으로 옐친 시대와 푸틴 시대로 나누어 고찰한다. 러시아의 민주주의 이행기에 핵심적인 제도적 틀로는 이원집정부제와 선거제도의 도입을 들 수 있다. 1993년 12월 수립된 헌정 체제는 권력분립을 핵심으로 하는 이원집정부제를 도입했다. 이에 대통령은 보통선거를 통해 직접 선출하며 총리는 의회 다수당 세력을 기반으로 한다. 러시아식 이원집정부제는 대통령의 압도적인 권력 집중으로 '초대통령제(Super Presidentialism)'로 불리기도 하지만, 다른 한편으로 의회의 정당 세력 분포와 정치적 상황의 변동에 따라 총리의 권력이 강화될 수 있는 가능성도 존재한다. 따라서 러시아에서 대통령이 입법 과정에 대해 안정적인 주도권을 행사하려면 친정부적 다수당이 존재하는 것이 핵심적인 요인이다. 옐친 정부는 안정적 다수당을 창출하는 데 실패함으로써 정부의 불안정과 교착을 피할 수 없었던 데 반해 푸틴 정부는 친정부 다수당을 여러 수단을 통해 만들어냄으로써 행정부의 주도권을 입법 과정에 관철시킬 수 있었다.

두 번째 고찰하는 대상은 선거제도다. 1993년 러시아 헌법은 양원제를 채택했다. 상원은 선거 없이 연방 구성단위의 행정부와 입법부 대표가 파견되는 형식으로 구성되고, 하원은 선출위원으로 구성된다. 여기서 핵심적인 문제는 하원의원 선출 방식이었다. 상반되는 이해관계에 따라 '다수대표제'와 '비례대표제'가 거론되었고, 타협의 산물로서 '혼합제'가 도입되었다. 지역적 기반이 약한 개혁 엘리트는 비례대표제를 선호했고, 반대로 지역에 정치적 기반을 가진 구엘리트 세력은 다수대표제를 선호했다. 이러한 이해관계 못지않게 중요한 사안은 정당의 형성을 유도하고 정당 체제의 안정화를 추구하는 것이었다. 대체로 다수대표제는 지역 대표성 강화에 기여하고, 비례대표제는 정당 강화에 기여한다고 알려져 있다. 혼합제는 두 가지 사안을 모두 고려해 나온 것이었다.

혼합제를 통한 경쟁적 정당제도는 러시아에 낯설었다. 따라서 옐친 정권에서는 불안정하고 조율되지 못한 정당 체제로 인해 행정부와 의회의 갈등이 고조되었다. 불안정한 옐친의 시대를 지켜본 푸틴은 총리의 권력을 구축하기 위해 정당들에 대한 사적인 지배를 강화해갔다. 이를 위해 그는 러시아의 뿌리 깊은 후견주의적 습속을 이용해서 자신을 지지하는 정당 구도를 만들거나, 부정선거를 하거나, 또는 특정한 정당을 억압하기도 했다. 따라서 푸틴 시대의 선거는 경쟁성과 다원성이 급격히 줄어들었고, 러시아 정치체제는 권위주의적 색채가 짙어졌다. 저자는 이와 같은 정당 체제는 러시아 권위주의의 핵심적 요소를 보여준다고 주장한다. 민주적 경쟁이 핵심적 기제로 작동하는 서구 민주주의의 정당과 달리, 러시아에서는 정치적 경쟁을 통제하고 권위주의적 지배를 조작하는 통로로서 정당이 활용된다.

민주주의 제도의 권위주의적 활용을 통해 제도에 깔려 있는 러시아 사회의 강력한 습속을 읽어낼 수 있다. 이런 의미에서 유진숙은 러시아 민주주의의 공고화 실패를 다차원적으로 - 구조, 제도, 행위자 - 분석한다고 말하고 있는 것이다. 러시아 민주주의 실험에 대한 일반 시민들의 불만스러운 반응이나 푸틴 정권에 대한 러시아 시민들의 전폭적인 지지, 중산층의 권위주의 정권에 대한 지지 현상, 민주주의의 공고화를 감시할 수 있는 시민사회의 미성숙 등은 형식적인 제도론으로는 접근할 수 없는 차원이다. 다른 측면에서 보면 한 사회의 습속은 단시간에 수정될 수 없다고 간주하는 것이 옳다. 그렇기 때문에 정치 행위자는 개혁의 방향과 개혁의 속도를 고려해야 하고, 그 사회의 지배적인 정념과 먼 길을 내다보지 못하는 인간의 어리석음을 이해해야 한다.

김대순은 냉전 체제하에서 공산주의 국가였던 헝가리, 폴란드, 체코슬로바키아의 민주화 전사와 이행 과정을 고찰한다. 1989~1991년 구동구권에서 공산주의 체제가 종식된 후 이른바 비셰그라드(Visegrad) 4국인 헝가리, 폴란드, 체코, 슬로바키아는 민주주의 공고화와 시장 자본주의 체제를 성공적으로 확립한 기수였다. 성공적인 체제 전환의 배경에는 공산주의 체제하에서 독재에 저항했던 자유화의 움직임, 예컨대 노동자 운동, 민중 봉기, 그리고 시민 혁명에 이르기까지 체제 내 근본적인 개혁을 모색했던 동유럽인들의 소중한 용기와 갈망이 있었다. 공산주의 붕괴 후 동유럽인들은 소련의 영향하에서 벗어나 그들의 본래 자리로 귀속하고자 갈망했다. 이는 이른바 '유럽으로의 귀환(Return to Europe)'으로 일컬어진다. 동유럽인들은 동시적 체제 전환이라는 역사적인 과업을 1999년에는 북대서양조약기구(NATO)에, 2004년에는 EU에 가입함으로써 달성할 수 있었다.

이와 같은 성과와 달리 최근 서방의 주요 언론과 정치비평가들은 비셰그라드 4국이 현재 민주주의 퇴행을 경험하고 있으며, EU 내 분열을 주도하고 있다고 평가한다. 특히 헝가리는 2010년 헝가리 보수 민족주의를 주창하는 행정부가 등장하면서 권력 균형과 견제의 원칙을 훼손하는 조치를 채택했고, 난민 유입 문제를 비롯한 사회 통합 문제에서 EU의 진보적 행보에 역행하고 있다고 평가된다. 이러한 헝가리 민주주의는

'비자유적 민주주의(Illiberal Democracy)' 또는 '결손 민주주의(Defective Democracy)'라 불린다. 예컨대 언론과 표현의 자유 제약, 헌법재판소의 권한 축소, 외국인 소유 기업 자산의 재국유화, 그리고 보수 정치 이념을 강조하는 신헌법 채택 등이 그러하다. 이러한 민주주의 퇴행 현상을 보면서 저자는 헝가리 민주주의의 전사, 체제 전환 이행 과정 및 주요 현안, 민주적 공고화 과정을 면밀하게 고찰해 민주주의의 현주소를 진단한다. 전체적으로 볼 때 현 헝가리 민주주의는 제도적인 차원에서는 공고화되었다고 평가할 수 있으나 민주적 가치의 내면화 차원에서는 서구 민주주의 국가와 비교해 미성숙하다고 해석할 수 있다. 무엇보다 시민사회 영역까지 깊숙이 침투한 헝가리 정당정치의 대립 구도는 헝가리와 같은 신생 민주주의 국가의 발전에 가장 큰 걸림돌로 작용한다.

저자는 이 같은 헝가리 민주주의의 현주소를 신민적 정치 문화와 참여적 정치 문화의 양면적 특성으로 파악한다. 그는 두 정치 문화가 서로 배타적인 것이 아니라 상보적이고 혼재할 수 있다고 파악한다. 즉, 신민적 정치 문화는 정치 엘리트의 의사 결정 과정에 필요한 독립성을 보장해 안정적인 정국을 이끌어갈 수 있는 장점이 있는 반면, 참여적 정치 문화는 정치 엘리트가 사회 내 유권자의 요구에 좀 더 관심을 가지고 반응할 수 있도록 도와준다. 그의 논의는 오늘날 '가산제적 민주주의'라는 베버식의 용어와 접맥될 수 있다고 본다. 가산제적 요소를 민주주의에 역행하는 것으로만 파악하는 것은 역사적 맥락을 놓칠 수 있다. 즉, 이론적인 이분법의 논리는 맥락에 내재하는 애매성을 간과할 가능성이 있다. 마찬가지로 이는 가산제적 요소를 극복하는 일이 얼마나 힘든지를 반증하는 것이기도 하다.

2부의 마지막 장에서 장지향은 2011년 초 튀니지에서 발생해서 주변국으로 급속히 번진 아랍의 민주화운동을 비교정치학적 시각에서 분석한다. 아랍 민주화운동의 발발과 확산은 우발성과 예측 불가능성의 특징을 가지고 있으며 그에 대한 대응도 다양했다는 특징이 있다. 이처럼 대단히 안정적으로 보이던 정권이 사소한 충격으로 순식간에 무너지는 현상은 이란의 1979년 리자 샤 팔레비(Reza Shah Pahlavi) 왕정을 무너뜨린 이슬람혁명과 1989년 동유럽 공산주의 정권의 붕괴에서도 나타났다. 저자는 아랍 민주화의 선례라는 취지에서 장기간 안정적이던 샤 왕정이 급속하게 붕괴하는 과정을 시시각각 변하는 인센티브와 그에 반응하는 주요 행위자를 중심으로 분석한다. 여기서 특히 정권 유지의 버팀목으로서 엘리트의 협력과 엘리트의 동요를 막을 수 있는 통치자의 단호한 의사 표명을 중요한 변수로 파악한다.

아랍의 봄 민주화운동의 우발성과 예측 불가능성은 단시간에 변화한 주요 행위자의 인센티브와 그에 따른 새로운 행보로 설명할 수 있다. 혁명은 사소한 계기에 의해 촉발되는 우발적인 현상이며 그 배후에는 새로운 기회를 포착한 행위자의 손익 계산과 합리적 선택이 자리하고 있다. 독재 정권이 예기치 못한 사건으로 인해 여론에 대한 통제력을 잃는 순간 다수의 시민은 정권에 대한 깊은 불만을 폭발적으로 표출하기 시작한다. 짧은 시간 내에 행위자는 자기 주변의 대다수 시민들과 함께 감추어진 진실을 알게 되며 이에 적극적으로 민주화 시위에 참여하게 되는 것이다. 권위주의 정권에 충격을 가하는 우연한 계기가 언제 어떻게 찾아오는지 정확히 알 수는 없으나 일단 변화가 시작되면 그 파급력은 걷잡을 수 없이 확산되며 정권의 갑작스러운 붕괴라는 극적인 변화로 귀결된다. 권위주의 정권하의 시민들은 언론 통제와 탄압으로 인해 자신의 의사를 자유롭게 표현할 수 없고, 독재 정권은 시민들이 가진 불만의 깊이와 정도를 정확히 알 길이 없기 때문이다.

한편 저자는 아랍의 봄 민주화운동이 성공적이고 안정적인 민주화로 이어지기 위해서는 정치에 개입하지 않는 전문직업주의 군부, 독자적 자본가 계층, 현실정치의 경험이 풍부한 반정부 조직이 존재해야 한다고 본다. 민주화의 장애물은 어디서든 비슷하지만 개별 국가의 고유한 권력 배분 구조가 혁명 참여자들 간의 갈등 과정을 규정하며, 이에 따라 혁명의 결과는 달라진다. 따라서 혁명은 빈곤, 청년 실업, 트위터와 페이스북 확산 등의 촉발 요소로 인해 극적으로 일어날 수도 있으나 성공적인 민주화의 조건은 매우 다르다.

저자는 사람들, 특히 엘리트의 기회주의적 속성을 극적으로 드러내면서, 통치자는 사람들이 가진 합리적 선택의 속성을 잘 통제해야 한다고 분석한다. 여기서 기회주의적 속성을 가진 사람들이 민주화된다는 것은 무슨 의미일까라는 흥미로운 질문이 제기된다. 사람들은 합리적 선택의 속성에도 불구하고 민주화되는 것일까, 아니면 그 속성 때문에 민주화되는 것일까? 아니면 어떠한 관계일까? 이 질문은 민주주의 이행과 공고화를 연결할 수 있는 내적인 논리 또는 설명을 제공할 수 있다.

이상 이 책에 실린 각 개별 국가의 민주주의 이행과 공고화 과정을 개략했다. 전반적으로 볼 때 두 가지 현상이 눈에 띈다. 첫째, 각 나라에서 민주주의의 이행은 상대적으로 쉬우나 민주주의의 공고화는 대단히 어려운 것으로 드러난다. 둘째, 여러 사례에서 민주주의가 그 사회가 처한 문제를 해결하는 데 효과적인가에 대한 의문이 제기된다. 이 두 가지 문제는 매우 밀접한 연관성이 있다. 민주주의로의 이행은 기존의 정치체제가 그 사회의 문제를 해결할 수 없다는 자각을 동반한다. 그럼에도 불구하고 새로 도입된 민주주의적 방식 또한 그 사회의 문제를 해결하는 데 효과적이지 못한 것으로 드러나고, 그 결과 민주주의를 뒤틀거나 또는 우회하는 길을 찾는다. 아니면 그리스의 사례에서 나타나듯이 다른 대안이 없기 때문에 민주주의의 틀 속에서 서로의 기득권을 보장해주면서 정체나 위기의 상황으로 치달을 수도 있다.

1부

동아시아와 남미

근대화와 국가성

1장

대만의 민주화와 민주주의 공고화*

지은주 | 고려대학교

1. 대만의 민주화와 민주주의

대만은 제3의 민주화 물결 속에 아시아에서는 1986년 필리핀과 1987년 한국의 민주화에 이어 1987년 정당 결성의 허용 및 계엄령의 해제와 함께 민주적 전환의 과정을 시작했다. 이후 대만에서는 헌정제도의 개혁을 포함한 일련의 제도 개혁을 통해 민주화 과정이 성공적이고도 순조롭게 진행되었고, 2000년에는 야당인 민주진보당(民主進步黨, 이하 민진당)으로의 정권 교체, 2008년에는 다시 중국국민당(中國國民黨, 이하 국민당)으로의 정권 교체를 이루면서 안정적인 민주주의를 이어가고 있다. 대만의 민주화 과정에서 가장 중요한 변화는 민주적 제도를 회복한 것이다. 헌법 수정조항을 통해 총통을 대만 주민들의 자유로운 직접선거로 선출하도록 했고 오랫동안 중단되었던 입법원(立法院) 선거를 재

---

*　이 글의 일부는 「대만의 민주주의는 공고화되었는가?」라는 제목으로 ≪국제정치논총≫ 제56집 제3호(2016. 9)에 게재되었다.

개했다. 이로써 1996년 최초의 총통 선거를 통해 리덩후이(李登輝)가 당선되었고, 이후 현재까지 공정하고 민주적인 절차를 통해 총통 선거와 입법원 선거가 실시되고 있다.

대만 내부에서는 많은 논란이 있지만, 2016년 세계적인 지표나 객관적인 평가에 따르면 대만의 민주주의는 상당히 안정적이고 공고화되었다. 국민당의 오랜 당정 체제 속에 자행되어왔던 감시와 사회적 통제는 사라졌으며, 민주적인 의사 결정 시스템이 자리를 잡고 있다. 중앙과 지방의 선거는 철저히 민주적 절차에 따라 진행되고 있으며, 선거의 결과에 대한 수용과 다음 선거를 통해 새로운 정권이 창출될 수 있다는 기대 또한 충족되고 있다. 그러나 대만의 민주주의에 위기가 없었던 것은 아니다. 2004년 총통 선거에서 발생한 민진당의 천수이볜(陳水扁) 후보에 대한 총격 사건은 당시 대만 민주주의에 대한 심각한 위기의식을 가져왔다. 또한 2014년 '해바라기 운동'으로 알려진 대학생들의 입법원 점령 사건은 민주주의의 제도적 안정성에 대한 의구심을 불러일으켰다. 그러나 일련의 위기에도 대만의 민주적 제도는 안정적으로 운영되고 있으며, 반대의 목소리는 야당의 당선과 정권 교체로 나타남으로써 대만의 민주주의가 건강함을 입증해주고 있다.

이러한 대만의 민주주의는 한국에서 학문적으로 많은 관심을 받고 있다. 이는 대만 민주주의의 안정성과 우수성 때문이기도 하지만, 더 중요한 이유는 대만이 한국과 정치적·경제적 발전 단계에서 많은 유사성을 공유하고 있는 유일한 사례이기 때문이다. 한국과 대만은 모두 일본의 식민 통치를 경험했고 해방 이후에는 분단 과정을 거쳐 공산주의와 오랫동안 대치해왔다. 반공주의와 국가 건설이 동시에 진행되었고, 미국의 원조와 지원을 통해 경제성장의 기초를 다졌으며, 높은 경제성장이 권위주의 통치에 정당성을 제공해주었다는 면에서도 동일했다. 또한 민주적 전환의 시기와 과정에서도 상당 부분 유사한 면을 가지고 있으며, 민주화 이후의 선거제도 개혁 과정과 정당 경쟁, 그리고 정권의 교체 과정에서도 유사한 측면이 상당히 많다. 또한 최근에 태국, 필리핀같이 아시아의 민주주의가 위기를 맞고 있는 상황에서도 한국과 대만의 민주주의는 지역 내에서 상대적으로 상당히 높은 공고성을 보이고 있다.

따라서 대만의 민주화 과정과 민주주의의 공고화 조건을 검토하는 것은 한국의 민주주의를 이해하는 데 많은 시사점을 줄 것으로 기대된다. 최근 다양한 민주주의 지표에 따르면 대만의 민주주의는 완전한 민주주의(full democracy)에 가까우며, 한국의 민주주의보다 우수한 것으로 나타난다. 이러한 차이가 과연 어떠한 원인에서 비롯되는지를 비교적으로 검토하는 것은 한국의 민주주의가 완전한 민주주의가 되기 위해서도 필요할 것이다. 다음 절에서는 이를 위해 민주화 이전 시기 대만의 정치적·경제적·사회적 상황을 검토한다. 이는 대만 민주화의 배경과 조건을 이해하게 해줄 것이다. 이어지는 절에서는 대만의 민주화와 민주주의의 공고화 과정을 분석한다. 대만의 민주주의는 어떠한 과정을 통해 진행되었으며 민주적 공고화로 이어지는 과정 또한 어떻게 진행되었는지 검토한다. 마지막으로 대만 민주주의 공고화의 수준을 국가 통합, 효과적인 시민권, 민주적 정치제도, 그리고 시민사회의 측면에서 평가해본다.

2. 민주화 이전 대만의 정치적·경제적·사회적 배경

1) 정치적 배경

대만의 공식적인 국호인 중화민국(中華民國)은 1912년 중국 본토에서 수립된 민주 공화국을 말한다. 쑨원(孫文)이 수립한 중화민국은 1928년부터 국민당이 국민정부(國民政府)라는 이름으로 전 중국을 통치했다. 국민당은 중국공산당(中國共産黨, 이하 공산당)과의 국공내전(國共內戰)에서 패하면서 1949년 수도를 타이베이(臺北)로 옮겼고, 이후 중화민국 대만의 시기가 시작되었다. 대만으로 이주한 국민정부는 대륙에서의 실패를 교훈삼아 당 조직을 재정비했고, 국민당이 통치하는 강한 당국가(party state) 체제를 형성했다. 최초에 국민당이 형성될 당시 모델로 삼은 것은 소비에트 정당이었는데, 국민당은 당을 정비하는 과정에서 공산당을 모델로 삼아 이러한 소비에트 정당 모델을 한층 더 강화했다. 국민당은 당을 재정비하는 과정에서 당내의 인사를 혁신하고 조직을 강화함으로써 위계질서를 확립했고, 통합된 사회 건설과 통일을 위해 재정비하는 과정에서 정부와 사회로의 침투를 강화했다. 또한 소비에트 정당 모델을 강화하는 과정에서 당내 위원회가 최종 결정권을 갖는 민주집중제(democratic centralism)를 도입했다(Cheng, 1989; Dickson, 1996: 45~46; Hood, 1997: 25). 이러한 노력은 공산당과의 대결에서 패한 치욕을 씻고 빼앗긴 중국 대륙을 회복하기 위한 것이었다.

국민당은 중국 대륙의 탈환, 즉 통일을 핵심적인 국가 이익으로 제시하는 한편, 사상적 배경으로 '삼민주의 대만 건설'과 '반공과 본토 회복'을 제시했다. 삼민주의(三民主義)는 중화민국 국민정부의 건국이념으로서, 민족(民族), 민권(民權), 민생(民生)을 핵심 가치로 삼았다. 삼민주의 초기에는 그중에서도 민족의 개념을 강조했다. 당시 국민당이 해석하는 민족의 가치는 "중국인은 중화민국인 다수로 구성된 한족(漢族)을 중심으로 단결해야 한다"라는 데서 출발해 "외세의 통치에서 벗어나서 중국의 통일을 달성하자"라는 것이었다(Wang, 1984: 5~11). 즉, 제국주의 외세에서 벗어나 한족을 중심으로 하는 독립된 중화민국을 건설하는 것이었다. 그러나 중화민국 정부가 대만으로 이주한 이후로는 삼민주의에 대한 해석이 변화했다. 민족의 가치는 제국주의에 대항하기 위한 것이 아니라, 대만을 기반으로 해서 분리된 중국과의 통일을 위한 이데 올로기로 변화했다. 1979년 장징궈(蔣經國) 총통은 정치적 민주, 경제적 평등, 사회적 다원화를 실천하는 '삼민주의에 의한 통일 정책'을 제시했고, 이러한 삼민주의는 본토 회복과 통일을 위해 당과 사회의 결집력을 형성하는 이데올로기로 자리 잡았다(Chao and Dickson, 2002: 7).

국민당을 중심으로 하는 당국가 체제는 국민당의 주석이자 총통인 장제스(蔣介石)의 절대적인 통치를 중심으로 운영되었다. 절대적인 권력을 가지고 있었던 총통의 지위는 장제스 사후 아들인 장징궈에게 승계되었다. 군과 정당을 장악한 총통의 지위는 절대적이었으며, 사회의 하부 조직까지 침투하는 민주집중제를 통해 철저한 사회 통제 시스템을 유지할 수 있었다. 국민정부는 중국과의 통일을 위해 사회적 동원령을 내리고 헌정제도를 중단시켰다. 헌정제도가 중단됨으로 인해 총통 선거와 입법원 선거를 포함한 대부분의 전국선거가 중단되었다. 또한 국민당은 당금(黨禁) 조치를 내려 국민당 이외에 새로운 정당의 설립을 금지시켰다. 당시 국민정부는 대만은 본토 회복을 위한 비상사태에 있기 때문에 중국과 통일이라는 우선적인 목표를 달성한 이후 선거를 재개해야 한다고 주장했다. 그 결과 1948년 중국 대륙에서 제정된 중화 민국 헌법은 민주화 이후 1991년에 수정조항이 추가되기 전까지 정지 되었고, 총통 선거와 입법원 선거는 중단되었다.

그러나 1970년대 국제 정세의 변화는 이러한 국민당의 통치 기반에 변화를 가져왔다. 미국이 중국과의 관계를 개선하기 시작하면서 국제 사회에서 대만의 입지는 위협받게 되었다. 1971년 UN은 중화민국 대 만의 회원 자격을 박탈했다. 이어서 1978년 미국은 대만과 국교를 단 절하고, 다음 해인 1979년에 중국과 수교했다. 이후 미국은 '대만관계 법(Taiwan Relations Act)'을 통해 대만과 실질적인 관계를 이어오고 있으나 중국과 대만 간의 관계에서 미국이 중국에 중요성을 두기 시작했다는 사실은 대만에 중요한 변화였다. 이러한 국제 정세의 변화는 국민당의 통치 정당성에 큰 손실을 가져왔다. 국민당이 주도한 사회적 동원과 권위주의적 통치의 정당성은 많은 부분 중국과의 통일이라는 명분에 의존하고 있었다. 국제사회와 미국으로부터 버림을 받게 되면서 대만은 국민당 주도의 통일 가능성을 상실했고, 나아가 이를 위해 억압적인 통치를 지속할 명분을 잃게 되었다. 이러한 변화 속에서 경제 발전으로 인해 형성된 중산층을 중심으로 해서 민주화를 위한 움직임이 점차 가시화되기 시작했다.

2) 경제적 배경

1895년 일본의 식민 통치 이전에 근대화의 초기 단계에서는 대만의 경제가 농업에 근간을 두고 있었다. 수출 중심의 농업을 주요 산업으로 했던 대만의 경제는 일본 식민 통치하에서 식민 통치 국가의 자본주의권의 하위 영역으로 재편되었다. 대만의 농업은 사탕과 장뇌, 차 등이 주요 생산물이었으나 제국주의 일본은 쌀과 설탕을 값싸게 확보하기 위해 대만의 주 생산 품목을 벼와 사탕수수로 특화시켰다. 식민 통치 말기 이러한 상업화된 농업으로 인해 수출이 수입을 크게 상회했지만 이는 성공적인 식민 통치의 경제적 효과라기보다는 자체적인 생산 능력과 가족 중심의 생산 단위로 인한 효과가 더 크게 작용한 결과였다 (커즈밍, 2008). 제2차 세계대전의 종전으로 대만섬이 중화민국에 귀속되고 1945년 국민정부가 대만을 지배하게 되면서 대만의 산업구조는 새로운 변화를 맞았다. 공산당과 내전 중이던 국민정부는 전쟁을 위해 대만에서 산출된 경제적 잉여를 대륙으로 이전했다. 또한 대만의 경제가 식민 통치에서 벗어나 대륙의 경제와 통합되면서 대륙 경제의 영향을 받게 되었다. 이로 인해 대만은 1947년 1041.4%에 이르는 살인적인 인플레이션을 경험했고, 실업이 증가했다(김준, 1998: 123~124). 식민지 해방 이후 국민정부와 통합하면서 발생한 경제적인 충격은 많은 대만인들의 불만을 가져왔다.

1949년 대만으로 철수한 국민정부는 화폐개혁과 토지개혁을 통해 경제개혁을 단행했다. 국민정부는 대만과 중국 간의 화폐 교환을 중지시켰고, 토지개혁을 통해 소작료 인하, 국유 농지 유상 분배, 지주 소유 농지의 유상 몰수 유상 분배를 실시했다. 강한 리더십을 통해 국민당은 성공적으로 개혁을 진행했고, 이를 바탕으로 국민정부는 대만을 본토 회복을 위한 부흥 기지로 건설하기 위해 본격적으로 재편하기 시작했다. 1951년 설립된 경제안정국(Economic Stabilization Board)은 통화 금융 정책, 무역 정책, 미국이 제공하는 원조의 활용, 예산과 조세, 가격 정책 등을 통해 1953년부터 경제개발 계획을 실시했다. 당시의 산업화 전략은 내수를 기반으로 한 수입 대체 산업화였다. 이 과정에서 정부는 국가 방위, 공공복지, 위험 부담과 자본 비율이 높은 부문에서의 직접 자본 축적과 기업 경영을 담당했다. 국민정부와 함께 이주해온 기업가들은 국민당과 밀접한 관계를 맺으며 일제 귀속 재산과 미국 원조에 따른 경제적 혜택을 받았다. 한편 일부 대만섬에 거주하고 있던 지주는 유상 분배를 통해 산업 자본가로 변모할 수 있었다(박종철, 1989: 180).

초기의 수입 대체 산업은 성공적이었으나 곧 한계에 달했다. 수입 대체 산업은 기본적으로 내수 시장을 대상으로 하는데, 당시 대만 인구는 약 1000만 명밖에 되지 않았다. 또한 1958년 미국이 원조 계획을 전면적으로 재조정함으로써 대만은 대외 채무 변제를 위해 외화 획득이 중요해졌다. 국내 시장의 포화와 국제 환경의 변화에 대응해 국민당 정권은 강한 수출 촉진 정책과 적극적인 외자 유치로 방향을 선회했다. 그러나 국민당 내 보수 집단은 수출 정책을 추진하면 대만과 세계 경제 간 연계가 증가할 것이며 이는 인플레이션을 유발하고 외환보유고를 위협하며 대외 의존성을 심화시킬 것이라고 우려했다. 나아가 수출 지향 산업은 안보 위주였던 대만의 정책을 변화시킴으로써 중국 본토 수복 계획에 차질을 가져올 것이라는 우려도 제기되었다(박종철, 1989: 181; 김준, 1998: 126).

그러나 수출 지향 산업으로의 전환은 진행되었고, 결과적으로 성공적이었다. 정부는 통화개혁, 금융 정책, 단일 환율 제도, 수출 촉진 등을 통해 수출 촉진 정책을 지원했다. 그러나 중간재와 내구성 소비재, 수송 장비 등 주요 정부 기업 부문에 대해서는 여전히 보호주의를 적용했다(박종철, 1989: 192). 대만은 1960년대 중반 경제성장률이 10%(1965년 10.9%)를 넘으면서 노동 집약형 경공업이 비약적으로 발전했고 수출 산업의 주종으로 성장했다. 이어진 1970년대에도 대만의 경제 정책은 성공적이었다. 1973년과 1974년 석유위기의 영향으로 1975년 무역수지에서 심한 적자가 발생했으나 1975년 경제성장률은 5.4%를 기록했고 1970년대 연평균 경제성장률은 약 8%로 높은 수준을 유지했다. 1인당 GNP도 증가해 1970년 393달러에서 1980년에는 2381달러, 1990년에는 8339달러로 상승했다. 실업률은 1975년 2.4%에서 1980년 1.23%로 낮아지면서 실질적으로 완전 고용을 달성했다(〈표 1-1〉 참조).

이러한 성장은 1970년대 중반 수출 촉진 정책을 심화시킴으로써 가능했다. 1970년대 초 경제 침체기의 선진국들은 대만의 수출품을 규제했고, 석유위기가 이러한 상황을 더욱 악화시켰다. 대만 정부는 해외 시장에 의존적인 대만 경제의 취약성을 개선하기 위한 새로운 전략이 필요했다. 당시는 대만이 대외적인 위기도 함께 겪던 시기였다. 1971년 중화민국이 UN에서 퇴출되면서 국민정부는 통치 정당성에 심각한 손상을 입었고 수교국의 수는 급격하게 감소했다. 국민정부로서는 획기적인 발상의 전환과 성장을 지속할 동력이 필요했다. 이를 위해서

┃ 표 1-1 ┃ 대만의 주요 경제 지표(1952~2000)

	1952	1960	1970	1975	1980	1985	1990	1995	2000
경제성장률(%)	11.8	6.9	10.6	5.4	7.3	4.1	6.9	6.4	5.8
1인당 GNP(달러)	213	164	393	973	2,381	3,352	8,339	13,115	14,906
수출(백만 달러)	116	164	1,481	5,309	19,811	30,726	67,214	113,342	151,950
수입(백만 달러)	187	297	1,524	5,952	19,733	20,102	54,716	104,012	140,732
실업률(%)	4.37	3.98	3.29	2.40	1.23	2.91	1.67	1.79	2.99
외환보유고(백만 달러)	n/a	n/a	482	1,074	2,205	22,556	72,441	90,310	106,742
지니계수	n/a	n/a	0.294	0.312	0.278	0.291	0.312	0.317	0.350

주: 경제성장률은 2006년 가격 기준임.
자료: "Taiwan Statistical Data Book 2013".

1973년 대규모 국가 프로젝트를 시작했고, 석유화학, 철강, 조선을 중심으로 하는 중화학 공업화와 사회 간접 자본의 확충을 꾀했다. 민간 자본 중심의 수출 역시 기존의 노동 집약적 산업에서 탈피해 선진 기술을 도입해서 제품을 생산하는 방식으로 바뀌었다(Gold, 1986: 98~105; 김준, 1998: 127~128).

1980년대에 접어든 대만 경제는 국제 경제 환경의 변화와 국내 경제 구조의 변화에 따라 또다시 새로운 구조조정이 필요하게 되었다. 무역 흑자와 경제성장률로 판단할 때 대만 경제는 성장을 지속하고 있는 것으로 보였으나 국내외적으로 산업 전반에 걸친 한계에 부딪히고 있었다. 국내적으로는 핵심 산업인 농업 발전이 한계에 달했고, 노동력 부족이 심각해졌으며, 임금 상승으로 인해 노동 집약적 제품의 수출 경쟁력이 약해지기 시작했다. 국외적으로는 미국을 비롯한 주요 선진국의 경제 성장이 둔화되면서 보호주의 장벽이 점차 높아지기 시작했다. 또한 신흥 공업국의 성장으로 인해 수출의 성장도 한계를 보이기 시작했다. 이에 대응해 1980년대 중반 대만 정부는 세계화를 단행했으며, 1980년대 후반에는 수출 제품의 고부가가치화 및 하이테크화, 금융을 포함한 기간산업의 민영화, 규제 완화 등을 통해 산업구조를 고도화시키는 단계로 진입하려 했다(김준, 1998: 129~130).

대만 경제성장 전략의 선택과 적용은 국가가 주도한 일련의 과정이었다. 국민당 정부는 경제 자원의 분배 및 경제 계획을 직접 관리하면서 시장경제의 구조를 만들어내는 발전국가(developmental state)의 역할을 해왔다(Amsden, 1979; Johnson, 1985; Wade, 1990). 국민당 정부가 이러한 역할을 할 수 있었던 것은 자본과 노동이 발전되지 않은 사회적 기반 위에 국가가 초기부터 절대적인 힘의 우위를 가지고 있었기 때문이다. 국민정부는 초기에는 통일을 위한 경제적 기반을 위해, 이후에는 경제 발전을 통한 정당성 획득을 위해 성장 지향적인 경제 정책을 강하게 추진했고, 이는 성공적이었다. 그러나 한편으로 대만의 경제 발전은 새로운 중산층을 육성하는 결과를 가져왔으며, 이들은 1980년대에 민주적인 정치적 참여를 요구하는 민주화운동의 중요한 기반이 되었다.

3) 사회적 배경

국민정부가 대만으로 이주하기 이전에도 대만에는 이미 상당수의 한족이 거주하고 있었다. 대만 내에서는 이들을 본성인(本省人)이라고 부르며, 국민정부와 함께 이주한 한족을 외성인(外省人)이라고 부른다. 본성인은 대부분 명(明)과 청(淸) 시기에 중국에서 이주한 한족의 후손들이다. 이들은 대부분 광둥(廣東)과 푸지엔(福建) 지방에서 가난과 기근을 피해 대만으로 이주했다. 당시 대만에는 태아족(泰雅族), 포농족(布農族), 아미족(阿美族) 등의 원주민들이 거주하고 있었지만 중국으로부터의 이주가 많아지면서 한족 인구가 급격하게 증가하기 시작했다. 이후 청은 1885년 대만섬을 대만성(臺灣省)으로 공식 편입했다. 그러나 1895년 대만성은 제국주의의 침입 과정에서 일본에 할양되었고, 이후 1945년 독립하기까지 약 50년간 일본의 지배를 받았다.

1945년 장제스는 천이(陳儀)를 파견해 대만성을 관리하도록 했다.

천이와 함께 대만성에 도착한 외성인 군인과 대만섬에 거주하던 본성인 간에는 근본적인 차이가 있었다. 일본은 식민 통치 기간 동안 대만에 근대적인 행정 체계와 사법 체계를 도입했고, 농업 개발을 명목으로 한 근대화를 추진했다. 따라서 본성인들은 오랫동안 전쟁을 경험한 외성인과 달리 근대화를 경험한 상태였다. 해방 이후 본성인은 조국의 품으로 돌아갈 것이라는 기대에 찬 마음으로 국민정부를 맞이했으나 현실은 이와 달랐다. 조국에서 건너온 외성인은 오랫동안 지속된 국공내전에 지친 무질서한 군인들이었으므로 본성인들이 이들을 처음 대면했을 때에는 실망감이 상당히 컸다(왕푸창, 2008). 한편 본성인들은 민남어(閩南語)와 객가어(客家語)를 주로 사용하면서 식민 통치 시기에는 일본어를 공용어로 사용했다. 그러나 외성인은 북경어(北京語)를 공용어로 하면서 다양한 다른 지역의 방언도 사용하고 있었다. 따라서 본성인과 외성인은 식민 통치와 전쟁이라는 이질적인 경험을 가지고 있었으며, 의사소통에도 어려움을 겪었다. 즉, 본성인과 외성인은 같은 한족임에도 처음 만나는 과정에서 공통점보다는 이질성을 먼저 경험했다.

국민정부가 대만성을 전쟁 물자의 조달지로 삼으면서 대만은 전례 없던 인플레이션과 실업을 겪게 되었다. 대륙과 통합되면서 이러한 경제적 혼란이 발생하자 본성인은 국민정부에 대한 실망감을 넘어 국민정부를 일본 식민 통치와 다름없는 새로운 식민 통치로 이해하기 시작했다(왕푸창, 2008: 71~72). 이러한 가운데 '2·28사건'이 발생했다. 2·28 사건은 1947년 2월 27일 타이베이에서 외성인 전매국 직원이 담배를 밀거래하던 본성인 노파를 구타한 데서 시작되었다. 현장의 사람들이 전매국 직원에게 항의하자 당황한 전매국 직원은 이들을 향해 발포했다. 이에 분노한 시민들이 경찰서로 대규모 행진을 했고 경찰은 무력으로 이들을 진압했다. 다음 날 시민들은 천이에게 경찰의 과잉 진압에 항의하는 시위를 벌였다. 천이는 본성인의 항의와 요구를 수용하는 듯했으나 결국 본국에 지원을 요청했고, 국민정부는 대만에 군대를 파견해 대대적인 탄압을 전개했다. 이 과정에서 최소 1만여 명에서 최대 2만여 명이 살해되거나 실종되었다(리샤오펑, 1990: 37~45).

2·28사건 이후 1950년대에도 국민당의 본성인 탄압 사건이 있었다. 당시 대만 내에서 활동하고 있던 공산 조직은 대륙의 공산당과 연계해 국민당에 저항하고 있었는데, 1950년 한국전쟁이 발발한 이후 대만에서는 반공 논리가 강화되기 시작했다. 국민당은 반공을 구실로 공산 세력과 함께 사회에 잠재되어 있는 불만 세력을 숙청하기 시작했다(란보저우, 1998). 이 사건을 '백색테러'라고 한다. 2·28사건과 함께 백색테러는 본성인과 외성인 간의 상호 불신을 극도로 심화시켰다. 무엇보다도 정치적·사회적으로 약자의 위치에 있던 본성인들에게 '정치란 무서운 것'이라는 강한 인식과 정치적으로 수동적인 태도를 심어주었다. 특히 2·28사건에 대해서는 누가 군대를 파견했는가를 놓고 책임 규명이 이루어지지 않고 있다(지은주·동사제, 2009). 따라서 2·28사건은 여전히 과거 청산이 완료되지 않은 권위주의 통치 시기의 국가 테러로 남아 있다. 이러한 이유로 2·28사건은 민주화운동 과정에서 민주화 세력이 국민당의 잔학했던 권위주의 통치 방식을 고발하는 사건으로 활용되기도 했다.

대륙에서 이주한 이후 어느 정도 사회적 안정을 회복한 국민당 정부는 사회적 통합을 위한 정책을 추진했다. 국민당이 선택한 방식은 중화민족주의(中華民族主義)와 북경어를 적극적으로 보급하는 것이었다. 국민당 정부는 중화민국이 대륙을 포함한 전 중국을 대표함은 물론이고, 대만에 있는 중화민국만이 진정한 중국의 문화 계승자라는 점을 강조했다. 또한 역사적 경험이 상이하고 일본어를 오랫동안 공용어로 사용한 본성인을 통합하기 위해 북경어를 공용어로 지정했다(Bosco, 1994). 그러나 문화적인 융합 정책과 상반되게 국민정부는 정치·경제의 핵심적인 위치에서는 본성인을 배제했다. 국민정부는 일본 총독부의 재산을 민간에 이양하지 않고 대부분 국민당의 소유로 전환시켰고, 이로써 대만은행, 석유, 알루미늄, 전력, 제당, 비료 등 핵심 산업이 국민당으로 귀속되었다. 또한 정부 요직과 주요 공무원직의 자격을 표준 북경어를 할 수 있는 사람으로 한정했다. 그 결과 대부분의 요직을 외성인이 차지하게 되었고, 약 3만 6000명에 달하는 본성인들이 자리에서 물러나야 했다(Edmondson, 2002: 26). 또한 국민당이 전국선거를 중단시키고 정당의 결성을 금지하면서 본성인의 중앙 정치로의 진출은 오랜 기간 동안 제한될 수밖에 없었다.

3. 민주적 전환과 대만 민주화의 세계사적 의미[1]

1) 1987년 이전의 민주화 투쟁

대만의 민주화 투쟁은 1950년대로 거슬러 올라간다. 당시에는 국민당이 이주 직후 형성했던 강압적인 당국가 체제에 대해 본성인들이 반발했던 것은 물론이고, 중국 대륙에서 민주주의를 경험한 적이 있던 외성인 지식인들도 저항했다. 외성인 저항 세력은 국민당과 함께 대륙에서 이주한 자유주의 지식인들, 일부 국민당에서 탈당한 인사들이었으며 대만 출신의 정치인과 사회 지도자들도 저항의 주축이 되었다. 이들은 중화민국이 처한 시대적 상황을 감안해 정치적 민주화를 원하기보다는 자유화를 주장했다. 이들은 ≪자유중국(自由中國)≫이라는 잡지를 출간해 자유화의 필요성과 당위성에 대한 글을 기고하면서 자유주

---

1   이 절의 내용 중 2004년까지의 일부는 지은주(2010)에 의존했다.

의 운동을 전개했다. 이러한 움직임은 1957년 지방선거에서 일부 무소속 인사들이 당선되면서 한 단계 발전했는데, 이들은 제한된 공간이라 하더라도 선거를 통해 정계에 진출할 수 있다는 사실을 확인함에 따라 스스로 중국민주당(中國民主黨)을 창당하고 본격적인 정치 활동을 시작했다. 그러나 이러한 시도는 2·28사건 이후 형성되기 시작한 억압적인 사회적 분위기와 이어진 백색테러로 조성된 공포로 인해 무산되었다(Chu, 1992; Cheng, 1989: 475~480).

실패한 1950년대 자유화의 요구는 1970년대에 다시 시작되었다. 여기에는 국제사회에서의 대만의 위치가 변화한 것이 중요한 배경으로 작용했다. UN에서 대만이 퇴출됨으로 인해 국민당은 통일을 위한 강압적인 통치의 정당성에 심각한 타격을 받았고, 이에 대한 대응으로 자유화 정책을 추진하는 것을 택했다. 장징궈 총통이 적용한 자유화 정책은, 첫째, 본성인들을 국민당과 정부 공직에 충원하는 것이었다. 이로 인해 국민당 당원의 본성인 비율은 지속적으로 증가해 1985년에는 65.2%에 이르렀다(신광영, 1998: 72). 이 과정에서 이후 장징궈의 뒤를 이어 총통직을 승계한 리덩후이가 국민당의 요직을 거치면서 핵심적인 정치적 인물로 성장할 수 있었다. 둘째, 사망으로 결원되거나 고령으로 제 기능을 하지 못하는 입법원 의석에 대해 보궐선거를 실시하는 것이었다. 이 과정에서 본성인들은 국민당 소속으로 입법위원에 당선될 수 있었다. 즉, 자유화 정책은 정치적 참여에 배제되어 있던 본성인을 정치적으로 일부 충원하는 과정이었다.[2]

국민당이 적용한 초기의 자유화는 비록 낮은 수준이었지만, 그전의

2　기본적으로 본성인과 외성인의 인구에는 큰 격차가 있었다. 장제스와 함께 이주해온 외성인들이 대만 인구에서 차지하는 비중은 소수에 불과했다. 대만에서 한족의 인구는 전체의 98%를 차지하고 있었지만, 그중 85%가 민난인(閩南人)과 객가인(客家人)으로 구성된 본성인이었고, 외성인은 13% 정도에 불과했다. 이로 인해 정치·경제의 모든 주요 영역에서 본성인을 장기적으로 배제하는 것이 불가능했다.

강압적이고 배제적인 국민당의 통치 방식에 큰 변화를 불어넣은 사건이었다. 민주화 직전 대만에서는 일부 개방된 지방선거와 결원선거를 통해 본성인들의 정치 참여가 확장되기 시작했다. 국민당의 선거 장악력과 효과적인 통제로 인해 대부분의 선거구에서 국민당 후보가 우세했으나, 이런 가운데서도 지방선거와 결원선거에서 본성인 무소속 의원들의 수가 증가하기 시작했다. 이러한 정치적·경제적 참여는 재야활동의 기반이 되었다. 한편 경제적인 분야에서는 공기업을 중심으로 하는 핵심 부문은 국민당과 외성인들이 점유했으나 그 밖의 영역에서는 본성인의 참여를 허용함으로써 본성인의 중소기업 단위의 경제 활동이 활발해졌다. 이들은 성공적인 수출 지향 산업을 통해 많은 부를 축적할 수 있었고, 중소기업을 중심으로 한 경제 활동을 통해 본성인이 주축인 중산층이 형성되기 시작했다.

1970년대 초 추진된 국민당 주도의 자유화 정책은 민주화 세력이 성장할 수 있는 기반이 되었다. 당시 정당을 결성할 수 없는 상황에서 민주화 세력은 자신들은 정당의 밖에 존재하는 세력이라는 의미로 '당외(黨外)'라고 칭했다. 당외는 1950년대의 민주화운동과 마찬가지로 ≪메이리다오(美麗島)≫, ≪80년대(八十年代)≫라는 잡지의 발간과 기고를 통해 자유화운동을 전개했다. 1979년 당외는 국제 인권의 날을 기념하기 위한 거리 행진을 기획했다. 외양상으로는 단순한 거리 행진이었지만, 잡지의 발간 지구를 당외의 지구당으로 삼고 이를 기반으로 정당을 창당하기 위한 의도를 갖고 있었다. 당외 인사들이 적극적으로 이 행사를 이끌었고, 여기에 약 1만 명의 시민이 가세했다. 그러나 국민당은 이 거리 행진을 불법으로 규정하고 정부 전복을 기도했다는 이유로 관련 인사들을 체포했다. 이를 메이리다오 사건 또는 가오슝 사건(高雄事件)이라고 한다. 메이리다오 사건으로 인해 장쥔훙(張俊宏), 천쥐(陳菊), 린이슝(林義雄), 뤼슈롄(呂秀蓮), 스밍더(施明德) 등 많은 당외 인사들이 투옥되고 재판에 회부되었다.

장징궈는 자유화 정책의 일환으로 메이리다오 사건의 재판을 공개재판으로 진행했다. 대만 주민들은 메이리다오 사건의 공개재판을 보면서 대만 사회의 민주화를 향한 변화와 국민당의 변화를 체험했다. 재판 과정에서 이후 타이베이 시장을 거쳐 총통에 당선된 천수이볜이 변론을 맡으면서 야당의 새로운 정치 지도자로 부상했다. 한편 공개재판이 진행되는 가운데 당외의 지도 인사 중 한 명이던 린이슝의 가족이 의문의 살해를 당하는 사건이 발생했다. 대부분의 대만 주민이 이 사건이 국민당에 의해 자행된 것이라고 믿게 되면서 상황은 국민당에 불리하게 전개되었다(Cheng, 1989: 475~486; Rigger, 2001: 15~36). 그 결과 1980년에 실시된 선거에서는 메이리다오 사건을 변호한 변호인이나 친척들이 다수 당선되었고, 이는 대만 주민들이 국민당에 대한 반감을 표시한 것으로 여겨졌다. 여기에 1984년 10월 발생한 장난(江南) 살해 사건은 또 한 번 국민당에 불리한 여건을 조성했다. 장징궈의 전기를 집필한 작가 장난이 캘리포니아 자택에서 살해된 채 발견되었는데, 이는 국민당 정보국 소속 요원의 범행으로 추측되었다. 장난 사건은 대만 내에서 국민당의 정당성에 타격을 주었을 뿐만 아니라 해외에서도 국민당의 이미지를 크게 손상시켰다. 국민당은 국민당을 지지하던 해외 화교들과 멀어졌음은 물론이고 미국과도 불편한 관계가 되었다(Dickson, 1996: 63).

이러한 과정 속에서 당외의 민주화를 위한 운동은 더욱 활발해졌다. 당시는 전 세계적으로 제3의 민주화 물결이 진행되던 시기였다. 1986년에는 필리핀에서 마르코스에 대항해 '국민의 힘'이 승리했고, 1987년에는 한국이 6·29선언을 통해 민주적 전환을 겪었다. 주변 국가들이 이처럼 민주적 전환을 경험하자 당외는 새로운 도약의 기회가 온 것으로 판단했다. 그러나 당시 민주화운동을 주도한 당외는 다양한 분파로 구성되어 있었고 조직화율 또한 상당히 낮았다. 1970년대부터 민주화 투쟁을 전개했지만 당외의 조직이나 자금, 인적 자원은 집권 국민당과 경쟁할 수 있는 수준에 이르지 못했다. 무엇보다도 당외는 공식적인 정당 조직이 아니었으며 정당 결성을 선언하는 순간 불법적인 집단으로 간주되는 상황이었다. 그러나 1987년 미 국무부가 당외 지도자를 미국으로 초청하고 이들이 미 의회에 네트워크를 구성하게 되면서 상황은 급반전되기 시작했다. 당외는 미국을 통해 간접적으로 국민당에 영향을 미칠 수 있다는 사실을 알게 되었다. 방미 직후 당외는 민진당 창당을 공식적으로 선포했다(Cheng, 1989: 486~490). 이에 대한 장징궈 총통의 반응은 의외였다. 창당을 선포한 당외 세력은 자신들이 체포될 것이라고 여기고 있었으나, 장징궈 총통은 민진당의 창당 선포를 묵인했다. 오히려 10월 7일 ≪워싱턴포스트(The Washington Post)≫와의 기자 회견에서는 계엄령을 철폐할 것을 언급했다. 또한 "헌법을 준수하고 공산주의를 지지하며 대만의 독립을 주장하지 않는다면 새로운 정당을 허용할 것"이라고 발표했다. 1987년 대만은 정당의 활동이 공식적으로 허용되면서 민주화를 향한 새로운 전환점을 기록했다.

2) 1987년 이후의 민주적 개혁과 민주주의로의 진전

공식적인 정당으로 인정된 이후 민진당은 본격적인 정치 투쟁을 전개했다. 국민당은 이러한 민진당의 요구를 억압하는 대신 수용하는 방식을 택했다. 국민당 내의 강경파는 국가 안보를 명분으로 정치적 개방에 반대했지만 당내 온건파는 강경파를 무마하는 한편 민진당의 요구를 받아들이면서 상호 절충안을 마련하려 했다. 계엄 철폐의 과정은 이를 가장 잘 나타내는데, 초기 국민당은 당내 보수파의 반발을 무마하기 위해 계엄을 철폐하는 조건으로 국가안전법을 제정할 것을 제시했다. 민진당은 이에 결사적으로 반대했으나 국민당은 다른 정치적 현안과

거래하는 조건으로 국가안전법을 통과시켰다. 국민당은 1987년 7월 14일 자정 계엄령 해제를 선언했다. 이후 국민당은 적극적으로 민주적 개혁을 주도했다. 1990년 실시된 총통 선거는 국민대회를 통해 총통을 선출하는 간접적인 방식이었다. 이러한 총통 선출 방식은 많은 비판에 직면했다. 언론과 민진당은 총통을 직선제로 선출할 것을 요구했다. 1990년 3월 20일 민진당과 학생, 그리고 시민들은 타이베이의 중정기념관(中正記念館) 앞에서 연좌 농성을 통해 총통 직선제, 국민대회 해산, 국시회의(國是會議) 개최, 임시조치법 폐지, 민주화 일정 제시를 요구했다. 1990년 당선된 리덩후이는 학생 대표와의 면담을 통해 민주화 일정을 밝히고 국시회의를 소집할 것을 약속했다(안승국, 2001: 292~293).

1990년 총통에 선출된 리덩후이는 약속대로 국시회의를 구성해 민주적 개혁을 위한 헌정 개혁을 주도했다. 국시회의에는 국민당뿐만 아니라 민진당 인사도 다수 참여했으며 각계의 전문가들도 참여했다. 국시회의에서 진행된 헌정 개혁은 대만의 민주적 전환에서 중요한 과정이었다. 개헌은 1991년, 1992년, 1994년, 1997년, 1999년, 그리고 2000년까지 총 여섯 차례에 걸쳐 진행되었다. 1991년의 제1차 개헌 과정에서는 중국 대륙에서 선출된 제1대 입법원을 폐지하고 1991년 12월 31일 이전에 제2대 중앙 민의대표, 즉 입법위원을 선출하도록 했다. 또한 비상시기 임시조항과 반란처벌조례를 폐지해 총통의 초법적인 통치권을 규제하고 정상적인 헌정 체제를 확립했다. 1992년 제2차 개헌 과정에서는 총통 연임을 허용하고 총통과 부총통을 동시에 선출하도록 했다. 1994년 제3차 개헌 과정에서는 총통 선거를 대만 주민에 의한 직접 선거로 바꾸었고, 임기를 4년으로 규정했으며, 연임이 가능하도록 했다. 즉, 여섯 번의 개헌은 민주적인 제도를 도입하기 위한 과정이었다. 입법원의 정상화로 인해 민주주의 운영 원리인 균형과 견제가 살아나게 되었고, 이후 대만에서는 3년마다 입법원 선거가 실시되기 시작했

｜표 1-2｜ 대만의 입법원 선거 결과(1992~2016)(단위: 석, %)

	2대	3대	4대	5대	6대	7대	8대	9대
연도	1992년	1995년	1998년	2001년	2004년	2008년	2012년	2016년
총 의석수	161	166	225	225	225	113	113	113
원내 다수당	국민당			민진당		국민당		민진당
국민당	102(64.0)	87(52.4)	123(54.7)	68(30.2)	79(35.1)	81(71.6)	64(56.6)	35(31.0)
민진당	50(31.1)	54(32.6)	70(31.1)	87(38.7)	89(40.0)	27(24.0)	40(35.4)	68(60.2)
신당		21(12.7)	11(4.9)	1(0.4)	1(0.4)	0(0.0)	0(0.0)	0(0.0)
친민당				46(20.4)	34(15.1)	1(0.9)	3(2.7)	3(2.7)
대연				13(5.8)	12(5.3)	0(0.0)	3(2.7)	0(0.0)
시대역량								5(4.4)
기타	8(5.0)	4(2.4)	21(9.3)	10(4.4)	10(4.4)	1(0.9)	3(2.7)	2(1.8)

자료: 中央選擧委員會 選擧資料庫網站, http://db.cec.gov.tw.

다. 〈표 1-2〉에서와 같이 1992년을 시작으로 2016년까지 대만에서는 여덟 차례의 입법원 선거가 실시되었다.

선거가 진행되면서 정당 간의 경쟁 의제가 변화하기 시작했다. 초기 민주화 과정에서 가장 중요한 정치적 쟁점은 민주화였다. 그러나 헌정 개혁을 통해 많은 민주화 요구가 수용되고 있다는 점과, 국민당이 적극 적으로 민주화를 주도하고 있다는 점은 야당인 민진당에 선거 경쟁에 서 불리한 요소로 작용했다. 일반적인 민주화 과정은 권위주의 정당이 민주화 일정을 늦추고 야당이 민주화와 관련된 쟁점을 강하게 주장하 지만, 대만은 권위주의 정당인 국민당이 적극적으로 민주화를 수용했 고 그 결과 민주화 쟁점은 선거에서 유권자들의 관심을 끌지 못했다. 민진당은 선거에서 우위를 점할 수 있는 핵심적인 쟁점을 국민당에 선 점당했던 것이다. 민진당은 국민당과 차별화할 수 있는 새로운 선거 전 략이 필요했다. 이 과정에서 국민당과 차별화할 수 있는 대만 독립 문 제를 선거 전면에 내세우기 시작했다. 민진당은 1991년 당 강령에 대 만 독립 조항을 추가했고, 최초로 실시된 1992년 제2대 입법원 선거에 서 대만 독립을 선거 주요 의제로 삼았다. 그러나 선거 결과는 국민당이 64%의 의석을 차지해 31.1%의 의석을 차지한 민진당보다 두 배 이상의 승리를 거두었다.

　민진당이 내세운 대만 독립의 주장은 중국을 자극할 수 있는 문제였으며, 대만 주민들은 이를 무모하고 비현실적이며 정치 선동적인 주장이라고 평가했다. 그러나 대만 독립이라는 쟁점은 점차 대만 사회에서 새로운 대만의 미래를 설계하는 대안으로 자리 잡기 시작했고 중요한 선거 쟁점으로 성장하고 있었다. 1995년에 실시된 제3대 입법원 선거는 국민당과 민진당, 그리고 중국신당(中國新黨, 이하 신당) 간의 경쟁이었다. 신당은 리덩후이의 비민주적인 정당 운영 방식과 독립 노선에 반대하는 국민당 내 보수 인사들이 탈당해 구성한 정당이다. 1990년 선출된 리덩후이는 당내 보수파의 주장과 상당히 다른 정책적 입장을 취했다. 또한 본성인 출신인 리덩후이는 국민당의 기존 대중 노선에서 벗어나 대만 독립을 주장하는 노선으로 이동하고 있었다. 이에 불만을 품은 국민당 내 보수파는 신당 창당을 통해 독자적인 노선을 선택했다. 1995년 선거에서 신당은 12.1%라는 비교적 양호한 성적으로 삼당 체제를 형성하는 데 성공했다.

　대만은 1995년부터 2000년까지 국민당, 민진당, 그리고 신당의 삼당 체제를 유지했다. 이러한 삼당 체제하에서 1996년 최초로 주민에 의한 총통 직접선거가 실시되었다. 그러나 선거를 앞두고 중국은 대만해협에서 대대적인 미사일 시위를 벌였다. 국민당 총통이자 후보인 리덩후이가 미국을 방문해 코넬대에서 가진 연설에서 대만과 중국을 "국제적으로 동등한 합법적인 두 개의 체제"라고 표현했기 때문이다. 대만의 독립 행보에 불안을 느낀 중국은 선거 당일까지 미사일 발사를 통한 무력시위를 전개했고, 최초의 총통 선거에서는 안보가 최대의 쟁점으로 떠올랐다. 총통 선거는 국민당의 리덩후이와 민진당의 펑밍민(彭明敏) 간의 경쟁이었다. 펑밍민은 리덩후이보다 더 강한 독립주의자였다. 결

┃표 1-3┃ 대만의 총통 선거 후보 및 득표율(단위: %)

	1대	2대	3대	4대	5대	6대
연도	1996년	2000년	2004년	2008년	2012년	2016년
집권 정당	국민당	민진당		국민당		민진당
국민당	리덩후이 (54.00)	렌잔 (23.10)	렌잔 (49.89)	마잉주 (58.44)	마잉주 (51.60)	주리룬 (31.04)
민진당	펑밍민 (21.13)	천수이벤 (39.30)	천수이벤 (50.11)	셰창팅 (41.55)	차이잉원 (45.63)	차이잉원 (56.12)
기타		쑹추위 (36.84)			쑹추위 (2.7)	쑹추위 (12.83)

자료: 中央選擧委員會 選擧資料庫網站, http://db.cec.gov.tw.

국 대만 주민들은 덜 급진적인 리덩후이를 총통으로 선택했다.

재선에 성공한 이후 리덩후이는 중국과 안정적인 관계를 유지하고자 노력했고 중국과의 대화가 재개되면서 대만과 중국 간에는 한동안 안정적인 관계가 형성되었다. 그러나 2000년 총통 선거를 앞두고 리덩후이가 대만과 중국은 특수한 국가와 국가의 관계라는 '양국론(兩國論)'을 발표함으로써 다시 대만은 중국과 갈등을 겪게 되었다. '양국론'의 주장은 당내의 갈등도 유발했다. 리덩후이와 반대의 입장에 있던 쑹추위(宋楚瑜)는 탈당해 무소속으로 출마했다. 쑹추위는 대만성 성장을 지내면서 개인적으로 인기가 높았다. 민진당에서는 메이리다오 사건 재판을 통해 인기를 얻었던 천수이벤이 출마하면서 선거는 국민당의 렌잔, 민진당의 천수이벤, 그리고 무소속 쑹추위 간의 경쟁이 되었다. 국민당의 후보가 사실상 분열된 가운데 치러진 선거에서 민진당의 천수이벤이 39.3%를 득표해 총통에 당선되었다(〈표 1-3〉 참조).

3) 2000년 총통 선거와 야당으로의 정권 교체

2000년 치러진 총통 선거를 통해 민주화 이후 최초로 야당인 민진당으로 정권 교체가 이루어졌다. 대만에서는 1992년 이후 민주적 선거가 진행되었지만 총통 선거와 입법원 선거에서 모두 국민당 후보가 승리했다. 2000년 총통 선거는 국민당 후보가 분열된 가운데 치러진 선거였고, 후보의 분열은 민진당의 천수이볜이 당선하는 데 중요한 원인이 되었다. 그러나 다른 한편으로는 민진당이 오랫동안 주장해온 대만 독립의 주장에 대해 대만 주민들이 호응하기 시작했고, 이러한 변화가 2000년 선거 승리의 한 원인이었다고 볼 수 있다. 민진당이 주장해온 대만 독립이라는 쟁점이 1990년대 초에는 지나치게 급진적인 것으로 받아들여지면서 득표 실패의 원인이 되었지만 2000년에는 상황이 반전되었던 것이다.

2000년 선거에서 패배한 쑹추위는 국민당을 탈당하고 친민당(親民黨)을 창당했다. 한편 2000년 선거에서 패배한 책임을 지고 리덩후이 역시 국민당을 탈당했다. 탈당한 리덩후이는 대만단결연맹(臺灣團結聯盟, 이하 대연)을 창당했다. 탈당 이후 국민당의 노선에서 탈피한 리덩후이는 민진당보다 더 급진적으로 대만의 독립을 주장했다. 2001년 입법원 선거에서 친민당은 20.4%, 대연은 5.8%를 차지하면서 대만 정당 체제는 다당제로 발전했다. 한편 민진당은 2000년 총통 선거와 연이은 2001년의 입법원 선거에서 38.7%를 차지하면서 원내 다수당이 되었다. 그러나 입법원에서 국민당과 친민당이 공조함으로써 실질적으로는 분점 정부(divided government)가 구성되어 천수이볜은 원하는 방향으로 국정을 이끌 수 없었다.

민진당은 입법원에서 우위를 점하지 않고서는 바라는 방향으로 국정을 이끌 수 없다는 것을 깨닫고 해결 방안으로 선거법 개정을 추진했다. 당시 선거제도는 중선거구 단순다수제로서 비례대표적 성격을 가지고 있었다. 비례대표적인 특징으로 인해 선거 경쟁이 치열할 수밖에 없는 선거제도하에서는 민진당이 국민당의 선거 전략을 따라잡을 수 없었다. 정당의 규모나 자산, 그리고 인적 자원 측면에서 민진당은 국민당의 상대가 되지 못했기 때문이다. 더욱이 중선거구 단순다수제하에서는 민진당 외의 소수 정당도 득표에 성공할 수 있는 기회가 높았다. 따라서 민진당은 이를 단순다수제로 변화시킨다면 소수 정당보다 우세한 민진당이 더 많은 의석을 확보해 과반 이상의 의석을 확보할 수 있을 것이라고 계산했고, 이러한 목적으로 선거법 개혁을 추진했다. 국민당 역시 단순다수제로의 개혁은 양당제를 가져올 것이고 양당제는 국민당에 더욱 유리할 것이라고 판단했다(Chi, 2014). 두 핵심 정당이 개혁안에 찬성하면서 선거제도는 혼합형 단순다수제로 바뀌었고, 2008년 선거부터 적용되기 시작했다.[3]

2004년 총통 선거를 앞두고 민진당은 대만인 정체성과 대만 독립을 강조했다. 천수이볜 총통은 집권 초기에 중국과의 관계를 개선하기 위해 노력했으나 2002년 리덩후이의 양국론과 유사한 일변일국(一邊一國)론을 제시해 독립 지향적인 노선을 분명히 했다. 또한 선거를 앞두고 대만 독립을 위한 단계로서 현실에 맞는 헌법을 위한 개헌을 제안했고 이를 대만 주민에게 묻기 위한 공민투표 계획안을 제출했다. 2004년 선거에서 '독립'이라는 단어를 언급하지는 않았으나 민진당은 대만의 독립을 시사하는 다양한 정책을 제시하며 선거운동을 전개했다. 2004년 총통 선거는 롄잔과 쑹추위가 협력한 가운데 국민당과 민진당의 양당 간 경쟁이 되었다. 그러나 선거 전날인 3월 19일에 천수이볜에 대한 총격 사건이 발생했다. 큰 부상이 없었기 때문에 다음날 투표는 그대로 진행되었으나 국가 안보 체제가 발동되면서 3만 8000여 명에 이르는 군인이 투표에 참여할 수 없었다. 투표 결과 근소한 차이로 천

---

3   2005년 통과된 새로운 선거법은 전체 의석을 기존의 225석에서 113석으로 감원했다. 113석 중 73석을 단순다수결로 선출하며 34석을 비례대표제로 선출한다. 비례대표의 경우 5% 조항이 적용되며, 절반인 17석은 여성 의석으로 보장된다. 또한 남은 6석은 원주민 의석으로 보장된다. 새로운 선거법에 의해 입법위원의 임기는 4년이며, 선거는 총통 선거와 동일한 날에 시행한다(Chi, 2014: 673).

수이볜이 승리했다.

3·19총격사건은 많은 논란을 가져왔다. 군인의 경우 전통적으로 국민당에 대한 지지가 높았고 천수이볜과 국민당의 롄잔 간의 표차보다 참여하지 못한 군인의 수가 더 많았다는 점에서 많은 논란을 낳았다. 격노한 국민당 지지자 수십만 명은 총통 관저와 당사를 둘러싸고 재검표와 저격 사건에 대한 별도의 수사를 요구했다. 그러나 법원은 정당 합의 7개월 이후 재선거 요청을 기각했다. 이후 논란은 쉽게 가라앉지 않았으며 입법원에서는 총통 선거의 유효성에 대해 계속적으로 문제를 제기했다. 무엇보다도 이러한 사건은 대만의 민주적 선거의 공정성을 손상시켰다(추윤한, 2007: 114~115). 그러나 천수이볜은 50.1%라는 과반의 지지율로 당선되었고, 3·19총격사건의 논란은 점차 가라앉았다.

많은 논란 속에서도 민주적 선거는 지속되었고, 선거에 의한 정권과 정당의 교체는 실질적인 절차에 따라 진행되었다. 민주주의가 안정되어가는 가운데 대만의 정당 체제는 2008년 이전까지 국민당, 민진당, 친민당, 그리고 대연이 경쟁하는 다당제를 유지했으며, 정당 경쟁은 중국에 대한 태도를 놓고 독립 지향적인 정당과 통일 지향적인 정당으로 양분되었다. 독립을 지향하는 민진당과 대연이 함께 범록연맹[綠營]을 형성했고, 통일 지향적인 신당과 친민당은 국민당과 함께 범남연맹[藍營]을 형성했다. 개별 진영에 속한 정당들은 독립 문제나 중국과의 관계와 관련된 문제에서는 상호 공조했다. 2008년에는 새로운 선거법하에서 총통 선거와 입법원 선거가 동시에 치러졌다. 민진당은 2004년의 선거에 이어 2008년 선거에서도 대만인 정체성 문제를 강조했다. 2008년의 선거에서는 국민당의 마잉주(馬英九) 후보가 58.4%를 득표하면서 당선되었다.

2008년의 총통 선거와 입법원 선거에서는 새로운 경쟁 이슈가 주목을 받았다. 천수이볜 집권기인 2000년부터 2008년까지 대만의 경제는 침체기였다. 1990년대 말에 동아시아를 강타한 외환위기는 대만 경제에 직접적으로 영향을 미치지는 않았으나 대만은 2001년 최초로 마이너스 경제성장을 경험했다. 대만 경제는 침체기에 빠지기 시작했고, 권위주의 정권 시기에 완전 고용을 이루었던 것과 상반되게 5%가 넘는 실업률을 기록하기도 했다. 이는 민진당 정권에 대한 지지율이 하락하는 주된 원인이 되었다. 선거운동 기간 중 마잉주는 중국과의 경제 교역 확대를 통한 대만 경제 회생을 약속했다. 이러한 마잉주의 주장은 대만인 정체성과 중국인 정체성을 동시에 가지고 있는 합리적인 집단의 지지와 호응을 얻었고, 2008년 총통 선거의 승리로 이어졌다. 2008년 국민당의 승리는 민주주의의 발전을 평가하는 데 중요한 사건이었다. 2000년의 총통 선거가 민주적 야당인 민진당으로 정권 교체를 이룬 첫 번째 정권 교체 선거였다면, 2008년의 총통 선거는 민진당에서 다시 국민당으로 정권 교체를 이룬 두 번째의 정권 교체 선거였다. 즉, 2008년 선거로 인해 대만은 두 번의 정권 교체를 달성하면서 민주적 공고화를 완성했다고 평가되기도 한다(Rigger, 2001: 37~54).

이후 2012년 총통 선거에서는 국민당의 마잉주가 재선에 성공했고, 2016년 총통 선거에서는 민진당의 차이잉원(蔡英文)이 당선되었다. 2012년 선거와 2016년 선거에서는 대만인 정체성이 여전히 선거에 중요한 독립변수로 작용하는 가운데 경제 회복과 발전을 위한 중국과의 경제 교역 또한 선거의 핵심적인 쟁점이 되었다. 새로운 선거법이 적용된 2008년 이후의 정당 체제는 민진당과 국민당이 희망한 대로 양당제로 운영되고 있다(〈표 1-2〉 참조). 선거법이 개정되고 난 뒤 초기에 해당하는 2008년 선거와 2012년 선거에서는 국민당이 과반 이상의 의석을 차지하면서 원내 제1당이 되었고, 2016년 선거에서는 민진당이 과반을 차지하면서 제1당이 되었다. 양당제로 인해 친민당과 대연 같은 소수 정당은 입법원에서 의석을 확보하는 데 실패했다. 이로 인해 새로운 선거법하에서는 소수 정당이 생존하기 어려울 것으로 보였으나 2016년 선거에서는 신생 정당인 시대역량(時代力量)이 다섯 개의 의석을 차지하면서 의회 진입에 성공했다. 시대역량은 국민당과 민진당이 제기해 온 것보다 더 강하게 대만의 자주적 입장을 대변하고 있다.

4. 대만 민주주의의 공고화

성공적인 민주적 전환을 이룬 대만의 민주주의는 민주주의의 공고화 측면에서도 높은 점수를 받고 있다. 체이법(Cheibub) 등이 개발한 '민주주의와 독재의 지표(Democracy-Dictatorship measure)'는 민주적인 정부가 경쟁적인 선거를 실시하는가를 중요한 기준으로 삼아 체제를 민주주의와 독재의 두 가지로 양분한다. 이 기준에 따르면 대만은 민주적 전환 이후 경쟁적인 선거가 실시되는 민주주의다. 한편 폴리티 IV(Polity IV)는 행정부 충원의 경쟁성, 행정부 충원의 개방성, 행정부에 대한 견제, 정치적 참여의 제도화(regulation), 정치적 참여의 개방성의 측면에서 민주주의의 공고화 단계를 측정한다.[4] 폴리티 IV로 측정한 평가에 따르면 대만은 1992년부터 2004년까지는 민주주의, 2005년부터 현재까지는 완전한 민주주의다(〈그림 1-1〉 참조). 그러나 이러한 기준은 민주주의의 제도적인 조건과 경쟁성을 만족시킬 뿐이다. 이 평가는 민주주의의 중요한 한 축이라고 할 수 있는 시민적 자유 및 권리의 보장에 대한 측정이라는 면에서 한계를 지니고 있다. 그렇다면 더욱 광범위한

---

4   마셜(Marshall) 등이 개발한 폴리티 IV는 1800년부터 현재에 이르기까지 전 세계의 정체(polities)를 대상으로 매년 민주주의와 전제정(autocracy)을 측정해 이를 지표로 발표하고 있다. 지표는 -10에서 10의 총 범위 내에서 -10에서 -6까지는 전제정, -5에서 0까지는 폐쇄적인 혼합정(closed anocracy), 1에서 5까지는 개방된 혼합정(open anocracy), 6에서 9까지는 민주주의, 그리고 10은 완전한 민주주의로 간주한다.

┃그림 1-1 ┃ 폴리티 IV로 측정한 대만의 민주주의 변천 과정(1990~2014)

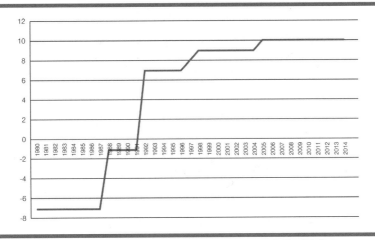

자료: Polity IV Project, http://www.systemicpeace.org/polity/polity4.htm(2016년 3월 6일 검색).

조건에서는 대만 민주주의의 공고화를 어떻게 평가할 수 있는가?

많은 민주주의 연구가들은 민주주의의 최소적이고 절차적인 조건인 정기적이고 공정한 민주적 선거의 일상화가 작동한다고 해서 공고화 조건이 충족되는 것은 아니라고 주장한다. 민주주의는 더욱 확장된 개념을 필요로 한다. 특히 자유로운 선거를 중요시하는 선거 민주주의 (electoral democracy)의 경우 행위자들 간의 경쟁이 절차적 정당성을 보장한다는 면에서 권력의 정당성을 강화시켜줄 수 있으나 그 실질적인 운영 과정에서 나타나는 패권 정당의 출현이나 정치 지도자의 권력 남용, 정치 리더십의 부재와 한계, 선거 만능주의에 따른 정치적 왜곡 등으로 인해 민주주의가 권위주의로 회귀할 수 있는 위험성을 내포하고 있다(Schedler, 1998: 97~98; Armony and Schamis, 2005: 122).

이러한 문제점과 관련해 일찍이 셰보르스키는 지속 가능한 민주주의가 되기 위해서는 신생 민주주의가 다음 네 가지 요건을 갖추어야 한다고 제시한 바 있다. 무엇보다도 첫째, 신생 민주주의가 분열된 국가에서는 생존하기 어렵다고 지적했다. 따라서 국가 통합(territorial integrity)은 신생 민주주의의 선결 과제다. 둘째, 제도적인 민주주의가 갖추어졌다고 하더라도 시민권의 보장이 효과적으로 이루어지지 않는다면 이는 민주주의라고 할 수 없다. 셋째, 민주주의는 사회적 변화에 부응하는 정치제도를 갖추어야 한다. 마지막으로 넷째, 민주적인 시민문화가 존재해야 민주주의가 지속될 수 있다(Przeworski et al., 1995: 10~16). 이와 비슷한 맥락에서 린츠와 스테판은 신생 민주주의의 공고화 과정에서 국가 통합은 필수적인 요건이라고 지적한다. 그리고 이에 더해 시민사회, 정치사회, 법의 지배, 국가 장치, 그리고 경제사회의 각 영역이 상호 보완 작용을 통해 각각의 기능을 발휘하도록 해야 한다고 주장했다(Linz and Stepan, 1996: 3~15). 민주주의 공고화를 위한 이러한 조건을 셰보르스키의 네 가지 영역을 중심으로 린츠와 스테판의 주장과 함께 정리해 보면 다음과 같다.

첫째, 신생 민주주의는 권위주의 시기 동안 잠재되어 있던 다양한 사회적 갈등이 일시적으로 폭발하는 경향이 있다. 한 국가가 다양한 민족, 언어, 종교, 또는 문화로 구성된 경우 민주주의의 기본 요소에 대한 동의(consent)가 어려워진다. 따라서 민주주의의 공고화를 위해서는 이러한 갈등이 영토의 분할로 이어지지 않도록 전략적인 조치가 필요하다. 구체적인 방법으로 협의주의적 제도(consociational institution)를 도입하거나, 갈등을 완화하는 방식의 제도 배열, 즉 전국선거를 지방선거보다 앞서서 진행하거나 헌법을 먼저 제정한 후 세부적인 법률을 제정하는 등의 방법을 적용해야 한다(Przeworski et al., 1995: 19~33; Linz and Stepan, 1996: 16~37).

둘째, 민주주의의 공고화를 위한 두 번째 영역은 효과적인 시민권(effective citizenship) 보장이다. 이를 위해서는 시민의 물질적인 안전, 교육, 그리고 정보에의 접근이 보장되어야 하며, 이를 위한 정부의 역할이 중요하다. 정부는 무엇보다도 헌법과 법률이 허용하는 범위 내에서 시민권이 보장될 수 있도록 활동해야 하며, 사법부와 경찰이 예측 가능한 방식으로 움직일 것이라는 점을 시민들에게 보장해야 한다. 또한 정치적 권리는 보편적이어야 하며 시민은 이를 보장받아야 한다. 이 외에도 정부는 국민의 기초생활을 보호해야 하며 서구 민주주의에서 제공하는 복지를 제공해야 한다(Przeworski et al., 1995: 34~39).

셋째, 신생 민주주의는 전환 직후 새롭게 도입할 민주제도를 논의하는 과정에서 내용과 절차, 합의와 경쟁, 또는 다수결주의와 입헌주의 중 어떠한 부분에 중점을 둘 것인가를 놓고 다양한 의견이 제시된다. 따라서 실질적으로 도입되는 제도는 민주화 초기 협약을 체결할 당시의 사회적 갈등을 반영한다. 즉, 신생 민주주의에서는 당파적인 합리성의 추구가 집단적으로 최적의 효율성을 가져오지 못할 수도 있다는 것을 인지하면서도 당면한 문제를 해결하기 위해 정치인들은 불완전한 민주제도의 도입에 합의한다(Finer, 1997: 1495). 따라서 모두에게 최적인 민주적인 정치제도를 수립하기 위해서는 공고화 과정에서 정치제도가 지속적으로 진화해야 한다(Przeworski et al., 1995: 40~52).

넷째, 민주주의가 공고화되기 위해서는 민주적 시민사회가 형성되어야 한다. 이는 두 가지 차원에서 검토해볼 수 있다. 하나는 신생 민주주의는 민주화 직후 민주적 참여의식을 지닌 시민사회가 존재하지 않기 때문에 민주적 정당과 다양한 이익단체가 조직되어 활동하기 어렵다는 것이다. 다른 하나는 신생 민주주의의 주민은 정치와 정치인에 대한 신뢰도가 낮고, 정치적 효능감이 낮으며, 민주적 제도를 신뢰하지 않고, 실질적인 민주제도의 성과에 만족하지 못한다는 것이다. 이러한 낮은 신뢰는 시민들이 지도자의 약속을 신뢰하지 않고 정책의 결과를 불신해 투표율의 저하로 이어지며, 결국 정치체제의 통치 능력을 저하시킨다(Przeworski et al., 1995: 53~64; Putnam, 2002).

대만의 민주주의 공고화에 대한 기존의 연구는 대부분 한 영역에 치중해온 경향이 있다. 그중에서도 대만의 민족주의적 갈등이라 할 수 있는 국가적 정체성의 문제는 린츠와 스테판(Linz and Stepan, 1996: 19~20)을 포함해 왕푸창(2008) 등의 많은 학자들이 지적했다. 그러나 민주화가 진전되면서 대부분의 연구는 민주적 제도에 초점을 두었는데, 그중청둔런(Cheng, 1997)의 연구가 대표적이다. 특히 1990년대 중반 이후에는 세푸성(Hsieh, 1997)의 연구와 같이 특히 선거제도의 개혁에 주목했다. 또한 최근에는 장유쭝·주윈한(Chang and Chu, 2008)의 연구나 박종민·주윈한(Park and Chu, 2014)의 연구와 같이 서베이 데이터 분석을 통해 대만 주민의 시민권 보장 정도와 시민사회의 발전 정도를 측정하는 연구가 진행되고 있다. 이 절은 이러한 기존 연구들을 바탕으로 하되, 셰보르스키, 린츠와 스테판 등이 제시한 국가 통합, 효과적인 시민권, 정치제도, 그리고 시민사회의 네 가지 영역에서의 조건이 대만에서는 어떻게 충족될 수 있는지를 검토해본다.

1) 국가 통합

민주주의의 공고화에서 국가 통합의 문제가 제기되는 이유는 동유럽 사례에서 극명하게 알 수 있다. 동유럽의 신생 민주주의는 민족 균열이 정치적 불안정을 수반했고, 결과적으로 민주적 전화 이후에 국가의 분열을 초래했다. 민주주의는 참여(participation)와 포용(inclusion)을 특징으로 하기 때문에 대만의 본성인에게 억압되어 있던 정치적 권리를 요구하도록 만들었다. 민진당을 창당한 당외 인사는 대부분 본성인이었으며, 이들은 민주화 투쟁 과정에서 본성인의 정치적 참여를 요구했다. 이러한 갈등은 점차 대만인과 중국인이라는 정체성의 갈등으로 변화했는데, 강한 대만인 정체성을 주장하는 세력은 더 나아가 대만의 독립을 요구하기 시작했다. 중화민국 헌법상의 영토가 중국 대륙을 모두 포함하고 있다면, 독립 세력은 중화민국 영토의 범위를 대만과 부속 도서로 한정했고, 실질적으로 대만에 거주하고 있는 대만 주민이야 말로 대만의 주인이 되어야 한다고 주장했다. 린츠와 스테판은 민주화 초기의 대만에 대해 민주화 과정이 이러한 주권의 범위를 설정하는 문제와 연관되면서 상당히 복잡한 과정으로 변했다고 진단한 바 있다 (Linz and Stepan, 1996: 19~20).

그러나 전환 이후에 나타나는 갈등이 반드시 분열을 초래해 민주주의 공고화의 실패로 이어지는 것은 아니다. 민주적 제도를 디자인하는 과정에서 갈등을 흡수하는 선택을 할 수 있기 때문이다(Linz and Stepan, 1992; Przeworski et al., 1995). 민진당의 요구에 대해 국민당은 헌정 개혁 과정에서 이러한 갈등을 단계적으로 흡수했다. 국민당의 리덩후이가 주도한 1991년 헌정 개혁 과정에서는 중화민국의 통치 범위를 현실적으로 재조정했다. 기존 헌법에는 중화민국이 전 중국을 통치한다고 명시되어 있으나 추가 조항을 통해 중화민국 영토를 실질적으로 대만 섬과 부속 도서로 제한했다. 또한 입법원과 국민대회의 구성원으로는 중화민국 국적을 가진 자만 선출될 수 있다는 항목을 추가했다. 즉, 국민당은 국가적 정체성의 갈등으로 인해 분열을 초래할 수 있는 주권의 문제를 개헌 과정에서 일정 부분 해소했다.

라부시카와 셉슬에 따르면 각 민족 공동체 출신의 정치인들은 되도록 정책에서 극단적인 입장을 취함으로써 전체 공동체의 협상을 파괴하는 경향이 있다(Rabuska and Shepsle, 1972). 이러한 '몸값 올리기 (outbidding)'는 정치체제의 분열을 가져오는데, 이는 민주주의 체제의 붕괴로 이어질 수 있다. 민주화 과정 중인 1990년대 초반 민진당은 대만 독립을 강하게 주장했다. 1991년 민진당은 당 강령에 대만 독립 조항을 명기했고, 1992년 12월 입법원 선거에서는 실질적인 대만의 독립을 의미하는 '하나의 중국, 하나의 대만[一中一臺]'을 주장했다. 그러나 1992년 입법원 선거에서 민진당이 국민당에 패배함으로써 독립 쟁점이 오히려 민진당의 지지층을 상실하게 한다는 주장이 제기되었고, 이후 민진당은 급진적인 입장에서 후퇴해 "대만의 미래는 2300만 대만 주민들이 결정할 것"이라는 우회적인 표현으로 독립에 대한 입장을 제기하기 시작했다.

이후 이러한 갈등은 대만의 독립과 통일을 둘러싼 정당 간의 입장 차이로 발전했다. 과반 이상의 대만 주민이 통일도 독립도 아닌 현상 유지를 원하는 가운데 대만의 정당 경쟁은 통일과 독립에 대한 입장의 차이에 따라 정당의 차별성이 나타나기 시작했다. 2000년 총통 선거에서 국민당과 민진당을 중심으로 양분된 범남연맹은 표면적으로는 현상 유지를 주장하지만 궁극적으로 대만의 통일을 주장했고, 범록연맹은 대만의 독립을 주장했다. 선거법이 개정된 이후 2008년 대만의 정당 체제는 양당제로 변했지만 두 핵심 정당인 국민당과 민진당의 경쟁은 여전히 중국에 대한 입장의 차이로 나타났다. 따라서 민주화 이후 등장한 국가적 정체성의 갈등은 입장의 차이가 여전히 첨예함에도 불구하고 제도권 내에서 정당 경쟁으로 흡수되었다고 평가할 수 있다. 2004년 총통 선거를 앞두고 3·19총격사건 같은 의혹이 제기된 사건이 발생했음에도 선거 결과를 수용한 것은 중요한 민주적 발전이라고 볼 수 있다. 또한 2014년의 3월에는 대학생들의 입법원 점령 사건[5]이 발생해 의회 정치가 위기를 맞는 듯했으나, 2014년의 지방선거와 2016년의 총통 선거 및 입법원 선거를 통해 이러한 갈등을 제도권으로 흡수하는 역량

---

5   2014년 입법원 점령 사건은 '해바라기 운동(太陽花學運)'이라고 불리며, 2014년 3월 18일부터 4월 10일까지 대만에서 발생한 최초의 의회 점령 사건이었다. 3월 17일 국민당 입법위원이 양안서비스협정안의 심사 보고를 30초 만에 통과시키자 이에 분노한 대학생, 대학원생, 그리고 시민들이 입법원을 점령했고, 시민들 1만여 명이 입법원 밖에서 이를 지지하는 시위를 벌였다.

을 보였다.

2) 효과적인 시민권

셰보르스키에 따르면 효과적인 시민권을 위해서는 무엇보다도 물질적인 안전과 교육이 보장되어야 하고, 정보로의 접근이 허용되어야 하는데, 여기서는 국가의 역할이 중요하다. 국가는 시민적 자유와 함께 정치적 권리도 보장해야 한다. 그렇다면 민주화 이후 대만의 시민권은 어느 정도로 보장되어 있는가? 프리덤하우스는 민주주의를 '자유(freedom)'의 개념으로 해석해 시민적 자유와 정치적 권리의 두 영역에서 평가한다.[6] 〈그림 1-2〉는 프리덤하우스의 민주주의 지수인 자유도(Freedom Rating)로 대만의 자유도를 평가한 것이다. 자유도는 시민적 자유 지수와 정치적 권리 지수의 평균을 구한 값으로, 1에서 2.5의 구간이면 민주주의, 3에서 5.5의 구간이면 혼합정, 5.5에서 7의 구간이면 독재로 평가한다.

대만의 자유도는 1999년 이후 1에서 2구간을 유지하고 있으므로 대만은 시민적 자유와 정치적 권리가 보장된 민주주의라고 할 수 있다. 가장 높은 자유도인 1을 기록한 것은 2006년이다. 당시는 천수이볜 집권 2기의 2년차로서 대만은 당시 가장 높은 시민적 자유와 정치적 권리를 누린 것으로 평가된다. 1.5를 기록한 기간은 천수이볜 집권 1기인 2001년과 2002년, 천수이볜 집권 2기인 2007년과 2008년, 그리고 마잉주 집권 1기와 2기다. 가장 낮은 2점을 기록한 구간은 리덩후이 집권

---

[6] 정치적 권리에서는 선거 과정, 정치적 다원주의와 참여, 그리고 정부의 기능 면에서 1에서 7의 구간으로 측정한다. 시민적 권리의 영역에서는 표현과 신념의 자유, 집회와 결사의 자유, 법의 정치, 그리고 개인적 자율성과 개인의 권리의 면에서 1에서 7의 구간으로 측정한다. 최종적으로는 각 영역의 합산 점수를 합해 평균을 구한다. https://freedomhouse.org(2016년 6월 26일 검색).

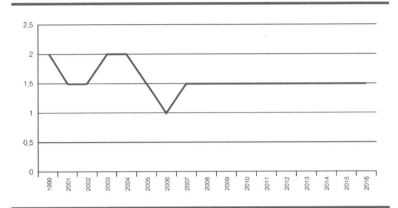

▌그림 1-2▌ 대만의 자유도(1999~2015)

자료: Freedom House.

마지막 해인 1999년과 천수이볜 집권 1기 중 2003년과 2004년이다. 프리덤하우스 보고서에 따르면 2006년에 가장 높은 점수를 받은 중요한 원인은 제도 개혁에 있다. 2006년 직전에 사법부의 독립성과 법의 통치를 확립한 제도 개혁은 정치적 권리를 높여주었으며, 2005년 실시한 선거제도의 개혁은 대만 주민의 시민적 자유와 정치적 권리를 높여주었다.

〈그림 1-3〉은 대만의 시민적 자유와 정치적 권리 지수를 나타낸다. 시민적 자유는 1999년부터 2004년까지 2점을 유지해오다가 2005년 1점으로 상승했다. 그러나 2010년에 다시 2점으로 쇠퇴했다. 프리덤하우스 보고서에 따르면 2005년에서 2009년에 1점을 받은 이유는 사법부의 독립성이 보장되면서 법의 통치를 확립한 것에 기인한다. 사법부의 개혁은 법원에 대한 정치적 영향력과 부패를 상당히 감소시켰고, 법무장관은 사법부 내의 부패를 감시하기 위한 전담반을 구성함으로써 법의 통치를 강화했다. 2010년에 1점으로 후퇴한 근거는 두 가지다. 첫째, 사법 체제가 형사 피고인의 권리를 보호하는 측면에서 결함이 있다

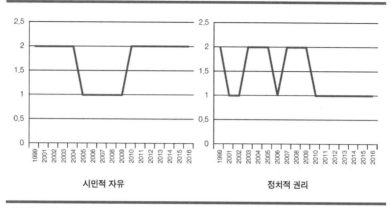

┃그림 1-3┃ 대만의 시민적 자유와 정치적 권리(1999-2016)

시민적 자유   정치적 권리

는 것이다. 용의자가 선고가 내려지기 전에도 구금될 수 있다는 것은 시민권의 보장이 미비하다는 것을 의미한다. 이로 인해 부패 혐의로 기소된 천수이볜은 재판이 진행되는 과정에서 약 1년간 구금 상태에 있었다. 둘째, 보고서에 따르면 2009년 교육 공무원의 정치활동을 금지시키는 법안이 통과된 것이 원인이었다.

〈그림 1-3〉의 정치적 권리의 변화를 살펴보면 정치적 권리는 많은 변동의 폭을 보인다. 프리덤하우스의 보고서에 따르면, 1999년 2점을 받은 이유는 당시 국민당이 언론에 대해 강한 영향력을 행사한다는 점과 당이 많은 재산을 소유하고 있다는 점, 그리고 사법부의 비독립성이 원인이었다. 2001년에 정치적 권리가 1로 상승한 것은 2000년 실시된 자유롭고 공정한 총통 선거가 원인이었다. 2000년 총통 선거를 통해 최초로 야당인 민진당으로 정권 교체가 이루어졌고, 그 과정과 결과가 평화롭고 순조롭게 진행되었다는 점이 높게 평가되었다. 2006년에는 2003년 하락했던 정치적 권리가 다시 1로 상승했는데, 이는 포괄적인 헌정 개혁과 선거제도 개혁에 기인한다. 2005년 대만은 입법원 의석을

절반으로 감원하고, 선거제도를 혼합형 단순다수제로 개혁했다. 프리덤하우스는 선거제도의 개혁을 긍정적으로 평가한다. 선거제도의 개혁을 통해 기존의 선거제도하에서 발생하는 부패를 감소시키고, 정치적 대의제를 확립했다고 평가한다. 그러나 2007년 정치적 권리는 다시 2점으로 하락했다. 하락한 원인은 정치인, 사업가, 그리고 조직화된 범죄 집단이 서로 결탁된 부패 때문이었다. 집권당이던 민진당은 2005년 12월의 지방선거에서 크게 패배했는데, 이는 총통인 천수이벤의 가족과 그 관련 인사들이 부패 혐의로 조사를 받은 사건 때문이었다. 2010년에는 다시 1점을 회복했는데, 이는 전직 최고 통치자인 천수이벤을 기소한 것을 포함해 반부패법이 강화되었기 때문이다. 2009년 9월 천수이벤은 부패 혐의로 종신형을 선고받았다.

프리덤하우스의 평가에 따르면 효과적인 시민권의 보장은 2016년 현재 1.5점으로 완전한 민주주의라고 할 수 없다. 2010년 이후 대만은 정치적 권리의 영역에서는 완전한 보장을 받고 있지만 시민적 자유의 영역에서는 아직 완전한 보장을 받고 있지 못하다. 이를 개선하기 위해서는 헌법과 법률이 허용하는 범위 내에서 시민권의 완전한 보장을 허용해야 한다. 프리덤하우스 보고서에서 지적하고 있듯이 사법부와 경찰이 예측 가능한 방식으로 움직여야 하며, 시민의 정치적 권리가 보편적으로 적용되어야 한다.

3) 민주적 정치제도

제도는 그 제도가 형성될 당시의 사회적 갈등구조를 반영하게 마련이다. 따라서 민주화 직후에 수립된 제도는 민주화 직후의 사회적 갈등을 반영하고 있다. 따라서 셰보르스키는 민주주의가 공고화되는 과정에서 정치제도도 새로운 사회적 변화에 부응해 더욱 적합한 제도로 진화해야 한다고 지적했다. 대만에서 민주화 직후 가장 많은 개혁의 필요성이 제기된 것은 헌정제도와 선거제도였다. 1990년 리덩후이 총통이 구성한 국시회의는 당시 다양한 사회 세력을 고르게 포함하고 있었다. 국시회의에서 제시한 개혁안은 주로 어떠한 헌정제도가 대만의 민주주의에 가장 효과적인가 하는 문제였다. 당시 헌정 구조는 내각제적 요소를 포함하고 있었기 때문에 운용 방식에 따라 총통제 또는 내각제로 운용될 수 있는 특징을 지니고 있었다. 따라서 1990년대 초 국시회의에서는 의원내각제와 총통제 중 어느 제도가 대만 민주주의에 적합한 제도인가를 가려내는 일(Niou and Ordeshook, 1993)이 중요한 쟁점이었다. 한편 선거제도와 관련된 문제는 당시 입법위원 선출 방식이던 단기비이양식 중선거구제가 과연 대만의 정치적 상황에 가장 적합한 제도인가 하는 것이었다.

헌정 개혁은 대만의 민주적 전환 관정에서 중요한 부분이다. 민주화 과정에서 개헌은 1991년, 1992년, 1994년, 1997년, 1999년, 그리고 2000년까지 총 여섯 차례에 걸쳐 진행되었다. 1991년 제1차 개헌을 통해 제1대에 선출된 입법원을 폐지하고 1991년 12월 31일 이전에 제2대 중앙 민의대표를 선출하도록 했다. 또한 비상시기 임시조항과 반란처벌조례를 폐지해 총통의 초법적인 통치권을 규제하고 정상적인 헌정 체제를 확립했다. 1992년 제2차 개헌에서는 총통 연임을 허용하고 총통과 부총통을 동시에 선출하도록 했다. 1994년 제3차 개헌에서는 총통 선거를 주민에 의한 직접선거로 바꾸었고, 임기를 4년으로 규정했으며 연임이 가능하도록 했다. 이때 대만의 헌정 체제는 내각제적 조항이 부활하면서 총통과 행정원장, 그리고 입법원 간에 견제와 균형이 작동하는 준총통제(semi-Presidentialism)의 특징을 갖게 되었다. 그러나 1996년 리덩후이가 총통에 당선되고 난 이후 진행된 1997년 제4차 개헌 과정에서 입법원의 동의 없이 총통이 행정원장을 임명할 수 있도록 했고, 그 결과 대만의 준총통제는 강한 총통제의 성격을 갖게 되었다 (Wu, 1998).

한편 민주화 이후 입법원 선거에 적용된 단기비이양식 중선거구제는 일본 식민 통치 시대에 지방선거에 적용되었던 방식이며, 권위주의 통치 시기에는 입법부의 보궐선거에 적용되었다. 이는 총 161개 의석 중 교민대표 6석을 포함한 36석을 비례대표로 선출하고, 남은 125개의 의석을 단기비이양식 중선거구제로 선출하도록 하는 방식이었다. 그러나 단기비이양식 중선거구제는 1992년 입법원 선거가 끝난 직후부터 비판의 대상이 되었다. 그 이유는, 첫째, 단기비이양식 중선거구제는 투표와 의석의 불비례성(disproportion of votes and seats)이 지나치게 컸다. 이론적으로 단기비이양식 중선거구제는 다당제를 산출할 것으로 기대되었으나 실제로는 국민당 우위의 양당제를 산출했다(Cox and Niou, 1994). 둘째, 단기비이양식 중선거구제하에서는 한 지역구에서 한 정당이 여러 명의 후보자를 출마시킬 수 있기 때문에 정당 간 경쟁보다 정당 내 경쟁이 지나치게 과열되었다(Hsieh, 2009). 마지막으로, 과열된 경쟁은 금권정치와 같은 부패로 이어졌다(Chin, 2003).

선거제도 개혁의 필요성이 제기되는 가운데 2002년 민진당은 선거제도 개혁안을 국민대회에 제출했다. 개혁안은 단기비이양식 중선거구제를 혼합형 단순다수제로 바꾸는 것과 입법원 의석을 절반으로 감원하는 것이 핵심이었다. 국민당과 민진당의 경우 일반적으로 단순다수결 제도가 양당제를 가져올 것이라는 계산에 따라 새로운 선거제도를 선호했다. 이 개혁안을 통과시키기 위해서는 국민대회의 수정안에 소수 정당이 반드시 동의해야 했다. 그러나 소수 정당은 양당제를 유도하는 선거제도에 반대했다. 당시의 개혁안은 입법원 의석을 절반으로 감원하는 개혁안과 동시에 진행되었는데, 대부분의 주민은 단수다수결의 효과는 이해하지 못한 반면, 부패한 정치인을 심판한다는 의미에서 입법원 의석 감원에는 적극적으로 찬성했다. 결국 선거법 개혁안에 반대할 경우 반개혁적이고 부패한 인사라는 인식이 사회적으로 퍼지자 소수 정당도 개혁안에 찬성하게 되었다. 2005년 7월 개혁안이 통과되면서 대만 선거제도는 입법부 의석 113석 가운데 73석을 단순다수제로 선출하고, 34석을 비례대표로 선출하며, 나머지 6석은 원주민 의석으로 할당하는 혼합형 단수다수제로 변화했다(Chi, 2014).

새로운 선거제도하에서 2016년까지 세 번의 입법원 선거가 진행되었다. 2008년 선거는 국민당이 전체 의석 중 81석을 얻어 27석을 얻은 민진당을 크게 앞질렀다. 2012년 선거에서는 의석의 차이는 줄어들었으나 국민당이 64석, 민진당이 40석으로 여전히 국민당 우위의 양당제를 형성했다. 그러나 2016년에 치러진 선거에서는 민진당이 68석을 얻음으로써 최초로 입법원의 과반의석을 얻었다. 새로 도입한 혼합형 단순다수제는 모리스 뒤베르제(Maurice Duverger)가 증명한 바와 같이 대만 정당 체제를 양당제로 재편했다. 그러나 발전된 민주국가에서는 선거제도가 단순다수제에서 비례대표제로 진화한다는 점을 고려할 때(Colomer, 2004), 대만의 선거제도가 비례대표의 특징을 지닌 단기비이양식 중선거구제에서 혼합형 단순다수제로 변화한 것은 제도의 후퇴라고 할 수 있다. 이는 소수의 이익과 목소리를 고려하지 않은 기득권 세력의 대중 동원 전략이 성공하면서 초래된 결과이자, 대만의 정치사회는 기득권을 가진 두 정당의 지배하에 있다는 것을 증명하는 것이라 볼 수 있다.

4) 민주적 시민사회

셰보르스키는 민주적 시민사회를 위해서는 첫째, 다양한 시민단체 또는 이익단체가 활발하게 활동해야 하며, 둘째, 민주의식을 지닌 시민이 존재해야 한다고 했다. 대만의 경우 서구의 민주주의에서 중요한 역할을 해온 노동조합의 사례와 비교해 시민사회의 활동이 지닌 한계를 진단해볼 수 있다. 민주화 이전 대만에서는 노동조합이 존재했으나 발전은 미약했고 서구의 노동조합과는 근본적인 차이가 있었다. 대만의 노동조합은 임금 상승보다는 근로 조건의 개선을 요구하는 데 주력했고, 민주화 직후 노동쟁의가 급증했지만 주로 개별적인 노사 관계와 관련된 법적 분쟁이 핵심적인 쟁점이었다. 민주화 이후 노동 세력은 노동 정당을 결성하고 의회 진출을 시도했으나 득표에 실패했고, 현실적인 방안으로 기존 정당에 참여하는 방안을 택했다. 이는 특히 쟁점의 지평을 넓히고자 하는 민진당의 환영을 받았다. 세계화 이후 중소기업이 임금이 저렴한 곳으로 생산기지를 옮기면서 실업이 증가했고, 해고된 노동자들을 중심으로 집단적 저항이 발생했다. 집단적 저항에서 제기된 요구에 대해 민진당과 노동운동가들은 정부에 문제의 해결을 요청했고 정부는 이를 수용하는 방식으로 문제를 해결했다. 즉, 노동의 요구가 기존 정당과 정부를 통해 해소되면서 기존 제도가 노동조합의 기능과 요구를 흡수하게 되었다. 그 결과 노동 집단이 노동 정당이나 자생적인 이익집단으로 발전하는 데에는 실패했다(지은주, 2013; Lee, 2011; Huang, 2002). 그러나 노동 집단 외에 환경, 여성, 소수 집단 등의 권리를 위한 다양한 이익집단의 활동은 민주화된 대만에서 활발히 전개되고 있다.

앞에서 신생 민주주의 민주적 시민사회의 문제 가운데 하나로 신생 민주주의 주민은 정치와 정치인에 대한 신뢰도가 낮고, 정치적 효능감이 낮으며, 민주적 제도를 신뢰하지 않고, 실질적인 민주제도의 성과에 만족하지 못한다는 점을 지적한 바 있다. 이는 민주제도에 대한 시민들의 태도를 평가하는 것으로, 이를 ① 정치적 효능감, ② 정치, 정치인, 그리고 민주적 제도에 대한 신뢰, ③ 민주제도의 성과에 대한 만족도로 분류할 수 있다. 이를 검토하기 위해 여기서는 아시안 바로미터(Asian

Barometer)[7]의 서베이 데이터를 활용한다. 아시안 바로미터의 여론조사는 대만 주민들의 민주주의에 대한 태도를 측정할 수 있는 다양한 설문항을 포함하고 있다. 2005년 공개된 첫 번째 여론조사 자료(wave 1)는 2001년에 측정한 서베이 조사를 제공하고 있으며, 2011~2013년에 공개된 세 번째 여론조사 자료(wave 3)는 2010년에 측정한 서베이 조사를 제공하고 있다. 2001년 자료와 2010년 자료는 정치적 효능감과 정치, 정치인, 그리고 제도에 대한 신뢰에서는 거의 유사한 설문항을 포함하고 있다. 그러나 민주제도의 성과에 대한 만족도를 묻는 부분에서는 설문항에 차이가 있다. 2001년 자료에는 민주적 성취 및 정책의 성취와 관련된 설문항이 있는 반면, 2010년 자료에는 정부의 질(quality of government)에 대한 설문항이 있다. 〈표 1-4〉는 각 설문항에 대한 답변을 백분율로 나타낸 것이다.

먼저, 정치적 효능감의 면에서 대만 주민의 효능감은 일반적으로 낮지만 10년의 기간 동안 상승한 것으로 나타난다. 2001년 설문항인 '나는 정치에 참여할 능력이 있다'에 대해 2001년에는 32.8%가 동의했으나 2010년에는 40.4%가 동의했다. '정치와 정부는 너무 복잡해서 나 같은 사람은 이해할 수 없다'에 대해서는 2001년에는 75.2%가 동의한 반면 2010년에는 72.0%가 동의했다. 2010년에도 대다수의 대만 주민이 여전히 정치를 어렵고 특별한 것으로 이해하고 있는 것으로 나타난다. 또한 '나 같은 사람은 정부가 하는 일에 영향을 미칠 수 없다'는 문항에 대해서는 2001년 69.0%에서 2010년에는 67.8%로 큰 변화가 없었다. 이는 민주적 전환이 이루어진 지 이미 오랜 기간이 경과했음에도

---

7 아시안 바로미터 서베이는 초국가적 서베이 프로젝트로서 동아시아의 대만, 한국, 일본 등을 포함한 13개 국가와 지역을 대상으로 해서 정기적으로 설문조사를 진행해오고 있다. 2005년에 첫 번째 서베이 데이터를 공개한 이래 2016년부터는 네 번째 서베이 데이터를 공개하고 있다. 아시안 바로미터는 민주주의에 대한 지지, 정치 문화, 정치 참여 등과 같은 민주주의와 관련된 문항들로 구성되어 있다. http://www.asianbarometer.org/(2016년 5월 27일 검색).

┃표 1-4┃ 대만 주민의 민주주의에 대한 태도(2001, 2010년)(단위: %)

	문항		2001	2010
I	정치적 효능감	나는 정치에 참여할 능력이 있다	32.8	40.4
		정치와 정부는 너무 복잡해서 나 같은 사람은 이해할 수 없다	75.2	72.0
		나 같은 사람이 정부가 하는 일에 영향을 미칠 수 없다	69.0	67.8
		국가는 강한 소수가 통치해야 한다	60.4	13.3
II	정치·정치인에 대한 신뢰	대부분의 정부 관료는 부패했다	70.6	48.7
		대부분의 지방 관료는 부패했다	65.2	53.5
	민주적 제도에 대한 신뢰	의회는 신뢰할 수 있다	22.2	20.4
		정당은 신뢰할 수 있다	18.5	15.6
		군대는 신뢰할 수 있다	69.1	49.8
		경찰은 신뢰할 수 있다	49.3	51.8
III 민주 제도의 성과에 대한 만족도	민주주의 작동에 대한 만족도	만족한다	53.4	76.4
	민주적 성취	언론의 자유는 상당히 성취되었다	81.3	n/a
		집회의 자유는 상당히 성취되었다	83.9	n/a
		공정한 대우는 상당히 성취되었다	59.3	n/a
		대중의 영향은 상당히 성취되었다	37.9	n/a
		독립적인 사법부는 상당히 성취되었다	49.0	n/a
	정부의 질	두려움 없이 자신의 의견을 자유롭게 말할 수 있다	n/a	74.2
		두려움 없이 원하는 단체에 가입할 수 있다	n/a	78.7
		선거를 통해 원하는 정당이나 후보를 선택할 수 있다	n/a	56.8
		의회는 정부를 충분히 견제하고 있다	n/a	47.5
		정부는 유권자가 원하는 것에 응답한다	n/a	38.5
	정책의 성취	반부패는 상당히 성취되었다	49.6	n/a
		법과 질서는 상당히 성취되었다	22.8	n/a
		경제 발전은 상당히 성취되었다	31.7	n/a
		경제적 평등은 상당히 성취되었다	26.7	n/a
	민주제도의 성취	민주주의는 우리 사회의 문제를 해결할 수 있다	n/a	59.8

자료: Asian Barometer.

상당한 수의 주민들이 여전히 정치에 거리감을 갖고 있음을 보여준다. 그러나 '국가는 강한 소수가 통치해야 한다'에 대해서는 2001년 60.4% 가 동의했던 반면, 2010년에는 단지 13.3%만 동의했다. 이는 대만 주 민들이 비록 민주적 시민으로서의 효능감은 낮지만 권위주의 통치에 대한 수용성은 상당 부분 감소했음을 보여준다.

두 번째 항목은 정치·정치인에 대한 신뢰와 민주적 제도에 대한 신뢰 두 부분으로 나누었다. 정치와 정치인에 대한 신뢰 부분은 정치인의 부패 정도로 측정했다. '대부분의 정부 관료는 부패했다'는 질문에 대해 2001년에는 70.6%가 동의했으나 2010년에는 48.7%로 하락했다. '대부분의 지방 관료는 부패했다'는 질문에 대해서도 2001년 65.2%가 동의한 반면 2010년에는 약간 하락한 53.5%가 동의했다. 부패의 정도에 대한 인식이 완화되기는 했으나 여전히 절반에 가까운 주민들이 중앙 관료와 지방 관료가 부패했다고 생각하는 것이다. 이는 대만의 지방 선거에서 인적 네트워크를 중시하는 파벌이 여전히 중요한 역할을 하고 있는 점, 그리고 2008년 천수이볜 총통의 가족과 측근이 재임 중 상당한 부패 사건과 연루되었고 천수이볜 본인 역시 부패 혐의로 재판에 회부된 점 등이 영향을 미친 것으로 볼 수 있다. 즉, 정치와 정치인에 대한 신뢰는 상당히 낮은 것으로 평가된다.

민주적 제도에 대한 신뢰는 정치와 정치인에 대한 신뢰보다 더 낮다. '의회는 신뢰할 수 있다'에 대해 2001년에는 22.2%만이 동의했고, 2010년에는 이보다 낮은 20.4%만이 동의했다. 정당에 대해서는 더욱 심각하다. '정당은 신뢰할 수 있다'에 대해 2001년에는 단지 18.5%만이 동의했고, 2010년에는 15.6%만이 동의했다. 민주제도의 핵심이라고 할 수 있는 의회와 정당에 대해 대만 주민들은 상당히 낮은 신뢰도를 보이고 있다. 이에 반해 권위주의 시기에 핵심적인 역할을 했던 군대와 경찰에 대한 신뢰는 의회와 정당에 대한 신뢰보다 높게 나타난다. '군대는 신뢰할 수 있다'에 대해 2001년에는 무려 69.1%가 동의했다. 2010년에는 49.8%로 상당히 하락하긴 했지만 그래도 동년의 의회와 정당에 대한 신뢰를 훨씬 넘어서는 수치다. '경찰은 신뢰할 수 있다'에 대해서도 2001년 49.3%가 동의했고, 2010년에는 약간 상승한 51.8%가 동의했다. 즉, 민주적 제도에 대한 신뢰는 정치와 정치인에 대한 신뢰보다도 더 낮은 것으로 나타난다.

　마지막으로 민주제도의 성과에 대한 만족도 가운데 민주주의 작동에 대한 만족도에 대해서는 '만족한다'는 응답이 2001년 53.4%에서 2010년에는 76.4%로 상당히 상승했다. 이는 체제로서의 민주주의에 대해 2010년 많은 대만 주민들이 만족하고 있다는 것을 알 수 있다. 한편 민주적 성취와 관련해 '언론의 자유는 상당히 성취되었다', '집회의 자유는 상당히 성취되었다'에 대해서는 2001년 각각 81.3%와 83.9%가 동의했다. 그러나 '공정한 대우는 상당히 성취되었다'에 대해서는 59.3%, '대중의 영향은 상당히 성취되었다'는 37.9%로 비교적 낮은 동의를 보였다. 또한 '독립적인 사법부는 상당히 성취되었다'에 대해서는 49%만이 동의했다. 정책의 성취와 관련해서는 '반부패는 상당히 성취되었다'에 49.6%가 동의했고, '법과 질서는 상당히 성취되었다'에는 22.8%, '경제발전은 상당히 성취되었다'에는 31.7%, '경제적 평등은 상당히 성취되었다'에는 26.7%가 동의했다. 2001년의 민주제도 성과에 대해서는 상당히 불만족했다는 것을 알 수 있다.

　2010년의 민주제도 성과에 대한 만족도는 2001년과 비교해볼 때 체제로서의 민주주의에 대한 만족도는 크게 상승했으나 '두려움 없이 자신의 의견을 자유롭게 말할 수 있다'에 동의하는 비율은 74.2%로, 언론의 자유는 하락한 것으로 나타난다. '두려움 없이 원하는 단체에 가입할 수 있다'는 78.7%를 기록했으나 유사한 2001년 집회의 자유와 비교해볼 때 역시 하락했다. 또한 '선거를 통해 원하는 정당이나 후보를 선택할 수 있다'에 대해서는 56.8%가 동의했고, '의회는 정부를 충분히 견제하고 있다'에는 47.5%가 동의했으며, '정부는 유권자가 원하는 것에 응답한다'에 대해서는 38.5%만이 동의했다. 따라서 정부의 질에 대한 평가에서 언론과 결사의 자유는 비교적 높게 나타났지만 선거와 의회, 그리고 정부의 작동에 대해서는 낮게 평가했다. 또한 '민주주의는 우리 사회의 문제를 해결할 수 있다'라는 민주제도의 성취에 대한 포괄적인 질문에 대해서는 59.8%가 동의했다. 이는 2001년에 조사된 정책의 성취 항목과 비교할 때에는 상승한 수치이지만 전반적인 민주주의 체제에 대한 만족도와 비교해볼 때 제도에 대한 만족도는 상당히 낮다고 할 수 있다.

따라서 민주적인 시민사회를 평가해볼 때, 첫째, 정치적 효능감은 시간이 경과하면서 조금씩 상승하고는 있으나 여전히 낮은 것을 볼 수 있다. 그러나 권위주의 통치에 대한 수용성은 과거보다 더 낮아졌는데 이는 긍정적인 변화로 볼 수 있다. 둘째, 정치·정치인에 대한 신뢰의 경우 정치와 정치인들이 부패했다고 인식하는 경우가 과반에 가깝다. 또한 민주적 제도에 대한 신뢰는 정치와 정치인에 대한 신뢰보다 낮으며, 특히 민주주의의 핵심적인 제도라고 할 수 있는 정당과 의회에 대한 신뢰는 2010년 각각 20.4%와 15.6%로 상당히 낮음을 알 수 있다. 마지막으로 민주제도의 성과에 대한 만족도는 2010년에 76.4%로 높게 나타났지만 민주제도로서의 의회와 정부의 성과에 대해서는 낮게 평가했다. 이러한 결과는 민주적인 시민사회의 문제라기보다는 민주적 제도의 문제에서 기인한다고 보아야 할 것이다. 2010년 대만 주민들의 정치와 정치인에 대한 신뢰도가 낮은 것은 정치적 부패 때문이며, 민주적 제도에 대한 신뢰가 낮은 것은 민주제도가 권력의 상호 견제 기능과 국민의 대표로서의 기능을 제대로 하지 못한다는 판단 때문이라고 분석해볼 수 있다. 이와 같은 제도로서의 결함에도 체제로서의 민주주의에 대한 만족도가 높게 나타나는 것은 대만 주민들이 민주 시민으로서 충분히 성숙했음을 말해준다. 그러나 한 가지 우려스러운 점은 여전히 군대와 경찰에 대한 신뢰도가 높다는 것이다. 이는 민주주의의 대안으로서 권위주의를 고려할 수 있는가를 추정해볼 수 있는 항목이다.

5. 대만 민주주의의 문제점과 향후 전망

1987년 민진당이 결성되고 계엄이 해제된 이후 대만의 민주주의는 헌정 개혁을 거쳐 민주적인 제도를 회복했다. 이후 공정하고 정기적인 선거를 통한 정권 교체를 진행하면서 대만의 민주주의는 높은 평가와 함께 공고화되어오고 있다. 유사한 시기에 민주화를 경험한 아시아의 태국이나 필리핀이 민주주의 붕괴와 시민권의 심각한 침해를 경험하고 있는 것과 달리 대만의 민주주의는 정체성의 갈등과 사회에 뿌리 깊게 남아 있는 구권위주의 세력의 영향에도 불구하고 사회적 갈등을 제도 속으로 흡수하고 제도와 절차를 통해 민의를 반영함으로써 완전한 민주주의에 가깝다는 평가를 받고 있다.

그러나 더욱 엄격한 기준으로 현재의 대만 민주주의를 평가해보면 대만의 민주주의는 올바른 민주제도의 수립, 효과적인 시민권의 보장, 민주제도에 대한 신뢰에서 한계를 보인다. 이 중 가장 문제점으로 지적될 수 있는 것은 민주제도의 수립과 관련된 부분이다. 마지막 단계의 헌정 개혁과 선거제도의 사례에서 나타나듯이 일부 제도 개혁이 비민주적인 방향으로 전개되고 있는 것은 우려스러운 일이다. 헌정 개혁을 통해 총통의 권한을 강화하고 선거제도의 배제성을 강화한 것은 민주주의의 발전에 역행하는 개혁이기 때문이다. 또한 선진 민주주의와 비교할 때 주민들의 낮은 정치적 효능감과 민주제도에 대한 낮은 신뢰 또한 간과해서는 안 된다. 많은 학자들은 민주적 제도에 대한 신뢰가 낮다고 해도 체제로서의 민주주의에 대한 기본적이고 무한한 신뢰가 존재한다면 민주주의는 안정될 수 있다고 판단한다. 그러나 퍼트넘(Putnam, 2002)에 따르면 제도에 대한 낮은 신뢰는 지도자와 정책에 대한 불신을 증가시키고 투표율의 저하로 이어져 민주주의의 효율성을 저하시킬 수 있다. 따라서 올바른 민주적 제도의 수립과 이에 수반하는 민주적 제도에 대한 신뢰의 제고는 여전히 중요한 문제다.

그러나 대만 민주주의의 향후 최대의 문제점은 국가 통합에서 나타날 것으로 보인다. 이는 대만의 안보 및 정체성 문제와 관련된 중국의 영향 때문이다. 민주주의의 안정성과 관련해 달(Dahl, 1998)은 민주주의의 최대 위협은 국가의 민주주의에 적대적인 다른 국가가 존재하고 그 다른 국가가 그 국가에 개입하고자 하는 경우라고 한 바 있다. 대만의 민주화 과정에서 중국은 항상 중요한 변수로 작용해왔다. 중국은 1996년 리덩후이의 미국 방문과 민진당의 독립 지향적인 움직임에 대해 미사일 시험 발사로 안보 위기를 조성했고, 이는 선거에서 유권자들을 보수화시키는 효과를 가져왔다. 대만 내의 독립 세력은 중국의 위협을 의식해 대만 독립의 쟁점을 모호한 방식 또는 간접적인 방식으로 표출해왔다. 민진당이 대만 독립의 의지를 표현할 때 "대만의 미래는 2300만 대만 주민이 결정해야 한다"라는 우회적인 표현을 사용하는 것이 대표적인 예다. 또한 중국의 안보 위협은 정치적 의사 표출의 왜곡을 낳는 데 그치지 않고 노동운동과 좌파 정당의 성장에도 영향을 미쳐왔다. 중국과 이데올로기적으로 대립하고 있는 대만에서는 민주화 이후에도 노동운동과 좌파 정당의 성장이 제한을 받을 수밖에 없었다.

중국은 1978년 이후 대만과 통일하기 위해 경제 교역의 확대를 통한 장기적인 관점에서의 흡수 통일 전략으로 선회했다. 중국은 대만에 대해 경제적 교류와 대화를 제시했고, 이에 대해 장징궈 총통이 부분적인 교류를 허용하기 시작하면서 양안 간의 교류가 시작되었다. 중국은 경제적인 영역에서 대만에 대해 대대적으로 양보했고, 대만은 방대한 중국 시장을 발판으로 막대한 경제적 이익을 얻을 수 있었다. 특히 2008년 집권한 마잉주는 중국과의 경제 교역을 통한 경제성장을 주요한 선거 공약으로 제시했고, 2010년에 중국과 경제협력기본협정(經濟協力基本協定)을 체결하면서 중국과의 교역이 빠른 속도로 증가하기 시작했다. 그러나 양안 경제 교역의 경제적 효과가 한계에 달하고 교역으로 인해 이익을 얻는 집단과 이익을 얻지 못하는 집단 간에 부의 격차가 발생하면서 최근 중국 문제는 대만에서 새로운 갈등을 낳게 되었다(Wu, 2013).

최근 대만의 젊은 세대는 중국과의 교역이 대만 내 일자리의 감소, 중국 자본의 침투로 인한 집값의 상승으로 이어지자 양안 교역에 대해 강한 반대를 표출하기 시작했다. 2014년 3월 발생한 '해바라기 운동'은 이와 같은 생각을 가지고 있던 대학생들이 중국으로부터 노동력의 유입을 허용하는 경제협력기본협정의 양안서비스협정 체결에 반대하면서 입법원을 점령했던 사건이다(김민환·정현욱, 2014). 입법원을 불법으로 점령한 사태는 가치관이 형성되던 시점에 대만인 정체성을 길러왔던 젊은 세대가 중국에 지나치게 의존적인 경제구조에 반감을 가져 벌어진 사건으로 볼 수 있다(지은주, 2016). 2014년 10월에 치러진 지방선거와 2016년 1월의 총통 선거 및 입법원 선거에는 이러한 사회적 분위기가 반영되었다. 중국과의 교역 확대를 강조한 국민당은 지방선거 당시 전국 22개의 직할시장 및 현, 시장 선거에서 6석을 확보하는 데 그쳤으며, 대선의 전초전이라고 할 수 있는 타이베이 시장 선거에서는 무소속의 커원저(柯文哲)가 당선되었다. 2016년 1월에 실시된 총통 선거와 입법원 선거에서도 국민당은 큰 차이로 민진당에 패배했다. 총통 선거 이전의 여론조사에서부터 민진당의 차이잉원이 우세했으며, 선거 결과는 56.12%를 차지한 차이잉원의 승리였다. 입법원 선거 결과 역시 민진당의 승리였다.

따라서 대만은 성공적인 민주적 전환과 공고화 과정을 거쳤지만 국내에서 통제할 수 없는 '중국 요소(China factor)'가 잠재적인 갈등으로 상존해오고 있다. 또한 중국이 대만에 경제적 지원을 하는 것은 통일을 하기 위한 공산당의 정치적인 계산 때문인데, 이러한 경제적인 지원은 중국에 대한 호감도로 이어지기보다 사회적 갈등과 젊은 세대의 자주적인 대만관을 증폭시키는 결과로 이어지고 있다. 따라서 향후 대만의 민주주의에서는 '중국 요소'가 다시 중요한 쟁점이 될 것으로 보인다. 이미 확산된 중국과의 교역을 어떠한 수준에서 통제해야 하는가, 중국과의 교역에서 피해를 받는 집단에 대해서는 어떻게 지원해야 하는가, 그리고 강한 대만 의식을 가지고 있는 젊은 세대의 정치적 불만족을 어떻게 제도적으로 흡수해야 하는가는 민주주의에 새로운 도전으로 다가오고 있다. 그러나 지적했듯이 이러한 문제는 대만 내의 갈등이기보다는 중국이라는 외적 변수와 강하게 연결되어 있다는 것이 대만 민주주의의 큰 문제점이다.

참고문헌

김민환·정현욱. 2014. 「양안서비스무역협정'의 쟁점과 대만 사회 갈등구조 변화」. ≪아태연구≫, 21(3), 5~35쪽.

김준. 1998. 「대만: 위기 속의 발전」. 한국정치연구회 엮음. 『동아시아 발전모델은 실패했는가』. 서울: 삼인, 119~149쪽.

란보저우(藍博洲). 1998. 「대만: 2·28에서 50년대로 이어지는 백색테러」. 김태국 옮김. ≪역사비평≫, 33, 53~69쪽.

리샤오펑(李筱峯). 1990. 『대만 민주운동 40년』. 김철수·윤화중 옮김. 서울: 성균관대학교 출판부.

박종철. 1989. 「한국과 대만의 수출산업화정책과 국가의 역할」. 경남대학교 극동문제연구소 엮음. ≪동아시아 발전의 정치경제≫, 163~195쪽.

신광영. 1998. 「동아시아의 민주화: 한국과 대만」. ≪정신문화연구≫, 21(1), 67~92쪽.

안승국. 2001. 「대만의 민주화과정 분석」. ≪한국정치학회보≫, 35(2), 283~299쪽.

왕푸창(王甫昌). 2008. 『갈등의 정체성』. 지은주 옮김. 파주: 나남.

지은주. 2010. 『대만의 독립문제와 정당체제』. 파주: 나남.

_____. 2013. 「동아시아 계급정당의 성공과 실패: 정당경쟁이론을 통해서 본 한국과 대만의 노동정당」. ≪한국정치학회보≫, 47(2), 131~148쪽.

_____. 2016. 「대만의 세대, 경제적 불평등, 그리고 중국요소」. ≪국가전략≫, 22(1), 5~35쪽.

지은주·동사제. 2009. 「신생민주주의 과거청산의 정치적 동학: 한국과 대만의 사례를 중심으로」. ≪국제정치논총≫, 49(5), 225~250쪽.

추윤한. 2007. 「대만의 힘겨운 민주주의」. 조희연·박은홍 엮음. ≪동아시아와 한국: 민주화와 민주주의의 위기를 넘어≫. 서울: 민주화운동기념사업회, 89~122쪽.

커즈밍(柯志明). 2008. 『식민지 시대 대만은 발전했는가: 쌀과 설탕의 상극, 1895~1945』. 문명기 옮김. 서울: 일조각.

Amsden, Alice. 1979. "Taiwan's Economic History: a Case of Etatisme and a Challenge to Dependency Theory." *Modern China* 5(3), pp. 341~379.

Armony, Ariel C. and Hector E. Schamis. 2005. "Babel in Democratization Studies." *Journal of Democracy*, vol. 16, no. 4, pp. 113~128.

Bosco, Joseph. 1994. "Faction Versus Ideology: Mobilization Strategies in Taiwan's Election." *The China Quarterly* 137, pp. 28~62.

Chang, Yu-Tzung and Yun-han Chu. 2008. "How Citizens View Taiwan's New Democracy." Yun-han Chu, Larry Diamond, Andrew J. Nathan and Doh Chull Shin(eds.). *How East Asians View Democracy*. New York: Columbia University Press, pp. 83~113.

Chao, Chien-min and Bruce Dickson. 2002. "Assessing the Lee Teng-hui Legacy." Bruce

Dickson and Chien-min Chao(eds.). *Assessing the Lee Teng Hui Legacy in Taiwan's Politics.* New York: M. E. Sharpe. pp. 3~26.

Cheng, Tun-jen. 1989. "Democratizing the Quasi-Leninist Regime in Taiwan." *World Politics* 42, no. 4, pp. 471~499.

Cheng, Tun-jen. 1997. "Crafting Democratic Institutions in Taiwan." *The China Journal* 37, 1997.

Chi, Eunju. 2014. "Two-party Contests and the Politics of Electoral Reforms: the Case of Taiwan." *Government and Opposition* 49(4), pp. 658~681.

Chin, Ko-lin. 2003. *Heijin: Organized Crime, Business, and Politics in Taiwan.* New York: M. E. Sharpe.

Chu, Yun-han. 1992. *Crafting Democracy in Taiwan.* Institute for National Policy Research.

Colomer, Josep M. 2004. "The Strategy and History of Electoral System Choice." Josep M. Colomer(ed.). *Handbook of Electoral System Choice.* Basingstoke: Palgrave Macmillan, pp. 3~80.

Cox, Gary W. and Emerson M. S. Niou. 1994. "Seat Bonuses under the Single Nontransferable System: Evidence from Japan and Taiwan." *Comparative Politics* 26, pp. 226~228.

Dahl, Robert A. 1998. *On Democracy.* New Haven: Yale University Press.

Dickson, Bruce J. 1996. "The Kuomintang before Democratization: Organizational Change and the Role of Election." Hung-mao Tien(ed.). *Taiwan's Electoral Politics and Democratic Transition: Riding the Third Wave*(Armonk: M. E. Sharpe Inc), pp. 42~78.

Edmondson, Robert. 2002. "The February 28 Incident and National Identity." Stephane Corcuff(ed.). *Memories of the Future.* New York: M. E. Sharpe, pp. 25~46.

Finer, Samuel E. 1997. *The History of Government from the Earliest Times.* vol. 3. Oxford: Oxford University Press.

Gold, Thomas B. 1986. *State and Society in the Taiwan Miracle.* New York: M. E. sharpe, Inc.

Hood, Steven J. 1997. *The Kuomintang and the Democratization of Taiwan.* Boulder: Westview Press.

Hsieh, John Fuh-sheng. 1996. "The SNTV System and Its Political Implications." Hung-mao Tien(eds.). *Taiwan's Electoral Politics and Democratic Transition: Riding the Third Wave.* New York: M. E. Sharpe, pp. 193~212.

_____. 1997. "The SNTV System and Its Political Implications." Hung-mao Tien(eds.). *Taiwan's Electoral Politics and Democratic Transition: Riding the Third Wave.* New York: M. E. Sharpe.

_____. 2009. "The Origins and Consequences of Electoral Reforms in Taiwan." *Issues and Studies* 45(2), pp. 1~22.

Huang, Chang-ling. 2002. "The Politics of Regulations: Globalization, Democratization, and the Taiwanese Labor Moment." *The Developing Economies* SL-3. September, pp. 305~326.

Johnson, Chalmers. 1985. "Political Institutions and Economic Performance: The Government-Business Relationship in Japan, South Korea, and Taiwan." Robert A. Scalapino, Seizaburo Sato and Jusuf Wanandi(eds.). *Asian Economic Development: Present and Future*. California: University of California Press.

Lee, Yoon-kyung. 2011. *Militants or Partisans: Labor Unions and Democratic Politics in Korea and Taiwan*. Stanford, CA: Stanford University Press.

Linz, Juan J. and Alfred Stepan. 1992. "Political Identities and Electoral Sequences: Spain, the Soviet Union and Yugoslavia." *Daedalus* 121, pp. 123~139.

_____. 1996. *Problems of Democratic transition and Consolidation: Southern Europe, South Africa, and Post-Communist Europe*. Baltimore: Johns Hopkins University Press.

Niou, Emerson M. S. and Peter Ordeshook. 1993. "Notes on Constitutional Change in the Republic of China on Taiwan: Presidential versus Parliamentary Government." ≪政治學報≫, 第20期, pp. 203~256.

Park, Chong-Min and Ynh-han Chu. 2014. "Trends in Attitudes Toward Democracy in Korea and Taiwan." Larry Diamond and Gi-Wook Shin. *New Challenges for Maturing Democracies in Korea and Taiwan*, pp. 27~67.

Przeworski, Adam et al. 1995. *Sustainable Democracy*. Cambridge: Cambridge University Press.

Putnam, Robert. 2002. *Democracy in flux: The Evolution of Social Capital in Contemporary Society*. New York: Oxford University Press.

Rabushka, Alvin and Kenneth Shepsle. 1972. *Politics in Plural Societies: A Theory of Democratic Instability*. Columbus, Ohio: Merrill.

Rigger, Shelley. 2001. *From Opposition to Power: Taiwan's Democratic Progressive Party*. Boulder: Lynne Rienner Publishers.

Schedler, Anfreas. 1998. "What is Democratic Consolidation?" *Journal of Democracy*, vol. 9, no. 2, pp. 91~107.

Wade, Robert. 1990. *Governing the Market: Economic Theory and the Role of Government in East Asian Industrialization*. Princeton: Princeton University Press.

Wang, Chang-ling. 1984. *The Way toward Reunification of China under San Min Chu I*. Taipei: Kwang Lu Pub. Service.

Wu, Yu-shan. 1998. "Semi-Presidentialism or Imperial-Presidentialism? A Comparison between Constitutional Reforms in the ROC and the Russian Federation." Paper delivered at the 1998 Annual Meeting of the APSA. Boston(September 3~4).

_____. 2013. "From Identity to Distribution: Paradigm Shift in Taiwan Politics." Paper presented at 55th Annual Conference of the American Association for Chinese Studies. The State University of New Jersey at Rutgers, New Jersey(October 11~13).

Asian Barometer. http://www.asianbarometer.org(2016년 5월 27일 검색).
Center for Systemic Peace. Polity IV Country Report 2010: Taiwan(Republic of China). http://www.systemicpeace.org/polity/Taiwan2010.pdf(2016년 6월 20일 검색).
Freedom in the World. https://freedomhouse.org/report/freedom-world/(2016년 6월 26일 검색).
中央選擧委員會 選擧資料庫網站. http://db.cec.gov.tw/(2016년 5월 27일 검색).

2장

태국의 민주화와 민주주의 공고화:
성공과 좌절

이동윤 | 신라대학교

1. 문제 제기

민주주의는 하나의 일직선으로 연결된 일차방정식이 아니다. 역사적으로도 살펴볼 수 있듯이, 민주화 이후 민주주의 체제를 형성한 모든 국가들이 자동적으로 민주주의 이행과 공고화에 성공할 수는 없었다. 민주화 이후 새롭게 형성된 민주주의 체제는 민주주의 이행과 공고화 과정을 거치는 길고 긴 여정 속에서 권위주의와 민주주의 사이의 간극을 오가며 좌충우돌, 전진과 후퇴를 반복하며 역동적으로 변화하기 마련이다. 실제로 민주화 이후 신생 민주주의 체제가 당면하는 가장 큰 어려움은 과거 권위주의 체제로부터 물려받은 정치적 유산을 청산하는 문제와 더불어 새롭게 시작된 민주주의 체제가 직면하는 여러 가지 도전과 위기 상황을 극복하고 민주주의를 안정적으로 정착시키는 일이다. 민주화 이후 새롭게 형성된 민주주의 체제가 오래도록 지속되지 못하고 퇴보하거나 권위주의 체제로 다시금 회귀하는 현상이 발생하는 이유는, 이들 국가가 민주주의 이행 과정에서 민주주의 체제를 법·제도적으로 잘 정비했음에도 불구하고 이것이 실질적으로 운영되는 과정에서 민주주의 체제에 제대로 적응하지 못하고 다양한 위기 상황을 맞이하기 때문이다.

태국은 1932년 발생한 궁정 쿠데타로 입헌군주제가 실시된 이래 쿠데타로만 정권 교체가 이루어지는 '태국 정치의 악순환(vicious circle of Thai politics)'을 겪다가 1992년 마침내 민주화에 성공했다. 1991년 군부 쿠데타를 통해 군부의 재집권을 시도한 쿠데타 세력의 정치적 야욕에 저항해 1992년 민주화에 성공한 태국은 급조된 헌법의 일부 독소조항을 개정해 민주적 의회 선거를 실시했으며, 1997년에는 태국 역사상 가장 민주적이라고 평가되는 인민헌법(People's Constitution)을 제정하는 등 민주적 절차에 입각한 정권 교체가 순조롭게 이루어짐으로써 민주주의로의 이행과 공고화 과정이 안정적으로 정착되는 듯 보였다. 그러나 2001년과 2005년 의회 선거에서 연이은 압승으로 집권에 성공한 태국애국당(Thai Rak Thai Party) 정부와 탁씬(Thaksin Chinnawat) 총리는 야당과 반대 세력을 무시한 일방적인 통치 행태로 말미암아 국민적 저항과 퇴진 운동을 맞았으며, 이로 인해 사회적 혼란과 정치적 불안이 야기되었다. 그리고 마침내 2006년 9월에는 탁씬 정부의 통제 불능과 사회적 불안을 빌미로 군부 쿠데타가 재발해 인민헌법이 중단되고 민주주의의 위기가 초래되었다.

이후 군부는 흩어진 민심을 추스르고 정치·사회적 혼란을 수습하기 위해 군부 주도의 민주개혁위원회(Council for Democratic Reform under Constitutional Monarchy: CDRM)를 설립해 정해진 시일 내에 헌법 개정과 민정 이양을 약속했으나, '노란 셔츠'로 불리는 반탁씬 세력과 '붉은 셔츠'로 불리는 탁씬 지지 세력 사이의 극한적 대립은 계속되었다. 군부가 새롭게 개정한 헌법적 절차에 따라 2007년 의회 선거가 실시되었으나, 군부의 예상과 달리 물러난 탁씬 전 총리를 지지하는 세력이 선거에 승리함으로써 반탁씬 세력과 탁씬 지지 세력 사이의 정치적 갈등과 반목은 확대되었다. 탁씬 지지 세력에서 반탁씬 세력으로, 그리고 다시 탁씬 지지 세력으로 연이은 정권 교체가 이루어지는 과정에서 각각의 정치 세력이 집권할 때마다 헌법적 절차나 선거 결과를 무시한 반대 세력의 시위와 소요는 계속되었다. 그리고 마침내 국정을 마비시킬 정도로 극심한 시위와 폭력 사태가 지속되자 2014년에는 또 한 차례의 군부 쿠데타가 발생했으며, 2016년 군부의 정치 개입을 허용하는 새로운 헌법이 국민투표를 통해 통과됨으로써 태국은 민주주의의 붕괴와 권위주의로의 회귀에 직면하게 되었다.

현실적으로 1992년 태국의 민주화와 연계된 민주주의 이행 및 공고화 과정은 2006년 군부 쿠데타가 재발되기 전까지만 하더라도 민주화가 이루어진 동남아의 다른 어떤 국가보다도 모범적인 사례로 평가되었다. 태국 헌법사상 가장 민주적이라고 지칭되는 인민헌법이 제정되어 민주적 절차에 입각한 선거가 치러지고 순조롭게 정권이 교체되었으며, 군부의 정치적 퇴진도 비교적 원활하게 이루어진 것으로 평가되었다(Eom and Lee, 2005: 829). 그런데도 태국의 민주화 이후 민주주의 이행과 공고화 과정이 갑작스러운 군부 쿠데타로 중단되고 오히려 퇴보하는 현상이 초래된 이유는 무엇인가? 태국의 민주화 이후 민주주의 이행과 공고화 과정에서 2006년과 2014년 쿠데타가 연이어 발생한 원인은 무엇이며, 이것은 민주주의 이행 및 공고화 과정에서 어떤 정치적 함의를 지니고 있는가? 태국이 민주화 이후 민주주의 이행과 공고화 과정에서 위기를 겪은 근본적인 이유는 무엇이며, 쿠데타 이후 일련의 정치 과정에서 군부가 주도한 새로운 헌법이 국민투표를 통해 채택된 까닭은 무엇인가? 2006년과 2014년 연이어 발생한 군부 쿠데타로 인해 권위주의 체제로 회귀한 태국의 정치 과정이 다시금 민주주의 체제로 복귀하기 위해서는 어떤 문제점이 개선되어야 하는가?

이러한 의문점들에 기초해서 이 장에서는 태국의 민주화 이후 민주주의 이행과 공고화 과정을 심층적으로 고찰함으로써 그 성공과 좌절 과정을 살펴보고자 한다. 특히 이 장은 1992년 민주화 이래 2006년 군부 쿠데타와 2014년 군부 쿠데타로 이어지는 태국의 정치 과정에서 발생한 다양한 정치적 변화의 주요 요인들을 고찰함으로써 민주화 이후 민주주의 이행과 공고화 과정이 제대로 이루어지지 못한 제반 원인과 문제점을 밝혀내고자 한다. 민주화 이후 민주주의 이행과 공고화 과정을 경험하는 많은 국가들은 과거 권위주의 체제의 비민주적 유산을 청산하고 민주주의를 제도화하는 과정에서 새롭게 형성되어 민주주의를 위협하는 다양한 위기 상황에 직면하게 된다. 특히 태국과 같이 민주화 이후 민주주의 이행이 비교적 원활하게 진행된 국가들조차 민주주의 공고화에 실패하는 주요 원인은 이 국가들이 민주화 이후 당면하는 여러 가지 혼란과 위기 상황을 원활하게 극복하지 못한 채 불안정한 민주주의 상황을 맞이하기 때문이다. 이에 따라 이 장에서는 민주화와 민주주의 이행, 그리고 민주주의 공고화와 관련된 기존 연구들을 포괄적으로 검토해 태국의 민주화 이후 민주주의 이행과 공고화 과정을 분석함으로써 태국의 민주주의 이행과 공고화 과정의 제반 문제점과 향후 과제를 점검하고자 한다.

2. 이론적 논의: 민주화 이후 민주주의 이행과 공고화

기존 연구에서 민주화와 민주주의 이행, 그리고 공고화 과정에 대한 이론적 논의는 매우 다양하다. 그렇지만 '민주주의(democracy)'에 대한 가장 기본적인 정의는 "통치자가 자신의 통치 활동을 수행할 수 있는 정당성을 일반 시민들로부터 부여받고, 자유롭고 공정한 선거를 통해 선출된 시민들의 대표가 상호 경쟁과 협력을 통해 정치 활동을 수행하는 정치체제"(Schmitter and Karl, 1993: 40)라는 것이다. 굳이 '다두제(polyarchy)' 개념을 세부적으로 논의하지 않더라도 민주주의는 국민의 포괄적 정치 참여와 공정한 경쟁, 그리고 시민적·정치적 자유의 보장을 전제로 한다(Dahl, 1971: 3~7). 그리고 민주화 이후 '민주주의 이행(democratic translation)'은 자유로운 정치 참여와 경쟁, 시민적 자유가 보장되는 절차적 민주주의로의 법·제도적 전환을 의미하며, '민주주의 공고화(consolidation of democracy)'는 단순히 법·제도적 차원뿐만 아니라 실질적인 운영 과정에서도 "새롭게 형성된 민주주의 체제가 오래도록 지속되고, 민주주의에 역행하거나 권위주의 체제로 회귀하는 흐름을 방지하는 것"(Schedler, 1998: 91)이다.

그렇다면 민주화 이후 민주주의 이행과 공고화 과정에서 나타나는 정치적 변화는 어떻게 이해해야 하는가? 한 국가 내에서 발생하는 민주화 이후 민주주의로의 이행은 과거 권위주의 체제의 붕괴와 더불어 민주적 법·질서의 회복과 새로운 헌법 제정 등 정치 개혁으로 특징지어지며, 민주주의 공고화는 이와 같은 민주적 법·질서가 안정적으로 제도화되어 정치 지도자와 엘리트, 일반 시민들 사이에서 정치·사회적으로 유일한 '게임의 법칙(rule of game)'으로 받아들여지는 것이다(Macedo, 2000: 53; Haynes, 2001: 7). 이에 따라 민주화 이후 진정한 '민주주의로의 여정(journey toward democracy)'은 단순히 민주화나 민주주의 이행 과정이 아니라 민주주의가 공고화되는 과정을 최종적인 목표로 한다고 해도 과언이 아니다. 새롭게 형성된 민주주의 체제가 더욱 안정적으로 유지되어 하나의 정치 과정과 제도로 공고화되기 위해서는 우선 민주적 정치 과정을 위한 법·제도적 개혁이 선행되어야 하지만, 이와 더불어 이러한 제도들이 현실의 정치 과정 속에서 원활하게 작동해 다양한 정치 행위자 사이에서 정치적 합의와 동의를 이끌어내고 상호 견제와 균형을 통해 안정적인 정치 질서를 유지해야만 한다.

여기서 우리는 민주주의의 본원적 의미를 민주주의 이행 및 공고화 과정과 연계해 다시 한 번 고려하게 되는데, 단순히 민주적 정치제도를 수립했다고 해서 민주주의가 자동적으로 보장되는 것은 아니기 때문이다. 이른바 광범위한 경쟁과 포괄적 정치 참여, 그리고 시민적·정치적 자유를 민주주의의 핵심 원리로 간주하는 달(Dahl, 1971: 58~62)의 다두제 개념은 민주주의의 최소 조건일 뿐이며, 현실의 정치 과정에서는 더욱 확장된 개념을 필요로 한다(Diamond, 1999: 8~10; Baker, 2001: 21~34). 오늘날 일반적으로 통용되는 민주주의 개념은 대부분 자유로운 선거나 시민의 정치적 기본권 등 정치체제의 민주적 제도와 절차를 강조하고 있지만, 이것은 단지 "민주적 절차에 입각해 시민의 대표를 경쟁적 방법으로 선출하는 일정한 제도적 규칙에 불과하며, 민주주의를 온전하게 신장시키고 안정적으로 보장하는 데 어느 정도 한계가 있을 수밖에 없다"(Haynes, 2001: 7). 자유로운 선거에 입각한 '선거 민주주의(electoral democracy)'는 그 행위자들 사이의 절차적 경쟁성과 권력의 정당성을 강화시켜줄 수 있지만, 이를 실질적으로 운영하는 과정에서 나타날 수 있는 패권 정당의 출현이나 정치 지도자의 권력 남용, 정치 리더십의 부재와 한계, 선거 만능주의에 따른 민심의 왜곡과 대중 영합주의(populism) 등을 제어하지 못한 채 민주주의 자체가 쉽게 허물어지고 권위주의 체제로 회귀할 수 있는 민주주의의 위기 상황을 초래할 수 있다(Schedler, 1998: 97~98; Armony and Schamis, 2005: 122).

그렇다면 민주화 이후 민주주의 이행 및 공고화 과정과 연계된 민주주의 개념은 어떻게 연장되고 확장되어야 하는가? 〈그림 2-1〉에서 보는 바와 같이 민주주의가 유지되고 공고화되기 위해서는 우선 선행 조건으로 민주적 법·질서의 확립과 더불어 제도의 실질적 운용과 실행이 함께 요구된다. 이른바 참여와 경쟁, 시민적·정치적 자유를 바탕으로

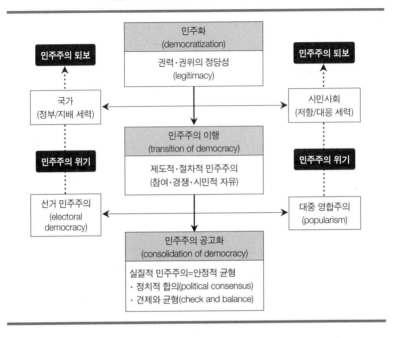

한 '제도적(institutional)' 또는 '절차적(procedural)' 민주주의에 이어지는
'실질적(substantive)' 민주주 개념이 바로 그것이다(Blais and Dion,
1990: 251). 여기서 제도적·절차적 민주주의는 정해진 법 절차에 따라
국민들이 어떻게 민주적으로 그들의 대표를 선출하는가의 문제와 관련
이 있다. 그리고 실질적 민주주의는 정치 지도자와 정치 엘리트, 시민
사회 등 정치 행위자들이 정치 과정 속에서 실제로 민주주의를 어떻게
수행하는가의 문제로 귀결된다. 즉, 제도적·절차적 민주주의가 단순히
자유롭고 공정한 선거 과정의 규칙과 기준을 의미한다면, 실질적 민주
주의는 민주주의가 현실적으로 운영되는 과정에서 나타나는 정치적 태
도나 정향, 행태 등과 밀접한 관련이 있다(Linz and Stepan, 1996: 14~33).

　일반적으로 새롭게 형성된 민주주의 체제가 오래도록 유지되지 못
하고 퇴보하거나 권위주의 체제로 회귀하는 이유는 이 국가들이 민주

화 이후 민주주의 이행을 통해 제도적·절차적 민주주의를 형성했음에도 불구하고 민주주의를 실질적으로 운영하는 과정에서 안정적 균형을 이루지 못하고 불안정한 정치 상황과 위기 국면을 맞이하기 때문이다. 이러한 국가들에서 새롭게 형성된 민주적 법·질서나 선거제도의 경쟁은 종종 과거 정치 문화나 잘못된 관행을 극복하지 못한 채 정치 지도자와 엘리트들의 정치권력을 유지하고 강화하기 위한 도구적 수단으로만 활용된다. 또한 새롭게 변화된 정치제도와 환경에 적응하지 못하고 과거 비민주적 관행을 답습하는 시민사회의 정치적 태도나 정향 또한 사회적 혼란을 유발해 민주주의의 안정을 저해하는 위기 요인으로 작용할 수 있다(Engberg and Ersson, 2001: 40). 이러한 정치체제에서는 정도의 차이는 있을지언정 권력 배분의 불평등과 독점, 견제와 균형의 실패, 소수자의 정치적 권익 무시와 소외, 정부의 무책임과 부패 문제 등이 발생하기 쉬우며, 이러한 상태가 개선되지 못하고 장기간 지속될 경우 정치적 위기가 발생해 민주주의가 퇴보하거나 권위주의로 회귀할 수 있다(Armony and Schamis, 2005: 113~114).

그렇다면 제도적·절차적 민주주의를 확립한 이후 민주주의 공고화를 이루기 위한 실질적 민주주의의 기본 조건과 구성 요소는 무엇인가? 정치 리더십과 시민사회, 그리고 각각의 정치 세력 사이에서 폭넓은 '합의와 동의(consensus and agreement)'를 거쳐 민주적 정치질서와 문화를 확립하고, 그들 사이의 원활한 '견제와 균형(check and balance)'을 통해 안정적 정치구조와 권력의 균형점을 형성하는 것이다. 우선 민주화 이후 민주주의 이행 및 공고화 과정의 정치 리더십은 과거 권위주의 체제 시기에 운용되던 '명령과 통제'의 리더십이 아니라 각각의 정치 세력과 시민사회 사이의 다양한 이해관계를 포괄적으로 집약해서 합의와 타협을 이끌어내는 '중재와 조정'의 리더십을 필요로 한다. 현실적으로 과거 독재 권위주의 체제 시기의 정치 지도자나 정치 엘리트는 수직적 권력 구조에 따라 국민적 합의나 동의보다는 국민의 자유를 제약하는 일방적 통제와 명령을 주요한 리더십으로 발휘해왔다. 그러나 민주주의 체제에서 정치 리더십은 단순히 선거를 통한 권력의 정당성뿐만 아니라 국민적 합의와 동의를 거쳐 수행되어야 하며, 이를 통해 더욱 다양한 정치적 욕구와 이해관계를 중재·조정해 행사해야 한다.

이와 더불어 민주주의 체제가 더욱 효과적으로 작동하기 위해서는 국가와 시민사회, 정부와 시민들이 정치권력에 대한 '견제와 균형'을 통해 안정적 균형을 유지해야 한다. 각각의 정치 세력은 이미 국민적 합의를 거쳐 형성된 헌법적 정치질서에 순응해 정해진 법과 절차에 따라 권력을 행사해야 하며, 상호 견제를 통해 권력의 균형점을 맞추어나가야 한다. 민주화 이후 당면한 시민사회의 주요한 딜레마 중 하나는, 민주화 과정을 이끌었던 시민사회의 주요한 동력이 약화되고 시민사회에 내재된 각종 인종적·종교적·지역적 구분 및 사회·경제적 편차로 인해 이해관계의 충돌과 갈등이 발생함으로써 정치체제를 불안하게 만드는 요인으로 작용한다는 점이다. 민주적 법·질서와 절차를 무시한 힘의 논리는 민주주의 체제의 안정적 균형을 깨트리는 가장 큰 요인으로 작동할 수 있다. 민주화 이후 민주주의 체제를 안정적으로 유지하기 위해서는 정치 과정 속에 남아 있던 과거 권위주의 체제 시기의 낡고 비민주적인 정치적 관행과 태도를 지속적으로 경계해야 한다. 아울러 국가와 시민사회, 그리고 각각의 정치 세력 사이에서의 상호 견제와 균형을 통해 민주적 질서와 규범을 지키려는 노력을 지속해야 한다(Linz and Stepan, 1996: 14~33).

결과적으로 실질적 민주주의 개념에 기반을 둔 민주주의 공고화는 정치 지도자와 정치 엘리트, 시민사회 모두가 자신들의 정치·사회적 생활 영역에서 민주적 제도에 따른 법·질서와 규범을 정치 과정의 가장 합당한 것이라고 신뢰하는 것이며, 이러한 신념이 그들의 정치적·사회적 생활 속에 그대로 내면화되고 일상화되는 것이다(Diamond, 1996: xvii). 민주주의가 유지되고 공고화되기 위해서는 정치사회나 시민사회 모든 영역의 정치적 태도와 행위가 국민적 합의와 동의를 거쳐 수립된 합법적 지배 수단인 헌법을 통해 배태되어야 하며, 이는 곧 민주주의가 정치 지도자와 정치 엘리트, 시민사회 사이에서 정치 과정을 규정하는 유일한 게임의 규칙으로 인식되는 것을 의미한다. 정치적 안정과 질서는 정치 엘리트나 일반 시민들 사이에서 형성되는 관계 변화나 성격에 따라 얼마든지 그 유형을 달리해 존재하거나 획득될 수 있으며, 그것이 얼마나 민주적 정치질서를 형성하고 있는가의 문제는 결국 국민적 합의와 동의를 통해 규정될 수 있다. 따라서 민주화 이후 민주주의가 공고화되기 위해서는 정치 엘리트와 시민사회, 그리고 각각의 정치 행위자들 사이의 정치적 합의가 전제되어야 하고, 그들 사이의 상호 견제와 균형을 통해 정치적 안정을 유지하는 것이 일상화되고 내면화되어야 한다.

3. 태국의 1992년 민주화운동과 민주주의 이행

1) 태국의 정치 과정과 1992년 민주화운동

태국의 정치 과정을 보면, 1932년 소장파 군부 세력과 신진 관료들이 일으킨 궁정 쿠데타로 절대군주제가 폐지되고 입헌군주제가 실시된 이래 1944년부터 1947년 사이, 그리고 1973년부터 1976년 사이 짧은 기간에 민간 정부가 집권했던 시기를 제외하고는 군부가 정치권력을 지배하는 권위주의 체제가 지속되어왔다. 군부 내 파벌 사이의 권력 투쟁과 쿠데타만이 정권을 교체하는 유일한 방법으로 통용되던 태국의 정치 과정은 이른바 '태국정치의 악순환'으로 지칭되었으며(Chai-anan, 1982: 1), 정치권력을 장악한 군부는 국왕을 중심으로 국민을 보호하고 국가와 왕권을 수호한다는 삼위일체 이념을 명분으로 자신들의 통치 권력을 강화했다. 1980년대 들어 태국은 사회·경제적 환경이 성숙되고 군부 통치에 의한 억압과 통제가 일부 완화되어 부분적으로 정치 참여와 정당정치가 허용되는 준민주주의(semi-democracy) 또는 준권위주의(semi-authoritarianism) 시기를 경험했으나, 1991년 쑤찐다(Suchinda Kraprayoon) 장군이 주도한 군부 쿠데타가 재발함으로써 정치 과정의 새로운 전환점을 맞았다.

태국의 민주화 과정은 크게 두 시기를 전후해 설명될 수 있다. 첫 번째 시기는 군부 집권 세력이던 타넘(Thanom Kittikachorn) 정권에 저항해 민주화를 촉구했던 1973년 '10월 항쟁' 후 민간 정부의 정치적 불안을 빌미로 군부가 다시 쿠데타를 일으킨 1976년까지이며, 두 번째 시기는 1980년대의 준민주주의 시기를 거쳐 1991년 발생한 군부 쿠데타와 쑤찐다 장군의 집권 야욕에 맞서 다시금 민주화운동이 추동되었던 1992년 '5월 항쟁' 이후의 시기다. 우선 1973년 10월 민주화의 여명을 밝힌 태국 대학생들의 민주화운동으로 오랜 기간 계속되었던 군부 정권이 급작스럽게 퇴진하면서 정치 과정에 커다란 변화가 초래되었다. 1963년부터 군부 집권을 강화하며 개발 독재를 추진했던 싸릿(Sarit Thanarat)의 사망으로 정치권력을 이양받은 타넘 정권은 연이은 경제 정책의 실패와 군 내부의 분열, 그리고 정치 파벌들 사이의 갈등으로 인해 정치적 위기를 맞았으며, 군부 통제력을 강화하기 위해 추진된 1971년 친위 쿠데타와 1972년 헌법 개정은 대학생들을 중심으로 한 민주 세력의 거센 반발을 불러왔다.[1] 대학생과 지식인들을 중심으로 민

---

1   타넘 정권은 1972년 헌법 개정을 통해 입법부와 사법부에 대한 통제와 제한을 강화해 국민

주화 요구가 확대되는 가운데 1973년 10월 초 반정부 유인물을 배포하던 대학생들과 반체제 인사들이 타넘 정권에 의해 체포되자 학생들은 군부 퇴진을 요구하는 대규모 시위를 전개했으며, 시위대에 대한 군과 경찰의 발포는 사상자를 발생시키면서 시위를 폭동 수준으로 악화시켰다. 시위 진압을 둘러싼 군 내부의 분열이 촉발되는 가운데 푸미폰 (Bhumibol Adulyadeij) 국왕이 국민의 편에서 군부와 민주화 세력 사이의 화해를 중재하며 군부 퇴진을 명령함으로써 태국은 제1차 민주화 과정을 맞았다.

그러나 1973년 민주화운동은 민주주의 체제를 지속적으로 유지하지 못한 채 1976년 재발된 군부 쿠데타에 의해 좌절되었다. 1973년 민주화운동을 통해 군부가 정치적으로 퇴진하자 태국에는 다양한 정치 세력이 등장해 1974년 입헌군주제와 의원내각제를 기반으로 한 새로운 헌법을 제정하고 민주적 선거를 실시했다. 민주당(Democrat Party)과 사회정의당(Social Justice Party), 태국국가당(Chart Thai Party) 등 거대 정당을 비롯해 42개 정당이 난립한 가운데 치러진 1975년 의회 선거에서는 전체 269석 중 72석을 획득해 제1당이 된 민주당을 중심으로 연립정부가 구성되었으나, 정당의 이념적 스펙트럼이 다양한 군소 정당들이 난립해 진보와 보수 사이의 극한적 대결 양상이 표출되었다. 특히 민주당 중심의 연립정부가 집권과 동시에 내각 불신임으로 해산되자 18석의 사회행동당(Social Action Party) 등 16개 군소 정당이 연립해 새로운 내각을 구성했으나, 정치적 혼란과 불안은 지속되었다. 연립정부 내 각종 정치 세력 사이의 이합집산과 좌우의 이념적 대립, 그리고 경제 사정의 악화는 다시금 내각과 의회 해산으로 이어졌으며, 1976년 4

들에 대한 철저한 억압과 통제를 시도했으나 대학생들과 노동자들을 중심으로 한 광범위한 시위가 방콕을 중심으로 확산됨으로써 정권적 위기에 도달했다.

월 새로운 의회 선거가 실시되었다. 선거 결과 민주당을 중심으로 다시 한 번 연립내각이 구성되어 정치적 혼란을 수습하기 위해 노력했으나, 이미 좌파 세력들을 중심으로 한 사회주의 운동의 확산과 입헌군주제 폐지 논란은 정치적 불안과 혼란을 가중시켰다. 그리고 마침내 1976년 10월에 인도차이나 공산화에 따른 국가 안보의 위기와 정치·사회적 혼란을 빌미로 군부 쿠데타가 재발됨으로써 1973년 민주화 이후 짧았던 민주주의의 실험은 다시금 권위주의 체제로 회귀했다.[2]

한편 1976년 쿠데타 이후에도 태국은 다시금 수차례의 쿠데타를 경험했는데, 1980년 총리직을 계승한 쁘렘(Prem Tinsulanonda) 장군은 군 출신이었지만 다른 군 출신 총리들과 달리 민간인들에게도 정치 과정을 개방함으로써 태국 민주화의 발판을 마련했다. 쁘렘은 1981년과 1986년 불발 쿠데타가 발생했음에도 정치권력을 유지했으며, 1988년 3월에는 태국 정치 과정에서 최초로 의회 선거를 통해 정당 출신의 민간인인 찻차이(Chatichai Choonhavan)에게 평화적으로 정치권력을 이양하는 정권 교체가 이루어지기도 했다. 그러나 연립정부로 출범한 찻차이 정부는 인도차이나의 구공산권 국가들과 외교 관계를 확충하는 과정에서 보수 성향의 군부와 갈등 관계에 놓였으며, 집권 기간 동안 금권 정치와 부패 문제 등이 발생함으로써 군부의 정치적 개입에 빌미를 제공했다. 1980년대에 급성장한 태국의 시민사회는 이 시기 동안 경제가 발전함에 따라 시민사회의 정치의식 수준도 크게 향상되어 다양한 형태의 시민운동을 펼쳤으며, 이러한 시민사회의 역량은 향후 1991년 쿠데타 이후 입법부와 사법부에 대한 군부의 영향력을 제도화하려는 헌법 개정을 반대하는 시민운동의 모태가 되었다.

---

2   물론 1976년 끄리앙삭(Kriangsak Chomanan) 등이 주도한 군부 쿠데타에는 국내의 정치·
     경제적 상황뿐만 아니라 국외적으로 1975년의 베트남 공산화에 연이어 캄보디아와 라오스
     가 공산화되었던 일련의 사건도 주요한 빌미로 작용했다.

1991년 2월 찻차이 정부의 무능을 비판하며 쑤찐다 장군이 이끄는 군부 쿠데타가 발생하자 태국은 다시금 쿠데타의 소용돌이로 빠져들었다. 쿠데타를 통해 정치권력을 장악한 쑤찐다 장군은 자신들이 일으킨 쿠데타의 정당성을 확보하기 위해 사회 정화와 정치 개혁을 주장하며 군 출신인 아난(Anand Panyarachun) 총리를 내세워 임시정부를 출범시켰다. 그러나 곧바로 새로운 헌법을 제정하는 과정에서 자신들의 집권 야욕을 표출함으로써 시민사회의 거센 비판과 반발에 직면했다.[3] 1991년 12월 국가평화유지위원회(National Peace Keeping Council)를 중심으로 군부 통치에 유리한 신헌법이 채택되고 1992년 3월 의회 선거에서 친군부 정당들의 승리가 확정되자 학생과 시민 세력들은 군부 정권과 쑤찐다 장군의 퇴진을 요구하는 민주화운동을 전개했다. 군부의 재집권에 반대하는 시민사회의 강력한 저항과 시위가 계속되자 군부는 자신들이 후원하는 정의단결당(Justice Cooperation Party)의 나롱(Narong Wongwan)을 총리 후보로 지명해 국민들의 반발을 무마하려고 노력했으나 구시대 정치인으로 인식되던 나롱에 대한 일반 시민들의 반대로 총리 지명은 무산되었다.

이에 따라 쑤찐다 장군은 군부를 중심으로 정치권력을 강화하기 위해 본인이 직접 총리 후보로 나섰으나, 이에 맞서 대학생과 시민운동 세력들은 '민중민주주의운동(Campaign for Popular Democracy: CPD)'을 결성해 군부 정권의 퇴진을 요구하는 민주화운동을 전개했다. 군부 재집권에 반대하는 정당 중에서도 민주당이나 새희망당(New Aspiration Party) 등은 성명을 통해 쑤찐다 장군의 퇴진을 요구했으며, 짬롱(Chamlong

---

[3] 쑤찐다 장군과 군부 쿠데타 세력은 1991년 쿠데타의 명분으로 찻차이 정부의 부패와 무능을 내세웠으나, 실질적으로는 찻차이 정부가 추진한 구(舊)공산권 국가들과의 외교 과정에서 군부를 홀대하고 군부 내 특정 파벌을 견제한 것이 쿠데타의 더욱 직접적인 원인으로 작용했다고 평가되고 있다.

Srimuang)이 이끄는 팔랑탐(Palang Dharma, 진리의 힘)당은 앞장서서 민주화운동에 동참하기도 했다. 1980년대부터 이미 준민주주의 체제를 경험한 태국 국민들은 군부 쿠데타를 통한 정권 탈취가 구시대의 유물이며 군부 통치는 현재 태국의 지속적인 경제 발전에 아무런 도움이 되지 못한다고 생각했기 때문에 군부의 집권은 정당성을 확보하기 어려웠다(서경교, 1994: 142). 연일 계속되는 시위 속에서 다수의 사상자가 발생해 사태가 급박하게 전개되자 푸미폰 국왕은 더 이상의 희생을 막기 위해 군부 수장인 쑤찐다와 민주화 세력의 대표인 짬롱을 왕궁으로 불러들여 문제 해결을 촉구했으며, 마침내 쑤찐다 장군이 군부 퇴진과 망명의 길을 선택함으로써 태국의 1992년 5월 민주항쟁은 새로운 민주화의 길을 걷게 되었다.

　종합적인 차원에서 1973년 민주화운동과 1992년 민주화운동은 일련의 민주화 과정에서 주요한 차이점과 정치적 함의를 제시해주고 있다. 우선 1973년 민주화운동은 대학생과 지식인 주도의 제한된 세력으로 민주화에 성공한 이후 급변하는 지역 정세와 정치적 불안, 사회적 혼란을 해결할 수 있는 대체 세력을 제시하지 못한 채 군부 쿠데타 재발의 빌미를 제공했다. 반면, 1992년 민주화운동은 대학생·지식인 세력과 더불어 다양한 시민 세력과 중산층, 야당이 군부의 정치적 개입에 반대해 민주화운동에 동참함으로써 민주화 이후 대체 세력을 확보하고 빠르게 정치적 안정을 도모할 수 있었다. 1992년 민주화 과정에서 민주화 세력은 강력한 시민 연대를 통해 민주화운동의 정당성을 확보함으로써 군부 세력과의 대결 구도에서 힘의 우위를 확보했으며, 1973년 민주화운동의 경험을 되살려 국왕을 통한 일련의 사태 수습과 안정을 도모함으로써 민주화에 성공할 수 있었다. 반면 군부 세력은 1980년대 이후 점증된 시민사회의 정치의식 변화를 제대로 파악하지 못한 채 무력으로 시위 세력을 진압함으로써 스스로 정치적 정당성을 상실했으며, 특히 내부적으로도 분열과 외부 압력이 작용해 군부의 정치적 퇴진을 결정할 수밖에 없었다.

2) 태국의 1997년 헌법 개정과 민주주의 이행 과정

태국의 정치 과정에서 1992년 민주화운동은 군부의 정치적 퇴진과 권위주의 체제의 붕괴를 초래함으로써 민주주의 이행이 촉진되는 극적인 전환점을 제공했다. 민주화운동의 성공 이후 군부가 제정한 신헌법의 독소 조항을 폐지해 1992년 9월 새로운 의회 선거가 실시되고 민주당의 추언(Chuan Leekpai) 총리가 집권하자 민주주의 이행에 대한 국민적 기대와 관심은 크게 증폭되었다. 그러나 국유지 불하 과정에 여당 의원들이 개입된 부패 스캔들에 대한 책임을 지고 물러난 추언 총리를 비롯해 민주화 이후 집권한 역대 총리들은 자신의 임기를 채우지 못한 채 부패 문제나 정책 부진 등을 이유로 총리직을 물러났다. 민주당의 추언 총리를 뒤이어 1995년 의회 선거를 통해 새롭게 집권한 태국국가당의 반한(Banharn Silapa-archa) 총리는 내각의 부패 스캔들과 정책 부진 등을 이유로 사임했으며, 1996년 의회 선거를 통해 집권한 새희망당의 차왈릿(Chavalit Yongchaiyudh) 총리 또한 부패 문제와 1997년 외환위기의 책임을 지고 임기를 채우지 못한 채 사임함으로써 민주화 이후에도 정치 과정의 불안정은 지속되었다. 〈표 2-1〉에서 보는 바와 같이, 태국은 1992년 민주화 이후 민주적 절차에 입각한 세 차례의 의회 선거를 통해 평화적 정권 교체가 이루어졌으나, 연이은 부패 스캔들과 정책 부진 등으로 민주주의를 안정적으로 운영해나갈 새로운 정치 지도자와 정당을 찾기 어려웠다.

태국의 민주화 이후 민주주의 이행 과정에서 가장 중요한 정치 개혁은 1997년 인민헌법의 제정이었다. 특히 인민헌법은 1992년 민주화 이

‖ 표 2-1 ‖ 1992년 민주화 이후 하원의원 선거 결과(1992~1996)

정당명	1992년 9월		1995년 7월		1996년 11월	
	의석수	비율(%)	의석수	비율(%)	의석수	비율(%)
민주당(Democrat Party)	79	21.9	86	22.0	123	31.3
태국국가당(Chart Thai Party)	77	21.4	92	23.5	39	9.9
새희망당(New Aspiration Party)	51	14.2	57	14.6	125	31.8
팔랑탐당(Phalang Dhama Party)	47	13.1	23	5.9	1	0.3
사회행동당(Social Action Party)	22	6.1	22	5.6	20	5.1
태국국민당(Prachakorn Thai Party)	3	0.8	18	4.6	18	4.9
연합당(Solidarity Party)	8	2.2	8	2.0	8	2.0
인민당(Rassadorn Party)	1	0.3	-	-	-	-
대중당(Mass Party)	4	1.1	3	0.8	2	0.5
정의자유당(Seritham Party)	8	2.2	11	2.9	4	1.0
국가개발당(Chart Patthana Party)	60	16.7	53	13.6	52	13.2
태국영도당(Nam Thai Party)	-	-	18	4.6	1	0.3
합계	360	100.0	391	100.0	393	100.0

주: 흰색 부분은 각각의 선거 결과에서 제1당의 의석수와 의석 비율임.

후 정치 개혁을 위한 국민적 소망과 합의가 담긴 태국 정치사상 가장 민주적인 헌법으로 평가되었다(Paichart, Chaowana and Ratha, 1997: 1). 1992년 민주화 이후에도 선거 시기마다 정치자금을 둘러싼 부패 스캔들과 금권 선거의 폐단이 지속적으로 발생하자 정치 부패와 금권 정치의 폐단을 방지하고 시민사회의 폭넓은 정치 참여와 정당정치를 더욱 안정적으로 강화하기 위한 헌법 개정의 국민적 요구와 정치 개혁의 당위성이 증대되었다(Suchitra, 1998: 164~166; Ganesan, 2001: 9). 태국은 1992년 민주화 이후 정부의 투명성 제고와 국민들의 자유로운 정치 참여 보장을 목표로 한 광범위한 정치 개혁을 추진하기 위해 1993년 민주당 연립정부의 주도로 의회 내에 민주주의발전위원회(Democracy Development Committee: DDC)를 설립했다. 그러나 의회 내 개혁 세력과 민주주의발전위원회의 노력에도 불구하고 헌법 개정에 대한 논의는 일부 보수 정당과 기업인 등 반대 세력에 의해 헌법 초안 작성이 차일

피일 미루어졌다(Kitti, 2007: 879).

태국의 정치 개혁을 위한 헌법 개정 논의는 1995년 추언 총리가 이끄는 민주당 연립정부가 해산하고 새로운 선거에서 헌법 개정을 선거 공약으로 내세워 승리한 반한 총리와 태국국가당 연립정부가 집권해 헌법초안회의(Constitutional Drafting Assembly: CDA)를 구성하면서 본격화되었다. 초기 과정에서는 헌법초안위원회의 구성을 둘러싼 정치적 논쟁이 치열하게 전개되기도 했으나, 상대적으로 정치적 중립성을 지닌 헌법위원들이 주도해서 정치 개혁을 위한 헌법 개정을 심층적으로 논의했다. 1997년 초 헌법초안회의의 헌법 개정안이 발표될 때까지 헌법 개정에 대한 찬성과 반대 세력은 비교적 뚜렷하게 구분되어, 언론과 지식인 세력을 비롯한 진보적 정치인, 개방적 시민단체 등 헌법 개정에 찬성하는 세력들은 헌법초안회의의 개정안을 강력하게 지지한 반면, 새희망당 등 일부 보수 세력은 헌법 개정의 당위성과 필요성을 인정하면서도 가급적 완만한 정치 개혁만 주장했다. 특히 1997년 헌법 초안이 제출될 당시 집권 여당이던 새희망당과 차왈릿 정부는 자신들의 정치적 기득권과 이해관계가 축소될 것을 우려해 헌법초안회의가 제출한 헌법 개정안을 반대했다(Kuhonta, 2008: 378). 그러나 1997년 중반부터 밀어닥친 동아시아 경제 위기에 직면해 정치적 수세에 몰린 새희망당과 차왈릿 정부는 자신들의 정치적 위기를 타개하기 위한 방편으로 어쩔 수 없이 개혁 세력들이 주장하는 헌법 개정안을 수용했으며, 새로운 헌법 개정안은 태국 국민들의 강력한 지지를 통해 의회를 통과해 새로운 헌법으로 발효될 수 있었다.

1997년 새롭게 공포된 태국의 헌법은 그동안 임명제로 선임되었던 상원의원의 직선제 선출을 규정하고, 하원의원의 경우에도 소선거구제에 입각한 지역구 대표의원 400명과 정당명부제에 의한 비례대표의원 100명을 선출하되 정당명부제의 경우 전체 유효 득표율의 5% 이상을 획득한 정당만이 의석을 할당받을 수 있도록 규정해 군소 정당의 난립을 방지하고 정당정치의 안정을 도모했다. 또한 1997년 헌법은 독립된 선거위원회(Election Commission of Thailand)를 설치함과 더불어 그 권한과 기능을 대폭 강화함으로써 선거의 공정성과 경쟁성을 크게 확충시켰으며, 헌법재판소(Constitutional Court)와 국가부패방지위원회(National Counter Corruption Commission: NCCC) 등을 비롯해 다양한 독립적 헌법기관들을 신설해 정치권력의 남용을 방지하는 제도적 견제 장치를 보완했다. 이와 더불어 선거제도 및 정당정치와 관련해 1998년에는 선거법과 정당법을 대폭 개정해 정당의 자격 요건을 강화하고 정당의 선거자금 및 선거운동에 대한 규정을 보강함으로써 태국은 어느 때보다도 공정하고 경쟁적인 선거를 치를 수 있게 되었다(Dahl, 2000: 12; Kuhonta, 2008: 374).

그러나 1997년 인민헌법은 시행되고 운영되는 과정에서 전혀 예기치 못한 결과와 새로운 문제점을 양산했다. 새로운 헌법 체계 아래 2001년 실시된 의회 선거에서 태국은 정당명부제를 통해 선거에 참여한 정당들까지 60여 개의 정당이 선거위원회에 등록하는 혼란이 빚어졌으나, 선거 결과를 통해 주요한 지지율을 획득하며 살아남은 정당은 5~6개에 불과해 정당 체계의 변화가 초래되었다. 이러한 제도적 결과는 2005년 의회 선거 결과를 통해 더욱 뚜렷한 양상으로 표출되어 군소 정당이 대거 몰락함과 더불어 태국애국당이 절반을 훨씬 넘는 의석비율로 재집권에 성공함으로써 강력한 정치력을 지니게 되었다. 현실적으로 이러한 선거 결과는 군소 정당의 난립을 방지하고 안정적인 정당정치를 구현하기 위한 헌법 개정의 취지가 그대로 반영된 것이었으나, 다른 한편으로 특정 정당에 정치권력이 지나치게 편중됨에 따라 정치 과정에서 권위주의적 통치 행태를 보이는 또 다른 문제점을 유발하게 되었다. 비록 헌법 개정 이후 선거 과정에서 동원 정치와 금권 선거,

┃표 2-2┃ 2001년과 2005년 하원의원 선거 결과(단위: 석, %)

정당명	2001년			2005년		
	지역구	정당명부	합계	지역구	정당명부	합계
태국애국당	200(50.0)	48(48.0)	248(49.6)	310(77.5)	67(67.0)	377(75.4)
민주당	97(24.3)	31(31.0)	128(25.6)	70(17.5)	26(26.0)	96(19.2)
태국국가당	35(8.8)	6(6.0)	41(8.2)	18(4.5)	7(7.0)	25(5.0)
새희망당	28(7.0)	8(8.0)	36(7.2)	-	-	-
국가개발당	22(5.5)	7(7.0)	29(5.8)	-	-	-
정의자유당	14(3.5)	-	14(2.8)	-	-	-
인민당	2(0.5)	-	2(0.4)	-	-	-
태국조국당	1(0.3)	-	1(0.2)	-	-	-
사회행동당	1(0.3)	-	1(0.2)	-	-	-
대중당	-	-	-	2(0.5)	-	2(0.4)
합계	400(100.0)	100(100.0)	500(100.0)	400(100.0)	100(100.0)	500(100.0)

군소 정당의 난립과 파당 정치 등 태국 정치의 고질적 문제점은 크게 줄어들었으나 군소 정당의 몰락, 태국애국당 같은 거대 여당의 등장 등 새로운 정치적 변화가 초래되었다.

실제로 〈표 2-2〉에서 보는 바와 같이 1997년 인민헌법이 최초로 적용된 2001년 의회 선거에서 태국애국당은 1998년 새롭게 창당한 신생 정당이었음에도 전체 의석 500석 중 지역구 200석과 정당명부 48석 등 총 248석을 얻는 압승을 거두고 제1당이 되어 연립정부를 구성했으며, 4년 뒤 치러진 2005년 의회 선거에서도 전체 의석 500석 가운데 75.4% 인 377석을 획득하는 압도적인 승리를 거두며 재집권에 성공했다.[4] 태국애국당이 2001년과 2005년 의회 선거에서 연이어 압승을 거둔 이유는 태국 유권자의 다수를 차지하는 농어촌 주민들과 서민층을 겨냥한 대중 영합적 정책 공약들이 유권자들의 폭넓은 지지를 유도했고, 지방

---

4   실질적으로 태국애국당이 전체 의석의 과반수에 가까운 의석을 획득하며 승리한 2001년 선거 결과는 태국 선거사상 가장 높은 지지율을 기록했으며, 특히 2005년 선거에서는 전체 의석의 2/3 이상 의석수를 획득하는 경이로운 기록을 세우며 압도적으로 승리했다.

하부 단위까지 지구당을 개설하고 조직적으로 선거운동을 전개한 선거 전략이 주요하게 작용했기 때문이다. 또한 1997년 경제 위기 이후 더욱 강력하고 안정적인 리더십을 원했던 태국 유권자들에게 탁씬과 태국애국당은 국민들의 정서를 반영한 정책 공약과 선거운동으로 접근함으로써 유권자들의 표심을 사로잡았다(윤진표, 2006: 3). 아울러 군소 정당의 난립을 방지하고 정당정치를 강화하기 위해 새롭게 도입된 정당명부제에서는 5% 이상 득표한 정당에만 의석을 할당한다는 진입 장벽을 만들고 소선거구제에 입각한 선거제도를 시행키로 했는데, 이 같은 변화는 거대 정당들에 유리하게 작용해 태국애국당 같은 거대 여당의 탄생을 유도했다(Albritton, 2006: 142~143).

이후 태국의 정치 개혁을 목표로 한 1997년 개정 헌법의 왜곡된 제도적 결과는 2001년부터 집권한 탁씬 총리와 태국애국당 정부에 대한 민주주의 논쟁을 가속화시켰다. 즉, 2001년과 2005년 의회 선거에서 압승함으로써 탁씬 총리와 태국애국당 정부의 권력이 크게 강화되자 일부 학자와 지식인, 시민단체와 야당 세력들은 2001년 집권한 이래 탁씬 총리와 태국애국당 정부가 정당 체계를 독점하고 부패를 만연시켰으며 군부와 경찰의 통제력을 강화하고 야당과 시민사회의 다른 주장들을 무시하고 있다는 비판을 제기하기 시작했다. 실질적으로 탁씬 총리는 집권 이후 2003년 2월부터 마약과 빈곤, 테러와의 전쟁을 선포하고 공권력을 동원해 강제적 소탕 작전을 전개하는 등 공권력을 통한 통제를 강화했으며, 특히 2004년 1월부터 남부 국경 지역에서 발생한 이슬람 폭력 사태를 조기 진압하기 위해 계엄령을 선포하고 군대를 투입해 강경 진압을 유도함으로써 다수의 사상자를 내는 등 인권 문제를 유발했다(이동윤, 2007: 182~183). 또한 탁씬 정부는 그동안 비교적 자유로운 영역으로 간주되었던 태국 언론에 대해서도 탁씬 정부에 비판적인 기사를 쓴 기자와 주요 언론사들을 고소·고발하는 등 언론의 편집권과 인사권에 보이지 않는 압력을 강화했다.

이러한 가운데 2006년 1월 탁씬 일가의 주식 매각과 관련된 세금 탈루 혐의가 언론을 통해 밝혀지면서 민주주의 논쟁은 탁씬 총리에 대한 퇴진 운동으로까지 발전해 모든 권력이 탁씬 총리 개인에게 집중되는 '탁씬화(Thaksinization)' 현상에 대한 강력한 비판이 제기되었다(Painter, 2006: 26~47). 실제로 탁씬 총리는 집권 초기부터 야당과 시민단체들의 반대에도 불구하고 국가부패방지위원회 등 헌법적 독립기관과 정부 부처의 인사를 자신이나 태국애국당과 관련된 인물로 충원함으로써 논란을 불러일으켰으며, 집권 직후부터 막대한 정치자금을 동원해 노골적으로 야당과의 통폐합을 추진함으로써 정당의 사유화 논쟁을 촉발시켰다(Mutebi, 2006: 306~314; Connors, 2006: 30). 이와 더불어 탁씬 총리와 태국애국당 정부가 선거 과정에서 제시한 정책 공약과 경제 정책에 대한 대중 영합주의 논쟁과 최고경영자주의에 입각한 국가 관리를 강조하는 '탁씨노믹스(Thaksinomics)'에 대한 비판도 제기되었다(Pasuk and Baker, 2004: ch. 4; Jayasuriya and Hewison, 2004: 571~790). 이들은 2001년 의회 선거부터 태국애국당이 제시한 농가 부채 유예, 지방 개발 지원금 등의 정책 노선이 민족주의를 등에 업은 대중 영합주의라고 비판했으며,[5] 탁씬 총리의 경제 정책이 국가의 정치적 이익과 기업적 이익의 결탁, 소비주의에 입각한 경제 왜곡 등을 초래해 국가 경제를 사유화·기업화시켰다고 주장했다(Painter, 2006: 32~37). 실질적으로 탁씬 총리가 주창한 최고경영자주의와 일련의 경제 정책은 관료 사회와 군부, 정치·경제 영역에서 탁씬 총리를 중심으로 한 새로운 정치적 연계

---

[5] 2001년 의회 선거 당시부터 태국애국당은 1997년 경제 위기 이후 서구 자본주의의 유입에 대응해서 형성된 경제적 민족주의를 발판으로 민주당의 정책 노선을 친IMF적이라고 비판했으며, 그 대안으로 민족적 경제 발전을 주장하는 자신들의 정책 공약을 선전해왔다(McCargo and Ukrist, 2005: 179).

망을 형성했으며, 이는 기존의 연계망을 구축했던 기득권 세력과 충돌해 새로운 갈등의 불씨를 제공했다(Connors, 2005: 366).

민주주의 논쟁의 초기 과정에서 탁씬 총리에 반대하는 운동은 방콕 등 도시 지역에 한정되어 주로 지식인과 대학생, 시민단체들을 주축으로 전개되었으나, 2006년 1월 탁씬 일가의 주식 매각과 세금 탈루 혐의가 언론을 통해 발표된 이후 시위 규모가 전국적으로 확대되어 탁씬 총리의 퇴진을 요구하는 운동으로 전환되었다. 2006년 2월 들어 주요 야당들이 가세한 반탁씬 운동 세력은 방콕에 기반을 둔 시민단체들과 지식인, 탁씬 정부에 불만을 가진 일부 중산층과 기업인들을 연대해 민주주의민중연대(People's Alliance for Democracy: PAD)를 결성하고 대대적인 거리 시위를 전개했다. 이에 대응해 탁씬 총리는 자신 소유의 주식을 매각하고 향후 국정에만 전념하겠다는 발표를 통해 사태 진전을 유도했으나 상황이 악화되자 2006년 2월 24일 의회를 해산하고 4월 2일 조기 선거 실시를 발표했다. 이로써 시위 사태는 잠정적 소강상태로 접어들었다(이동윤, 2007: 186). 탁씬 총리와 태국애국당 정부가 의회를 해산한 의도는 시민단체들에 의해 주도되는 거리 시위와 퇴진 압력으로부터 벗어나 조기 선거를 실시하더라도 북부와 동북부 지역 등을 중심으로 강력한 지지 기반을 형성한 태국애국당이 다시 또 선거에서 승리할 것이라고 확신했기 때문이다.

민주주의민중연대의 주도로 민주당을 비롯한 의회 내 주요 야당들이 불참한 가운데 실시된 2006년 4월 의회 선거는 전체 의석 중 공석으로 남게 된 지역구 39석을 제외하고 태국애국당이 지역구 361석과 정당명부 비례대표 100석 등 총 461석을 차지하며 압승을 거두었다. 태국애국당은 자신들의 대중 영합적 정책으로 많은 혜택을 받은 북부와 동북부 지역 주민들로부터 다시 한 번 절대적인 지지를 받았으며, 정치적 비판의식이 높은 방콕이나 민주당 지지 기반이던 남부 지역 주민들

| 표 2-3 | 2006년 4월 하원의원 선거 결과

정당명	지역구		정당명부		합계
	득표율	의석수	득표율	의석수	
태국애국당	60.8%	361석	59.9%	100석	461석
민주당	-	-	-	-	불참
태국국가당	-	-	-	-	불참
대중당	-	-	-	-	불참
기타 정당	1.1%	0	7.1%	0석	0석
기권	38.1%	-	33.0%	-	-
공석	-	39석	-	0석	39석
합계	100.0%	400석	100.0%	100석	500석

은 기권표를 던짐으로써 극심한 국론 분열 현상이 초래되었다. 실질적으로 민주당을 비롯한 당시 야당들은 2005년 의회 선거 이전부터 당내 리더십 교체에 따른 극심한 내부 진통을 겪고 있었으며, 의회 내에서 탁씬 총리와 태국애국당 정부에 대한 견제력을 완전히 상실한 상태에서 다시 한 번 선거를 치른다고 하더라도 이미 태국애국당의 승리가 예견되기 때문에 선거 참여가 아무런 의미를 갖지 못하는 상황이었다. 주요 야당의 선거 불참으로 치러진 선거 결과는 형식적으로 태국애국당의 승리였으나, 내용적으로는 야당의 선거 불참과 더불어 34.8%의 기권표와 37.9%에 해당하는 무효투표가 발생함으로써 탁씬 총리와 태국애국당에 대한 국민들의 거부 의사가 확인된 셈이었다.[6]

태국애국당의 선거 승리에도 불구하고 이미 예상된 선거 결과에 대

---

6   2006년 4월 2일 선거 결과는 전체 등록 유권자 4566만 3089명 중 2979만 1294명이 투표에 참여해 65.2%의 투표율을 기록했으며, 그중 12.8%인 381만 5870표가 기권으로 표시되어 무효투표가 되었고 2597만 5424표만 유효투표 수로 계산되었다. 특히 주요 야당들의 선거 불참으로 인해 태국애국당은 전체 400개 선거구 중 278개 선거구에서 단독 후보를 출마시켰으며, 단독 후보가 출마한 선거구에 대해서는 총 유효투표 수의 20% 이상 득표율을 확보해야 당선될 수 있다는 조항 때문에 이를 충족시키지 못한 선거구는 4월 23일 재선거가 결정되었다(Lee, Dong-Yoon and Jaehyon Lee, 2008: 142).

응해 민주주의민중연대 등 시민단체들과 야당 세력은 야당의 선거 불참과 태국애국당의 단독 선거, 일부 선거구에서의 선거 부정, 그리고 선거 관리 기준의 위반 사례 등을 들어 2006년 의회 선거를 부정선거로 규정하고 선거 무효를 주장했다. 선거 무효와 탁씬 총리의 퇴진을 요구하는 가두시위가 전국적으로 재개되는 가운데 사회적 분열과 정치적 혼란이 지속되자 탁씬 총리는 마침내 4월 4일 국왕을 면담한 직후 전격적으로 총리직을 사퇴했다. 그러나 5월 8일 태국 헌법재판소가 2006년 선거 결과가 무효라고 판결함에 따라 5월 23일 탁씬 총리는 선거 이전 상황으로 총리직에 복귀했으며, 탁씬 총리의 복귀를 반대하는 집회와 가두시위가 다시금 확산되어 정치적 혼란이 가중되었다. 헌법재판소의 선거 무효 판결에 따라 선거위원회는 10월 15일 재선거를 선포했으나, 야당과 시민단체들은 탁씬 총리가 국왕에게 제출한 사임서에 "재선거에 따라 새로운 정부가 구성될 때까지 정치에 관여하지 않겠다"라는 내용이 포함되어 있으므로 그의 총리직 복귀는 무효라고 주장하며 탁씬 총리의 사임을 다시 한 번 촉구했다. 민주주의민중연대가 주도하는 탁씬 퇴진 운동이 수도인 방콕을 중심으로 전국적으로 확산되는 가운데 의회 내의 여당과 야당, 그리고 정부와 시민들 사이 권력의 균형점은 무너지고 사회적 혼란과 정치적 불안이 지속되었다.

4. 태국의 군부 쿠데타와 민주주의 공고화의 좌절

1) 태국의 군부 쿠데타 재발과 민주주의의 퇴보

2006년 9월 19일 탁씬 총리가 UN 총회 참석차 미국 뉴욕을 방문한 사이 태국에서는 육군사령관 쏜티(Sonthi Boonyaratglin) 장군이 주도하는 군부 쿠데타가 발생했다. 쿠데타의 주도 세력인 쏜티 장군은 탁씬 정부가 국론 분열과 부정부패에 책임이 있으며 헌법기관을 부당하게 간섭하고 국왕과 왕실을 모독했기 때문에 국가가 당면한 정치·사회적 혼란을 방지하기 위해 군부가 나서게 되었다고 발표했다. 그러나 이러한 발표는 쿠데타를 정당화하기 위한 명분에 불과했으며, 탁씬 총리를 제거하고 권력을 잡는 것이 그들의 실질적인 목적이었다(Lee and Lee, 2008: 142). 쿠데타 주도 세력은 쏜티 장군을 위원장으로 하는 민주개혁위원회를 구성해 내각을 접수하고 헌법 정지와 의회 해산을 명령했다. 또한 쏜티 장군과 군 수뇌부는 쿠데타 다음날 국왕을 알현해 그들의 쿠데타 사실에 대해 사후적 승인을 받았으며, 군부 주도의 민주개혁위원회를 국가안보위원회(Council for National Security)로 개칭하고, 전직 육군사령관이자 추밀원(Privy Council) 위원을 지낸 쑤라윳(Surayud Chulanont)을 과도정부의 내각 총리로 내세워서 정국 안정을 도모했다(이동윤, 2007: 188).

2006년 9월 발생한 군부 쿠데타와 관련해 태국 국민들이 초기에 보인 반응은 이전의 다른 쿠데타와 비교해 매우 이례적이었다. 대다수 국민들은 그동안 지속되어온 탁씬 퇴진 운동 분위기에 편승해 탁씬 정부를 몰아낸 군부 쿠데타를 지지했으며, 방콕의 일부 시민들은 도심에 주둔하고 있던 쿠데타 군인들에게 식수와 음식을 제공하는 등 환영 의사를 표명했다(이동윤, 2010: 412). 실질적으로 쿠데타가 발생한 직후 실시된 한 여론조사에서 전체 응답자의 84%가 군부 쿠데타를 지지하는 것으로 발표되었는데,[7] 이는 선과 악의 개념으로 구분되는 태국의 민군

---

[7] 2006년 9월 20일 발표된 수안 두싯 라차팟(Suan Dusit Rajabhat) 대학교의 여론조사 결과에 따르면, 전체 응답자 2019명 중 83.98%가 군부 쿠데타를 지지했으며, 응답자의 75.04%는 "태국 정치의 현재 상황을 군부 쿠데타가 개선시켜줄 수 있을 것"이라고 생각했고, 단지 5%만이 "쿠데타가 잘못된 것"이라고 생각했다. http://dusitpoll.dusit.ac.th/2549/2549_050.html(2016년 12월 30일 검색).

관계에서 군부 쿠데타를 악으로 규정하던 전통적 관념과 큰 차이를 보이는 것이었다(Surachart, 2001: 77). 그러나 다른 한편으로 군부 쿠데타의 부당성을 지적하는 산발적인 시위가 방콕과 북부 치앙마이를 중심으로 발생했으며, 특히 탁씬 총리와 태국애국당의 지지 세력은 자신들의 지지 기반인 북부와 동북부 지역을 중심으로 군부의 정치 개입과 통제를 비판하는 반대시위를 전개했다. 쿠데타 이후 태국은 군부의 통제 아래 표면적으로 안정을 되찾는 듯 보였으나 내부적으로는 갈등과 충돌의 위기가 고조되었다.

1991년 군부 쿠데타 이래 15년 만에 재발된 2006년 쿠데타의 원인과 배경에 대해서도 다양한 논의가 제기되었다. 쿠데타 세력은 대외 명분으로 탁씬 정부의 독재와 사회적 혼란을 방지하고 왕권을 수호하기 위해 쿠데타를 일으켰으며, 1년 내에 새로운 헌법을 제정해 민간정부에게 정치권력을 이양할 것이라고 천명했으나, 실제로는 쿠데타의 배후 원인에 대한 다양한 추측이 뒤따랐다. 우선적으로 논의되는 쿠데타 배경으로는 푸미폰 국왕과 탁씬 총리 사이의 불편한 관계를 들 수 있다. 태국의 푸미폰 국왕은 입헌 군주임에도 불구하고 그동안 커다란 정치적 영향을 발휘해왔으며, 특히 왕실 재산을 활용해 경제적으로 어려운 국민들을 위해 다양한 구호 활동을 펼치고 태국의 정치적 위기 때마다 국민의 편에서 영향력을 발휘함으로써 모든 국민들의 존경을 받아왔다. 그러나 탁씬 총리가 등장해 집권한 이후 국왕과 맞먹을 정도의 인기를 누리며 태국 사회의 불가침 영역으로 간주되던 국왕에 대해 존경심을 의심받는 언행을 자주 표출하자 푸미폰 국왕 또한 태국 왕실의 존엄과 입헌군주제를 위협하는 탁씬 총리의 독선적 통치 행태에 대해 불만을 표시했던 것으로 알려져 있다(김홍구, 2006: 131). 이에 따라 푸미폰 국왕과 추밀원 원장인 쁘렘은 적어도 사전에 군부 쿠데타 사실을 알고 있었으며, 국왕의 묵인 아래 쿠데타가 발생한 것이라는 추측과 분석이 강력하게 제기되었다(이동윤, 2007: 189).

또 하나 거론된 군부 쿠데타의 직접적인 배경은 탁씬 총리와 군부 사이에 가시화된 이해관계의 충돌이다. 군부는 과거 권위주의 체제 시절부터 국왕과 국민을 수호한다는 명분 아래 다양한 정치·경제적 기득권을 행사해왔다. 그러나 1992년 민주화 이후 이러한 기득권은 크게 약화되었으며, 특히 2001년 집권 이래 탁씬 정부가 주도해온 각종 정책들은 군부와 관료사회는 물론 정치·경제 영역에서 과거 군부의 영향력과 충돌해 탁씬 총리를 중심으로 한 새로운 네트워크를 형성했다(McCargo and Ukrist, 2005: 209~247). 사실상 국왕의 충실한 군대로서 군사·안보 영역뿐만 아니라 정치·외교 영역과 각종 군수 산업 부문에까지 직간접적인 영향력을 행사해오던 태국 군부와 탁씬 총리 사이의 반목과 갈등은 어쩔 수 없는 필연적인 결과였다. 탁씬 총리는 집권 직후부터 군부 인사에 깊숙이 관여해 경력과 기수를 무시하고 자신의 예비사관학교 10기 동기생들을 군부 요직에 배치했으며, 이러한 인사 개입은 군 내부의 주요 수뇌부를 장악하고 있던 6기생들의 이해관계와 충돌해 갈등을 유발했던 것이다.[8]

그러나 군부 쿠데타의 직접적 원인과 배경이 무엇이었든지 간에 무엇보다도 중요한 것은 2006년 군부 쿠데타의 재발이 명백하게 태국 정치의 악순환과 민주주의의 후퇴를 초래했다는 사실이다(이동윤, 2007: 190). 비록 탁씬 총리와 태국애국당 정부가 집권 이후 권위주의적 통치 행태와 반인권적 정책, 그리고 부정부패 등 많은 문제점을 야기해온 것이 사실이지만, 더욱 명백한 것은 쿠데타가 이러한 문제를 해결하는 최

---

8 태국의 예비사관학교 제10기 동기생들의 경우 대부분 탁씬 총리를 지지했으나, 육군사령관 쏜티를 비롯한 제6기생들과 여타의 군부 세력은 1980년대에 총리를 지내고 현재의 추밀원 원장인 쁘렘을 지지했다. 이에 따라 쿠데타 직후 민주개혁위원회가 가장 우선적으로 추진한 일 중 하나도 그동안의 군 인사 정책을 바로잡아 10월 정기인사를 단행한 것이었다.

선의 방법은 아니었다는 점이다. 현실적으로 탁씬 총리가 비민주적 통치 행위로 현직에서 물러나야만 했다면 그것은 쿠데타가 아니라 선거나 다른 합법적 방법을 통해 진행되어야 했으며, 탁씬 총리를 퇴진시키기 위해 비합법적으로 무력을 통해 정치권력을 장악한 군부 쿠데타를 용인하는 것은 민주주의를 거스르고 권위주의로 회귀하는 것을 미화시키는 것에 불과했다. 특히 1997년 인민헌법은 개정 당시부터 국민적 합의와 동의를 거쳐 만들어진 태국 정치사상 가장 민주적이고 개혁적인 헌법이었으며, 따라서 이러한 헌법적 절차에 입각해 민주적 선거를 통해 선출된 정부를 비합법적 방법인 군부 쿠데타를 통해 퇴진시켰다는 사실은 결코 정당화될 수 없었다.

2006년 쿠데타 직후 과도정부 내각의 쑤라윳 총리는 1997년 제정된 인민헌법을 폐지하고 39개 조항에 달하는 임시헌법을 공포했으며, 1년 이내 민정 이양의 약속을 지키기 위해 각계각층 200명의 대표들로 구성된 임시국회를 구성해 새로운 헌법을 제정하는 작업에 착수했다(이동윤, 2010: 409~410). 2007년 새롭게 제정된 헌법은 1997년 헌법과 비교해 상원의원 수를 150명으로 줄이고, 하원 또한 지역구 의원 400명과 정당명부제 비례대표의원 80명 등 20명이 줄어든 480명으로 구성하기로 했다. 또한 하원의원 선거의 경우 과거 금권 선거의 폐단을 방지하고 군소 정당에 더욱 많은 기회를 부여하기 위해 소선거구제를 폐지하고, 전국을 157개 선거구로 나누어 한 선거구당 최소 세 명 이상의 의원이 선출될 수 있도록 하는 중선거구제를 실시하기로 결정했다. 또한 2006년 4월 의회 선거에 대한 헌법재판소의 무효 판결에 따라 선거 부정에 연루된 정치인들과 해산이 명령된 일부 정당의 간부들에 대해 선거 출마를 금지했으며, 특히 태국애국당의 경우 정당 해산과 더불어 소속 정치인 111명의 출마가 금지되었다(이동윤, 2008: 101). 현실적으로 탁씬 지지 세력이 다시금 의회에 진출하는 것을 차단하기 위해 개정된 새로운 헌

■표 2-4■ 2007년 12월 하원의원 선거 결과

정당명	지역구		정당명부 비례		합계
	득표율	의석수	득표율	의석수	
인민의 힘 당	35.7%	199석	40.3%	34석	233석(48.5%)
민주당	31.2%	132석	39.1%	33석	165석(34.4%)
태국국가당	9.1%	33석	4.4%	4석	37석(7.7%)
조국당	9.0%	17석	5.7%	7석	24석(5.0%)
태국연합국가개발당	4.7%	8석	2.7%	1석	9석(1.9%)
중도민주당	5.4%	7석	1.5%	-	7석(1.5%)
왕도인민당	2.4%	4석	1.8%	1석	5석(1.0%)
기타	2.5%	-	4.6%	-	-
합계	100.0%	400석	100.0%	80석	480석(100.0%)

법은 과도정부와 임시국회에 의해 국민투표에 회부되어 57.8%의 찬성으로 통과되었으며, 2007년 12월 새로운 선거를 치르기로 결정되었다.

그러나 새로운 헌법에 의거해 2007년 12월 실시된 의회 선거에서는 당초 헌법 개정의 의도나 군부의 예상과 달리 쿠데타 이전까지 유지되었던 태국애국당의 정치적 지지 기반을 다시 한 번 확인하는 결과가 나타났다. 태국애국당이 해산된 상태에서 당명을 바꿔 선거에 참여한 인민의 힘 당(People's Power Party: PPP)이 지역구 199석과 정당명부 비례대표 34석 등 전체 의석의 절반에 가까운 233석(48.5%)을 획득하며 압도적 승리를 거두었기 때문이다. 인민의 힘 당은 2005년 의회 선거 당시와 같은 절대적 다수 의석을 획득하지는 못했으나, 2006년 쿠데타 이후 정당 자체가 해산되고 당 간부와 간판급 정치인들이 선거 출마를 금지당한 상태에서도 과반수에 가까운 의석을 장악한 제1당이 됨으로써 군부에 의해 운영되던 과도정부를 청산하고 새로운 국정 운영의 주도권을 쥐게 되었다. 2001년과 2005년 선거와 달리 2007년 선거에서 약진이 기대되었던 민주당은 165석(34.4%)을 획득하는 데 그쳤으며, 태국국가당도 37석(7.7%)을 획득해 야당의 자리를 벗어나지 못했다.

선거 결과에 따라 인민의 힘 당은 탁씬 전 총리를 대신해 정당을 이끈 싸막(Samak Sundaravej) 총재를 총리로 내정해 민주당을 제외한 여섯 개 정당과 연립내각을 구성했으며, 과도정부로부터 정권을 인수해 새롭게 국정 운영을 주도했다.

2006년 쿠데타에 이어 2007년 군부 주도의 헌법 개정을 통해 실시된 의회 선거 결과에서도 인민의 힘 당의 전신인 태국애국당과 탁씬 전 총리의 저력이 확인된 만큼 싸막 총리와 인민의 힘 당은 집권 즉시 탁씬 전 총리의 정치적 복권을 추진했다. 인민의 힘 당 정부는 해외로 나가 있던 탁씬 전 총리의 귀국을 도모하는 한편, 쿠데타로 물러난 탁씬 전 총리를 복권하기 위한 일련의 법률적 검토 작업을 진행했다. 선거 이후 탁씬 전 총리의 지지 세력이 집권해 2006년 쿠데타 이전 상황으로 돌아가자 탁씬 전 총리를 반대했던 민주주의민중연대 등 시민단체들은 다시금 거리로 뛰쳐나와 반탁씬 운동과 반정부 시위를 전개했다. 이들은 정부 청사와 돈무앙 공항, 그리고 수완나품 국제공항을 점거하는 등 대규모 시위를 주도했으며, 탁씬 전 총리의 복권을 주도하는 싸막 총리에 대해서도 퇴진 운동을 전개했다. 탁씬 전 총리의 위법 사례와 선거 당시 인민의 힘 당의 선거 부정 혐의에 대한 대법원의 법률적 공방이 지속되는 가운데 반탁씬 세력의 반정부 시위는 국가적 마비 사태까지 유발했으며, 이 과정에서 반탁씬 세력과 탁씬 지지 세력 사이의 극한적 대립이 지속되었다. 2008년 2월 태국 대법원이 마침내 탁씬 전 총리의 권력 남용 혐의를 인정하는 2년형을 선고하고 인민의 힘 당에 대해서도 선거 당시 부정 혐의를 인정해 정당 해산을 판결하자 사태는 더욱 악화되었다.

2008년 12월 인민의 힘 당 정부를 대신해 새롭게 집권한 아피씻(Abhisit Vejjajiva) 총리와 민주당 연립정부는 분열된 민심을 수습해 정치적 안정과 경제를 회복하기 위해 '인민 어젠다(people's agenda)'를 발표하는 등 다양한 노력을 전개했다. 그러나 상황은 오히려 악화되어 탁씬 전 총리를 지지하는 세력들이 반독재민주주의연합전선(National United Front of Democracy Against Dictatorship: UDD)을 결성해 붉은 셔츠를 입고 거리로 뛰쳐나와 탁씬 전 총리의 처벌에 항의하는 집회와 아피씻 정부에 대해 반대하는 시위를 전개했으며, 이에 대응해 반탁씬 세력인 민주주의민중연대까지 맞불 시위를 전개해 정치적 혼란이 가속화되었다(Chairat, 2010: 303; Montesano, 2012: 4~5). 연일 시위가 지속되는 가운데 반탁씬 세력과 탁씬 지지 세력 사이의 대립은 이미 힘의 균형이 무너진 상태에서 어느 한 측도 양보할 수 없는 일촉즉발의 위기와 충돌로 표출되었다. 국외적으로도 2008년 글로벌 경제 위기의 여파로 태국의 민생 경제가 1997년 동아시아 경제 위기 당시 수준까지 악화된 가운데 이웃 국가인 캄보디아와 국경 분쟁까지 발생함으로써 태국의 국내 정치적 상황은 더욱 어려워졌다. 극한적 대립이 지속되는 가운데 2010년 5월 군대까지 동원된 시위 진압에서 다수의 사상자가 발생하자 태국은 최대의 정치적 위기 상황에 직면했다. 시위 진압 사상자 발생에 대한 조사위원회가 군부와 정부 당국의 방해로 진척이 없는 상황에서 탁씬 지지 세력은 총리 공관을 봉쇄하며 강력한 항의 시위를 전개했으며, 마침내 아피씻 총리는 정국 안정을 위해 다시 한 번 의회를 해산하고 조기 선거 실시를 결정했다.

2011년 7월 아피씻 총리의 의회 해산으로 다시 실시된 의회 선거는 집권 여당이었던 민주당과 2008년 해산된 인민의 힘 당을 계승해 새롭게 창당된 태국인을 위한 당(Phak Peua Thai: PPT) 사이의 경쟁으로 전개되었으며, 이는 결국 반탁씬 세력과 탁씬 지지 세력 사이의 힘의 대결 구도를 의미하는 것이었다. 선거 결과는 탁씬 전 총리의 여동생인 잉락(Yingluck Chinawatra)이 이끄는 태국인을 위한 당이 지역구 204석, 정당명부 비례대표 61석 등 전체 의석 500석 중 과반수를 넘긴 265석

정당명	지역구		정당명부 비례		합계
	득표율	의석수	득표율	의석수	
태국인을 위한 당	54.4%	204석	48.8%	61석	265석(53.0%)
민주당	30.7%	115석	35.2%	44석	159석(31.8%)
태국긍지당	7.7%	29석	4.0%	5석	34석(6.8%)
국가개발당	4.0%	15석	3.2%	4석	19석(3.8%)
모국국가개발당	1.3%	5석	1.6%	2석	7석(1.4%)
촌부리 힘 당	1.6%	6석	0.8%	1석	7석(1.4%)
모국당	0.3%	1석	0.8%	1석	2석(0.4%)
태국국가사랑당	-	-	3.2%	4석	4석(0.8%)
신민주당	-	-	0.8%	1석	1석(0.2%)
대중당	-	-	0.8%	1석	1석(0.2%)
평화애호당	-	-	0.8%	1석	1석(0.2%)
합계	100.0%	375석	100.0%	125석	500석(100.0%)

을 획득해 제1당 집권 여당이 되었으며, 반탁씬 세력의 지지를 받던 민주당은 지역구 115석, 정당명부 비례대표 44석 등 159석을 얻어 제2당이 됨으로써 정권 연장에 실패했다. 현실적으로 반탁씬 세력이 지지했던 민주당 연립정부의 선거 패배는 결국 탁씬 지지 세력의 승리를 의미하는 것이었다. 과거 태국애국당과 인민의 힘 당을 계승한 태국인을 위한 당은 태국 정치사상 처음으로 여성인 탁씬 전 총리의 여동생 잉락을 총리로 내세워 연립정부를 구성했다. 그러나 태국인을 위한 당이 집권한 이후 수도인 방콕을 비롯해 태국 전역을 강타한 대홍수가 발생하자 집권 초기부터 잉락 정부는 사태 수습에 여러 가지 어려움을 겪었다. 특히 잉락 정부가 탁씬 전 총리의 복권을 추진하기 위한 사면법을 통과시키자 잉락 총리의 퇴진을 요구하는 반탁씬 세력의 대규모 시위가 발생해 반탁씬 세력과 탁씬 지지 세력 사이의 극한적 대결 구도가 확산되었다. 2013년 잉락 총리는 정국 전환을 위해 다시 한 번 의회 해산과 재선거 실시를 시도했으나, 반탁씬 세력과 탁씬 지지 세력 사이의 물리적

충돌이 확산되는 가운데 다수의 사상자가 발생하면서 선거가 연기되고 사회적 혼란이 가중되었다.

정치·사회적 혼란이 지속되는 가운데 한시적 계엄령을 통해 시위 진압과 정국 안정에 관여했던 군부는 2014년 5월 마침내 프라윳(Prayuth Chanocha) 장군을 중심으로 또 한 차례의 쿠데타를 일으킴으로써 태국 정치는 다시 한 번 나락으로 떨어지게 되었다. 쿠데타 세력은 잉락 총리를 중심으로 한 태국인을 위한 당 정부를 강제적으로 해산하고 국가평화질서위원회(National Council for Peace and Order: NCPO)를 결성해 국정을 장악했으며, 2007년 헌법을 정지시키고 새로운 헌법이 제정되어 민정 이양이 이루어질 때까지 군정 실시를 선언했다. 2014년 쿠데타는 2006년 쿠데타와 비교해 더욱 세련된 방식으로 진행되었는데, 2006년 쿠데타로 완결되지 못한 '탁씬 지지 세력 종식'이라는 미완의 임무를 완성하기 위해 왕실 네트워크와 연결하여 주도면밀하게 계획했다는 평가를 받고 있다(Kitti, 2014). 또한 2014년 쿠데타 세력은 2006년 쿠데타와 달리 군정 통치 기구인 국가평화질서위원회를 중심으로 대중적 인기가 높았던 탁씬 전 총리의 정책을 벤치마킹해 대중 영합적 정책들을 펼쳤으며, 사법부 장악을 통해 탁씬 지지 세력이 정치적으로 다시금 재기하지 못하도록 철저하게 배제하는 전략을 추진했다.

문제는 군부의 새로운 헌법 제정과 민정 이양이었다. 군부는 2007년 헌법을 정지시키고 의회를 해산한 직후 군정이 임명하는 입법의회를 구성해 새로운 헌법을 제정하고 2016년까지 의회 선거를 치르기로 약속했다. 다소 지연된 새로운 헌법은 2016년 8월 들어 제정되어 국민투표를 통해 통과되었으며, 이에 따라 새로운 의회 선거를 치르기로 결정했다. 입법의회 헌법초안위원회가 제시한 새로운 헌법의 주요 쟁점은 크게 두 가지로, 우선 2007년 헌법과 달리 향후 5년의 민정 이양기 동안 250명의 상원의원을 모두 군정이 임명토록 하고, 그중 6석은 군 장성의 몫으로 할당한다는 것이다. 또한 총리 선출에서도 기존의 하원 선출 방식을 변경해 상원도 총리 선출에 참여한다는 것이었다.[9] 그밖에 새로운 헌법안은 앞으로 선출될 민간 정부가 향후 20년 동안 군부 주도로 수립된 국가발전계획을 변경 없이 따르도록 규정하고, 이를 따르지 않을 경우 군부가 조치를 취할 수 있다는 조항을 포함시켰다. 이것은 결국 군부가 의회와 정부를 완전하게 장악하겠다는 의미이고, 특히 군정이 임명한 상원이 총리 선출에 참여토록 함으로써 자신들이 원하지 않는 총리 선출을 배제하거나 견제할 수 있는 장치를 만든 것이었다 (*The Nation*, 2016.8.2). 이에 따라 8월 7일 실시된 국민투표는 새로운 헌법에 대한 찬반 여부와 의회의 총리 선출에서 상원의 참여에 대한 찬반 여부를 묻는 방식으로 진행되었으며, 이에 대해 반탁씬 세력은 대부분 찬성을 표명한 가운데 탁씬 지지 세력은 새로운 헌법의 비민주성을 들어 반대를 선언했다.[10]

2016년 8월 7일 실시된 국민투표는 전체 5500만여 명의 유권자 중 59.4%가 투표에 참여한 가운데 새로운 헌법을 채택하는 데 대해 찬성 61.35%, 반대 38.65%, 그리고 총리 선출에서 상원의 참여를 허용하는 데 대해 찬성 58.07%, 반대 41.93%로 새로운 헌법을 채택했다. 새로운 헌법은 동북부 지역을 제외한 모든 지역에서 높은 찬성률을 보였으며, 특히 방콕을 비롯한 도시 지역에서 높은 지지율이 나타났다(*The Nation*, 2016.8.8). 이 국민투표를 통해 새로운 헌법이 지지를 받음으로써 태국 군부는 2014년 쿠데타에 대해서도 어느 정도 정당성을 얻게 되었으며,

---

9   Wikipedia Free Encyclopedia, https://en.wikipedia.org/wiki/(2016년 7월 31일 검색); IFES Election Gide, http://www.electionguide.org/(2016년 7월 31일 검색).

10   반탁씬 세력이라고 해서 모두 찬성을 표명한 것은 아니어서 민주당의 아피씻 전 총리의 경우 새로운 헌법안이 군부의 정치 개입과 영향력을 장기화한다는 점을 들어 반대를 표명하기도 했다.

향후 태국의 정치 과정에도 깊숙이 관여할 수 있는 명분을 얻게 되었다. 이 국민투표에서 태국 국민들은 그동안 지속되어온 정치적 불안보다 사회적·경제적 안정을 선택했다고 평가할 수 있다. 하지만 그럼에도 향후 태국의 정치 과정이 그렇게 순탄치만은 않을 것이라고 예측되고 있다. 40%에 달하는 유권자들이 국민투표에 불참한 가운데 민주주의 원칙을 배제한 군부의 정치 참여가 과연 정당한가에 대한 의문이 지속적으로 제기되고 있기 때문이다. 군부의 국가평화질서위원회 위원장인 프라윳 장군이 군복을 벗고 차기 선거에 출마해 총리가 될 것이라는 설이 제기되고 있는 가운데 군부의 정치 개입을 비판하는 목소리가 확산되고 있다.

결과적으로 1992년 태국의 민주화 이후 두 차례에 걸친 군부 쿠데타는 결국 민주주의에 역행하는 권위주의로의 회귀를 초래했다. 국민들의 합의와 동의를 거쳐 제정된 1997년 인민헌법은 2006년 군부 쿠데타를 통해 무참히 짓밟혔으며, 2007년 헌법 또한 2014년 군부 쿠데타에 의해 정지됨으로써 1992년 민주화 이전으로 후퇴하는 민주주의의 퇴보가 발생했다. 특히 2016년 군정이 주도해 만든 새로운 헌법은 반탁씬 세력과 탁씬 지지 세력으로 분열된 국론을 봉합하고 사회적 안정을 도모한다는 명목 아래 의회에 대한 군부의 정치적 영향력을 강화함으로써 오히려 국민들의 사회적 분열을 빌미로 군부의 정치권력을 강화했다는 비판을 받고 있다. 아울러 2001년과 2005년 의회 선거를 통해 연이어 집권한 탁씬 전 총리와 태국애국당 정부가 비록 의회 내 야당과 협의와 합의를 거치지 않고 독단적으로 국정을 운영함으로써 권위주의적 통치 행태를 보였다고 비판을 받았으나 정해진 합법적 절차를 무시하고 무력으로 제압해 권력을 찬탈한 군부의 정치 개입이 과연 정당한 것인가에 대한 근본적 의문이 제기되었다. 국가적 차원에서 정치적 균형점이 무너진 태국의 정치 과정은 견제와 균형의 기능을 상실한 채

2006년과 2014년 두 차례에 걸친 군부 쿠데타로 인해 다시금 '태국 정치의 악순환'을 초래하는 권위주의 체제로 회귀했다.

2) 태국 민주주의 공고화의 한계와 권위주의로의 회귀

1992년 민주화 이후 2016년 현재까지 태국에서 전개된 일련의 정치 과정과 변동은 민주화 이후 민주주의 이행과 공고화 과정에서 나타날 수 있는 다양한 문제점을 그대로 보여주었다. 일상적으로 민주화 이후 민주주의 이행은 과거 권위주의 체제 시기에 운용되었던 헌법과 정치 제도를 정비해 민주적 법·질서를 확립하는 정치 개혁으로부터 시작된다. 그러나 민주적 법·질서를 확립하는 제도 개혁이 곧바로 민주주의 공고화로 이어지는 것은 아니다. 과거 권위주의 체제 시기에 누적된 오랜 정치적 관행과 문화는 민주적 법·제도가 현실의 정치 과정 속에 내재화되는 데 가장 큰 장애 요인으로 작용할 수 있다. 현실의 정치 과정 속에서 민주주의 체제는 과거 권위주의 체제 시기의 관행과 정치 문화에 기인하는 크고 작은 저항과 문제점에 직면할 수밖에 없으며, 이것을 얼마나 효과적으로 해결하고 정치적 안정을 확보하느냐가 결국 민주주의 공고화의 성패를 결정짓는다.

그렇다면 태국에서 민주화 이후 민주주의 이행이 공고화로 이어지지 못한 채 다시금 권위주의로 회귀한 주요 원인은 무엇인가? 우선 1997년 인민헌법이 적용된 이래 2001년과 2005년 의회 선거를 통해 연이어 집권한 탁씬 총리와 태국애국당 정부의 권위주의적 통치 행태가 가장 큰 원인이라고 지적할 수 있다. 2001년 의회 선거에서 과반수에 가까운 의석수를 확보해 집권에 성공한 탁씬 총리와 태국애국당 정부는 대중 영합적 정책 노선을 추진하는 과정에서 이전 정부와 구분되는 강력한 통치 행태를 표출했다. 태국 정치사상 가장 높은 지지율로 집권한 탁씬 총리는 강력한 리더십과 추진력으로 각종 정책을 수행하는 과정에서 야당과 반대 세력을 무시한 채 독단적 통치 행태를 드러냈으며, 그 과정에서 소수의 불만이나 반대를 무시하는 일방적인 통치 행태를 보여 언론과 야당의 비판을 초래했다. 특히 의회 내 야당의 기반이 빈약한 상황에서 여당인 태국애국당 중심의 일방적인 정책을 추진해 민주당을 비롯한 다른 야당 세력의 거센 반발과 더불어 탁씬 총리의 통치 행태에 대한 민주주의 논쟁을 불러왔다. 대화와 타협, 협의와 합의를 무시한 일방적인 통치 행태는 결국 그에 대한 저항과 반탁씬 운동을 초래해 그는 정치적 위기를 맞게 되었다.

그리고 2005년 의회 선거에서도 전체 의석 가운데 2/3 이상을 차지하는 압도적 승리를 거두며 의회를 장악한 탁씬 총리와 태국애국당 정부는 의회 내 견제와 균형의 기능이 상실된 상황에서 더욱 권위적인 통치 행태로 변모했다. 현실적으로 태국의 입헌군주제 헌법 구조까지 바꿀 수 있는 2/3 이상 의석을 장악한 탁씬 총리와 태국애국당 정부의 정치권력은 실로 막강해서 의회 내에서 제대로 된 견제가 이루어지기 어려웠으며, 민주주의 체제 내에서 탁씬 총리의 정치 리더십은 민주주의 원리와는 거리가 먼 일방적 통치 행태를 표출함으로써 반대 세력의 도전에 직면했다. 대화와 타협, 협의와 합의를 통한 중재와 조정의 리더십보다는 과거 권위주의 체제 시기의 강압과 통제를 기반으로 한 일방적 통치 행태로 탁씬 총리는 반대 세력의 심각한 도전과 정치적 위기 상황을 스스로 초래했다고 평가할 수 있다. 탁씬 총리와 태국애국당 정부의 통치 행태에 대한 민주주의 논쟁과 비판이 지속되는 가운데 연이어 발생한 정권 내부의 부패 스캔들 및 탁씬 일가의 주식 매각과 관련된 탈루 혐의는 탁씬 총리의 퇴진을 요구하는 시위로 전환되었으며, 결국 사회적 혼란과 정치적 불안이 고조되는 가운데 2006년 군부 쿠데타가 발생했다.

다른 한편으로 2006년 군부 쿠데타를 대하는 태국 국민들의 정치적 태도 또한 민주주의의 일상적 정치 문화와는 달랐다. 군부 쿠데타는 통상 선과 악의 개념으로 구분되는 태국의 전통적 정치 규범 속에서 악으로 규정되었으나, 2006년 쿠데타는 태국 국민들에게 악을 추방하기 위한 선이라는 개념으로 변질되어 받아들여짐으로써 민주주의 원리에 반하는 모순을 유발했다. 이른바 '좋은 쿠데타(good coup)'에 대한 논란이 그것이다(Connors and Hewison, 2008). 실제로 2006년 쿠데타가 발생했을 당시 탁씬 총리와 태국애국당 정부의 권위주의적 통치 행태를 비판하던 일부 시민들은 거리로 뛰쳐나와 탁씬 세력을 몰아낸 군부 쿠데타를 환영했으며, 이로써 민주적 제도와 절차를 무시한 군부 쿠데타를 정치적으로 용인하는 잘못된 결과를 초래했다. 야당과 반탁씬 세력도 무력을 사용해 탁씬 정부를 강제적으로 접수한 쿠데타 세력을 그대로 수용했으며, 국왕 또한 군부의 권력 찬탈을 묵인했다. 그러나 군부의 쿠데타 동기가 아무리 탁씬 세력을 몰아내기 위한 선한 것이었다고 하더라도 태국 국민들이 2006년 쿠데타를 그대로 용인한 것은 결국 무력으로 1997년 인민헌법을 정지시키고 의회와 내각을 해산한 쿠데타 세력의 비민주적 행위를 정당화시켜준 셈이었다. 결국 2006년 군부 쿠데타는 이후 2014년 발생한 군부 쿠데타의 또 다른 동기와 원인을 제공함으로써 민주주의의 퇴보는 물론 권위주의로의 회귀도 초래했다.

한편 2006년 군부 쿠데타 이후 반탁씬 세력은 군부가 주도해 만든 새로운 헌법을 통해 두 차례의 의회 선거를 치르며 탁씬 전 총리가 만든 정당을 해산하고 그의 정치 세력을 와해시키기 위해 다양한 노력을 전개했으나, 당명을 바꾸어 선거에 참여한 탁씬 지지 세력은 선거 과정에서 지속적으로 승리를 거둠으로써 국민들의 다수가 아직도 탁씬 전 총리를 지지하고 있다는 사실이 입증되었다. 실제로 북부와 동북부 지방을 중심으로 한 도시 빈민과 농어촌 주민들은 여전히 다수가 탁씬 전 총리와 그의 정당을 지지했으며, 이것은 선거 결과를 통해 그대로 표출되었다. 반면 야당 세력의 주요 기반인 민주당은 2006년 쿠데타 이후 정치적 반전과 집권 기회가 주어졌음에도 태국애국당을 대신할 대안 세력으로서의 능력을 제대로 보여주지 못함으로써 국민적 지지를 유도하는 데 실패했다. 2006년 쿠데타를 전후해 표출된 태국의 정치 변동은 권력의 균형점이 무너진 상태에서 정치적으로 양극화된 정치·사회 구조를 형성함으로써 폭력을 동반한 분열과 혼란이 야기되었으며, 민주주의라는 '게임의 규칙'을 무시한 채 악을 또 다른 악으로 막는 데 동의함으로써 군부 쿠데타 세력의 정치 개입을 방조하고 국민적 신뢰와 정통성을 상실한 채 방황하는 민주주의의 퇴보를 맞게 되었다(Pavin, 2010: 332; Chairat, 2010: 326).

여기서 한 가지 주목해야 할 사실은 태국의 민주주의에 대한 제도적 이상과 정치의식의 수준 차이다. 1997년 새로운 헌법이 국민적 합의와 동의를 거쳐 제정되었을 당시 전문가들은 1997년 인민헌법이야말로 태국 역사상 가장 민주적인 헌법이라고 극찬했다. 그러나 이 헌법이 적용된 2001년과 2005년 의회 선거를 거치면서 탁씬이 이끄는 태국애국당이 국민들의 압도적 지지를 받으며 연이어 집권하자 야당과 지식인들은 탁씬 총리의 권위주의적 통치 행태를 비판하며 인민헌법의 문제점을 지적하기 시작했다. 선거에서 압도적 승리를 거두며 의회의 다수를 장악해 집권했더라도 의회 내 야당을 무시하고 일방적으로 국정을 운영해온 탁씬 전 총리와 태국애국당 정부의 통치 행태가 민주주의를 저해하는 가장 큰 문제점이었다고 지적할 수 있지만, 그렇다고 해서 국민적 합의와 동의를 거쳐 제정된 인민헌법을 무력으로 뒤엎은 군부 쿠데타를 용인한 야당과 그 지지 세력의 대응을 그대로 옹호할 수만은 없는 것이다. 정치적 대안 세력으로서 수권 능력을 갖추지 못한 채 국민들을 선동한 야당 세력도 비판을 받아야 할 것이며, 국민적 합의를 거쳐 제정된 1997년 인민헌법을 무력으로 짓밟은 군부 쿠데타 세력은 더욱 큰 비난을 받아야 마땅하다. 그러나 2006년 쿠데타 당시 태국의 정치 리더십과 시민사회는 그 어느 쪽도 1997년 인민헌법의 민주주의 원리를 '게임의 규칙'으로 완전하게 수용할 만한 의식 수준을 갖추지 못했으며, 그 결과 군부 쿠데타를 그대로 용인하는 민주주의 공고화의 한계를 드러냈다.

태국의 정치 과정에서 1973년과 1992년의 민주항쟁 등 정치 세력 사이의 갈등과 대립으로 무력 충돌이 발생했던 위기의 순간마다 국민들의 민생을 위해 중재적 역할을 수행했던 푸미폰 국왕도 이번 상황에서는 별다른 역할을 수행하지 못했다. 2001년 의회 선거 이후 연이은 집권으로 국민들로부터 폭넓은 지지를 받았던 탁씬 총리는 왕실의 존엄을 무시하고 입헌군주제를 폐지할 수도 있는 위협적인 인물로 대두되었는데, 탁씬 총리와 불편한 관계를 유지할 수밖에 없던 푸미폰 국왕은 결국 탁씬 정부를 몰아낸 군부 쿠데타를 용인함으로써 더 이상 정치적 역할을 기대할 수 없게 되었다. 오히려 국왕과 군부 쿠데타 세력 사이에 은밀한 정보가 오갔다는 풍문이 나도는 가운데 2006년 쿠데타 직후 군부는 1997년 헌법을 정지시키고 정당과 의회를 해산하는 등 탁씬 세력을 약화시키는 작업을 추진했다. 1946년 즉위 이래 지방 곳곳을 돌며 막대한 왕실 재산을 풀어 지역 발전과 민생을 위해 힘씀으로써 국민적 존경을 받아온 푸미폰 국왕은 1973년 민주항쟁 당시 군부 퇴진을 명령함으로써 '민주주의 수호자'라고 불리게 되었으며(Kershaw, 2001: 136), 1992년 민주화운동 당시에도 군부 세력과 민주화 세력 사이에서 정치적 중재를 도모해 군부 퇴진을 유도하는 정치적 역할을 수행했다. 그러나 2006년 군부 쿠데타 직후 푸미폰 국왕은 사후적으로 쿠데타를 승인함으로써 민주정치를 위한 역할을 더 이상 기대하기 어려워졌다.

가장 안타까운 사실은 태국의 정치 과정이 아직도 민주화 이후 민주주의 이행과 공고화 과정에서 확산된 사회적 분열과 정치적 위기 상황을 완전하게 극복하지 못하고 있다는 점이다. 국왕과 군부, 민주당, 지식인 등으로 대표되는 반탁씬 세력과 도시 빈민, 농어촌 주민 등으로 대표되는 탁씬 지지 세력 사이의 정치적 대립 구도는 태국 사회에 새롭게 형성된 계급 간 갈등이나 '힘의 줄다리기(tug-of-war of power)'로 묘사되기도 하지만(Hewison, 2012: 144; Chambers, 2010: 68), 더욱 근본적으로는 민주주의를 유지하고 발전시키기 위한 정치 문화 수준의 한계를 보여주는 것이라고 평가할 수 있다. 과거 군부 통치와 권위주의 체제가 지속되어온 태국 정치 과정의 특수성이나 역사적 경로의존성(historical path dependency)은 차치하더라도 태국 국민들은 아직도 정부나 정당 등 정치인보다 군부에 대해 훨씬 더 높은 신뢰감을 지니고 있으며,[11] 이러한 신뢰와 기대감은 결국 태국의 정치 과정에 대한 군부의 '보이지 않는 손'이 지속되도록 만드는 중요한 원인으로 작용하고 있다. 2006년 쿠데타를 통해 군부가 정치 과정에 재등장한 것도 바로 이러한 요인들이 작용한 결과이며, 결국 사회적 불안과 정치적 혼란은 다시금 2014년 군부 쿠데타로 이어져 '비틀거리는 민주주의(toppling democracy)'의 한계를 드러내게 되었다.

태국의 민주화 이후 민주주의 이행과 공고화 과정에서 또 한 가지 아쉬운 점은 탁씬 총리와 태국애국당의 대안 세력으로 야당과 다른 정치 지도자들이 부재하다는 것이다. 비교적 오랜 역사를 지닌 민주당을 비롯해 태국의 주요 야당들은 1992년 민주화 이전부터 꾸준한 정당 활동을 통해 민주화운동에 동참했으며, 민주화 이후에는 차례로 집권해 연

---

[11] 아시안 바로미터의 설문조사 결과에 따르면, 태국 국민들의 군부에 대한 신뢰도는 2001년 80.0%, 2006년 74.6%, 2010년 69.7%인 반면, 중앙정부에 대한 신뢰도는 2001년 69.1%, 2006년 59.9%, 2010년 54.8%, 그리고 정당에 대한 신뢰도는 2001년 51.7%, 2006년 51.0%, 2010년 35.2%인 것으로 나타났다(서경교, 2013: 153).

립정부를 구성하는 등 권위주의 체제 시기에 군부가 주도하는 정치 세력의 대안 세력으로 존재해왔다. 그러나 민주화 이후 국민적 지지를 받으며 집권한 이 정당들은 연이은 부패 스캔들과 정책 실패로 임기를 채우지 못한 채 물러났으며, 특히 2001년 의회 선거에서 태국애국당이 집권한 이래 당 내부의 지도력을 잃고 만년 야당으로 전락했다. 전통적으로 대중적 지지 기반이 취약한 태국의 정당들은 과거 정치 지도자 중심의 정당과 달리 지구당 조직을 갖추고 대중 영합적 정책 노선을 펼친 태국애국당의 선거운동을 이겨낼 수 없었으며, 의회 내에서도 수적 열세에 밀려 의정 활동은 포기한 채 장외 투쟁에 몰두했다. 2006년 쿠데타 이후 군부는 탁씬 세력을 무력화시키기 위해 태국애국당을 해산하고 새로운 헌법을 통해 선거를 실시했으나, 민주당을 비롯한 주요 야당들은 태국애국당을 대신해 급조된 국민의 힘 당에조차 밀려 선거에 실패했다. 더욱이 이 야당들은 2006년과 2014년 발발한 쿠데타를 아무런 저항 없이 용인함으로써 군부의 정치적 개입을 그대로 받아들이는 결과를 초래했다.

결과적으로 민주화 이후 민주주의 이행과 공고화 과정에서 태국은 법과 제도로 대표되는 헌법적 질서와 정치 행위자를 대표하는 정치 엘리트들 사이의 괴리가 매우 심각했으며, 이것을 견제하고 바로잡을 만한 국민들의 정치적 의식 수준도 미약했던 것으로 평가할 수 있다. 자유로운 경쟁과 포괄적 정치 참여, 그리고 정치적·시민적 자유가 보장된 헌법과 선거제도만으로는 무기력한 야당과 반대 세력을 무시하고 일방적으로 국정을 운영하는 집권 여당의 횡포를 저지할 수 없었으며, '게임의 규칙'인 민주적 법·질서를 무시한 반정부 시위와 연이은 군부 쿠데타는 결국 민주주의 이행과 공고화 과정에서 실질적 민주주의의 한계를 극명하게 보여주었다. 민주주의의 가치나 절차적 규범에 대한 정치의식이 아직도 제대로 뿌리를 내리지 못한 태국 사회에서 민주주의 원리를 기반으로 한 제도적·절차적 규범이 정착되고 실질적 민주주의가 공고화되기 위해서는 우선 국가적으로 분열된 두 정치 세력 사이의 대화와 타협을 통해 사회적 통합과 정치적 균형점을 다시 형성하는 것이 중요할 것이다(Pavin, 2010: 340). 그리고 민주적 법·질서와 규범이 태국의 정치 과정을 규정하는 유일한 '게임의 규칙'이라는 사실을 깊이 인식해야 할 것이다.

5. 맺음말: 한국에 주는 정치적 함의

민주화 이후 민주주의 이행 과정을 거쳐 민주주의 공고화로 가는 길은 멀고 험난하다. 일반적으로 한 국가의 정치 과정은 다양한 정치 세력 사이의 상호작용을 통해 이루어지며, 따라서 하나의 정치 과정으로서 민주화 이후 민주주의 이행과 공고화 과정은 이들이 지니는 정치적 태도나 정향이 정치 과정의 안정과 변화를 촉발하는 주요한 요인으로 작용한다. 특히 민주주의 이행과 공고화 과정에서는 특정한 목표를 지닌 정치 행위자로서 국민들의 지지와 정치적 자원을 동원하는 정치 지도자가 택하는 전략적 선택과 행동이 매우 중요하다. 또한 시민사회의 낮은 정치 참여와 점진적으로 증가하는 과도한 개인주의 등은 성숙한 민주주의의 토대를 위협하는 주요 요인으로 작용할 수 있다(Macedo, 2000: 53). 민주화 이후 민주주의 이행 과정에서 정치 개혁을 통해 제도적·절차적 민주주의의 기틀이 확립되었다고 하더라도 이것을 안정적으로 운영할 수 있는 정치 행위자들의 역량이 제대로 갖추어지지 못한다면 민주주의는 심각한 도전과 위기에 직면해 쉽게 허물어질 수 있다(Diamond, 1996: 33).

1992년 민주화 이후 비교적 안정적으로 민주주의 이행과 공고화 과정을 밟아왔던 태국의 정치 과정이 갑작스럽게 사회적 혼란과 정치적 불안에 빠져들어 민주주의가 퇴보하게 된 것은 여러 가지 원인이 복합적으로 작용한 결과다. 우선적으로 태국은 1997년 국민적 합의와 동의를 거쳐 태국 헌정사상 가장 민주적이라고 평가되는 인민헌법을 제정하고 법·제도적 차원에서 민주주의의 정치 발전을 위한 기틀을 마련했다. 그러나 새로운 헌법이 제도적으로 제대로 정착되기도 전에 2001년과 2005년 연이어 집권한 탁씬 총리와 태국애국당 정부는 권위주의적 통치 행태와 일련의 부패 스캔들로 인해 국민적 저항을 불러일으켰고, 탁씬 총리에 대한 야당과 일부 시민단체들의 저항운동은 폭력 시위로 발전함으로써 오히려 사회적 혼란과 정치적 갈등을 가중시켰다. 그리고 이는 2006년 마침내 군부 쿠데타에 빌미를 제공했다. 일반적으로 민주화 이후 민주주의 이행 과정에서 민주적 제도 개혁과 더불어 나타나는 가장 큰 문제점 중 하나는 새로 변화된 민주적 법·질서가 과거 권위주의 체제 시기의 오랜 정치적 관행이나 문화와 충돌할 수밖에 없다는 점이다. 이러한 상황에서 대화와 타협, 합의와 동의를 무시한 탁씬 총리와 태국애국당 정부의 일방적인 국정 운영은 권위주의적 통치 행태라는 비판과 더불어 국민적 저항을 불러일으켰으며, 이것은 결국 2006년 군부 쿠데타에 명분을 제공했다.

다른 한편으로 민주화 이후 민주주의 이행과 공고화 과정에서 민주주의를 유지하고 발전시켜나가기 위한 태국 국민들의 정치의식 수준도 미약했던 것으로 평가할 수 있다. 민주화 이후 제도 개혁을 통한 민주주의 이행과 공고화 과정을 더욱 안정적으로 이루기 위해서는 헌법을 비롯한 다양한 정치제도가 국민적 합의와 동의를 거쳐 정치 과정의 유일한 '게임의 법칙'으로 작동해야 한다. 그러나 태국은 1997년 인민헌법을 제정한 이후에도 헌법적 절차에 입각한 민주적 법·질서를 확립하는 데 실패했다. 2001년과 2005년 의회 선거를 통해 집권한 탁씬 총리와 태국애국당 정부의 권위주의적 통치 행태가 잘못되었다면 폭력을 동반한 시위나 군부 쿠데타가 아니라 차기 선거를 통한 투표와 정권 교체를 통해 심판했어야 했다. 1997년 인민헌법을 실질적으로 적용하는 과정에서 문제점이 발견되었다면 헌법에 명기된 국민적 합의와 동의 절차를 거쳐 개헌을 했어야 한다. 그러나 태국 국민들은 민주적 선거 절차를 통해 집권한 탁씬 정부를 무력으로 무너뜨린 2006년 군부 쿠데타를 묵인하고 용인함으로써 오히려 1997년 인민헌법을 정지시키고 민주적 법·질서를 와해시켰다. 특히 2014년 군부 쿠데타 이후 군부의 정치적 개입을 허용하는 2016년 헌법 개정이 국민투표를 거쳐 확정됨으로써 태국은 민주주의 체제를 허물고 권위주의 체제로 되돌아가는 것을 국민들 스스로 동의해준 결과를 초래했다.

그렇다면 태국의 민주화 이후 민주주의 이행과 공고화 과정이 한국의 정치 과정에 시사하는 바는 무엇인가? 우선 민주화 이후 민주주의 이행과 공고화 과정에서 발생하는 정치 세력 사이의 극단적 대립과 충돌은 사회적 혼란과 정치적 불안을 통해 민주주의의 위기를 유발한다는 점이다. 태국과 한국은 모두 1997년 동아시아 경제 위기를 극복하고 민주주의 이행과 공고화 과정을 심화시켜나갔다. 그러나 태국의 민주주의 공고화 과정은 그렇게 순탄치 않아 반탁씬 세력과 탁씬 지지 세력 등 정치 세력들 사이의 대립 구도가 심화되었으며, 결국 이러한 정치적 대결 구도는 민주주의의 위기를 극복하지 못하고 민주주의 퇴보와 권위주의로의 회귀로 귀결되었다. 특히 민주적 선거를 통해 집권한 탁씬 총리와 태국애국당 정부의 대화와 타협, 합의와 동의를 무시한 일방적 통치 행태는 국민적 저항을 불러일으키며 2006년 군부 쿠데타에 명분을 제공했으며, 군부 쿠데타를 용인한 태국 국민들의 정치의식 수준은 결국 2014년 군부 쿠데타의 재발과 더불어 2016년 국민투표를 통해 군부의 정치적 개입을 허용하는 권위주의 체제로의 회귀를 초래했다. 반면 태국의 의원내각제와 비교해 대통령과 집권당에 더욱 강력한 통치 권력이 집중된 한국의 대통령제는 야당과 여당 사이의 극한적 대립 구도 속에서 견제와 균형이 깨어질 경우 사회적 혼란과 정치적 불안이 가중될 수 있다. 특히 권력이 집중된 대통령과 집권 여당이 의회 내에서 야당과의 대화와 타협을 무시하고 일방적으로 국정을 운영한다면 권력의 균형점은 쉽게 깨어질 것이고, 견제와 균형 기능을 상실한 야당 세력이 의회 밖 장외 투쟁을 전개할 경우 시민사회는 혼란과 불안에 빠지기 쉽다. 실제로 한국의 정치 과정 또한 민주화 이후 수차례에 걸쳐 이러한 정치적 위기 상황에 직면했으며, 그런데도 최악의 극단적 상황까지 도달하지 않은 것은 선거를 통해 여당과 야당 사이의 견제와 균형을 조절한 국민들의 민주적 선택 때문이었다고 평가할 수 있다.

여기서 중요한 것은 민주주의를 정치 과정의 유일한 '게임의 규칙'으로 수용하려는 국민적 정치의식이다. 한국의 경우 민주화 이후 2004년 노무현 대통령 탄핵 사태나 2008년 광우병 파동 및 촛불 집회 등으로 크고 작은 시위와 정치적 위기 상황이 발생하기도 했으나, 비교적 현실적인 방법으로 사태를 수습하고 민주주의의 위기가 증폭되는 방향으로 확산되지 않았다. 국민들의 정치적 의사에 반하는 정부 정책이나 일방적 통치 행위가 있다고 하더라도 민주적 법·질서를 전복하려는 폭력 사태에 대해서는 국민적 자제가 요청되었으며, 극단적 무력 충돌이나 반정부 시위와 같은 폭력적 방법보다는 선거를 통한 국민적 심판으로 위기 상황을 수습했다. 그러나 태국의 경우 탁씬 총리와 태국애국당 정부의 일방적인 통치 행태에 대한 저항 운동과 반대 시위는 극한적인 상황에서 2006년 군부 쿠데타에 빌미를 제공했으며, 국민들 스스로 비민주적 군부 쿠데타를 용인함으로써 '게임의 규칙'으로서 1997년 인민헌법이 정지되는 민주주의의 위기 상황을 초래했다. 특히 2007년 새로운 헌법에 따라 두 차례의 선거가 치러지고 정부가 구성되었음에도 집권 세력과 반대 세력 사이의 극한적 대립과 물리적 충돌은 계속되었으며, 결국 2014년 군부 쿠데타가 재발함으로써 민주주의의 퇴보와 권위주의로의 회귀가 초래되었다.

태국의 민주화 이후 민주주의 이행과 공고화 과정에서 발생한 정치 세력들 사이의 극한적 대립과 갈등은 여당과 야당 사이의 대립과 갈등이 빈번하게 발생하는 한국의 정치 과정에도 시사하는 바가 크다. 특히 한국은 대통령제를 중심으로 한 권력 구조를 지니고 있기 때문에 대통령이 국회 내 야당을 무시한 채 일방적인 통치 행태를 보이면 야당의 반발과 더불어 정치적 대립과 갈등을 양산하기 쉬운 구조다. 민주주의 체제의 의회라는 헌법적 구조 속에서 여당과 야당 등 정치 세력들 사이의 대화와 타협이 무시되고 정치 지도자가 일방적 통치 행태를 보여 견제와 균형의 민주주의 원리가 깨어질 경우 반대 세력의 극한적 저항과 시위가 사회적 혼란과 불안을 야기하고 정치적 위기를 유발할 수도 있다. 태국의 민주화 이후 민주주의 이행과 공고화 과정에서 발생한 일련의 정치 변동은 결국 민주주의 체제에서 요구되는 정치 리더십과 견제와 균형의 원리가 민주주의의 운영 과정에서 제대로 실현되지 못한 결과이며, 특히 민주주의의 기본 원칙과 원리가 태국의 정치 리더십과 시민사회에 깊이 내면화되지 못했기 때문에 발생한 불행한 결과라고 평가할 수 있다.

결과적으로 민주화 이후 민주주의 이행이 순조롭게 진행되고 공고화되기 위해서는 단순히 제도적·절차적 차원의 민주주의뿐만 아니라 이것이 실질적으로 운영되는 과정에서 민주주의라는 '게임의 법칙'이 내면화되고 정착되기 위한 지속적인 노력이 필요하다. 태국은 1992년 민주화 이후 민주주의 이행 과정의 제도적·절차적 민주주의를 넘어 공고화로 진입하려는 단계에서 민주주의의 위기가 발생했으나, 이를 극복하지 못한 채 2006년 발발한 군부 쿠데타로 인해 민주주의의 퇴보를 경험했다. 특히 민주화 이후 제도적·절차적 민주주의의 선거 결과에만 지나치게 치우친 이른바 선거 민주주의는 탁씬 총리와 태국애국당 정부와 같은 권위주의적 통치 행태를 낳았으며, 의회 내 견제와 균형의 원리가 깨어진 상태에서 민주적 법·질서를 무시한 사회적 분열과 폭력을 동반한 저항 운동은 2006년과 2014년 군부 쿠데타와 같은 일련의 비민주적 정치 변동을 초래해 권위주의로 회귀하게 되었다. 반탁씬 세력과 탁씬 지지 세력으로 분열된 시민사회를 정치적으로 동원한 정치 세력의 극한적 대립과 폭력은 '게임의 규칙'으로서의 민주주의 체제 자체를 붕괴시켰으며, 2006년과 2014년 연이어 발생한 군부 쿠데타를 아무런 저항도 없이 그대로 용인한 태국의 정치 엘리트와 시민사회는 군부의 정치적 개입을 허용하는 2016년 새로운 헌법을 국민투표를 통해 통과시킴으로써 스스로 민주주의를 포기하고 권위주의 체제로 회귀하는 정치적 결과를 양산했다.

참고문헌

김홍구. 2006. 「태국 쿠데타와 정국 전망」. ≪동아시아 브리프≫, 1(4).

서경교. 1994. 「태국 군부의 정치개입 원인에 관한 고찰」. ≪동남아시아연구≫, 3.

_____. 2013. 「민주화 과정에서 대중들의 정치적 인식: 태국 사례」. ≪한국태국학회논총≫, 19(2).

윤진표. 2006. 「태국의 쿠데타 발생과 정치 전망: 제도와 리더십의 부조화」. 미래전략연구원 특별기고(9월 25일).

이동윤. 2007. 「민주주의 공고화와 퇴보 사이에서: 태국의 탁씬 정부와 민주주의 논쟁」. ≪국제정치논총≫, 47(2).

_____. 2008. 「탁씬의 귀국과 태국의 정국 변화」. ≪동아시아 브리프≫, 3(2).

_____. 2010. 「태국의 정치개혁 확산과 내재화의 실패: 1997년 헌법 개정을 중심으로」. ≪국제정치논총≫, 50(1).

Albritton, Robert B. 2006. "Thailand in 2005: The Struggle for Democratic Consolidation." *Asian Survey*, vol. 46, no. 1.

Armony, Ariel C. and Hector E. Schamis. 2005. "Babel in Democratization Studies." *Journal of Democracy*, vol. 16, no. 4.

Baker, Bruce. 2001. "Quality Assessment of Democracy in the Third World." Jeff Haynes (ed.). *Democracy and Political Change in the 'Third World'*. London and New York: Routledge.

Blais, André and Stéphane Dion. 1990. "Electoral Systems and the Consolidation of New Democracies." Diane Ethier(ed.). *Democratic Transition and Consolidation in Southern Europe, Latin America and Southeast Asia*. London: The Macmillan Press.

Chai-anan, Samudananija. 1982. *The Thai Young Turks*. Singapore: Institute of Southeast Asian Studies.

Chairat, Charoensin-o-larn. 2009. "Military Coup and Democracy in Thailand." John Funston (ed.). *Divided over Thaksin: Thailand's Coup and Problematic Transition*. Singapore: Institute of Southeast Asian Studies and Chiang Mai: Silkworm.

_____. 2010. "Thailand in 2009: Unusual Politics Becomes Usual." *Southeast Asian Affairs 2010*. Singapore: Institute of Southeast Asian Studies.

Chambers, Paul. 2010. "U-Turn to the Past?: The Resurgence of the Military in Contemporary Thai Politics." Paul Chambers and Aurel Croissant(eds.). *Democracy under Stress: Civil-Military Relations in South and Southeast Asia*. Bangkok: Institute of Security and International Studies.

Connors, Michael Kelly. 2005. "Thailand: The Facts and F(r)ictions of Ruling." *Southeast Asian Affairs 2005*. Singapore: Institute of Southeast Asian Studies.

_____. 2006. "Thaksin's Thailand: Thai Politics in 2003-04." Cavan Hogue(ed.). *Thailand's Economic Recovery*. Singapore: Institute of Southeast Asian Studies.

Connors, Michael Kelly and Kevin Hewison. 2008. "Introduction: Thailand and the 'Good Coup'." *Journal of Contemporary Asia*, vol. 38, no. 1(February).

Dahl, Bob. 2000. *Kingdom of Thailand: Election Study for May 2000*. Washington D.C.: International Foundation for Electoral Systems.

Dahl, Robert A. 1971. *Polyarchy: Participation and Opposition*. New Heaven: Yale University Press.

Diamond, Larry. 1996. "Is the Third Wave Over?" *Journal of Democracy*, vol. 7, no. 3.

_____. 1999. *Developing Democracy toward Consolidation*. Baltimore: The Johns Hopkins University Press.

Engberg, Jan and Svante Ersson. 2001. "Illiberal Democracy in the 'Third World': An Empirical Inquiry." Jeff Haynes(ed.). *Democracy and Political Change in the 'Third World.'*London and New York: Routledge.

Eom, Kihong and Dong-Yoon Lee. 2005. "Thailand." Karl Derouen, Jr. and Uk Heo(eds.). *Defense and Security: A Compendium of National Armed Forces and Security Policies*. Santa Barbara, CA and Oxford, UK: ABC Clio.

Ganesan, N. 2001. "Appraising Democratic Developments in Postauthoritarian States: Thailand and Indonesia." *Asian Affairs: An American Review*, vol. 28, no. 1(Spring).

Haynes, Jeff. 2001. "Introduction: The 'Third World' and the Third Wave of Democracy." Jeff Haynes(ed.). *Democracy and Political Change in the 'Third World.'*London and New York: Routledge.

Hewison, Kevin. 2012. "Class, Inequality, and Politics." Michael J. Montesano, Pavin Chachavalpongpun and Aekopol Chongvilaivan(eds.). *Bangkok May 2010: Perspectives on a Divided Thailand*. Chiang Mai: Silkworm and Singapore: Institute of Southeast Asian Studies.

Jayasuriya, Kanishka and Kevin Hewison. 2004. "The Antipolitics of Good Governance: From Social Policy to a Global Populism?" *Critical Asian Studies*, vol. 36, no. 4.

Kershaw, Roger. 2001. *Monarchy in South-East Asia: The Faces of Tradition in Transition*. London and New York: Routledge.

Kitti, Prasirtsuk. 2007. "From Political Reform and Economic Crisis to Coup D'état: The Twists and Turns of the Political Economy, 1997-2006." *Asian Survey*, vol. 47, no. 6.

_____. 2014. "Thailand in 2014: Another Coup, A Different Coup?" *Asian Survey*, vol. 55, no. 1.

Kuhonta, Erik Martinez. 2008. "The Paradox of Thailand's 1997 'People's Constitution': Be

Careful What you Wish For." *Asian Survey*, vol. 48, no. 3.

Lee, Dong-Yoon and Jaehyon Lee. 2008. "Political Crises after Democratization in South Korea and Thailand: Comparative Perspectives of Democratic Consolidation." *Korea Observer*, vol. 39, no. 1(Spring).

Linz, Juan J. and Alfred Stepan. 1996. "Toward Consolidated Democracy." *Journal of Democracy*, vol. 7, no. 2.

Macedo, Stephen. 2000. "Transition to What? The Social Foundations of the Democratic Citizenship." James F. Hollifield and Cavin Jillson(eds.). *Pathways to Democracy: The Political Economy of Democratic Transitions*. New York and London: Routledge.

McCargo, Duncan and Pathmanand Ukrist. 2005. *The Thaksinization of Thailand*. Copenhagen: Nordic Institute of Asian Studies.

Mutebi, Alex M. 2006. "Thailand's Independent Agencies under Thaksin: Relentless Gridlock and Uncertainty." *Southeast Asian Affairs 2006*. Singapore: Institute of Southeast Asian Studies.

Montesano, Michael J. 2012. "Introduction: Seeking Perspective on a Slow-Burn Civil War." Michael J. Montesano, Pavin Chachavalpongpun and Aekopol Chongvilaivan(eds.). *Bangkok May 2010: Perspectives on a Divided Thailand*. Chiang Mai: Silkworm and Singapore: Institute of Southeast Asian Studies.

Paichart, Siwaraksa, Taimas Chaowana and Vayagool Ratha. 1997. *Thai Constitution in Brief*. Bangkok: Institute of Public Policy Studies.

Painter, Martin. 2006. "Thasinisation or Managerialism? Reforming the Thai Bureaucracy." *Journal of Contemporary Asia*, vol. 36, no. 1.

Pasuk, Phongpaichit and Chris Baker. 2004. *Thaksin: The Business of Politics in Thailand*. Chiang Mai: Silkworm Books.

Pavin, Chachavalpongpun. 2010. "Unity As a Discourse in Thailand's Polarized Politics." *Southeast Asian Affairs 2010*. Singapore: Institute of Southeast Asian Studies.

Sørensen, Georg. 1993. *Democracy and Democratization: Processes and Prospects in a Changing World*. Boulder and Oxford: Westview Press.

Schedler, Andreas. 1998. "What is Democratic Consolidation?" *Journal of Democracy*, vol. 9, no. 2.

Schmitter, Philippe C. and Terry Lynn Karl. 1993. "What Democracy Is··· and Is Not." Larry Diamond and Marc F. Plattner(eds.). *The Global Resurgence of Democracy*. Baltimore: The Johns Hopkins University Press.

Suchitra, Punyaratabandhu. 1998. "Thailand in 1997: Financial Crisis and Constitutional Reform." *Asian Survey*, vol. XXXVIII, no. 2(February).

Surachart, Bamrungsuk. 2001. "Thailand: Military Professionalism at the Crossroads." Muthiah

Alagappa(ed.). *Military Professionalism in Asia: Conceptual and Empirical Perspectives*. Hawaii: East-West Center.

Thitinan, Pongsudhirak. 2009. "The Tragedy of the 1997 Constitution." John Funston(ed.). *Divided over Thaksin: Thailand's Coup and Problematic Transition*. Singapore: Institute of Southeast Asian Studies and Chiang Mai: Silkworm.

3장

필리핀 민주주의 공고화의 이상과 현실*

김동엽 | 부산외국어대학교

1. 머리말

2016년 5월 필리핀 대통령 선거는 필리핀 민주주의를 새로운 시각에서 바라보게 하는 계기를 제공했다. 선거 캠페인 시기부터 민주주의의 가장 기본적 가치로 간주되는 '인권'과 '법치주의'에 대한 경시를 암시하는 발언을 통해 많은 논란을 일으켰던 로드리고 두테르테(Rodrigo Duterte) 후보가 필리핀 국민들의 압도적인 지지로 대통령에 당선되었다. 집권 직후 두테르테 대통령은 공약한 대로 '마약과의 전쟁'을 추진했으며, 그 과정에서 수천 명의 인명이 적절한 사법 절차 없이 살해되는 상황을 낳음으로써 국내외 인권단체들로부터 많은 비난을 받기도 했다. 또한 두테르테 대통령은 1986년 2월 '국민의 힘(People Power I)'으로 쫓기듯 물러났던 독재자 페르디난드 마르코스(Ferdinand Marcos)

---

*   이 글은 「정치적 기회구조와 민주주의 공고화」라는 제목으로 ≪동남아시아연구≫ 26권 2호에 게재한 필자의 논문을 재구성했다.

의 가족과 측근들의 청원을 받아들여 방부 처리해 보관하고 있던 그의 시신을 필리핀 국가영웅 묘역(Heros' Cemetery)에 안치토록 했다. 독제체제에 저항했던 많은 민주화 운동세력의 강력한 반대를 무릅쓰고 두테르테 대통령은 독재자 마르코스를 필리핀의 영웅으로 인정한 것이었다. 이처럼 필리핀 민주주의의 가치가 위협당하고 있다는 염려에도 불구하고 필리핀 국민 다수는 두테르테 대통령에게 압도적 지지를 보내고 있다. 이는 1986년 이후 전개된 민주주의 정치체제에 대한 필리핀 국민들의 정서적 평가를 드러내는 것으로 볼 수 있다.

이와 같은 필리핀 국민들의 민주주의 체제에 대한 피로감은 제도에 대한 불신으로 나타나기도 했다. 2001년 조지프 에스트라다(Joseph E. Estrada) 대통령의 탄핵과 퇴임 과정을 통해 이를 확인할 수 있다. 1998년 5월 국민의 절대적 지지로 대통령에 당선되었던 에스트라다는 재임 중 부정부패 혐의가 드러나 하원에서 탄핵되었다. 이에 대한 탄핵 심판이 상원에서 진행되던 도중 재판 절차에 불만을 품은 야당 의원들이 재판장에서 퇴장했고, 이를 생중계로 지켜보던 국민들이 대거 거리시위로 몰려나왔다. 또한 정부의 핵심 관료들이 정권을 이탈해서 시위대에 가담해 대통령의 사임을 촉구하며 압박을 가하자, 에스트라다는 거취에 관한 아무런 의사 표시 없이 대통령궁을 떠났다. 이는 곧바로 대통령의 퇴임으로 간주되었으며, 혁명적 분위기 속에서 부통령이 그 직위를 승계했다. 이를 두고 필리핀 헌법에 명기된 국민들의 저항권이 발효된 것이라는 해석도 있지만(Querubin, Muhi and Gonzales-Olalia, 2003), 최고 지도자의 변화에 적법한 절차가 아닌 초헌법적 방법이 동원되었다는 점에서 필리핀 민주주의 제도의 취약한 현주소를 보여준 사건이었다.

이와 같은 필리핀 민주주의의 제도적 취약성과 정치적 역동성은 민주화 과정에서 제대로 해결하지 못한 구조적 한계를 드러낸 것으로 볼 수 있다. 필리핀에서는 1980년대 초 반독재 민주화운동 과정에서 확대된 정치적 행위자들, 특히 각 계파별 정치단체, 시민단체, 개혁적 군부세력, 그리고 혁명적 반군세력들이 민주주의 체제로의 전환 이후 자신들의 입지를 강화하려 노력했다. 혁명적 상황에서 입안된 1987년 민주헌법에는 이들의 다양한 요구가 반영되었다(Wurfel, 1988: 309~318). 비록 운영 과정에서 문제점을 드러내고 있기는 하지만, 제도적 관점에서 필리핀 민주주의는 다양한 장점을 내포하고 있다. 그러나 제도적 장점을 지니고 있음에도 필리핀 민주주의는 여전히 '저강도 민주주의'(Gills and Rocamora, 1992), '대지주 민주주의'(Anderson, 1988), '저급한 민주주의'(Case, 1999), '선거 민주주의'(Diamond, 2002) 등 부정적 평가를 면치 못하고 있다. 더불어 '후원 - 수혜 관계'(Lande, 1964), '보시즘'(Sidel, 1999), '가문정치'(McCoy, 1994) 등 제도보다는 인물과 전통적인 인적 관계를 나타내는 개념들이 오늘날에도 필리핀 정치를 묘사하는 핵심어로 여전히 남아 있다.

그동안 개발도상국의 민주화를 논할 때는 주로 형식적 또는 절차적 측면을 강조해 이른바 '두 번의 평화적 정권 교체'나 '민주적 절차가 유일한 게임의 규칙(only rule of the town)으로 수용되는 것'을 민주주의 공고화의 기준으로 삼았다(Schedler, 1998). 그러나 이와 같은 형식적 민주주의의 확보만으로 민주주의 체제가 안정적으로 정착되는 것은 아니다. 민주주의 이행을 경험한 많은 국가들이 민주주의 체제를 공고화시키지 못하고 사회적 혼란을 야기하기도 하며, 또한 일부는 권위주의 체제로의 회귀를 경험하기도 한다. 민주주의 이행 과정에서 성취한 절차적 또는 제도적 차원에서의 민주주의 체제가 공고화되기 위해서는 주권자인 시민들 다수에게 만족감을 주는 '실질적 민주주의'가 실현되어야 한다(Baker, 2001). 실질적 민주주의는 이상적이고 철학적인 개념으로서 객관성의 결여와 일반화의 어려움으로 인해 민주화의 논의 과정에서 종종 무시되어왔다. 그러나 제도 자체가 왜곡될 수 있는 많은 개발도상국 상황에서는 절차적 민주주의만으로는 민주주의가 가지는 이념적 가치가 약화될 수 있다. 특히 선거와 같은 민주주의 제도는 다양한 배경 속에서 기득권층의 권력 획득과 유지를 위한 수단으로 왜곡되어 사용되는 경우가 많다. 따라서 반독재 민주화운동 과정을 통해 쟁취된 형식적 민주주의는 이후 실질적 민주주의를 강화하는 방향으로 나가는 것이 중요하며, 이를 통해 민주주의 공고화를 이룰 수 있다(김동엽, 2016; Haynes, 2001).

절차적 민주주의를 대변하는 선거는 표면적 형식 자체는 같을지라도 내용 면에서는 여러 가지 형태로 나타날 수 있다. 이는 선거가 제도적인 측면뿐만 아니라 이를 운영하는 사람들의 의지, 더 나아가서는 경제·사회·문화적 배경에 의해 영향을 받기 때문이다. 개발도상국 민주화 과정의 많은 사례에서 볼 수 있듯이, 민주주의 체제가 국민들의 삶에 긍정적인 변화를 가져올 때 더욱 안정적으로 민주주의 체제가 유지될 수 있다. 비록 절차적 민주주의를 준수하고 있더라도 경제 발전의 지체나 빈부 격차의 심화 같은 사회적 불만 요소가 확대되면 민주주의 체제 자체에 대한 부정적 인식이 싹트게 된다.

이 장에서는 필리핀 민주주의의 역사적 배경을 바탕으로 1986년 이룩한 민주화운동의 결실을 민주주의 공고화의 관점에서 살펴보고자 한다. 이를 통해 필리핀 민주화의 특징과 민주주의 공고화의 구조적 한계를 논하려 한다. 더불어 필리핀 민주주의 현실을 통해 오늘날 그 가치가 위협받고 있는 많은 개발도상국 민주주의 체제에 대한 시사점을 제공하려 한다. 이 장에서는 필자의 오랜 현지 체류와 연구 경험을 바탕으로 기존 연구와 자료들을 분석해 정리했고, 필리핀 현지에서 발행된 각종 언론 보도, 여론조사 자료 등을 활용해 논의를 전개했다.

2. 필리핀 민주화의 역사적 배경

1) 민주화운동의 정치사적 맥락

필리핀은 지리적으로 동남아시아 지역의 동쪽 끝자락에 위치해 태평양을 접하고 있다. 이는 서쪽에서 유입되어 전통 시대 동남아시아의 정치와 문화에 많은 영향을 미친 힌두교, 불교, 이슬람과 같은 외부 문명의 영향이 필리핀에는 비교적 미약한 이유이기도 하다. 이러한 지리적 특성 때문에 필리핀은 다른 동남아시아 국가들과 달리 중앙 집권적인 왕조 체제를 경험하지 않고 바로 서구 세력, 즉 스페인의 식민지를 경험했으며, 동남아시아 국가들 중 2002년 인도네시아에서 독립한 동티모르를 제외하고 유일하게 기독교도가 지배적인 국가가 되었다. 스페인이 필리핀 군도에 식민지를 건설하기 이전에는 바랑가이(Barangay)라고 불리는 부족 공동체 형태의 원시적 정치체가 존재했다. 부족 단위 공동체의 리더로서 다투(Datu) 또는 술탄(Sultan)이 있었으며, 그 권위는 세습에 의해 전수되는 형태였다.

스페인의 식민지 정책이 본격화되는 1565년부터는 식민지 고급 관료들을 임명할 때 식민 정부로부터 천거받는(anointing) 종교적 형식이 이용되었다. 제한적이나마 필리핀에서 투표를 통한 선출 형식이 나타난 것은 1641년 스페인 칙령(Ordinance)에 근거해 지방행정관(기초단체장)을 선출하면서부터였다. 선출을 위한 위원회는 퇴임 행정관과 12명의 바랑가이 대표들로 구성되었다. 1847년에 통과된 '기초단체선거법(Municipal Election Law)'을 통해서는 선거구가 수정되었을 뿐만 아니라 선출하는 자리의 수도 증가했다. 그러나 선거권은 여전히 13인 위원회에 의해 행사되었다. 스페인 식민 통치 말기인 1893년에는 '마우나법(Mauna Law)'에 의해 다수결 비밀투표의 원칙이 수용되었고, 각 지방선거 결과를 중앙에 보고할 의무를 없앴다. 그러나 광역 단체로 푸에블로(Pueblo)를 만들고 그 단체장을 스페인 사람으로 임명함으로써 기초단체에 대한 조언과 감시를 하도록 했다(Carlos and Banlaoi, 1996). 이처럼 국가의 수립과 조직의 주체였던 스페인 식민 세력은 적은 수로 효율적으로 통치하기 위해 토착 지배 세력에 일정한 권한을 부여하며 이들을 새로운 체제 속에 영입시키는 차원에서 선거제도를 제한적으로 활용했다.

필리핀을 식민지화하고 333년 동안(1565~1898) 지배한 스페인은 필리핀 민주주의 전통에 그다지 큰 영향을 미치지 못했다. 반면 제도적 측면이 아니라 사회 계층 구조 같은 민주주의 토대를 취약하게 구조화하는 데는 많은 영향을 남긴 것으로 평가할 수 있다. 이는 스페인의 식민 지배 방식에 기인한 것이다. 스페인은 식민 통치의 편의를 위해 필리핀 현지의 토착 엘리트들과 현지화된 중국계 상인 계층을 적극 활용했으며, 이는 이들에게 정치적·경제적 영향력이 집중되는 계기가 되었다. 또한 일반 대중을 교육하는 데 관심을 두지 않음으로써 잠재적 민주 시민을 양성하기 위한 기반도 형성하지 않았다. 스페인 식민 통치 시기에 엘리트 중심으로 구축된 사회 계층 구조는 미국 식민 통치 기간은 물론 1946년 독립 이후에도 큰 변화를 겪지 않고 오늘날까지 이어지고 있다(김동엽, 2016: 10).

스페인 식민 통치 말기에는 호세 리살(Jose Rizal)을 비롯한 계몽주의적 민족주의자들의 활동으로 반식민지 사회운동이 점차 부상했다. 필리핀 독립을 위한 다양한 무장 투쟁 세력도 부상했으며, 이들은 에밀리오 아기날도(Emilio Aguinaldo)에 의해 통합된 조직으로 발전해 필리핀 독립운동의 주축이 되었다. 1898년 4월 미국 - 스페인 전쟁이 발발하자 약화된 스페인 식민 정부에 대항해 1898년 6월 12일 아기날도는 필리핀 독립을 선포하고 근대적 형태의 국가를 조직했다. 이후 아기날도가

┃표 3-1┃ 필리핀 헌정 체제의 역사

기간	헌법	행정부 수장	의회구성		정당 체제
			상원	하원	
1899~1899	말로로스 헌법	(독립군정부) 대통령	국회		-
1898~1807	필리핀위원회법	(미국) 대통령	필리핀위원회		일당제
1907~1916	1902년 필리핀법안	(미국) 대통령	필리핀위원회	필리핀 국회	1.5정당제
1916~1935	1916년 필리핀자치법	(미국) 대통령	상원	하원	일당제
1935~1941	1935년 헌법	(필리핀자치정부) 대통령	국회		일당제
1943~1944	전시 체제	일본 군정	-		-
1945~1946	전시 체제	미국 군정	-		-
1946~1972	(개정) 1935년 헌법	대통령	상원	하원	양당제
1972~1978	계엄령	대통령	-		-
1978~1981	(개정) 1973년 헌법	수상	임시국회		일당제
1981~1986	(재개정) 1973년 헌법	대통령	임시국회, 국회		일당제
1987~현재	1987년 헌법	대통령	상원	하원	다당제

자료: 김동엽(2013: 11).

이끄는 필리핀 독립정부는 독립군이 통제하는 제한된 지역에서 선거를
실시해 의회를 구성하고 헌법을 입안해 1899년 1월 21일에 공식적으로
공포했다. 스페인 헌법 체계를 기초로 하고 다양한 국가의 헌법을 참조
해서 필리핀의 현실에 적합한 형태로 만든 이 헌법은 말로로스 헌법
(Malolos Constitution)으로서 필리핀의 근대적 헌법의 효시가 되었다.
정부 형태는 입법·행정·사법권이 분리된 대통령제를 표방했지만, 의
회에서 대통령을 선출하는 등 의원내각제적 요소를 내포하고 있었다.
그러나 말로로스 헌법은 1899년 2월 4일 발발한 미국과 필리핀 독립군
간의 전쟁, 그리고 이어진 미국의 식민 통치로 인해 실제로 시행되지는
못했다. 이후 필리핀 헌정 체제의 역사는 〈표 3-1〉에서 볼 수 있듯이
미국의 식민 통치하에서 만들어진 기본 구조가 오늘날까지 이어지고
있다.

미국 식민 정부는 필리핀에 근대적 관료 기구를 창설하는 것보다 선
거나 대의 제도를 만드는 데 더 큰 관심을 기울였다. 20세기 초 미국에

서 연방정부의 강화를 통해 중앙 관료화가 급속히 추진되었던 현실과는 반대로 미국 식민 정부는 필리핀에 19세기 미국의 극단적 지방 분권화 모델을 도입했다(Hutchcroft, 2000). 이는 대의 기구가 관료 기구를 지배하는 현상을 낳아 독립을 지향하는 혁명적 요구들을 지방자치 증대, 국가 입법권 확대, 그리고 후원 기회 확대 등과 같은 개혁적 요구들로 전환하기 위한 것이었다(Hutchcroft and Rocamora, 2003). 미국 식민 정부가 필리핀에서 실시한 최초의 선거는 1902년 광역단체장 선거였는데, 이는 기초단체 단위에 머물렀던 전통적 엘리트들의 정치적 영역이 더욱 확대되는 결과를 낳았다. 군도로 이루어진 필리핀의 지리적 여건과 다양한 언어는 지방 분화의 환경적인 근간을 제공했다. 대중매체가 발달되기 이전에는 토지를 근간으로 한 지방 토호들이 그 지역의 정치를 독점하고 있었다. 이들은 영어나 스페인어처럼 전국적으로 사용할 수 있는 언어를 구사함으로써 전국적인 무대에서 활동할 수 있는 조건을 갖추었다.

필리핀에 본격적으로 민주적 정치제도가 도입된 것은 1902년 미국 의회에서 하원의원 헨리 쿠퍼(Henry A. Cooper)에 의해 발의된 '필리핀 조직법(Philippine Organic Act)'에 기인한다. 이는 필리핀 국민들에게 선거를 통해 하원의회를 구성할 수 있도록 한 것으로, 1907년에 비록 제한 선거이기는 하지만 필리핀에서 최초로 전국적 총선이 실시되는 근거가 되었다. 선거권은 1901년 '기초단체조직법(Act No. 82)'에 규정된 기본 원칙에 따랐으며, 남자로서 23세 이상이고 해당 선거구에 6개월 이상 거주한 자, 영어나 스페인어를 읽고 쓸 수 있는 능력을 보유한 자, 그리고 최소한 500페소 이상의 재산을 소유했거나 1898년 이전에 공직에 근무한 경력이 있는 자에 한해 선거권이 주어졌다. 이 선거에 참여하기 위해 최초로 근대적 정당이 조직되고 활동하기 시작했다. 중앙집권적인 정치체제보다 지방분권적인 정치체제를 기본 원칙으로 삼은 미국 식민 정부는 지방의 전통적인 엘리트들의 정치적 자율권을 강화시켰다(Cullinane, 2003: 158; Hutchcroft, 2000: 302). 이는 각 지방의 대지주로서 권력 기반이 확고한 전통적 엘리트들이 새롭게 도입된 민주주의 제도하에서 지속적으로 정치권력을 누릴 수 있는 배경이 되었다. 또한 필리핀 선거 과정에서 지역 구도와 각 지역 엘리트들 간의 연합이 선거 결과에 지대한 영향을 미쳤고, 이를 통해 지방의 전통적 엘리트들은 중앙의 정치 무대에 진출할 수 있게 되었다. 즉, 의회제도의 도입은 이들에게 수도 마닐라에서 거주하면서 상호 밀접하게 교류할 수 있는 기회를 열어주었으며, 이들은 이른바 필리핀 계층 구조에서 지배계급을 형성하게 되었다(Anderson, 1988).

결과적으로 미국 식민 정부는 봉건적인 요소인 지주 계급을 민주주의라는 새로운 제도의 가장 큰 수혜자로 만들었다. 더불어 아래로부터의 혁명적인 요구들을 효과적으로 억제할 수 있었다. 혁명 세력들은 좌파 민족주의 세력으로 일부 변하고 또한 사회운동으로 세력화해 필리핀의 역사적 과정에서 중요한 변화의 계기를 제공하지만 권력의 중심으로 부상하지는 못했다(박사명, 1999). 현재 필리핀 선거에서 흔히 볼 수 있는 지방의 후원과 수혜 관계, 그리고 이를 근거로 중앙과 지방이 네트워크를 형성해 국가권력이 창출되는 것은 이미 미국 식민지 시대부터 시작되었다. 미국 정부는 1935년에 향후 10년간의 유예 기간을 거쳐 필리핀을 독립시킨다는 계획하에 필리핀 헌법을 제정했다. 그러나 태평양전쟁의 발발로 이 계획의 집행에 차질이 빚어졌다. 이후 필리핀 민주주의 체제의 기초가 된 1935년 헌법은 1940년에 개정되었으며, 이때 개정된 헌법은 1946년 독립 이후 필리핀의 헌법이 되었다.

태평양전쟁을 승리로 이끈 미국은 약속대로 필리핀에 독립을 부여했다. 독립국가 구성을 위한 선거가 1946년 4월 23일에 실시되어 대통령, 부통령, 상·하원 의원 등이 선출되었다. 대통령의 임기는 4년 중임제이며, 정당으로는 자유당(Liberal Party)과 국민당(Nationalist Party) 두 개 정당이 경쟁하는 양당제가 형성되었다. 필리핀자치정부(Philippine Commonwealth, 1935~1942) 당시 독점적 거대 정당이던 국민당은 강력한 지도자였던 마누엘 케손(Manuel L. Quezon)이 사망한 이후 분열의 길을 걸었다. 1946년 선거를 앞두고 마누엘 로하스(Manuel A. Roxas)는 국민당을 나와 자유당을 창당하고 대선 후보가 되어 당선되었다. 이후 양당제가 지속되었는데, 그 배경에는 제도적인 원인이 존재했다. 당시 적용되던 선거법에서는 투표소와 개표소에 참관인을 둘 수 있는 자격을 이전 선거에서 상위 1위와 2위를 차지한 정당에만 부여함으로써 제3정당의 진입을 어렵게 만들었다. 선거 부정행위가 공공연히 자행되던 상황에서 개표와 집계 과정에 참관할 수 없다는 것은 정당으로서 치명적인 약점이었다.

자유당과 민주당 두 정당 간에는 이념적·정책적 차별성이 거의 존재하지 않았다. 단지 지방의 전통적 엘리트들이 중앙 권력에 접근하기 위한 네트워크가 어떻게 형성되느냐에 따라 구분되었다. 소속 정당에서 내세우는 대통령 후보가 당선되어 중앙 권력을 차지하면 지방의 당원들은 각종 이권에 접근할 수 있는 기회를 얻었다. 이처럼 국가권력이 제공하는 이권을 중심으로 형성된 정당은 응집력이 취약했으므로 선거를 전후해 소속 정당을 바꾸는 행태(turn-coatism)가 빈번히 일어났다. 행정부의 수반인 대통령의 임기를 4년 중임으로 규정함으로써 엘리트 간에는 권력이 원활하게 순환되었다. 이를 증명하듯 1946년부터 1969년까지 어느 대통령도 연임된 경우가 없었다.

독립 이후 필리핀에 선거 민주주의가 정착되면서 지방 라이벌들 간에는 선거를 둘러싼 치열한 경쟁이 벌어졌다. 이는 곧 사병 조직의 등장과 함께 지역 보스 정치의 강화를 낳았다. 선거에는 돈, 조직, 무력을 상징하는 3G(gold, goon, gun)가 동원되었고, 선거는 각종 부정행위와 폭력으로 얼룩졌다(Anderson, 1988). 또한 중앙과 지방 간 네트워크에 의해 정권이 창출되는 구도는 정치적 환경의 변화와 더불어 진화했다. 독립 초기 가장 큰 사회적 문제는 일본군 점령 시기에 조직되고 강화된 반일·반지주 무장 운동 세력(Hukbalahap)을 처리하는 문제였다. 특히 이들이 좌파 성향의 개혁을 주장했으므로 전후 냉전의 시작과 더불어 미국에 민감한 문제로 대두되었다.

한편 필리핀의 전통적 지주들은 정부군이나 사병 조직을 동원해 이들을 무력으로 탄압함으로써 갈등을 심화시켰다. 이러한 문제를 해결하기 위해 미국이 제안한 토지개혁안은 의회를 지배하고 있던 전통적 지주들에 의해 거부되었으며, 그 결과 좌파 민중운동은 한층 강화되었다. 이러한 상황에서 미국의 후원을 받고 있던 당시 국방장관 라몬 막사이사이(Ramon Magsaysay)는 중앙과 지방 간 네트워크를 활용한 기존의 선거 운동을 지양하고 대중들에게 직접 호소하는 방식으로 1953년 대통령에 당선되었다. 그는 각 지방을 돌며 전국의 농민들과 직접 접촉했으며, 군의 약탈 행위를 금지시키고 농민들을 남쪽 민다나오 섬으로 재정착시키는 사업을 실시함으로써 일시적으로나마 농민들의 불만을 해소시켰다. 막사이사이의 등장은 1960년대 이후 필리핀의 선거 행태가 변화하는 중요한 분수령이 되었다. 1960년대 이후 대중매체의 확산과 더불어 필리핀 정치권력은 지방 엘리트들이 지배하는 의회와 대중적인 인기에 기반을 둔 대통령으로 양분되는 현상이 나타났다. 대중매체의 확산과 대중 교육의 확대, 그리고 도시화와 도시 인구의 확대 등과 같은 환경적인 변화로 인해 지방 엘리트들이 통제하는 유권자들의 결속력이 점점 느슨해지는 결과가 초래되었던 것이다(김동엽, 2005: 76~77; Hutchcroft and Rocamora, 2003).

1946년 독립 이후 지속되던 필리핀 민주주의 체제는 1969년 계엄령이 선포되면서 그 명맥이 끊어졌다. 필리핀에서 독재 정권의 탄생은 루손 섬 북단에 위치한 북부 일로코스에 기반을 둔 마르코스와 밀접한 관련이 있다. 그는 32세의 나이로 하원에 진출해 1949년부터 1959년까지 활동했으며, 이어서 상원의원에 당선되어 1965년 대통령에 당선될 때까지 상원의원으로 활동하며 의장직도 수행했다. 자유당 소속이던 그는 1965년 대선에서 자유당의 대선 후보로 지명받지 못하자 유력 대선 후보가 없던 국민당의 제안을 받아들여 국민당 후보로 출마해 당선되었다. 마르코스는 4년간의 임기를 마치고 1969년 대선에 다시 출마해 필리핀에서는 최초로 재선에 성공한 대통령이 되었다. 당시 필리핀 헌법 규정에 따라 3선이 불가한 상황에서 마르코스는 공산 세력의 준동으로 사회가 불안하다는 이유를 들어 1972년 9월 21일 계엄령을 선포하고 의회를 해산함으로써 종신 집권이 가능한 독재 체제를 구축했다. 당시 필리핀 정치에 중요한 영향력을 행사하던 미국은 베트남전쟁에 깊이 개입하고 있었으므로 반공을 내세운 마르코스 독재 정권의 탄생을 묵인했다. 게다가 마르코스 정부는 필리핀의 수빅과 클라크에 주둔해 있던 미군기지의 임대료 협상을 통해 받아낸 막대한 임대료와 국제 금융 기구들로부터 들여온 대규모 차관을 통치 자금으로 활용하기도 했다. 이처럼 독재 정권하에서의 강압적인 사회 안정과 외부로부터의 막대한 재정 유입을 통해 필리핀은 1970년대 중반 높은 경제성장률을 나타냈다(김동엽, 2016: 12).

마르코스 독재 정권은 1973년 새로운 헌법을 만들어 권력을 대통령에게 집중시켰다. 필리핀에서 독재 정권이 등장한 것은 1960년대 당시 시대적 상황, 즉 많은 개발도상국에서 독재 정권이 탄생하는 현상과 맥을 같이한다(Anderson, 1988). 당시 급속히 증가하고 있던 신흥 전문인들, 특히 미국에서 교육 받은 기술 관료들이 중앙 권력에 영합함으로써 이들이 주축인 국가의 지역 조직들이 지방 엘리트들에 의해 수행되던 국민 동원의 역할을 대체하게 된 것이다. 선거 제도적인 측면에서는 선거관리위원회(Comelec) 위원을 대통령이 모두 임명하게 하고, 대부분의 권한을 행정부의 통제 아래 두었다. 의회 구성도 양원제를 폐지하고 단원제 임시국회(Interim Batasang Pambansa)를 수립해 1978년 선거를 통해 마르코스 친위 조직을 중심으로 소집했다. 1981년 계엄령을 해제하면서는 1973년 헌법을 개정해 대통령제에서 의원내각제로 정부 형태를 변경했다. 임기 6년의 대통령은 국민이 직접 선출하며, 수상은 대통령이 임명토록 했다. 마르코스는 대통령과 수상을 겸임함으로써 무소불위의 정치적 권력을 누렸다. 1981년 대통령 선거를 앞두고 선거법상의 대통령 후보의 나이 제한 규정을 45세 이상에서 50세 이상으로 개정했으며, 선거 기간도 55일로 축소시켰다. 이는 당시 마르코스의 최대 정적이던 베니그노 아키노(Benigno Aquino) 상원의원의 출마를 원천 봉쇄하고 모든 조건을 집권 세력에 유리하게 조성하려는 의도였다(Carlos and Banlaoi, 1996: 302).

다른 한편으로 마르코스 독재 시기는 새로운 정치 행위자의 등장과 권력 구조에 일부 변화를 가져왔다. 마르코스는 지방 엘리트의 붕괴를 시도했지만 완전한 성공을 거두지는 못했다. 또한 마르코스의 독재는 군부의 정치화와 시민사회의 정치 세력화라는 결과를 낳음으로써 더욱 다양한 세력이 정치의 정면에 등장하는 계기가 되었다(김동엽, 2005: 78). 또한 독재 정권하에서 경제성장 혜택이 이전처럼 전통적 엘리트 그룹의 내부에 공정하게 배분되지 못하고 마르코스의 일부 측근에 편향됨으로써 엘리트 내부의 분열을 낳았다. 특히 정치권력의 시장 개입과 일부 독재 정권 측근에 대한 특혜가 시장경제 질서를 문란하게 만들자 필리핀의 주류 경제인들이 이에 반기를 들기 시작했다. 1981년 이들이 조직한 '마카티 비즈니스 클럽(Makati Business Club)'은 이후 필리핀 반독재 민주화운동 전개 과정에서 재정적 후원 조직이 되기도 했다. 또한 필리핀에 진출해 있던 외국계 기업인들도 독재 정권의 이런 배분 과정

┃표 3-2┃ 필리핀 정치의 주요 행위자, 이해관계, 권력 구조, 그리고 선거제도

시기	주요 행위자	이해관계	권력 구조	선거제도
스페인 식민지 시기 (1565~1898)	1. 스페인 식민 정부 2. 전통 엘리트	효율적인 식민지 통치와 전통적인 권위의 보전이라는 측면에서 상호 보완적 관계 형성	지방 분권화의 강화와 이에 대한 식민 정부의 통제 형태	제한된 의미의 지방선거: 전통적 엘리트들의 권위를 보전해주는 기능
미국 식민지 시기 (1899~1945)	1. 미국 식민 정부 2. 전통 엘리트 3. 혁명 세력	식민 정부는 전통적 엘리트들과 협력 관계를 통해 통치의 효율성과 혁명 세력을 효율적으로 억제	식민 정부의 통제 아래 의회제도를 통한 지방 엘리트들 간의 네트워크를 형성해 지방 권력의 전국화	근대적 보통선거 제도 도입: 전통적 지방 엘리트들의 권력 공고화와 전국화에 기여
독립 초기 민주주의 시기 (1946~1972)	1. 전통 엘리트 2. 미국 식민 잔재 3. 급진 세력	정치적 주도권을 잡으려는 전통적 세력과 경제적 이익 및 이념적 헤게모니를 확보하려는 미국의 이해가 상호 보완적인 관계 형성	전통적 엘리트들 간의 권력의 순환	양당제를 통한 선거 민주주의: 단순히 엘리트들 간의 권력을 향한 경쟁의 장 역할
마르코스 독재 시기 (1972~1986)	1. 마르코스 2. 기술관료 3. 국제적 후원자	권력의 집중과 영구화를 추구하는 마르코스와 국가 기구 확대를 통한 영향력 확보를 추구하는 기술 관료들이 영합하고 미국이 지역적 헤게모니의 전초 기지 강화를 목적으로 국제적 후원자 역할을 함	기술 관료와 군부를 기반으로 한 독재 체제	선거의 민주적 기능 정지: 독재 정권의 하수인을 만드는 역할

자료: 김동엽(2005: 79) 재구성.

에서 소외되었다. 이들은 국제사회, 특히 미국 정부가 독재 정권을 지원하는 것에 대한 부당함을 호소함으로써 마르코스 정권의 국제적 고립을 가속화시켰다. 엘리트 내부의 분열에서 시작된 독재 정권의 균열은 1981년 계엄령의 해제와 더불어 야권 세력을 결합시켰고 이는 반독재 민주화 시민운동을 급속히 확산시켰다(김동엽, 2016: 13; Schock, 1999). 이상의 필리핀 민주화 전사(前史)에 나타난 주요 행위자, 이해관계, 권력 구조, 그리고 선거제도 등을 간략하게 정리하면 〈표 3-2〉와 같다.

2) 마르코스 독재 정권의 붕괴

필리핀의 반독재 민주화운동은 초기에 사회의 다양한 세력이 각자의 조직을 동원해 개별적으로 전개되는 양상을 나타냈다. 이러한 세력으로는 독재 정권하에서 권력으로부터 소외당한 야권의 정치 세력, 경제적 이권에서 소외당한 경제인 그룹, 사회주의 이념을 추종하는 급진적 혁명론자들, 학생운동 및 노동운동 세력, 종교적 차이로 인한 차별에 저항하던 이슬람 반군, 그리고 필리핀 사회에 지대한 영향을 미치고 있던 가톨릭 사제단 내부의 진보적 인사들 등을 들 수 있다. 이처럼 민주화운동의 다양한 물줄기가 한 곳으로 결집하는 사건이 1983년 8월에 발생했다. 바로 당시 마르코스 독재 정권의 최대 정적으로서 미국에서 망명 생활을 하고 있던 아키노 전 상원의원이 귀국하던 도중 마닐라 국제공항(지금은 니노이 아키노 국제공항이라고도 불림)에서 암살당한 사건이었다. 마르코스 독재 정권이 계엄령을 해제한 이후 민주적 정치체제로 복귀한다는 의미에서 1984년 총선을 실시하기로 하자 아키노는 야권의 지도자로서 다가올 총선을 지원하기 위해 귀국하던 중이었다(서경교, 2005: 15; 김동엽, 2016: 13~14).

아키노의 암살 사건은 비록 그 배후가 명백히 드러나지는 않았지만 마르코스 독재 정권의 도덕성에 치명적인 타격을 안겨주었다. 총탄을 맞아 피투성이가 된 아키노의 시신은 가족들의 의사에 따라 그 모습 그대로 장례식이 치러졌다. 처참하게 살해당한 아키노의 모습은 필리핀 국민들의 반마르코스 정서에 불길을 당겼다. 이러한 사회적 분위기 속에서 암살당한 아키노의 동생인 아가피토 부츠 아키노(Agapito "Butz" Aquino)가 '8월 21일 운동(August Twenty One Movement: ATOM)'을 조직해 필리핀 민주화운동의 핵심으로 부상했다. 다양한 민주화운동 세력이 독재 정권 타도라는 공동의 목표를 중심으로 단결하기 시작한 것이다. 급증하는 민주화운동은 마르코스 정권에 위기감을 조성했으며, 이를 정면으로 돌파하기 위해 마르코스는 1986년 2월에 임시대선(snap election)을 실시해 정권의 재신임을 받겠다고 선포했다. 이 임시대선에 참가할지 여부를 놓고 민주화 세력 내부에 일부 균열이 나타나기도 했다. 특히 급진적 사회주의 세력은 선거에 불참할 것을 선언함으로써 연합 세력에서 이탈했다. 그러나 주류 민주화운동 세력은 선거 참여를 공식화했으며, 야당 정치인 중 마르코스 대통령에게 맞설 가장 유력한 후보였던 살바도르 라우렐(Salvador Laurel)이 필리핀 민주화운동의 상징성과 함께 대중적 응집력이 더욱 강했던 니노이 아키노의 부인 코라손 아키노(Corazon Aquino)에게 야권 대선 후보 자리를 양보했다. 이로써 1986년 2월 7일 치러진 임시대선에서 독재 정권의 마르코스 후보와 민주화운동의 상징으로 황색바람을 일으키고 있던 아키노 후보가 양자 대결로 맞서게 되었다(김동엽, 2016: 14~15).

독재 정권하에 치러진 선거는 예상대로 각종 관권 개입과 부정행위로 얼룩졌으며, 이에 저항하는 사회적 분위기가 고조되었다. 선거 종료 후 개표를 통해 집계된 득표 결과는 정부 발표와 민간단체 집계가 상이하게 나타났다. 정부에서는 마르코스가 53%의 득표율로 승리했다고 발표했지만, 민간 선거 감시 기구인 남프렐(National Movement for Free Elections: NAMFREL)에서는 아키노가 52%의 득표율로 승리했다고 발표했다. 정부가 마르코스의 당선을 공식 선언하자 야권 인사들은 이에 불복하고 일제히 거리 시위로 몰려나왔다. 부정선거에 대한 비난의 목소리가 국내외에서 터져 나왔으며, 특히 가톨릭이 대다수인 필리핀 국민들에게 지대한 영향력을 미치는 필리핀 주교회의(Catholic Bishops' Conference of the Philippines: CBCP)와 동맹국인 미국의 로널드 레이건(Ronald Reagan) 대통령이 부정선거를 규탄하는 성명을 발표했는데, 이는 많은 파장을 몰고 왔다(Schock, 1999). 이처럼 거대한 사회적 저항 분위기가 고조되고 국내외적인 압력이 증가하자 집권 엘리트 내부에서 분열이 일어나기 시작했다. 특히 군부 내 개혁 성향의 조직인 '군부개혁운동(Reform the Armed Forces Movement: RAM)'이 마르코스 정권을 붕괴시키기 위한 쿠데타를 모의하다가 발각되었으며, 이에 연루된 일부 인사가 체포되기도 했다(김동엽, 2016: 15).

이러한 극단적 대치 상황에서 국방장관이던 후안 폰세 엔릴레(Juan Ponce Enrile)가 필리핀군의 부참모총장이자 경찰총장이었던 피델 라모스(Fidel V. Ramos)와 함께 마르코스 정권에 대한 충성을 거부하는 성명을 발표하고 부대 내에서 농성에 돌입했다. 이들에 대한 무력적 진압이 임박했다는 소문이 나돌자 시위대의 규모는 더욱 증가했다. 특히 필리핀에서 가장 영향력 있는 종교 지도자였던 신 추기경(Cardinal Sin)이 이들 반마르코스 군부 인사들을 국민들이 보호해야 한다고 호소함으로써 민간인 시위대가 이들이 농성하던 부대로 이어지는 도로를 가득 메웠다. 이에 따라 반란군을 진압하기 위해 출동한 부대와 탱크는 거리에서 민간 시위대와 대치해 일촉즉발의 긴박한 상황을 맞이했다. 유혈 충돌로 이어질 수 있었던 상황에서 미국이 필리핀 국민들의 민주화에 대한 요구에 부응해 개입함으로써 평화적으로 상황이 종료되었다. 미국은 마르코스 대통령의 퇴진을 종용했으며, 미군 헬기를 동원해 하와이로 망명할 수 있도록 편의를 제공했다(김동엽, 2016: 16). 마르코스의 망명과 함께 필리핀에서는 아키노 정부가 들어섰다. 이는 곧 필리핀의 민주적 전환을 의미했으며, 동아시아에 민주주의 물결을 일으키는 시발점이 되었다.

3. 필리핀 민주주의 공고화의 구조적 한계

1) 민주주의 이행과 공고화 과정

새뮤얼 헌팅턴(Samuel Huntington)은 민주주의의 세계사적 흐름을 세 차례의 물결로 묘사했다(Huntington, 1991). 첫 번째 물결은 1828~1926년에 일어난 민주화 현상을, 두 번째 물결은 1943~1962년 민주화 현상을 지칭했다. 그리고 제3의 물결로는 1970~1980년대 민주화 현상을 설명했다. 1986년 필리핀의 민주적 전환은 헌팅턴이 분류한 민주주의 제3의 물결에 해당하며, 특히 아시아 지역에서 민주화 물결을 촉발시킨 중요한 사건으로 간주된다. 필리핀의 경험은 이듬해인 1987년 한국의 민주적 전환에 영향을 미쳤고, 1988년에는 대만의 민주적 전환에 영향을 주었다. 그리고 비록 실패로 끝났지만 1989년 천안문 사태를 통해 중국의 문을 두드리기도 했다. 이어서 1990년대 동남아시아 각국의 민주적 전환에 영향을 준 것으로 볼 수 있다(김동엽, 2016: 17).

헌팅턴은 민주적 전환의 유형을 네 가지로 분류한다(Huntington, 1991). 즉, 기존의 집권 엘리트들이 민주적 전환을 주도하는 '변동(transformation)', 야권이 주도해 민주적 전환을 쟁취하는 '대체(replacement)', 집권 세력과 야권이 연합해 민주적 전환을 성취하는 '전환(transplacement)', 그리고 외부의 영향에 의해서 민주적 전환이 이루어지는 '간섭(intervention)' 등으로 구분했다. 헌팅턴의 민주적 전환 유형에 근거하면 필리핀의 경우 표면적으로는 '대체'로 볼 수 있다. 즉, 야권 세력과 시민들이 주도한 대중시위를 독재 정권의 붕괴를 가져온 결정적 요인으로 본다면 이러한 해석이 유효하다고 볼 수 있다. 그러나 여권의 핵심 엘리트인 일부 군부의 이탈과 외부, 특히 미국의 압력이 없었더라면 과연 필리핀의 민주화가 성취될 수 있었겠느냐는 의문이 여전히 남는다. 따라서 1986년 필리핀에서 일어난 민주적 전환의 유형을 체제 변동이라는 사건을 중심으로 파악하는 것은 쉽지 않으며, 오히려 이후 전개되는 민주주의 이행 과정과 더불어 살펴보는 것이 바람직하다고 볼 수 있다.

1972년 계엄령 선포 이후 지속되었던 1인 독재 체제가 갑자기 붕괴됨으로써 필리핀 민주주의 이행 과정은 혁명적 상황에서 전개되었다.

독재 정권의 붕괴와 함께 기존의 헌법이 정지되고 새로운 민주주의의 제도적 틀을 마련하기 위한 헌법위원회가 소집되었다. 1987년 공표된 필리핀 민주헌법은 필리핀의 헌정사적 전통에 비추어 1935년 헌법을 개정해 1946년부터 1972년 계엄령 선포 이전까지 사용한 헌법 체계로 회귀한 것으로 평가된다(김동엽, 2013). 물론 대통령 단임제를 명문화하고 의원들의 임기를 제한하는 등 독재 체제의 탄생을 방지하기 위한 조항과 민주화운동에 참여한 다양한 계층의 요구를 담은 조항들을 새로운 헌법에 담고자 했다. 그러나 그러한 취지는 새로운 헌법을 논의하는 과정에서부터 이념적인 차이와 이해관계의 상이함으로 인해 충돌을 일으켰다. 소외 계층에 대한 배려를 담은 헌법 조항을 논의하는 과정에서 특히 불화가 심했으며, 그 과정에서 일부 급진적 세력이 이탈하고 반정부 세력으로 돌아서기도 했다. 토지개혁과 같은 사회 개혁 프로그램을 논의하는 자리에 급진적 사회운동 세력이 참여하지 않았으며, 민다나오 무슬림 지역의 자치권 문제를 논의하는 자리에 무슬림 반군 세력이 참여하지 않았다. 이는 향후 사회적 불안 요인이 됨은 물론 제정된 헌법 조항이 실질적 민주주의를 향상시키는 제도로서 역할을 다할 수 있을지에 대한 의구심을 가지게 만들었다.

구조적 차원에서 1987년 필리핀 헌법은 행정·입법·사법권이 분리된 대통령중심제를 채택하고 있다. 행정부는 미국의 제도와 유사하게 대통령과 부통령, 그리고 각 부 장관(secretary)을 두고 있다. 대통령과 부통령은 임기 6년의 단임제로 선출되며, 각 부 장관은 대통령이 임명한다. 대통령 선거는 대통령과 부통령의 러닝메이트 제도를 운영하고 있지만 투표는 개별적으로 이루어진다. 따라서 실제로 같은 러닝메이트가 아닌 각기 다른 팀에서 대통령과 부통령이 나오는 경우가 흔하다. 2016년 대선에서 대통령에 당선된 두테르테는 필리핀민주투쟁당(PDP-Laban) 소속이었고, 부통령에 당선된 레니 로브레도(Leni Robredo)

는 집권 여당이던 자유당(Liberal Party) 소속이었다. 대통령은 임명위원회(Commission on Appointments)의 동의를 얻어 행정부처의 장관을 임명하며, 미국식 대통령제의 원칙과 흡사하게 각 행정부서의 장관을 미니스터(minister)라고 하지 않고 대통령을 보좌한다는 의미의 세크러터리(secretary)라고 부른다. 대통령은 유사시 60일을 초과하지 않는 기일 내에서 군통수권자로서 계엄령을 선포하고 인신보호영장 제도를 중지할 수 있다. 각료의 수가 법으로 규정되어 있지 않기 때문에 행정부의 수반인 대통령의 의지에 따라 각료의 수도 증감한다.

필리핀의 입법부는 상원과 하원으로 구분되며, 상원은 전국적인 선거로 선출되고 하원은 지역구와 정당비례대표제 선거를 통해 구성된다. 상원은 임기 6년에 24명의 의원으로 구성되며, 하원은 임기 3년에 290명 내외로 구성된다. 하원의원 정원 중 20%는 정당비례대표제로 선출하도록 규정하고 있다. 필리핀 의회의 대표적인 권한으로는 예산 심의 권한과 사면 동의 권한, 그리고 예산 및 세금 등에 관한 권한 등이 있다. 상하 양원 공동의회에는 제헌의회를 소집할 권한, 전쟁을 선포할 권한, 대통령과 부통령 선거의 개표 및 점검 권한 등이 있다. 하원에는 탄핵발의권이 있고, 탄핵심판권은 상원에게 부여된다. 상원은 국제 조약을 인준할 권한을 가진다. 의정 활동의 중심이 되는 정당들은 대부분 지극히 개인적인 조직 구조를 가지고 있다. 대부분의 정당은 정당원이 존재하지 않으며 단순히 지인들의 모임에 불과하다. 정당들은 어떠한 안정된 조직이나 구조를 갖지 않으며, 어떠한 사업이나 일정한 활동 또는 정당 기관지조차 대부분 존재하지 않는다. 일정한 지구 사무실과 사무원이 존재하지 않으며, 보통 지역구 의장이 자신의 사무실이나 자택을 주소지로 이용한다. 정당의 운영 자금 역시 선거에 나서는 후보자들의 주머니에서 직접 나온다. 정당의 형식적 조직은 대체로 기초자치(barangay) 단위에서 시/읍 단위(municipal), 도 단위(provincial), 그리고 전국 단위(national)로 구성되어 있다. 전국 단위의 전당대회에서 후보자 공천과 같은 중요한 사안이 결정되지만, 이는 극소수 인사들로 구성된 전국 위원회에서 정해진 결론을 단순히 추인하는 과정에 불과하다. 이처럼 필리핀의 정당들은 국민들의 이익을 수렴하는 민주적 기구로서 제 기능을 수행하지 못하는 것으로 보인다(박정현·김동엽·바론, 2015: 32~33).

필리핀 사법부는 대법원, 고등법원, 지방법원, 그리고 순회법원으로 구성된다. 필리핀의 사법제도는 3심제도로 운영하고 있으며, 최종 판결은 대법원에서 내려진다. 필리핀 대법원은 대법원장을 수장으로 하고, 14명의 대법관으로 구성된다. 대법원장을 포함한 대법관에 공석이 발생했을 경우에는 사법평의회(Judicial and Bar Council)가 추천하는 3인 이상의 후보 중에서 대통령이 선택해 임명한다. 대법관으로 임명되기 위한 기본 조건으로는 40세 이상이어야 하며 필리핀 출생의 국민으로서 최소한 15년 이상 필리핀 법조계에 종사한 경험이 있어야 한다. 일단 임명이 되면 70세까지 임기가 보장되므로 정치적 외압으로부터 비교적 자유롭다. 필리핀 대법원은 필리핀 사법 체계 전반을 감시하고 법조계의 인사권을 관할하는 행정적인 권한을 가진다. 필리핀 대법원은 일반적인 사안에 대한 판결을 할 뿐만 아니라 헌법재판소의 역할도 겸하고 있다. 의회에서 통과된 법안이나 정치적 사안에 대한 법률적인 해석 권한을 가짐으로써 필리핀 대법원은 정치적으로도 많은 권한을 행사한다(박정현·김동엽·바론, 2015: 35~36).

절차적 차원에서 필리핀의 선거제도는 1985년 '통합선거법(Omibus Election Code)'을 수정·보완해 오늘날까지 사용하고 있다. 선거 형식과 주기는 1991년 '지방정부구성법(Local Government Code)'의 제정과 더불어 중앙과 지방선거를 동시에 실시토록 했으며, 3년마다 전국적인 선거를 치르고 있다. 선거구의 확정 방법은 등록한 유권자의 수에 비례해

	정/부통령	상원의원*	하원의원		지방 단체장 및 지방의회 의원
			지역구	정당비례대표	
인원	각 1명	12명	234명	58명	약 20,000명
임기	6년 단임	6년(2회 이상 연임 불가)	3년(3회 이상 연임 불가)	3년(3회 이상 연임 불가)	3년(3회 이상 연임 불가)
선거구	전국	전국	지역	전국	지역

* 민주화 이후 상원이 부활한 다음 실시한 최초의 선거에서 순위를 정해 상위 12명은 6년, 하위 12명은 3년으로 임기를 정했으며, 이후 3년마다 선거를 통해 12명씩 선출해 기존의 12명과 함께 24명으로 구성한다.

정하는 것을 원칙으로 하고 있으며, 일반적으로 유권자 30만 명당 1명의 대표를 기준으로 한다. 그러나 광역 행정 구역인 각 지역(province)은 비록 유권자의 수가 적더라도 1명의 하원의원을 배출한다. 각 지역별로 인구 밀도에 따라 차이는 있지만 과밀 지역은 두 개 또는 여섯 개의 선거구로 나뉘는 곳도 있다. 선거구 확정은 헌법상 5년마다 조정하도록 되어 있다(김동엽, 2005: 81; Leones and Moraleda, 1998: 22). 〈표 3-3〉은 2016년 필리핀 선거를 통해 선출된 각 직위의 인원 및 임기를 요약하고 있다.

필리핀 선거법에 따르면, 태생적 필리핀 국민이면서 일정한 요건만 갖추면 누구나 선출직 자리에 출마할 수 있다. 기본적으로 후보자들은 읽고 쓸 수 있는 지적 능력을 갖추어야 하고, 해당 지역 선거인 명부에 유권자로 등록되어 있는 국민이라야 한다. 연령 제한은 대통령과 부통령의 경우는 40세 이상, 상원의원은 35세 이상, 하원의원은 25세 이상으로 규정하고 있다. 선거일 직전 필리핀 내 거주한 기간에 대한 규정에 따르면, 대통령과 부통령은 10년, 상원의원은 2년, 그리고 하원의원은 해당 지역구에 6개월 이상 거주해야 한다. 정당비례대표 후보의 경우는 자신이 대표하고 있는 그룹의 실질적인 일원이어야 한다고 규정한다. 대부분의 선거 출마자는 정당의 공천을 받아 출마하고 있다. 정당을 설립하려면 일정한 구비 서류를 갖추어 선거위원회에 등록하기만

하면 된다. 단, 종교 단체가 정당으로 등록하는 것은 금하고 있으며, 폭력을 목적 달성의 수단으로 하는 단체는 어떠한 단체도 정당 등록을 금하고 있다(김동엽, 2005: 83~84).

표면적으로 1986년 필리핀 헌법은 정부 조직에서 견제와 균형 정신에 입각한 삼권 분립의 민주주의 원칙을 제도화하고 있다. 그러나 필리핀 정치체제는 제도가 가진 민주적인 요소들이 제대로 작동하지 못하고 일부 엘리트 정치 가문에 의해 권력이 독점되고 있는 것으로 알려져 있다. 필리핀의 대표적인 정치 엘리트 가문으로는 세부의 오스메냐(Osmenas)와 쿠엔코(Cuencos) 가문, 일로코스의 싱손(Singson) 가문, 리잘의 살롱가(Salongas)와 스물롱(Smulongs) 가문, 타클라크의 아키노(Aquino) 가문, 바탕가스의 코후앙코(Cojuangcos)와 아우렐(Laurels) 가문 등이 있다. 거대한 토지를 소유하고 있는 이 정치 가문들은 자신들의 농지를 경작하는 소작농들과 후원 - 수혜 관계의 고리를 통해 정치적·경제적·사회적 영향력을 행사해왔다. 이들은 부를 이용해 권력을 창출하고, 권력을 이용해 부를 재창출하는 엘리트 내부의 폐쇄적 순환 구조를 형성하고 있다(박정현·김동엽·바론, 2015: 36~37). 폴 허치크로프트(Paul Hutchcroft)는 이와 같은 필리핀의 과두제적 정치와 선거를 통해 획득한 공공의 권한을 이용해 사적 이익을 추구하고 부를 축적하는 행태를 '전리품 자본주의(booty capitalism)'로 규정하기도 했다(Hutchcroft, 1998). 이는 곧 대다수의 민중이 권력의 장에서 배제됨은 물론 정치 과정에서도 실질적으로 소외되고 있음을 의미한다. 주기적인 선거를 통해 정권이 교체되는 등 절차적 민주주의가 제대로 작동하고 있는데도 선거권자인 일반 대중이 정치 과정에서 배제되는 현실은 필리핀 민주주의의 특징을 보여주는 대목이다.

이와 같은 배경하에 필리핀은 민주주의 이행 이후 공고화를 향한 험난한 앞길이 예고되었다. 새롭게 민주주의 체제로 전환된 국가의 민주주의 공고화에 관해 헌팅턴은 다섯 가지 긍정적인 여건을 제시했다 (Huntington, 1991). 우선, 해당 국가가 성공적이었든 실패했든 상관없이 과거 민주주의 체제에 대한 경험이 있을 경우다. 둘째, 높은 수준의 경제 발전이 이루어져 있을 경우다. 셋째, 새롭게 들어선 민주정부에 대한 대외 분위기가 국제적인 지원과 같이 우호적일 경우다. 넷째, 해당 국가의 민주화가 외부적 압력이나 영향이 아닌 내부적 요인에 의해 이루어졌을 경우다. 그리고 마지막으로, 민주적 전환 과정이 평화적으로 이루어졌을 경우다. 이상과 같은 헌팅턴의 기준에서 볼 때 필리핀은 경제 발전 수준을 제외하고는 모든 요건이 민주주의 공고화에 유리한 여건을 갖추었다고 볼 수 있다. 그러나 이미 언급한 바와 같이 오늘날 필리핀을 공고화된 민주주의 국가로 평가하는 시각은 많지 않다.

필리핀에서 민주주의 이행 이후 전개된 정치 과정은 민주주의 체제의 취약성을 여실히 드러낸다. 필리핀 민주주의의 순교자가 된 남편의 후광을 입고 집권한 아키노 대통령은 취임 후 취약한 정치적 기반으로 인해 정권의 유지를 걱정해야 하는 상황에 직면했다. 특히 아키노 정부의 정치적 행보에 실망한 개혁 성향의 군부 세력들이 쿠데타를 시도하는 등 정국이 불안해지기도 했다. 1986년부터 1990년까지 총 10차례 쿠데타가 시도되었으며, 특히 1987년 8월 그레고리오 호나산(Gregorio Honasan) 대령의 주도로 과거 마르코스 정권에 반기를 들었던 군부개혁운동 세력이 일으킨 쿠데타는 아키노 정권이 전복될 정도로 위험한 상황을 낳기도 했다. 이러한 정치적 위기 상황이 지속됨에 따라 아키노 정부는 더욱 보수적 정치 세력들에 의존하게 되었고, 각종 민주적 개혁 프로그램을 제대로 추진하지 못했으며, 독재 정권하에서 자행된 많은 부조리도 청산하지 못했다. 더불어 독재 체제하에서 도입되어 독재자와 일부 측근들의 부정 축재에 이용된 막대한 외채의 상환 여부를 두고 논란이 있었지만 국제사회로부터 고립될 것을 염려한 아키노 정부는 이를 상환하기로 약속했다. 이에 따라 정부 예산의 상당 부분이 외채 상환에 소용됨으로써 아키노 정부는 많은 재정적 부담을 떠안게 되었고, 이는 곧 경제 발전과 공공복지 증진 같은 실질적 민주주의를 향상하기 위한 정부의 능력을 위축시켰다(김동엽, 2016: 19~20).

아키노 정부는 라모스 정부로, 그리고 라모스 정부는 에스트라다 정부로 평화적 정권 교체가 이루어짐으로써 필리핀 민주주의는 공고화되는 듯했다. 그러나 2001년 이른바 '제2의 국민의 힘(People Power II)'이라고 불린 또 다른 대중시위로 당시 에스트라다 대통령이 퇴출됨으로써 필리핀 민주주의 체제의 결함을 드러냈다. 에스트라다 정부의 출현과 붕괴는 필리핀 민주주의의 제도적 측면뿐만 아니라 실질적 민주주의의 현주소까지 여실히 보여준 사건이었다. 민주적 전환 이후 필리핀 국민들은 과거 정치적·경제적 권력을 독점했던 전통적 엘리트들의 새로운 부상에 반감을 가지고 있었다. 이러한 반감은 1992년 대선에서 집권 여당 후보였던 라몬 미트라(Ramon V. Mitra)와 1998년 대선에서 집권 여당 후보였던 호세 데베네시아(Jose de Venecia, Jr.)에게 붙여진 낙인에서도 추론할 수 있다. 당시 필리핀 국민들은 이들을 트라포(trapo)라 낙인찍었는데, 이는 '전통적 정치인(traditional politician)'이라는 용어의 줄임말로 필리핀어로는 '쓰레기'를 뜻한다. 이들처럼 전통적인 엘리트 가문에서 태어나 어려서부터 정치인의 길을 가기 위한 엘리트 교육을 받은 사람들과 달리 에스트라다는 대학을 중퇴하고 영화계에 뛰어들어 성공한 사람으로서 일반 대중들의 친근한 이웃 같은 이미지로 1998년 대선에서 39.6%라는 압도적인 득표율로 당선되었다. 여덟 명의 대선 경쟁자 중 2위를 차지한 베네시아의 득표율이 15.9%였던 점을 감안하면 과히 에스트라다의 압도적 승리라고 할 수 있다. 대통령이 되기 이전 에스트라다가 보여준 정치적 업적은 이렇다 할 만한 것이 없었다. 그럼에도 그가 대통령에 당선된 것은 필리핀 국민들의 반엘리트적 정서가 선거 결과로 드러난 것이라고 볼 수 있다(김동엽, 2016: 20~21).

이처럼 1998년 대선에서 압도적인 지지로 대통령에 당선된 에스트라다 대통령이 집권 2년 만인 2001년 1월에 선거가 아닌 '제2의 국민의 힘'으로 물러난 것은 필리핀 국민들의 불만이 제도적 차원에서 해소되지 못하고 거리 시위와 같은 비제도적 방법에 의해 표출되었다는 점에서 민주주의 체제의 취약성을 여실히 드러낸 사건이었다. 또한 같은 해 4월에는 퇴임당한 에스트라다 대통령의 열성적 추종자들이 마닐라에서 대규모 폭력적 시위를 벌이기도 했다. 이를 필리핀 하층민들이 봉기한 '제3의 국민의 힘(People Power III)'으로 일컫기도 했지만, 결국 진압되어 정권 교체에 이르지는 못했다. 이 시위에 동원된 사람들은 주로 도시 빈민과 빈농들로서, 자신들을 대변하는 에스트라다 대통령이 도시 중산층의 시위로 물러나야 했다고 주장함으로써 사회 계층 간 분열의 양상이 나타나기도 했다. 이는 민주화 이후 들어선 아키노 정부와 라모스 정부가 추진한 신자유주의적 시장경제 정책으로 인해 심화된 빈부의 격차가 이러한 분열의 원인을 제공했다고 볼 수 있다.

민주화를 구조적 차원에서 설명하는 학자들은 경제 발전 수준과 부의 평등한 분배를 민주주의 공고화의 중요한 요인으로 삼는다(Haggard and Kaufman, 1994; Karl, 2000). 이와 같은 민주화 이론은, 인도나 싱가포르 같은 예외적인 경우가 있기는 하지만, 많은 사례에서 검증되고 있다. 〈그림 3-1〉에서 볼 수 있듯이 1986년 민주적 전환 이후 필리핀은 주기적으로 차이는 있지만 평균 5%대의 경제성장률을 보여주었다. 이는 주변국들과 비교해서도 그다지 낮은 성장률이 아니었다. 그러나 이러한 경제성장의 결실이 국민들에게 제대로 분배되었는지는 의문이다. 필리핀의 민주적 전환 직후 조사된 필리핀 국민들의 계층 구조를 보면 상류층이 1~2%, 중산층이 7~8%, 그리고 빈곤층과 극빈층을 합한 하층민이 90% 정도를 차지하는 것으로 나타났다. 이러한 계층 구조는

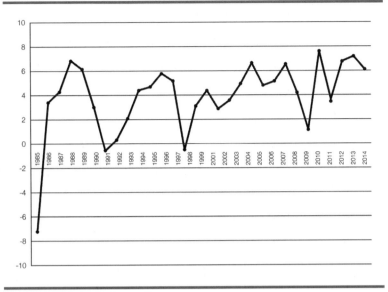

자료: World Bank Data; 김동엽(2015a: 29).

이후 변함없이 지속되고 있으며, 오히려 1990년 후반 경제 위기 상황을 겪으면서 하층민의 비율이 증가한 것으로 나타난다(김동엽, 2006: 5; Coronel, 2004). 이는 정치적 민주화 이후 필리핀 정부가 경제적 민주화를 달성하기 위한 적절한 정책을 추진하지 못했음을 보여준다. 필리핀 정부는 1990년대 세계적 흐름에 따라 경제 자유화 정책을 적극 추진했으며, 그 과정에서 높은 경제성장률을 나타냈지만, 그 결실이 일반 국민들에게까지 전달되지 못하고 일부 기업인과 외국인 투자자들에게 집중됨으로써 경제적 계층 구조의 변화를 가져오지 못했다. 오늘날에도 비교적 높은 경제성장률을 유지하고 있지만 실업률과 빈곤율이 여전히 높은 것은 개발도상국의 왜곡된 경제적 현실을 대변한다고 볼 수 있다.

이와 같은 불평등한 경제적 계층 구조는 필리핀 민주주의를 지속적으로 위협하는 요인이 되고 있다. 하층민들의 잠재된 불만은 정치적 쟁점을 통해서 쉽게 표면화될 수 있기 때문이다. 일부 급진적 시민사회운동 세력은 군부 내 진보적 개혁 세력과의 연대를 공공연히 언급하기도 한다(Nemenzo, 2010). 2016년 현재 상원의원인 안토니오 트릴라네스 (Antonio Trillanes IV)는 시민사회와 개혁적 군부 세력이 연합해 탄생시킨 대표적인 정치인이다. 트릴라네스는 군인으로 있던 2003년에 아로요 정부의 부정부패를 규탄하며 쿠데타를 시도한 바 있다. 그는 사회운동 세력의 도움으로 수감 중에 2007년 총선에 상원의원으로 출마해 당선되었다. 일부 사회운동 세력은 기존의 정치권에서 대안을 찾지 못하자 이처럼 군부 내 개혁적 성향을 가진 인사들과의 연합을 모색하는 등 민주주의 체제를 위협하는 위험한 인식을 드러내고 있다(김동엽, 2016: 22).

이처럼 민주주의 제도의 운영과 그 결실에 대한 실망감은 개인적 리더십에 대한 의존도 심화로 나타나고 있다. 2016년 5월 대선에서 당선된 두테르테 대통령도 이러한 흐름의 결과로 볼 수 있다. 우선 두테르테 대통령은 이전까지만 해도 중앙정치 무대에 알려져 있지 않던 인물로서, 필리핀 남부 민다나오 섬의 다바오 시에서 가족과 함께 약 20년간 시장으로 봉직해온 사람이었다. 이처럼 전국적인 인지도가 없던 인물이 갑자기 등장해 국민들의 압도적인 지지로 당선된 것은 필리핀 정치사에서 이례적인 사건이었다. 이는 두테르테 대통령이 다바오 시장 재임 시절에 보여주었던 강력한 리더십에 대한 기대감과 탈엘리트적인 모습, 그리고 기존의 관념을 뒤엎는 파격적인 언행 등이 국민들의 마음을 움직인 것으로 볼 수 있다. 선거 캠페인 과정에서 공약하고 집권 후 바로 추진한 마약과 범죄 일소를 위한 정책의 추진 과정은 제도나 절차보다는 결과를 더욱 중요시하는 경향을 보이고 있다. 집권 몇 개월 만에 마약과 범죄에 연루되어 사살된 인원이 수천 명에 이를 정도로 극단적인 처방을 내리고 있다. 이는 민주주의 체제의 기초인 법치주의 정신을 심각하게 후퇴시키고 있으며, 또한 인권 유린에 대한 국내외 각계각층의 우려를 낳고 있다. 그럼에도 필리핀 여론조사 기관 펄스 아시아(Pulse Asia)에서 조사한 현 대통령 직무 수행에 대한 지지도가 90% 이상 긍정적으로 나타나는 것은 필리핀 국민들의 현행 민주주의 제도에 대한 신뢰도가 이에 비례해서 낮기 때문인 것으로 평가할 수 있다. 이러한 정치적 현실을 통해 필리핀 민주주의 공고화의 현실을 짐작할 수 있다.

2) 민주화운동 세력과 민주주의 공고화 현실

경제 발전 수준과 부의 평등한 분배를 민주주의 공고화의 중요한 요인으로 다루는 이론에 따르면, 독재 체제하의 개발도상국에서 일정 수준 이상의 경제적 발전에 성공하고 이로 인해 형성된 두터운 중산층을 기반으로 한 사회운동을 통해 민주적 전환이 이루어진 경우에는 민주주의 공고화가 더욱 수월하게 달성되는 것으로 예측된다. 반면 엘리트 내부의 정치적 역학 관계나 외부적 영향에 의해 민주적 전환이 이루어진 경우에는 민주주의 공고화의 앞길이 험난할 것으로 예측된다. 1986년 필리핀의 민주적 전환은 비록 '국민의 힘'에 의해 성취되기는 했지만, 그 내면을 살펴보면 전통적 엘리트 내부의 분열과 미국의 지원이 큰 몫을 차지한 것을 볼 수 있다. 이는 앞서 살펴본 민주적 전환 이후 민주주의 이행 과정에서 전통적 엘리트들이 다시금 국가권력의 중심에 등장해 지배 계급으로서의 위치를 독차지하는 현상을 통해 알 수 있다. 반면 시민운동 세력들은 민주화 이후 전개된 새로운 국면에서 민주주의 체제의 한 축으로 자리매김하지 못한 것으로 볼 수 있다. 이는 1986년 경제 발전 수준과 중산층의 역량이 부족한 상황에서 필리핀의 민주적 전환이 이루어졌고, 이후 전개된 민주주의 체제하에서 이러한 결함을 보완하기 위한 정책들이 제대로 수행되지 못한 결과로 보인다.

필리핀 민주화운동의 주도 세력 중 하나인 사회운동 세력은 민주화 운동 과정에서 양적으로 크게 발전했다. 이들은 1980년대 마르코스 독재 체제하에서 민주적 전환이라는 공통의 목표를 중심으로 협력했지만 민주적 전환이 이루어진 1986년 이후, 특히 1990년대에 들어오면서 환경운동, 여성운동, 인권운동, 평화운동, 원주민보호운동 등 새로운 사회운동 부문이 등장하면서 사회운동의 지평이 크게 확장되고 다변화되었다. 또한 사회운동의 의제나 방법론, 제도화와 전문화 등 여타의 측면에서도 변화와 발전이 컸다. 그러나 한편으로는 전통적 사회운동, 즉 진보적 저항운동은 상대적으로 크게 약화되었다. 필리핀의 사회운동을 이끄는 사회운동 조직은 유형별로 민중운동조직(People's Organization: PO), 비정부기구(Non-Governmental Organization: NGO), 그리고 이념 세력(Ideological Forces: IF) 등으로 나눌 수 있다(박승우, 2009: 146).

우선 민중운동조직(PO)은 노동자, 농민, 어민, 도시 빈민, 장애자, 여성 등 사회 각계각층의 주변부 집단 또는 소외 집단들이 자신들의 권익을 위해 멤버십에 기초해 각 부문별로 구성한 사회운동 조직이다. 이들뿐만 아니라 행상, 택시기사, 교사, 학생, 청소년, 소수 종족 집단 등도 각 부문별로 자기들 나름의 PO를 결성해서 활동하고 있다. PO는 이들 서민과 사회 하층 집단이 자신들의 특수 이익을 추구하고자 조직했다는 점에서 이익집단에 가까우나, 사회 하위 계층을 위한 사회 개혁을 옹호하는 노력을 기울인다는 점에서 사회운동 조직의 성격도 가진다. PO를 풀뿌리조직(grassroots organization)이라고도 부르는데, 이들은 대부분 지역 단위, 커뮤니티별로 결성되나, 노동조합처럼 작업장 단위로 조직되기도 한다. PO는 비교적 규모가 작고 조직의 운용이 영세하다는 점에서 NGO와 구분된다. 그러나 노동자, 농민들의 PO는 규모가 매우 크다. 필리핀의 수백만 명 산업 노동자들은 적어도 1개 이상의 노동

조합에 속해 있고, 역시 수백만 명의 농민들은 각자 나름대로의 농민단체에 속해 있다(박승우, 2009: 147).

비정부기구(NGO)는 멤버들의 특수 이익보다는 더욱 보편적인 공공의 이익을 위해 활동한다. 필리핀에는 수만 개의 NGO가 활동하고 있다. 필리핀 NGO들의 여러 가지 활동 중 가장 대표적인 활동은 바로 PO들을 지원하는 것이며, 이런 이유에서 필리핀의 NGO를 풀뿌리지원조직(grassroots support organization)이라고도 부른다. NGO는 PO에 비해 비교적 규모가 크며, PO와 달리 더욱 전문화되어 있고 제도화되어 있다. NGO의 활동가들은 전문적인 지식과 경험을 가지며 있으며, NGO 조직에는 정기적 급여를 받는 정규 직원들이 있다. 필리핀에는 NGO의 수가 PO의 수보다 훨씬 많은데, PO의 수가 NGO의 대략 1/3 정도 된다고 한다. 대부분의 NGO는 도시 지역에서 활동하고 있으며, 그중 다수가 수도인 메트로 마닐라 지역에 집중해 있다. 반면에 PO들은 도시와 농촌 지역에 골고루 분포하고 있다(박승우, 2009: 147~148; Constantino-David, 1998; Ferrer, 1997). 대부분의 개발도상국 NGO들과 마찬가지로 필리핀의 NGO들도 재정적 독립성이 약해 주로 해외의 재정 지원에 의존하는 경우가 많다. 따라서 NGO의 어젠다 수립에 해외 재정 지원 기관의 의사가 반영되므로 정치적 현안과 같은 민감한 국내 문제를 다루기보다는 빈곤 퇴치나 환경문제 같은 비정치적인 어젠다에 치중하는 경향을 보인다(Silliman, 1998).

이념 세력(IF)이라는 범주는 필리핀에 특수한 사회운동 조직 유형을 일컫는데, 사회주의 등 뚜렷한 이념적 지향을 가지고 이에 기초해 사회변화의 방향과 미래 사회의 비전을 구상하고 이를 추구하는 사회운동세력을 말한다. 이념 세력은 이념적 지향에 따라 공산주의자(communist), 민족민주주의자(national democrat), 민중민주주의자(popular democrat), 사회민주주의자(social democrat), 독자적 민주주의자(independent democrat),

자유민주주의자(liberal democrat) 등 여러 세력으로 나뉜다. 이 중에서 자유민주주의 그룹을 제외한 나머지 이념 세력은 '진보적 사회운동 세력' 또는 '진보 진영'으로 간주할 수 있다. 공산주의자 그룹은 1968년 신(新)공산당(Communist Party of the Philippines: CPP)이 재건되면서 등장했고, 나머지 이념 세력은 1970년대 마르코스의 독재 체제하에서 차례로 등장했다. 이들이 가장 두드러진 활동을 보인 것은 1983년 아키노가 암살된 이후 필리핀의 저항 운동이 크게 활성화되던 시기였는데, 1986년 국민혁명을 전후해 일시적으로 단일화했던 이들 이념 세력은 민주화 이후 다시 차례차례 분열되었다(박승우, 2009: 148~149). 특히 진보 진영의 일부는 아직도 여전히 밀림에서 무장 투쟁을 전개하고 있으며, 일부는 노동자, 농민, 도시 빈민을 위한 사회운동에 참여하기도 하고, 일부는 정당비례대표제를 통해 의정 활동에 참여하기도 한다.

민주화 이후 필리핀 사회운동 그룹은 분열과 대립, 갈등과 균열의 양상을 나타냈다. 민주적 전환 이후 들어선 아키노 정부 초기부터 필리핀 사회운동 세력에서는 보수적 운동 조직과 진보적 운동 조직 간에 분열과 대립이 나타났고, 진보 진영 내부에서도 분열과 대립이 나타났다. 이러한 사회운동 세력의 분열은 전통적 엘리트들에 대항하는 정치적 대안 세력으로서의 역량을 약하게 만들었다. 이는 1987년 헌법에서 경제적 민주주의를 실현하기 위한 토지개혁 프로그램, 정치적 소외 계층을 정치적으로 대변하기 위한 정당비례대표제, 문화적 소수 민족인 민다나오 무슬림을 건설적으로 포용하기 위한 자치구 설치 등 실질적 민주주의 구현을 위한 내용들의 추진 결과에도 영향을 미친 것으로 볼 수 있다. 필리핀은 민주주의 이행 과정에서 향후 실질적 민주주의를 강화하고 민주주의 공고화를 달성하고자 다음 세 가지 주요 정책을 수립했으며, 이들의 추진 현황은 필리핀 민주주의의 현주소를 말해준다.[1]

사례 1. 포괄적 토지개혁 프로그램

필리핀에서 토지의 불평등한 분배가 구조화된 배경에는 식민지 역사가 존재한다(박사명, 1996; 박승우, 2003). 스페인 식민시기에 아시엔다(Hacienda)로 알려진 대농장 소유제를 기반으로 대지주가 나타났으며, 미국 식민시기에는 가톨릭교회가 소유하고 있던 막대한 토지를 식민 정부가 구매해 대부분 필리핀 대지주들에게 되팖으로써 토지소유권이 더욱 집중되었다. 소작농에 대한 지주들의 착취로 인해 1930년대 초 사회주의 사상에 기초한 독립과 토지 분할을 내세운 농민 봉기(Sakdalista movement)가 발생하기도 했다. 일제 점령기와 1946년 필리핀 독립 이후 농촌 공산 게릴라(Hukbalahap) 활동이 전개된 것도 농민들이 지주들의 수탈에 저항하고 토지 분배를 요구했기 때문이었다. 이러한 배경하에 필리핀 정부는 다양한 농민 보호 정책이나 토지개혁 정책을 도입해 실시했지만 이렇다 할 성과를 보이지 못했고 농민 문제는 여전히 사회적 불안 요소로 남게 되었다(김호범, 2014).

1986년 독재 체제가 붕괴되고 새롭게 제정된 필리핀 헌법 제21조 2항에는 "국가는 종합적인 농촌 개발과 토지개혁을 촉진한다"라고 명시했다. 이를 근거로 해서 1987년 6월 22일 대통령령(PD) 제131호와 행정부령(EO) 제229호를 통해 '포괄적 토지개혁 프로그램(Comprehensive Agrarian Reform Program: CARP)'이 만들어졌으며, 이 법안이 제8대 의회에서 통과되어 공화국법(RA) 제6657조가 되었다. CARP는 사탕수수와 쌀을 재배하는 아시엔다에서 일하는 농민들에게 토지소유권(certificates of land ownership award: CLOA)을 발부하고 각각 5헥타르씩 불하하는 것이었다. 여기에는 토지 소유의 정의를 실현하는 것과 더불어 농업 생산성을 향상시키기 위한 목적도 포함되었다. 정부는 유상 구입 유상 분

---

1   본문에서 언급한 세 가지 사례는 김동엽(2016: 23~36)에서 인용했다.

배 원칙에 근거해 CARP를 실시했다. 향후 10년간 총 1030만 헥타르를 분배하는 것을 목표로 삼았으며, 650만 헥타르의 공유지와 380만 헥타르의 사유지가 이에 포함되었다. 그러나 이 법안이 논의되는 과정에서 농민 단체와 관련 NGO들이 농민들에게 더욱 큰 혜택이 돌아갈 수 있도록 하는 대체 프로그램을 제안했지만 받아들여지지 않았다.

CARP의 실행은 이 법안을 제정한 아키노 대통령 시기부터 위기에 봉착했다. 아키노 대통령은 자신의 가문이 필리핀의 대표적 대지주로서 주변의 압력에 굴복해 기존의 개인 소유 아시엔다를 법인으로 전환하면 토지를 분배하는 대신 주식을 제공할 수 있도록 한 행정명령(EO) 제229호를 공표했다. 이를 통해 대지주들에게 CARP에서 규정하고 있는 토지의 분배를 회피할 수 있는 길을 열어주었다. 이 행정명령의 대표적 수혜자는 다름 아닌 아키노 가문이 소유하고 있는 아시엔다 루이시타(Hacienda Luisita)였다. 아키노 가문이 주식 제공 옵션을 선택하자 많은 농부들이 이에 반대해 시위를 벌였으며, 그 과정에서 사상자가 발생하는 등 사회문제로 비화되기도 했다. 결국 아키노 행정부 시기인 1987년 7월부터 1992년 6월까지 총 365만 헥타르의 토지가 89만 8420명의 농민들에게 분배되었다. 이는 6년간 목표했던 바의 약 22.5%를 달성한 것에 불과했다.

아키노 대통령의 지원을 받아 1992년 집권한 라모스 정부는 임기 중 CARP 토지 분배 목표를 340만 헥타르로 잡았으며, CARP가 규정하고 있는 10년 기한에 맞추기 위해 농민 조직 및 관련 NGO 등 다양한 사회세력과 협력해 덜 분쟁적인 방식으로 토지개혁을 실천했다. 그러나 토지개혁 실천 과정에서 지주들이 무력을 동원해 소작농들을 쫓아내는 등 다양한 문제가 발생하기도 했다. 결국 라모스 정부는 임기 말까지 토지개혁 대상의 약 60%에 대해서만 개혁을 실현할 수 있었다. 그 이유는 토지를 매입해 농부들에게 배분하는 데 필요한 막대한 예산을 감당할 수 없었기 때문이다. 이러한 상황에서 라모스 정부는 임기가 만료되기 몇 개월 전인 1998년 2월 23일 CARP의 기한을 10년 연장하는 법안을 입안해 통과시켰다.

글로리아 마카파갈 아로요(Gloria Macapagal-Arroyo) 대통령 집권 시기인 2004년에는 아키노 가문이 소유하고 있는 아시엔다 루이시타로부터의 토지 분배를 요구하며 시위를 벌이던 농민들 중 일곱 명이 사망하는 사건이 발생했다. 이를 계기로 아로요 행정부는 2006년에 주식 불하를 중단하고 다시금 토지를 배분할 것을 아시엔다 루이시타에 명령했다. 2008년 1월에 CARP의 연장된 기한이 만료되자 이듬해에 토지개혁에 관한 더욱 포괄적인 법안(Comprehensive Agrarian Reform Program Extension with Reforms: CARPer)이 마련되었다. 필리핀 정부는 2013년 12월 31일까지 690만 헥타르의 토지, 즉 CARP가 규정했던 대상 토지의 약 88%를 매입한 것으로 발표했다. 2014년 6월 30일 정부 발표에 따르면, 664명의 농부가 CARP의 추진과 연계되어 사망했으며, 특히 아로요 정권하에서 568명이 불법적으로 살해당한 것으로 나타났다.

많은 희생과 우여곡절을 거치며 추진된 토지개혁 정책은 필리핀 농촌 사회의 현실에 그다지 큰 변화를 가져오지 못했다. 2014년 필리핀 경제의 분야별 국내총생산(GDP)을 기준으로 농업이 10.03%, 제조업이 33.25%, 그리고 서비스업이 56.8%로 나타났다. 산업구조만 보면 선진국형 구조를 보이고 있지만, 내용 면에서는 개발도상국 경제 현실의 일면을 발견할 수 있으며, 특히 농업 분야에서 열악한 환경이 드러났다. 필리핀에서 토지를 소유하지 않은 농부의 수는 약 500만 세대에서 1132만 세대에 이르는 것으로 추정된다. 2012년 기준 필리핀에서 농업에 종사하는 고용인은 총 노동 인구 대비 36.6%에 달하지만, 생산은 약 10%에 머물고 있다. 이는 곧 농업 생산성이 낮다는 것을 의미하는 것이자 농업에 종사하는 농부들의 수입이 상대적으로 열악하다는 것을 의미하는 것이기도 한다. 필리핀 통계 자료에 따르면, 농부들의 일당은 2011년 기준 156.8페소인 반면, 공장 노동자는 평균 316.39페소, 건설 노동자는 296.93페소, 광업 종사자는 262.36페소로 나타났다. 한편 전기·수도·가스 관련 산업에 종사하는 노동자는 일당으로 평균 542.45 페소를 받는 것으로 나타났다(Amojelar, 2013). 이처럼 토지 소유의 정의와 농업 생산성 향상을 목표로 실시했던 토지개혁 프로그램은 가시적 성과를 내지 못한 것으로 평가할 수 있다.

사례 2. 정당비례대표제

필리핀의 전통적 엘리트 그룹은 스페인 식민지 시대부터 근대적 정치체제가 도입된 미국 식민지 시대를 거쳐 1946년 독립한 이후에도 정치적으로 독점적 지위를 차지해왔다. 필리핀의 근대적 정치제도는 엘리트들의 배타적 지위를 보장하면서 그들의 존재를 과시하고 추종 세력을 형성하며 부를 축적하는 수단으로 이용되었다. 이에 따라 오랫동안 일반 민중들의 의사와 이들을 대변하는 집단들의 의사는 무시되어 왔다(김동엽, 2006; Tancangco, 1988). 필리핀의 민중인 대다수의 빈곤층과 극빈층은 그동안 정치적 동원의 대상이 되었을 뿐 정치적 주체로 등장하지 못했다. 그러나 반독재 민주화 투쟁 과정에서 다양한 민중 조직이 나타나기 시작했으며, 이들은 1986년 임시대선 당시 아키노 후보를 지지하던 황색바람의 주요 행위자가 되었다. 1986년 민주적 전환 이후 필리핀 시민사회는 새로운 아키노 민주정부의 주요 정치적 지지 세력으로 등장했다(박기덕, 2002).

독재 정권이 붕괴된 이후 필리핀 시민사회의 정치적 역량을 제도권으로 흡수하기 위한 방안이 모색되었고, 이는 1987년 헌법 제6조 5항에 정당비례대표제로 명시되었다. 이 조항은 10년간의 유예 기간을 거쳐 직능별 대표에게 하원 의석의 총 20%를 배분한다는 내용이었다. 그리고 그 목적은 정치적 소외 그룹인 노동자, 농민, 도시 빈민, 원주민, 여성, 청년 등을 대표하는 다양한 단체가 의회에서 스스로를 대변할 수 있도록 의석을 배정하는 것이었다. 여기에 종교 단체와 기존의 전국적 주요 정당들은 제외되었다. 이 헌법 조항에 기초해 8년 후인 1995년 2월 28일 공화국법 제7941조를 통해 정당비례대표제의 시행 법안이 마련되었으며, 1998년 선거에서 최초로 적용되었다. 이 시행 법안의 주요 내용은, 우선, 하원의회 의석의 20%를 정당비례대표 의석으로 배정하고, 둘째, 의석의 진입 장벽을 득표율 2%로 하며, 셋째, 한 단체에 배정되는 의석이 최대 3석을 넘을 수 없도록 하고, 넷째, 진입 장벽을 넘은 단체에 추가로 배정되는 의석은 비례원칙에 의거해 배분한다는 것이었다.

정당비례대표제법에 따라 최초로 실시된 1998년 총선에서 많은 단체들이 선거에 참여해 2%의 진입 장벽을 넘었지만, 총 20%의 하원 의석을 채우지 못했으며, 또한 6%를 초과해서 득표한 단체는 초과된 표가 낭비되는 현상이 나타났다. 이는 유사한 성향의 대규모 단체가 다시 세분화되는 결과를 낳기도 했다. 또한 시행 초기 채택한 의석 배분 방식에 따라 다수의 의석이 실제 배분되지 않는 현상이 발생하기도 했다. 1998년 선거에서는 배정된 의석 52석 가운데 25석만 배분되었으며, 2001년 선거에서는 51석 중 14석, 2004년에는 52석 중 24석만 채워졌다. 2007년 선거에서도 배정된 54석 중 22석이 배분되자 이에 대한 헌법소원이 제기되었다. 대법원은 2009년에 판결을 통해 2%의 진입 장벽은 헌법 정신에 위배되며 산술적으로 20%의 의석이 배정될 수 있게 조정하라고 판결했다. 결국 2007년 선거 결과로 소집된 14대 의회에서는 정당비례대표가 22석에서 53석으로 증가했다. 그리고 2010년 선거에서는 배정된 57석 중 56석이 배분되었으며, 2016년에 소집된 16대 의회에서는 하원 의석 총수의 증가에 따라 정당비례대표 의석도 58석으로 증가했다.

　이처럼 필리핀의 정당비례대표제는 이와 같은 산술적인 문제로 인해 오랫동안 파행적으로 운영되어왔으며, 이뿐만 아니라 정치적 소외 세력에 대한 입법권 보장이라는 이 제도의 입법 취지에 위배되는 다양한 현상도 발생했다. 우선, 진보적 사회운동 세력이 분열하는 현상이 나타났다. 이는 보수적 성향의 전통적 엘리트 그룹에 대한 정치적 견제 세력으로서 진보 세력이 단합된 힘을 발휘할 수 없도록 만들었다(박승우, 2009: 153~159; Tuazon, 2011b). 또한 선거 캠페인과 투·개표 과정에서 진보적 성향의 단체에 대한 각종 부정과 탄압이 행사된 것으로 조사되었다. 한편 정치적으로 소외된 계층을 대변한다는 취지와는 달리 전통적 엘리트들은 이 제도를 의회 의석을 추가로 차지하기 위한 기제로 활용하기도 했다(Tuazon, 2011a). 그 대표적인 사례로 앙 갈링 피노이(Ang Galing Pinoy)는 필리핀 경비원과 오토바이를 개조한 필리핀 대중교통 수단인 트라이시클(tricycle) 기사들을 대변하는 단체로 등록해 하원 의석을 차지했으며, 그 의석은 당시 현직 대통령의 아들 마이키 아로요(Mikey Arroyo)가 차지했다. 하층민을 대변한다는 명분을 내세워 종교 단체들이 의회에 진출하는 경우도 나타났다. 그 대표적인 사례가 마이크 벨라르데(Mike Velarde)가 주도하는 엘사다이(El Shaddai)라는 종교 단체를 배경으로 한 부하이 하야안 유마봉(Buhay Hayaan Yumabong)으로, 이 단체는 2004년 선거 이후 계속해서 2~3석의 의석을 차지하고 있다.

　필리핀의 불평등한 계층 구조에서도 볼 수 있듯이, 7~8%의 빈약한 중산층과 90%에 가까운 빈곤·극빈층이 존재하는 현실 속에서 하층민들이 정치적 주체로서 스스로를 조직해 대변하기에는 많은 한계가 있다. 특히 막대한 자금과 조직력을 필요로 하는 필리핀의 선거 현실에서 하층민들의 정치적 입지는 약화될 수밖에 없다. 2016년 5월 당선된 두테르테 대통령은 연방제로의 개헌과 더불어 정당비례대표제를 폐지해야 한다고 공공연히 주장하고 있다.

사례 3. 민다나오 무슬림 자치구

스페인 식민 통치의 영향으로 가톨릭이 지배적인 필리핀에서 민다나오 무슬림들은 역사적으로 착취와 차별의 대상이 되어왔다. 스페인은 오랜 식민지화 과정에서 필리핀 무슬림들을 완전히 정복하지도 또한 개종시키지도 못했다. 반면 스페인과의 오랜 투쟁 가운데 필리핀 무슬림들은 외부 세계와 단절되고 사회의 모든 측면에서 퇴보의 길을 걷게 되었다(Finley, 1916: 28~31). 스페인을 대체한 미국의 식민 통치 시기에는 자신들의 종교적 자유와 전통적 권위를 인정해준다는 조건하에 식민 정부에 협조하기도 했다. 이후 미국의 근대적 교육제도 도입 등 근대화 정책으로 전통적 무슬림 사회는 순응과 저항이라는 상반된 측면을 동시에 드러내며 점진적인 변화를 경험했다. 무슬림들의 사회적 통합이라는 명분을 내세워 식민 정부는 비무슬림들을 무슬림 지역으로 이주하는 정책을 펼쳤는데, 무슬림들은 이를 자신들의 생활 터전과 정체성을 위협하는 것으로 받아들였다. 1946년 독립 후 필리핀 중앙정부는 토지 분배를 둘러싼 루손과 비사야 농촌 지역의 불안을 해소하는 방안으로 이 지역의 소작농들을 민다나오 무슬림 지역으로 대거 이주시키고 토지를 불하하는 정책을 펼쳤다. 이러한 이주 정책을 펼치는 과정에서 현지에 살고 있던 많은 무슬림 원주민들이 조상 대대로 경작해왔던 땅에서 밀려나는 상황이 발생했다. 이로 인해 필리핀 무슬림들은 자신들의 땅이라고 여겼던 민다나오에서도 소수자로 변해갔다(김동엽, 2015b: 227~228).

필리핀 민다나오 지역에서는 무슬림과 기독교도 간의 불신이 심화되었으며, 갈등이 고조되고 충돌이 빈번하게 발생했다. 이러한 배경하에 1968년 5월 1일 무슬림의 전통적 엘리트인 다투 우똑 마탈람(Datu

Udtog Matalam)이 중심이 되어 무슬림독립운동(Muslim Independence Movement: MIM)이 최초로 조직되었다. 이후 무슬림 무장 조직과 기독교도 사병 조직 간에 무력 충돌이 지속적으로 발생해 많은 사상자가 발생했다(Majul, 1988: 902~905; 김동엽, 2015b: 233). 1972년 마르코스 대통령은 계엄령을 선포하는 이유 중의 하나로 무슬림 독립운동을 꼽기도 했다. 계엄령 선포 이후에는 근대적 교육을 받은 무슬림 청년들이 중심이 되어 더욱 조직화된 모로민족해방전선(Moro National Liberation Front: MNLF)을 만들어 무슬림 반군 활동을 주도했다. 이와 더불어 국제적으로도 필리핀 내에서 무슬림 형제들이 탄압을 받고 있다는 인식이 널리 퍼지게 되었다. 이러한 배경하에 이슬람협력기구(Organization of Islamic Cooperation: OIC)의 압력과 중재로 마르코스 정권은 MNLF와 1976년에 트리폴리협정(Tripoli Agreement)을 체결했다. 트리폴리협정은 MNLF가 요구하는 무슬림 자치에 관한 내용을 대부분 담고 있었지만, 모호한 협정 내용과 정부의 실천 의지 부족 등으로 실현되지 못했다. 이에 따라 무슬림 반군들의 무력 투쟁은 지속되었으며, 특히 협상의 책임을 놓고 반군 세력이 분열되어 새로운 반군 단체인 모로이슬람해방전선(Moro Islam Liberation Front: MILF)이 탄생하기도 했다(김동엽, 2015b: 234~239).

이러한 배경하에 1987년 필리핀 헌법은 제10조에서 민다나오 무슬림 지역에 자치권을 부여하도록 명문화했다. 1989년 8월 1일 아키노 정부는 공화국법 제6734호를 통해 무슬림자치구(Autonomous Region of Mindanao Muslim: ARMM)에 관한 법안을 만들었다. 그러나 아키노 정부 하에 ARMM 수립에 관한 구체적인 내용을 논의하는 과정에서 최대 반군 조직인 MNLF와 MILF가 불만을 표시하고 이탈함으로써 정부안만으로 실행법이 마련되었다. 결국 무슬림 반군들의 활동은 여전히 지속되는 가운데 1990년 11월 6일 최초로 ARMM이 공식 출범했으며, 반군과의 평화 협상도 동시에 추진되었다. 라모스 정부는 1996년 인도네시아의 중재로 MNLF와 자카르타에서 최종평화협정(The 1996 MNLF-GRP Final Peace Agreement)을 체결해 MNLF를 제도권 안으로 흡수하는 데 성공했다. 그러나 이에 불만을 품은 무슬림들이 더욱 강경한 입장을 견지하던 반군 단체인 MILF에 합류함으로써 그 의미가 크게 축소되었다. 한편 2000년 에스트라다 정부는 평화 협상에 나서지 않는 MILF에 대해 전면전(all-out-war)을 선포하고 반군의 요새를 공격해 점령하기도 했지만, 근거지를 옮겨 지속적으로 저항하는 MILF의 세력을 꺾지는 못했다. 아로요 정부는 2008년 8월 MILF와의 평화 협상을 통해 '무슬림 조상 전례 영역에 관한 합의(Memorandum of Agreement on the Muslim Ancestral Domain: MOA-AD)'를 이끌어냈다. 그러나 이 합의에 반대하는 세력이 위헌 소송을 제기했으며, 이에 대해 필리핀 대법원이 헌법 불합치 판정을 내림으로써 이 합의는 법제화되지 못하고 폐기되었다(김동엽, 2015b: 234~239).

2010년에 수립된 아키노 정부는 MILF와의 평화 협상을 적극적으로 추진해 2014년 3월 27일에 양측이 최종 합의안에 조인하는 성과를 낳았다. 양측이 조인한 '방사모로에 관한 포괄적 합의안(Comprehensive Agreement on the Bangsamoro)'에는 그동안 MILF 측에서 지속적으로 주장해왔던 이슬람 국가로의 분리 독립 요구를 포기하는 대신, 필리핀 정부가 민다나오 이슬람 지역에 실질적인 자치권을 부여하는 '1국가 2체제(sub-state system)'를 수용하는 진일보한 내용을 담고 있다. 아키노 대통령은 자신의 임기 중에 민다나오 지역에 평화를 정착시키겠다는 계획을 밝힌 바 있으며, 최종 합의 내용을 바탕으로 방사모로 지역에 독자적인 정치체제를 탄생시킬 '방사모로 기본법(Bangsamoro Basic Law: BBL)'을 입안해 필리핀 의회에 제출했다. 그러나 입법 절차가 진행되던 2015년 1월 민다나오 이슬람 지역인 마마사파노에서 작전 중이던 경찰

특공대와 무슬림 반군들 사이에 무력 충돌이 벌어져 경찰 44명이 사망하는 사건이 발생했다. 이를 계기로 법안의 논의가 중단되었으며, 2016년 5월 선거를 앞둔 상황에서 더 이상 논의가 진행되지 못하고 다음 정부로 넘겨지게 되었다. 무슬림 반군의 조직과 투쟁이 시작된 이래 40여 년 동안 12만여 명의 사망자와 수백만 명의 이재민이 발생했지만 분쟁은 여전히 지속되고 있다. 이처럼 지속되는 분쟁은 민다나오 무슬림 지역을 필리핀에서 가장 낙후된 지역으로 남게 했다.

이상 세 가지 사례는 1986년 필리핀의 민주적 전환 이후 민주주의 이행 과정에서 실질적 민주주의를 실현하기 위한 방안으로 제도화한 대표적인 사례다. 민주주의 공고화는 이러한 실질적 민주주의의 달성과 무관하지 않다. 이 사례들에서 볼 수 있듯이 필리핀의 민주주의 이행 과정에서는 실질적 민주주의를 향상시키기 위한 제도적 장치들이 현실적 운영 과정에서 본래의 목적을 달성하지 못하고 있다. 이는 곧 필리핀 민주주의의 취약성을 드러내며 민주주의 공고화의 구조적 한계를 드러내는 것이다. 필리핀 사회는 여전히 계층 간 분열 양상이 심각하며, 전통적 정치 엘리트들에 의한 권력 독점, 그리고 문화적 소수민족의 차별과 분쟁이 여전히 존재한다. 이러한 사회적 분열 구조를 해결하려는 더욱 근본적인 노력 없이 필리핀 민주주의의 공고화 목표를 달성하기는 힘들 것이다.

4. 맺음말

필리핀은 1986년 반독재 민주화운동의 결실로서 민주적 전환을 달성했으며, 이어서 민주주의로 이행하기 위한 제도적 장치로서 민주주의 헌법을 제정했다. 이를 통해 실질적 민주주의를 강화함으로써 민주주의 공고화라는 목표를 달성하려 했다. 대표적인 사례로 '종합적 토지 개혁 프로그램', '정당비례대표제', 그리고 '민다나오 무슬림 자치구 수립' 등을 실시했지만, 실행 과정에서 기대했던 목표를 달성하지는 못했다. 이는 필리핀에서 1986년 민주적 전환을 성취한 이른바 '국민의 힘'이 민주주의 이행과 공고화 과정에서 동일한 힘으로 작용하지 않았기 때문으로 볼 수 있다. 특히 '국민의 힘'으로 대변되는 반독재 민주화운동의 주도 세력이 민주적 전환 이후 분열되어 일부는 전통적 엘리트 집단과 함께 보수적 집권 세력을 형성했고, 급진적 진보 세력은 이러한 추세에 반대해서 체제 밖 저항 세력으로 남게 되었다. 또한 일부 온건 진보 세력은 제도권 내에서 민주주의 정치 과정에 참여하고 있지만, 보수적 집권 엘리트 세력에 비해 역량이 미약할뿐더러 분열된 상황이므로 의미 있는 견제 또는 대안 세력으로 부상하는 데 한계를 드러내고 있다.

헌팅턴이 제시한 민주화의 세계사적 관점에서 1987년 한국의 민주적 전환은 필리핀에서 촉발된 아시아 민주화 물결의 영향을 받은 것으로 볼 수 있다. 민주적 전환 이후 민주주의 이행과 공고화 과정에 대한 필리핀과 한국의 경험은 좋은 비교 사례를 제공한다. 헌팅턴의 민주적 전환 유형에 따라 필리핀은 야권이 주도해 민주적 전환을 쟁취한 '대체'로, 한국은 집권 세력과 야권이 연합해 민주적 전환을 성취한 '전환'으로 볼 수 있다. 1년의 사이를 두고 발생한 두 민주적 전환 모두 미국 정부의 지지가 중요한 역할을 했다는 것이 일반적인 평가다. 그러나 민주적 전환 이후 민주주의 이행 과정에서는 유사한 측면과 상이한 측면이 동시에 발견된다. 두 국가 모두 반독재 민주화 투쟁의 과정에서 연합했던 세력들이 민주적 전환 이후에 분열되는 양상을 보였다. 그 결과 민주주의 이행 과정에서 민주 세력이 단일한 목소리를 내는 데 실패했으며, 이는 민주주의 공고화의 길을 험난하게 만들었다. 반면 필리핀에 비해 한국의 경우 독재 체제하에서 착취와 소외의 대상이던 노동계급의 정치적 역량이 강화되었고, 또한 비록 분열과 야합의 시기를 거치기는 했지만 전통적 야권 세력에 의해 진보적 정권이 탄생하기도 했다. 이러한 차이점이 발생한 것은 반독재 민주화운동이 발생한 배경과 운동의 주도 세력이 가지는 특성 때문이라고 볼 수 있다. 한국은 독재 체제하에서 급속한 경제 발전을 이룬 결과 두터운 중산층이 형성되었고, 이들이 민주화운동의 주도 세력으로 등장함으로써 민주주의 이행과 공고화 과정에 참여할 수 있었다. 반면 필리핀의 경우 '국민의 힘'에서 드러난 민중의 역량이 주체적 정치 참여로 이어질 만큼 강하지 못했다. 필리핀의 사례는 계층 구조가 불평등하고 이를 개혁코자 하는 민중운동 세력의 역량이 부족한 상황에서 민주적 전환을 맞이한 많은 개발도상국의 불안정한 민주주의 공고화 현실을 대변하고 있다.

참고문헌

김동엽. 2005. 「필리핀 선거제도의 내용과 평가: 민주주의 공고화의 관점에서」. ≪동남아시아
연구≫, 15(2), 67~111쪽.

_____. 2006. 「필리핀의 선거와 권력 구조의 변화: 민주화 이후 대통령선거를 중심으로」. ≪한
국정치학회보≫, 40(5), 301~322쪽.

_____. 2013. 「필리핀 민주주의의 헌정공학: 권력공유, 책임성, 효율성, 안정성」. ≪동남아시
아연구≫, 23(1), 1~44쪽.

_____. 2015a. 「임기 말에 접어든 아키노 정부의 성적은?」. 『루트 아시아 2015』. 서울: 도서출
판 동아시아, 22~37쪽.

_____. 2015b. 「필리핀 사회 속의 무슬림 소수민족: 필리피노와 모로의 평화적 공존을 향해」.
≪동아연구≫, 34(2), 213~260쪽.

_____. 2016. 「정치적 기회구조와 민주주의 공고화: 필리핀 민주화의 구조적 한계」. ≪동남아
시아연구≫, 26(2), 1~47쪽.

김호범. 2014. 「필리핀과 한국 토지개혁법령의 특징(1955~1988년): 토지개혁의 유형 및 필리핀
실패의 근본 원인」. ≪經濟硏究≫, 32(4), 23~56쪽.

박기덕. 2002. 「필리핀의 정치변동과 시민사회의 역할」. ≪한국정치학회보≫, 36(1), 263~285쪽.

박사명. 1996. 「식민지사회의 계급형성: 인도네시아와 필리핀의 역사적 비교」. ≪동남아시아연
구≫, 4, 3~28쪽.

_____. 1999. 「필리핀 사회운동의 충격과 전환」. ≪국제정치논총≫, 39(3), 219~241쪽.

박승우. 2003. 「스페인 식민지배하 토착 지배계급의 형성 과정」. ≪동남아시아연구≫, 13(1),
1~34쪽.

_____. 2009. 「민주화 이후 필리핀 사회운동의 변화」. ≪아시아연구≫, 11(3), 139~174쪽.

박정현·김동엽·리노 바론. 2015. 『한국 - 필리핀 교류사』. 서울: 폴리테이아.

서경교. 2005. 「필리핀의 민주주의: 민주화 과정을 통한 고찰」. ≪동남아시아연구≫, 15(1),
1~38쪽.

Amojelar, Darwin G. 2013. "Farm-Sector Share of Philippine Economy down to 11 Percent-
NSCB." http://www. interaksyon.com/business/59300/farm-sector-share-of-philippine
-economy-down-to-11-pct----nscb(2015년 12월 1일 검색).

Anderson, Bendict. 1988. "Manila's Cacique Democracy: Origins and Dreams." New Left
Review 169, pp. 3~33.

Baker, Bruce. 2001. "Quality Assessment of Democracy in the Third World." Jeff Haynes
(ed.). Democracy and Political Change in the 'Third World,' London and New York:
Routledge, pp. 22~35.

Carlson, Keith Thor. 1995. *The Twisted Road To Freedom, America's Granting of Independence to the Philippines.* Quezon City: University of the Philippines Press.

Case, William. 1999. "The Philippine Election in 1998: A Question of Quality." *Asian Survey* 39(3), pp. 468~485.

Carlos, Clarita R. and Rommel C. Banlaoi. 1996. *Elections in the Philippines, From Pre-colonial Period to the Present.* Makati City: Konrad Adenauer Foundation.

Constantino-David, Karina. 1998. "From the Present Looking Back: A History of Philippine NGOs." G. Sidney Silliman and Lela Garner Noble(eds.). *Organizing for Democracy: NGOs, Civil Society, and the Philippine State.* Quezon City: Ateneo de Manila University Press, pp. 26~48.

Coronel, Sheila S. 2004. "Between Tinsel and Trapo." http://www.pcij.org/2004Elections/perspectives(2015년 12월 1일 검색).

Cullinane, Michae. 2003. *Ilustrado Politics: Filipino Elite Responses to American Rule, 1898-1908.* Quezon City: Ateneo De Manila University Press.

Diamond, Larry. 2002. "Elections Without Democracy: Thinking about Hybrid Regimes." *Journal of Democracy* 13(2), pp. 21~35.

Ferrer, Miriam Coronel. 1997. "Civil Society Making Civil Society." M. C. Ferrer(ed.). *Civil Society Making Civil Society.* Quezon City: Third World Studies Center, University of the Philippines, pp. 1~20.

Finley, John P. 1916. "The Mohammedan Problem in the Philippines II." *The Journal of Race Development* 7(1), pp. 27~46.

Gills, Barry and Joel Rocamora. 1992. "Low Intensity Democracy." *Third World Quarterly* 13(3), pp. 501~523.

Haynes, Jeff. 2001. "Introduction: The 'Third World' and the Third Wave of Democracy." Jeff Haynes(ed.). *Democracy and Political Change in the 'Third World.'* London and New York: Routledge, pp. 1~21.

Haggard, Stephan and Robert R. Kaufman. 1994. "The Challenges of Consolidation." *Journal of Democracy* 5(4), pp. 5~16.

Huntington, Samuel P. 1991. *The Third Wave: Democratization in the Late Twentieth Century.* Norman and London: University of Oklahoma Press.

Hutchcroft, Paul D. 1998. *Booty Capitalism: The Politics of Banking in the Philippines.* Ithaca, New York: Cornell University Press.

_____. 2000. "Colonial Masters, National Politicos, and Provincial Lords: Central Authority and Local Autonomy in the American Philippines, 1900-1913." *The Journal of Asian Studies* 59(2), pp. 277~306.

Hutchcroft, Paul D. and Joel Rocamora. 2003. "Strong Demands and Weak Institutions: The

Origins and Evolution of the Democratic Deficit in the Philippines." *Journal of East Asian Studies* 3, pp. 259~292.

Karl, Terry Lynn. 2000. "Economic Inequality and Democratic Instability." *Journal of Democracy* 11(1), pp. 149~156.

Lande, Carl H. 1964. *Leaders, Factions, and Parties: The Structure of Philippine Politics.* New Haven: Yale University Southeast Asia Studies.

Leones, E. and M. Moraleda. 1998. "Philippines." Wolfgang Scchsenroder and Ulrike Frings(eds.). *Political Party Systems and Democratic Development in East and Southeast Asia, Volume I: Southeast Asia.* Brookfield UT: Ashgate, pp. 1~53.

Majul, Cesar Adib. 1988. "The Moro Struggle in the Philippines." *Third World Quarterly* 10(2), pp. 897~922.

McCoy, Alfred W. 1994. *An Anarchy of Families, State and Family in the Philippines.* Quezon City: Ateneo de Manila University Press.

Meyer, David S. 2004. "Protest and Political Opportunities." *Annual Review of Sociology* 30, pp. 125~145.

Meyer, David S. and Debra C. Minkoff. 2004. "Conceptualizing Political Opportunity." *Social Forces* 82(4), pp. 1457~1492.

Nemenzo, Francisco. 2010. "A Professor's Journey." Paper Delivered at a Symposium Sponsored by the Third World Studies Center, University of the Philippines, Diliman on 4 March 2010. http://community.eldis.org/.59d389ca(2015년 12월 1일 검색).

Querubin, Sabrina M., Ana Rhia Muhi and Charisse F. Gonzales-Olalia. 2003. "Legitimizing the Illegitimate: Disregarding the Rule of Law in Estrada V. Desierto and Macapagal-Arroyo." https://www.law.upenn.edu/journals/jil/jilp/articles/2-1_Queribin_Sabrina.pdf(2015년 12월 1일 검색).

Schedler, Andreas. 1998. "What is Democratic Consolidation?" *Journal of Democracy* 9(2), pp. 91~107.

Schock, Kurt. 1999. "People Power and Political Opportunities: Social Movement Mobilization and Outcomes in the Philippines and Burma." *Social Problems* 46(3), pp. 355~375.

Sidel, John T. 1999. *Capital, Coercion, and Crime: Bossism in the Philippines.* Stanford: Stanford University Press.

Silliman, G. Sidney. 1998. "The Transnational Relations of Philippine NGOs." G. Sidney Silliman and Lela Garner Noble(eds.). *Organizing for Democracy.* Quezon City: Ateneo de Manila University.

Tancangco, Luzviminda G. 1988. "The Electoral System and Political Parties in the Philippines." R. De Guzman and Mila Reforma(eds.). *Government and Politics of the*

Philippines, New York: Oxford University Press, pp. 77~112.

Tuazon, Bobby M. 2011a. "The Party-list System in Oligarchic Politics." Bobby M. Tuazon(ed.). *12 Years of the Party List System, Marginalizing People's Representation*. Quezon City: CenPEG, pp. 2~35.

_____. 2011b. "Fraud and force: 'Neutralizing' the Progressives in the Election." Bobby M. Tuazon(ed.). *12 Years of the Party List System, Marginalizing People's Representation*. Quezon City: CenPEG, pp. 117~130.

Wurfel, David. 1988. *Filipino Politics: Development and Decay*. Quezon City: Ateneo De Manila University Press.

4장
■

아르헨티나, 요원한 민주주의의 완성

고명현 | 아산정책연구원

1. 서론

아르헨티나의 민주화는 절반의 성공이라고 할 수 있다. 1983년 이후 군부 독재의 망령은 완전히 사라졌지만 아직까지 아르헨티나의 정치체제는 지속 가능한 경제성장 모델을 제시하지 못하고 있으며, 양극화, 범죄, 부패, 빈곤 문제를 해결하지 못하고 있다. 아르헨티나는 초기부터 민주화가 실현된 근대적인 국가라고 볼 수 있다. 근대적 관점에서 아르헨티나 역사는 상당히 긴 편이며 민주주의도 제한적이긴 했지만 19세기 중반부터 도입되었다. 그러나 아르헨티나에 민주주의의 공고화는 선진화만큼이나 달성하기 힘든 과제다. 아르헨티나의 정치체계는 1863년 헌법에 기초를 두고 있으며, 6년 임기의 단임제인 대통령제이자 24개의 주로 구성된 연방제다. 그러나 민주주의의 완성은 아직까지도 요원한 실정이다. 1863년 이후 지금까지 아르헨티나에는 총 47명의 대통령이 재직했다. 이는 같은 기간 동안 30명의 대통령이 재직했던 미국과 대비된다. 동 기간 아르헨티나에서는 11번의 쿠데타가 발생했고, 마지막 군사정권에서 일어난 정치적 학살은 인류 역사상 최대 비극 중 하나라고 할 수 있다. 경제적으로도 동 기간 아르헨티나는 무려 6번이나 디폴트를 선언했다.

그렇다면 한때 선진국 진입이 가장 유력했고 세계에서 가장 부유했던 나라가 왜 아직까지도 민주주의를 통한 경제 안정을 실현하지 못하고 있을까? 47명의 대통령, 11번의 쿠데타, 6번의 디폴트가 보여주는 것처럼 아르헨티나에서는 경제와 정치가 매우 밀접한 관계를 맺고 있다. 더 정확하게는 경제가 정치를 지배한다고 할 수 있다. 이는 19세기 말 근대화 세력이 도입한 경제 모델을 한 세기가 지나서도 대체하지 못했다는 점에 기인한다. 이 장의 중심 테제는 아르헨티나에서 민주주의가 공고화되지 못하는 배경에는 경제적 모델의 한계가 있다는 것이다. 결국 정치가 아닌 경제의 한계가 짧게는 아르헨티나의 복지 '포퓰리즘'을, 길게는 민주주의가 왜 절반의 성공만 했는지를 설명한다고 본다. 이 장에서는 아르헨티나의 경제사와 정치사를 고르게 분석해 아르헨티나의 민주화 과정을 살펴본다.

정치보다 경제가 아르헨티나 민주주의를 설명하는 원인인 이유는 아르헨티나의 역사를 살펴보면 알 수 있다. 아르헨티나는 1912년 성인 전체에게 참정권을 확대했으며, 1950년대에 보편적 복지제도를 도입했다. 복지국가의 모델이라고 할 수 있는 스웨덴이 1930년대에 복지제도를 정립했다는 것과 영국 또한 제2차 세계대전 이후에야 적극적으로 복지국가를 표방했다는 점을 감안하면 아르헨티나는 사회 정책과 민주주의 정책에서 선두에 있던 나라였다.

그러나 아르헨티나의 경제 모델은 국민이 아닌 끝없이 펼쳐지는 비옥한 토지에 바탕을 두었다. 아르헨티나의 경제성장은 전통적인 경제 이론 그대로 토지, 해외 자본, 그리고 이민을 통한 노동 생산요소에 기초했다. 기술 발전은 전적으로 유럽과 미국으로부터의 수입에 의존했다. 하지만 초기의 폭발적인 성장기를 지나 개척할 만한 토지가 고갈되자 아르헨티나 지도층은 갈림길에 놓이게 되었다. 새로운 선진국으로의 도약은 양적인 성장이 아닌 질적인 성장을 요구한다. 아르헨티나의 경제성장은 1930년대 대공황으로 인해 국제 수요가 급락하기 이전에 이미 둔화되기 시작했다고 봐야 한다. 이미 1900년대에 파타고니아 정복 완결과 함께 아르헨티나의 국경은 사실상 고착되어 새로운 땅은 더 이상 남아 있지 않았다. 게다가 아르헨티나의 대표적인 수출품은 쇠고기와 곡식으로 생산 방식이 자본 집약적이었다. 따라서 성장 동력이 고갈되어가던 아르헨티나에 계속해서 유입된 이민자들은 농업에 흡수되지 못하고 도시에 남아 서비스 업종에서 일자리를 찾아야만 했다.

이때 자리 잡은 경제 모델은 국내 소비량을 빼고 남은 잉여 생산물을 대외로 수출하는 것이었다. 한편 제조업의 국제 경쟁력은 여전히 미약했다. 따라서 아르헨티나의 경제는 원자재와 농산물의 국제 수요 변동에 크게 좌지우지되었다. 해외 시장에 대한 의존도가 높다는 것은 경제가 외부 쇼크에 민감하다는 것을 뜻했다. 따라서 1930년대부터 1940년대 말까지 지속된 세계경제 정체기에는 아르헨티나 경제 또한 정체되었다. 20여 년 가까이 계속된 세계경제의 정치, 엄밀히 말하자면 국제무역의 정체로 인해 아르헨티나 지도층은 대대적으로 교체되었다. 제1차 세계대전 직전까지의 정권은 경제성장에 중점을 두었다면 그 이후 들어선 정권은 농업에 특화된 경제에서 진일보한 산업화를 모색하기보다 외부 충격에서 아르헨티나를 보호하기 위해 자급자족으로 방향을 돌렸다. 자원이 풍부한 아르헨티나는 공산품의 수입 대체에 성공해 일자리를 제공하고 경상수지를 안정화하는 것을 목표로 삼았다.

그러나 원자재 생산 중심의 경제체제라는 점과, 이를 넘어서기 위해 추진한 산업화가 한국·중국·대만 등이 추진한 수출 중심 모델(Export Oriented Model)이 아니라 수입 대체 모델(Import Substitution Model)이었다는 점이 한계였다. 수입 대체 모델은 규모의 경제를 실현하지 못하고 시장 보호로 인해 자국 기업의 경쟁력을 도모하지 못함으로써 결국 도태된다는 것은 익히 알려져 있다. 아르헨티나에서는 이뿐만 아니라 늘어나는 인구와 강력한 노조의 존재로 인해 노동자 임금이 복지 혜택을 감안하면 인위적으로 높게 책정되어 있었다는 점이 또 하나의 문제였다. 아르헨티나의 원자재와 농수산물 수출 분야는 세계의 곡식 창고로 불릴 정도로 경쟁력이 있었지만, 국민의 높은 구매력은 이를 상응하고도 남을 정도의 공산품 수입을 요구했다. 이는 아르헨티나 경제가 버블과 침체의 사이클을 빠르게 오가는 원인이 되었다.

20세기 중반 이후 아르헨티나 정치사는 이러한 경제적 모순을 해결하기 위한 노력의 과정이라고 해도 과언이 아니다. 보수 세력은 후안 도밍고 페론(Juan Domingo Perón)이 늘려놓은 복지 지출과 노조의 영향력을 감소시키는 데 중점을 두었고, 민주주의 세력은 분배 정의를 재확립하는 데 초점을 맞추었다. 이로 인해 아르헨티나 국민은 시장이나 생산성이 아닌 각 정권의 특색에 따라 임금이 인상되었다가 감소하는 사이클을 겪게 되었다. 그러나 1976년 들어선 군사정권의 개방 정책으로 인해 산업 공동화가 일어나고 노조가 대대적인 탄압을 받아 거의 소멸되자 노동자의 임금 수준은 오랜 기간 동안 하향세를 겪었다.

그러나 민주화 이후 제도권 정치가 제안한 경제 대책들도 아르헨티나 국민의 생활수준을 높이지는 못했다. 민정 이양 이후 아르헨티나는 신자유주의적 정책에 집중했지만, 나아지지 않은 경제는 아르헨티나 국민을 더욱 피폐하게 만들었다. 성장이 결여된 상태에서 대부분의 국민이 바랄 수 있는 것은 재분배를 통한 소득이었고, 신자유주의 정책을 고수하는 기존 정당은 점차 영향력이 약해져 아르헨티나 정치와 사회의 큰 축인 노동계에 의지하게 되었다. 군부가 정치 세력으로서 소멸된 1983년 이후 아르헨티나에서는 노조의 위상이 더욱 높아졌다. 민주화 과정을 통해 군이 정치적 영향력을 완전히 상실한 상태에서 노조는 아르헨티나 정치의 대표적인 킹메이커로 부상했다. 그러나 노조에 의존하는 페론주의 정당은 성장 논리를 개발하지 못했고 결국 이러한 경제적 요인은 아르헨티나 민주주의 공고화에도 영향을 끼치고 있다.

2. 근대적 아르헨티나의 등장: 영광의 30년(1880~1914)

아르헨티나는 스페인에서 1816년에 독립했다. 남미에서도 최남단에 가깝게 위치한 아르헨티나는 식민지들의 독립운동을 분쇄하려는 스페인 본국의 움직임에서 상대적으로 자유로웠고 따라서 다른 중남미 식민지들과 달리 비교적 수월하게 스페인에서 독립할 수 있었다. 하지만 독립이 국가의 시작을 의미하는 것은 아니었다. 남미 대륙에서도 변방에 위치한 지정학적 고립과 적은 인구수는 당시 전근대적이던 아르헨티나 사회를 근대적 국가로 탈바꿈하는 데 장애물로 작용했고, 곧 아르헨티나는 근대화 세력과 반대 세력 간의 긴 내전에 빠지게 되었다. 주로 지방의 토호들이 주축이 되는 연방국가제를 선호한 지방 세력과 부에노스아이레스를 중심으로 하는 중앙집권 체제를 추구한 근대화 세력 간의 치열하고도 길었던 내전은 1862년 부에노스아이레스에 근거를 둔 근대화 세력이 승리하면서 막을 내렸다.

강력한 지방 토호 세력을 척결한 신진 정치 세력은 아르헨티나의 근대화에 매진해 강력한 국가를 구축하는 데 심혈을 기울였다. 근대적 아르헨티나의 첫 대통령이라고 할 수 있는 바르톨로메 미트레(Bartolomé Mitre)는 지방 토호 세력 척결 및 농업과 산업의 현대화에 힘을 쏟았다. 그다음 대통령 도밍고 사르미엔토(Domingo Sarmiento)는 문맹을 타파하고 근대적 교육체계를 확립했으며, 유럽에서의 이민을 적극 유치했

다. 사르미엔토의 후임자인 니콜라스 아베야네다(Nicolás Avellaneda)
는 파타고니아를 정복해 아르헨티나의 국토 면적을 거의 두 배로 늘리
는 성과를 거뒀다.

이렇게 경제 - 교육 - 국방 부문에서 근대 국가의 토대를 확립한 세력
으로부터 1880년 정권을 물려받은 세력은 '80세대(Generación del '80)'
라고 불리는 엘리트 집단으로, 수도인 부에노스아이레스와 그 주변 지
역에 기반을 두고 있었다. 경제개발과 사회 안정을 추구한 80세대는
이전 정권의 정책을 더욱 발전시키고 확대하는 데 중점을 두었다. 이
기간 동안 아르헨티나 정부는 사회 간접 기반을 확충하는 데 많은 노력
을 기울였다. 고등교육에 대한 공격적인 투자는 단기간 내에 아르헨티
나 교육 시스템이 유럽 수준에 도달케 하는 데 기여했고, 더 나아가 20
세기 중반 남미 최초로 노벨과학상 수상자를 배출케 하는 토대가 되었
다. 하지만 경제개발을 중요시하는 80세대는 정책의 일관성을 강조하
고 정권 교체를 피하기 위해 반대 세력을 억압했고, 이는 정치적 자유
와 노동운동을 탄압하는 것으로 나타났다. 결과적으로 아르헨티나 사
회의 정치발전은 이 기간 동안 정체되어 아르헨티나 국민(남성)은 1912
년에 이르러서야 보편적 투표권을 얻게 되었다.

정치적 억압을 통해서라도 내부적 안정을 꾀한 것과 마찬가지로 대
외적으로 80세대는 영국과의 외교적 연대를 통해 안정된 외교 환경을
조성하고자 노력했다. 아르헨티나 대통령 홀리오 로카(Julio A. Roca)는
외교적 면에서도 정치 논리보다는 경제적 실리를 추구했다. 이는 주변
국과의 불필요한 마찰을 줄이는 평화 외교와 수출을 우선시하는 통상
정책으로 나타났다. 이러한 대외 기조를 바탕으로 아르헨티나는 대영
제국이라는 세계 최대 규모의 단일 시장을 지배하던 영국과 긴밀한 외
교 관계를 구축할 수 있었다. 이 같은 지도층의 노력은 곧 결실을 맺어
아르헨티나가 경쟁 우위를 가진 농업 분야는 대영제국이 거느린 거대

한 소비 시장에 진출할 수 있었고, 이와 더불어 영국의 신진 기술과 자본을 받아들여 농업 생산성 또한 기하급수적으로 향상되었다. 영국의 자본은 아르헨티나의 넓은 국토를 연결하는 철도망을 확충하는 데 투입되었고 유럽에서 새로 들여온 곡물과 가축 종자, 신농업 기법 등은 아르헨티나가 '세계의 곡식창고(Granary of the World)'로 성장하는 데 기여했다.

이렇게 안정화된 국내외 환경은 괄목할 만한 경제성장으로 연결되었다. 해외 기술과 자본은 아르헨티나가 가지고 있는 천혜의 생산자원과 상승효과를 발휘해 1890년 84만 5000톤에 불과하던 곡물 생산량이 단 15년 만에 800만 톤에 육박하게 되었으며, 1880년 2516km에 불과하던 철도 총길이는 1914년에 13배에 가까운 3만 3510km까지 늘어났다(Montoya, 2011). 아르헨티나의 일인당 국내총생산(GDP)은 1880년 1000달러에서 1914년 4000달러로 무려 4배로 늘어났다(1990년도 미 달러 기준). 동 기간 아르헨티나 인구가 4배가량 늘어난 점을 감안한다면 35년이라는 기간 동안 아르헨티나 경제는 16배가량 성장했다. 80세대의 개발 독재는 현재의 관점에서 봐도 경이로운 경제성장을 이룩했던 것이다(Montoya, 2011).

하지만 이러한 압축 성장은 여러 부작용을 수반했다. 첫째, 80세대는 내부적 안정을 위해서 교육 수준 향상과 부의 증가를 통해 훌쩍 높아진 국민의 정치 참여 욕구를 억압했다. 당연하게도 이 같은 정책은 정치적 불만을 가중시켜 내부 안정을 해치는 모순된 결과로 나타났다. 실제로 계속되는 정치적 탄압으로 인해 1893년과 1905년에 지방에서 무장 봉기가 일어나는 등 동 기간 아르헨티나의 시국은 매우 불안정했다. 둘째, 해외 자본에 대한 지나친 의존과 경제적 교조주의는 자유무역주의에 대한 맹신으로 나타나 경제 기반을 다변화하려는 노력을 등한시하게 만들었다. 아르헨티나의 산업구조는 무엇보다도 농업 위주였고 기타 산업 분야는 약간의 경공업과 농업과 관련된 부문에 치우쳐 있었다. 이러한 경제적 불균형과 정치적 리스크는 아르헨티나를 전 세계가 곧 겪을 외부 충격에 특히 취약하게 만들었다.

1) 아르헨티나 경제의 첫 시련: 해외발 경제 쇼크

경제적 패러다임은 변화 속도가 느리다. 하지만 정치적 환경은 급격히 변화할 수 있고 예기치 못한 결과를 유발할 수 있다. 제1차 세계대전이 대표적인 경우다. 1914년 촉발된 제1차 세계대전은 아르헨티나의 대외환경을 급격히 악화시켰다. 제1차 세계대전은 국제 무역과 자본의 흐름도를 근본적으로 바꾸어놓는 결과를 낳았다. 전쟁 중 참전국들이 취한 무역 보호 장벽들은 전쟁이 끝난 후에도 원상태로 폐기되지 않았고 영국이 건설한 국제 자유무역 시스템에 전적으로 의존하던 아르헨티나 같은 국가들은 장기적으로 큰 경제적 피해를 입었다. 국제 무역 규모가 전쟁 전 수준으로 회복되기까지는 매우 오랜 기간이 걸렸다.

독일이 연합국 소속 상선단을 공격한 것은 아르헨티나의 대외 무역을 위협했고, 전쟁은 최대 시장인 유럽과의 단절을 의미했다. 게다가 전시 상태에 빠진 참전 국가들이 전쟁에 생산요소를 총동원한 까닭에 아르헨티나에 대한 외국인 직접투자(Foreign Direct Investment: FDI) 또한 줄어들었다. 이로 인해 아르헨티나 국내총생산은 1913년과 1917년 사이 19.6%가량 감소했다(Montoya, 2011). 이러한 경제 위기와 맞물려 30여 년 만에 처음으로 정권 교체가 이루어졌다. 80세대가 대표하는 보수 세력은 제1차 세계대전이라는 외부 쇼크를 전혀 예상하지 못했던 데다 안정적인 경제성장을 선호하는 대다수 국민들의 지지를 확신했기에 정치적 자율화 차원에서 1912년 선거권을 아르헨티나 성인 남성 모두에게로 확대하는 조치를 취했다. 하지만 이러한 조치는 제1차 세계대전으로 대외 환경이 악화되자 1916년 대통령 선거에서 중도좌파 성향의 급진시민연맹당(Unión Cívica Radical: UCR)이 승리하는 예상 밖의 결과를 초래했다.

자유주의적인 개방적 경제 정책을 펼친 보수 세력과 다르게 급진시민연맹당은 당시 유럽에서 유행하던 사회주의적 사상을 대거 차용했다. 아르헨티나 사회 엘리트들이 정당을 일종의 정치 참여를 위한 도구로 취급했던 것과 반대로 급진시민연맹당은 현대적 정당을 지향해 당 정강을 중심으로 당원들이 규합하는 전국적인 조직으로 구성되었다. 정책적으로 이전 정권과는 180도 반대로 사회주의적 노선을 추구했으며, 일 8시간 근무 도입, 기간산업의 국유화, 그리고 중립적 외교 노선을 추진했다.

제1차 세계대전이라는 외부 쇼크를 기회로 활용해 정권 교체에 성공한 급진시민연맹당은 대중적인 정책을 실행해 사회적 안정을 꾀했다. 일단 정부 재정을 확대하고 내수를 증진하는 것을 목표로 했다. 공공 지출을 최소화하고 작은 정부를 지향하던 보수정권과 달리 급진시민연맹당 정권은 정부의 지출 규모를 늘리고 수출보다는 내수에 중점을 두었다. 이를 위해 수출세(Export Tax)를 신설했다. 수출을 포기하고 내수를 진작시키는 성장 위주의 80세대와는 정반대인 경제 정책이었다.

2) 경제적 악순환의 시작: 산업화의 중요성

아르헨티나 경제 실패를 설명하는 데 포퓰리즘만큼이나 중요한데도 전통적으로 전혀 조명 받지 못한 요소가 있다. 바로 산업화의 중요성이다. 비교우위 논리에 함몰되어 원자재와 농업으로 경제를 특화하고 산업화 노력을 게을리한 아르헨티나 성장 모델의 구조적 한계는 아르헨티나의 경제적 실패를 논의할 때 쉽게 간과된다. 이러한 아르헨티나 경제체제에 내재된 문제점은 아르헨티나에 주기적으로 찾아오는 경제 위기의 배경이자, 아르헨티나가 포퓰리즘의 함정에서 왜 그렇게 벗어나지 못했는지를 설명하는 이유이기도 하다.

1914년 오랜 경제성장기에 종지부를 찍은 대외 환경 악화는 아르헨티나가 그때까지 지켜오던 정책 기조에 변화를 가져왔다. 근대화 세력이 내전에서 승리한 이후 아르헨티나는 수출과 개방을 통한 성장 정책을 추구해왔다. 사실 근대화가 시작된 19세기 중반에는 아르헨티나의 내수시장과 인구가 보잘것없었기 때문에 경제 발전을 도모하는 것은 곧 해외 시장을 통한 성장을 의미했다. 그리고 19세기 후반의 영토 확장과 보수 세력의 해외 자본에 친화적이었던 경제 정책은 기하급수적인 농업 생산의 증가로 연결되었다. 이와 같은 호황 덕분에 아르헨티나는 유럽에서 대규모 이민을 쉽게 유치할 수 있었고 동시에 인구는 유럽보다 상대적으로 높은 임금 수준을 누릴 수 있었다.

인구 증가와 임금 상승의 상승효과로 인해 내수 또한 급격히 확대되었다. 하지만 이러한 상승효과는 오래 지속되지 못했다. 19세기부터 가속화된 농업의 기계화는 노동력 수요의 감소를 의미했다. 따라서 이민과 자연 증가로 인해 가속화된 인구 증가는 주로 도시에만 집중되었고, 이들에게 일자리를 제공할 새로운 산업 개발의 필요성이 대두되었다. 제1차 세계대전으로 인한 경제 위기는 원자재 수출에 의존하는 경제 모델이 장기적으로는 불안정하다는 것을 보여주었다. 이로 인해 경제를 발전시키고 새로 유입되는 이민자들을 경제에 편입하기 위한 방법으로 산업화의 필요성이 대두되었지만 이를 가로막는 장애물은 바로 아르헨티나 경제체제의 구조적 모순이었다.

아르헨티나는 농산물을 수출하고 공산품을 수입하는 경제구조를 가지고 있었다. 산업화를 이루기 위해서는 일단 국내 자본을 축적해야만 했는데, 농업에 비교우위를 가진 아르헨티나는 농산물 수출로 외화를 벌어들여 국내 자본을 축적해야만 했다. 농업 생산의 특징은 상대적으로 긴 생산 기간과 가격 변동에 대한 낮은 공급 탄력성이다. 이를 다른 말로 하자면 가격이 급격히 상승하더라도 수익을 올리기 위해 생산을 급히 늘리기는 어렵다는 것이다. 반대로 가격이 폭락하더라도 생산량을 빠르게 줄이기가 힘들다. 따라서 수요에 맞춰 공급을 맞추기에 농업은 제조업과 달리 제한이 많다. 게다가 농산품은 내수와도 밀접한 관계가 있다. 공산품의 경우 국내 소비량이 증가하면 늘어난 수량만큼 더 생산하면 되지만 농산품의 경우 늘어나는 만큼 수출이 줄어들 수밖에 없다. 아르헨티나의 경우 이민 등으로 인한 인구 증가와 더불어 농산품 소비량이 증가하면 수출 물량이 줄어드는, 즉 수출과 내수가 제로섬인 관계에 놓이게 되었다. 게다가 내수를 억제하고 수출을 늘리면 농산품의 국내 공급이 줄어들어 인플레이션을 유발했다.

내수가 저하되어 무역 흑자가 생기더라도 아르헨티나는 자체 제조업 기반이 미약해 경제성장에 미치는 여파가 크지 않았다. 과학과 기술에 대한 투자가 생산성과 연계되어 있지 않기에 흑자는 투자보다 소비로 돌려졌다. 이와 더불어 경상수지 흑자는 아르헨티나 화폐(페소)의 가치를 상승시키고 인플레이션을 유발해 아르헨티나 수출품의 대외 경쟁력을 떨어뜨렸다. 이 상태가 수년 이상 지속되면서 아르헨티나의 경상수지는 흑자에서 적자로 전환되어 곧 외채를 빌려야만 하는 상태에 빠지게 되었다. 환율 상승으로 인한 경상수지 악화로 경제가 결국 내수에 전적으로 의지하게 되면서 외국 자본이 유입되는 동안만 경제성장이 지속될 수 있었으며 해외 금융기관들이 경상수지 적자를 이유로 아르헨티나에 융자하는 것을 거부하는 순간 외환위기가 촉발되었다.

과학 기술이 투입될 만한 산업 기반이 전무해 결과적으로 교육에 대한 투자는 낭비되었고, 축적된 자본을 효율적으로 투자할 수 있는 금융 체제가 없는 나머지 국내 자본은 생산적인 분야에 투입되지 않고 주로 수입품과 사치품에 소비되었다. 따라서 경제성장을 통해 화폐를 평가절하하거나 내수를 극단적으로 긴축하지 않고는 아르헨티나의 경상수지 적자가 늘어날 수밖에 없는 구조에 놓였다. 이렇게 해서 아르헨티나는 주기적으로 외환위기를 겪게 되었고, 외환위기가 일어날 때마다 내수와 공산품 수입이 줄어들었으며, 줄어든 내수로 인해 늘어난 잉여 농산물을 수출해야만 다시 경제가 살아나는 악순환에 빠지게 되었다.

3) 개방 경제에서 내부로 시야를 돌리다

이러한 농산품 수출에 기반을 둔 경제체제는 이미 19세기 말부터 그한계가 드러나기 시작했다. 20세기 초반 아르헨티나에서는 자유무역주의와 고전경제학, 즉 비교우위에 입각한 무역론을 바탕으로 한 경제체제를 고수하려는 보수 세력과, 이와는 반대로 수입 대체 방식의 산업화를 추구해 유럽을 따라잡으려는 진보 세력 간의 정치적 대립이 치열했다. 근대화를 이룩한 80세대를 대체한 급진시민연맹당 정권이 이전 보수정권과는 180도 다른 정책들을 내놓은 것이 좋은 예다. 수입 대체를 통한 산업화를 이룰 수 있는 첫 번째 기회는 제1차 세계대전과 함께 찾아왔다. 전쟁은 아르헨티나의 수출을 위축시켰으나 전장인 유럽에서 공산품을 수입하기가 어려워져 국내 제조업의 수요 또한 늘어났기 때문이다. 인력 면에서도 매우 유리했다. 전쟁을 피해 아르헨티나로 유입된 유럽 인구는 아르헨티나 제조업을 활성화하는 데 도움이 되었다.[1] 그러나 전쟁이 끝나고 유럽이 본격적인 전후 복구에 돌입하면서 아르헨티나는 또다시 전과 같은 제로섬 딜레마에 빠졌다. 1930년대는 19세

---

1 좋은 예는 볼펜을 발명한 라즐로 비로(Láaszló Bíró)다. 그는 전쟁을 피하려고 1940년 아르헨티나로 이주한 헝가리 출신 이민자였다.

기 이후 세계를 놀라게 한 아르헨티나의 성장 모델이 내외적으로 한계에 다다른 시점이었다. 80세대의 자유 무역 및 개방 경제체제는 늘어나는 인구, 내수와 수출 간의 제로섬 관계를 더 이상 극복할 수 없었고, 따라서 새로운 경제 패러다임의 필요성이 대두되었다.

새롭게 대두된 경제 모델 전환의 필요성은 기존의 자유주의와는 다른 방향으로 흐를 수밖에 없었다. 이미 제1차 세계대전 이후 자유주의에 기반을 둔 경제 패러다임은 전 세계적으로 쇠퇴하고 있었다. 1930년대의 대공황으로 인해 자유주의적 패러다임은 당위성을 상실했고 따라서 아르헨티나 사회 내 보수 세력의 영향력 또한 현저히 감소했다. 아르헨티나는 기존의 자유주의/보수주의를 대체하는 새로운 패러다임을 찾아야 했다. 이 부분에서는 당시 유럽의 진보적 정치 이념과 궤를 맞추던 급진시민연맹당과 기타 좌파 세력이 유리했다. 시대정신에 더 가까웠던 급진시민연맹당 등 좌파 세력은 기존 자유주의적 정책과 반대되는 급진적 개혁을 추진하려고 했다. 여기서 국민을 설득할 만한 비전을 제시하지 못해 다급해진 보수 세력은 정권 연장을 위해 자유주의와는 거리가 먼 성향을 가졌던 군부의 정치 개입을 유도하는 무리수를 두었다. 국민 정서와는 거리가 먼 이러한 행동들은 보수 세력이 몰락하고 페론이라는 희대의 선동가가 등장하는 계기가 되었다.

4) 움츠러든 경제: 개방 경제에서 수입 대체 체제로 전환

제1차 세계대전의 여파가 겨우 가실 무렵 터져 나온 1930년 대공황은 아르헨티나 경제에 가해진 또 다른 쇼크였다. 1920년대는 전쟁으로 인해 망신창이가 된 유럽을 대신해 미국이 세계경제를 주도했다. 미국이 주도하는 경제 호황은 이전과는 성격이 달랐다. '포효하는 1920년대 (Roaring Twenties)'의 경제 호황은 자동차와 항공기라는 혁명적인 최첨단 기술을 바탕으로 하는 첨단 산업이 주도했고, 무엇보다도 주식시장이 호황을 이끌었다. 아르헨티나에 영국의 쇠퇴와 1929년에 찾아온 주식 시장의 폭락은 대공황의 신호탄이었다. 향후 4년간 미국 국내총생산의 30%가 증발했고 실업률은 5%에서 23%까지 치솟았다. 같은 기간 동안 세계 총수요(aggregated demand)의 1/3이 줄어들어 전 세계 각 국가들은 자국 산업을 보호하기 위해 관세 장벽을 높였다. 이러한 보호무역주의는 연합국에 배상금 지불 의무가 있던 독일과 외채가 많던 기타 국가들의 수출을 막아 해당 국가들의 경제를 더욱 어렵게 만들었다.

원자재(농산물)를 수출하고 공산품을 수입하던 아르헨티나 특유의 경제구조로 인해 아르헨티나의 상황은 더욱 심각했다. 대공황으로 인한 원자재 가격의 폭락으로 아르헨티나 수출액은 1928년 당시 화폐가치로 10억 달러에서 1932년 3억 3000만 달러로 2/3가량 줄어들었고, 공산품의 수입 또한 비슷한 규모로 줄어들었다. 수출 감소로 인한 경상수지 적자를 떠나 이는 수출세와 수입 관세에 세수를 의존하던 정부의 재정 압박을 야기했다. 급진시민연맹당 정권이 추진했던 내수와 공공부문 확대는 심각한 저항을 받았고, 곧 정권은 무너져 20세기 첫 군사정권이 등장하게 되었다.

5) 조합주의의 부상

제1차 세계대전 후 유럽에서는 사회주의 혁명의 바람이 불었다. 러시아에서 일어난 공산혁명과 실패한 독일 혁명은 유럽 보수 세력의 즉각적인 반발과 경계심을 불러일으켰다. 군주제와 교회에 의지하던 전통 보수 세력은 전후 각각의 영향력이 줄어들고 공산혁명의 위협이 증대되자 좌익 이념에 대항할 만한 새로운 이념을 찾으려 했다. 프랑스의 경우 샤를 모라스(Charles Maurras)가 주창한 통합주의(Integralism)에 이념적 기반을 두고 좌파 세력에 대항했다. 통합주의란 사회의 모든 계층은 국가 밑에서 함께하는 하나의 유기체이기 때문에 사회 각 계층은 국가의 이익을 위해 화합해야 한다는 이념이다. 모라스의 통합주의는 국가와 사회의 동질성을 방해하는 이질적 요소들, 특히 국제주의적인 사회주의와 영원한 이방인인 유대인들에 대해 두드러진 적대성을 보였다. 이런 면에서 통합주의는 독일의 나치즘 및 이탈리아의 파시즘과의 유사성이 두드러졌다.

프랑스 지식계의 영향 아래 있던 아르헨티나 또한 유럽을 휩쓸던 정치적 변혁의 바람에서 자유롭지 못했다. 늘어나는 이민과 함께 유럽의 급진사상 또한 꾸준하게 유입되었고, 성장하는 노동자 계급은 점차 자신들의 권리를 찾기 위해 조직화를 꾀했다. 당시 이민자들은 유럽에 비해 높은 임금에 이끌려 아르헨티나로 이주했음에도 무정부주의 운동과 강경 노조를 조직하는 등 사회 불안 요소로 자리 잡았다. 보수 세력은 이민자들을 통제하기 위해 아르헨티나 사회 내에서 강력한 영향력을 가졌던 가톨릭교회와 연대해 통합주의를 바탕으로 하는 국수주의를 전면에 내세웠다. 아르헨티나 국민이라는 정체성을 강화함으로써 이민자들과 함께 유입되는 유럽의 이질적인 급진적 이념에 대항할 생각이었던 것이다. 자유주의를 신봉하던 아르헨티나의 전통적 엘리트 계층(예를 들어 80세대)은 파시즘과 유사한 통합주의의 반자유주의적·반자본주의적 성향을 혐오했으나 노조친화적이며 반시장적인 정책을 펴는 급진시민연맹당과 좌파와 맞서기 위해 새롭게 등장한 국수주의자들과 손을 잡았다.

이러한 보수적 종교주의와 국가제일주의의 연합은 근대화 이후 아르헨티나에서 처음으로 군부가 정치에 개입할 수 있는 여지를 만들어주었다. 국가를 최우선으로 하는 통합주의는 자연스럽게 군대의 지위를 국가 안보뿐만 아니라 국가의 정체성까지 보호하는 수호자로 격상시켰고, 이러한 국수주의는 젊은 아르헨티나 군 장교들에게 큰 영향을 미쳤다. 군 장교들의 사상은 가톨릭 원리주의에서 파생된 반유대주의와 반시장주의로부터 깊은 영향을 받았고, 통합주의와 유사한 무솔리니의 조합주의에 동조하는 이들도 상당했다. 이런 성향을 가졌던 대표적인 군인이 당시 육군 영관급 장교였던 페론이었다. 1930년에 처음으로 발발한 군부 쿠데타를 지지한 것에 대한 포상으로 이탈리아로 연수를 떠난 페론은 현지에서 무솔리니의 조합주의 비전과 정책에 깊은 영향을 받았다. 이후 군에 복귀한 페론은 부상하는 영관급 장교들로 구성된 연합장교그룹(Grupos de Oficiales Unidos: GOU)의 리더로 추대되었고 이들은 후에 보수정권을 전복시키는 데 큰 역할을 했다.

연합장교그룹과 통합주의의 등장은 곧 국가라는 정체성을 기본적으로 인정하지 않고 전 세계 노동계급 연대를 주창하는 좌파 집단에 대항할 만한 이념을 가진 우파 집단의 등장을 의미했다. 이렇게 군부로 대표되는 신보수 세력은 근본적으로 아르헨티나의 근대화를 이룬 자유주의적 보수 세력과는 정책적 지향점이 매우 달랐다. 1930년 급진시민연맹당의 이폴리토 이리고옌(Hipólito Yrigoyen) 정권을 무너뜨리고 등장한 군사정권은 자유주의적 세력과 통합주의적 세력 간의 연대에 밑바탕을 두었지만, 이 두 세력 사이의 유일한 공통점은 좌파 세력에 대한 적대감이었다.

1943년 연합장교그룹이 보수정권을 무너뜨리기까지 13년간 지속된 보수 세력 간의 내부 갈등은 아르헨티나 사회 내의 혼란을 심화시켰다. 자유주의와 통합주의 간 괴리는 정책적으로는 아르헨티나의 대내외 정책 기조에 혼란을 일으켰다. 경제적으로는 일단 영국과의 긴밀한 관계가 강조되었다. 대공황 이후 점차 높아지는 보호무역주의를 극복하고 당시 세계 최대 시장이던 대영제국과의 경제적 유대 관계를 강화하기 위해 아르헨티나는 1933년 대영국 수출을 보장받는 대신 영국에 무역적 혜택을 주는 로카 - 룬시만(Roca-Runciman) 협약을 체결했다. 하지만 안보 면에서는 추축국을 심정적으로 선호하는 군부의 입김 때문에 제2차 세계대전이 발발할 당시 아르헨티나는 전통적 우방이던 영국에 대한 지지를 철회하고 대신 중립 노선을 지켰다.

이러한 양 보수 세력 간의 이념적 갈등으로 인해 보수 세력은 자신들의 이익을 추구하고 정쟁만을 일삼는 수구 세력으로 전락하고 말았다. 보수 세력이 정권을 잡은 1930~1943년 동안 사회는 부패와 탄압으로 얼룩졌다. 아이러니하게도 양 세계대전의 참화를 피했던 경제 부문은 수입 대체를 통한 제조업의 발달 덕분에 점차 호전되었다. 하지만 이는 역설적으로 수입 대체를 통해 경제 발전을 이룰 수 있다는 자신감을 사회 내에 확산시켜 개방적 자유무역주의에 대한 대안을 고려할 수 있는 여지를 제공했다.

6) 노조의 부상

아르헨티나의 역사는 짧지만 아르헨티나 노동운동은 그 유래가 깊으며 유럽의 노동운동과 궤를 같이한다. 19세기 이전에는 아르헨티나에 노동운동이 존재하지 않았는데도 이후 유럽에서와 같은 속도로 발달할 수 있었던 것은 다름 아닌 이민 때문이었다. 이민을 통해 당시 여러 유럽 국가들 사이에 팽배해 있던 급진적 이념이 이민자들과 함께 아르헨티나로 고스란히 유입되었고, 따라서 아르헨티나는 경제의 성숙도에 비해 노조가 강경한 성향을 갖추게 되었다. 이민에 의존해 인구를 늘리고 국가 경제를 발전시켜야만 했던 아르헨티나 지도층에게 이민자들은 성장의 엔진이기도 했지만 다른 한편으로는 사회의 안정을 해치는 양날의 칼이었다.

오랫동안 지속된 80세대의 권위주의 정권을 1916년 선거를 통해 평화적으로 교체한 급진시민연맹당은 노동자 계급과 적극적으로 연대함으로써 노동자 계급의 요구(예를 들어 일일 9시간 노동)와 함께 자신들의 강력한 비토 세력이던 고용주들의 이익 또한 정책에 반영하려고 노력했다. 물론 어느 편도 들지 않는 급진시민연맹당의 중립적 정책은 양쪽 다 만족시킬 수 없었다. 결국 노사 갈등은 점차 심화되어 전에 볼 수 없던 심각한 폭력 사태를 야기했다. 1919년 실시된 총파업 동안에는 노동자들과 경찰 간의 무력 충돌이 일어나 전국적으로 700여 명이 사망했다. 다음 해 아르헨티나 남부 지방인 파타고니아에서 농장 노동자들의 대규모 파업 사태가 일어났을 땐 군과 경찰이 파업을 강경하게 진압해 파업에 참가한 1500여 명의 노동자들이 사망하는 등 노사 분쟁이 거의 내전 수준으로 격화되었다.

이처럼 격렬해진 노사 분쟁의 저변에는 이민자들과 함께 유입된 무정부주의가 깊게 관련되어 있었다. 무정부주의 세력이 주축을 이룬 아르헨티나 노동계는 사회주의 계열의 급진시민연맹당 정권까지 적대시했다. 결국 노조와의 타협이 불가능해지자 급진시민연맹당 정권은 보수 세력과 연대해 노동운동을 강력하게 억압하는 수밖에 없었다. 하지만 노동계를 포기한 정치적 대가는 컸다. 노동계의 지지를 받던 급진시민연맹당은 보수 세력의 반발과 강경 노조의 공격으로 인해 강경파와 온건파로 분열되어 결국 수권 정당으로서의 기능을 상실했고, 노조 역시 제도권 정치에서 자신들을 대변할 수 있는 정당을 잃게 되었다. 집권 여당인 급진시민연맹당의 내부 갈등이 심화되자 결국 급진시민연맹당 내 보수파가 탈당해 보수 세력과 연대함으로써 정권을 잡았다. 급진 세력에 좌지우지된 노동운동 또한 큰 피해를 입었다. 노동계급에 친화적이던 급진시민연맹당이 몰락하자 노조 또한 강경파와 온건파로 분열되었고, 결국 1930년 군부 쿠데타가 일어날 때까지 노동운동은 큰 정치적 역할을 하지 못했다.

새로 들어선 군사정권은 노동운동과 민주주의에 대해 적대적이었으며 반대 정치 세력을 유혈 탄압하는 것을 전혀 개의치 않았다. 그러나 역설적으로 군사정권의 폭력적 탄압과 인권 유린은 심각한 갈등을 겪고 있던 급진시민연맹당과 노조 세력을 화해시키고 단합시키는 데 결정적인 도움을 주었다. 그 결과 무정부주의 - 사회주의 - 공산주의 계열 등으로 분열되어 있던 아르헨티나 노동운동은 군사정권의 탄압을 피하고 노동운동을 재건하기 위해 노동연맹(Confederación General del Trabajo: CGT)이라는 거대 노동 조직으로 통합되었다. 새로 출범한 노동연맹은 일단 온건적인 자세를 취해 군사정권과의 마찰을 피하고 대신 규모를 키우는 데 집중했다. 이러한 노력은 곧 결실을 거두어 아르헨티나 노동 인구의 35%가 노동연맹 계열의 노조에 가입하게 되었다. 페론이 등장할 때까지 아르헨티나 노조는 정치에 개입하지 않고 조용히 세를 늘리는 데 집중했다.

3. 페론의 등장

1943년 추축국인 독일과 이탈리아에 우호적이던 군부의 입김으로 중립을 지키던 보수정권은 미국의 참전으로 독일의 패색이 짙어지자 추축국에 선전포고를 하는 방안을 진지하게 고려하기 시작했다. 이에 추축국에 우호적이던 연합장교그룹 등 군의 일각은 한편으로는 중립 노선을 고수하고 다른 한편으로는 기득권을 지키기 위한 보수정권의 부정선거 계획을 막기 위해 결국 그 해 9월 정권을 전복했다.

새로 들어선 군사정권은 국수주의적 색깔을 띠었고 당연하게도 이전 보수정권과는 분명한 단절을 지향했다. 이는 노조와의 관계도 변화한다는 것을 의미했다. 연합장교그룹의 지도자 중 한 명이던 페론(당시 대령)은 정권과 항상 대립하던 노조와의 화해를 모색했는데, 이는 급진 시민연맹당이 강경파와 온건파로 분열된 이후 제도권에서 상실한 정치 영향력을 되찾기 위해 노력하던 노조 지도자들의 뜻과도 부합했다. 노동연맹의 지도자들은 페론이 신군사정권의 실력자로 부상하자 그와 즉각 회동해 노동연맹이 새 정권에 협조할 것을 약속하는 대신 반대급부로 노조를 적극적으로 포용할 것을 촉구했다.

정치적 야망이 있던 페론은 이에 공감해 이전까지 특별한 주무부서가 없던 노동 부문을 격상시켜 노동부를 창설하게 하고 본인이 첫 노동부 장관으로 임명되도록 유도했다. 이전 정권과는 다른 외교 정책과 경제 정책을 펼치는 데 중점을 두었던 새 정권의 지도자들은 노조의 절대적 지지를 업고 빠르게 부상하는 페론의 야심을 전혀 눈치 채지 못했다. 무솔리니가 이탈리아에서 펼친 파시즘 정책에 깊은 인상을 받았던 페론은 노동자들을 포섭해 아르헨티나에서 근대화 이후 요원하던 사회 안정화를 이루는 것을 자신의 정치적 매니페스토로 삼았다. 이를 위해 노동자들의 소망인 고용 안정과 복지 확대를 보장하는 대신 노동계급을 자신의 대권을 위한 지지 기반으로 삼으려고 했다. 자신의 권력 기반인 연합장교그룹의 영향력과 발언권이 군부 내에서 확대되면서 페론은 부통령, 국방부·노동부 장관을 겸임하는 최고 실세 자리에 올랐다.

하지만 페론의 야망은 곧 군부 내부의 견제에 부딪쳤다. 페론의 친노동계급/반자본 발언의 수위는 점차 높아졌으며 대중의 인기 또한 올라갔다. 하지만 페론의 포퓰리스트적 성향은 자본과 노동을 국가 아래 하나로 규합해 강력한 국가를 건설하려던 군부 내부의 국수주의자들은 물론, 노조와 대척 관계에 있는 전통적 보수 세력으로부터도 강력한 반발을 불러일으켰다.

정권의 페론 견제는 도리어 페론의 지지층을 결집시키는 역효과를 낳았다. 노동연맹은 페론의 석방을 요구하기 위해 1945년 10월 17일 대통령궁 앞 광장에 20만~30만 명의 지지자들을 집결시켜 정권을 압박했고, 노조와 페론 지지 세력의 대중적 조직력과 규모에 놀란 군부는 페론을 축출한 정권 수뇌부에 대한 지지를 철회하고 대신 페론에 대한 지지로 180도 선회했다. 노조와 군부의 페론 지지는 정권을 압박했고 결국 페론은 석방되었다. 후에 '충성의 날(Día de la Lealtad)'로 명명된 이 날로 페론과 노동계급 간의 연대는 기정사실화되었으며, 역사가들은 이 날을 페론주의(Peronismo 또는 Justicialismo)가 공식적으로 탄생한 시점으로 보았다. 풀려난 페론은 급진시민연맹당 일부 세력과 사회당 계열 세력을 모아 선거연대를 구성한 후[2] 이듬해 2월에 치른 대통령 선거에서 54%의 지지율로 대통령으로 당선되었다.

1) 페론의 복지국가

노조의 전폭적인 지지를 업고 권력을 얻은 페론은 당장 아르헨티나를 복지국가로 탈바꿈하는 개혁에 착수했다. 일단 1949년 헌법 개정을 통해 사회적 권리, 즉 모든 개인이 최소한의 경제적 복지와 안정을 누릴 특권이 있음을 명시했다. 그는 사회정의(Social Justice)를 법률의 상위 개념으로 만들어 아르헨티나를 본격적인 복지국가로 탈바꿈하려고 했다. 기존의 선별적 복지 체제를 보편적 복지로 전환했고, 이에 따라 인구의 7% 미만이던 수혜 계층이 거의 국민 전체로 확대되었다. 하지만 중요한 점은 페론이 펼친 복지 정책은 겉으로는 선진적 모양새를 띠었지만 내부적으로는 후견주의(clientelism)적 구조를 가진, 전형적인 전근대적인 복지 체제였다는 것이다. 이러한 페론주의적 복지 정책의

---

2   노조 중심의 노동당(Partido Laborista), 국수주의적인 독립당(Partido Independiente)이 창당되었으며, 1947년에는 일부 급진시민연맹당 계파와의 연대를 바탕으로 정의당(Partido Justicialista)이 창당되었다.

후진성은 국가 복지 서비스의 주체가 정부가 아닌 페론의 부인이 운영한 사회재단이었다는 것에서 잘 드러난다. 페론은 기존의 부유층이 각종 자선 재단을 통해서 사회 서비스를 제공한 것을 모델로 삼아 자신의 아내이자 정치적 동반자였던 에바 페론의 이름을 딴 에바 페론 재단(Fundación Eva Perón)을 통해 국가의 사회 서비스를 제공했다. 에바 페론 재단은 성격상 민간 단체였지만 재정의 많은 부분을 국가와 노조에 의지했다. 게다가 국가를 통해 기업에 압력을 가해 재단 재정을 충당하기도 하는 등 여러 전횡을 저질렀다.

이러한 전근대성에도 불구하고 에바 페론 재단이 펼친 여러 활동은 아르헨티나 국민들 사이에 깊은 인상을 남겼다. 가톨릭교회가 절대적 영향력을 가진 아르헨티나 사회에서 현대적인 복지 서비스보다는 가시적인 부의 분배가 전통적 사회 규범에 부합했고 정치적으로는 종교계의 지지를 얻는 데 도움이 되었다. 에바 페론의 미모와 소외 계층에 대한 헌신적 자세는 종교적 이미지와 겹쳐 그녀가 페론주의의 아이콘으로 자리매김하는 데 큰 역할을 했다. 그녀가 33세라는 젊은 나이에 요절한 점도 에바 페론의 순수하지만 카리스마적인 이미지를 강화했다.

아르헨티나 국민에겐 에바 페론이 페론주의의 얼굴이자 상징이었지만 페론주의 경제 이념의 실제적 목표는 노동자들에게 각종 무상 서비스를 제공하기에 앞서 일자리를 보장하는 것이었다. 이를 위해 국가는 노동자들에게 고용 안정과 더불어 높은 임금을 보장했다. 페론 정권은 무상 교육과 무상 의료, 강력한 가격 통제 정책과 주거 비용의 (월세) 안정화를 실시해 노동자의 실질 임금을 높이는 데 주력했다.

문제는 이러한 인위적인 임금 인상의 수혜자들이 대부분 도시 노동자였다는 사실이었다. 아르헨티나 경제가 경쟁우위를 가진 농업 부문을 발전시키기 위해서는 농촌에 노동력이 집중되었어야 하지만 농촌에는 페론의 지지 기반인 노조 세력이 약했기 때문에 정권의 관심에서 멀어져 있었다. 따라서 농업 정책 등의 정치적 필요성은 대두되지 않았고 부의 집중은 별다른 제재를 받지 않았다. 게다가 당대에 진행 중이던 제2차 세계대전은 아르헨티나의 대유럽 원자재 수출을 어렵게 만들었다. 이로 인한 농촌 경제의 상대적 위기와 도시 노동자를 우대하는 복지 정책은 농업 인구의 이탈을 부추겼다. 이는 과대한 도시화를 부추겨 도시의 실업률을 상승시키고 도시 빈곤층을 늘리는 결과를 초래했다. 농촌 인구의 도시 유입은 국가가 경제적으로 보조해야 하는 빈곤 계층이 커짐을 뜻했고, 이로 인해 국가의 재정 부담이 더욱 증가하는 악순환에 빠졌다. 결국 페론이 실각한 1950년대 후반에 이르러서야 아르헨티나 경제 인구의 도시 대 농촌 분포 비율은 정상을 되찾았다.

2) 페론의 산업 정책

페론의 노동 정책은 도시에 근거지를 둔 노조들의 열렬한 지지를 받았지만 노동시장의 경직과 생산성 저하를 초래했다. 이러한 노동 정책은 페론이 추구한 산업 정책과도 관련이 있었다. 페론의 산업 정책은 1920년대부터 이어진 수입 대체 체제를 벗어나지 않았다. 다만 이전 정권의 수입 대체 정책이 대공황과 양 세계대전으로 인해 높아진 선진국들의 무역 장벽 때문에 불가피한 부분이 있었다면 페론의 산업 정책은 정치 이념적인 면이 강했다. 페론이 등장하기 이전부터 아르헨티나 사회 전체로 확산된 국수주의적 사상은 외국 자본이 건설한 기간산업의 국유화를 부추겼다.[3] 페론 정권 정책의 근간인 완전 고용과 높은 임금 수준을 보호하기 위해 페론 정권은 경공업 상품의 수입을 금지하고 국내 제조업체들에 저리의 자금을 대여했다. 높은 임금 수준으로 인해

---

3   페론이 국유화한 대표적인 기간산업으로는 철도와 전화전신회사를 들 수 있다.

┃표 4-1┃ 페론 정권 기간 제조업의 성장

	1947년	1954년	증가율
사업장(개)	84,440	148,325	76%
고용 인원(명)	1,023,032	1,167,961	14%
매출(백만 달러)	3,415,370	4,652,200	36%
임금(백만 달러)	572,697	821,158	43%
사업장 평균 고용자 수(명)	12	8	-35%
생산성(1인당 매출)(페소)	3,340	3,980	19%
평균 임금(페소)	560	703	26%

자료: Montoya(2011).

경공업은 국제 경쟁력을 잃었지만 무역 보호 장벽과 후한 금융 지원 덕택에 아르헨티나의 공업 생산 수준은 사상 최대를 기록했다.

또한 국유화된 기간산업을 바탕으로 아르헨티나 역사상 처음으로 국가가 경제에 적극적으로 개입하게 되었다. 국유화와 노동자 우대 정책 같은 반자본적인 정책 기조는 자연스럽게 해외 자본의 탈출 러시로 이어졌다. 이에 해외 자본 탈출로 생겨난 기간산업의 빈 공간을 메꾸고 안보 측면에서 무기를 자급자족하기 위해 국가가 나서서 적극적으로 중공업을 육성하게 되었다. 이는 주로 항공 산업의 육성으로 이어졌다. 당시 최첨단이던 항공 산업의 발전을 위해 페론은 나치 출신 독일 과학자와 엔지니어들을 받아들이는 것을 개의치 않았다. 나치 출신 과학자로 아르헨티나 첨단 산업 발전에 일조한 인물로는 항공학의 대가 쿠르트 탱크(Kurt Tank)가 있다. 그는 제2차 세계대전 중 2만여 대가 생산된 Fw-190 전투기를 설계했고 아르헨티나로 이주한 후에는 제트 전투기 설계에 뛰어들어 풀키(FMA IAe 33 Pulqui) 제트 전투기를 개발했다. 풀키는 1951년 첫 비행을 가졌으며 이로써 아르헨티나는 전 세계에서 여덟 번째로 제트 전투기를 개발해낸 국가가 되었다.

페론의 산업 정책은 단기간 내에 상당한 성공을 거두었지만 문제는 페론의 산업 정책은 경제적 실효성이 결여된 나머지 정권 말기 과도한 재정 지출로 경제 위기가 닥치자 그간의 성과들이 순식간에 사라져버렸다는 점이다. 수출 경쟁력이 없어 정부의 적극적 지원에만 의존하던 경공업은 정부의 지원이 끊기자 그대로 무너졌고, 국내 시장을 보호하기 위해 공산품 수입을 금지해왔으나 정권 말기에 이르러서는 공산품을 생산하기 위해 페론이 심혈을 기울여 육성한 첨단 산업을 포기했다. 남미 최초로 제트기를 생산한 항공기 공장들은 자동차 공장으로 전환되었고 탱크 자신은 아르헨티나를 떠나 인도에서 제트 전투기 개발에 일조했다. 나머지 해외 인력들도 본국으로 돌아가거나 미국으로 재이주했다.

3) 페론과 노조

페론은 자신의 정치적 동반자인 노조와의 관계가 전혀 체계적이지 못했다. 이는 페론에 대한 노조의 절대적 지지에 비추어볼 때 매우 놀라운 일이다. 국가 복지체계를 자신의 부인에게 맡겨 권력의 수족으로 사유화했던 것과 마찬가지로 페론과 노조의 관계는 전적으로 페론에게 충성하는 핵심 노조 지도자들과 페론의 개인적인 유대관계에 의존했다. 실제로 페론주의 정당인 정의당(Partido Justicialista)과 노조 간 관계가 제도화된 시점은 민정 이양이 성사된 1983년이었다.

노동연맹은 페론이 집권하는 데 큰 역할을 했지만 모든 권력을 자기 자신에게 집중시킨 페론 때문에 노동계는 대표성을 상실했다. 페론의 집권 기간 동안 아르헨티나 노조는 대통령비서실 지휘 아래 있었으며, 노동계의 이해를 대표하기보다 국가 조직의 일부분으로 흡수되었다. 무솔리니를 우러러보고 통합주의의 영향을 받은 페론은 노조를 정치 동원을 위한 도구로 간주했다. 페론은 자신의 영향권에서 벗어나 독립 노선을 추구하려는 노조 지도자들을 정권에서 배제시켰고, 권좌에서 축출되어 해외 망명을 떠난 뒤로는 국내 지지 세력을 통해 원거리에서 노동계에 대한 영향력을 행사했다. 1960년대에는 페론과 결별하고 독자적인 길을 걸으려던 노조 지도자 아우구스토 반도르(Augusto Vandor)가 급진 페론주의자들에게 살해당하는 등 페론과 노조 간 관계는 페론이 1974년 사망하고 1980년대에 민주주의가 회복될 때까지 절대적 충성이 강요되는 전근대적인 모습을 보여주었다.

노조를 사유화한 페론은 노조에 반대급부로 사회복지 분야의 예산을 집행할 수 있는 권한을 부여했다. 직종별로 여러 노동조합은 각자 자체의 노조원들만 책임지게 되었다. 여기 투입되는 예산은 국가가 제공했다. 각 노조는 두 가지 면에서 노동자 복지 예산을 책임졌다. 하나는 연금(pension)이며 다른 하나는 건강보험(seguro)이었다. 개별 노조가 소속 조합원에게 제공하는 복지 혜택은 개별 노조의 크기와 정치적 영향력에 따라 편차가 심했고 그 결과 노동자는 직업과 직장에 따라 복지 혜택에 상당한 차이가 있었다. 게다가 국가가 재정을 책임지고 감독은 노조에 맡기는 방식은 노조의 도덕적 해이를 부추겨 심각한 비효율과 부패를 야기했다.

4. 갈등의 시대: 보수주의 대 포퓰리즘(1955~1976)

1955년 악화되는 경제 상황은 결국 페론의 실각으로 이어졌다. 급진적인 페론의 경제 정책과 페론을 둘러싼 개인숭배는 아르헨티나 보수파들의 강한 반발을 불러일으켰다. 사회주의적 색채를 띤 페론의 이념, 즉 페론주의는 아르헨티나 군부가 그에게서 등을 돌리게 만들었다. 갑자기 확대된 경제 정책으로 인해 1955년 결국 군부는 쿠데타를 일으켜 정권을 전복했다. 이 쿠데타는 수백 명의 사상자를 낳았으며, 페론은 인접국인 파라과이로 도피했다.

1) 페론 실각 이후의 사회 혼란

페론을 축출한 세력은 자신들의 쿠데타를 페론이라는 독재자에게서 자유를 되찾았다는 뜻에서 '해방혁명(La Revolución Libertadora)'이라고 명명했다. 쿠데타를 주도한 보수 세력은 사회와 국가 전면에서 페론과 단절하고 페론이 정권을 얻은 1943년 이전으로 돌아가려고 했다. 일단 새로 들어선 보수정권은 1949년에 개정된 '페론 헌법'을 폐기하고 1853년에 만들어진 기존 헌법으로 대체했다. 1957년에 개정된 헌법은 노동자가 일할 수 있는 권리를 명시하는 대신 개인의 사회적 권리 부문을 삭제했다. 친페론 성향의 정치 세력들을 금지시켰으므로 페론주의자들은 군부와 모든 국가 기관에서 설 자리를 잃었다. 정책적으로는 페론이 야심차게 추진한 기간산업 국유화, 노동계급 우대 및 경공업 육성 정책을 하루아침에 되돌려놓았다. 하지만 이러한 반사적인 반페론주의는 아르헨티나를 안정시키는 데 실패했다. 1955년부터 1973년까지 18년간 민정과 군정을 합쳐 모두 대통령이 일곱 명이었을 정도로 시국은 불안했고[4] 경제 발전은 정체되었다. 군부가 정치에 수시로 개입하고 반대 세력을 억누르자 국민의 불만은 높아졌는데, 이는 정치에 대한 극단적 냉소를 낳는 한편 급진 세력이 등장할 수 있는 여지를 제공했다. 군부와 페론의 지지 세력이 서로를 배척하는 사이에서 양자를 중재할 수 있는 온건 세력은 설 자리를 점차 잃었다. 대표적인 경우가 페론

---

4 7명은 페드로 아람부루(Pedro Aramburu, 1955~1958, 군부), 아르투로 프론디시(Arturo Frondizi, 1958~1962), 호세 마리아 기도(José María Guido, 1962~1963), 아르투로 일리아(Arturo Illia, 1963~1966), 후안 온가니아(Juan Onganía, 1966~1970, 군부), 로베르토 레빙스톤(Roberto Levingston, 1970~1971, 군부), 알레한드로 라누세(Alejandro Lanusse, 1971~1973, 군부)다.

의 노조가 아닌 '아르헨티나의 노조'를 지향하려던 노조 지도자 반도르가 페론의 사주를 받은 급진파에 살해당한 사건이다. 페론은 망명 상태에서 자신의 국내 영향력을 유지하기 위해 유혈 혁명을 주장하는 급진 세력을 이용하는 것도 마다하지 않았다. 하지만 후에 급진 세력이 너무 커지면서 체제를 위협할 정도가 되자 페론은 이들을 공개적으로 비판하면서 페론주의 내부에서 숙청되도록 했다.

군부와 페론을 지지하는 급진주의 세력 간에 시가전이 일어날 정도로 사회가 극도의 혼란에 빠지자 시국을 수습하기 위해 스페인에 망명해 있던 페론이 1973년 귀국해 다시 한 번 정권을 맡았다. 하지만 노령의 페론은 다음 해 사망하고 말았고 카바레 무용수 출신인 페론의 셋째 부인 이사벨 페론(Isabel Peron)이 그의 뒤를 이어 대통령직을 맡았다.

2) 보수정권의 정책 선회와 갈등

페론 이후 들어선 보수정권은 제일 먼저 노조와 복지체계를 사유화한 페론의 유산을 청산하려고 했다. 복지 정책은 완전 고용 보장 대신 복지 서비스 제공에 방점을 두는 방향으로 바뀌었고, 에바 페론 재단과 노조의 몫이던 복지 예산은 다시 국가가 관장하게 되었다. 보편적 복지에서 부분적으로나마 선별적 복지로 회귀한 것이다. 하지만 한 번 시작된 복지는 되돌리기가 쉽지 않았다. 복지 예산을 노조에서 정부로 옮기려는 시도를 제대로 한 대표적인 정권은 옹가니아(Ongania) 군사정권이었다. 옹가니아 정권은 크게 노후연금(pension)과 의료보험(seguro)으로 나뉘는 복지 가운데 직종과 직장에 따라 달라지는 노조가 관장하던 연금제도를 정부 아래로 집중하는 데 성공했다(Usami, 2004). 1966년에 확립된 국민연금제도는 1990년대까지 지속되었다. 하지만 의료보험 제도를 바꾸는 것은 노조의 반발 때문에 포기하고 말았다. 1969

년 코르도바 지역에서 대규모 반정부 시위가 일어나자 정부는 최소한 의료복지에서는 노조의 권한을 인정해주었다.

페론 정권과의 정책적 단절이 가장 극단적이었던 부문은 복지, 노동 및 산업 정책이었다. 내부에서 산업화의 동력을 찾았던 페론과 달리 보수정권은 산업화를 해외 자본에 의지했다. 페론 정권 아래서 국유화된 기간산업은 투자를 거의 하지 못했고 따라서 에너지 및 사회간접자본의 확충이 절실했다. 정부는 에너지와 자동차 및 운수 부문을 전략적 투자 분야로 선정해 외국인 직접투자를 유치하는 데 힘을 기울였다. 산업화에 필수적인 중간재를 생산하는 제철 산업과 기계 산업을 육성하려다 실패하자 중간재의 수입 관세를 낮추는 등 경제의 체질을 개선하는 방안을 적극적으로 도모했다.

하지만 국유화된 기간산업의 해외 매각 및 해외 자본의 유입은 노조뿐만 아니라 같은 보수 세력으로부터도 강한 반발을 불러일으켰다. 군부가 끊임없이 정치에 개입하는 상황에서 힘없는 민선 대통령들은 개혁을 추진할 수 없었고 결국 경제개혁을 위한 노력은 실패하고 말았다. 1966년 군부가 국정 운영 전면에 나서면서 정치 활동 자체가 금지되었고 군부는 페론 지지 세력을 제압하는 데 국가의 역량을 집중했다.

이 시기에는 노사 관계도 악화되었다. 페론주의자들이 정치에서 배제된 상황에서 국가와 노동자 사이의 갈등은 최고로 치달았다. 페론 지지 세력은 군부의 강경 방침에 강하게 저항했다. 일부 급진 세력은 페론을 축출한 쿠데타의 주역인 페드로 에우헤니오 아람부루(Pedro Eugenio Aramburu) 전 대통령을 납치해 살해하는 등 아르헨티나 사회 내부의 갈등은 심각했다. 의회 해산 등 정치적 억압으로 인해 사회 갈등이 종식되기는커녕 점차 심화되자 군부는 반대 세력과의 화해를 추진했다. 군부는 일단 노조를 페론의 영향권 아래에서 빼내기 위해 강력한 재정적 인센티브를 제시했다. 바로 페론 실각 이후 국가에 예속된 복지 예산 일부분에 대한 집행권을 다시 노조에 되돌려주는 것이었다. 1968년부터 시행된 '사회복지법(Ley de Obras Sociales)'에 따라 노조는 소속 노동자들의 건강 및 장애 보험 예산을 집행할 수 있게 되었다. 노조가 국가를 대신해 노동자들의 후생을 책임지는 대신 소요되는 재정은 국가가 충당하므로 노조의 관점에서 보면 손해 볼 것 없는 거래였다.

국가 대신 노조가 노동자의 복리 후생을 책임지는 이 체제는 당연히 노조의 영향력을 증대시켰다. 기업 측면에서도 국가가 재정을 책임지는 것이 유리했기 때문에 반대할 이유가 없었다. 하지만 장기적으로 이는 노동시장의 이원화와 경직화로 이어졌다. 일단 노조에 가입한 정규직 노동자에게만 노조의 복지 혜택이 집중되었고, 정규직 노동자와 비정규직 노동자 사이의 괴리가 심화되었으며, 예산권을 가지게 된 노조 또한 빠르게 부패했다.

5. 국가 재조직 과정

군부에 의한 온건 세력 탄압, 정치의 실종, 그리고 노조의 부패는 급진 세력[5]의 준동으로 이어졌다. 좌익 세력은 군부대를 습격했으며, 도시에서는 기업가를 납치하고 정부 요인을 암살했다. 사태를 수습하기 어려워지자 군부는 결국 페론의 귀국을 허용하기로 결정했다. 페론의 지지자뿐만 아니라 대다수의 아르헨티나 국민들도 페론이 돌아오면 정체된 경제 발전, 심화되는 사회 갈등, 그리고 좌우 세력 간의 폭력 충돌이 해결될 것이라고 막연하게 기대했다. 그러나 아르헨티나 국민들에

---

[5] 대표적으로 급진 페론주의 세력의 몬토네로스(Montoneros)와 공산주의 계열의 민중혁명군 (Ejército Revolucionario del Pueblo: ERP)을 들 수 있다.

게는 불행하게도 페론은 귀국 후 일 년 만에 사망했고, 그의 세 번째 부인인 이사벨 페론이 그 뒤를 이었다. 하지만 그녀는 대통령이 되기에는 부적격했다. 카바레 무용수 출신이라는 배경도 문제였지만 페론의 전 부인 에바 페론 같은 카리스마가 없었으며 결정적으로는 첨예하게 대립하고 있던 아르헨티나 사회 세력들에 대한 이해가 부족했다.

불안한 시국과 함께 경제 상황 또한 마찬가지로 심각했다. 1973년 석유위기의 여파로 인해 아르헨티나 경제 또한 악화되었고, 따라서 페론이 구상하던 기간산업과 금융기관을 국유화하고 노동자의 임금을 인상하려던 계획은 포기되었다. 늘어나는 재정 적자와 줄어드는 세수 간의 간격을 메우기 위해 외채 차입에 의존해오던 정부는 악화된 대외 환경으로 인해 이마저도 여의치 않게 되자 결국 통화량의 증가에 의존했다. 이는 최고 700%의 심각한 인플레이션을 유발해 경제 위기를 심화시켰다.

계속되는 사회 불안과 혼란은 아르헨티나 기득권의 불만을 자아냈다. 1975년 중반 아르헨티나기업인회의(Consejo Empresario Argentino)의 회장인 호세 알프레도 마르티네스 데 오스(Jose Alfredo Martinez de Hoz)와 아르헨티나 육군 참모총장 호르헤 비델라(Jorge Videla)는 회동을 가졌는데, 이 자리에서 후에 군정 경제 정책을 책임지게 되는 마르티네스 데 오스는 비델라에게 사회 안정을 위해 군이 개입해달라고 촉구했다.

쿠데타 모의는 마르티네스 데 오스가 대표하는 경제계와 군부를 중심으로 1976년까지 이어졌다. 그 과정에서 가톨릭교회의 암묵적인 동의를 얻어냈으며, 결국 3월 군부는 이사벨 페론 정부를 전복했다. 군부는 어지러운 시국과 경제 위기를 수습한다는 명목 아래 3년 만에 다시 정치에 개입했다. 이사벨 페론은 가택 구금되었고 나머지 정권 관계자들은 수감되거나 살해당했다. 스스로를 '국가 재조직 과정(Proceso de

▮그림 4-1▮ 연도별 실종자 통계(단위: 명)

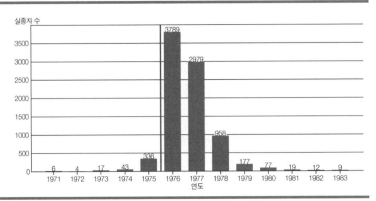

주: 세로선은 군부가 등장한 시점을 의미함.
자료: CONADEP(1984).

Reorganizacion Nacional)'이라고 칭한 쿠데타 세력은 육·해·공군 수뇌부로 이루어진 군부 훈타(junta, 평의회)를 국가 최고 권력기관으로 만들었으며, 의회와 대법원을 해산하고 모든 주지사를 해임했다. 이렇게 권력을 최대한 훈타에 집중한 군부는 곧바로 좌파 세력 척결에 들어갔다.

1976년부터 1983년까지 지속된 군정에는 총 네 개의 군부 훈타가 있었다. 첫 훈타는 쿠데타를 이끈 아르헨티나 육군의 비델라, 공군 참모총장 오를란도 아고스티(Orlando Agosti), 해군 참모총장 에밀리오 마세라(Emilio Massera)로 구성되었다. 첫 번째 군부 훈타는 1981년 3월까지 유지되었다. 아르헨티나 군부 독재 아래 발생한 실종 사건은 대부분 첫 훈타가 자행한 것이었다(〈그림 4-1〉 참조). 1981년 악화되는 경제 상황을 타파한 후 정국 쇄신 차원에서 첫 훈타가 물러나고 두 번째 훈타가 들어섰으나, 이도 9개월을 못 넘기고 물러났다. 세 번째로 들어선 훈타의 최고 지도자 레오폴도 갈티에리(Leopoldo Galtieri) 장군은 고조되는 반군부 시위와 국제사회의 인권 탄압 조명, 악화되는 경제 상황으로부터 국민의 관심을 돌리기 위해 1982년에 포클랜드 제도를 침공했다.

두 달간에 걸친 전쟁 끝에 아르헨티나 군이 영국군에 항복하자 바로 레이날도 비뇨네(Reynaldo Bignone) 장군으로 교체되었다. 비뇨네는 훈타의 마지막 군부 독재자로서 민정 이양을 준비했다.

1) 군부의 경제 정책과 반인도 범죄

1982년 전쟁 패배는 경제 실정으로 수세에 몰린 군부가 던진 국면 전환용 승부수였다. 1976년 이후 아르헨티나 군부는 두 가지 정책을 근간으로 아르헨티나 사회를 '재조직'하려고 했다. 1976년 쿠데타를 일으킨 데에는 군부가 오랫동안 칼을 갈아오던 좌익 세력을 척결하는 것도 하나의 목표였지만, 경제계의 오랜 숙원이던 노조의 해체와 신자유주의 정책 이행도 중요한 목적이었다. 따라서 1976년 쿠데타는 경제계와 군부의 합작으로 보아야 한다. 이 두 세력은 아르헨티나 정치를 경제 발전의 구조적 장애물로 여기고 반대 세력인 페론주의자와 노조를 단순히 무력화하는 정도가 아닌, 절멸하려는 계획을 실행에 옮겼다.

마르티네스 데 오스는 군부 훈타의 첫 경제장관으로 임명된 후 곧 신자유주의 시장 개방 정책을 실천에 옮겼다. 3월 24일 쿠데타가 일어났고 그로부터 일주일 후 발표된 신경제 정책의 내용은 다음과 같았다. 첫째, 보호주의 통상 정책에서 관세를 획기적으로 낮춘 개방 정책으로 전환한다. 둘째, 노조 탄압 정책을 실행한다. 군부는 노조 파업을 전면적으로 금지하고 인플레이션을 낮추기 위해 임금을 동결한다. 노조 탄압 정책이란 단순히 경제적·법적 조치에 국한된 게 아니라 노조 자체를 말 그대로 말살하기 위한 정책으로, 군부는 아르헨티나에 지대한 영향을 미치던 노동연맹을 해산시키고 대다수 노조 지도자들을 납치·살해하기에 이르렀다. 이러한 노조 탄압 정책은 군부의 반인도 범죄와도 직접적인 연결점이 있다.

| 표 4-2 | 실종자의 인구학적 배경 |

구분		비율
연령	10세 이하	1.1%
	11~20세	11.2%
	21~30세	58.5%
	31~40세	19.0%
	41~50세	5.8%
	51~60세	3.0%
	60세 이상	1.4%
직업	노동자(블루칼라)	30.2%
	학생	21.0%
	직장인(화이트칼라)	17.9%
	전문직	10.7%
	교원	5.7%
	자영업	5.0%
	가정주부	3.8%
	군·경찰	2.5%
	언론인	1.6%
	예술인	1.3%
	종교인	0.3%

아르헨티나 군부는 1976년 쿠데타를 일으키기 이전인 1975년부터 비밀 구금 시설(Centros Clandestinos de Detencion)을 운영해왔다. 쿠데타 직후인 1976년에만 군부는 610개의 구금 시설을 운영했으나, 시간이 지나면서 그 수가 364개로 줄어들었고, 1977년에는 60개, 1978년에는 45개, 1979년에는 7개로 급격히 줄다가 1983년까지 해군기술학교(Escuela Mecanica de la Armada: ESMA)에 위치한 비밀 구금 시설만 남게 되었다. 6년간의 군사 독재 동안 해군기술학교에서만 4000여 명이 구금되었고 이 중 3500여 명이 살해당한 것으로 알려져 있다.

후일 실종자조사위원회(CONADEP) 보고서에 보고된 공식 실종자 수는 총 8960명인데, 이 중 30%가 여성이며, 여성의 10%는 임신 중이었던 것으로 보고되었다(CONADEP, 1984). 임신 중인 여성의 비율이 높았던 것은 실종자의 절대 다수(58.5%)가 21~30세 사이의 청년층이었기 때문인 것으로 보인다. 실종자의 직업을 살펴보면 1976년 쿠데타가 명분으로 내세웠던 좌익 세력 척결만큼이나 경제구조 개편을 목적으로 했던 사실이 어느 정도 드러난다. 실종자의 50%가량이 노동계급이었으며, 보고서에서도 이 중 상당수가 노동운동에 간여해서 실종된 것으로 드러난다. 1975년에 설치된 첫 불법 구금 시설이 아르헨티나 국영 제철 회사(ACINDAR)에 위치했다는 점은 군부와 경제계 간의 연대에 대해 시사하는 바가 크다.

이른바 '행방불명된 자들(Los Desaparecidos)'과 함께 페론의 포퓰리즘과 복지국가 건설 계획은 종말을 고하는 듯했다. 군사정권은 포퓰리즘 철회를 선언하는 한편, 1930년대부터 지속된 수입 대체를 통한 경제 쇄국 정책 포기 및 경제 개방을 선언했다. 노조는 국가의 폭력 앞에서 와해되었고 반대 세력은 살해당하거나 망명했다. 하지만 군부의 극단적인 조치도 아르헨티나의 근본적인 경제 및 사회 문제를 해결하지 못했다. 결국 아르헨티나 포퓰리즘은 21세기 들어 다시 한 번 고개를 들었다.

2) 경제 정책의 실패와 마지막 승부수

페론주의를 사회 내에서 완전히 축출하기로 결심한 군사정권은 반대 세력을 무자비하게 탄압했다. 1976년 쿠데타는 이전 이사벨 페론 정권의 혼란과 사회 폭력을 해결하고 아르헨티나 경제를 성장시키겠다는 명목으로 일어났다. 아르헨티나 국민은 이에 대해 암묵적 지지를 보냈던 것으로 보인다. 당시 주 아르헨티나 미 대사관 외교관들은 아르헨티나 국민이 대부분의 실종자들이 살해당한다는 사실을 인지하고 있었으나 이사벨 페론 정권 당시 있었던 좌익 테러와 혼란 때문에 피해자들

에 대한 동정심은 없었던 것 같다고 보고하기도 했다.[6]

페론 이후 지속된 아르헨티나 사회의 혼란과 정체가 노동자를 우대하는 포퓰리즘 정책 때문이라고 믿은 군사정권은 우선 노조를 공격했다. 정부는 노동쟁의의 불법화를 선언하고 아르헨티나의 대표적인 노조인 노동연맹을 해체했으며 지도부 구성원을 대부분 살해했다. 군부의 무자비한 탄압과 페론의 죽음으로 인해 구심점을 잃은 노조는 별다른 저항 없이 간단히 무력화되었다.

일단 노조가 힘을 잃자 군사정권은 당시 칠레 피노체트 정권이 추구한 것과 비슷한 방식으로 신자유주의적 경제개혁을 추진했다. 아르헨티나 경제가 거시적 안정을 이루는 데 최대의 장애물은 임금과 물가 상승의 악순환(wage-price spiral)이라고 여긴 정권은 하루아침에 임금을 평균 30% 일괄 삭감하고 동시에 임금 수준을 동결했다. 이 조치로 인해 대다수 국민의 명목소득은 순식간에 하락했지만 고용 수준은 유지되었으며, 물가가 안정되면서 실질소득의 감소는 어느 정도 상쇄되었다. 물가 안정과 임금 억제는 별다른 부가 조치 없이도 기업의 자본 투자를 유도해 경제를 활성화시켰다.

일단 긴급한 거시경제 상태를 안정화시킨 경제 당국은 아르헨티나 경제의 체질 개선을 위한 야심찬 계획에 착수했다. 1930년대부터 지속되어온 수입 대체 체제를 포기하고 경제를 개방하는 것이었다. 마르티네스 데 오스 경제부 장관이 주도한 아르헨티나 경제의 대대적인 개혁은 두 가지 목표를 가지고 있었다. 1차적으로는 관세 장벽을 낮춰 수입 자유화를 실시해 물가를 안정화시키고 2차적으로는 금융시장을 개방해 해외 자본이 쉽게 국내로 유입되도록 해서 경제를 성장시키는 것이었다(Iramain, 2013). 마르티네스 데 오스 장관과 친밀한 관계에 있던

---

6   http://adst.org/2014/10/argentinas-dirty-war-and-the-transition-to-democracy.

국제 금융계는 불안정한 아르헨티나 경제에 해외 자본이 유입되는 데 결정적으로 기여했다.

하지만 경제 보호 속에만 있던 민간 부문과 비대하고 비효율적인 공공 부문은 국제 경쟁력이 없어서 새로 유입된 해외 자본은 생산성 있는 투자에 투입되지 못했다. 대신 해외 자본의 대대적 유입은 신용 대출을 증가시켜 고용을 창출하고 소비를 증가시켰다. 고용 안정을 위해 어느 정도의 인플레이션은 감당해야 한다고 여겼던 아르헨티나 국민에게 물가 안정과 경제성장이 동시에 이루어졌다는 사실은 마법과도 같은 일이었다. 군사정권의 성공적인 경제 안정은 정권의 무자비한 탄압과 인권 유린에 대한 국민의 반감을 어느 정도 상쇄하는 데 성공했다.

하지만 군사정권의 경제 자유화 조치는 공짜가 아니었다. 특히 준비 기간 없이 실시된 전면 수입 개방으로 인해 국내 제조업이 붕괴되었고, 이는 장기적으로 경제에 부담이 되었다. 무분별한 개방 정책과 페소화를 평가절상한 잘못된 환율 정책으로 인해 산업 공동화가 빠르게 진행되었다. 이로 인해 아르헨티나에 생산 시설을 보유하던 다국적 회사들이 철수했으며, 이들과 함께 수많은 제조업 중소기업이 경쟁력을 상실하고 폐업했다. 그 결과 제조업이 아르헨티나 국내총생산에 차지하는 비중이 무려 25%나 감소했다(Llach, 1997).

한번 붕괴된 산업을 되살리기는 어렵다. 이 시점부터 아르헨티나는 자본 투자보다는 소비에 경제 동력을 의지하게 되었다. 또 금융시장 개방으로 인한 투기성 단기자본, 즉 '핫머니'의 대규모 유입으로 인해서 아르헨티나 화폐가 평가절상되자 농업 분야 또한 빠르게 국제 시장에서 가격 경쟁력을 잃어갔다. 소비의 증가와 수출의 둔화로 국제 수지가 악화되었고 이는 아르헨티나 경제의 대외의존도를 높였다. 1976년과 1983년 사이에 아르헨티나의 대외 채무는 40억 달러에서 160억 달러로 증가했다. 게다가 1979년 제2차 석유위기로 국제 금리가 급상승하자 대외 차입에 의존하던 아르헨티나 경제 모델은 위기에 빠졌다. 결국 1981년 정부는 페소화의 전격적인 평가절하를 단행하며 경제 자유화 정책에 종지부를 찍었다(Perosino, Nápoli and Bosisio, 2013).

경제 정책이 실패하자 아르헨티나 국민들은 군사정권에 대한 암묵적 지지를 철회하기 시작했다. 인플레이션은 이미 군사정권에 의해 동결된 임금의 구매력을 급격히 떨어뜨렸고, 이는 군사정권 밑에서 탄압받던 노조들이 다시 지지를 받는 원인이 되었다. 1981년 페소화의 평가절하와 함께 마르티네스 데 오스가 경제장관직을 사임했지만 사태는 진정되지 않았고 자본 유출이 심해지면서 경제 상황은 악화일로를 걸었다.

1979년부터는 군사정권의 탄압에서 살아남은 25개의 노조가 노동연맹을 재구성해서 노동 탄압에 대응하기 시작했다. 경제 상황이 악화된 1981년부터는 군사정권을 상대로 총파업을 주도하기 시작했고, 1982년 3월에는 총파업과 함께 민주화를 요구하는 대규모 군중 시위를 대통령궁이 위치한 5월 광장(Plaza de Mayo)에서 열었다.

노조의 활동 제재와 함께 움츠려 있던 기존 정치 세력도 활동하기 시작했다. 급진시민연맹당의 지도자였던 리카르도 발빈(Ricardo Balbin)은 페론주의(정의당), 사회주의 계열의 비타협당(Partido Intrasigente) 등을 규합해 국가다당연대(La Multipartidaria Nacional)라는 정치 단체를 창설했다. 비록 이념적 배경은 다르지만 다당연대의 구성원들은 군사정권을 종식시키고 민주주의로 전환하는 데 대해서는 뜻을 같이했으며, 가톨릭교회의 지원을 받아 정치적 보복을 지양하고 국민 화합을 목표로 했다. 이들은 노조와 연대해 반정부 시위를 지원했다.

노조 외에 실종자 가족들도 군사정권에 압박을 가했다. 1977년 사라진 자녀들의 행방에 대한 정보를 요구하기 위해 대통령궁 앞에 위치한 5월 광장에 모인 어머니들은 아르헨티나 사회에 큰 반향을 일으켰다.

곧 '5월 광장의 어머니회(Las Madres de Plaza de Mayo)'로 조직화된 이들 중 일부는 군부에 납치되어 살해되는 피해를 겪었지만 계속해서 반정부 시위를 벌였다. 1978년 아르헨티나 월드컵 때문에 방문한 외신기자들을 통해 이 어머니들의 투쟁은 전 세계에 알려졌다. 해외 인권 단체와 선진국 정치인들의 관심은 정권에 큰 압박이 되었다. 게다가 실종자 중 일부는 유럽 국가 국적을 지닌 이중 국적자들이어서 군부 훈타는 외교적 압박에도 직면했다.

날로 심각해지는 경제 상황과 노조와 정치단체, 인권 운동가들의 민주화 투쟁은 군사정권을 강하게 압박했다. 이러한 상황을 타파하기 위해 1982년 4월 아르헨티나 군부는 남대서양에 위치한 포클랜드 제도(Falkland Islands)[7]를 침공하는 무리수를 두었다.

처음에는 전쟁이 성공적으로 끝나리라고 여겨졌다. 소수의 영국군은 침공 당일 아르헨티나 군에 항복했고, 군은 섬 전체를 쉽게 장악했다. 불과 며칠 전만 해도 반정부 시위대로 가득 차 있던 5월 광장에는 반대로 군부를 지지하는 군중으로 가득 찼다. 아르헨티나 군부는 포클랜드 제도에서 1만 2000km나 떨어져 있는 영국 본국이 포클랜드 제도를 탈환하려 하리라고는 생각지 않았다. 따라서 포클랜드 섬에는 정예부대 대신 징집병 위주로 된 점령군을 남겨두었다.

하지만 마거릿 대처(Margaret Thatcher) 수상은 아르헨티나 군부의 기대와 달리 강하게 대응하기로 하고 포클랜드 제도까지 원정군을 출정시켰다. 곧 두 달간의 공중전, 해상전, 그리고 지상전 끝에 아르헨티나 군은 영국군에 항복했다.

1만여 명의 포로와 655명의 전사자를 낳은 두 달간의 전쟁으로 전쟁을 지도한 갈티에리가 실각되었다. 그뿐만 아니라 이 전쟁은 군사정권

---

7   아르헨티나에서는 말비나스 제도(Islas Malvinas)라고 한다.

의 정당성에도 치명적인 상처를 남겼다. 일단 아르헨티나 국민은 군의 통치 능력에 대해 심각한 의구심을 갖게 되었다. 정치와 인권 탄압에 대한 반대급부로 약속했던 경제성장에 실패한 마당에 군 본연의 업무라고 할 수 있는 전쟁 수행에도 실패하자 아르헨티나 군부에 대한 신뢰는 심각하게 훼손되었다.

패전의 책임에 대해서는 군 내부에서도 충돌이 일어났는데, 특히 소장파 장교들이 패전한 군 수뇌부에 대해 강하게 반발하기 시작했다. 대내외적으로 위기에 직면한 군부는 결국 민정 이양을 모색하기 시작했다.

3) 민정 이양: 비뇨네 군부 훈타의 전환기

아르헨티나의 저명한 정치학자 기예르모 오도널(Guillermo O'Donnell)은 민주주의의 전환에는 붕괴에 의한 전환과 협약에 의한 전환이 있다고 분류했다. 특히 아르헨티나는 포르투갈과 같이 외부 전쟁의 실패로 인해 정권이 붕괴한 사례라고 보았다(O'Donnell and Schmitter, 1991). 붕괴로 인한 정권 교체였기 때문에 아르헨티나 군부는 민정 이양 과정을 실질적으로 통제할 수 없었다. 침략 전쟁에서 패전함으로써 아르헨티나는 대외적으로 고립된 상태였고, 나빠지는 경제 상황에 대처할 수 없었다. 군부와 결탁했던 경제계뿐만 아니라 정치 및 인권 탄압을 용인한 가톨릭교회마저 군사정권에 대한 지지를 철회했다. 결국 군부의 입장에서는 새로운 정권, 특히 민주 정권으로 교체하는 것밖에 대안이 없었다(Ozslak, 2002).

이러한 상황에서 노조와 정치 세력은 민정 이양을 향한 물밑 교섭을 벌이기 시작했다. 여기서 부상한 인물이 급진시민연맹당 소속의 라울 알폰신(Raúl Alfonsín)이라는 인권변호사 출신 정치인이었다. 알폰신은 정치적 온건 세력인 다당연대에 속했고, 포클랜드 전쟁을 처음부터 강하게 반대한 소수의 정치인이었다. 당연하게도 군부가 전쟁에서 패배하자 알폰신의 인지도는 크게 올랐고, 곧 다가오는 대통령 선거에서 유리한 위치를 선점할 수 있었다.

비뇨네 군부 훈타의 국정 장악력은 패전 이후 빠르게 약화되었다. 군부의 권력 약화를 눈치 챈 언론은 군사정권의 치부를 대대적으로 보도하기 시작했다. 군부는 다당연대와의 물밑 협상을 통해 정치적 보호장치를 마련하려고 했으나 이미 민주화는 돌이킬 수 없는 대세였다. 군부는 결국 다당연대의 요구를 받아들여 자유로운 대통령 선거를 약속했다.

1983년 10월에 열린 대통령 선거에서는 정의당 소속이자 페론주의인 이탈로 루데르(Italo Luder)와 급진시민연맹당의 알폰신이 경합했다. 알폰신과 달리 루데르는 페론이 1955년 해외로 망명한 상태에서 궐석재판을 받을 때 페론의 변호사로 임명받은 정통 페론주의자이자, 군사정권 이전 이사벨 페론 정권에서 잠시 대통령 권한대행을 역임했을 정도로 요직에 있던 인물이었다. 게다가 이사벨 페론 정권에서 이미 군부의 인권 유린이 시작되었다는 점에 비추어 그는 아르헨티나 국민이 볼 때 과거의 정치 혼란과 폭력에서 자유롭지 못한 인물이었다. 그 결과 노조의 전폭적인 지지를 받았던 루데르는 불과 40%의 득표율만 획득했고 알폰신은 과반을 넘는 52%의 지지를 얻어 대선에서 승리했다.

6. 민주주의로의 회귀

1983년 아르헨티나에서 있었던 민정 이양은 남미 주요 국가 사이에서 첫 민주화 사례였다. 아직 주변 국가에서는 군부가 권력을 잡고 있었다. 우루과이와 브라질은 1985년, 파라과이는 1989년, 칠레는 1990

년이 되어서야 비로소 민주화가 실현되었다.

알폰신은 군사정권의 "추악한 전쟁" 때 일어난 인권 유린 사례들을 해결하고 관련자들을 처벌하는 데 주력했다. 알폰신은 취임 즉시 실종자조사위원회(Comisión Nacional Sobre la Desaparición de Personas: CONADEP)를 조직했으며 실종자조사위원회는 1년여 만에 5만 쪽가량 되는 조사보고서[8]를 대통령에게 제출했다. 이 보고서는 실종자들의 명단, 관련 정보, 그들이 불법 구금된 장소, 그리고 피해자 시체가 암매장된 대규모 무덤들의 위치들을 명시했다.

실종자조사위원회는 불법 구금과 살해에 대한 관련자가 색출되는 대로 위원회에 출두해 자신이 저지른 행동에 대해 샅샅이 실토한 후 법의 처벌을 받게 할 것을 대통령에게 권고했고, 알폰신은 이를 수용했다. 이는 후에 과거 청산을 위해 세워진 전환기 정의를 위한 '진실과 화해 위원회'들의 첫 사례가 되었다.

그러나 군부의 과거사 청산이 쉽지만은 않았다. 알폰신은 취임 직전부터 군부의 인권 유린 문제를 해결하기 위해 전략을 준비할 정도로 이는 그에게 중요한 쟁점이었다. 하지만 문제는 군부 내에 인권 유린에 연루된 인원이 얼마나 되는지 알 수 없다는 것이었다. 잘못하다간 군부대로 복귀한 군을 자극해서 정치에 개입할 실마리를 제공할 수 있었다. 게다가 아직 주변 국가들은 군부가 정권을 장악하고 있는 상태였다.

알폰신과 측근들은 군부 내 인권 유린 가해자 집단을 두 그룹으로 나누어 접근하기로 전략을 세웠다. 일단 상부의 명령으로 인해 인권 유린을 자행한 하급 가해자와 인권 유린을 명령한 군부 상급자로 나누어 전자는 '명령에 대한 복종(Obediencia Debida)'으로 간주해 선처 또는 사면하고 후자만 법적 책임을 물을 계획을 세운 것이다.

---

8   조사보고서 제목은 「다시는 그만(Nunca Más)」이다.

그러나 문제는 실종자조사위원회가 군부를 조사하면 조사할수록 하급 인권 유린 집행자와 상급 명령 하달자 간의 차이가 뚜렷하지 않고, 상당수의 하급 군인들이 명령 체계와 독립적으로 피해자의 생탈 여부 권을 가지고 있었다는 사실이 드러났다는 점이다.

이 부분은 알폰신에게 큰 고민거리가 되었다. 군부의 과거사 청산 책임을 맡은 사람은 라울 바라스(Raul Barras)라는 정치인이었다. 그는 알폰신이 대통령으로 선출되는 데 지대한 공을 세워 그에 대한 포상으로 첫 민간인 국방부 장관직이라는 중책을 맡게 되었다. 바라스는 군부를 불신하는 급진시민연맹당 동료들과는 달리 정군(整軍) 과정을 아르헨티나 군부 스스로에게 일임하자고 주장했다. 그는 아르헨티나 군부 전체가 반인도 범죄를 저지른 가해자 집단이 아니며 군부 일각은 자신들이 저지른 여러 인권 유린 행위를 수치스러워한다고 믿었다. 바라스는 군부의 과거사 청산 해법으로 다음 방안을 제시했다. 즉, 아르헨티나 군법에 따라 군인은 군법원에서 재판을 일단 받게 하되, 만약 군법원 판결이 미흡하거나 지체될 경우 아르헨티나 일반 법원에서 관할권을 인계받아 다시 재판하는 방식을 취해 군 스스로 자정 과정을 책임지도록 하자고 것이었다. 알폰신은 바라스의 이 제언을 받아들였다. 이에 알폰신 정부는 군법원의 판결을 일반 법원에서 상고 가능토록 군법 개정을 시행한 후 군부 최고 책임자 아홉 명을 군사 재판에 회부했다.

그러나 군부는 바라스와 알폰신의 기대를 저버리고 말았다. 고등군사법원(Consejo Supremo de las Fuerzas Armadas)은 180일로 제한된 재판 기간을 120일이나 넘어가며 판결을 미루다가 결국 증거불충분 판결을 내렸다.[9] 이에 정부는 즉각 일반 법원에 상고해 정확히 1년 후 다섯 명의 최고책임자에 대한 유죄 판결을 받아냈다. 이 과정에서 첫 군부

---

9   http://elpais.com/diario/1984/09/26/internacional/464997607_850215.html.

훈타가 임명한 대통령이었던 비델라와 2인자였던 마세라는 무기징역을, 2차 훈타에서 대통령으로 임명되었던 로베르토 비올라(Roberto Viola)는 17년형을 각각 선고받았다. 군사정권의 최고책임자들을 강력하게 처벌한 알폰신은 국민들로부터 전폭적인 지지를 받았다.

하지만 알폰신의 우려대로 이러한 일련의 재판 과정에 대해 군부는 강한 불만을 가졌다. 일단 군부는 자신들의 행위가 좌익 세력과의 내전 상황에서 생긴 불가피한 행위였다고 믿고 있었다. 특히 영관급과 위관급, 부사관급은 일부 일탈 행위를 제외하고는 상부의 명령에 따른 것이었기 때문에 "추악한 전쟁" 중에 일어난 인권 유린의 책임은 장성급들에게 있었고 아르헨티나 군은 아직 명예롭다고 스스로 믿고 있었다. 알폰신 정부는 이러한 불만을 무마하기 위해 '명령에 의한 복종법(Ley de Obediencia Debida)'을 발안했다. '명령에 의한 복종법' 외에도 '끝점법(Ley de Punto Final)'을 추진했다. '끝점법'은 군의 과거사 청산을 추진하되 일정 기한이 지난 후에는 중단하겠다는 것이었다. 이는 아르헨티나 군을 무기한 법의 심판대에 올려놓는 것에 대한 정치적 부담감을 덜고 과거사 청산 과정 중에 생길 수 있는 군의 반발 행위를 최소화하기 위해서였다(Mazzei, 2011).

그러나 이러한 조심스러운 접근법은 예측하지 못했던 반작용을 낳았다. 일단 아르헨티나 사법부는 '끝점법' 때문에 빠른 시한 내로 군의 인권 유린 혐의를 조사해야 했다. 따라서 군 관련자를 일시에 대규모로 소환하기 시작했고 이는 사법부가 진실을 밝히기보다는 군에 치욕을 주려 한다는 인상을 주었다. 게다가 '명령에 의한 복종법' 또한 군의 동요를 막지 못했다. 원래 법안은 중령 이하 군 관계자에게 면책권을 부여한다는 것이었는데, 이는 당연하게도 정치권의 반발에 부딪쳤다.

정부가 군부 훈타 수뇌부 다섯 명의 유죄 판결을 얻은 1985년 이후 사법부는 장성급 아래 계급에 대한 사법 조치를 시작했다. 그 결과 아르헨티나 군의 불만은 점차 높아져 결국 1987년에 대규모 명령불복종 행위로 폭발했다. 사법부에 소환된 영관급 장교들이 명령을 거부했고 여기에 이들의 군 동료들이 동조하는 사태가 일어난 것이다. 가장 심각한 사태는 1987년 4월 부활절 주에 일어났다. 먼 지방에 위치한 기지에서 일어난 명령불복종 사태는 부에노스아이레스 인근 군부대까지 확산되었다. 이는 국민들 사이에 군이 민주정부를 전복시키려고 한다는 불안감을 일으켰다. 이러한 상황에서 알폰신은 외부적으로는 자신을 지지하기 위해 5월 광장에 모여든 국민들을 향해 인권 유린 문제와 관련해 군에 양보하는 일은 절대 없을 것이라며 국민들을 안심시켰다. 하지만 내부적으로는 반란군 장교들과의 대화를 통해 사태를 해결하려고 했다.

그 결과 사법부는 최대한 빠르게 군에 대한 조사를 끝내라는 압박을 정부로부터 받았다. '명령에 의한 복종법'은 정치권의 반발에도 불구하고 군이 원하는 방식으로 변질되었다. 그 결과 1988년경에는 20여 명의 퇴직 장성급만 재판을 받았고 현직 군인은 한 명도 재판에 회부되지 않았다(Huser, 2002). 하지만 군 일각에서는 알폰신 정부의 이러한 군무마 노력을 도리어 정부의 취약성으로 받아들였다. 이들은 특수부대 출신들로 구성되어 '카라핀타다(Carapintadas, 위장색을 칠한 얼굴들)'라고 불리는 인물들로 주로 포클랜드 전쟁의 베테랑들이었고, 그 중심에는 모하메드 알리 세이넬딘(Mohamed Alí Seineldín)이라는 대령이 있었다. 이들은 민주주의 선거로 선출된 알폰신 정부를 전복하기보다는 무력시위를 통해 군의 문민 통제를 무력화하고 군의 정치적 영향력을 확대하려고 도모했다. 카라핀타다는 분명 군의 문민 통제를 부정하고 군의 위계질서를 위배하는 조직이었으나 군 내부의 절대적 지지를 받고 있는 관계로 정부도 군 수뇌부도 방관하는 수밖에 없었다. 그 결과 1988년 말 카라핀타다가 다시 한 번 무력시위를 일으켰을 때도 아무런 처벌 조치가 내려지지 않았다.

임기 내에 군 과거사를 청산하려던 알폰신 정부의 목표를 수포로 돌아가게 만든 결정적 계기는 1989년 1월에 발생한 급진 좌파 세력의 군부대 습격 사건이었다. 부에노스아이레스 인근에 위치한 라 타블라다(La Tablada)라는 보병부대 기지를 1970년대 몬토네로스 잔당이 습격해 9명의 군인과 32명의 게릴라가 사망한 이 사건은 아르헨티나 군이 주장하는 "추악한 전쟁"의 합당성을 국민에게 다시 한 번 확인시켜주는 계기가 되었다.

알폰신의 임기는 6년 단임제였으므로 1989년에는 정권의 권력 누수가 심각해진 상태였다. 이전 군사정권과 마찬가지로 정권 말기 경제는 초인플레이션로 인해 모든 물자가 부족한 상태였다. 이로 인해 사회가 혼란에 빠지자 알폰신 정부는 군의 과거사 청산을 실질적으로 포기했다. 이는 20년 후 네스토르 키르치네르(Néstor kirchner) 대통령이 급진 시민연맹당과 알폰신을 비판하는 원인으로 작용했다.

1) 민주주의 공고화의 장애물: 악화되는 경제 상황

알폰신 정부는 군사정권 말기부터 시작된 재정 적자로 인한 외채의 증가, 그리고 이로 인한 인플레이션 현상을 전혀 해결하지 못했다. 군사정권이 추진한 경제 자유화와 통화주의 정책에 반대한 알폰신 정권은 아르헨티나 경제 문제의 본질은 아르헨티나 경제의 낮은 생산성에 있다고 보고 성장 위주의 정책을 펼쳤다(Llach, 1997). 군사정권의 경제 정책 실패로 야기된 산업 공동화로 인해 공급 능력이 급감했기에 공급을 늘려야 한다고 보았던 것이다. 이를 위해 알폰신 정권은 대대적인 공공 지출과 수입 대체 정책을 통해 국내 생산을 늘리려는 계획을 세웠다. 경제적 효율성을 전혀 감안하지 않은 이러한 경제 정책으로 인해

1987년에는 정부 예산의 43%가 민간 부문의 생산 지원금으로 쓰였다. 지원금과 국영 기업의 적자까지 합치면 국내총생산의 10%가량이 매년 허비되어 국가 재정은 적자에 시달렸다(Montoya, 2011). 매년 누적되는 재정 적자는 외채를 늘리고 인플레이션으로 연결되어 공급 부족 문제는 도리어 더 심화되었다.

인플레이션 상황 아래 수입을 대체하고 임금을 명목상으로만 올리는 알폰신의 경제 정책은 공급 부족 상태를 더욱 심화시켜 국민의 실질 소득은 도리어 더 낮아졌다. 부유층은 인플레이션으로 인해 화폐 가치가 폭락하자 자산을 보호하기 위해 금융 자산을 미화로 환전해 외국으로 빼돌렸으며 이러한 행태는 심각한 경제 상황을 파산 상태로 몰아갔다. 화폐 가치가 나날이 떨어지자 알폰신 정권은 1985년에 대대적인 화폐 계획[10]을 추진했으나 곧 실패로 돌아갔다. 인플레이션을 도리어 부추기는 경제 정책을 탐탁지 않게 여기던 IMF는 아르헨티나를 돕기보다는 외채 상환을 독촉했고 당연하게도 경제 상황은 더욱 악화되었다. 높은 인플레이션으로 인해 노동자들의 불만이 고조되자 노조는 총 파업을 선언해 정부를 압박했다. 노조와 정부가 티격태격하는 사이에 인플레이션은 고인플레이션에서 초인플레이션으로 악화되어 알폰신 정권의 마지막 해인 1989년에는 3080%라는 살인적인 물가 상승률을 기록했다. 결국 급진시민연맹당은 같은 해 치른 대통령 선거에서 참패했으며 알폰신은 경제 위기를 극복하는 차원에서 정의당 소속 대통령 당선자 카를로스 메넴(Carlos Menem)에게 정권을 조기 이양하는 수모를 겪었다.

---

10 이는 아우스트랄 계획(Plan Austral)이라고 불리며, 역사적으로 아르헨티나의 화폐였던 페소를 대체하는 계획으로 구화폐 1000페소가 신화폐 1아우스트랄로 대체되었다. 하지만 극심한 인플레이션으로 인해 불과 7년 후 1만 아우스트랄은 신화폐 1페소로 다시 대체되었다.

2) 신자유주의 실험과 군의 문민 통제

페론주의가 다시 권력의 자리로 복귀할 수 있었던 배경에는 강력하게 재건된 노조 세력이 자리 잡고 있었다. 민주화 이후 아르헨티나 노조는 내부를 재정비했다. 긴밀한 관계인 정의당과의 관계를 내부 규율에 명시화해 당과 노조 간 관계는 더 이상 당의 리더(페론)와 노조 지도부의 사적인 관계에 기반을 두지 않았다(Sangrilli, 2010). 알폰신 정부의 계속된 실정도 도움이 되었다. 계속되는 경제 악화로 인해 알폰신 정부에 대한 국민들의 불만이 높아지자 노조는 세력을 확대하기 위해 대대적인 반정부 투쟁을 벌였고, 이는 경제 위기를 가속시켜 정의당으로의 정권 교체를 용이하게 만들다.

알폰신의 후임인 메넴은 페론주의자였지만 동시에 현실주의자였다. 그는 아르헨티나 국민들이 페론주의의 근간인 고용 안정보다 인플레이션을 먼저 해결할 것을 원한다는 사실을 누구보다 잘 인식하고 있었다. 소련이 무너지고 자유주의의 승리를 선언한 프랜시스 후쿠야마(Francis Fukuyama)의 『역사의 종언(The End of History)』이 전 세계적으로 베스트셀러였던 시절 페론주의가 주창했던 '노동자를 위한 정부'는 사회주의 몰락과 함께 불가능해졌다는 것을 현실주의자인 메넴은 누구보다 잘 알고 있었다. 그는 일단 알폰신 정권을 괴롭혔던 노조를 장악하는 데 심혈을 기울였다. 페론이 사망한 이후 첫 페론주의자 대통령이 당선되는 데 지대하게 공헌한 노조였지만 메넴은 노조에 권력을 양보하는 것은 곧 인플레이션 폭등을 의미한다는 사실을 잘 알고 있었다.

메넴은 정의당과 노조 간 관계를 십분 활용해 노조를 분열·무력화하고 즉시 공기업의 민영화를 추진했다. 이러한 메넴의 정책 기조는 국유화와 경제 자립 체제(economic self-sufficiency)를 근간으로 한 페론주의 사상에 배척되었다. 하지만 아르헨티나 국민 또한 시대가 변했다는 것을 인식하고 있었다. 노조를 무력화한 메넴은 곧 철도, 가스, 에너지, 수도, 항만, 통신, 도로 등 정부가 운영하는 거의 모든 기간산업의 공기업과 국가 인프라를 매각했다. 국가의 자산을 매각함으로써 정부는 국가 인프라의 방만한 운영으로 인한 재정 적자를 해소하고 매각 대금을 통해 공공 부채 상환에 필요한 재원을 마련할 수 있었다.

메넴 정권은 한편으로는 민영화를 통해 국가의 재정을 안정화하고 다른 한편으로는 물가 안정을 위한 특단의 조치를 구상했다. 이를 위해서 군사정권 말기에 중앙은행 총재를 역임한 도밍고 카발로(Domingo Cavallo)을 다시 등용해 경제 정책의 전권을 위임했다. 하버드대 출신 경제학자였던 카발로는 즉시 페소와 달러의 환율을 일대일로 고정시키는 태환 정책을 실시했다. 태환 정책이란 환율을 일정 수준에 고정하는 고정 환율에서 한 단계 더 나아가 시중 통화량을 중앙은행 외환보유고에 맞게 고정시키는 것을 말한다. 태환 정책과 함께 카발로는 바닥에 떨어진 페소의 가치로 인해 암달러가 공용 화폐처럼 널리 통용되는 사실을 인정하고 경제의 달러화(Dollarization)를 공식적으로 허용했다. 카발로의 태환 정책은 한마디로 국가의 경제 정책 주권을 포기하고 아르헨티나 통화 및 외환 정책을 국제 금융시장에 맡기는 것을 의미했다. 하지만 카발로가 노렸던 것은 정부가 화폐 대량 발행을 통해 화폐 가치를 떨어뜨릴 수 있는 가능성을 원천적으로 봉쇄해 국내외 투자자들과 국민이 페소를 다시 신뢰하게 만드는 것이었다. 그가 원했던 대로 태환 정책은 대성공해서 1990년 2310%에 이르렀던 인플레이션은 1992년 24.9%까지 떨어졌다.

거시지표 안정은 수십 년 만에 처음으로 아르헨티나 경제가 안정적으로 성장할 수 있는 밑거름이 되었다. 태환 정책의 성공은 아르헨티나가 국제 금융시장에 다시 진입하는 데 도움을 주었다. 외국인 직접투자는 1991년에서 1995년 사이 두 배로 늘어났고 1991년부터 1998년 사이 아르헨티나는 연평균 5%의 경제 성장률을 기록했다. 메넴 정권은 신자유주의 정책을 대폭 수용해 각종 규제를 철폐했고, 수출을 장려하기 위해 수출세를 대폭 수정했으며, 수출 상품 생산을 위해 소요되는 중간재에 대한 수입 관세를 철폐하고 절차를 간소화했다. 1980년과 1990년 사이 아르헨티나 국내총생산은 실질적으로 마이너스 성장을 기록했다는 점에 비추어보면 아르헨티나의 1990년대 경제성장은 더욱 의미가 크다.

3) 군에 대한 문민 통제 완성

메넴은 알폰신 정부 당시 요원했던 군에 대한 문민 통제도 완성했다. 일단 메넴은 취임 후 곧바로 알폰신 정부가 장기 징역을 선고한 군부 훈타의 주역들에 대한 사면령을 내렸다. 국민과 정치권의 반발이 있었지만 이 사면령은 아르헨티나 군이 완전한 문민 통제 아래로 들어가는 실마리를 마련했다. 알폰신 정부 이후 군을 다시 정치 세력화하려 했던 카라핀타다 세력은 영관급이 주축이 되었다는 점에서 명령 체제를 흔들 수밖에 없었고, 이 점에서 군 수뇌부는 카라핀타다에 적대적이었다. 메넴은 이 점을 십분 활용해 군 수뇌부를 통해 카라핀타다의 수장 세이넬딘을 수차례 투옥하게 만들었고, 결국 세이넬딘은 1990년 12월 군사 반란을 일으켰다. 이전과 다르게 군은 카라핀타다를 무력으로 진압했고 수십 명의 사상자를 낳은 끝에 반란이 종료됨으로써 카라핀타다 세력을 성공적으로 척결했다. 이후 아르헨티나 군이 정치에 개입할 가능성은 사실상 사라지게 되었다.

4) 한계에 봉착한 신자유주의 경제 정책

태환 정책이 성공했음에도 통화 정책이 경직되어 있어 아르헨티나 경제는 대외 환경 변화에 민감하게 반응했다. 통화 정책은 경기 변동 사이클의 여파를 줄이기 위해 융통성 있게 적용된다. 하지만 카발로의 태환 정책은 달러화를 통해 자체적 통화 정책을 사실상 포기했기 때문에 환율의 변동이 시중 통화량을 통해 실물경제에 직접적으로 전달되었다. 해외 자금의 국내 유입은 경제를 활성화시켰지만 동시에 화폐 가치를 상승시켜 국내 생산물의 해외 경쟁력을 떨어뜨렸다.

태환 정책의 경직성은 1997~1998년 사이에 일어난 러시아와 아시아 금융위기로 인해 큰 위기를 맞았다. 1991년부터 실시된 달러와 페소의 일대일 고정환율은 물가를 안정화하는 데 성공했지만 1995년과 1998년에 일어난 외환위기의 전 세계적 여파는 중앙은행의 외환보유고를 떨어뜨려 시중 통화량도 함께 줄었다. 통화 증발로 실질경제가 긴축되자 실업률은 17%까지 육박했다. 극심한 경제 불황에도 1999년 대통령 선거에서 여야가 모두 태환 정책 유지를 약속할 정도로 아르헨티나 국민은 태환 정책을 확고히 지지했다.

1999년에 급진시민연맹당 중심의 중도좌파 연합으로 들어선 통합(Alianza)당은 악화되는 경제 위기에도 메넴의 신자유주의 정책을 고스란히 유지했다. 통합 대표인 페르난도 데 라 루아(Fernando de la Rua) 대통령은 소속은 급진시민연맹당이었지만 경제 정책에서는 전임자와 궤를 같이했다. 하지만 1995년부터 지속된 경제 불황은 2001년까지 계속되었고, 이마저도 10년 만에 세 번째 외환위기로 이어지자 아르헨티나 국민은 인내력을 잃고 말았다(De Riz, 2008). 긴축 정책에 대한 대규모 시위로 인해 유혈 사태가 일어나자 데 라 루아는 하야했다. 하지만 데 라 루아의 하야 이후 10일간 대통령이 두 명이나 있었을 정도로 경제뿐 아니라 정치적 혼란도 극심했다. 결국 2002년 태환 정책은 폐기되었고 아르헨티나는 1320억 달러의 대외 채무에 대한 모라토리엄을 선언했다.

5) 페론주의로의 회귀와 민주주의 훼손

2003년 선거에서 페론주의자인 키르치네르가 승리하면서 아르헨티나는 본격적으로 신자유주의 정책을 버렸다. 다행히 2003년에는 대외환경이 호전되어 경제는 다시 성장하기 시작했다. 환율이 태환 정책 대비 1/3 수준까지 떨어지면서 아르헨티나 수출 경쟁력은 호전되었고 때마침 국제 원자재 가격 또한 상승하면서 아르헨티나 경제는 빠르게 안정되었다. 경제적 성과를 바탕으로 대중의 절대적 지지를 얻은 키르치네르는 신자유주의와 분명한 선을 긋고 포퓰리스트 정책에 올인했다. 일차적으로 경제 정책의 최우선 목표는 거시경제 안정이 아니라 사회 안정임을 선언해 임금을 일괄적으로 인상하는 조치를 취했다. 이는 물가 인상으로 이어졌지만 여론을 호도하기 위해 경제 통계를 조작하는 것도 서슴지 않아[11] 소비자 물가지수 조작에 반대하는 관료들을 해임하는 등[12] 포퓰리스트적인 행태를 보였다. 자신을 비판하는 언론과 공개적으로 충돌하고 활발해진 수출 덕분에 내수용 쇠고기가 품귀 현상을 빚자 "아르헨티나 국민은 굶주리고 있다"라며 6개월간 쇠고기 수출을 금지하는 등 상식과는 거리가 먼 기행을 보이기도 했다.

실정이 이러한 데다 인플레이션이 상당히 높은데도 국제시장의 원자재 가격이 높았던 덕에 키르치네르는 복지 지출을 늘리고 연금자와 노동자들의 임금을 올릴 수 있었다. 게다가 군부를 무력화하기 위해 제한적으로만 과거사 청산을 시도한 전임자들과는 달리 키르치네르는 더욱 적극적으로 과거 인권 유린을 재조명했다. 그 결과 알폰신 정권이 추진했던 '끝점법'과 '명령에 의한 복종법'이 폐지되어 영관급 이하 군

---

11 http://www.economist.com/node/21548242.

12 http://www.economist.com/news/americas/21692915-government-rebuilding-its-discredited-statistics-institute-augean-stable.

가해자들에 대한 처벌 가능성이 열리게 되었다.[13] 2001년 경제 위기 안정과 과거사 청산을 토대로 얻은 높은 국민적 지지를 바탕으로 키르치네르는 페론처럼 자신의 부인을 후임자로 지명했다. 그 결과 2007년 선거에서 크리스티나 페르난데스 데 키르치네르(Cristina Fernandez de Kirchner)가 손쉽게 승리했다(Zevallos, 2012).

부인을 통해 섭정을 하던 키르치네르는 2010년 심장마비로 사망했지만 포퓰리스트 정책은 유지되었다. 일단 두 키르치네르 대통령은 연금과 사회복지 수혜자 층을 급격히 늘렸다. 2007년부터 2014년까지 정부로부터 이전 지출(transfer payment)을 받는 국민의 비율은 두 배로 늘어 현재 40%가량 된다.[14] 이로 인한 국가 재정 악화를 막기 위해서 국가 재정과 분리되어 있던 국민연금을 2008년 정부 예산으로 통합하고 2012년에는 민간 기업의 국유화를 시작했다. 대표적으로 아르헨티나 석유공사(YPF)가 다시 국유화되어 해외 투자자들이 등을 돌리게 되었다. 그러나 늘어나는 재정 적자과 2014년 이후 낮아진 원자재 가격 때문에 아르헨티나는 다시 한 번 경제 위기를 겪게 되었다. 인플레이션은 연 25%였으며, 재정 적자는 2014년 국내총생산의 4%에서 2015년에는 6%로 늘었다. 이에 맞춰 페소화도 빠르게 평가절하되어 2015년 달러화 대 페소 환율이 2010년 수준의 1/4밖에 되지 않았다. 경제 정책 면에서뿐만 아니라 정치적으로도 아르헨티나는 두 키르치네르 대통령의 임기 동안 1940년 페론주의적 자세로 돌아섰다.

키르치네르 부부 정권은 사회적 복지를 늘려 본인들의 정치적 영향력을 확대하는 전형적인 포퓰리스트적 정책을 펼쳤다. 이를 위해 의회,

---

13   http://articles.chicagotribune.com/2003-08-22/news/0308220288_1_human-rights-amnesty-laws-military-officers.

14   http://www.economist.com/news/americas/21676824-and-beginning-saner-economic-policies-perhaps-end-kirchnerismo.

중앙은행, 법원 등을 차례로 무력화하고 대통령의 권한을 강화했다. 이러한 정책의 성공은 페론주의의 압도적 지배 및 정통 사민주의 정당인 급진시민연맹당의 몰락으로 이어졌다. 이로 인해 아르헨티나는 양당주의의 한 축이 무너지고 상대적으로 인물 중심인 정치 체계로 후퇴하고 말았다(Levitsky and Murillo, 2008). 비록 2015년 말 "캄비에모스(Cambiemos, 바꿔봅시다)"라는 구호를 들고 나온 중도 성향의 마우리시오 마크리(Mauricio Macri)가 대통령으로 당선되었지만, 의회와 주지사 등 대다수가 페론주의 계열인 여소야대 체제다. 따라서 12년간 후퇴한 국가제도와 경제, 그리고 민주주의를 되돌릴 수 있을지 우려되는 상황이다.

7. 결론: 조합주의의 잔재

지금까지 아르헨티나 민주주의의 성장과 한계에 대해 살펴보았다. 서론에서 논했듯이 아르헨티나의 민주주의가 절반의 성공인 이유는 산업화의 실패에서 비롯된다. 산업화의 실패는 정치 발전을 막았고, 이로 인한 주기적인 경제 위기는 아르헨티나의 민주주의 공고화와 정치 발전을 막았다. 결국 가장 큰 장애물은 정치권의 조합주의적 잔재다. 이 부분을 마지막으로 살펴보려 한다.

제1차 세계대전 이후 유럽(대영제국)에서 미국으로 세계경제의 중심이 옮겨간 이후 원자재 수출 중심인 아르헨티나의 성장 모델은 사실상 고갈되었다. 농업 생산성이 높은 아르헨티나와 제조업에 비교우위를 둔 유럽은 서로를 보완하는 윈윈의 무역 관계를 가질 수 있었다. 하지만 제조업뿐만 아니라 농업 분야에도 경쟁력을 지닌 미국과 아르헨티나는 세계시장에서 경쟁자 관계였고, 미국과의 관계는 따라서 항상 불안정했다. 아르헨티나는 20세기 초반에는 유럽과 무역관계를 맺었으나 21세기에 중국이 급부상하자 유럽을 대체할 만한 파트너를 찾을 수 없었다(Llach, 1997).

1930년대부터 20세기 말까지 계속된 원자재 가격의 장기적 하락세는 아르헨티나 경제를 정체하게 만든 주범이었다. 1940년대부터 페론이 추진한 산업화는 경제성장 엔진으로서 한계에 다다른 농업을 대체하는 데 실패했다. 아르헨티나 정치의 양대 축인 페론주의와 사민주의는 민간 분야의 자본 축적을 막았으며 대신 노동자의 권리 추구에 방점을 두었다.

페론을 축출한 반대 세력도 경제의 한계에 대한 해답을 찾지 못했다. 반페론주의자들은 새로운 비전을 제시하기보다는 근대화를 이룬 80세대의 경제 패러다임으로 회귀하려고 했다. 수출을 늘리고 복지를 축소해 19세기와 같은 작은 정부를 지향했다. 하지만 늘어나는 인구는 새로 들어선 반페론주의 정권에 대해서도 페론이 약속한 것과 같은 삶의 질 향상을 기대했다. 하지만 농업 기반의 경제성장 동력이 고갈된 마당에 작고 효율적인 정부는 국민이 원하는 답이 아니었다. 결국 보수정권조차 페론이 도입한 복지 체제를 대부분 유지했다.

페론의 실패는 아르헨티나가 실제 경제 능력을 훨씬 뛰어넘는 혜택을 국민에게 약속했고 이를 제공하기 위해 경제의 기본적 경쟁력까지 해쳤다는 점에 기인한다. 페론의 정치 성향은 다분히 전근대적이어서 국가 내 여러 세력 간의 관계를 유지하기 위해 국가의 기관 역량을 높이는 대신 자신의 카리스마에 의지했다. 그리고 그 바탕에는 20세기 초반 아르헨티나 우파 사이에서 유행한 통합주의가 자리 잡고 있다. 페론은 무솔리니의 조합주의에 영향을 받아 20세기 초반 자본계급과 노동계급 간의 극렬한 대립을 해소하는 방안으로 각자의 영역을 인정하는 페론주의, 즉 아르헨티나식 조합주의를 모색했다. 이 과정에서 각 이념 세력을 대표하는 집단으로 우파의 군부와 좌파의 노조가 부상했던 것이다. 이 조합이 20세기 후반까지 유효했다는 것은 이 조합이 그만큼 강력했다는 사실을 대변한다. 사실 페론주의가 공산주의로 변형되지 않고 살아남은 유일한 이유는 페론 본인이 체계적 정치 이념을 싫어했기 때문일 수도 있다(Fara et al., 2013).

자유주의와 대척점에 있는 조합주의는 결국 아르헨티나가 산업화에 실패한 이유를 설명한다. 경제성장이 정체되어 새로운 성장 동력을 모색해야 하는 상태에서 자국민에 투자하지 않고 국가와 해외 자본에서 미래 성장의 엔진을 찾으려 했기 때문이다. 개인의 능력에 대한 불신은 현재 아르헨티나 사회 전체에 만연되어 국민이 아르헨티나 경제의 자생적 성장 동력이 될 수 있다는 신념이 없는 상태다. 자국민에 대한 이러한 불신은 기술에 대한 낮은 투자, 사회 전반에 만연된 부패, 기업가에 대한 불신, 그리고 사회학자 막스 베버(Max Weber)가 "프로테스탄티즘의 윤리"(근면, 검약, 노동의 가치)로 지칭한 생산적 가치에 대한 냉소로 나타나고 있다.

20세기 후반까지 아르헨티나 정치와 사회에 큰 영향을 끼친 군부는 20세기 후반 최악의 인권 유린으로 기록될 "추악한 전쟁"으로 인해 자신의 영향력과 정당성을 고스란히 상실해 더 이상 아르헨티나 정치를 설명하는 변수가 되지 못하고 있다. 하지만 군부의 대척점에 서 있던 노조는 도리어 더욱 강해졌다. 노조는 1970년대 이후 계속해서 줄어드는 노동자들의 정치경제적 이익을 어느 정당보다 충실히 대변했으며, 따라서 노조와 뿌리를 같이하는 페론주의 정당이 계속 선거에서 승리하도록 확실하게 기여했다.

문제는 이러한 노조와 페론주의 정당 간의 공생 관계가 정당정치에 끼친 영향이다. 아르헨티나의 민주주의는 1930년 급진시민연맹당의 이리고옌이 주창한 사민주의와 1940년대에 등장한 페론의 페론주의가 두 축이라고 볼 수 있다. 이리고옌의 사민주의가 시대를 앞서는 선진화된 당 체제를 중심으로 했다면, 페론주의는 전근대적인 개인 중심의 당 구조를 유지했다(Fara et al., 2013). 정당 이념이 명확한 급진시민연맹당과 달리 페론주의 정권은 각 정권의 권력자 이름을 따서 페론주의(Peronismo), 메넴주의(Menemismo), 키르치네르주의(Kirchnerismo)로 불린다. 즉, 아르헨티나 민주주의 공고화의 문제는 정치권 내 지배적인 세력인 페론주의가 인물 중심의 전근대적인 양상을 벗어나지 못한다는 점에 기인한다. 이 셋의 유일한 공통점은 노조의 절대적 지지를 토대로 국정을 장악하고 국가의 분배 능력을 통해 자신들의 권력 기반을 확대하려는 모습을 보인다는 점이다. 이전 아르헨티나 정치는 큰 그림에서 군부와 노조의 대립으로 설명되었다. 민주주의 전환 이후 아르헨티나는 군부라는 한 축이 무너지면서 극단적인 대립과 사회 갈등, 정치 폭력은 더 이상 사라졌지만 대신 정치적 발전도 어려워졌다.

중국의 부상이 아르헨티나 경제를 구원할 것이라고 예측한 후안 야츠(Juan Llach)[15]에 따르면 아르헨티나가 실패한 이유는 자원의 풍부함과 개인의 부를 혼동한 데 있다고 한다. 즉, 자원을 개발해 부가가치를 높이는 것을 부라고 생각하지 않고 자원의 분배가 바로 부라고 생각한다는 것이다. 이러한 착각은 정치적 이념 스펙트럼 전체에 광범위하게 퍼져 있다고 야츠는 지적한다. 국가가 경제 발전의 주체라는 고정관념에서 탈피하지 못하면 개인의 경제활동이 부의 원천임을 납득하지 못한다. 따라서 분배를 담당하는 국가의 지위는 매우 중요해지며 개인이 주체인 시장은 활성화되지 못한다.

중국의 부상은 야츠의 예측대로 아르헨티나에 큰 부를 가져다주었다. 중국의 경제성장 덕분에 아르헨티나는 2003년부터 2007년까지 연

---

15 전직 경제부 차관.

8%대의 고성장을 구가했다. 하지만 이로 인한 무역수지 흑자를 키르치네르 정권은 투자로 돌리지 못하고 그대로 허비하고 말았다. 페론을 그대로 모방하는 조합주의와 인물 중심의 전근대적인 정치가 효율적인 국정 운영을 방해하고 있으며 이로 인해 원자재에 의존하는 경제 모델의 딜레마에서 빠져나오지 못하고 있는 것이다.

아르헨티나의 민주화 과정은 결국 페론주의 개혁과 자본 축적을 통한 성장 정책으로 균형을 잡아야 한다. 아르헨티나는 노조가 담당하는 복지제도를 개혁하고 원자재 수출에 의존하는 경제 모델을 타파해야만 한다. 이를 통해 지속 가능한 경제 모델을 확보하고 정당정치의 선진화를 이루어야만 민주화 과정이 비로소 완성될 것이다.

참고문헌

김인춘 외. 2013. 『생산적 복지와 경제성장』. 아산정책연구원.

Alarco Tosoni, Germán. 2014. "Wage share and economic growth in Latin America, 1950-2011." *CEPAL Review.*

CONADEP(Comisión Nacional sobre la Desaparición de Personas). 1984. "Nunca más." Eudeba, Buenos Aires.

Cortes, Rosalia and Gabriel Kessler. 2006. "Argentina's Welfare Regime: Protection, Social Capital and Citizenship, 1991-2005." Welfare regimes and social actors in inter-regional perspective: the Americas, Africa, and Asia. http://lanic.utexas.edu/project/etext/llilas/cpa/spring06/welfare/corteskessler.pdf.

De Riz, Liliana. 2008. "Argentina: entre la crisis y la renovación." *Cultura política y alternancia en América Latina.* Madrid: Editorial Pablo Iglesias.

Di Tella, Torcuato S. 1997. "Los Procesos De Democratización En México Y Argentina: El Rol De Los Partidos Políticos." En Eduardo Robledo Rincón(ed.). *México-Mercosur: un enfoque desde la relación México-Argentina(Buenos Aires).* Consejo Argentino para las Relaciones Internacionales.

Fara, Carlos et al. 2013. "Un balance político a 30 años del retorno a la democracia en la Argentina." *Compilado por Salvia Gabriel Constancio.* Fundación Cadal: Buenos Aires.

Huser, Herbert C. 2002. *Argentine Civil-Military Relations: From Alfonsín to Menem.* National Defense University. Washington D.C.: Institute For National Strategic Studies.

Iramain, Lucas. 2013. "Política económica en la dictadura. La orientación y calidad de la intervención económica del Estado en el sector vial. La actuación de la Dirección Nacional de Vialidad(DNV)(Argentina, 1976-1981)." *Documentos De Investigación Social Número* 24, año 2013.

Levitsky, Steven and Maria Victoria Murillo. 2008. "Argentina: From kirchner to kirchner." *Journal of Democracy* 19.2, pp. 16~30.

Llach, Juan. 1997. *Otro siglo, otra Argentina: Una estrategia para el desarrollo económico y social nacida de la convertibilidad y de su historia Argentina.* Ariel Sociedad Económica Argentina.

Mazzei, Daniel. 2011. "Reflexiones sobre la transición democrática argentina." *PolHis* año 4, No 7, primer semestre 2011.

Mercer, Melina. 2005. "Transición y consolidación democrática en la Argentina: una lectura desde la intelectualidad." Trabajo final de grado. Universidad Nacional de La Plata. Facultad de Humanidades y Ciencias de la Educación. Disponible en: http://www. memoria.fahce.unlp.edu.ar/tesis/te.662/te.662.pdf.

Montoya, Silvia. 2011. *Assembling the Economic Puzzle: 120 years of Argentina Socio-Political History.* Working Manuscript.

O'Donnell, Guillermo and Philippe Schmitter. 1991. *Transiciones desde un gobierno autoritario. Conclusiones tentativas sobre las democracias inciertas.* T. 4. Paidós, Buenos Aires, Pá ginas, pp. 19~29, 79~91.

Ozslak, Oscar. 2002. "Remocratization and the modernization of the state: the Alfonsin era in Argentina." Randall Baker(ed.). *Transitions from Authoritarianism: The Role of the Bureaucracy.* Praeger, London.

Perosino, María Celeste, Bruno Nápoli and Walter Alberto Bosisio. 2013. "Economía, política y sistema financiero: la última dictadura cívico-militar en la CNV." *Comisión Nacional de Valores.* Buenos Aires.

Sangrilli, Carla. 2010. "La normalización sindical entre la dictadura y los comienzos de la democracia(1979-1984)." *estudios sociales* 39, segundo semestre.

Sidicaro, Ricardo. 2013. "1983-2012: las etapas de la transición a la democracia argentina(en claves sociológicas." temas y debates 25/ año 17/ enero-junio 2013.

Schmitter, Philippe C. 2011. "Veinticinco Años, Quince Hallazgos." *POST Data* 16, No 1, Abril/2011.

Usami, Koichi. 2004. "Transformation and continuity of the Argentine welfare state: Evaluating social security reform in the 1990s." *The Developing Economies* 42.2, pp. 217~240.

Zevallos, Daniel Encinas. 2012. "Consolidación democrática y debilidad institucional: el caso argentino." *Arte y Práctica.*

2부

유럽과 근동

이념, 습속, 그리고 시민사회

5장

포르투갈 – 스페인에서의
민주주의 이행 과정 분석

고주현 | 연세대학교

1. 서론

　포르투갈과 스페인은 40여 년간 권위주의 체제가 유지되어왔기에 오랜 기간 공고화된 권위주의적 통치 체제가 붕괴되고 민주주의로의 전환이 성공적으로 이루어진 것은 중요한 의미를 갖는다. 권위주의 정권이 붕괴된 이후에는 여러 가지 경로가 있을 수 있다. 또 다른 강력한 권위주의 정권이 대두하기도 하고 민중의 주도로 혁명적 상황이 전개되기도 하며 민주화로 순탄하게 이행하기도 한다. 포르투갈과 같이 혁명으로 민주화를 쟁취한 국가가 있는 반면, 스페인과 같이 권위주의 체제 내의 정치 엘리트들이 민주화 과정에서 주도적인 역할을 함으로써 직접 민주주의로 이행하는 국가도 있다. 이들 국가에서는 권위주의 체제에서 민주화로 이행하는 초기의 경험들로부터 실질적인 사회 경제구조의 변화들이 영향을 받는다. 하지만 두 국가가 민주주의 체제로 이행하면서 서로 상이한 경로를 걸어왔기에 남유럽, 특히 이베리아 반도 국가라는 지리적 유사성을 갖고 있음에도 두 국가의 민주화 과정을 하나의 유형으로 분류하는 데에는 무리가 있다.

포르투갈에서 민주주의로의 이행 과정은 과거와의 철저한 단절을 통한 불연속성의 특징을 갖는 반면 스페인에서는 체제 내에서 점진적인 변화의 과정을 거쳤다. 위기의 동인 측면에서도 포르투갈은 국제적인 맥락을 고찰하는 것이 중요하지만 스페인의 경우 사회구조의 변화와 내부 정치 세력 간의 상호 관계가 더 중요하다. 또한 포르투갈은 군대 자체 내의 반란에 의해 민주화로의 전환 과정이 촉발되었지만 스페인에서 군부의 역할은 군영 내에만 한정되어 있었다.

따라서 포르투갈과 스페인에서 민주화로 체제가 전환된 과정을 설명하기 위해서는 제도적·구조적 요인들보다 민주화 과정을 주도한 정치 행위자들 간의 합리적 선택에 주목해야 한다.[1]

스페인의 민주화 과정은 프랑코 체제의 법질서에서 민주주의 체제의 법질서로 평화적이고 점진적으로 추진되었다. 과거와의 단절에 의한 급진적인 변화가 아니라 과거와의 연속선상에서 체제 내의 개방파들이 주도하는 점진적인 개혁을 통해 민주주의 체제로 이행한 것이다. 당시 정치 지도자들은 제2공화국이 겪었던 극한적 대립을 피하고 대화와 협상에 따른 민주제도의 정착을 우선시했으므로 스페인에서는 평화적이고 민주적인 체제 전환이 가능했다.

반면 포르투갈에서는 혁명 주도 세력이던 좌파 군부운동(Movimento das Forças Armadas: MFA)과 공산주의자들이 연합해 안토니우 드 올리

---

1   '민주주의(democracy)'의 가장 기본적인 정의는 "통치자가 자신의 통치 활동을 수행할 수 있는 정당성을 일반 시민들로부터 부여받고, 자유롭고 공정한 선거를 통해 선출된 시민들의 대표가 상호 경쟁과 협력을 통해 정치 활동을 수행하는 정치체제"라는 것이다. 그리고 민주화 이후 '민주주의 이행(democratic translation)'은 자유로운 정치 참여와 경쟁, 그리고 시민적 자유가 보장되는 절차적 민주주의로의 법·제도적 전환을 의미하며, '민주주의 공고화(consolidation of democracy)'는 법·제도적 차원뿐만 아니라 민주주의 체제의 실질적 운영 과정에서 "새롭게 형성된 민주주의 체제가 오래도록 지속되고, 권위주의 체제로 회귀하거나 민주주의에 역행하는 흐름을 방지하는 것"(Schedler, 1998: 91)이다.

베이라 살라자르(António de Oliveira Salazar)의 권위주의 정권과 철저한 단절을 이루고자 했다. 포르투갈의 민주화 혁명은 또한 탈식민화 과정에서 야기되는 정치·사회적 문제와도 깊이 연관된다. 혁명 초기에는 공산주의자들과 좌파 정당 및 중도파 정치 세력들이 권위주의 해체와 민주화 달성이라는 공통의 목표하에 협력할 수 있었고 아래로부터의 지지와 투쟁도 함께했다. 다양한 이념의 여러 세력이 협력할 수 있었던 것은 장기간 지속된 살라자르 체제에 대한 반감, 민주화와 자유에 대한 갈망, 아프리카에서의 지긋지긋한 식민전쟁을 종식하려는 기대에서 비롯되었다. 그러나 혁명 초기의 협력은 1975년 중반을 지나면서 점차 시들었는데, 공산주의자들과 군부 내 좌파 세력들이 체제 전환을 위해 취한 급진적 조치들이 기존의 지지 세력을 잃게 했다.

이와 같은 양국 민주화 과정의 차이점에 주목해 이 장에서는 스페인과 포르투갈이 민주주의로 이행하는 과정을 정치제도, 행위자와 내·외부적 요인들을 중심으로 통시적으로 비교 분석할 것이다. 특히 스페인, 포르투갈이 민주주의로 전환한 배경과 추진 과정을 살펴봄으로써 현재의 제도적 특성을 가지게 된 동인을 이해하고 양국의 민주화 과정을 상호 비교를 통해 함의를 도출하고자 한다. 나아가 민주화로 이행한 이후 민주주의 공고화의 과정을 시민운동의 발달과 과거 청산의 내용을 중심으로 살펴볼 것이다. 이를 위해 양국의 제도적 특수성을 설명해줄 수 있는 역사적 맥락에 초점을 맞추고자 한다.

2. 포르투갈의 정치 변동과 민주주의

포르투갈은 스페인과 함께 1970년대 중반 남부 유럽에서 장기간 지속되었던 권위주의 체제를 탈피하고 민주화의 길을 걸었다. 그 과정에서양 국가 모두 큰 유혈 충돌이나 폭력적 대결 없이 평화적으로 민주주의 체제로 전환했다는 공통점이 있는 반면 차이점도 있다. 무혈혁명으로 시작되었던 포르투갈의 민주화 과정은 이후 혼란과 폭력의 양상을 보였다. 포르투갈은 혁명 이후 민주화로 이행하는 과정에서 공산주의자들이 구체제 관련 인사들에 대한 처벌과 토지 몰수 및 광범위한 국유화 조치 등을 통해 더욱 급진화된 체제로 전환하려 시도함으로써 군부 내 갈등이 심화되었고 이는 반혁명적인 세력들의 대중 동원까지 초래했다. 포르투갈은 1974년 4월혁명 이후 혼란과 무질서의 국가 위기 상황을 겪은 후 1975년 5월 제헌의회 선거를 통해 온건하고 반혁명적인 세력에 대한 국민들의 요구가 확인되었고, 이웃국인 서유럽 민주주의 국가들과의 관계와 같은 지정학적 요인 등에 의해 1976년 이후 실제적인 민주화의 길로 접어들었다. 1976년 2월 군부운동과 정당들 간 체결된 협정의 내용 중에는 대통령 선거를 간접선거에서 보통·비밀선거로 변경한다는 내용과 함께 군부운동 의회를 제도적 구조에서 완전히 없앤다는 내용이 포함되어 있었다. 그러나 1976년의 헌법은 국유화나 토지 몰수 같은 민주화 전환 초기의 유산을 여전히 유지하고 있다. 또한 대통령 자문기관으로 혁명의회를 보전하도록 하는 동시에 국민의회가 만든 법률의 합헌성을 판단하도록 했다.

따라서 1976년 헌법에 의해 시작된 민주 정권은 이후 포르투갈의 민주주의 공고화 과정에서 중요한 두 가지 유산(dual legacy), 즉 권위주의 독재에 대한 반작용과 급진적 좌파에 대한 반작용 두 가지로부터 기인한다.

1) 민주화의 기원과 배경: 포르투갈 권위주의 체제의 성격과 리더십

1930년대 초에 살라자르가 수립한 권위주의적이고 조합주의적인 이

스타두 노부(Estado Novo), 즉 신국가체제는 1926년의 군부 쿠데타에 기원을 두고 있었다. 살라자르는 민족주의자이자 가톨릭주의자이며 또한 조합주의자였다. 그는 신정 정치를 기반으로 가톨릭교와 밀접한 관계를 유지했고 정치적으로는 국가를 가정의 확대 개념으로 보았다. 따라서 전 국민이 지도자에 대한 존경과 믿음을 가지고 하나가 되어야 한다고 생각했다. 특히 제1공화국 수립 후 정당의 난립과 비효율적인 의회 운영으로 의회가 수차례 해산되는 등 포르투갈이 정치·경제·사회적으로 혼란이 가중되고 국가의 효율성이 퇴보하는 현상을 경험함으로써 그는 의회주의나 정당제도에 대한 회의를 갖게 되었고 제2공화국인 '신국가체제'를 수립했다. 그는 유일 정당인 국가연합을 조직하고 장기 집권의 기반을 마련했다. 신국가체제는 파시스트 성격을 가진 정치체제로 전통을 중시한다. 이 체제에서 무엇보다 우선시되는 것은 행정부의 효율적인 업무 수행이었기에 삼권분립 역시 그러한 목적을 위해 기능할 뿐이었다.

포르투갈에서는 제2차 세계대전 후 장기 집권에 대한 반대 세력들이 등장하면서 민주주의에 대한 인식이 증진되기 시작했다. 하지만 이와 반대로 국민들은 표현의 자유를 더욱 억압받았고 비밀경찰을 통한 감시와 언론 검열 역시 증가했다.

외부에서는 포르투갈의 아프리카 식민지 문제가 불거졌다. 1960년을 기점으로 대부분의 아프리카 식민지 국가들이 독립했지만 앙골라, 모잠비크 등 포르투갈의 식민지를 포함한 아프리카 5개국만 독립하지 못했다. 1961년과 1963년 앙골라와 모잠비크는 각각 독립을 위해 연합 게릴라전을 전개해나갔다. 그 배후에는 소련과 쿠바를 비롯한 사회주의 국가들의 지원이 있었다. 이를 막기 위해 살라자르는 이 국가들에 대해 식민지라는 용어를 쓰는 대신 해외에 있는 포르투갈 영토라고 주장하면서 군대를 투입했지만 전쟁은 결국 장기전이 되었다. 10여 년 이상 지속된 장기간의 전쟁으로 인해 포르투갈의 경제 상황은 더욱 악화되었고 국민들이 이에 반발해 국제적 고립 역시 심화되어갔다. 장기간의 전투로 인해 정부에 호의적이던 군부마저 불만을 표출하고 저항하기 시작했다. 1968년 살라자르가 더 이상 업무를 수행할 수 없게 되자 그의 후계자인 마르셀루 카에타누(Marcelo Caetano)가 신국가체제를 승계했고 이 체제는 1974년 민주화를 위한 혁명이 발발할 때까지 지속되었다. 이 시기에 내각을 소폭 개편하는 등 점진적인 변화를 추구하려는 시도들이 있었지만[2] 기본적으로 신국가 정치체제를 유지했다. 국민에 대한 탄압으로 원성이 높았던 경찰기구를 '국가 방위를 위한 국제경찰(Polícia Internacional de Defesa do Estado: PIDE)'에서 안보총관리국(Direção General de Segurança: DGS)으로 변경했고, 정부 대변인 역할을 맡았던 선전국(Secretariado de Propaganda)을 정보 및 관광국(Secretariado de Informação e Turismo)으로 개편했다. 검열위원회(Comissão de Censura)는 사전심의회(Comissão de Exame Prévio)로, 국가연합(União Nacional)은 인민연합(União Popular)으로 개칭했다.

또한 정치적 이유로 망명했던 온건한 사회주의자인 마리우 소아레스(Mário Soares)[3]와 공산주의자인 알바루 쿠냘(Alvaro Cunhal) 등의 귀국을 허용했다. 그러나 카에타누는 오히려 살라자르 체제하의 한계점들을 드러냈다. 신국가체제의 전체적인 틀을 고수하면서 극히 일부분의 문제점만 보수하려 했기 때문에 반정부 인사들과의 갈등은 점차 심화되었다. 카에타누는 수상 집무 초기부터 군부와 불편한 관계에 있었

---

2   '지속적인 개혁, 혁명 없는 발전'과 '무정부 상태가 아닌 자유, 균형적인 발전, 혁명 없는 사회 정의' 등을 슬로건으로 내걸고 조화와 점진적인 발전을 추구하려고 했다(George, 1985: 91).
3   소아레스는 1973년 사회당을 창시했으며 살라자르의 신국가 정치체제에 강력히 반대하는 투쟁을 벌여 12차례나 투옥되었으며 나중에는 프랑스로 망명을 갔다. 사회당 당수로 1976~1978년, 1983~1985년 두 차례 수상을 지냈으며, 1986~1991년, 1991~1996년 두 차례 대통령을 지냈다.

다. 그는 아프리카에 포르투갈 연방국가를 결성하는 것을 열렬히 지지했기에 아프리카에서의 장기전에 염증을 느낀 군부 내 좌파들의 위협에 민감하지 못했다.

카에타누의 소심함과 결단력 부족도 혁명이 발발한 원인 중 하나였다. 살라자르는 확고한 농촌 지지 기반을 갖고 있었지만 카에타누는 그렇지 못했다. 그의 지지 계층은 오직 우파인 보수 가톨릭 세력뿐이었다. 그는 살라자르 체제하의 법 해석에서 가장 권위자였지만 한편으로 정치체제에 관해 지나치게 준법적이고 기계론적인 견해를 갖고 있어 스스로 제약을 받았다. 살라자르 체제는 실제로 법적 질서보다는 파벌 조작과 핵심적 결정 및 재정 문제에 대한 엄중한 통제로 인해 유지될 수 있었던 것이다.

카에타누는 자신의 지지 세력을 확보할 수 있는 기회를 잃었다. 점진적 민주화 과정에서 그를 지지할 준비가 되어 있던 의회 내 소수 세력들도 그들의 기대에 미치지 못하는 카에타누의 소극적인 개혁 의지에 실망해 반대 세력이 되었다. 이와 같이 포르투갈은 스페인과 달리 체제 이행을 협상할 수 있는 기회를 상실했다. 카에타누는 구체제에 일부 존재하던 근대화 추진 인사들과 반정부 인사들로부터 지지를 구할 수 없었을 뿐만 아니라 이들은 혁명 이후로도 아무런 영향력을 발휘할 수 없었다. 따라서 살라자르 사후 혁명이 발발하기 전까지 어떤 면에서는 포르투갈에서 합의를 통해서 개혁을 이룰 수 있는 시기가 있었음에도 그 기회는 완전히 상실되었다. 이로 인해 군부의 반발은 더욱 심화되었다.

카에타누 정부는 중간 계열 장교들과의 문제를 대수롭지 않게 여긴 채 경제문제와 노동 소요 등의 문제에만 집중했다. 그중 한 가지 사례로 카에타누는 당시 급여 문제에 불만을 품은 군인들의 요구를 무시하고 시간을 끌었는데, 결국 카에타누가 급여 인상을 결정할 때쯤에는 군부운동이 쿠데타를 준비하던 중이었다. 당시까지도 보안 기구들의 관심은 노동문제에 집중되어 있었기에 군대는 여전히 일정 정도의 자율성을 누리고 있었다. 1974년 초에는 인플레이션의 급증으로 노동 소요가 확대되었지만 카에타누는 이를 즉각적으로 해결하지 못했다. 포르투갈에서 혁명이 일어난 이유는, 아프리카 문제를 포함한 군 내부의 변화에 대한 요구로 구체제가 붕괴했으며, 이로 인해 정부가 생존할 수 있는 정치적 선택을 할 능력조차 없었기 때문이다.

2) 민주화 과정의 특징

혁명의 원인과 주도 세력

포르투갈의 사례와 1970~1980년대 유럽과 라틴아메리카에서의 민주주의 이행 간의 가장 큰 차이는 권력으로부터 군부를 축출하는 과정에서 민주화가 시작되었는가 아니면 비군사적인 권위주의 체제를 파괴시킨 주도 세력이 군부였는가 하는 것이다. 다른 모든 사례가 전자의 경로를 취했던 반면 포르투갈의 민주화는 군부로부터 촉발했다. 포르투갈에서는 자신들의 이익을 보호하기 위해 군부가 혁명을 주도했던 반면 다른 곳에서는 혁명의 주도 세력들이 정치 영역에서 군부를 제거함으로써 자신들의 이해관계를 제도적으로 보전하고자 했다. 게다가 포르투갈에서 40년 이상 지속된 우익 독재 이후 혁명을 주도한 것은 좌익 세력이었다. 무엇보다도 혁명의 직접적인 원인은 아프리카에서 찾을 수 있다. 포르투갈은 15세기 이래 가장 오래도록 식민 제국을 유지한 유럽 국가였다. 아프리카에서 벌였던 끈질긴 전쟁은 포르투갈의 군인들에게 큰 부담으로 작용했다. 장교 집단들 내부에서는 군대의 규모와 보상 제도에 대한 불만이 점차 커졌다.[4]

앙골라에서의 전투를 기점으로 중간 서열 장교들은 점차 지원율이 감소하는 사관학교 생도들에 대한 상대적 특혜와 계급 내에서 겪는 상대적 차별에 대해 비난하기 시작했다. 급기야 하위 장교 집단들이 징집 장교들(milicianos)에 의해 지배받게 되었고 그러다 보니 전투에 대한 부담 역시 징집 장교들에게 집중되었다. 징집 장교들의 해외 근무 횟수는 점차 늘어났고 징집 장교들을 회유하려는 정부 정책이 증가함에 따라 정규 장교들의 불만 역시 커져갔다. 즉, 군대 내의 낡은 진급 체계를 적용받는 정규 장교와 새롭게 징집되어 더욱 쉽게 승진할 수 있는 징집 장교 간의 갈등은 갈수록 확대되었다. 이와 같은 상황에서 정부 조치에 대한 저항 운동의 성격을 띤 군부운동이 형성되었다. 군부운동에는 중간 서열의 장교 집단 중 강한 유대를 가진 소규모 정규 장교들이 주로 참여했고 이후 일부 상급 장교들도 가담했다. 군부운동의 구성원들은 특히 아프리카 지역(전쟁이 지속되던 기니 등)에서 계속 확대되었다. 군부운동에는 다양한 정치적 견해를 가진 사람들이 참여했으며 반란의 구체적인 계획을 맡은 군사위원회와 혁명 후의 정치 상황을 이끌어갈 정치위원회도 수립되었다. 이처럼 아프리카에서의 끝없는 전쟁, 군부 내의 지위와 특권에 관한 불만 등이 포르투갈 혁명의 직접적인 원인이었다(Porch, 1975, 1977).

3) 민주주의 이행 과정

이행의 유형과 방향: 혁명 이후 세력 변화

혁명 후 과도 기간의 기본 구조를 제시하기 위해 군부운동은 제헌의회 선거를 포함한 강령을 제시했다. 혁명이 발발한 1974년 4월 25일부

---

4   예컨대 1974년 포르투갈 인구는 800만 명 정도였는데, 군대에 갈 연령에 해당하는 남성 넷 중 한 명은 군복무를 하고 있었으나 전 계급에 걸쳐 군인들에 대한 처우가 낮았다.

터 1년 이내에 제헌의회 선거를 실시하도록 했고 제헌의회를 통해 그 다음 해에 의회 선거와 대통령 선거를 실시하도록 규정했다. 그 시기 동안 새 정당들은 자신들의 지지층을 확보해야 했다(Neves, 1974~1976).

당시 포르투갈에서 유일하게 강하게 조직화된 정당은 포르투갈공산당(Partido Comunista Português: PCP)뿐이었다.[5] 쿠데타 발생 직후 공산당은 이 같은 조직적 우위를 이용해서 노동조합과 시정부의 핵심적 지위들을 장악했다. 1970년 공산당 영향하에 있던 노조들은 인터신디컬(Intersyndical)이라 불리는 하나의 단일 조직으로 통합되었으며 점차 화이트칼라 노동자들과 은행 노조 등에 영향력을 지니게 되었다. 인터신디컬은 포르투갈에서 새로운 노조연합의 기초가 되었다. 공산당 지도자들은 권위주의 정권과 관련된 인사들이 관여했던 노조에서 임원으로 선출되고 지도적 역할을 맡게 되었다. 또한 노조 결성이 금지되었던 공무원과 농업 노동자 집단 등에서도 노동조합이 조직되었다. 1975년 4월 25일에 실시된 헌법 개정 선거에서 공산당은 남부 농촌 지역인 알렌테 주 지역에서 가장 높은 득표율을 기록했다.

사회당(Partido Socialista: PS)은 혁명 당시 공산당과 달리 조직 기반은 허약했지만 공산당의 지도자들이 혁명 당시 이미 노년이었던 데 반해 사회당의 지도층은 서유럽 주변국 상황에 민감했다. 국제사회주의 연맹의 일원이었던 사회당은 서독의 사회민주당 및 서유럽의 사회주의 정당들과 강한 유대를 발전시켰다.[6]

5　1921년 창당한 포르투갈공산당은 1941년 이후 쿠날의 지도하에 정치적 기반을 다졌다. 권위주의 체제하에서 철저한 탄압을 받아온 공산당 조직은 엄격한 레닌주의 노선을 따랐다. 포르투갈공산당은 포르투갈 남부 알렌테 주 지역을 기반으로 반교회주의 세력과 무산 농촌 노동자들 사이에 강력한 지지 기반을 보유하고 있었다.

6　포르투갈 사회주의 정당은 살라자르 독재 정권에 대한 지식층 반대 세력의 일원이던 소아레스에 의해 1964년 제네바에서 포르투갈 사회주의 운동으로 시작되었으며, 1973년 사회당으로 발전했다.

한편 권위주의 정권의 급작스러운 붕괴로 전통주의적이고 보수적인 성향을 가졌던 상당수의 국민들은 혼란을 겪었다. 혁명의 이행기 동안 일순간 붕괴된 국가권력에 대한 충격으로부터 탈피하기 위해 보수 농민들과 가톨릭 공동체는 정치조직을 결성했다. 하지만 좌파 조직들이 혁명 이전부터 오랫동안 상호 관계를 가져왔던 것에 반해서 중도파와 우파 정당들은 1974년 이후 새롭게 조직된 실질적인 신생 정당이라고 할 수 있다. 대중민주당(Popular Democratic Party: PPD)과 중도민주당 (Center Democratic Party: CDS)이 중도 세력과 보수 세력을 대표하는 두 개의 중요한 정당으로 출현했는데, 이들은 권위주의 독재의 경험으로 인해 수개월 동안 좌파 성향을 유지하지 않을 수 없었다.

세력 간 주도권 다툼

당시 임시대통령이던 안토니우 드 스피놀라(António de Spínola) 장군은 중도파와 개혁파의 연합을 강화시킴으로써 대중의 지지를 얻을 것이며 이를 통해 자신의 권위를 강화시킬 수 있을 것이라고 여겼다. 또한 정치적 과정에 따라 군부운동의 잔여 권력을 제한하고자 했다. 스피놀라는 한편으로 중도 보수 세력과 함께 포르투갈공산당을 임시정부 안으로 끌어들였다. 하지만 공산주의자들을 노동부에 배치하면 노동쟁의가 온건화될 것으로 기대했던 스피놀라의 의도와 다르게 실제로 공산당은 오히려 군부의 의도에 부합하는 모습을 보였다. 공산당은 도시와 농촌의 중간계급 분파들과 연대를 형성하며 대지주와 과두 카르텔을 공격했다. 스피놀라는 포르투갈 경제를 빨리 근대화시키고 이로 인해 포르투갈에 대한 투자가 증진되기를 원했다. 그러나 이를 위해서는 은행 등 과두독점에 의해 통제되는 금융기관 조직의 지원이 필요했는데 공산당은 이에 대해 비협조적이었다. 스피놀라와 공산당 사이에는 이러한 대립이 지속된 반면 이후 군부운동과 공산당 사이에는 긴밀한 협조가 이루어졌다.

포르투갈 민주화 과정을 이해하기 위해서는 우선 쿠데타 직후 공산당이 담당한 역할에 주목해야 한다. 포르투갈에서는 혁명 이후 민주화로 이행하는 시기에 정당들의 정치적 주도권에서 공산당이 가장 영향력 있는 구도로 흘러갔다. 혁명 직후 중도파 정치인과 군인들에 집중되어 있던 정치적 주도권은 빠르게 포르투갈공산당으로 옮겨갔다.[7] 혁명 당시 포르투갈공산당만이 강하게 조직되어 있었고, 명확한 이데올로기적 입장을 가지고 있었으며, 군부운동의 행동과 의미를 공유했다. 포르투갈에서 사회당을 비롯한 다른 신생 정당들은 조직력이 미흡했다. 나아가 권위주의 체제하에 있던 기존 조직은 과거의 제도적 단점들을 극복하지 못했고 여러 권한을 좌파 연합 세력으로 이전했다. 따라서 포르투갈의 민주화 이행 과정은 기존의 정치 세력들이 여전히 정치적 주도권을 쥐고 있던 스페인의 이행기적 상황과 차이가 있다.

또한 스피놀라 장군은 포르투갈 언어권 국가들에 대한 영향력을 여전히 유지하려 했지만 군부운동은 탈식민지화를 목표로 했다. 혁명 후 얼마 지나지 않아 그는 군부운동의 영향력을 제거하려 시도했으나 이에 대한 반발로 친공산당계인 바스코 곤살베스(Vasco Gonçalves)가 수상의 자리에 오르는 일까지 발생했다. 군부운동은 공산주의자들과의 연대를 강화하는 한편 스피놀라에 대한 경계 역시 키웠다. 1974년 9월 스피놀라는 대통령직을 사임하고 프란시스쿠 다 코스타 고메스(Francisco da Costa Gomes) 장군이 대통령직에 올랐으며, 같은 달 뒤를 이어 아프리카 식민지인 기니비사우와 모잠비크가 포르투갈로부터 독립을 이루었다(Gifford and Louis, 1982: 337~385).

---

7 스페인에서 공산주의자들은 민주화 이행기 동안 다양한 협정의 주요 파트너를 맡았지만 늘 사회·정치적 주변부에 있었던 것과 비교된다.

공산주의자들이 설립한 혁명의회는 산업 시설들에 대한 광범위한 국유화 조치를 내용으로 하는 법안을 공포했다. 또한 대농장에 대한 대대적인 몰수를 선언했다.

이 시기 군부는 급진파와 다른 여러 분파로 분열되어 있었다. 특히 군대 내부의 규율이 붕괴되어 있었고 중도파나 우파보다 좌파의 분열이 더 강했다. 그동안 탈식민화 과정을 통해 강화되어오던 내부의 결속력도 1975년 3월 이후 점차 약해져갔다. 좌파 세력들은 1975년 1월 단일 조합을 중심 조직으로 인정하는 조합 법안을 지지하기 위해 대중시위를 벌였다. 그러나 혁명 당시 권위주의에 대항하기 위해 협력했던 다른 좌파 그룹들(예를 들어, 소아레스의 사회당)은 혁명 직후 주도권을 쥐게 된 포르투갈공산당에 의해 점차 소외되었다. 반면 가톨릭교회 등 우파 세력들은 중앙 통제화된 조합 구조를 비판하며 다원주의를 요구했다. 이처럼 민주화로의 이행 과정에서 폭넓은 참여와 민주적인 경로를 요구하는 분파와 더욱 급진적인 사회주의적 혁명을 지지하는 다른 분파 간의 갈등은 첨예하게 대립했다.

1975년 3월 이후 좌파와 군부운동 내부에서는 정치 주도권 다툼이 더욱 거세졌다. 1975년 4월 치러진 선거의 결과는 공산주의자들 및 군부 내 급진파들의 예상과 달랐다. 91.7%의 높은 투표율을 보인 가운데 중도좌파인 소아레스의 사회당이 37.9%를 득표했고, 온건우파인 대중민주당이 26.4%, 공산당은 12.5%를 득표하는 데 그쳤다. 보수적인 중도민주당은 7.6%를 얻었다. 선거 결과를 통해 확인할 수 있는 것은 명백한 지역적 대립이었다. 공산당에 대한 지지는 거의 남부 지역에 국한되었다. 북쪽에서는 대중민주당과 사회민주주의 중도파인 중도민주당이 압도적인 득표를 기록했다. 북부와 남부 전 지역에서 모두 높은 득표율을 보인 것은 사회당이 유일했다. 특히 사회당에 대한 지지는 중부 지역과 주요 도시 지역 등 산업화가 이루어진 지역들을 포함하고 있었

┃표 5-1┃ 혁명 이후 포르투갈의 민주화운동 전개 양상

	주도 세력	계급	중심 지역	민주화의 전개 과정
1974년 4월 이후	공산당, 군부 좌파	무산 노동자 계층	남부 지역	반권위주의적 국민혁명(초기) → 사회주의 혁명으로 인한 국가의 급진화(후기)
1975년 3월 이후	중도좌파, 온건 사회주의자	보수적 농민, 소자산가에 의한 대중 봉기	중·북부 지역	혁명의 여세 봉쇄

기에 사회당은 명실상부한 국민 정당으로 부상했다고 평가할 수 있다.

공산당이 획득한 미약한 득표율은 혁명의 지지 기반이 협소해졌음을 증명했다. 제헌의회의 선거 결과로 인한 사회당의 부상은 서유럽과 미국이 포르투갈의 정치 상황에 개입할 수 있는 중요한 기회가 되었다. 또한 제도적 정당성을 토대로 이룬 선거 결과였기에 지역 수준에서 대중을 기반으로 한 새로운 권력 유형이 출현했음을 확인할 수 있었다. 1974년에는 무산 노동자 계층을 동원해 국가가 급진화되었지만 1975년에는 북부와 중부의 보수적 농민과 소자산가들이 대중 봉기를 이끌며 혁명의 여세를 봉쇄했다.

포르투갈에서 혁명이 일어난 이후 2년여의 기간 동안 토지 소유 및 농지개혁과 연관된 농민의 동원 문제는 포르투갈 위기에 많은 특수성을 부여했다. 혁명 직후 공산주의자들이 주도했던 급진적인 토지 몰수는 중산계층의 저항과 결집을 촉진했다. 이는 노동자들의 자발적 대중운동으로 이어졌고 이에 위기의식을 갖게 된 공산당은 군부운동의 제도적 틀에 의존하려 했다. 1975년 3월부터 11월 사이 포르투갈공산당은 이전의 살라자르 권위주의 정권과 매우 유사하게 행동하고 있었고 긴 독재에서 벗어나 새롭게 출현한 민중들의 기대에 부응하지 못했다. 포르투갈공산당은 스스로 불리한 경로를 택했고 이로 인해 좌파가 새로 주도권을 잡게 되었다.

정치 기회 구조

아프리카의 탈식민지화가 완료된 혁명의 2단계에서 포르투갈 내부의 주요 갈등은 경제적 요인에 의해 촉발되었다. 1975년 들어 포르투갈은 경제적 위기에 봉착했고 무역 적자의 누적으로 인해 해외 원조에 의존하게 되었다. 1975년 초반까지 포르투갈공산당의 정책은 대토지 소유주들과 독점 자본가들을 타도하는 것이었다. 남부 지역 농민들은 공산당의 주도로 몰수된 토지를 소유주를 대신해 경작했다. 그러나 이와 같은 급진적인 조치들은 공산주의자들이 자신들의 협력자가 될 수도 있었던 중부와 북부 지역의 소농과 소상인 같은 프티부르주아의 지지를 잃는 계기가 되었다.[8] 급진적인 토지 몰수로 인해 중산층 농민들은 공산당을 더 이상 지지하지 않게 되었다.

공산주의자들은 유력 일간지 ≪라 레푸블리카(La República)≫ 같은 언론을 독점하고 리스본의 가톨릭교회 라디오방송국을 점령하는 등 저항 세력을 키우는 공격적인 행위들을 전개해나갔다. 주목할 점은 이 시기 사회주의자들은 공산주의자들의 예측과 달리 동원 능력이 뛰어났다는 것이다. 같은 해 7월 사회당은 공산당 임시정부로부터 철수했고 뒤이어 1만 명 이상의 가톨릭 신자들이 라디오방송국 점령에 항의하는 대규모 시위를 열었다. 군부 급진파와 공산당의 연합은 이미 약화되었고 공산당의 지원을 받는 곤살베스 수상은 점차 소외되었으며 군부 내의 주도권은 군부운동 분파로 이전되었다. 공산당의 지지 기반 약화로 군부운동은 이제 더 이상 공산당과 연합할 필요성을 느끼지 못했다. 이

---

8   쿠냘은 이에 대해 다음과 같이 언급한 바 있다. "사회주의 혁명에서의 프롤레타리아 협력자들은 민족·민주 혁명에서의 협력자들과 같지 않다. 처음에 프롤레타리아들은 반독점 투쟁에 이해관계가 있는 부르주아지의 일부와 연합해 독점 자본과 대토지 소유자(latifundiario)에게 기본적인 공격을 수행한다. 사회주의 혁명은 부르주아지 전체에 반대해서 수행되며 그러한 이유에서 첫 번째 단계에서 형성되는 프롤레타리아 연합세력 중 일부인 도시 중간 계급과 유산 농민 계층들은 사회주의 혁명에서 세력 연합을 포기한다"(Cunhal, 1975: 7~10).

시기 분열된 좌파에 대항해 민중 연합이 결성되면서 포르투갈공산당이 통제할 수 없는 위기 요인들이 커져갔다.

이 시기 소아레스가 주도한 사회주의자들은 강력한 연합을 형성했다. 소아레스는 7월에 사회당을 임시정부에서 탈퇴시켰고 대중민주당도 뒤를 이어 탈퇴했다. 공산주의파였던 곤살베스는 8월 해임되었다.

제6차 임시정부가 구성되면서 사회당이 재입각했고 군부운동은 더욱 광범위하게 분열되었다. 정부 권력으로부터 공산당을 제거하는 일이 실제화되었기에 공산주의자들은 통일혁명전선(United Revolutionary Front)의 급진 좌파들과 연합을 시도했다. 뛰어난 조직 능력을 가진 공산주의자들과 극좌 분파주의자들의 협력에 대한 반작용으로 반공주의 세력의 연합이 강화되었다. 1975년 가을을 지나면서 공산주의자들은 중앙에서의 입지를 상실했고 토지 몰수가 광범위하게 확산된 알렌테주 지역에 국한해 투쟁을 지속했다. 이 시기 포르투갈의 민주화 이행에서는 외부적 역할이 부각되었는데, 곤살베스와 공산주의자들이 중앙 정치 무대에서 축출된 이후 미국과 유럽공동체(EC)는 사회당을 중심으로 한 온건한 사회주의자들로 구성된 6차 임시정부를 정치적으로 지원하기 위해 2억 7000만 달러 규모의 비상 원조를 제공했다.[9]

포르투갈의 중도파와 민주주의적 우파는 공산주의자들과는 다르게 기술적으로 조심성 있게 행동해나갔다. 군부 내부의 반공주의 세력들은 구정권으로 복귀하는 데 향수를 갖고 있는 사람들과 거리를 면밀히 유지했고, 사회주의자들, 반공 좌파, 중부와 북부 지역의 중산계층과 가톨릭 지도자들은 간헐적으로 발생하는 대규모의 폭력 소요와 거리를 두고자 노력했다.[10] 이 기간 동안 군 내부의 분열 양상은 더욱 고조되었

---

9   1975년 6월 이후 포르투갈 정부에 대한 서방의 지원이 가시화되었는데, CIA는 사회당에 매월 200만~1000만 달러를 지원해왔고 서독의 사회민주당도 소아레스 사회당에 수백만 달러를 기부했다(Sobel, 1976).

는데 사병들 사이에 점증했던 혼란과 규율의 해이 때문에 장교 집단들이 함께 퇴진하는 등 불만이 고조되었다.

이와 같이 포르투갈이 1974년 4월 25일 무혈혁명을 통해 민주화를 위한 초석을 다질 수 있었으나 이어지는 1년 동안 민주주의로 이행하는 과정이나 권위주의 체제를 처리하는 과정에서 주도 세력으로 등장한 공산주의자들과 군부 내 급진 좌파 세력이 연합함으로써 다양한 분파와 파벌이 형성되었고, 이는 사회적 혼란을 가중시켰다. 예컨대 이들은 국가 기반 시설의 국유화, 토지 몰수 등 광범위하고 급진적인 과거 청산 방식을 취했으며, 권위주의 체제에 참여했거나 지지했던 정치 엘리트와 산업가들은 민주적이고 합법적인 절차를 거치지 않고 수립된 임시적 처리 기구에 의해 처벌받고 해외로 추방되거나 도피해야 하는 상황들이 만연했다.

혁명 당시에는 권위주의 체제에 대한 저항과 피로감으로 하나의 공감대가 형성되어 혁명 주도 세력인 군부운동과 이를 지지하는 세력인 공산주의자들 간 연대가 온건 좌파와 프티부르주아 계층을 포함해 폭넓게 이루어졌지만, 이후 1년 동안 상황은 급변했다. 공산주의자들과 군부운동은 1975년 4월 선거를 통해 제헌의회를 구성하기로 합의하고 1년 후에 대통령 선거와 헌법을 수립하기로 했다. 그러나 이 선거에서는 사회당과 대중민주당 등이 정치 이념적으로 중립성을 띤 국민 정당으로 높은 득표율을 얻었다. 이 결과가 의미 있는 이유는, 공산당과 군부운동이 선거 불참을 호소하는 대중운동을 적극적으로 펼쳤음에도 선

10　한 가지 예로 알렌테 주의 많은 노동자들이 제헌의회와 리스본에 있는 국민의회 건물 내의 정부 요인들을 포위했을 때 당시 고메스 대통령은 과잉 진압을 막았다. 그는 포르투갈에서 내전이 발생하는 것을 관망하지 않았던 것이다. 비공산주의 군부의 조심성과 방어 전략은 낙하산 부대의 급진적 사병들이 장교 없이 좌파 반란을 이끌었을 때 발휘되었는데, 이는 이아네스 대령이 이끄는 반공산주의 연합이 1975년 11월 급진 군인들을 진압하는 과정에서도 확인할 수 있다.

거 참여율이 90%를 넘었을 뿐만 아니라 공산당은 자신들의 지지 기반이 확실했던 남부 농촌 지역인 알렌테 주에서 10% 남짓한 득표율밖에 보여주지 못했기 때문이다.

이러한 결과가 초래된 것은 혁명 직후 1년 동안 민주화로 이행하는 과정에서 과거 청산의 문제를 다수의 행위자가 합의하지 못한 비합법적인 절차에 따라 수행했기 때문인 것으로 보인다. 권위주의 체제에 대한 피로감이 가시기도 전에 중앙 정치가 공산주의자들에 의해 포진되어 급진화되어가는 처리 방식에 대항해 대지주, 산업가, 온건 좌파, 프티부르주아, 화이트칼라 노동자, 군부 내 고위급 장교 집단을 포함한 다양한 불만 세력이 새롭게 부상한 사회주의 정당을 중심으로 반공주의 연합을 결성하게 되었다. 혁명의 직접적인 희생자들은 탈식민화를 반대했던 보수적인 군 장교, 토지를 빼앗긴 대토지 소유자, 대기업가 및 금융가들이었지만 혁명의 처리 과정에서 그 피해가 중산계층의 노동자들에게까지 확대되었던 것이다.

이로 인해 당시 포르투갈의 경제 상황은 더욱 악화되었고 서방의 재정 지원이 절실한 상황에까지 이르렀다. 공산주의 세력은 이제 정치 주도권을 거의 상실했으며 사회주의 세력의 손으로 권력이 넘어간 상황이었다. 이를 더욱 공고히 하기 위해 미국과 유럽경제공동체(EEC)는 사회주의 정당에 대한 재정 지원을 아끼지 않았으며 서독의 사민당도 상당히 기여했다.

1975년 4월 선거에 의해 구성된 의회는 실제로 다음 해로 약속된 헌법을 만드는 데 그다지 크게 기여하지는 못했는데, 그 이유는 선거 이전에 정당들에 부여되었던 협정하에서 헌법의 대략적인 틀이 만들어졌기 때문이었다. 이 협정을 통해 군부운동 의회(MFA Assembly)는 다른 어떤 의회보다 강력한 권한을 부여받았다. 그럼에도 사회당, 대중민주당, 중도민주당 의원 등 온건주의자들로 구성된 제헌의회 의원들은 군부운동에 의해 확립된 제도적 틀 내에서 민주적 자유 수호를 위한 노력을 펼쳤고, 1975년 11월 25일 이후 헌법의 대략적 틀을 다소간 변경할 수 있었다. 1976년 2월 군부운동과 정당들 사이에 맺어진 협정 내용 중 가장 중요한 변화는 대통령 선거제도를 간접선거에서 보통·비밀선거로 하기로 한 것이었다. 또한 이 협정을 통해 군부운동 의회를 제도적으로 해산시켰으나 혁명의회는 여전히 대통령의 자문기관으로서의 영향력을 갖고 있었다. 무엇보다도 혁명의회는 국민의회가 만든 법률의 합법성을 판단하는 중요한 권력을 획득함으로써 군부의 영향력은 여전히 유지되었다고 볼 수 있다. 따라서 1976년 헌법은 권력이 다소간 분산되었다는 데 의미가 있다.

이후로도 혁명의회는 1974년 4월 발발한 혁명이 지니는 군부운동의 진보적 의도를 유지하려고 했던 반면 정부는 의회의 정당들에 기반을 두고 대통령이 광범한 권력을 보유하면서 정당으로부터 상당히 자율적으로 대중의 직접선거를 통해 선출되었음을 강조했다. 따라서 1976년 헌법에 의해 시작된 민주주의 정권은 반세기 동안 권력을 행사했던 우익 독재와 공산주의자들로 대표되는 권위주의적 좌파 모두에 대항한 정책 노선을 취하고자 했다.

이와 같은 이중적 유산의 결과로 포르투갈의 의회연합은 다른 서유럽 국가들과는 다른 양상을 띠게 되었다. 예컨대 다수당이 될 수 있는 공산주의자들과 사회주의자들 간에 좌파연합을 이루기가 어려웠고 사회주의자들과 우파 역시 이념적 차이로 연합하기가 쉽지 않았다. 한편으로 가톨릭 세력과 보수주의자들은 공산주의에 대한 저항으로 사회주의자들을 지지하기도 했으나 일부 사회적 쟁점에 대해서는 두 세력이 여전히 대치했다.

1976년 4월 25일 실시된 포르투갈 의회 선거를 통해서는 사회당이 확실한 다수표를 얻음으로써 안정적인 지위를 획득했다. 여러 가지 쟁

┃표 5-2┃ 포르투갈 혁명과 민주화 과정의 시기별 쟁점 및 주요 세력

시기	주요 쟁점	지지·주도 세력	반대·저항 세력
혁명 초기	- 사회주의 혁명 - 아프리카 전쟁 종식 - 군부 내 계급 갈등	- 중간 서열 장교 집단 - 공산당은 강한 조직력 기반의 군부운동 찬성 - 프롤레타리아 - 프티부르주아	
1975년 초중반	공산당의 급진적 토지 몰수, 언론 장악, 가톨릭교회 공격, 소지주 자산 몰수 등 급진적 공공개혁에 대한 원성과 비난 증가		- 프티부르주아 - 중산계층 - 중도 우파들의 비난 증가
1975년 8월 말경	- 민간 세력 결집 - 소아레스와 사회주의자 간 강력한 연합 형성 - 소아레스의 사회당이 7월 임시정부에서 탈퇴. 이후 대중민주당도 탈퇴 - 시민 봉기 발발 - 정부 권력으로부터 공산당 제거, 군부 내 공산주의자 및 동조자 숙청(1974년 4월 쿠데타 이후 처음으로 포르투갈공산당이 반대 세력에 섬)	- 중도 좌파	- 공산당이 통일혁명전선의 급진 좌파들과 연합 형성
1975년 8월 이후	- NATO 국가들의 해외 정보 요원과 밀정들이 활약 - 이 기간 공산주의자들의 선동으로 사병들의 혁명적 운동이 수차례 발생 - 낙하산 부대가 장교 없이 좌의 반란을 시도하기도 함(1975년 11월 25일)	- 사회주의자 및 온건한 육군 장교	- 공산당과 급진적 사병 연합 - 반공 세력이 일시적으로 연합한 이유는 포르투갈에서 공산당이 고립되고 군부 내에서 곤살베스가 고립되었기 때문
1975년 말	- 6차 임시정부 출범 - 공산당의 지원을 받던 곤살베스 축출 후 서방(미국, EEC)의 지원을 받음 - 1975년 10월 초 비상 원조로 2억 7200만 달러 지원		- 이아네스 대령과 반공산주의 연합 - 1975년 11월 25일 급진 군인들을 진압하는 구실 제공

점에 대해 다른 정당들과 마찰을 빚던 사회당은 독자적인 노선을 결정했고, 1976년 6월 반혁명적인 군부 지도자인 안토니우 하말류 이아네스(António Ramalho Eanes)가 압도적인 지지로 포르투갈 공화국의 대통령으로 선출되었다. 그는 군부의 규율을 재정립해나갔고 소수 사회당 정부를 중심으로 의회 민주주의의 원활한 작동을 지원함으로써 포르투갈에서 민주주의 공고화의 초석을 다졌다.

3. 스페인의 정치 변동과 민주주의

스페인의 민주화는 1970년대 중반 같은 시기에 시작했으나 혼란과 폭력 속에 진행된 포르투갈의 민주화 과정과 크게 비교된다. 스페인은 1975년 11월 프란시스코 프랑코(Francisco Franco) 총통의 사망으로 맞게 된 전환기적 상황에서 총통에 의해 후계자로 지명된 후안 카를로스(Juan Carlos) 국왕과 프랑코 체제하에서 각료를 역임했던 아돌포 수아레스(Adolfo Suárez) 수상 등 체제 내의 정치 엘리트들이 민주화 과정의 주도권을 장악하고 40년간 유지되었던 프랑코 체제를 해체했다. 그 과정에서 커다란 유혈 충돌이나 폭력에 의한 대결 없이 평화적으로 의회 민주주의 체제로 전환할 수 있었다.

스페인의 민주화 과정은 폭력에 의한 헌정질서의 중단 없이 프랑코 체제의 법질서에서 민주주의 체제의 법질서로 평화적이고 점진적으로 이행했다. 즉, 권위주의 체제에서 민주주의 체제로의 이행이 과거와의 단절에 의한 급진적인 변화가 아니라 과거와의 연속선상에서 체제 내의 개방파들에 의해 주도되어 점진적인 개혁을 통해 이루어진 것이다. 이는 합법적인 방법으로 진행된 위로부터의 개혁이라고 할 수 있다. 그러나 스페인에서도 프랑코 사후 체제에 대한 민중들의 저항은 점차 거세어졌다. 특히 공산당(Partido Comunista de España: PCE), 사회노동당(Partido Socialista Obrero Español: PSOE) 등 좌파 정당들과 프랑코 체제 하에서 노동운동을 실질적으로 이끌었던 노동자위원회는 민주적 자유를 위해 주도적인 투쟁을 펼쳤다. 이 투쟁은 1975년 프랑코의 사망에 이어 1975~1976년 절정에 달했으며 이는 프랑코 체제가 지속되는 것을 저지하기 위한 큰 압력으로 작용했다.

정치 지도자들은 과거 제2공화국과 내란을 겪으면서 생긴 트라우마로 인해 혼돈을 저지하고 평화로운 민주 체제로의 전환을 추구하고자 했다. 따라서 극한적인 대결이나 대립을 피하고 대화와 협상을 통해 개인이나 집단의 이익을 자제했으며, 민주제도의 정착을 그 무엇보다 우선시했다. 이로써 스페인은 평화적이고 점진적인 전환기를 거쳐 민주주의 체제를 성공적으로 정착시킬 수 있었다. 이와 같은 정치 지도자들의 실질적인 노력은 다양한 정치 행위자 간의 협정 등을 통해 잘 표출되었다.

정치 지도자들이 대승적인 차원에서 합의를 모색할 수 있었던 데에는 제2공화국과 시민전쟁의 역사적 경험 외에도 프랑코 체제의 지속적인 변화, 선거를 통해 표출된 국민들의 요구, 서유럽 민주주의 국가들과 이웃하고 있는 지정학적 요인들이 작용했다.

1) 민주화의 기원과 배경

1975년 프랑코가 사망한 이후 1982년 사회노동당이 집권하기까지 스페인의 민주주의 전환기 동안 작용한 민주화의 요인을 분석하기 위해서는 정치 행위자의 합리적 선택의 관점에서 접근해야 한다. 카를로스 국왕과 수아레스 수상 등 프랑코 체제 내 정치 지도자들과 펠리페 마르케스 곤살레스(Felipe Márquez González) 사회노동당 서기장, 산티아고 카리요(Santiago Carrillo) 공산당 서기장 등 재야 세력의 지도자들은 전환기를 이끌어간 주요 정치 행위자들로, 이들은 스페인에서 민주주의를 정착시키고 합의를 도출하기 위해 노력했다.

1931년 4월 제2공화국이 선포되고 난 이후 극단적인 좌우의 대립에 따라 정치 불안과 경제적 침체가 계속되었다. 공산주의자, 사회주의자 및 좌익 공화주의자 등 스페인의 좌익 세력은 '인민전선'을 결성하고 1936년 2월 총선에서 승리했다. 이에 반발해 우익 세력은 군부를 정점으로 파시스트 팔랑헤당, 왕당파, 가톨릭교회를 연합했고, 인민전선 정부에 대항해 1936년 7월 18일 군사 반란을 일으켰다. 스페인은 이데올로기적으로 확연히 다른 두 개의 스페인으로 나뉘어 한편이 완전한 승리를 거둘 때까지 처절한 싸움을 계속했다. 군사 반란에 참여한 장교들은 군부의 봉기가 단순히 합법 정부에 대한 군사 반란이 아니라 모든 통치권을 상실한 정부에 대한 국가 방위인 동시에 혁명의 혼돈 속에서 국가를 구원하기 위한 것이었다고 주장했다.

이 같은 스페인 내란은 유럽 최후의 종교 전쟁이자 계급 전쟁이었다. 전쟁은 제2공화국 시절 개혁주의로부터 자신들의 이익을 위협받은 보수 세력과 1936년 2월 이후 등장한 프롤레타리아 사회혁명에 위협을 느낀 우익 세력이 이를 저지하고 스페인에서 좌익 세력을 제거하기 위해 수행한 것이었다. 내전에서 승리한 프랑코는 내란의 상처를 치유하기 위한 아무런 조치도 취하지 않았고 오히려 노동자에 대한 탄압을 더욱 강화했다. 좌파 정당과 노조의 지도자들은 추방되거나 투옥·처형되었다. 그들을 추종하던 대다수의 노동자는 프랑코 체제의 계속적인 탄압과 보복 속에서 은밀하게 살아야 했다.

약 40년에 걸친 프랑코 통치 기간 동안 스페인에는 국민의 기본권이나 헌법이 존재하지 않았다. 프랑코는 필요에 따라 행정적 또는 형식적인 입법 절차를 거쳐 법률을 만들었고 이를 통해 스페인을 통치했다. 프랑코는 국가 원수, 정부 수상, 군 총사령관, 그리고 유일한 합법 정당인 국민운동의 당수직을 겸함으로써 프랑코 개인에게 모든 권한을 집중시켜 절대 권력을 행사했다. 살바도르 지너(Salvador Giner)는 프랑코가 무솔리니와 같은 파시스트의 전형이라고 평하지만, 이는 1940년대까지의 프랑코 체제를 정의할 경우에만 해당한다. 프랑코가 통치하던 전 기간을 보면 오히려 후안 린츠(Juan Linz)가 정의한 탄력성 있는 권위주의 체제라는 분석이 더 적합하다고 볼 수 있다.

프랑코 체제는 우파의 정치연합 - 군부, 팔랑헤당, 가톨릭교회 등에 의해 형성된 계급 지배의 한 형태로, 본질적으로 변화하는 권위주의 체제였다. 내전이 끝난 후의 프랑코 체제와 1970년대의 프랑코 체제는 전혀 다른 정치체제였다. 이 같은 변화는 느린 속도로 진행되었지만 변화하는 국제 환경에 따라 프랑코 체제도 점차 변화해갔다. 이는 40년간 권위적 지배를 유지해온 프랑코 개인의 성격이 변화한 데 기인하는 것이지만, 프랑코 체제는 이데올로기나 원칙을 고수하는 데서 실용적인 측면을 강조하는 쪽으로 조금씩 변화했다. 즉, 프랑코 체제가 권위를 독점한 파시스트 체제가 아닌 우파 연합의 계급 지배 체제였으며 이로 인해 점차 실용적인 방향으로 변화되어나갔다는 사실에 주목해야 한다. 이는 1975년 프랑코 사망 이후 스페인이 민주주의 체제로 손쉽게 변화될 수 있는 중요한 원인으로 작용했다. 실제로 프랑코 사망 이전에도 스페인에는 제한적인 정치적 다원주의가 확립되어 있었다.

2) 민주화 과정의 특징

1950년대 스페인은 고립 정책에서 탈피해 경제 성장률이 일본 다음으로 최고였으며 EC와 유럽자유무역연합(EFTA)을 각각 2배, 3배 추월할 정도였다. 따라서 경제성장으로 다변화된 사회의 시대 욕구가 경직된 사회를 배척하는 시위의 형태로 드러났으며 젊은 성직자들은 기존 가톨릭 세력과 프랑코와의 야합에 대한 단절을 촉구하고 나섰다.

이 시기 노동운동과 분쟁의 수는 급격히 증가했는데, 정부의 노동 탄압 완화, 새로운 노동 계층 대두, 경제 호황으로 인한 노동력 수요 증가 등이 그 원인으로 작용했다. 스페인에서는 1960년대까지 경제적·사회적·인적 구조가 놀랍게 변했고, 산업 노동자와 청년층의 증가로 도시로의 인구 집중이 빠르게 증가했다. 이들은 내전에 대한 기억도 크지 않고 빈곤 지역에서 도시로 이주한 젊은 세대였으므로 당시 노동운동을 활성화시킨 주역이라 할 수 있다.

한편으로 체제 내 개방파는 체제의 안정성을 확보하기 위해 개방화 정책을 서서히 추구해나갔다. 1965년에 마련된 언론법에 따라 언론의 자유화도 실현되기 시작했다.

이때부터 스페인의 노동조합은 국가 이익을 최우선으로 하는 전체주의적인 성격의 노동조합이 아닌 공익 법인체로서 참여자들의 이익을 방어하기 위한 조직으로 개편되었다. 그러나 민주화로의 체제 개편이 전면적으로 이루어질 수는 없었다. 다만 체제 불만 세력의 과격한 요청을 완화시켜줄 부분적 자유화 조치, 예컨대 민중 탄압이나 검열의 완화와 함께 교회, 노조, 기업 연맹 등의 활성화 조치 등 시민사회의 참여를 유도하는 조치들이 시행되었다. 파업도 자주 발생했는데, 처음에는 임금 인상 등 경제적 이유의 파업이었으나 점차 정치적 이유로 확대되어 나갔다.

프랑코는 자신의 후계자로 카를로스 왕자를 지명했지만 실은 그의 추종자인 루이스 카레로 블랑코(Luis Carrero Blanco) 제독을 초대 수상에 앉힘으로써 프랑코 체제의 세습을 꾀했다. 그러나 바스크분리주의자에 의해 블랑코가 암살됨에 따라 프랑코의 계획은 수포로 돌아갔다. 이후 체제 내 온건파라고 할 수 있는 카를로스 아리아스 나바로(Carlos Arias Navarro)가 이어서 수상으로 취임해 민주주의로의 '통제되고 신중한 변화'를 추구해나갔다. 이를 위한 방법으로 체제 반대파를 배제하고 기존의 국민운동을 유지하기 위해 내부의 파벌을 인정한 조치들을 들 수 있다.

한편 나바로의 미온적인 자유화 조치에 저항하는 세력들이 늘어났고 1975년 들어서는 가톨릭교회가 집회와 언론의 자유 보장을 요구하고 나섰다. 군의 일부 소장 장교들은 군사민주동맹을 결성해 군부와 프랑코 간 연계를 끊고 정치적 중립을 지키고자 했다. 나아가 스페인 공

산당인 PCE는 민주평의회를 결성해 프랑코 사후의 정국에 대비하고자
했다.

스페인의 민주화는 프랑코 말기부터 시작되었지만 그의 사후에는
프랑코 체제의 붕괴와 민주화가 더 가속화되었다. 프랑코 사후 스페인
의 민주화 과정에서는 카를로스 국왕의 역할이 지대했다. 카를로스는
프랑코 사후 1975년 11월 20일 후계 기구에 의해 국왕으로 선언되었고
이후 그는 국민 화합을 통한 개혁과 민주화를 위해 나아가겠다는 의사
를 명확히 밝혔다(Hooper, 1987: 70).

그러나 카를로스 국왕은 프랑코라는 독재자에 의해 후계자로 임명
되었기에 그의 민주화 의지는 프랑코 사후 초기에 국민들로부터 인정
받지 못했다. 하지만 민주주의로 개혁하려는 국왕의 확고한 의지로 인
해 카를로스 국왕은 최고 군통수권자로서 군부의 위계와 기강을 유지
할 수 있었다. 특히 1981년 2월 밀란스 델 보스치(Milans del Bosch) 장
군의 주도로 발발한 군사 쿠데타를 진압하는 데 국왕의 역할은 결정적
이었다. 이 사건은 민주주의의 공고화를 위한 국왕의 결연한 의지를 확
인하는 계기가 되었다.

이후 국왕의 지휘 아래 개혁파 인사들이 체제 내 주요 내각을 구성했
다. 그러나 아래로부터의 변화 요구는 거세어지는 반면 체제 수호 세력
의 저지로 나바로 수상은 기존에 약속했던 민주화 개혁 조치를 완성하
지 못했다. 1976년 초반에는 시위대와 경찰이 충돌하기도 했으며 반체
제 인사들은 집권 세력에 대항하기도 했다. 프랑코 체제 지속에 대한
반대와 민주화에 대한 대중의 아래로부터의 요구가 점차 커지고 노동
자 파업과 경제적 위기가 겹치면서 나바로 정부의 소극적인 자유화 조
치들은 위기를 맞았다.

3) 민주주의 이행 과정

이행의 유형과 방향

이 같은 사회 혼란 속에서 나바로 수상이 퇴임하고 카를로스 국왕에 의해 수아레스 당시 국민운동장관이 임명되었다. 프랑코 체제와의 단절을 요구하는 재야 세력의 목소리는 점차 거세어졌고 이 시기 단절적 개혁을 위한 정책들이 진행되었다. 수아레스의 개혁 조치에 따라 많은 사람들이 불가능할 것이라고 생각했던 일들이 이루어졌다. 프랑코 체제는 자신들이 만들어놓은 법에 의해 서서히 해체되었던 것이다. 다시 말해 프랑코 체제와의 단절에 의해서가 아니라 프랑코 체제에 의해 새로운 민주주의 체제가 만들어졌던 것이다. 단절적 개혁이란 프랑코 체제의 기본법들을 근거로 전체주의에서 민주주의 체제로 이행하기 위한 정치개혁법을 만들어내고, 이를 통해 완전한 민주주의 체제를 구축하는 방식이었다. 즉, 과거의 법에 따라 과거와 전혀 다른 새로운 체제를 유지할 법을 만들어 과거와 자연스럽게 단절했던 것이다. 국왕에게는 국민투표 소집 권한이 있었으며, 국민투표 안건인 정치개혁법은 프랑코 체제의 국회에 의해 통과되었다. 국왕과 수아레스 수상은 프랑코 체제하의 의원들을 설득하고 회유해 안건이 통과되도록 노력했다. 물론 의원들은 민주화의 추진을 거부하면 정치적 귀결이 어떻게 될지 알 수 없었기 때문에 그 같은 현실에 직면하자 감히 반대하지 못했던 것이라고 할 수 있다(Esteban, 1982: 106).

결국 프랑코 체제가 만들어놓은 법에 의해 프랑코 체제가 서서히 무너진 꼴이며 과거의 법에 의해 전체주의적 요소들이 민주주의 체제로 전환되었던 것이다. 이로 인해 스페인은 과거 권위주의 체계와 서서히 자연스럽게 단절되어갔다. 이는 포르투갈이 과거 세력을 비합법적으로 처단함으로써 과거 세력과 갑작스럽게 단절한 것과 대조된다.

수아레스 정부는 개혁의 조치에 미온적이었던 나바로 정부와 달리 반체제 인사들을 포섭하고 개혁의 속도를 가속화했다. 이를 통해 반대 세력의 저항을 최소화하고 신정부의 개혁 의지를 확고히 했으며, 나아가 정국 안정화를 가능케 했다.

수아레스 정부는 다양한 개혁 조치를 취했다. 1976년 7월 수상 취임 연설에서 국민들에게 주권을 돌려주고 자유총선거를 실시할 것을 공표했으며 정치범 사면과 자유로운 정치활동이 가능하도록 형법 개정안을 가결시켰다. 8월에는 민주주의 체제 이행을 위해 재야 세력(사회노동당 서기장 등)들과 긴밀하게 협의하고 프랑코 체제하에서 유일하게 인정받았던 노동조합을 해체한 후 새롭게 사회당 계열의 노동자총연맹(UGT)과 공산당 계열의 노동자위원회(CC.OO)를 합법화했다. 1976년 11월에는 정치개혁법을 제정해 프랑코 체제하의 기본법을 대체했으며 이를 국민투표에 회부함으로써 20년 만에 자유선거가 실시되었다. 또한 제도적인 측면에서는 정치개혁법 제정과 자유선거 실시를 통해 민주화로의 전환이 이루어졌다.[11] 동시에 수아레스 수상은 모든 반체제 세력(프랑코 체제하에서의 탄압으로 인해 비밀 조직으로 존속했던 사회당과 공산당)을 제도권으로 포섭했는데, 이는 스페인 민주화의 성패를 가름할 만큼 중요했던 수아레스의 업적이다.

그때까지 사회노동당과 공산당을 포함한 사회 반체제 세력들은 수아레스의 위로부터의 개혁이 비민주적인 정부에 의해 만들어진 정치개혁법에 근거했으므로 정통성이 결여되었다는 이유로 투표에 기권하라고 국민들에게 호소하기도 했지만 1976년 12월 15일 국민투표 결과는 78%의 투표율로 94.2%의 찬성률을 보였다. 이로써 국민들이 수아레스

---

11   수아레스의 민주화 개혁 일지를 정리하면 다음과 같다. 1976년 7월 수상으로 취임, 1976년 8월 새로운 사회세력과 노조를 인정, 1976년 11월 정치개혁법 제정, 1976년 12월 자유총선거 실시.

정부의 민주화 조치에 찬성하고 있음이 확인되었다. 수아레스 정부 역시 이를 계기로 개혁에 더욱 박차를 가할 수 있게 되었다.

당시 스페인에서는 공산당의 합법화 쟁점이 민주화 과정에서 가장 큰 문젯거리로 대두되었는데 이는 군부가 지난 40년간 반공이라는 정당성을 가지고 권력을 유지했던 데 기인한다. 따라서 구체제 인사와 그 지지 세력들이 이와 같은 민주화를 위한 쟁점들에 찬성하도록 또는 적어도 반대하지 않도록 지지를 확보해야 하는 어려움을 안고 있었다. 수아레스는 공산당 합법화를 반대하는 구체제 인사들에게 자신의 개혁 조치들이 과거와의 단절이 아니라는 점을 설득시켜나갔다. 또한 궁극적으로 군부에 이익이 된다는 점을 강조했다. 수아레스는 1977년 4월 공산당을 합법화하고 구체제하에서 유일한 정당이었던 국민운동을 해체했다. 이를 통해 공산당을 포함한 다양한 정치 세력이 제도권에 들어왔으며 스페인에서는 정권 경쟁이 시작되었다.

또한 스페인 공산당은 구체제 지지 세력과 극우세력을 자극하는 행동을 극도로 자제했으며 국민 화합과 국왕을 인정하는 등 민주주의를 공고히 하기 위한 온건하고 화합적인 태도를 보였다. 이를 통해 스페인 역사에서의 화합과 통합의 기초가 다져졌다고 볼 수 있다. 이는 포르투갈공산당의 태도와 극명한 차이를 보이는 부분이다.

스페인 국민들은 과거 1936~1939년까지 3년간에 걸쳐 이념적으로 양분되었던 시민전쟁의 역사적 경험을 통해 커다란 교훈을 얻었는데, 이는 민주화로의 전환기에서 중요한 영향을 끼쳤다. 이로 인해 프랑코 체제에 대한 지지와 반대 입장을 막론하고 과거와 같은 대립이 아닌 서로 공존하는 평화적 합의를 모색하게 되었다.

정치 기회 구조

수아레스 수상은 1936년 선거 이후 40년 만에 실시되는 1977년 7월 자유총선거에 대비해 선거 직전에 좌우의 중도파들을 결합해 민주중도연합(Union de Centro Democratico: UCD)을 창설했다. 총선거에서 수아레스 수상이 이끈 민주중도연합은 전체 의석 350석 가운데 과반수에서 9석이 모자라는 166석을 차지했고 곤살레스가 이끈 사회노동당은 118석을 차지했다. 카리요의 공산당은 20석을 차지하는 데 그쳤으며, 마누엘 프라가(Manuel Fraga)가 지도한 우파의 인민동맹(Alianza Popular: AP)은 16석을 획득했다. 기타 바스코, 카탈루냐 지역의 반체제 세력인 공산당이 소수당으로 전락했으며, 트로츠키이즘이나 모택동주의 등을 표방한 좌익 과격 정당들은 극좌와 극우를 배제한 온건한 중도를 지향해 불완전한 양당제 의회가 구성되었다.

수아레스는 1977년 6월 총선에서의 승리를 바탕으로 사회노동당, 공산당 등 반대 세력과의 대화와 협상을 통해 점진적이고 지속적으로 개혁 정책을 수행해갔다. 이는 정치적인 측면에서는 신헌법의 제정으로, 경제적인 측면에서는 몽클로아 협정의 사회 협약 체결로 나타났다. 선거에 승리한 수아레스는 민주주의 체제의 토대가 될 신헌법의 제정에 착수했다. 헌법 기초안과 국회에서의 토론은 모든 정치 세력의 합의에 바탕을 두었으며 민주중도연합과 사회노동당이 중심이 되어 공산당, 인민동맹, 바스크당 등 소수 정당들과 의견을 조정하며 헌법안을 기초해나갔다. 신헌법의 제정은 1년여에 걸쳐 느리고 힘들게 진행되었으나 다각적이고 빈번한 협상을 통해 모두에게 만족스럽지도 않지만 그렇다고 모두를 실망시키지도 않는 기초안을 마련했다. 즉, 모든 정치 세력은 각 당 간의 이념적·정책적 공통분모를 최대한 찾아서 합의에 도달했다.

헌법 제정 당시 사회노동당과 공산당은 군주제의 수용 여부를 놓고 당내에서 의견이 분열되었다. 현실적 상황에 따라 입헌군주제를 지지할 것인가 아니면 원칙에 따라 공화제를 고집할 것인가를 놓고 선택해야 했다. 결과는 사회노동당의 곤살레스나 공산당의 카리요 모두 실용주의 노선을 선택하고 전통적인 공화주의를 포기했다.[12] 이는 당의 이익보다는 국가의 화합이라는 측면이 강조되고 민주화를 안정 속에서 정착시키고자 하는 정치 지도자의 노력이 표출된 것이라 할 수 있다.[13]

또한 경제 위기로 인해 민주주의가 위험해지는 것을 막고 산업 평화를 정착시키기 위해 1977년 10월 수아레스는 사회노동당, 공산당, 민주중도연합과의 협상을 통해 임금 인상을 제한하는 몽클로아 협정을 체결했다. 이로써 과거의 스페인과는 전혀 다르게 좌우파가 협력해 처음으로 합의를 통해 사회 협약을 이루었다.

이 협정은 정당들 간에 이루어진 정치적인 결정이었다. 노동자위원회는 내부적으로 소수가 강렬하게 반대했지만 공산당의 정책과 협정을 지지했다. 또한 노동자총연맹은 협정에 대해서는 보장하지 않았지만 현실적으로 받아들인다는 태도를 보였다. 반면 노동자조합연합(USO), 국가노동연맹(CNT), 노동자단일연합(CSUT), 단일노조(SU) 등의 노조는 협정에 반대했다. 법적 측면에서 보면 이는 '의회적' 협정이 아니라 '초의회적' 협정이었으나 의회가 추후 이를 제도화시킴으로써 정당화했다. 대다수 극단 세력은 노동자들의 일차적이고 시급한 경제적인 이익을 중시한 반면, 더욱 온건한 좌파 그룹은 새롭게 탄생된 민주주의의

---

12 카리요는 군주제의 제도화를 토의하기에 앞서 다음과 같이 말했다. "변혁의 초기에 우리 공산당원들은 과거 독재 체제의 후계자인 국가 원수에 대해 경계심을 품었으며 적의까지도 표명했었다. 그러나 변혁의 과정에서 국왕은 국민의 민주주의에 대한 바람을 반영해 민주주의적인 의회군주제라는 개념을 형성하는 데 성공했다. 현실적으로 국왕은 스페인의 어려운 정치적 균형에 대해 결정적인 역할을 다해왔다. … 만약 국왕이 존재하지 않았다면 국가와 시민사회는 분열해 국가는 비극적인 결과에 직면하고 말았을 것이다. 이러한 이유로 공산당은 민주주의와 시민의 평화를 위해 헌법 제1조 '스페인의 정부 형태는 의회군주제다'를 지지한다."

13 1979년 봄에 실시된 조사에 따르면 사회노동당 당원 중 군주제를 지지하는 사람은 33%에 지나지 않았고 공산당의 경우에는 14%에 불과했다. 따라서 곤살레스나 카리요는 당원의 의사에 반해 군주제의 제도화를 인정했던 것이다.

┃표 5-3┃ 1978년과 1980년 스페인의 전국 노조 선거 결과

연도	노동자위원회	노동자총연맹	기타
1978년	34.57%	21.7%	노동자조합연합 3.77%, 노동자단일연합 2.92% 등
1980년	30.85%	29.98%	

생존을 위해 경제적인 문제들을 양보했다. 1978년 초에 치른 전국적인 노조 선거 결과 노동자위원회가 34.57%를 획득해 스페인 최대 노조가 되었으며, 노동자총연맹이 21.7%를 차지했다. 그 외 노동자조합연합 3.77%, 노동자단일연합 2.92%, 그리고 독자 후보가 12.36%를 차지했다. 즉, 스페인의 노동운동은 온건한 입장을 견지했던 노동자위원회와 노동자총연맹에 의해 주도되었다.

수아레스 정부는 1979년 3월 총선거에서 다시 승리했다. 총선거 결과 1977년과 같이 민주중도연합이 168석, 사회노동당이 121석을 차지함으로써 온건한 양대 정당에 의한 정치적 안정을 희구하는 스페인 국민의 뜻이 다시 한 번 표출되었다. 또한 이는 수아레스 수상이 추구해 온 점진적이고 단계적인 민주화의 실현을 국민이 지속적으로 지지한 것이라고 볼 수 있다.

선거에서 패한 사회노동당은 당내 온건파와 좌파 사이에서 당의 노선에 관한 투쟁으로 위기를 맞았다. 1979년 5월 제28차 사회노동당 전당대회에서 곤살레스 서기장은 당이 막시스트 이념과의 관계를 단절할 것을 공식적으로 제안했으나 부결되었으며 이에 서기장직 사임을 발표했다. 그러나 9월 특별 전당대회에서 곤살레스는 카리스마적 통솔력으로 당내 좌파들을 밀어내고 다시 복귀했고, 이로써 온건파들이 확실하게 주도권을 장악했다. 결과적으로 온건파들의 당 지도부 장악으로 당과 노동자총연맹은 더욱 유화적인 온건 노선을 취하게 되었다.

노동자총연맹은 1979년 7월 스페인의 대표적 경영자 단체인 스페인

기업인연합회(Confederacion Espanola de Organizaciones Empresariales: CEOE)와 노동관계에 관한 협약을 체결했다. 노동자총연맹과 스페인 기업인연합회는 1980년 임금 인상을 위한 기본적 틀을 상호연합대협정(Acuerdo Marco Interconfederal: AMI)을 통해 체결했다. 노동자위원회도 부분적인 협상에는 참여했지만 기업인연합회의 더욱 많은 양보를 요구하며 협정에 서명하지 않았다. 1980년에는 파업이 큰 폭으로 감소했으며 참여 노동자 수도 전년도에 비해 반으로 줄었다. 또한 노동 손실일도 1/3로 줄어들었다. 결과적으로 몽클로아 협약을 대체한 사회협약이 정부와 사회노동당의 보장하에 체결됨으로써 산업 평화가 이루어졌다고 할 수 있다. 노조의 제2차 선거는 1980년 가을 시작되었다. 선거 결과는 노동자위원회가 30.87%로 승리했지만 지지율이 지난 선거보다 약 4% 하락했으며 반면 노동자총연맹은 29.28%로 약 8%의 지지율 상승을 보였다. 따라서 노동자위원회와의 격차가 실질적으로 없어졌다. 이는 사회주의자들이 상호연합대협정을 통해 온건한 정책을 추진했기 때문이라고 할 수 있다. 또한 노동자단일연합, 단일노조 등 급진 성향의 노조들이 실질적으로 사라져버렸다.

결과적으로 노동자들은 온건한 좌파를 계속적으로 지지한 것으로 분석될 수 있다. 이는 현대 스페인의 변화 과정에서 새로운 체제가 안정하는 데, 즉 민주주의가 정착하는 데 지역주의, 테러리즘, 군부 등 다른 요인들과 함께 노동운동이 중요한 요인으로 작용한 것이라고 할 수 있다. 실제로 사회적으로 코포라티즘적 국가 협조 과정을 주도한 것은 의회, 즉 정치권이었다.

정부는 1981년 체결한 상호연합대협정에 이어 직업에 관한 국가협정(Acuerdo Nacional sobre el Empleo: ANE)을 추진했다. 이 협정은 내용에서는 임금 인상의 제한, 정부의 직업 창출 정책 등 과거와 커다란 차이가 없었다. 그러나 이 협정의 진정한 의미는 민주화가 시작된 후 처음으로 정부와 정당 간에 이루어진 것이 아니라 경영자연합회와 두 노조가 동시에 참여했다는 데 있다. 이 협상은 한편으로는 어려운 경제를 극복하기 위한 노력이기도 했지만 다른 한편으로는 경영자와 양 조직이 확립되어가고 있음을 의미했다. 이는 네오코포라티즘적 협정이라고 할 수 있는데, 이 같은 협정의 중요한 동기가 된 것은 1981년 2월 발발한 군사 쿠데타였다. 하지만 국가협정은 상호연합대협정과 큰 차이가 없었으나, 노조가 자신들의 경제적 요구를 제한하는 정치적 결정을 내렸다는 점에서 상호연합대협정과 달랐다. 이는 민주주의를 보호하기 위해 단기간 희생한다는 것을 의미했다. 국가 전체의 정치적 안정을 위해 자신들의 경제적 요구를 제한했던 것이다. 스페인에서 얼마 되지 않은 민주주의가 1981년 2월 발발한 쿠데타에 의해 정치적 위협에 당면하자 사회의 모든 세력은 민주주의의 정착을 위해 사회 협약에 자발적으로 참여했다.[14]

4. 민주주의 공고화 과정

1) 시민운동

절차적 민주주의를 넘어 실질적 민주주의를 가능하게 하는 주요 요

---

[14] 1982년 10월 28일의 총선에서 스페인 사회노동당은 득표율 48%로 350석 중 202석을 차지하고 정권을 장악했다. 40년간 독재를 해온 프랑코가 사망한 후 7년 만에 스페인은 우익 독재에서 사회주의로 바뀌었다. 1986년 선거와 1990년 선거에서도 사회노동당이 승리해 이제 누구도 스페인의 민주화에 대해서는 의심을 갖지 않게 되었다. 결론적으로 정치적 기적이라고 평가되는 스페인의 민주화는 프랑코 사후의 과도기에서 정치 지도자들이 자신이나 각 당의 이익보다는 국가와 국민의 이익을 위해 노력하고 합의 정신과 비폭력적 타협 정신으로 전환기의 위기를 극복하며 서구식 의회 민주주의를 정착시킴으로써 이루어진 것이라고 볼 수 있다.

소 중 하나는 시민사회의 발전이다. 비록 강하고 발전된 시민사회가 민주정부의 설립에 늘 기여한 것은 아니었지만 그럼에도 많은 경우 긍정적 상관관계를 발견할 수 있다. 시민사회가 민주주의에 기여하는 방법에는 여러 가지가 있다. 특히 다양한 이해를 갖는 행위자들이 모여 더욱 심도 있는 토론과 공정한 경쟁을 통해 정부 정책을 더욱 신뢰할 수 있게 만든다는 점에서 의의가 크며, 이는 시민 사이의 신뢰 형성에도 기여한다.

같은 민주국가라도 중산층과 노동계층을 대표하는 시민사회가 발전하는 양상에는 나라별로 편차가 크다. 포르투갈과 스페인은 정치 문화, 권위주의 정권, 정권 교체의 시점과 내용, 민주 정권의 기간 등에서 유사성이 많지만 민주 시기 동안 이 두 국가에 형성된 시민사회의 발전 정도는 크게 다르다. 포르투갈의 시민사회는 대부분 더 밀접하고 조직적이며 제도화되어 참여 민주주의의 형태를 보인 반면, 스페인의 시민사회는 수동적이고 비적극적이며 탈동원화되어 있다. 이러한 차이를 보이는 가장 큰 이유는 민주주의로 이행하는 경로가 달랐기 때문이다. 이로 인해 양국의 민주주의 공고화는 실질적 측면에서 서로 다른 평가를 받고 있다. 포르투갈의 경우 민주주의 이행 과정이 사회혁명으로 나타난 반면, 스페인에서는 정치 엘리트들의 점진적 개혁이 민주주의로의 전환을 이끌었다. 사회혁명이 항상 민주 정권으로 이어지는 것은 아니지만 거대한 사회 참여를 유도하는 장치를 만들어낼 수는 있다. 포르투갈에서는 혁명적인 경로를 통해 민주주의로 이행함에 따라 노동계층과 중산층이 자발적으로 조직하는 능력을 갖게 되었다.

일부 문헌은 시민 간 신뢰 부족, 낮은 선거 참여율, 민주체제에 대한 불신, 정치 참여에의 불평등 등을 이유로 포르투갈 민주체제가 여전히 열악하다고 주장하지만 포르투갈과 스페인은 시민 참여와 자유주의 전통을 오랜 기간 유지해온 다른 서유럽 국가들의 민주체제와 구별되는 국가로서 제3의 민주화 물결에 해당하는 국가임을 주목해야 한다. 특히 사회혁명을 통해 민주화로 이행한 포르투갈은 기존 정권에서의 사회적 위계에서 벗어나 새로운 체제 내에서 엘리트와 대중이 함께 더욱 포괄적이고 열린 민주주의로 이행했다. 또한 혁명적 변혁 과정 속에서 대중은 새롭게 출현하는 민주제도와 규칙을 만드는 핵심적인 역할을 맡았다.

민주주의로 이행한 후 민주주의 공고화로 이어지는지 또는 권위주의로 회귀하는지는 기존의 권위적인 정권하에서 강경하고 억압적이었던 보수주의 분파들이 민주화 과정을 다시 뒤집을 만한 기회를 갖지 못하도록 하는가 여부에 달려 있다. 예컨대 이들이 체제가 변동하는 과정 동안 과도한 대중적 압박과 요구(재분배, 정치·사회적 권리, 이행기 정의 등)에 의해 위협받지 않도록 하는 것이 중요하다. 동시에 이들을 통제하기 위해 의사 결정권을 부여하고 그들의 자리가 위협받지 않을 것이라고 안심시켜야 하는 과제를 안게 된다. 이와 같은 이유로 이행기 정치의 가장 이상적인 형태는 기존 체제의 엘리트들이 민주적이고 온건한 야당과 새로운 체제에 관해 협상해나가는 것이라는 주장이 가능하다. 또한 대중의 참여를 최소한으로 제한하려는 이유도 여기에 있다. 즉, 민주주의를 유지하는 데 가장 결정적인 요소는 엘리트 간 협상과 합의라고 할 수 있다. 또한 이행기의 중요한 시점에 민주주의 연합을 위해 꼭 필요한 경우에만 대중을 동원해야 하는데, 개혁을 통해 민주화를 이룩한 스페인이 이 경우에 해당한다.

특이한 점은 포르투갈과 스페인 가운데 전간기와 권위주의 체제 말기에 이르기까지 시민사회가 활성화되었던 국가는 스페인이었다는 점이다. 따라서 권위주의 체제 이후 포르투갈에서 시민사회가 발전한 것을 자연스러운 현상으로 이해할 수는 없다. 포르투갈과 스페인은 1970년대 중반 민주주의로의 전환과 함께 역사상 처음으로 지속적인 시민의 자유 시대를 맞이했다. 독재 정권의 몰락으로 인한 내부 분열에 이어 전환기에는 대중운동의 기회와 시민 연합이 자유롭게 설립될 수 있는 기회가 제공되었다. 양 국가는 전환기 동안 높은 수준의 참여도와 연합 구성의 물결, 사회운동의 탄생 및 시위의 일반화를 보여주었다. 또한 평등하고 참여적인 민주주의에 대한 제안과 이상향이 퍼져나감으로써 민주적 희망이 태동했다.

하지만 민주화 기간 동안 두 국가에서 나타난 시민사회 및 시민 참여도의 패턴은 매우 달랐다. 예컨대 포르투갈은 스페인에 비해 사회·정치적으로 덜 발달되었음에도 포르투갈의 시민 연합 구성이 더 활발했다. 또한 다수의 연구에 따르면 포르투갈이 스페인보다 사회·정치·문화적 측면에서 더 제도화된 대중적 운동을 조직하고 있으며 자발적 단체에 대한 소속감과 참여도 역시 포르투갈이 더 높은 것으로 조사되었다. 인구 대비 연합의 비율에서도 포르투갈은 항상 스페인보다 앞섰다. 1990년 세계 가치관 조사(World Values Survey)에 따르면 스페인인 가운데 76.5%가 어떤 단체에도 속하지 않았던 반면, 포르투갈인 중에서는 64.2%가 무소속이었다. 즉, 포르투갈인들이 더 높은 단체 등록률을 보인다는 것인데, 1987년에는 단체 등록률이 포르투갈 30.6%, 스페인 19.1%였으나, 1993년에는 이 비율이 각각 35.9%와 22.3%로 증가했다. 여러 단체에서의 성인 가입률 역시 또한 포르투갈이 더 높았다. 1990년대 초에 포르투갈에서는 43.6%의 성인이 1개 이상의 단체에 가입해 있었으나 스페인에서는 그 비율이 31.2%에 그쳤다. 그러나 2000년대 들어 포르투갈과 스페인은 연합 등록률에서 유사한 수준을 기록했다. 하지만 실질적인 참여의 질이라는 측면에서는 포르투갈(58%)이 스페인(49%)을 훨씬 앞섰다. 민주주의 전체 기간을 놓고 봐도 같은 결과를 보이는데, 1990년에 자발적인 활동 단체의 회원 비율에서 스페인은 7%인 데 반해 포르투갈은 18%로 높았다. 1999년부터 2002년까지의 자료를 보면 단체 활동에서 포르투갈은 스페인보다 다양한 측면에서 앞서고 있는 것을 확인할 수 있다. 우선 단체 참여 비율을 보면 포르투갈과 스페인은 34% 대 32%였고, 기부는 35% 대 23%였으며, 자발적인 활동 역시 22% 대 16%인 것으로 나타났다. 이와 같은 추세는 2006년에도 지속되었다. 결정과 토론에 참여하는 비율이 57% 대 40%였고, 회의 주최와 진행은 25% 대 14%였으며, 대중 연설은 17% 대 12%, 자료 공개는 16% 대 15%로 포르투갈이 모든 측면에서 더 활발한 활동을 보였다.

포르투갈에서는 사회적·정치적 측면 모두에서 노동계층과 중산계층의 단체들이 더 강하고 조직화되어 있다. 예를 들어 민주화 이후 노조의 조직화 비율은 스페인에 비해 포르투갈에서 줄곧 높았다. 포르투갈에서는 1975년 기준으로 61%가 노조에 활발하게 참여한 반면 스페인에서는 1980년 기준 33.8%에 그쳤다. 1990년 들어 스페인의 노조 참여율은 18%로 하락했지만 포르투갈은 32%대를 유지했다. 1990년대 후반으로 접어들면서는 양국 모두 점차 감소하는 추세를 보여 1997년 스페인의 노조 참여율은 17%, 2000년 포르투갈은 25.6%를 기록했다. 나아가 성인 인구의 단체 가입 비율도 포르투갈이 더 높았다. 포르투갈 성인의 단체 가입 비율은 1978년과 1984년에 각각 31%와 12.9%를 차지했다. 1980년과 1985년 스페인에서는 각각 9%와 6.5%에 머물렀다. 2000년 들어 비록 차이가 줄어들긴 했지만 포르투갈과 스페인의 성인 단체 가입 비율은 각각 11%, 7%를 보여 여전히 포르투갈이 높았다.

스포츠와 여가를 위한 단체에 가입하는 비율도 포르투갈이 더 높게 나타났다. 민주화 초기인 1978년 포르투갈에서는 문화 단체 가입 비율이 39.7%를 보인 반면, 1980년 스페인에서는 14%로 나타났다. 1984년에는 포르투갈이 50.4%로 증가한 반면 스페인에서는 오히려 10%로 감소했다. 1990년 세계 가치관 조사에 따르면 스페인인 중에서는 5.3%,

포르투갈인 중에서는 13.6%가 문화 관련 단체에 가입했던 것으로 조사되었다. 2001년부터 2003년까지도 포르투갈은 8.2%, 스페인은 1.5%로 여전히 격차를 보였다. 문화 단체 역시 새로운 회원을 모집하고 활용하기가 스페인(1980년 5%, 1985년 9%)보다 포르투갈(1978년 14.5%, 1984년 22.1%)에서 더 용이했다. 1990년대에 그 비율은 더 낮아졌지만 추세는 비슷했다(포르투갈 7.5%, 스페인 5.1%). 이 시기 전문기관의 멤버십 또한 포르투갈이 더 높았다. 포르투갈에서는 전문기관의 멤버십이 1978년 6.2%, 1984년 10.2%, 2000년대 초반 7%로 나타났고, 스페인에서는 1980년 3.8%, 1986년 5%, 1990년 2.6%, 2000년대 초반 3.5%로 나타났다.

나아가 종교 단체 가입률도 포르투갈에서 더 높게 나타났다. 포르투갈에서는 1970년대, 1980년대, 1990년대에 각각 4.4%, 5.7%, 10.5%가 종교 단체에 가입했지만, 스페인에서는 각 시기 3%, 7%, 5.1%에 불과했다. 2000년대 들어서도(2001~2003) 포르투갈이 8.9%로 스페인(3.2%)을 앞섰다.

요약하면 민주화 전체 기간 동안 포르투갈은 스페인에 비해 정치·사회적인 측면에서 중산층과 노동계층의 이익을 대변하는 시민사회가 활성화되어 있었다.[15]

포르투갈에서는 민주주의로 이행하는 여정에서 역사상 전례 없던 대중 동원과 조합 결성의 물결이 일어났으며 이를 통해서 사회의 모든 면을 민주화시키고 변화시키려고 했다. 파울라 보르지스 산토스(Paula Borges Santos)에 따르면, 신국가체제의 몰락과 함께 대규모의 대중 사회운동이 폭발했고 1974년 4월부터 그다음 해 말까지 포르투갈은 사회

---

15 2001년에서 2008년까지의 기간 동안 포르투갈은 문화, 사회, 종교, 스포츠, 육아, 거주 연합에서 더 높은 가입 비율을 보였다.

개혁에 돌입했다.

포르투갈에서는 다방면에서 시민운동이 발생하고 조합이 창설되었다. 세대별(부모 세대와 젊은 세대), 직업별(전문직, 농민), 쟁점별(여성, 환경, 정치)로 조직들이 출현한 것이다. 또한 주요 도시에서는 거주 환경의 개선과 민주적 지방 자치를 위해 주민협회(neighborhood association)와 빈민운동(urban squatters' movement)이 만들어졌다. 첫 빈민운동은 1974년 4월 29일 리스본의 판잣집에서 살던 100여 가구가 빈 집들을 차지하면서 시작되었다. 한 달 뒤 리스본과 포르투의 2000여 가구들이 점령되었고 선출된 주민단체에 의해 운영되었다. 1974년 여름국가 통합을 위한 포르투갈 학생 위원회(Pro-National Unity Commission of Portuguese Students) 같은 좌익 학생 단체가 문맹률 하락, 건강 교육, 도시와 농촌에 있는 빈민촌의 지역사회 발전을 위해 수천 명의 학생들을 동원했다. 1974년 4월과 6월 사이에서는 직장에서 공장과 국가 기구 운영을 위한 파업이 발생했다. 노동자위원회를 통해 유명 기구들은 기관으로 인정을 받아 실업과 근무환경 등의 쟁점에 대한 체계를 설립했다.

역사적으로 토지 불평등, 억압, 가난과 후견주의가 만연했던 시골 지역에서는 소작농들의 운동과 토지 점유가 발생했다. 무산계급은 이와 같은 운동을 통해 경작되지 않은 땅을 점유하고 집단 농장을 결성했으며 조합을 구성했다. 1975년경 남부 베자와 에보라 등지에 결성된 조합의 비율은 농업 노동 인구의 60%에 달했다. 북부에서는 소작농들이 농민운동(Farmer's Movement)을 조직했다. 이러한 운동들은 정치적 민주주의 확립과 독재 정권의 종말을 지향하는 동시에 산업의 대대적인 국영화와 사회적·경제적 삶의 민주화를 지향했다. 포르투갈에서 민주화로의 이행 기간 동안 발발한 노동자 운동의 57%는 민주화에 관한 이상적인 목표를 가졌지만 그 행동은 극단적이었다. 또한 이러한 운동들은 독재 정권의 군부, 지방정부, 경찰, 공익단체의 관리를 숙청하도록 요구하기도 했다. 대중 사회적 움직임은 사회 통제의 오래된 장치들을 제거할 수도 있었다.

신설 정당과 군부 엘리트들은 대중 동원에 대해 혼합된 반응을 보였다. 포르투갈공산당 및 이와 가까운 노동조합인 포르투갈노동자연맹(General Confederation of Portuguese Workers)은 파업을 비난했다. 거기에다 군부의 일부는 파업을 억압하기 위해 노력하기도 했다. 하지만 이들도 곧 대중운동을 지지하게 되었고 대중들과의 직간접적인 연결고리를 만들어냈다. 이 과정에서 혁명과 참여 민주주의의 평등성에 대한 전반적인 합의가 있었다. 이념적 차이와는 상관없이 모든 정당과 운동은 기존 정권을 부정했다. 반파시즘적이고 참여적이며 사회적인 민주주의의 설립에 대한 합의는 군부와 시민을 가리지 않고 모든 정치적 대중운동을 한데 묶는 사상적 기반이 되었다.

군부는 군부운동을 통해 시민 동원과 심층적인 사회 변화라는 목적을 가지고 지방 행정 구역 수준에서 대중을 동원했다. 군부운동이 전개한 '문화행동주의와 정치적 계몽(Program for Cultural Activism and Political Enlightenment) 운동'은 군부와 대중을 연계하는 시민운동 캠페인의 사상적 기반이 되었다. 이 운동의 목적은 국가 차원의 학교, 지방단체, 빈민운동의 협력을 통해 단순한 선거 민주주의를 넘어 참여적이고 평등한 민주주의를 만드는 것이었다. 군부운동은 군부운동인민연합(MFA-People's Alliance)이라는 이름하에 정권 교체 초기의 시민 조직에서 혁명 운동 조직으로 전환되었다. 초기 활동은 점유한 토지에서 빈곤 소작농들을 돕는 것이었다. 1975년 3월에서 11월 사이에 군부운동은 공산당과의 연계를 강화해 11월까지 실질적인 통치를 맡았던 혁명이사회(Council of the Revolution)를 창설했다. 좌익과 중도 성향의 정당들도 대중에 기반을 둔 운동을 만들어냈으며, 이는 포르투갈노동자연맹 아래 단일화되었다. 이들은 전환기 정부의 지원과 함께 전국으로 확대되어 더 많은 자발적인 노동자위원회와 조합들을 포섭해 1975년에는 노동 인구의 최소 50%를 포함했다.

중도와 중도 우파 성향의 정당들도 좌파와는 먼 사상과 관점을 가지고 혁명을 지지했다. 이 정당들의 일부는 스스로를 사회민주당(Partido Social Democrático: PSD)이라 지칭하고 독재 정권의 잔재를 거부했다. 사회민주당은 전국 단위의 거대 정당이 되었고, 여성과 청소년을 포함한 풀뿌리 조직 운동과 연결되었다. 1970년대 중반 사회주의자들과 함께 이들은 새로운 노동자총연합(UGT)을 창설했다. 이 시기에는 교회와 같이 전통적이고 보수적인 기관들조차 혁명의 목적을 공유했다. 일부 신부들과 사제들은 사회민주당 같은 온건 정당과 사회주의를 지지했고, 어떤 이들은 극좌파를 지지했다. 하지만 모두가 사회적 불평등과 실업 같은 공공 쟁점을 가장 중요시하는 데에는 동의했다.

혁명 기간 동안 엘리트들과 시민사회를 연결시키는 이러한 동원의 결과 포르투갈 시민사회 조직들은 스페인에 비해 더 활발해졌으며 정치에서 중요한 역할을 담당하게 되었다. 포르투갈에서는 농업조합 조직들이 당파적인 이유로 정당들과 함께하는 일이 흔해졌고, 정당들이 선거 동원(개발·주거·전문 조직들은 특히 중요했다), 정책 통과 및 입법 등의 이유로 시민사회에 의존하는 것이 일상화되었다. 포르투갈의 정당들은 동원력 측면에서 스페인의 정당들에 비해 더 강했다. 또한 포르투갈 정당의 정체성은 조합 멤버십에 큰 영향을 끼쳤다. 포르투갈은 정당 자체가 스페인에 비해 더 강하고 동원적이었다. 투표 참여자 수 역시 포르투갈이 더 높았다. 전환기 포르투갈의 선거 참여율은 91%(1975년)였던 반면 스페인은 76%(1977년)였다. 정당 정체성과 멤버십 또한 포르투갈이 더 높았다. 1989년 스페인에서는 성인의 30%만 자신의 정치적 성향에 따라 정당에 가입했지만 포르투갈에서는 그 비율이 49%

로 나타났다.

단체 설립에 관한 새 입법은 매우 개방적이었는데, 파시즘을 옹호하거나 폭력을 독려하는 연합들에 대해서는 유일하게 제한 사항을 두었다. 반면 스페인에서는 단체 설립을 행정적으로 제한하고 정부가 임의적인 판단에 따라 개입하는 경우가 잦았다. 나아가 매우 경쟁적이고 대중을 기반으로 한 좌익 정당들은 강력한 의회의 탄생을 이끌어냈을 뿐만 아니라 이 의회는 입법에 관해 단체들과 상의하기도 했다. 정권 교체 이후 의회 개혁은 시민사회 조직의 역할과 기능을 강화시켰다. 시민운동으로 인해 발생한 청원이 의회에서 논의되기 위해서는 1000명의 서명만 있으면 가능했다. 또한 의회가 시민사회 대표자들을 불러 분쟁을 가라앉히고 동의를 이끌어내는 것은 흔한 장면이 되었다. 전환기 시민사회 조직의 대중적 움직임은 전 국가와 사회를 평등한 방향으로 이끌고자 했다. 이러한 조직들을 통해 국민들은 새로운 입법 과정과 정책 수립에 영향을 미치기가 더 용이해졌다. 주거는 헌법상 사회적 권리로 인정되었고 주민협회는 지방 민주정부의 일원으로 인정되었다. 주민협회는 주거, 수자원 분배, 하수도, 운송, 의료, 보육과 관련된 정책 실행과 재정적인 측면에 관여할 수 있는 위원회가 되었다. 또한 도시와 환경 계획 분야에서도 시민 조직과 반드시 상의해야 했다. 리스본 한곳에서만 하더라도 시민사회 단체들은 이러한 정책의 78%를 함께 논의했다. 지방이 자체적으로 선출한 민주정부와 함께 이러한 조직들은 문화적이고 여가적인 활동을 격려했으며, 퇴직자들을 위한 센터와 아이들을 위한 학교를 설립했다. 조합과 노동자를 대표하는 조직들은 국가적인 차원에서 정책 협력 관계에 편입되었다. 집단 해고를 위해서는 노동부의 승인이 필요할 뿐만 아니라 노조와의 상의도 필수적이었다. 또한 개혁 도중 국가, 조합, 고용주들 간의 분야별 동의와 협상은 1983년에 형성된 전국적 조합주의(corporatism)의 기반이 되었다. 1992년에 사회경제위원회(Conselho Económico e Social: CES)로 개칭된 이 국가 단위 조직은 노동과 자본에 대해 동등한 대표성을 띠고 있었다. 사회경제위원회는 노동·고용·경제 정책과 관련된 논의들을 주로 했고 모든 사안에 대해 동의하는 것은 아니었지만 대체로 협의하는 분위기였다. 공산주의자들이 주도하는 포르투갈노동자연맹 역시 대부분의 세부 협정에는 동의했지만 몇몇 국가 단위 협정에는 철저히 반대했다. 또한 사회경제위원회는 환경과 사회복지 조직의 대표자들을 포함함으로써 스스로의 경쟁력을 사회 정책으로까지 확대했다.

1975년부터 지방 의료 서비스가 확대되고 동시에 노동자들과 지역 주민들이 스스로 경영에 참여할 수 있게 됨으로써 포르투갈은 더욱 민주화되었다. 또한 사회복지와 종교 관련 단체들은 보건·복지·교육·주거 분야에서 대중적이고 포괄적으로 사회 정책을 정의하고 집행함으로써 정부의 파트너로 인정되었다. 이에 따라 국가는 이러한 단체들을 재정적으로 지원해주기 시작했으며 관련 단체들의 활동과 서비스에 대한 국가 지원 체계도 포르투갈이 스페인보다 앞서나가게 되었다.

2) 과거 청산

시민운동의 활성화 외에 실질적 측면의 민주주의 공고화를 가늠할 수 있는 또 다른 요소로 과거 권위주의 정권이 청산되었는가를 살펴보아야 한다. 포르투갈과 스페인 양국 모두 민주화 이행의 시기에 권위주의 정권의 희생자들을 사면하고 정치범들을 복귀시키는 절차를 거쳤지만, 권위주의 독재의 청산에 관한 논의가 본격적으로 시작된 것은 2000년대에 들어와서다. 포르투갈에서는 민주화 이행의 시기에 혁명 정의를 근거로 구체제 관련 인사들을 추방·숙청하면서 급진적인 사회주의 운동을 전개해나갔지만, 이는 합법적인 절차에 의한 방법이라고 볼 수 없었다. 1990년대 후반에 들어서야 독재 시기 관련 인사들이 일부 공직으로 복귀했으며 공무원과 관료들에 대한 연금 및 사회보장 등이 이루어지기도 했다. 반면 스페인에서는 내전이라는 참혹한 경험을 공유한 국민들이 불행한 과거가 재발하는 데 대한 두려움을 가지고 있어 분절된 사회 세력 간 타협과 대화를 우선시했다. 특히 1976년과 1977년에 정치범 석방을 내용으로 하는 사면법이 두 차례에 걸쳐 통과되자 국민연합과 바스크 등 극우·급진 정당들을 제외하고는 과거를 잊고 새로운 화합과 출발을 맞이하는 정치적 수단이 도입되었음을 환영했다. 그러나 이 사면법에는 독재 체제에 저항한 인사들뿐만 아니라 그들에게 폭력을 가했던 권위주의 관련 인사들 역시 사면 대상에 포함되어 있었다는 점에 주목해야 한다. 이러한 조치들은 정치적 타협의 산물이자 망각 협정의 결과물이라 할 수 있다. 국민들 역시 정의보다 평화와 안정적인 질서가 더 우선이었던 것이다.

제도적 측면에서 민주주의가 공고화된 것은 양국 모두 1980년대에 들어와서다. 포르투갈은 1982년 혁명위원회가 해체됨으로써 1974년 이후 지속적으로 정치에 관여하던 군부가 드디어 정치에서 완전히 분리되었다. 포르투갈은 1986년 EU 가입을 계기로 정부의 안정과 사회의 근대화가 빠르게 이루어졌다. 1986년 소아레스가 대통령에 선출되고 사회민주당이 10년간 정권을 유지하면서 과거 청산의 문제보다는 경제의 자유화와 국민의 사회적 유동성 증진을 우선시하게 되었다. 경제 자유화로 인해 독재 정권하에서 경제권을 가졌던 인물들이 사회 주요 계층에 복귀했지만 그들은 당시 정치화되지 않았던 전문 인력들이었기에 비난받기보다는 오히려 국민들로부터 신망을 받았다. 포르투갈 사회를 급진적으로 이끌었던 민주화 이행의 초기를 제외하고 포르투갈은 온건하고 비정치적인 문화를 가진 '거의 모두가 모두를 아는 작은 나라'였던 것이다(디아스, 2007). 독재와 혁명에 대한 과거사 청산 작업이 지체되었던 이유도 여기에 있다. 1994년 사회당 정부가 들어서면서 포르투갈에서는 혁명 20주년을 맞아 역사 규명을 위한 연구소가 설립되었고 여러 학교에서 과거사 청산에 대한 논의가 시작되었다. 2001년 사민당 정권으로 교체되면서는 그동안 미화되어오던 혁명과 민주화 이행의 역사가 국가의 근대화와 경제성장, 나아가 국제적인 역할을 강조하는 방향으로 전환되었고 민주주의의 성과가 부각되었다. 2006년 사회당이 다시 정권을 잡으면서는 민주주의와 개방적 유럽 정책을 보장하는 등 포르투갈의 민주적 문화가 더욱 견고해졌다.

스페인에서는 1982년 사회노동당이 승리함으로써 제2공화국 이후 40여 년 만에 진보 정당이 집권했다. 사회노동당은 그 후 1996년까지 14년간 정권을 유지하며 제도적 측면에서 민주주의 정착을 가능하게 했다. 스페인이 EC와 NATO에 가입하고 지방자치제를 수립하며 다각도의 사회개혁 조치들을 추진한 것도 이 기간 동안의 일이다. 1996년 인민동맹이 재창당한 국민당이 재집권함으로써 스페인은 선거를 통해 지속적으로 정권이 교체되는 제도적 민주주의가 확실하게 공고화되었음이 확인되었다. EU의 통화 통합 기준에 맞추기 위해 광범위한 경제개혁을 추구했던 국민당 정부는 지속적인 경제성장을 통해 2000년 3월 선거에서 과반수 의석을 차지할 수 있었다. 야당은 계속해서 프랑코 독재 체제의 단죄를 공개적으로 요구했고, 2002년 2월 국민당은 프랑코 체제가 불법적인 쿠데타의 산물임을 인정했다. 이어서 2002년 11월 스페인 의회를 통해 1936년 7월의 쿠데타를 군사 쿠데타로 규정하고 독재로 인한 희생자들의 피해 보상을 만장일치로 통과시켰다. 2004년 3월 집권한 사회노동당 정부는 내전과 독재 체제로 인한 희생자들의 실태를 파악하기 위해 범정부위원회를 구성했으며 희생자 보상 법안을 마련했다. 2007년 12월에는 과거사를 규명하기 위한 '역사적 기억법'을 제정하는 데 합의하는 등 과거사 청산을 위한 진실 규명 작업에 착수했다.

5. 결론

포르투갈과 스페인이 민주주의 이행 과정에서 보인 차이점으로는 민주화의 원인과 배경, 전환기 개혁을 위한 타이밍, 리더십 문제, 과거와의 단절을 처리하는 방법 등을 들 수 있다.

포르투갈에서 민주화의 발단은 군부운동을 중심으로 1974년 4월 발발한 카네이션 무혈혁명이었다. 이후 1976년 제헌헌법이 마련되기까지 정치적 전환기에서 당시 가장 우수한 조직력을 보였던 포르투갈공산당이 정치 변혁의 주도권을 잡고 급진적인 좌익 조치들을 전개해나감으로써 권위주의 체제의 변화와 종식을 갈망하는 반체제 세력들의 기존 합의는 깨지고 말았다. 1974년의 민주혁명이 1975년에는 사회주의 혁명으로 변질되었고 반권위주의 체제라는 명목하에 결집했던 중산계층을 포함한 혁명의 지지 세력들은 급진 좌익 운동과 공산당을 배척하는 구도로 바뀌었다. 이후 선거를 통해 사회당이 주도권을 얻자 포르투갈의 민주화 과정은 온건한 개혁의 방향으로 나아가게 되었다. 여기서 주목해야 할 점은 살라자르에 이어 권위주의 구체제의 명맥을 유지하려 했던 카에타누의 정치·정책적 성향과 혁명 후 공산당을 이끈 곤살베스의 리더십이 이후 포르투갈의 민주주의 이행 과정에 큰 영향을 미쳤다는 점이다.

포르투갈은 정치·사회적 위기, 즉 과거 식민지로부터 레토르나도스(퇴역 군인)의 유입, 중·북부 소토지 소유자들이 당한 토지 몰수에 대한 두려움과 더불어 1976년 이후 경제적 위기, 예컨대 식료품 수입의 증가, 수출의 악화로 인한 해외 차관의 필요성을 안고 있었는데, 이는 결과적으로 국제사회가 과거 포르투갈의 고립주의적 정치체계와 경제 정책을 엄격하게 감독하도록 만들었고, 이는 결국 포르투갈의 민주화를 앞당긴 구조적 요인이 되었다.

반면 스페인 민주화 과정에서 위로부터의 개혁은 강제에 의한 것이 아니라 정치 세력들 간의 타협과 합의에 의한 것이었다. 스페인의 민주화가 이처럼 성공적으로 이루어질 수 있었던 가장 주요한 이유는 프랑코 체제가 내부적으로 점차 변화해왔기 때문이었다. 내전이 끝난 후의 프랑코 체제와 1970년대에 들어선 후의 프랑코 체제는 전혀 다른 정치 체제였다. 변화하는 국제 환경에 따라 프랑코 체제도 서서히 변화해갔다. 실제로 프랑코 사망 이전에도 스페인에는 제한적인 정치적 다원주의가 확립되어 있었다.

프랑코 사후 스페인을 민주화의 길로 이끈 주요한 정치 지도자들은 카를로스 국왕, 수아레스 수상 등 프랑코 체제 내의 정치적 배경하에 성장한 인물들이었다. 또한 스페인의 민주화 과정에서 실제적인 주도권을 쥐고 이를 추진해나간 세력들은 국왕을 중심으로 프랑코 체제 말기에 각료를 역임했던 테크노크라트(기술 관료) 출신들이었다. 이들은 진보적 정치 세력을 인정하고 시의적절한 개혁 조치들을 취함으로써 급격하고 폭력적인 혁명의 가능성을 예방했다. 스페인의 위로부터의 개혁은 이 정치 지도자들의 역할에 힘입어 커다란 혼란과 폭력 과정 없이 서서히 이행되었다고 할 수 있다. 우파는 프랑코 체제의 원칙과 기득권을 포기했고, 좌파는 철저한 민주주의 대신 점진적 개혁에 동의했다. 이들의 양보와 타협을 이끌어내는 데에도 국왕 카를로스와 수아레스 수상의 지도력이 큰 힘을 발휘했다. 스페인은 과거와 단절하되 과격한 단절이 아닌 타협에 의한 단절을 이룩했다. 이 타협에 의한 단절이 스페인에서 민주화 이행을 추동하는 논리였다.

하지만 민주주의 공고화 측면에서는, 특히 제도적 측면을 넘어 실질적 민주화에 이르기까지는 양 국가 모두 과제를 안고 있다. 민주화로의 이행에 관한 연구에서 다수의 학자가 공감하듯이, 엘리트들을 중심으로 한 타협과 협정은 순탄한 민주주의 경로를 가능하게 하는 필수 요소

이긴 하지만 이로 인한 대가도 치러야 한다. 엘리트들 간의 담합과 부패, 불평등으로 인한 경쟁력 저하는 그 대가 중 일부다. 성공적인 새로운 민주주의는 통합을 위해 약한 시민사회와 낮은 시민 참여도라는 대가를 치러야 했음을 스페인의 사례를 통해 확인할 수 있다.

포르투갈에서는 혁명 기간 동안의 급진적인 사회·정치 변화로 인해 강하고 조직화된 시민사회운동이 가능했던 반면, 스페인에서는 개혁을 통한 민주주의로의 이행으로 인해 약하고 분산된 대중 시민사회가 출현했다. 대중이 기반이 된 민주화로의 이행은 민주적 통합에 기여할 뿐만 아니라 혁명적 교체를 통해 민주주의의 질을 향상시킨다. 따라서 포르투갈에서는 대중 동원, 집단 시위, 시민 자치 행동을 통해 평화적이고 정치적인 문화가 형성될 수 있었다.

반면 과거 청산의 문제에서는 양국 모두 1990년대 후반과 2000년대 들어 적극적인 논의를 시작했다는 점에서 공통점을 찾을 수 있다. 포르투갈은 국민들의 비정치적 문화로 인해, 스페인은 내전과 독재라는 두려운 과거를 재발시키지 않으려는 전 국민적 동의와 타협으로 인해 과거 청산의 과정이 지체되었고, 과거 청산은 정의보다는 안정과 질서를 우선시하는 방향으로 전개되었다.

참고문헌

디아스, 모니카(Monica Dias). 2007. 「포르투갈: 어느 봄날의 동화, 믿기 어려운 민주화의 초상」.
　　국제 학술 심포지엄 '민주화 이후의 정치 발전: 한국, 스페인, 포르투갈, 그리스의 경험과
　　기억' 발표문.

송기도. 1992. 「스페인 민주화 과정: 합의의 정치」. 서울대학교 라틴아메리카연구소. ≪이베로
　　아메리카연구≫, 3.

오도널(Guillermo O'Donnell)·슈미터(Philippe Schmitter)·화이트헤드(Laurence Whitehead).
　　1989. 『남부유럽과 민주화』. 염홍철 옮김. 파주: 한울.

Baptista, Jacinto. 1975. *Caminhos para uma Revolução*. Lisbon: Bertrand.

Cunhal, Alvaro. 1975. *Pela Revolução Democrática e Nacional*. Lisbon: Editorial Estampa.

Esteban, Jorge. 1982. "Historia constitutional." Jose Vericat, Jose A.Gallego, Miguel Angel
　　Aguilar et al. *Espana hoy*. Madrid: Secretaria de Estado para la Informacion.

Fishaman, Robert M. 1982. "The Labor Movement in Spain: From Authoritarianism to
　　Democracy." *Comparative Politics*, vol. 14, no. 3(April).

Freire, André and Pedro Magalhães. 2003. "A abstenção portuguesa em perspectiva
　　comparativa." *Eleições*, no. 7, pp. 7~36.

Fung, Archon. 2003. "Associations and Democracy: Between Theories, Hopes, and Realities."
　　Annual Review of Sociology 29, pp. 515~539.

García, Rafael Vázquez. 2010. *Compromiso Cívico y Democracia. Los Efectos Democráticos
　　del Asociacionismo Sociopolítico en España*. Sevilla: Centro de Estúdios Andaluces.

Garcia, Marisol and Neovi Karakatsanis. 2006. "Social Policy, Democracy, and Citizenship in
　　Southern Europe." Richard Gunther, P. Nikiforos Diamandouros and Dimitri A.
　　Sotiropoulos(ed.). *Democracy and the State in the New Southern Europe*. Oxford:
　　Oxford University Press, pp. 87~137.

George, Jacques. 1985. *Salazarismo*. Lisboa: Publicações D. Quixote.

Gifford, Prosser and William Roger Louis. 1982. *The Transfer of power in Africa:
　　decolonization, 1940-1960*. New Haver: Yale University Press, pp. 337~385.

Goldstone, Jack. 2003. "Comparative Historical Analysis and Knowledge Accumulation in the
　　Study of Revolutions." James Mahoney and Dietrich Rueschemeyer(ed.). *Comparative
　　Historical Analysis in the Social Sciences*. Cambridge: Cambridge University Press, pp.
　　41~90.

Goldstone, Jack. 2001. "Toward a Fourth Generation of Revolutionary Theory." *Annual
　　Review of Political Science* 4, pp. 139~187.

Goodwin, Jeff. 2001. *No Other Way Out. States and Revolutionary Movements, 1945-1991.* Cambridge: Cambridge University Press,

Graham, Lawrence S. and Douglas S. Wheeler(eds.). 1983. *In Search of Modern Portugal: The Revolution and its Consequences.* Madison: The University of Wisconsin Press,

Gunther, Richard and José R. Montero. 2001. "The Anchors of Partisanship: A Comparative Analysis of Voting Behavior in Four Southern European Democracies." P. Nikiforos Diamandouros and Richard Gunther(ed.). *Parties, Politics, and Democracy in the New Southern Europe.* Baltimore, MD and London: Johns Hopkins University Press, pp. 83~152.

Gunther, Richard and Larry Diamond. 2001. *Political Parties and Democracy.* Baltimore: Johns Hopkins University Press.

Gunther, Richard, José Ramón Montero and Joan Botella. 2004. *Democracy in Modern Spain.* New Haven, CT and London: Yale University Press.

Gunther, Richard. 1996. "Spanish Public Policy: From Dictatorship to Democracy." Estudio/ Working Paper 1996/84, Fundación Juan March, Madrid.

Haggard, Stephan and Robert R. Kaufman. 1995. "The Political Economy of Democratic Transitions." Princeton University Press.

Hooper, John. 1987. *Los espanoles de hoy, Trad. Anibal Leal.* Madrid: Javier Vergara Editor, p. 70.

Krugman, Paul and Jorga Barga de Macedo. 1981. "The Economic Consequences of the April 25th Revolution." Jorge Borges de Macedo and Simon Serfaty(ed.). *Portugal since the Revolution: Economic and Political Perspectives.* Boulder, Colo: Westview Press.

Linz, Juan and Alfred Stepan. 1996. *Problems of Democratic Transition and Consolidation: Southern Europe, South America, and Post-Communist Europe.* Baltimore, MD and London: Johns Hopkins University Press.

Linz, Juan. 1998. "Fascism is Dead. What Legacy Did it Leave? Thoughts and Questions on a Problematic Period of European History." Stein Larsen(ed.). *Modern Europe after Fascism.* Boulder, CO: Social Science East European Monographs, pp. 13~51.

Linz, Juan. 1973. "Opposition in and Under an Authoritarian Regime: The Case of Spain." Robert Dahl(ed.). *Regimes and Oppositions.* New Haven, CT and London: Yale University Press, pp. 171~259.

Malefakis, Edward. 1981. "Two Iberian Land Reforms Compared: Spain, 1931-1936, and Portugal 1974-1978." *Agrarian Reform.* Lisbon: Gulbenkian Foundations.

Maxwell, Kenneth. 1995. *The Making of Portuguese Democracy.* Cambridge University Press.

Nataf, Daniel. 1995. *Democratization and Social Settlements: The Politics of Change in Contemporary Portugal.* New York: State University of New York Press.

Neves, Orlando(ed.). 1974~1976. *Textos históricos da Revolução*, 3 vol. Lisbon: Abril.

O'Donnell, Guillermo and Philippe C. Schmitter. 1986. *Transitions from Authoritarian Rule: Tentative Conclusions about Uncertain Democracies*. Baltimore, MD and London: Johns Hopkins University Press.

O'Donnell, Guillermo. 2007. *Dissonances. Democratic Critiques of Democracy*. Notre Dame, IN: University of Notre Dame Press.

Palma, Giuseppe di. 1990. *To Craft Democracies. An Essay on Democratic Transitions*. Berkeley: University of California Press.

Pappas, Takkis S. "In Search of the Center: Conservative Parties, Electoral Competition, and Political Legitimacy in Southern Europe's New Democracies." P. Nikiforos Diamandouros and Richard Gunther(ed.). *Parties, Politics, and Democracy in the New Southern Europe*. Johns Hopkins University Press.

Pérez-Díaz, Víctor. 1993. *The Return of Civil Society. The Emergence of Democratic Spain*. Cambridge, MA: Harvard University Press.

_____. 1999. *Spain at the Crossroads*. Cambridge, MA: Harvard University Press.

_____. 2000. "From Civil War to Civil Society: Social Capital in Spain from the 1930s to the 1990s." ASP Research Paper, 36(b).

Pinto, António Costa. 2001. "Settling Accounts with the Past in a Troubled Transition to Democracy: The Portuguese Case." Alexandra Barahona de Brito, Carmen Gonzále z-Enríquez and Paloma Aguilar(ed.). *The Politics of Memory: Transitional Justice in Democratizing Societies*. Oxford: Oxford University Press, pp. 65~91.

Pinto, António Costa and Leonardo Morlino. 2011. *Dealing with the Legacy of Authoritarianism: The Politics of the Past in Southern European Democracies*. New York: Routledge.

Pinto, Pedro Ramos. 2008. "Urban Social Movements and the Transition to Democracy in Portugal, 1974-1976." *The Historical Journal* 51, no. 4, pp. 1025~1046.

Porch, Douglas. 1975. *Insight on Portugal: The Year of the Captains*. London: André Deutsch.

_____. 1977. *The Portuguese Armed Forces and the Revolution*. Stanford: Hoover Institution Press.

Rodrigues, Avelino, Cesario Borga and Mario Cardoso. 1976. *Portugal depois Abril*. Lisbon: Intervoz.

Santos, Paula Borges. 2005. *Igreja Católica, Etado e Sociedade(1968-1975): o caso Rádio Renascença*. ICS.

Schedler, Andreas. 1998. "What is Democratic Consolidation?" *Journal of Democracy*, vol. 9, Iss. 2.

Schmitter, Philippe C. 1975. "Liberation by Golpe: Retrospective Thought on the Demise of Authoritarian Rule in Portugal." *Armed Forces and Society* 2, no.1(November).

Sobel, Lester A.(ed.) 1976. *Portuguese Revolution, 1974-1976.* New York: Facts on File.

Tezano, José Feliz. 1989. "La Crisis del Franquismo y la Transición Democrática en España." José Feliz Tezano, Ramón Cotarelo, Andrés de Blas(eds.). *La Transición Democrática Española.* Madrid: Editorial Sistema.

Ulzurrum, Laura Morales Diez de. 2001. "Citizens in Polities: The Individual and Contextual Determinants of Political Membership in Western Countries." Estudio/Working Paper 2001/164, Fundación Juan March, Madrid.

Vitorino, Nuno and Jorge Gaspar. 1976. *As Eleições de 25 Abril: Geografia e imagem dos partidos.* Lisbon, Horizonte.

6장

그리스 민주화와 민주주의의 위기[*]

김남국 | 고려대학교

1. 서론: 그리스 민주주의의 성취와 도전

그리스는 최근 경제 위기 때문에 주목받고 있는 나라다. 그리스 국가 부도 위기는 유럽 통합의 미래를 좌우하고 세계경제를 불안하게 만드는 변수가 되고 있다. 그리스는 고대 민주주의의 발상지로 이름 높았고 1909년, 1936년, 1967년 세 차례 군사정권의 등장을 경험했지만 1974년 제1의 민주화 물결 가운데 가장 먼저 민주화를 이룩한 나라였다. 그러나 2010년 이후 세계화의 물결 한가운데서 세계경제 질서가 국민국가의 운명에 미치는 영향을 가장 앞장서서 경험하고 있다. 이러한 상황은 자연히 어떤 요인이 군부의 등장을 가능하게 했는지, 어떤 국내외적 변수가 상대적으로 빠른 민주화와 민주주의 이행을 가능하게 만들었는지, 그리고 어떤 민주주의 공고화 과정을 거쳐 궁극적으로 2010년부터 국가 부도 위기에 직면해 민주주의의 위기를 맞고 있는지

---

[*] 이 글은 ≪유럽연구≫ 34권 4호(2016.11)에 게재되었던 논문을 일부 수정 보완한 것이다.

궁금하게 만든다. 따라서 이 장에서는 그리스 군사정권의 등장 과정, 민주주의 이행 과정, 민주주의 공고화 과정의 현대사를 자세하게 추적하고 그리스의 현대사가 1970년대 민주화의 경로뿐 아니라 민주화 이후 민주주의 위기의 원인을 보여주는 좋은 사례가 될 수 있음을 제시한다. 이는 또한 저성장 및 분배 문제와 관련해 한국의 민주주의가 직면한 어려움과 세계적인 민주주의 후퇴 현상의 원인을 유추하는 데도 도움을 줄 수 있을 것이다.

18세기 이후 지난 200년 동안 그리스는 적어도 다섯 가지 차원에서 유럽 역사의 최전선에 서 있었다. 첫째, 1820년대 그리스 독립운동은 민주주의와 민족주의를 결합해 오스만 제국으로부터 탈출한 운동으로, 결국 민족주의 대결장인 제1차 세계대전으로 이어졌다. 둘째, 1920년대 대규모로 조직된 난민의 이주는 나치나 동유럽, 중동에서 대규모 이민 및 난민이 발생하는 효시가 되었다. 셋째, 제2차 세계대전 동안 나치에 저항한 그리스의 파르티잔 활동은 공산당을 중심으로 가장 일찍 발생했고 가장 활발하게 진행되었다. 넷째, 1944년에서 1949년까지 좌우파 사이에 벌어진 그리스 내전은 이후 미국과 소련 사이에 벌어진 냉전의 시작점이 되었다. 다섯째, 1974년 그리스 민주화는 그 이후 1980년대와 1990년대 남아메리카, 동아시아, 동유럽으로 번져나간 민주화 운동의 출발점이 되었다(Kalyvas, 2015: 9~10).

그리스의 민주화와 민주주의 이행을 설명하는 과정에서 고려해야 할 입장은 크게 두 가지로 나누어 설명할 수 있다. 우선 첫째는 구조에 대한 강조와 행위자에 대한 강조 가운데 어디에 중점을 두느냐다. 구조결정론은 사회경제적 발전과 계급구조의 변화 등 일정한 조건이 충족되어야 민주주의 이행이 가능하다고 주장한다. 그러나 근대화론 등의 구조결정론은 민주주의가 정착된 결과 나타나는 현상을 민주화의 전제조건으로 제시하고 있다고 비판받는다. 반면, 민주화를 각 주체의 전략적 상호작용 가운데 나타나는 우연적 게임의 결과로 이해하는 입장은 전쟁에서의 패배, 경제 위기, 독재자의 사망 등 사회경제적 발전 수준과 직접 관련이 없는 요소들에 의해 민주화가 진행되는 경우가 많다는 점을 강조한다. 물론 소득 수준이 높아질수록 권위주의로 회귀할 가능성이나 민주주의가 붕괴할 가능성은 낮아진다. 그러나 어떤 경우든 사회경제적 구조는 행위자들의 선택에 일정한 제한이나 맥락을 제공하는 데 그친다는 것이다. 행위자를 강조하는 입장에서 보면 권위주의 정권의 붕괴는 정권 내부에 균열이 생기고 체제 반대쪽에 집권 가능한 대안 세력이 존재해야 시작된다. 집권 세력의 강경파와 온건파는 반대 세력을 억압할지 포섭할지를 놓고 다툴 것이고 온건파가 득세할 때 부분적인 자유화가 시작된다. 만약 반대 세력이 시민을 동원하면서 투쟁을 계속한다면 민주화는 불가피하게 폭력을 수반하는 과정이 될 수도 있다. 이 과정에서 가장 중요한 문제는 민주화 이후 기존 권위주의 집권 세력의 안전을 보장하는 타협을 어느 선에서 하느냐이고 새로 제정된 헌법과 민주적 원칙에 의해 선거 경쟁이 이루어지고 경쟁에 참여한 정치 세력들이 승복하면 민주주의 이행은 일단락된다(임경훈, 2003: 314~328).

그리스의 경우를 보면 1967년 군사정부가 등장한 이후 1974년 군사정부의 퇴진에 이르는 과정에서 구조의 역할과 행위자의 선택 가운데 어느 변수가 더 중요했는가에 대한 흥미로운 해석이 가능하다. 그리스 민주화 이행에서 가장 큰 특징은 민주화 운동 없는 민주화일 것이다. 민주화 운동이 없다는 점은 군사정부를 대체할 대안 세력의 부재를 의미하기 때문에 민주화 이행에서 가장 중요한 고리가 존재하지 않는 상황을 의미한다. 그러나 그리스의 경우 물러나는 군사정부가 파리에 망명하고 있던 콘스탄틴 카라만리스(Constantine Karamanlis)라는 정치인을 직접 대안으로 선택하고 정부 이양을 협상했다는 점에서 특이하다. 1967년 군사 쿠데타가 일어나는 과정에서도 사회경제적 조건으로는 당시 높은 경제성장률을 기록하고 있었으므로 특별한 사회적 위기는 없었지만 군부는 자신들의 이익을 보호하기 위해 정치 개입을 선택했다. 즉, 그리스 군부의 정치 개입에는 사회경제적 조건보다는 행위자의 동기가 큰 비중을 차지하고 있었다. 1974년 정치에서 물러나는 과정에서도 그리스 군부는 키프로스 분쟁에서 터키에 패함으로써 외부적 요인에 의해 촉발된 군사정부의 위기를 극복하고 군부 전체의 이익을 지키기 위해 퇴진을 선택했다. 즉, 사회경제적 상황이라는 구조적 조건보다는 행위자의 동기가 중요한 변수로 작용하고 있는 것이다.

그리스 민주화에 대한 논의에서 두 번째로 중요한 논점은 민주주의 공고화에 대한 최소주의적 이해와 최대주의적 이해에 대한 정의다. 민주주의 공고화에 대한 최소주의적 입장은 민주주의의 절차적 요건으로 로버트 달이 제시한 선출된 공직자, 자유로운 선거, 포괄적 투표권, 공직 출마권, 표현의 자유, 대안적 정보, 결사의 자유 등이 보장되면 민주주의 공고화가 이루어진 것으로 보는 입장이다(Dahl, 1971). 이 입장은 자유롭고 공정한 선거 경쟁의 제도화 여부와 각 정치 세력으로부터 자발적 승복을 이끌어냄으로써 선거 경쟁의 불확실성을 제도화하는 데 성공하는지 여부에 초점을 맞춘다. 반면, 민주주의 공고화에 대한 최대주의적 접근은 분배 갈등을 해결하고 사회경제적 평등을 실현한 실질적 민주주의의 정착 여부를 민주주의 정착의 관건으로 간주한다. 린츠와 스테판은 자유롭고 활성화된 시민사회, 제도화되고 자율적인 정치사회, 헌정주의, 민주적으로 통제되는 국가 관료, 정치·사회적으로 규제되는 경제사회 등이 존재해야 민주주의가 공고화되었다고 볼 수 있다고 주장하면서 민주주의 최소 요건의 수준을 높이고 있다(Linz and Stepan, 1996).

그리스의 경우 민주주의로의 이행 기간은 1974년 7월 군사정부가 물러나고 카라만리스가 선거법 등의 제도 개혁을 단행해 신민주주의당을 창당하고 선거에 승리해 집권한 1974년 11월까지 4개월 동안으로 규정할 수 있다. 그러나 이행 기간 이후 일어난 민주주의 공고화 시기에 대해서는 최소 조건을 기준으로 할 때와 최대 조건을 기준으로 할 때 다른 해석이 가능하다. 정치 과정 차원에서 절차적인 민주주의 완성 여부를 평가하는 이른바 두 번의 정권 교체 기준에 따르면 1981년 범그리스 사회주의 운동당의 집권을 계기로 민주주의 공고화를 달성한 것으로 볼 수 있다. 즉, 헌팅턴이 말한 민주주의 이행 시기에 정권을 잡았던 정당이 차기 선거에서 패한 다음 다시 정권을 잡는 과정에서 상대 정당이 평화적인 정권 교체에 동의하는, 이른바 '두 번의 정권 교체(two turn-over test)' 검증 기준으로 보면 최초로 사회주의를 표방하는 야당이 집권한 1981년이 그리스 민주주의가 공고화를 달성한 해다(Huntington, 1991: 266~267). 그러나 분배 갈등 해결과 사회경제적 평등을 실현한 실질적 민주주의 정착이라는 민주주의 공고화의 최대 기준으로 보면 끊임없는 경제 위기 속에서 긴축 정책 반대를 기치로 유럽연합(EU) 탈퇴 여부를 놓고 최근 그리스 정치를 주도하고 있는 급진좌파연합(SYRIZA)의 등장에 이르기까지 여전히 그리스 민주주의는 전진과 후퇴를 반복하면서 아직도 공고화가 진행 중이라고 볼 수 있다.

이 장에서는 그리스가 이룩한 민주화와 최근 그리스가 겪고 있는 민주주의 위기에 대해 세 개의 절로 나눠 살펴보고자 한다. 2절에서는 근대 민주주의 발전 과정과 군사정부의 등장을 통한 민주주의 후퇴 과정을 추적하면서 사회경제적 환경 등의 구조적 변수와 각 정치 주체의 선택이라는 행위자 변수 가운데 어떤 변수가 더 설명력을 갖는지를 중심으로 살펴본다. 3절에서는 그리스 민주화의 특징을 살펴보고 세계사적 배경에서 그리스 민주화가 어떤 유형에 속하고 어떤 의미를 갖는지 찾아본다. 4절에서는 민주화 이후 그리스 민주주의가 직면하고 있는 위기에 대해 EU와의 관계를 중심으로 그 원인과 대안을 살펴본다. 다시 말하자면 이 장에서는 민주화 이행에 관한 이론과 세계사적 분류를 원용해 그리스 현대사를 재구성한 다음 그리스 사례가 어떤 독특한 특징을 보여주는지 파악하고 그 원인을 분석하고자 한다. 또한 민주주의 공고화 과정의 정책 분석과 정치 상황 분석을 통해 30여 년 동안의 민주화 및 민주주의 공고화 시기에 각 정당이 추진했던 어떤 정책 때문에 최근 그리스가 민주주의 위기를 겪게 되었는지 살펴보고자 한다.

2. 그리스 민주주의 발전과 군사정권의 등장

그리스의 민주주의는 고대 도시 국가를 중심으로 꽃 피웠던 직접 민주주의의 오랜 전통을 갖고 있지만 오스만 제국의 식민지, 왕정 등의 시대를 거친 후 1970년대에 이르러서야 근대적 의미의 민주화를 이룩했다. 그리스는 14세기부터 1821년까지는 오스만 제국의 지배를 받았고, 제2차 세계대전 시기에는 독일과 이탈리아, 불가리아에 점령당했으며 이에 대한 저항으로 레지스탕스 활동이 활발하게 생겨났다. 독일의 패전 이후 망명정부가 아테네로 귀환했을 때 영국과 미국의 지원을 받은 정부군과 공산주의자들을 중심으로 한 반군 간의 좌우 내전이 1944년부터 1949년까지 지속되었고, 이는 결국 알렉산드로스 파파고스 (Alexandros Papagos) 장군이 이끄는 정부군의 승리로 귀결되었다. 좌우파 간의 내전이 우파의 승리로 귀결된 이후 1953년부터 1972년까지는 그리스의 경제성장이 본격적으로 이루어진 시기였다. 그러나 1967년 4월에 군사 쿠데타가 발발하고 이를 통해 정권을 잡은 게오르기오스 파파도풀로스(Georgios Papadopoulos) 등에 의해 '대령들의 정권'이 6년간 지속되었다 .

1967년 그리스 군부의 쿠데타와 군사정권의 등장은 왕당파와 공화파, 보수파와 공산주의의 대결이라는 20세기 그리스 사회의 균열 위에서 있다. 그리스 사회가 균열된 가운데 왕당파와 공화파의 대립은 20세기 초 제1차 세계대전에 참전할지 여부를 놓고 시작되었다. 당시 왕이었던 콘스탄틴 1세는 중립을 주장하면서 제1차 세계대전 참전에 부정적이었지만 총리 엘레프테리오스 베니젤로스(Eleftherios Venizelos)는 제1차 세계대전 참전을 주장하며 대립했다. 베니젤로스는 1909년에 일어난 젊은 자유주의 장교들의 쿠데타에 의해 총리로 영입된 인물이었는데, 그리스 군부는 베니젤로스가 집권하던 시기에 규모를 키우면서 그리스 사회의 가장 근대적인 영역으로 변모했다. 1915년 제1차 세계대전을 앞두고 총리와 왕은 대립했고, 왕은 중립을 지지하는 세력의 뒷받침을 얻어 총리를 해임했다. 하지만 곧이어 1916년 군부의 쿠데타를 등에 업은 베니젤로스가 테살로니키에 임시정부를 세우고 왕을 사임시켰다. 그러나 1920년에 전쟁의 피로감에 지친 시민들은 국민투표를 통해 다시 왕 콘스탄틴을 복위시켰다. 하지만 1922년 군부의 또 다른 쿠데타에 의해 왕이 납치되고 정부의 사임이 이어졌다(Karakatsanis, 2001: 25).

이러한 상황으로 인해 군부가 정치에 개입하는 일이 점점 더 일상화되었다. 1924년 공화파는 군부의 지지를 얻어 왕정을 폐지했지만 1935년 국민투표를 통해 그리스는 공화국 시기를 끝내고 왕정으로 회귀했다. 1936년 선거에서 왕정파와 공화파는 143석과 142석을 나눠 가진 가운데 공산주의자가 캐스팅보트를 쥐는 상황이 되었다. 이런 상황에서 왕 조지 2세에 의해 총리로 임명된 장군 출신의 이오안니스 메탁사스(Ioannis Metaxas)는 공산주의자의 음모가 갖는 위험에 대해 경고했고, 결국 왕은 의회를 정지시키고 정당을 해산하며 경찰의 권한을 증대시키는 조치를 취했다. 이러한 조치들은 메탁사스를 1936년에서 1941년에 이르기까지 강력한 독재자로 만들었다. 공화파와 왕정파로 나뉘어 대립하던 군부는 이후 1944년부터 1949년까지 계속된 내전 기간에 공산주의자의 위협에 대응해 전선을 통일시켜 단결하는 모습을 보였고 갈등은 훨씬 줄어들었다. 1935년 이전에 그리스 군부가 주로 공화파를 중심으로 자유주의적 역할을 맡아 정치에 개입했다면 1944년 내전 이후 군부는 반공산주의 위협에 대처하는 역할을 맡아 보수적이고 반동적인 현상 유지 세력이 되었다(Karakatsanis, 2001: 26).

1941년 독일이 그리스를 점령한 이후 공산주의자를 중심으로 인민해방전선이 결성되었고 인민해방군(ELAS)이 편성되었다. 우파는 그리스공화파연합(EDES)과 민족사회해방조직(EKKA)을 결성했다. 점령 시기에 좌우파 사이의 첫 충돌은 1942년 12월 공산주의자가 주도하는 인민해방군과 우파가 주도하는 그리스공화파연합 사이에 일어났고, 이후 1944년 12월에 두 번째 충돌이 있었다. 1945년 2월에 그리스 정부는 공산주의자와 휴전하면서 공산주의자의 무장 해제와 정치적 범죄에 대한 사면, 총선과 왕정 지속 여부에 대한 국민투표 등을 약속한 바르키자 협정(Varkiza Agreement)을 맺었다. 그러나 좌파는 우파의 위협과 무질서 속에서는 선거에 참여할 수 없다며 총선 참여를 철회했다. 이후 1946년 3월부터 인민해방군과 우파 무장 세력 사이에 발생한 내전은 1949년까지 계속되었다. 시민들에 대한 테러와 사적인 처형, 지역에서의 보복 등이 지속된 이 내전에서 5만여 명이 죽었고 6500여 명의 공산주의자가 사형을 당했다. 2만 5000명에서 2만 8000명 사이의 공산주의자 2세들이 숙청을 피해 소련으로 보내졌고 4만여 명의 공산주의자가 감옥에 가거나 집단 수용소에 수용되었으며 6만여 명의 공산주의자는 동유럽으로 탈출했다(Kalyvas, 2015: 80~99; Karakatsanis, 2001: 27).

내전 시기 좌우파 갈등에 대해 좌파는 독일의 점령군과 파시스트에 저항해 무력으로 저항한 진정한 세력은 공산주의자들이었고 우파는 점령군에 협조하면서 살아남았는데도 그들의 행위에 대해 정의가 실현되지 않았다고 비난했다. 그러나 우파는 저항의 주력 조직이었던 인민해방전선도 초기에는 다양한 민족주의 세력이 모두 모였지만 곧 공산주의 세력이 조직을 장악했고 공산주의자는 단순히 그리스를 해방시키는 것을 목표로 하지 않고 그리스 사회 전체를 소비에트 사회로 전환시키는 데 목표를 두었다고 비판했다. 특히 공산주의자들은 그리스와 갈등 관계에 있던 알바니아, 유고슬라비아, 불가리아 등의 북부 국가들과 협조하면서 마케도니아를 불가리아에 넘겨주는 데 동의했다고 비판받았다(Close, 2002: 26~30; Karakatsanis, 2001: 29).

그리스 내전 이후 군부는 이미 정치화된 조직으로서 그리스 내부에서 가장 강한 권력을 가진 집단이 되었다. 흥미로운 사실은, 내전은 1949년에 끝났지만 공산주의자의 위협에 대응해 언제든지 비상 권한을 행사할 수 있는 실질적인 내전이 아직도 계속되고 있다는 정책이 영구내전이론(Theory of Permanent Civil War)에 따라 1962년까지 지속되었다는 점이다. 내전 이후 경찰은 좌파로 분류된 시민들을 감시하고 사찰 기록을 남겨서 각종 권한 행사를 제한했다. 1974년까지 계속된 이러한 정책은 '국민윤리 증명서(certificate of national mindness)'를 발급받은 시민과 그렇지 못한 시민으로 나누어 공무원 임용, 운전면허증과 여권 발급, 대학 입학과 장학금 등까지 제한했다. 시민들은 이른바 잘못된 행동을 하면 경찰의 조사를 받아야 했고 심지어 잘못된 생각을 할 가능성만으로 감시를 받아야 했다. 공산주의자의 정부 전복 위험을 강조하던 우파 정권이 지속된 데에는 영국과 미국이 중동이나 서유럽으로 공산주의 전선이 확장되는 것을 두려워하며 우파 정권의 강력한 반공 정책을 지지한 것도 하나의 원인으로 작용했다(Karakatsanis, 2001: 30~31).

1961년 선거에서는 보수파 카라만리스가 이끄는 급진국가연합이 50.1%를 얻었고 게오르기오스 파판드레우(Georgios A. Papandreou)가 이끄는 중도연합은 34%를 얻었다. 이 선거에서 파판드레우는 왕과 군부, 우파가 부정선거에 조직적으로 개입했다고 비난했고 중단 없는 저항을 약속했다. 이 선거에서 왕이 우파를 위해 개입했다는 의혹은 왕의 정치적 영향력과 인기를 떨어뜨렸고 마침내 1964년 선거에서 파판드레우의 중도연합은 53%의 지지율로 300석 가운데 171석을 얻어 집권에 성공했다. 그러나 파판드레우는 다음 해 곧 총리직에서 사임했다. 집권 이후 파판드레우의 군부 인사에 대해 국방장관 페트로스 가르팔리아스(Petros Garoufalias)가 거부하자 파판드레우는 그를 해임했지만 국방장관은 물러나기를 거부하며 항명했다. 2주 동안의 대치 상태가 지난 후 왕은 가르팔리우스를 해임하는 데에는 동의했지만 파판드레우가 지명한 다른 군 인사에는 반대했다. 이 상황에서 파판드레우는 재선거와 재집권을 기대하면서 1965년 7월 15일에 총리직을 사임했던 것이다.

그러나 왕은 중도연합의 다른 정치인에게 내각을 구성하도록 하면서 실질적으로 중도연합의 분열을 기도했다. 1965년 7월 19일에는 20여만 명이 아테네에 모여 파판드레우를 지지하는 시위를 벌였고 파판드레우는 왕과 총리 가운데 누가 그리스를 통치하는가에 대해 연설하면서 지지자를 규합했다. 7월 21일 10여만 명이 모인 시위에서도 파판드레우의 총리 복귀를 요구하는 목소리가 높았고 1명의 학생이 죽고 130여 명의 시민이 부상을 당했다. 혼란이 지속되자 마침내 왕과 중도연합의 지도자 파판드레우, 보수파의 지도자 파나기오티스 카넬로풀로스(Panagiotis Kanellopoulos)는 1967년 5월 28일에 총선을 실시하기로 합의했다(Karakatsanis, 2001: 36~37).

그러나 총선이 있기 한 달 전인 1967년 4월 21일에 군부는 북대서양조약기구(NATO)의 내부 혼란에 대응하는 임시 전략을 이용해 쿠데타를 일으켰다. 군부가 스스로 제시한 쿠데타의 이유는 1965년 4월부터 1967년 4월까지 80%의 노동조합이 950여 차례 파업을 했고 그 가운데

60%의 파업은 공산주의자에 의해 조직되었으며 이 혼란 속에서 15명이 죽고 1200여 명이 부상당했다는 것이었다. 군사정부는 최근 몇 년 동안 5개월마다 정부가 바뀌는 혼란 속에서 그리스를 구하기 위해 쿠데타를 일으켰다고 주장했다. 군사 쿠데타를 주도하고 군의 정치 개입을 주도한 세력은 내전 이후 결성된 그리스장교신성연합(The Sacred Union of Greek Officers)이라는 군부 내 비밀조직이었다. 이 군사 쿠데타는 내전 이후 계속된 반공산주의 캠페인의 연장선상에서 정치적 불안정과 의회의 위기, 정당의 균열, 군부의 정치적 개입 전통이 만들어낸 결과였다(Karakatsanis, 2001: 38).

전후 그리스 정치의 구조를 보면 국왕과 자본가 계급, 그리고 군부로 이루어진 삼두체제의 역할이 중요했다. 그리스 근대사에서 군부가 강력한 정치 세력으로 등장할 수 있었던 첫 번째 요인은 독립 이후부터 오늘에 이르기까지 터키와 끊임없이 갈등을 겪고 있기 때문이다. 이 상황은 그리스 국민들에게 일종의 안보 위기감을 불어넣었으며 이러한 분위기 속에서 군부는 세력을 비대화시킬 수 있었다. 앞서 살펴보았듯이 군부 세력은 내부에서 왕당파, 공화파로 나뉘어 대립했고, 공화파 장교들이 두 번의 쿠데타를 기도했다가 대거 숙청되었으며, 1936년 왕의 비호를 받은 메탁사스 장군에 의해 군사 독재 정권이 들어서자 군 내부의 이념적 갈등은 어느 정도 왕당파로 정리되었다. 1935년 왕이 복귀한 후 그리스의 왕은 왕당파인 반공산주의 성향의 군인들과 자본가 계급을 연결하는 축의 역할을 했다.

제1차 세계대전 참전 여부를 놓고 시작되었던 왕당파와 공화파의 대립은 결국 여타 국가들과는 다른 그리스 특유의 정치적 변수 가운데 하나인 국왕의 존폐나 국왕의 권한 등의 문제가 종종 정치적 갈등의 초점으로 등장했다는 사실을 말해준다. 이로 인해 그리스의 정치 세력들은 통상적인 이데올로기적 갈등인 공산주의 대 반공산주의 대립 외에 왕당파 대 공화파라는 갈등도 겪어야만 했다. 1940년대 초에는 왕당파와 공화파의 군부 내 대립이 거의 왕당파 성향으로 정리되었지만 곧 내전을 계기로 좌우파의 대립이 격화되었다. 그리스는 1941년 이탈리아, 독일, 불가리아 등 3국에 의해 분할 점령된 가운데 저항 운동에 돌입했고 국내외에서 그리스의 저항 운동을 주도한 것은 공산주의 세력이었다. 공산주의적 성향을 지니지 않은 세력들도 있었으나 모두 전쟁 전의 폐쇄적 삼두 지배 체제를 더 개방시켜야 한다는 데 의견을 모았다(김일영, 1988: 100~101).

그리스 현대 정치를 규정짓는 중요한 기원인 그리스의 내전은 1941년 이탈리아, 독일, 불가리아 3국이 그리스를 분할 점령해 그리스 공산주의 세력과 우파의 저항운동이 발발했을 때부터 사실상 시작된 것으로 보기도 한다. 영국군이 좌파 저항 운동 세력을 탄압하기 시작했고 처칠과 스탈린 사이의 밀약에 따라 그리스가 자본주의 진영으로 편입되고 곧이어 냉전까지 시작되자 영국과 저항 운동 세력의 대립은 우파 성향의 기존 지배 세력과 좌파 저항 세력 사이의 내전으로 비화되었다. 영국의 비호 아래 1946년 복위된 왕은 반공의 지주로서 그리스 우파 세력의 구심점이 되었으며 서방 강대국의 강력한 지지까지 받게 되었다. 그리고 내전에서 공산주의 세력이 패배함으로써 자본가 의회주의 세력도 전혀 정치적 타격을 입지 않은 채 전전의 지위로 복귀할 수 있었다. 군부는 제2차 세계대전과 그리스 내전 당시 이념적 분쟁에 휘말렸으나 내전의 승리로 더욱 강력한 이념적 동질성을 확보하게 되었다(김일영, 1988: 102).

1947년 3월 발표된 트루만 독트린은 냉전의 전개에 결정적인 국면을 만들었는데, 이는 특히 그리스를 염두에 두고 선언되었다. 이 독트린의 요지는 공산주의 세력의 확대를 저지하기 위해 자유와 독립의 유지에 노력하는 여러 나라에 대해 군사적·경제적 원조를 제공한다는 것이다.

이 선언에 입각해 당시 공산 세력으로 인해 직접적인 위협에 직면해 있던 그리스와 터키의 반공 정부에는 미국의 경제적·군사적 원조가 제공되었다. 제2차 세계대전이 끝나자 해방의 결실이 자신들의 몫이라고 주장하는 두 개의 무장집단이 출현했는데, 하나는 영국의 지원을 받는 우파 집단이었고, 다른 하나는 강력한 게릴라 조직에 기반을 둔 공산주의 세력이었다. 내전을 거치면서 공산주의 세력이 패배했고 1947년에 공산주의 세력은 불법화되었다. 그리스 사회를 이념적 갈등과 경제적 파탄에 몰아넣은 채 오랫동안 그리스의 현대사에 그림자를 드리웠던 내전이 1949년 군사적으로 종결되었다면, 1974년에는 민주화된 우파 정부의 수립을 통해 정치적으로 내전이 종결되었고, 1989년에는 우파 정부와 공산주의 정당의 연립정부 구성을 통해 사회문화적으로 내전이 종결되었다고 평가되기도 한다(홍익표, 1998: 67~92).

제2차 세계대전과 내전을 겪으며 황폐화되었던 그리스 경제는 1950년대 중반에 전전 수준을 회복하면서 급속하게 성장했고 1962년부터 1973년까지 평균 7% 이상의 성장을 기록했다. 1950년대 그리스 경제의 특징은 국가 및 이와 밀착된 소수의 대은행자본이 경제 전체를 통제하면서 비제조업 부문을 중심으로 급속한 성장을 이룩했다는 점이다. 그러나 이러한 성장은 불균형적이었으며, 따라서 그리스 경제가 지니고 있던 구조적 문제들을 극복할 수 없었다. 이 문제들이 악화되자 1950년대 말 체제 안정을 위협하는 불만이 싹텄고 1960년대에 들어서면서부터 외자 의존 산업화를 추진했으나 문제를 해결하기보다는 구조적 문제를 더욱 가중시키는 결과를 가져왔다. 결국 그리스의 경우 경제적 불안으로부터 발생하는 사회적 불만 요인에 장기간 지속된 억압적 정치구조가 겹치면서 체제 안정을 위협하는 요인으로 작동했다. 1960년대 후반 그리스의 상황은 억압적인 권위주의 정권으로 회귀할 것인가 아니면 자유화의 진전을 받아들일 것인가를 두고 여전히 정치적으로 안정되지 않은 상태였고 군부는 누가 집권하든지 자신들의 이해가 손상될 것이라는 판단이 서자 1967년 4월에 대령들 중심의 중간 계급이 주체가 되어 쿠데타를 일으켰다(Close, 2002: 114~117; Bermeo, 1995: 435~452).

1960년대 후반 그리스의 자본가 의회주의 세력은 자유화를 지지하면서 국가 기구 내에서 군의 지위를 상대적으로 격하시키고 자신들의 지위를 상승시키려 했다. 그러나 군부는 억압을 통해 자신들이 누렸던 우월한 지위를 유지하려 했고 총선에서 파판드레우 측의 승리가 거의 확실시되자 쿠데타를 통해 스스로의 권력을 장악하는 길을 택했다. 국왕은 삼두체제의 정점이었으나 실질적인 권한은 별로 없었다. 단, 삼두체제의 나머지 두 축인 의회 세력과 군부가 갈등 관계에 있을 때 왕은 상당한 자율성을 지니게 된다. 절대 왕정으로 복귀하지 않는 한 왕에게 억압과 자유화는 큰 이득이 없는 선택지였으며 국왕에게 유리한 것은 오히려 이전의 폐쇄적인 삼두체제가 안정적으로 유지되는 것이었다. 그러나 이마저도 불가능해지자 국왕은 사면초가에 빠졌고 결국 쿠데타에 대해 모호한 태도를 취하면서 군부의 원로들과 손잡고 자신의 영향력 유지를 꾀했다. 그러나 왕은 결국 1974년 국민투표에 의해 왕정 폐지의 운명을 맞았다. 민주적 이행을 경험한 모든 비민주적인 정권 중에서 그리스 군부 정권은 지지 기반이 가장 좁았다. 국왕의 쿠데타에 대한 반대 입장은 1967년 4월에는 뚜렷하게 드러나지 않다가 1967년 12월에 자신이 지지했지만 실패한 역쿠데타를 통해 표출되었다. 그 후 표면적으로는 상황이 잠잠해졌으나 군사정권과의 긴장 관계는 지속되었다. 그리스 군 내부의 비위계적인 특징을 반영하는 이와 같은 국왕과 대령들 사이의 충돌은 그리스 장교단 내 대다수의 해군 장교와 공군 장교들이 육군 동료 장교들과 다투는 분열을 초래했다. 결국 파파도풀로스 대령을 정점으로 하는 중간 계급의 장교들은 출신 계급의 차이로 갈등을 빚던 왕당파 장성들과 해군·공군 장교들을 배제한 채 자신들만의 쿠데타를 일으켜 정권 장악에 성공했다.

쿠데타에 대한 반응은 다양하게 나타났다. 우선 해군과 공군에 집중된 왕당파는 역쿠데타를 일으키다 숙청되었으며 이 사건 이후 왕당파와 군사정권 사이에는 큰 간극이 생겼다. 자본가 계급의 의회주의 세력은 군사 쿠데타를 애초에 지지하지 않았는데, 이는 삼두체제의 나머지 두 축에서 중간 계급의 군부가 지지를 얻지 못했음을 의미한다. 국민들의 반응은 처음에는 무관심했고 나중에는 소극적으로 수용했으며 결국 소극적인 반대로 변화했다. 국민들의 군사 쿠데타에 대한 소극적인 반응은 오랜 기간 우파 중심의 정권들이 감시와 사찰을 통해 반대파를 억압함으로써 사회운동의 지도부가 될 대안 세력이 부재했다는 점, 그리고 군사정권의 경제성장 정책이 어느 정도 효과를 얻어 경제적 유인을 제공해주는 데 성공했다는 점을 들 수 있다.

20세기 그리스 정치를 대표하는 특징은 좌우파 간의 내전과 10번의 군사 쿠데타 시도, 세 차례 군사정권의 등장이 보여주듯 깊은 정치적 균열, 당파적 증오심, 정치적 불안정성이라고 할 수 있다. 첫 번째 균열은 왕의 존재나 권한을 둘러싸고 벌어진 왕당파와 공화파 간의 갈등이었고, 두 번째 균열은 내전을 거치면서 심각해진 좌우파 간의 갈등이었다. 그리스의 자본가들은 왕당파와 공화파로 나뉘어 대립하다가 공산주의 세력이 커지자 왕당파는 우파로, 공화파는 중도파로 재편되면서 반공을 중심으로 공동의 전선을 형성했다. 군부 역시 1930년대까지 왕당파와 공화파로 나뉘어 대립하다가 1936년 메탁사스 장군의 군사정권을 계기로 대부분 왕당파로 정리되었고 좌우 갈등에서는 우파를 대변했다. 제2차 세계대전 이후 그리스 현대 정치는 1950년에서 1952년까지, 1963년에서 1965년까지 중도파가 집권했던 4년여의 시기를 제외하고는 1967년 군사 쿠데타가 발생할 때까지 줄곧 우파가 집권하면서 정치 폭력과 선거법의 남용 등을 통해 정치 불안정을 키웠다. 그리스의 군부는 이처럼 깨지기 쉬운 정당 구조와 정치 불안정을 틈타 자신들의 이해를 지키기 위해 쿠데타를 일으켰는데, 쿠데타를 정당화하는 논리로 내세운 내용은 혼란을 부추기는 공산주의자의 체제 전복 위협으로부터 그리스를 보호한다는 것이었다. 그리스에서는 지방 지도자나 전국적 지도자 모두 정당의 조직이나 이데올로기에 의존하기보다는 개인의 카리스마에 의존해 선거를 치렀고 시민들도 정당보다는 지도자 개인과 자신의 지지를 일체화하는 경향이 있었다. 내전 이후 여전히 잠복해 있는 이념 갈등과 우파 중심의 정치 운영 및 경찰 중심의 사회질서 유지 체계가 정당 체제의 제도화를 막았다는 점과 정당 체제의 안정보다는 정치인 개인의 인기에 의존하는 불안정한 정치구조라는 점도 쿠데타 세력에 유리한 환경이 되었다(Kalyvas, 2015: 104~115).

3. 그리스 군사정권의 붕괴와 민주화의 특징

1967년부터 시작되어 7년여 동안 지속된 그리스의 군사정부 기간 동안 시민의 자유는 억압되었고, 특별 군사 재판소가 설치되었으며, 정당들은 해산되었다. 반공주의는 군사정권의 중요한 통치 전략이었기 때문에 공산주의자로 의심되는 사람들이 투옥되고 유배되는 등 배척을 당했다. 군사정권 초기에는 해외 투자의 증대와 대규모 인프라 구축사업 등의 영향으로 경제가 빠르게 성장했다. 1967년부터 1973년까지 연평균 7.8%의 경제성장률을 기록했지만 1973년 세계를 뒤덮은 석유위기 때문에 경제성장이 둔화되자 군사정권에 대한 불만의 목소리가 터져 나오기 시작했다. 1973년 5월에는 정권의 기반인 군대 내에서조차 해군 장교들을 중심으로 반란을 기도하는 등의 문제가 발생했다. 이 불발 쿠데타의 배후에 망명 중인 왕이 있었다는 이유로 파파도풀로스는 왕정을 폐지하고 신헌법을 채택해 스스로 대통령에 취임하고 자유화 정책을 실시하면서 통제된 민주화(controlled democratization)를 시도했다.

대부분의 군사정권이나 권위주의 정권 후반기에 등장한 자유화 정책은 자신들의 정부가 아래로부터의 민주화 요구나 외부적인 요인에 의해 위기에 직면했을 때 어느 정도의 개방과 자율을 통해 기존에 제한된 개인의 권리나 경제적 이해 보호를 보장하기 위함이었다. 자유화 정책은 자유롭고 평등한 개인들의 경쟁적인 정치 참여 절차 및 규칙을 보장하는 민주화와는 근본적으로 다르고 민주화 없이도 자유화는 가능하다는 점에서 권위주의 정권이 집권 후반기에 채택하는 정책이다. 그러나 그리스 군사정부의 자유화 정책은 대통령의 권한을 과도하게 확장시킨 신헌법 아래서 실시되어 시민들이 자유화 정책의 가능성을 신뢰하지 않았기 때문에 성공하기 어려웠다.

군부에 대한 시민들의 저항은 1973년 11월 17일 아테네 기술대학교에서 노동자와 농민, 지식인 등 30여만 명이 참여한 시위에서 정점을 이뤘고 이 시위는 군사정권에 의해 다수의 사망자가 발생하면서 유혈 진압되었다. 군부 내 강경파들은 11월에 육군 헌병사령관인 디미트리오스 이오안니디스(Dimitrios Ioannidis)를 중심으로 다시 쿠데타를 일으켜 시민들의 민주화 요구와 불만에도 불구하고 파파도풀로스를 실각시키고 군사정권을 연장시키고자 했다. 1974년 이오안니디스는 흔들리는 자신들의 권력을 공고화하기 위해 1960년 독립한 키프로스 정부를 향해 그리스계 민족주의 세력을 지원해 쿠데타를 일으켰다. 즉, 그리스인 80%, 터키인 20%로 이루어진 키프로스의 대통령인 마카리오스 대주교를 실각시키고 키프로스 섬을 그리스에 병합하고자 시도했던 것이다. 하지만 터키가 전격적으로 군대를 보내 키프로스 섬의 40% 정도를 점령했고, 이에 그리스는 대항조차 못해보고 물러나야 했다. 이 군사작전의 실패로 그리스 군사정권의 권위는 실추되었다(Close, 2002: 118~124).

비위계적인 성격의 군사정부에서 그리스 군의 고위 장성들이 군사정부에 대한 지지를 철회하자 군사정부는 민간 정부로의 권력 이양을 통해 군부의 이익을 보호해야 한다는 주장을 받아들여 파리에 망명해 있던 전 총리 카라만리스를 협상의 대상으로 불러들였다. 그러나 상황의 긴박성으로 인해 군부는 정권 이양의 전제 조건으로 민간인들에게 어떤 조건을 요구하기가 쉽지 않았고 이러한 상황은 카라만리스의 협상력을 증가시켰다. 군부의 상층은 그가 즉각적으로 권력을 떠맡기를 원했으나 카라만리스는 정권을 수임하는 조건으로 군대가 이전 복무 상태로 돌아가야 하고 정부에 더 이상의 개입을 중단해야 한다는 사실을 내세웠다(Kalyvas, 2015: 113~118).

이런 이유로 그리스의 군사정권 붕괴와 민주화 과정에서는 조직적인 민주화 세력이 존재하거나 체계적인 민주화 운동이 역할을 하기보다는 키프로스 사태라는 외부의 요인에 의해 군부 내 강온파 간 분열이 일어나 결국 스스로 정권의 민간 이양을 선택하는 독특한 형태의 민주화 유형을 목격할 수 있다. 물론 1973년부터 악화되기 시작한 경제 위기와 시민들의 저항에 직면해 군부는 자유화 조치를 시도했다. 이 자유화 실험은 파파도풀로스가 스스로 대통령으로 취임하고 스피로스 마르케지니스(Spyros Markeginis)를 총리로 임명해 집행했기 때문에 마르케지니스 실험이라고 불리기도 했다(김일영, 1988: 116).

왜 군부는 정치로부터 쉽게 후퇴했을까? 요약하자면 그 이유 중 하나는 그리스 군사정권이 계급에 따라 명령 체계를 갖춘 일사불란한 위계적 조직이 아니었기 때문이다. 위기가 닥치자 군부 내에서 의견이 갈리면서 강경파와 온건파가 나뉘었고 이들 사이의 분쟁이 민간으로의 정권 이양을 쉽게 만들었다. 다른 한 가지 이유는 물론 키프로스 사태를 일으켜서 터키의 군사적 개입을 초래했고 이에 적절하게 대응하지

못하고 패퇴함으로써 시민들이 군사정권에 대한 신뢰를 잃었기 때문이
다. 키프로스 사태 이후 신속하게 정권 이양을 준비하는 과정에서도 군
부는 언제든지 필요하다면 민간인들이 참여하는 정치로 복귀할 수 있
다는 확신을 갖고 있었다. 이러한 자신감이 민간으로의 정권 이양을 더
욱 쉽게 만들었다.

　군부와 민간 정치인들의 교섭을 통해 보수적 정치 지도자인 카라만
리스는 터키와의 전쟁을 불식시키려 노력했고 1947년 불법화되었던
공산당을 27년 만에 합법화시켰다. 카라만리스가 공산당을 합법화한
것은 좌우파 간의 내전 이후 그리스 현대사에서 지속된 반공산주의 이
념 갈등을 생각하면 놀라운 결정이었다. 카라만리스는 이후 신민주주
의당을 창당했고 1974년 11월 선거에서 승리해 총리가 되었다. 카라만
리스는 또한 삼두체제의 두 축이던 왕과 군부를 어떻게 통제할 것인지
에 대해 매우 중요한 결정을 내렸다. 우선 20세기 들어 1920년, 1924
년, 1935년, 1946년, 1973년에 이은 여섯 번째 시도였던 왕정에 대해
국민투표를 실시했고 1974년 12월 8일 69%의 지지율로 왕정 폐지가
분명해지자 그리스 현대 정치의 갈등과 혼란의 한 축이던 왕은 정치무
대에서 완전히 퇴장했다. 군부 역시 애초 정권을 포기하더라도 집단으
로서 자신들의 이해관계를 지키고 필요할 때 언제든지 정치에 다시 개
입할 수 있다는 자신감으로 카라만리스를 선택해 민정 이양을 추진했
다. 하지만 카라만리스가 키프로스 사태로 불거진 안보 위기의 책임을
물어 모든 군대를 수도에서 국경으로 이동시키고 1975년 2월 시도된
불발 군사 쿠데타의 책임을 물어 관련자들을 재판에 회부하고 엄격하
게 처벌하자 군부 역시 가시적인 통제권 안으로 들어왔다. 린츠와 스테
판은 1974년 7월부터 12월까지 왕정 폐지를 결정한 국민투표 기간에
그리스 민주화 이행이 이뤄졌다고 판단한다. 즉, 1974년 7월 21일부터
1974년 12월 9일까지 142일 동안을 그리스 민주주의의 이행 시기로 규

정한 것이다.

1975년 6월 19일에는 1952년 헌법을 대체하는 새로운 헌법이 의회에서 통과되었다. 새 헌법은 카라만리스의 대통령제 지지자와 의회의 권한 유지를 원하는 의원내각제 지지자 사이의 타협으로 탄생했는데, 특히 국가 - 교회 관계를 개선해 대통령이 그리스정교회 신도여야 하고 정교회 신념을 보호한다는 조항을 삭제했다. 대통령은 의회에서 5년 임기로 간접 선출되었는데, 전쟁을 선포하고 조약을 비준하는 권한 및 법률안 거부권, 의회해산권 등을 갖게 되어 권한이 강화되었다. 1975년에 대통령으로 선출된 사람은 카라만리스의 측근인 콘스탄티노스 차초스(Konstantinos Tsatsos)였다. 1977년 총선에서 신민주주의당은 과반 의석을 확보하며 재집권에 성공했고 1980년에는 카라만리스 총리가 대통령에 선출되었다. 다음 절에서 자세하게 살펴보겠지만 1981년 1월 그리스는 이후 자신의 운명을 끊임없이 시험하는 결정이 될 유럽공동체(EC) 가입에 성공한다. 1981년 10월 총선에서 1960년 중반 중도연합을 대표하던 게오르기오스 파판드레우의 아들 안드레아스 파판드레우(Andreas Papandreou)가 이끄는 범그리스 사회주의 운동당(Panhellenic Socialist Movement: PASOK)이 300석 가운데 172석을 얻어 그리스 최초로 사회주의 정권이 탄생했다(Mavrogordatos, 1983: 28~35).

카라만리스는 민주화 과정에서 군부의 탈정치화를 극적으로 이뤄냈지만 그 방식은 국방비를 45% 늘림으로써 군 전체의 제도적 이익을 보장해주는 타협적인 방식이었다. 카라만리스 중심의 우파 신민주주의당은 1974년 총선에서 승리했지만 그리스의 경제 불황을 해결하는 데 실패했고, 공산당 합법화와 헌법 개정, 왕정 폐지, 군부 퇴진 등의 여러 가지 개혁 정책을 실시했지만 반대파에 의해 우파의 기득권을 보장해주는 타협일 뿐 정치적 민주화를 실질적으로 수행하지 않는다는 비판을 받았다. 1975년에는 독재 정권의 지도부와 추종자들에 대한 재판과 투옥이 시작되어 가시적인 민주화의 성과들이 나오기 시작했지만 카라만리스가 이끄는 신민주주의당은 1980년대 초 그리스 경제가 다시 악화되자 1981년 좌파인 범그리스 사회주의 운동당에 정권을 내주었다.

범그리스 사회주의 운동당은 안드레아스 파판드레우를 중심으로 1974년에 창당되었다. 안드레아스 파판드레우는 자신이 자유주의자가 아닌 사회주의자임을 분명히 했고 1974년 선거에서 범그리스 사회주의 운동당의 중추 세력은 최대한의 요구를 내세워 타협하지 않는 과격파였다. 좌파 주요 정당들은 급히 행해진 선거에서 거대 정당이 과대 대표가 되고 야당은 과소 대표가 되도록 만들어진 선거제도를 신랄히 비판했다. 사실상 카라만리스에 의해 창설되고 대부분의 보수주의자에 의해 지지받는 신민주주의당은 1974년 선거에서 유효투표의 54.5%를 얻었으나 의석의 73.3%를 차지했다. 이와는 대조적으로, 범그리스 사회주의 운동당과 좌파연합선거동맹은 유효투표의 23.1%를 획득했으나 의석은 단지 6.7%만 차지했다. 카라만리스는 자신이 원하는 헌법을 만들기 위해 압도적인 다수당을 이용했다. 단지 제한된 사항만 야당과 협의했고 야당은 특히 강력한 대통령의 비상대권을 거부했다. 토론은 주요한 충돌로 이어졌고 신헌법을 권위주의적인 것으로 비난하면서 모든 야당은 1975년 5월 의회에서 철수했다. 결과적으로 1975년 6월 9일 마지막 투표에서 신헌법은 신민주주의당 의원들에 의해 통과되었다(Kalyvas, 2015: 130~134).

1977년 온건한 노선으로 선거를 치른 범그리스 사회주의 운동당은 주요한 야당으로 등장했고 신민주주의당은 역으로 다수결의 특권을 남용하는 행위를 멈췄다. 신민주주의당과 범그리스 사회주의 운동당은 상대 정당에 대한 민주적 충성을 받아들이면서, 그리고 민주적 의회 정치가 어떻게 행해져야 하는가에 관한 일련의 묵시적 이해에 도달하면서 각각 1981년 선거에 참여했다. 공산당은 점차 반체제적 태도를 탈피했고 민주적 정권의 틀 내에서 자신들의 목표를 달성하기 위해 노력했다. 마침내 1981년 총선 결과 안드레아스 파판드레우가 이끄는 범그리스 사회주의 운동당이 집권했다. 따라서 민주주의 공고화에 대한 최소주의적 입장에서 보면 그리스 민주주의는 늦어도 1981년에 안정되었다고 주장할 수 있다(Diamandouros, 1984: 50~71).

린츠와 스테판의 분류에 따르면, 그리스 민주화의 유형은 권위주의 정권 내부로부터의 민주화에 해당하고 그 가운데 다시 제도로서 군부에 의해 주도된 민주화에 해당한다. 이러한 경로는 군부가 전체 군부의 근본적 이익을 제도로서 보호하기 위해 군사정권 담당자의 사적인 이해와는 별개로 민주주의로 돌아가기를 원한 사례에 해당한다. 따라서 군부는 권위주의 정권을 종식시키는 데 가장 강력한 세력이었다. 또 제도로서의 군부는 권위주의 정부의 민간인 또는 군부 지도자들이 자신들에게 불리한 위기 상황을 몰고 올 정책을 수행하고 있다고 판단될 경우 위기를 극복하고 상황을 안정시키기 위해 자신의 동료 장교들, 특히 군사정부의 지도자들까지도 희생시킬 각오가 되어 있었다. 그러나 이러한 형태의 권력 이양에도 위험 부담이 존재하는데, 만일 이 경로가 사회적 압력과 같은 다른 요인들에 의해 진전되지 않는다면 군부는 여전히 비상권력을 보유한 상태로 남아 있게 되며, 일단 위기 상황이 지나가면 군부는 다시 정권을 장악하는 데 별 어려움이 없어진다(Linz and Stepan, 1996: 130~138).

그리스 군사정부는 장성급 장교의 쿠데타가 아니라 영관급 장교의 쿠데타로 출범했기 때문에 제도로서의 군부에 상대적으로 약한 기반을 두고 시작했다. 1973년 무렵에는 군사정부 지도자가 정치적으로 고립되었으며 아마도 이런 이유 때문에 키프로스 개입이라는, 위험 부담이 매우 높은 작전을 감행했을 것이다. 이 상황에서 군부 조직은 국민들이 인정할 만한 보수적 민간인 정치가 카라만리스를 대안적 인물로 옹립하고 신속한 권력 이양에 관해 그와 협상했다. 그리고 제도로서의 군부는 군사정부에 관여했던 장교들에 대해 취해진 엄격한 형벌을 인정했다. 그러나 권위주의 정부는 국민들로부터 별 인기가 없었고 1973년에는 대학에서 소요가 발생했음에도 군부가 정권에서 물러나야 한다는 사회의 압력이 그다지 강하지 않았다. 따라서 제도로서의 군부는 군부가 정치권력으로부터 철수해야 한다고 주장했지만 정부로서의 군부는 실질적인 제도적 특권을 계속 누리고 있었다. 군부 조직의 그러한 특권은 1981년에 선출된 범그리스 사회주의 운동당에 의해서야 도전받기 시작했다. 결국 시민들의 지지가 없다는 이유 하나만으로 권위주의 정권이 곧바로 몰락한 것은 아니었던 것이다.

시민의 지지는 정통성에 관한 질문으로 바꿔 계속될 수 있다. 즉, 정통성을 어떻게 정의하느냐와 상관없이 정통성은 지배의 안정에 절대적인 필요조건이지만 충분조건은 아니다. 정권의 안정에 중요한 것은 특정 지배 체제의 정통성이 아니라 오히려 더 나은 대안이 있느냐라는 점이다. 권위주의 정권이 정통성을 상실하고 대안적 정권이 출현할 가능성이 없는 상황, 즉 어떤 일관된 대안도 정치적으로 조직될 수 없는 상황에서는 사회 내의 다른 대안이 고립화된 개인들을 위한 실질적인 선택이 될 수 있도록 조직화되기 전까지 권위주의 정권이 결코 쉽게 붕괴하지 않는다.

그리스의 안정적인 민주주의 이행은 좌우파 엘리트들 사이의 점진적 합의와 타협, 정책의 온건화에 힘입은 바 크다. 우파의 경우 카라만리스가 1974년에 행한 일련의 정책, 즉 공산당을 합법화하고 왕정 폐지에 관한 국민투표를 실시한 것, 군부의 특권적 지위에 제한을 가하는 개혁을 실시한 것 등이 기존 보수적인 우파의 정책에 변화를 주어 더 온건한 중도 쪽으로 이동함으로써 좌파와의 거리를 좁히는 결과를 가져왔다. 야당과 좌파 진영의 범그리스 사회주의 운동당은 EU 탈퇴, NATO

탈퇴, 미군기지 철수, 비동맹 국가와의 연대 강화 등을 평소에 주장했지만, 실제 1981년 집권에 성공하자 그리스 체제에 대한 충성심과 급진적 분파에 대한 견제 속에 이러한 정책들을 이데올로기가 아닌 실용주의적 입장에서 조정했고 집행에 들어가지 않았다. 범그리스 사회주의 운동당은 또한 지지자들을 동원하는 데 쓰였던 반체제적 슬로건과 민주적 체제를 와해시키기 위해 실제 행동에 돌입하는 것을 구분했다. 이러한 온건화 경향에는 공산주의자들이 정통 마르크스 레닌주의 정당과 수정주의적인 유로공산주의 정당으로 분화하던 1968년의 경험도 영향을 미친 것으로 보인다(Karakatsanis, 2001: 45~64).

물론 좌우파 간 정치적 입장의 온건화와 점진적 합의 및 타협은 긍정적인 측면에서 보면 민주주의 이행 과정을 안정되게 관리했다는 의미일 수 있지만, 부정적인 측면에서 보면 서로 상대방의 기득권을 인정하고 일정 부분 보호해주는 상태로 타협했다는 의미이므로 근본적으로 해결되지 못한 과거의 부패와 구습, 구세력의 발호가 계속될 수 있음을 뜻한다. 실제 그리스 위기의 원인 가운데 하나는 소극적인 과거 청산 속에서 가부장적 국가주의와 정당 후견주의 문화가 좌우파의 집권에 상관없이 지속된 데다, 지지자들을 만족시킬 만한 수준으로 복지와 임금을 보장하기 위해 재정 적자와 공공 부채를 동원하는 악순환이 계속되었기 때문이다(게오기아듀, 2007: 1~13; Close, 2002: 178~181).

4. 그리스 민주주의 위기와 EU

1974년 민주화 이후 고립적인 그리스 정체성을 둘러싸고 지식인 사이에서도 변화가 일어났다. 변화의 방향은 세계주의적 영향이 강해지고 서구 형식의 표현이 강해지는 것이었다. 절차적인 관점에서 민주주의 이행이 완성된 1974년 12월과 민주주의 공고화가 진행된 1981년 범그리스 사회주의 운동당의 집권에 이르는 시기 동안 그리스 민주주의가 처한 최근의 위기와 가장 연관이 깊은 사건은 그리스의 EU 가입이었다. 그리스의 EU 가입에 관한 아이디어는 파리에 망명 중이던 카라만리스로부터 시작되었다. 아직 파리에 머물던 1973년 카라만리스는 그리스의 부흥을 위해 유럽과의 관계를 밀접하게 하고 EU에 가입하는 방안을 그리스의 미래를 위한 새로운 구상으로 제안했다. 군사정부가 물러났을 때인 1974년 그리스 경제의 인플레이션 비율은 26.4%였고 국내총생산은 전년 대비 1.2% 감소했다. 그러나 카라만리스 정부가 들어선 1975년에는 인플레이션 비율이 15.2%로, 1976년에는 12%로 낮아졌다. 국내총생산(GDP)은 1975년 4.5%, 1976년 5%로 성장했다. 이와 같은 경제 성적을 바탕으로 1975년 6월 12일 카라만리스는 EC에 회원 가입을 신청했다. 그러나 1976년 1월 31일 유럽경제공동체(EEC) 집행위원회가 그리스의 완전한 회원 자격 심사를 위해 10년의 준비 기간을 부여할 예정이라는 의견을 내놓았다. 이러한 의견은 당시 가장 약체 회원국이던 아일랜드의 1인당 국민소득을 능가하는 기록을 세운 그리스에 받아들이기 힘든 것이었다. 카라만리스는 이런 집행위원회의 시각을 받아들일 수 없음을 강력하게 항의했고, 이런 호소가 받아들여져 1976년 7월 27일 정식으로 가입 협상이 시작되었다(Close, 2002: 231~247; Kalyvas, 2015: 126~127; Koliopoulos and Veremis, 2010: 158).

그러나 야당인 범그리스 사회주의 운동당의 안드레아스 파판드레우는 만약 사회주의 운동당이 집권한다면 유럽공동체(EC)에 가입하더라도 바로 탈퇴할 것이라고 공언했다. 그는 1977년 선거에서도 그리스의 EC 가입은 자본주의 위성 체제에서 그리스의 주변적인 역할을 강화시킬 뿐이며 독자적인 국가 계획 수립을 불가능하게 만들고 그리스 산업을 심각하게 위협해 결국 그리스 농부들을 사라지게 만들 것이라고 비판했다. 파판드레우는 국가 경제 및 자본과 상품의 이동에 대해 그리스가 완전한 통제권을 가져야 하고 EC와 이러한 조건의 협정을 맺기 위해 반드시 국민투표를 거쳐야 한다고 주장했다(Koliopoulos and Veremis, 2010: 159).

1977년 11월 총선에서 파판드레우가 이끄는 범그리스 사회주의 운동당이 반EC 슬로건 아래 1974년과 비교해 두 배의 지지율을 얻자 카라만리스는 EC 가입 협상을 더 빨리 진행시키기 위해 노력했다. 가입 협상은 1978년 12월 21일에 끝났고 가입 조약은 1979년 5월 28일에 조인되었다. 의회에서 비준 동의를 위해 안건이 상정되었을 때 야당인 범그리스 사회주의 운동당과 공산당은 의회의 비준 동의 투표에 불참했고, 그리스는 마침내 1981년 1월 1일 EC에 열 번째 회원 국가로 가입했다. 1981년으로 예정된 총선에서 파판드레우가 이끄는 범그리스 사회주의 운동당의 집권이 예상되자 카라만리스는 EC 탈퇴를 막기 위해 대통령에 입후보했고 1980년 5월 5일에 그리스 의회는 카라만리스를 대통령으로 선출했다. 실제 1981년 총선에서 야당이던 범그리스 사회주의 운동당이 집권하자 파판드레우는 자신의 바뀐 세계 인식을 반영해 흥미로운 전략을 제시했다. 그리스의 EC 탈퇴 여부에 대해 국민투표를 실시할 것을 대통령에게 요청할 것이고 만약 카라만리스 대통령이 이를 거부한다면 자신은 EC 안에서 그리스의 이익을 최대화하기 위해 애쓸 것이라고 말한 것이다. 파판드레우는 이와 같은 자신의 노선 변화를 두고 이데올로기와 실제 정치를 혼동하지 말아야 한다고 말했고 이것이 범그리스 사회주의 운동당의 지도자로서 그가 채택한 새로운 정치 언어였다(Koliopoulos and Veremis, 2010: 161).

EC 가입을 통해 그리스는 서구의 파트너가 되었고 서구 모델의 국가 건설을 시작했지만 이런 시도가 유럽화를 거부하는 그리스의 민족주의적 성향을 완전하게 패퇴시킨 것은 아니었다. 1981년 선거에서 파판드레우의 범그리스 사회주의 운동당은 48.07%의 지지율로 172석의 의회 의석을 차지했다. 기존 여당이던 신민주주의당은 35.8%의 지지율로 118석을 얻는 데 그쳤다. 파판드레우는 1981년 총선에서 의미 규정이 모호한 '변화(change)'를 내세우며 '모든 비특권자를 위한 운동(movement for the non-privileged)'을 범그리스 사회주의 운동당의 슬로건으로 선택했다. '모든 비특권자를 위한 운동'이라는 슬로건은 매우 효과적이었다. 대부분의 그리스 시민들은 자신을 특권을 가진 사람으로 생각하지 않았고 따라서 계급 전쟁을 불러일으키는 슬로건의 뉘앙스에도 불구하고 우파와 엘리트를 가리지 않고 거의 모든 사람들이 범그리스 사회주의 운동당에 가입하고 좌파 정부를 지지하게 되었다(Kalyvas, 1997: 83~104).

그리스에서는 오랫동안 유럽을 지향하는 근대 엘리트들의 문화와 서민을 보호하는 가부장적 국가를 지향하는 문화가 공존해왔다. 근대의 대부분의 시기는 계몽과 개인의 노력, 자유 시장에서의 경쟁의 중요성을 강조하는 서구 지향의 엘리트들이 지배했지만 특권에 분노하고 비특권을 지향하는 사람들을 보호하는 가부장적 국가라는 문화도 분명하게 존재했다. 파판드레우의 범그리스 사회주의 운동당은 특권층과 비특권층, 민족적이고 독립적인 세력과 미국·유럽에 종속된 외세 지향적 세력 등의 이분법적 상징을 통해 근대화와 유럽화를 두려워하는 사람들을 동원하면서 선거에서 성공을 거뒀다(게오기아듀, 2007). 반면 카라만리스는 그리스가 과거의 고립적인 문화로 후퇴하지 않고 근대화하기 위해서는 EC 가입을 통해 서구 세계와 교류하는 것이 그리스 발전의 중요한 계기라고 생각했다. 그러나 서구와의 교류를 통한 그리스 개혁을 목표로 했던 1981년 EC 가입이 고립적이고 분절된 그리스의 후견주의적 문화를 바탕으로 한 파판드레우의 범그리스 사회주의 운동당의 집권과 함께 시작되었다는 점은 역사의 아이러니다. 이처럼 민주화를 성공적으로 완수하고 민주적 제도가 존재하는데도 정치체제의 비효율과 후견주의가 계속되는 그리스의 현실을 두고 '그리스의 모순(Greek Paradox)'이라는 개념이 등장했다(Allison and Nicolisdis, 1997: 2~3).

파판드레우의 범그리스 사회주의 운동당은 1981년 집권하자 EC와의 관계를 재정립하기 위한 협상을 시작했다. 애초 범그리스 사회주의 운동당은 EC를 그리스의 주권을 위협하고 작은 국가들을 부수는 사악한 힘으로 비판한 바 있다. 그러나 1982년 3월에 파판드레우는 유럽집행위원회에 그리스의 특수성과 구조적 문제들을 들어 특별한 취급을 요구하는 의정서를 제출했다. 범그리스 사회주의 운동 정부의 이 제안에 대해 1983년 3월 유럽집행위원회는 그리스를 특별 대우하는 것을 거부했지만 '통합 지중해 프로그램(Integrated Mediterranean Programs)'의 연장선상에서 특별 지원금을 약속함으로써 더 이상 그리스가 탈퇴를 주장하지 못하도록 만들었다. 유럽집행위원회의 제안은 파판드레우에게도 성공적이어서 탈퇴를 철회하는 중요한 명분이 되었다. 파판드레우는 더 이상 그리스의 특수성을 주장하지 않고 EC 내에서 자원 재분배의 필요성이라는 요구로 자신의 주장을 바꾸었다. EC의 기금이 그리스로 유입되기 시작하고 1989년의 경우 EC의 기금이 GDP의 4.5%에 달하자 그리스는 점점 더 EC에 의존적이 되었고 범그리스 사회주의 운동당도 이런 현상을 불가피한 것으로 인정하기 시작했다. 마침내 1985년 3월 브뤼셀에서 열린 EC 정상회의 직후 파판드레우는 그리스의 EC 탈퇴 고려가 더 이상 없을 것이라고 선언했다. 1981년에서 1985년까지 탈퇴 여부를 두고 지속된 그리스와 EC 사이의 게임이 비로소 종료되었던 것이다. 파판드레우는 잔류 비용보다 탈퇴 비용이 훨씬 더 크기 때문이라는 간단한 손익계산서를 내밀었고 국민들은 이를 순순히 받아들이는 것처럼 보였다(Kalyvas, 2015: 135~151; Koliopoulos and Veremis, 2010: 164).

1981년 그리스의 공공 부채는 GDP의 28%를 넘지 않았고 EC에 속한 이후 대외 자금을 빌리기가 더 수월해졌다. 범그리스 사회주의 운동당은 임금을 물가에 연동시키거나 신용을 쉽게 높이는 방법, 다양한 집단에 지원금을 주는 방식 등으로 재분배 정책을 실시했다. 그 결과 그리스의 재정 적자는 1980년 8.1%에서 1985년 17%로 뛰었다. 이른바 정당후견주의(party clientelism)로 불리는 범그리스 사회주의 운동당의 정책은 정당과 국가 기구의 상호 의존성을 심화시키는 가운데 정당 지지자들을 만족시키기 위해 끊임없이 국가 부담을 높이는 방식이었다. 즉, 부자들에게 세금을 더 걷어서 가난한 사람들에게 분배하는 로빈후드식 사회주의 정책이 아니라 부채를 더 빌려 재분배에 사용하면서 그리스 국가와 국민 모두에게 부담을 가중시키는 방식이었다. 1983년 1월에 그리스 정부는 줄어드는 노동 시간과 생산성 저하로 인해 그리스의 수출 경쟁력이 낮아지자 드라크마화의 평가절하를 단행했다. 이 정책은 단기적인 효과가 있었지만 곧 임금과 비용, 가격 등에 전이된 평가절하의 영향과 수입 가격이 오르는 상쇄 효과 때문에 유명무실해졌다. 기업들은 국가은행으로부터 돈을 빌렸고, 마지막 단계에서는 범그리스 사회주의 운동당 정부가 세운 산업재편기구(Industrial Reconstruction Organization)가 부실화된 기업을 인수해서 손해를 보면서 운영하는 방식으로 가동되었다(Koliopoulos and Veremis, 2010: 165).

1985년 6월 총선에서 파판드레우의 범그리스 사회주의 운동당은 '더 나은 날들(even better days)'이라는 슬로건을 내걸고 생산 수단의 추가적인 국유화와 농업에 대한 추가적인 투자, 연금의 실질적인 증액, 복지의 일반적인 향상 등을 약속했다. 범그리스 사회주의 운동당은 이 총선에서 45.82%의 지지율로 172석을 얻어 승리했다. 신민주주의당은 1981년 총선보다 4.98% 늘어난 40.84%의 지지율로 126석을 얻었고 공산당은 9.89%의 지지율로 12석, 유로공산주의자당은 1.84%의 지지율로 1석을 얻었다. 사업가나 관리자, 전문가 집단, 법률가와 의료 집단은 신민주주의당을 선택했지만, 노동자나 저소득층, 중간 소득층은 범그리스 사회주의 운동당을 지지했다. 범그리스 사회주의 운동당이 집행한 임금의 물가 연동 정책은 저소득층에 인플레이션을 이겨낼 수 있는 수단을 제공했고 해고로부터 노동자를 보호하는 정책은 대부분의 시민들로부터 지지를 받았다.

외채가 늘어남에 따라 그리스 경제가 점점 더 외국 자본에 의존하게 되자 1985년 10월에 범그리스 사회주의 운동당은 EC로부터 17억 5000만 달러를 빌리면서 안정화 프로그램을 채택했다. EC가 제시한 조건들은 드라크마화 15% 평가절하와 부채 규모 축소, 긴축적인 금융 정책이었다. 이 정책의 결과 그리스의 재정 적자는 1985년 18%에서 1987년 13%로 낮아졌고 인플레이션은 1985년 20%에서 1987년 16%로 낮아졌다. 그러나 이와 같은 긴축 정책이 범그리스 사회주의 운동당의 인기를 떨어뜨리자 파판드레우는 1989년 총선에서 승리하기 위해 더 적극적인 지출을 원했고, 안정화 정책을 총괄하던 코스타스 시미티스(Costas Simitis)를 1987년 전격 해임했다. 파판드레우는 사회주의 정책의 후퇴를 막고 자신의 권력을 강화하기 위해 1985년 카라만리스에 대한 연임 시시를 철회하고 크리스토스 사르체타키스(Christos Sartzetakis)를 대통령으로 선출한 다음 1986년 헌법 개정을 통해 의회 해산권이나 정부 불신임권, 총선 일정 채택, 헌법 특정 조항의 정지 등에 관한 대통령의 권한을 대폭 축소시켰다. 이러한 헌법 개정은 총리인 파판드레우에게 더 많은 권한을 주었지만 그리스 경제는 EC 평균 GDP 기준에서 아일랜드나 포르투갈보다 뒤처졌고 국제통화기금(IMF)이나 경제협력개발기구(OECD), 유럽집행위원회(European Commission)는 그리스의 낮은 투자와 저성장, 국가 보조금 의존도의 증가, 재정 적자의 증가, 높은 인플레이션 등의 악순환을 경고했다(Koliopoulos and Veremis, 2010: 165).

범그리스 사회주의 운동당의 운명은 1988년 여름 파판드레우가 병 때문에 더 이상 총리로서 직무를 수행할 수 없게 되고 곧이어 코스코타스 스캔들에 연루된 것이 드러나면서 하락세로 돌아서기 시작했다. 파판드레우는 1991년 3월부터 10개월여 동안 지속된 재판에 참석하지 않았고 재판부는 1992년 1월에 모든 혐의에 대해서 무죄를 선고했다. 이러한 상황에서 범그리스 사회주의 운동당은 1989년 6월 총선에서 38%를 득표했고 신민주주의당은 43%를 득표했다. 신민주주의당은 공산당과의 연정에 들어갔지만 곧 깨졌고 1989년 11월에 다시 총선이 실시되었다. 이 선거에서 신민주주의당은 46%의 지지를 얻었지만 여전히 단독정부 수립이 불가능했고 3당이 함께 연정을 구성했지만 다시 와해되어 1990년 4월에 총선이 재차 실시되었다. 이 선거에서 신민주주의당은 마침내 단독정부를 구성할 수 있었다. 범그리스 사회주의 운동당은 39%의 지지를 받고 좌파연합당은 11%의 지지를 받아 10년에 걸친 사회주의 정권이 막을 내리게 되었다. 1967년 군사 쿠데타로 군사정부가 들어선 이후 14년 만에, 그리고 1974년 군사정부가 물러간 이후 6년 만에 내전 이후 최초로 들어선 사회주의 정부는 대중의 인기에 영합하는 정책들을 통해서 그동안 소외되었던 좌파와 서민들을 정치체계 안으로 끌어들임으로써 민주주의를 공고화하는 데 기여했다는 평가를 받는다 (Koliopoulos and Veremis, 2010: 170).

범그리스 사회주의 운동당이 집권할 수 있었던 것은 좌파 정당으로서 급진적인 강령들을 유연하게 수정했기 때문이었다. 예컨대, NATO 탈퇴를 공언했지만 실행하지 않았고 미군기지 철수는 미국과 미군기지의 지위 개정 협상을 벌이는 것으로 물러섰다. EC에서 탈퇴하는 것도 나중에는 잔류를 선언하는 것으로 입장을 바꿨고, 발칸, 아랍 및 비동맹 진영과의 유대 강화를 주장했지만 특별한 움직임은 없었다. 이와 같은 온건한 방향으로 변화한 결과 범그리스 사회주의 운동당은 집권에 성공할 수 있었다. 그러나 다른 한편 이러한 온건화는 구체제와의 타협과 양보를 전제로 한 것이었기 때문에 그리스 사회의 문제를 근본적으로 해결하는 것과는 거리가 멀었다(게오기아듀, 2007). 즉, 좌파 10년의 집권 기간 동안 우파와의 타협 아래 가부장적 국가주의와 정당 후견주의 문화는 더욱 심화되었고 이는 오늘날 우리가 목격하고 있는 그리스 위기의 단초를 제공했다는 비판을 받는다.

1990년 콘스탄틴 미초타키스(Constantine Mitsotakis)가 이끄는 신민주주의당이 집권했을 당시 그리스의 인플레이션 비율은 20%에 달했고, 공공 부채는 GDP의 120%에 이르렀으며, 상승한 노동 비용과 늘어나는 부채는 국가 자원을 고갈시키고 있었다. 또한 브뤼셀의 유럽집행위원회는 그리스에 지원한 EC의 기금이 대부분 소비에 쓰이는 데 불만을 품고 있었다. 신민주주의당 정부는 인플레이션의 악순환을 끊기 위해서 1990년 집권한 후 새로운 예산을 짰지만 범그리스 사회주의 운동당이 집권한 이후 실시해왔던 임금의 물가 자동 연계 정책을 폐지하자 실질 임금이 13%가량 축소된 시민들이 실망했고 이 정책은 인기가 없음이 금방 증명되었다. 신민주주의당 정부는 EC의 지침을 받아들여 1992년 1월에 특히 은행에 대해 규제 완화 정책을 실시해 외환 통제와 국가 개입을 줄이기 시작했다. 시민들은 그리스 은행에 외환 계좌를 개설할 수 있게 되었고 은행은 정부의 재정 적자에 도움을 주기 위해 의무적으로 새로운 은행 보유금의 40%까지 정부 채권을 사야 하는 규정으로부터 자유로워졌다. 은행 예금에 대한 이자율을 낮추고 유류에 대해 40%까지 세금을 올렸다. 그 결과 인플레이션은 1992년 20%에서 1993년 12%까지 떨어졌다. 그러나 이러한 긴축 정책은 시민들로부터 불만을 샀고 결국 1993년에 범그리스 사회주의 운동당의 재집권을 가능하게 만들었다. 1993년 총선에서 파판드레우는 모두에게 좋았던 1980년대의 시절을 되돌려주겠다고 약속했고 긴축 정책에 실망한 시민들은 파판드레우를 지지했다. 1993년 총선에서 범그리스 사회주의 운동당은 47%의 지지율로 170석을 얻었고 신민주주의당은 39.3%의 지지율로 111석을 얻는 데 그쳤다. 인플레이션과 재정 적자를 줄이기 위한 신민주주의당 정부의 노력이 틀린 것은 아니었지만 브뤼셀의 EU 관리들로부터 긍정적인 평가를 받은 정책이 반드시 인기 있는 것은 아니었다.

군사정부가 퇴진한 이후 신민주주의당과 범그리스 사회주의 운동당의 양당 체제는 2012년까지 계속되었다. 신민주주의당은 1975년부터 1980년까지 집권했고 이어서 1990년부터 1993년까지, 그리고 2004년부터 2009년까지 총 15년을 집권했다. 반면 범그리스 사회주의 운동당은 1981년부터 1989년까지 처음 집권한 이후 1993년부터 2004년까지 집권했고 2009년부터 2011년까지 총 22년 동안 집권했다. 이 기간 동안 이른바 온건화 모델에 따른 타협과 기득권 보장으로 군사정부의 퇴진을 달성한 신민주주의당 정부는 평화로운 정국 조성에 기여했지만 EC 가입을 통해 벗어나려 했던 그리스의 후견주의와 파벌주의적 전통 문화를 온존시키고 그 영향으로부터 벗어나지 못했다. 범그리스 사회주의 운동당은 가부장적 국가주의와 정당 후견주의라는 그리스 특유의 고립적인 문화를 바탕으로 세력을 넓혀 집권에 성공했지만 지지자들에 대한 보상을 세금 인상보다는 공공 부채를 통해 제공함으로써 구습 타파와 부패 척결에 미온적이었다. 범그리스 사회주의 운동당은 초기에는 뚜렷한 사회주의 이념과 체계적인 조직을 갖추었다는 점에서 다른 정당들과 구별되었지만 기본적으로 파판드레우의 카리스마적 리더십에 의존하는 경향이 강했고 지지층을 넓히는 과정에서 사회주의와 함께 민족주의나 자유 시장 경제를 옹호하는 포괄 정당(catch all party)으로 변화했다(정병기, 2014: 12~40).

그럼에도 불구하고 서로 집권을 주고받던 양 정당은 점점 시민들의 지지 기반을 잃어갔고 2009년 선거에서 급진좌파연합이 16.8%의 높은 지지율을 얻으며 부상했다. 급진좌파연합은 마침내 2015년 선거를 통해 긴축 재정에 반대하는 공약을 내걸고 절대 과반수에 단 2석이 모자란 149석을 획득하면서 그리스 제1당의 지위를 획득했다. 급진좌파연합은 그리스 위기에 대해 기성 정당들과 다른 긴축 조치 철회나 부채 탕감, 복지국가 재건, 국가 투자 확대 등의 대안을 제시하면서 노조와 도시 서민, 비정규직 노동자, 젊은 층의 지지를 이끌어냈다. 그러나 저소득층이나 실업자 집단이 좌파에 우호적일 뿐만 아니라 극우 정당에도 많은 지지를 보내는 유럽의 현실에서 보듯이 그리스의 급진좌파연합 역시 2015년 선거 이후 극우파인 독립그리스당과 연정을 구성하고 집권에 성공했다. 그리스 현대 정당사로 보자면 1981년 선거가 최초로 사회주의 정당의 집권을 목격하면서 신민주주의당과 범그리스 사회주의운동당이 양대 정당 체계를 이룩한 중대 선거였다면, 2007년 선거와 2009년 선거를 거치면서 양대 정당의 지지율이 급격히 하락하기 시작했고 2012년 총선에서 급진좌파연합의 빠른 부상에 양대 정당이 현저하게 영향력을 상실했다는 점에서 2012년 선거 역시 양대 정당의 몰락과 새로운 정당의 난립이 시작된 중대 선거라고 볼 수 있다(Teperoglou and Tsatsanis, 2014: 222~242; 정병기, 2015: 33~59).

그리스의 경제 위기는 농업과 서비스업 비중이 크고 제조업이 약한 그리스 특유의 산업구조에 비롯되는 것으로, 오랜 기원을 갖는다. 내전을 거치면서 황폐화된 그리스 경제는 1950년대 그리스 국립은행과 그리스 상업은행이 그리스 부의 대부분을 소유하는 금융자본의 영향력 아래 서비스 부문을 중심으로 빠르게 성장했다. 농업의 비중이 크고 잠재적인 실업군인 농민을 유인할 공업 발전이 느렸기 때문에 대부분의 그리스 농민은 유럽으로 노동 이민을 떠나거나 서비스업으로 이동했다. 1960년대에는 외자를 유치해 공업 부문을 중심으로 경제성장을 시도했지만 도시와 농촌 사이의 지역 간 불균형, 계층 간 불균형, 산업 부문 간 불균형 발전은 시정되지 않았다. 1974년 카라만리스는 군부와 왕의 정치 개입을 봉쇄하는 정치개혁에는 성공했지만 경제 불황에 어떻게 대처하느냐 하는 문제에 대해서는 근본적인 해결책을 제시하기가 쉽지 않았다. 당장의 정국 안정과 지지 기반 확충을 위해 카라만리스 정부는 급속한 재정 팽창이라는 수요 확대 정책을 펼쳤고, 이를 통해 높은 경제성장률을 유지하기 위해 노력했다. 재정 적자와 인플레이션의 역효과를 수반하는 이 정책은 외자 유치를 통해 진행되었기 때문에 그리스는 점점 더 많은 대외 부채를 짊어지게 되었다. 재정 적자를 감수하면서 외채를 동원해 투자한 분야는 산업구조의 근본적 개편보다는 빠른 성장의 효과를 보여주는 주택과 서비스 부문이었다. 도시 노동자의 1/3, 사무직 노동자의 1/2이 국가 관련 부문 종사자인 그리스의 특성상 국가 재정의 대부분이 인건비 등의 경상비로 지출되는 상황도 그리스 위기를 악화시킨 요인이었다(Close, 2002: 44~53; 김일영, 1988: 122~123).

그리스 정부의 부채는 2000년 이후 급속하게 증가한 결과 2010년에는 그리스 정부의 국채가 정크본드 수준으로 떨어지면서 그리스 정부는 더 이상 민간 자본을 빌릴 수 없게 되었다. 그리스의 경제 위기가 EU와 세계경제에 미치는 영향을 우려한 IMF, 유럽중앙은행(ECB), EU의 트로이카는 1차로 1100억 유로, 2차로 1300억 유로, 3차로 300억~500억 유로를 그리스에 지원하기로 했다. 이들은 그리스 금융 위기의 원인을 그리스 경제의 구조적 취약성과 그리스 정부의 방만한 재정 운영에서 찾고 금융 지원에 따른 대가로 크게 세 가지 조건을 제시했다. 첫째, 긴축 재정 정책을 펼칠 것, 둘째, 정부의 일부 자산을 민영화할 것, 셋째, 경제구조 개혁에 나설 것 등이었다. 그러나 그리스의 위기는 단순히 그리스의 국가 부채 위기가 아니라 유럽의 금융체계 위기, 유로 존 내의 불평등 성장에 따른 경쟁력 위기 등 세 가지 위기가 혼합된 것이었다(Karyotis and Gerodimos, 2015: 1~12).

그리스 의회는 국가 디폴트 상황을 모면하기 위해 트로이카의 구제

금융 지원책을 수용하기로 결정하고 '노동시장 개혁'과 '2013~2016년 중간 재정 계획', '2013년 재정 예산' 법안 등을 잇달아 통과시켰다. 그러나 긴축 재정의 결과로 일자리가 줄어들고 공공임금이 삭감되며 사회복지가 축소되자 그리스 국민들은 젊은 세대를 중심으로 격렬하게 저항했다. 급진좌파연합의 알렉시르 치프라스(Alexis Tsipras) 총리는 EU에 새로운 구제금융 지원 협상을 요구했고, 이후 긴축 재정 정책의 지속 여부와 방향을 둘러싸고 그리스 정부와 EU 사이에 본격적인 갈등이 시작되었다. 급진좌파연합은 연립정부 구성 이후 추가적인 채무 탕감과 의무사항 이행 연기를 요구하면서 EU와 재협상을 시도했지만 EU로부터 별다른 양보를 이끌어내지는 못했다(Laskos and Tsakalotos, 2013: 56~90).

치프라스 총리는 2015년 7월 5일에 채권단의 추가 구제금융안 조건을 놓고 국민들에게 의견을 묻는 국민투표를 실시했다. 그리스의 젊은 세대, 연금자, 빈곤층, 좌파 등은 추가적인 긴축을 요구하는 채권단의 요구에 반대를 주장했고, 중산층, 중년층, 중도파 등은 EU의 추가 구제금융 조건을 거부함으로써 채무 불이행 상태를 선언하고 결국 EU을 탈퇴하면 그리스 상황은 더 나빠질 것이라고 주장하면서 채권단의 조건에 찬성했다. 국민투표 결과는 61.3%가 채권단의 추가 구제금융안 조건에 반대하는 것으로 나타났다. 치프라스 총리는 이 투표 결과를 등에 업고 채무 탕감 등의 추가적인 협상을 할 수 있을 것으로 기대했다. 하지만 최종적인 협상안은 2015년부터 2018년 사이에 GDP 대비 3.5%의 재정 흑자 달성을 목표로 부가가치세를 13%에서 23%로 인상하고, 67세로 정년을 연장해 조기 은퇴를 막는 연금 개혁, 반부패 계획과 공공행정에 대한 개혁 등을 약속하는 대신 구제금융을 받는 것이었다(강유덕, 2016: 42~46).

채권자의 입장에서 보면 자신들의 돈을 가져다가 능력을 넘어서는 복지 지출로 쓰고 빚을 갚지 못하겠다고 하면서 회원 국가에 다시 부담을 떠넘기는 상황은 받아들이기 힘들 것이다. 따라서 이들의 입장에서는 팽창 정책보다 긴축 정책이 자신들의 채권 가치를 보존하고 채무자의 도덕적 해이에 대해 책임을 묻는 방식이었다. 그러나 유럽 평균에 비해 복지 수준이 낮고 노동 시간도 길었던 그리스 입장에서는 EU의 회원 국가로부터 외채를 얻어 재정 적자를 감수하면서까지 그리스 국민들의 사회복지에 지출했다는 비난을 받아들이기 어려웠다. 즉, 자신들이 직접 혜택을 본 것 이상으로 모든 비난과 책임을 그리스 정부와 시민들에게 돌리면서 긴축 정책을 통해 자신들의 채권을 에누리 없이 거둬가고, 그 결과 실업이 늘어나고 연금이 1/3씩이나 깎이는 상황을 참기 힘들었다. 그러나 이 협상의 결론은 급진좌파연합 정부가 긴축 재정 철회라는 국민투표의 공약을 포기하고 EU와 채권단의 압박을 받아들이는 것이었다(Laskos and Tsakalotos, 2013: 130~145).

1981년 그리스 최초로 사회주의 정부가 들어섬으로써 민주주의 공고화가 완성된 이후 그리스 현대사에 가장 큰 명암을 드리운 EU와의 관계는 현재도 진행 중이다. 애초에 그리스의 고립된 민족주의 문화를 유럽과의 교류 확대를 통해 근대화시키겠다는 목표는 경제 위기에 압도되어 찾아보기 힘들어졌고 유럽의 거대 자본 앞에 항복한 그리스의 가부장적 전통 국가의 실패만 남았다. 개인적인 연고를 중시하는 정당 후견주의와 가부장적 국가주의는 우파의 신민주주의당과 좌파의 범그리스 사회주의 운동당의 집권을 거치면서도 살아남았다. 그리스 현대사에서 민주주의 위기는 지지자들에게 줄 복지 혜택을 위해 재정 적자를 감수하고 그 재원을 세금보다는 대외 부채에 더 의존해온 문화가 가장 큰 원인으로 자리 잡고 있다. 민주주의 공고화의 최소 정의에 따르면 그리스 민주주의는 자유롭고 평등한 개인과 집단이 공정한 규칙과 절차를 통해 경쟁한다는 정치 과정의 측면에서 볼 때 큰 문제가 없는 것으로 보인다. 그러나 여전히 그리스 시민들은 민주주의 공고화의 최대 정의에 따른 분배 정의 실현과 안정적인 삶의 재생산이라는 관점에서 실질적인 민주주의가 달성되고 있는가에 대한 회의를 갖고 있다. 그 위기의 원인에 자신들의 고립된 문화를 교정해줄 교류의 상대방으로 생각했던 EU가 주요한 행위자로 자리 잡고 있다는 사실도 흥미롭다(Kalyvas, 2015: 158~169).

범그리스 사회주의 운동당은 애초에 EU 가입 반대와 NATO 탈퇴, 미군기지 철수, 비동맹 진영과의 연대 강화를 주장하면서 EU가 결국 작은 나라의 주권을 위협하고 자본주의 체제의 주변부에서 그리스 농업을 망하게 만들며 독자적인 국가 계획 수립을 불가능하게 해서 그리스 산업을 황폐화시킬 것이라고 비판했다. 최근 그렉시트 위기와 구제금융 조건으로 긴축 정책을 요구받는 그리스 시민들은 이러한 범그리스 사회주의 운동당의 애초 주장에 대해 어떻게 생각하고 있을까? 범그리스 사회주의 운동당의 30여 년 전 주장이 모두 옳았다고 뒤늦게 후회하고 있을까? 그렇지만 이 모든 위기의 근원에는 지지자에게 돌려줄 반대급부를 위해 EU 회원국이 가진 높은 신용을 이용해 더 많은 대외 부채를 손쉽게 조달하는 길을 편리하게 걸어갔던 그리스 정부의 자발적인 선택이 자리 잡고 있다는 사실을 부인할 수 없다. 정당 후견주의와 가부장적 국가주의 전통의 온존이라는 측면에서 보면 좌파와 우파 정부 사이에 큰 차이가 없었다(Kalyvas, 2015: 203~204).

5. 결론: 그리스 민주주의의 가능한 길

이 장에서는 그리스 민주화의 특징과 세계사적 유형을 분류하기 위해 구조와 행위자, 민주주의 공고화의 최소 정의와 최대 정의라는 두 가지 기준을 고려해 각 절을 그리스 민주주의 발전과 군사정권의 등장, 그리스 군사정권의 붕괴와 민주화의 특징, 그리스 민주주의 위기와 EU로 구성해 살펴보았다.

제2절 '그리스 민주주의 발전과 군사정권의 등장'에서는 1967년 그리스 군사 쿠데타가 어떤 구조적 조건과 행위자의 선택에 의해 발생했는지를 파악하기 위해 20세기 초부터 1960년대 후반에 이르는 그리스 근대사에서 그리스 사회를 규정짓는 구조적 특징들을 중심으로 살펴보고, 그 구조 안에서 행위자들의 선택에 대해 논의했다. 그리스 사회는 1915년 제1차 세계대전 참전을 둘러싸고 왕과 총리 사이에 발생한 갈등을 기점으로 왕당파와 공화파가 나뉘어 대립했고, 1944년부터 1949년에 이르는 좌우파의 내전 기간 동안 공산진영과 민족진영이 나뉘어 대립했다. 이 두 가지 갈등의 축은 20세기 그리스 정치를 규정짓는 가장 근본적인 균열이 되었고 이 균열의 중심에 그리스 군이 있었다. 그리스 군은 왕당파와 공화파로 나뉘어 서로 대립하다가 1940년대 반공산주의 이념 대결이 시작되자 대부분 왕당파와 우파 민족진영으로 정리되었다. 1909년, 1936년, 1967년 세 차례에 걸쳐 군사정권을 수립한 그리스 군은 1949년 내전을 군부 중심인 우파의 승리로 끝낸 이후 터키의 위협과 공산주의자의 체제 전복 위협을 이유로 들면서 그리스를 수호하기 위해 정치 개입의 가능성을 항상 열어놓았다. 1967년 왕, 자본가 의회주의 세력, 군의 삼두정치체제에서 그리스 군부는 의회주의 세력 가운데 보수파와 중도파 누가 정권을 잡아도 자신들의 이해가 보호될 것으로 생각되지 않자 총선을 한 달여 앞두고 군사 쿠데타를 일으켰다. 그리스 군사 쿠데타는 중간 계급의 군인들에 의해 왕당파에 가까운 해군과 공군의 고위 간부들을 배제한 채 비위계적인 구조의 그리스 군 특징을 반영해 발생했다. 또한 1950년대와 1960년대에 그리스의 경제성장률이 연평균 6% 안팎으로 양호했다는 점에서 저발전의 상황이

쿠데타 발생의 구조적 조건을 조성했다고 보기도 어렵다.

　제3절 '그리스 군사정권의 붕괴와 민주화의 특징'에서는 1974년 그리스 민주화가 남미와 아시아, 동유럽으로 이어지는 민주화의 물결 가운데 시기적으로 가장 앞선다는 것을 살펴보고 왜 군사정권이 붕괴했는지에 대해 논의했다. 그리스 민주화에 대해 린츠와 스테판은 권위주의 정권 내부로부터의 민주화이고 제도로서 군부에 의한 민주화라고 규정했다. 이 설명은 그리스의 경우 상당한 설득력을 갖는데, 그리스 민주화의 가장 큰 특징은 민주화 운동 없는 민주화이고 키프로스 사태라는 외부적 요인에 의해 급속히 민주주의 이행이 진행되었다는 점이기 때문이다. 즉, 군사정권에 대한 시민들의 무관심과 일부 대학생, 지식인의 반정부 활동에도 불구하고 그리스 민주화 운동이 강한 조직을 갖추고 오랜 시간 줄기차게 민주화 운동을 해온 저항의 구심점 역할을 했다고 말하기는 어렵다. 이보다는 1973년 석유위기를 맞아 세계적인 경기 불황 속에서 군사정권에 대한 지지가 하락하는 상황을 피하기 위해 키프로스에 친그리스 정권을 세워 독립시키려는 계획을 추진했으나 터키의 군사 개입 때문에 실패로 돌아가면서 군이 국민의 신뢰를 잃게 되었고 그 결과 군부 전체의 이익을 보호하기 위해 군사정권을 철수시키고 자신들이 선택한 민간 정치인에게 정권을 이양했다는 설명이 설득력을 갖는다. 보수파의 전 총리 카라만리스는 군부의 선택에 의해 민주주의 이행을 책임지게 되었는데 1974년 12월 왕정 폐지 국민투표를 통해 그리스 삼두체제의 한 축인 왕을 정치에서 퇴진시켰고 1975년 2월 실패한 군사 쿠데타를 계기로 관련자를 처벌함과 동시에 국방비를 증액하는 타협을 통해 삼두체제의 다른 한 축인 군부를 정치에서 퇴진시키고 민주주의 이행기를 안정적으로 관리해나갔다.

　제4절 '그리스 민주주의 위기와 EU'에서는 민주주의 공고화의 최소 정의와 최대 정의에 따른 공고화 시기를 규정하고 그 과정을 설명했다.

공정한 경쟁 규칙과 절차의 정착이라는 최소주의 관점에서 보면 그리스 민주주의 공고화는 1981년 범그리스 사회주의 운동당이 집권함으로써 두 차례 평화적인 정권 교체를 이룩한 시점이 완성 시기가 된다. 그러나 최대주의 관점을 적용해 재분배의 정의와 사회경제적 평등이 이뤄진 실질적 민주주의가 달성되고 있는가를 따지면 그리스 민주주의는 1980년대에서부터 최근에 이르기까지 여전히 불완전한 민주주의 공고화 현상을 보이고 있다. 이 시기에 그리스 민주주의 공고화를 특징짓는 가장 큰 두 가지 변수는 온건화를 중심으로 한 좌우파 엘리트의 정책 수렴 현상과 서구식 근대화를 목표로 시도한 EU 가입이다. 신민주주의당을 이끌던 카라만리스는 1974년 공산당을 합법화하고 군부의 이익을 존중해주는 타협을 통해 궁극적으로 좌파의 집권을 가능하게 만들었다. 범그리스 사회주의 운동당을 이끌던 파판드레우는 초기에는 반EU, 반NATO, 미군기지 철수, 비동맹연대 강화 등의 정책을 내세웠으나 1981년 집권 이후 이데올로기와 실용 정책은 다르다는 설명과 함께 실제로 EU 탈퇴를 더 이상 고려하지 않는다는 선언을 했고 다른 모든 정책도 우파가 안심할 수 있을 정도로 수정했다. 이와 같은 정치 엘리트의 온건화 수렴은 그리스 정치를 20세기 초반보다는 덜 대립적이고 투쟁적이지 않게 만들었지만 좌우파 모두 가부장적 국가주의와 정당 후견주의라는 그리스 특유의 분절적이고 고립된 문화를 지지 기반 확충을 위해 이용함으로써 결국 늘어나는 재정 적자와 대외 부채가 그리스 미래에 큰 부담이 되는 상황을 초래했다.

그리스 군사정부 붕괴 과정과 민주화의 유형은 한국의 민주화 경로인 사회운동에 의한 외부로부터 권위주의 정권의 종식과는 차이를 보인다. 무엇보다 두 유형의 차이는 강력하고 지속적인 민주화 운동의 유무에 있다. 그러나 민주화에 대한 구조와 행위자의 역할이라는 관점에서 보면 그리스와 한국의 사례 모두 행위자의 선택에 의한 우연적인 게임의 요소를 강하게 나타내는 공통점을 갖는다. 이 과정에서 두 나라 모두 국제정치 질서와 외부적 요인의 역할이 크다는 점도 공통적이다. 그리스의 경우 터키라는 항상적인 위협 요인이 존재하고 내전을 거치면서 형성된 반공산주의 이념 전쟁을 지속적으로 강조해왔다는 점, 그리고 이런 상황에서 키프로스 사태가 군사정권의 극적인 붕괴를 초래했다는 점이 특징적이라면, 한국은 북한이라는 항상적인 위협 요인이 존재하고 한국전쟁을 거치면서 반공산주의 이념 전쟁을 계속해왔다는 점, 그리고 국내 정치의 외부 변수로서 미국의 역할이 항상 중요했다는 점이 특징적이다.

그리스의 경우 온건화를 채택한 정치 엘리트들 사이의 정책 수렴은 정치 과정을 상대적으로 안정시킨다는 점에서 한국이 참고할 만한 교훈을 준다. 그러나 안정을 위한 지나친 타협은 기득권 세력의 온존과 부패의 연속으로 이어져 근본적인 개혁이 불가능하다는 단점이 있다. 그리스의 경우 가부장적 국가주의와 정당 후견주의라는 특유의 문화를 좌우파 정당이 자신들의 지지 기반 확장을 위해 적극 활용함으로써 어떤 정당이 집권하든지 상관없이 이와 같은 전통이 지속적으로 유지되어 정책 집행의 투명성과 객관성이 떨어지고 세금 회피와 온정주의적 부패가 일상화되는 현상이 나타났다. 한국도 학연, 지연, 출신을 따지는 문화와 엘리트 동맹이 심각하다는 점에서 그리스 사례를 반드시 참고할 필요가 있다.

최근 그리스 경제 위기에 대한 대안은 크게 두 가지로 구분된다. 하나는 긴축 정책이고 다른 하나는 팽창 정책이다. 두 접근 모두 그리스 경제의 과감한 구조 개혁을 통해 그리스의 경제구조를 더 경쟁력 있게 만드는 것을 목표로 하지만 이 과정에서 그리스 시민들이 겪어야 하는 고통의 크기는 다르다. 국민투표를 통해 국제채권단의 구제금융 조건을 거부했음에도 채권단에 의해 긴축 정책이 관철되는 과정은 민주주의에 대한 그리스 시민들의 실망을 키우면서 극우나 극좌파에게 세력을 확장하는 기회를 주고 있다(Bistis, 2013: 35~55). 그리스 사례가 주는 중요한 시사점은 재분배의 정의와 사회경제적 평등이라는 민주주의의 최대주의적 정의가 제대로 정착되지 않으면 경쟁의 규칙과 절차를 기반으로 한 최소주의적 정의의 민주주의도 그 존재 기반이 무너지면서 무의미해진다는 것이다. 그리스 경제 위기는 곧 그리스 민주주의의 위기를 의미한다. 그리고 국제 투기 자본의 압력에 맞선 약자라는 이미지만으로 이를 극복할 수 없다는 것도 분명해졌다. 그리스 위기는 1980년대 초 절차적 민주주의를 완성한 이후 민주주의 공고화의 최대 정의를 추구하는 과정에서 그리스 정부가 했던 일련의 선택들이 초래한 결과이기 때문이다. 그리고 이러한 선택은 1974년 이후 약 15년의 우파 정부 시기, 그리고 약 22년의 좌파 정부 집권기에 큰 차이 없이 진행되었다.

참고문헌

강유덕. 2016. 「양면게임으로 본 그리스의 유로존 탈퇴논란」. ≪유럽연구≫, 34(2).

게오기아듀, 바질리케(Geogiadue Bazilike). 2007. 「그리스: 독재에서 민주주의로 이행」. 6월 민주항쟁 20주년 국제학술회의. 민주화운동기념사업회. 프리드리히 에베르트 재단 주최.

김일영. 1988. 「그리스에 있어서 정치체제의 변동과 민주화의 전망」. ≪사회과학≫, 27(2).

웨스톤(Fred Weston)·카라얀노풀로스(Stamatis Karayannopoulos). 2010. 『그리스 자본주의의 위기와 그것이 노동운동에 미치는 영향』. 전태일 노동연구소 정세연구팀 옮김. 전태일 노동연구소 자료.

임경훈. 2003. 「사회변동과 정치발전」. 서울대학교 정치학과 교수. 『정치학의 이해』. 서울: 박영사.

정병기. 2011. 「이탈리아 정당체제의 변화: '제2공화국' 경쟁적 양당제로의 재편」. 부산외국어대학교 지중해지역원. ≪지중해지역연구≫, 13(1), 213~246쪽.

_____. 2012. 「2012년 그리스 총선」. 한국선거학회. ≪선거연구≫, 2(2), 241~250쪽.

_____. 2014. 「그리스의 위기와 진보 좌파 정치의 대응 및 전망」. ≪마르크스주의 연구≫, 11(4).

_____. 2015. 「그리스 제3공화국 정당체제: 일당우위제와 불완전양당제의 해체 및 재편」. ≪지중해지역연구≫, 17(2).

정은희. 2013. "그리스 시리자, 집권 위해 단일정당으로 창당". ≪참세상≫, 2013.7.16, http://www.newscham.net/news/view.php?board=news&nid=70971.

정재원. 2015. "그리스에서 한국진보좌파가 배워야 할 것은". ≪프레시안≫, 2015.4.17, http://www.pressian.com/news/article.html?no=125725.

진영재·노정호. 2003. 「남부 유럽의 정치 변동: 근대화 전환 과정의 그리스, 스페인, 포르투갈을 중심으로」. ≪국제정치논총≫, 43(1).

채만수. 2015. 「그리스 '급진좌파연합'의 집권: 특히 그 평가에 대한 단상」. ≪정세와 노동≫, 109.

홍익표. 1998. 「남유럽의 민주주의 이행과 공고화: 스페인, 포르투갈, 그리스의 비교」. 한국외국어대학교 국제지역연구센터. ≪국제지역연구≫, 2(4), 67~92쪽.

Allison, Graham and Kalypso Nicolaidis(eds.). 1997. *The Greek Paradox*. Cambridge: The MIT Press.

Bermeo, Nancy. 1995. "Classification and consolidation: Some lessons from the Greekdictatorship." *Political Science Quarterly*, pp. 435~452.

Bistis, George. 2013. "Golden Dawn or Democratic Sunset: The Rise of the Far Right in Greece." *Mediterranean Quarterly*, vol. 24, no. 3, pp. 35~55.

Clogg, Richard. 2013. *A concise history of Greece*. Cambridge University Press.

Close, David. 2002. *Greece since 1945*. Essex: Pearson Education Ltd.

Dahl, Robert. 1971. *Polyarchy: Participation and Opposition,* New Haven: Yale University Press.

Diamandouros, P. Nikiforos. 1984. "Transition to, and consolidation of, democratic politics in Greece, 1974-1983: A tentative assessment." *West European Politics* 7.2, pp. 50~71.

Dobratz, Betty A. 1990. "Party Preferences and 'Erratic' Issues in Greece." *Political Studies*, vol. 38, pp. 345~354.

Douzinas, Costas. 2013. *Philosophy and Resistance in the Crisis: Greece and the Future of Europe.* Polity Press.

European Commission. 2012. *The Second Economic Adjustment Programme for Greece, First Review.* Director General Economic and Financial Affairs.

Featherstone, Kevin. 1994. "The challenge of liberalization: Parties and the state in Greece after the 1993 elections." *Democratization* 1.2, pp. 280~294.

Gross, Daniel. 2014. *What Makes Greece Special.* The Project Syndicate. March 6th 2014.

Hunntington, Samuel. 1991. *The Third Way: Democratization in the Late Twenties Century.* Norman: University of Oklahoma Press.

Kaloudis, George. 2000. "Transitional Democratic Politics in Greece." *International Journal on World Peace*, pp. 35~59.

Kalyvas, Stathis. 1997. "Polarization in Greek Politics: PASOK's First Four Years, 1981-1985." *Journal of the Hellenic Diaspora*, vol. 23, no. 1, pp. 83~104.

_____. 2015. *Modern Greece.* Oxford: Oxford University Press.

Karakatsanis, Neovi. 1998. "Do attitudes matter? The military and democratic consolidation in Greece." *Armed Forces & Society* 24.2, pp. 289~313.

_____. 2001. *The Politics of Elite Transformation: The Consolidation of Greek Democracy in the Theoretical Perspective.* Westport: Praeger.

Karyotis, Georgios and Roman Gerodimos(eds.). 2015. *The Politics of Extreme Austerity: Greece in the Eurozone Crisis.* London: Palgrave Macmillan.

Karyotis, Georgios and Wolfgang Rüig. 2013. "Blame and Punishment? The Electoral Politics of Extreme Austerity in Greece." *Political Studies.* First published online: 13 SEP, pp. 1~23.

Koliopoulos, John and Thanos Veremis. 2010. *Modern Greece: A History since 1821.* Oxford: Wiley-Blackwell.

Kompsopoulos, Jannis and Jannis Chasoglou. 2014. "The Collapse and Transformation of the Greek Party System." *Socialism and Democracy*, vol. 28, no. 1, pp. 90~112.

Kretsos, Lefteris. 2012. "Greece's Neoliberal Experiment and Working Class Resistance." *Working USA: The Journal of Labor and Society*, vol. 15, pp. 517~527.

Krugman, Paul. 2013. *European Crisis Realities*. The Conscience of a Liberal blog. http:// krugman.blogs.nytimes.com/2012/02/25/european-crisis-realities.

Laskos, Christos and Euclid Tsakalotos. 2013. *Crucible of Resistance: Greece, the Eurozone, and the World Economic Crisis*. London: Pluto Press.

Lijphart, Arend et al. 1988. "A Mediterranean model of democracy? The Southern European democracies in comparative perspective." *West European Politics* 11.1, pp. 7~25.

Linz, Juan and Alfred Stepan. 1996. *Problems of Democratic Transition and Consolidation: Southern Europe, South America, and Post-Communist Europe*. JHU Press.

Lynn, Matthew. 2011. *Bust: Greece, the Euro, and the Sovereign Debt Crisis*. John Wiley & Sons, Inc.

Mavrogordatos, George Th. 1983. *Rise of the Green Sun: The Greek Election of 1981*. London: Centre of Contemporary Greek Studies.

_____. 1984. "The Greek Party System: A case of 'Limited but Polarized Pluralism'." Stefano Bartolini and Peter Mair(eds.). *Party Politics in Contemporary Europe*. London: Frank Cass, pp. 156~169.

Mitsopoulos, Michael and Theodore Pelagidis. 2011. *Understanding the Crisis in Greece: Boom to Bust*. Palgrave Macmillan.

Moschonas, Gerassimos. 2013. "A New Left in Greece: PASOK's Fall and SYRIZA's Rise." *Dissent*, vol. 60, no. 4, pp. 33~37.

Mouzelis, Nicos and George Pagoulatos. 2002. "Civil society and citizenship in postwar Greece." *Citizenship and Nation State in Greece and Turkey*.

O'Donnell, Guillermo, Philippe C. Schmitter and Laurence Whitehead(eds.). 1986. *Transitions from Authoritarian rule*. Series. JHU Press.

Pappas, Takis S. 2003. "The Transformation of the Greek Party System since 1951." *West European Politics*, vol. 26, no. 2, pp. 90~114.

_____. 2013. "Why Greece Failed." *Journal of Democracy*, vol. 24, no. 2, pp. 31~45.

_____. 2014. "Populist democracies: Post-authoritarian Greece and post-communist Hungary." *Government and Opposition* 49(1), pp. 1~23.

Pelagidis, Theodore and Michael Mitsopoulos. 2014. *Greece from Exit to Recovery?* Washington D.C.: THe Brookings Institution.

Poulantzas, Nicos. 1976. *The crisis of dictatorship: Portugal, Greece, Spain*. London: New Left Books.

Seferiades, Seraphim. 1986. "Polarization and Nonproportionality: The Greek Party System in the Postwar Era." *Comparative Politics*, vol. 19, no. 1, pp. 69~94.

Sotiropoulos, Dimitri A. 2010. "The Authoritarian Past and Contemporary Greek Democracy." *South European Society and Politics* 15.3, pp. 449~465.

Teperoglou, Eftichia and Emmanouil Tsatsanis. 2014. "Dealignment, De-legitimation and the Implosion of the Two-Party System in Greece: The Earthquake Election of 6 May 2012." *Journal of Elections, Public Opinion and Parties*, vol. 24, no. 2, pp. 222~242.

The First Economic Adjustment Programme for Greece. 2010. *Greek Government Gazette*, 1(65).

The Second Economic Adjustment Programme for Greece. 2012. *Greek Government Gazette*, 1(28).

Theocharis, Yannis. 2011. "Young People, Political Participation and Online Postmaterialism in Greece." *New Media & Society*, vol. 13, no. 2, pp. 203~223.

7장

러시아 민주주의 공고화의 실패:
구조, 제도, 행위자

유진숙 | 배재대학교

1. 서론

러시아는 민주주의로의 이행 30여 년을 앞둔 현재 '선거 권위주의 (Electoral Authoritarianism)', '결함 민주주의(Defective Democracy)', '혼합 레짐(Hybrid Regime)' 등으로 묘사되고 있다.

러시아의 민주주의 이행 실패는 동유럽 이행 국가들과 달리 대부분의 탈소비에트 국가들이 혼합 체제 또는 공고화된 권위주의 국가로 분류되고 있다는 점과 무관하지 않다(Lebanidze, 2014: 200). 프리덤하우스나 베텔스만 이행 인덱스(Bertelsmann Transformation Index) 등에 따르면 대부분의 탈소비에트 국가들은 '준공고화된 권위주의 국가'(아르메니아), '혼합 레짐'(그루지야, 몰도바, 우크라이나)으로 분류되고 있다. 15개 구소비에트 국가 중 약 2/3가 비민주주의적 레짐으로 분류되고 있으며 네 개 국가만 정치적으로 자유롭고 다소 민주주의적인 국가로 분류되고 있는 것이다(Lysenko and Desouza, 2010: 1179). 대부분의 탈소비에트 국가 정치체제는 민주주의와 권위주의 사이 회색지대로 분류된다. 2000년대 초반에 일부 국가에서 전개되었던 유색혁명에도 실질적으로 민주주의 이행의 경로로 접어든 국가는 극히 소수에 지나지 않는다(Hale, 2006: 312). 탈소비에트 지역에서 광범위한 회색지대가 등장한 것은 이행 연구의 새로운 도전이 되고 있으며 다수의 연구들이 회색지대 정치체제의 유형화 작업 및 원인 분석을 시도하고 있다.

러시아 역시 준권위주의 또는 권위주의 국가로 분류되고 있다. 러시아 민주주의 이행이 파행적 경로를 걷고 있다는 데 대부분의 러시아 전문가들이 동의하는 가운데 논쟁은 민주주의 이행 실패의 원인과 전망을 둘러싸고 전개되고 있다.

이 장에서는 러시아의 민주주의 이행과 공고화 과정에서의 행위자 간 역학 구도, 구조적·제도적 변동 및 한계를 고찰하고 민주주의 공고화 실패의 원인과 전망을 분석하려 한다. 이 장은 크게 다섯 개의 절로 구성되어 있다. 2절에서는 러시아 민주주의 이행을 둘러싼 논쟁 구도를 고찰하며, 3절에서는 민주주의 이행, 4절에서는 민주주의 공고화 실패 과정의 문제를 다루고자 한다. 마지막으로 5절 결론에서는 러시아 민주주의 이행 이후 현황과 전망을 고찰하고자 한다.

2. 이론적 논쟁과 러시아 사례

러시아 민주주의 공고화 실패의 원인은 다양하게 분석되고 있으며 크게 행위자의 전략적 선택(미시적 차원), 제도적 맥락(중범위 차원), 역사·구조적 맥락(거시적 차원)의 세 가지 차원으로 분류될 수 있다. 다수의 연구들은 이 중 두 가지 또는 세 가지 차원을 복합적으로 고찰하는 가운데 각 차원 간의 상호작용에 주목하기도 한다.

첫 번째 방향성은 이행 과정의 역동성에 주목하는 입장으로서 엘리트 전략, 엘리트 집단의 역학관계와 협상 등 미시적 변수에 따라 민주주의 이행의 승패가 갈린다고 본다. 대표적으로 미시적 차원에서 행위자들의 전략적 선택과 타협을 통해 민주주의 이행을 설명하는 이행론(Transitology)은 1970년대와 1980년대 라틴아메리카와 남유럽 국가의 민주주의 이행을 분석했던 주요 접근이다. 이행론은 구조나 역사 또는 제도적 맥락보다는 온건파와 강경파로의 엘리트 균열과 거래 및 협상 등 주요 행위자들 간의 상호작용과 전략적 선택의 결과로서 민주주의 이행의 다양성을 설명한다. 중요한 점은 따라서 내부적 결속력을 포함해 자신의 목적을 달성하거나 권력을 유지하기 위한 엘리트의 자원 동원력이다. 이행론자들은 러시아 및 동유럽 국가를 대상으로도 이행론 적용을 시도한 바 있다(Schmitter and Karl, 1994).

이행론을 구사회주의권의 이행에도 적용할 수 있는가라는 질문은 중요한 논쟁의 대상이었다. 이행론 비판론자들의 주장은 크게 네 가지 요소를 핵심으로 한다(임경훈, 2003: 479). 첫 번째는 탈공산주의 체제 전환은 전환의 다중성과 동시성으로 인해 자본주의적 틀 내에서의 민주화 이행과는 상이하다는 비판이다(Gill, 2006: 60; Evans, 2011: 44). 두 번째 비판은 국제적 맥락과 변수의 상이성이다. 라틴아메리카의 민주화가 국내적 변수에 의해 주로 설명될 수 있는 반면, 구사회주의권 이행은 탈냉전이라는 국제적 변수가 결정적이었다는 비판이다. 세 번째 비판은 행위자의 전략적 선택이 탈공산주의적 맥락이라는 구조적·역사적 요인에 의해 제약된다는 비판이다. 마지막으로 비판자들은 이와 같은 역사적 맥락 때문에 탈공산주의 국가에서의 정치적 동학이나 행위자 간 역학 관계는 지극히 상이하다고 지적한다. 예를 들어 성공적인 민주주의 이행 국가에는 전반적으로 광범위한 사회운동 세력 또는 정당을 배경으로 하는 대체 엘리트 집단이 존재한 반면, 탈소비에트 국가에는 새로운 엘리트 집단과 시민사회 세력 간의 긴밀한 연계가 부재하다는 지적이다(Gill, 2006: 63). 러시아의 경우 이행은 구엘리트와 시민사회를 기반으로 한 새로운 엘리트 집단 간의 갈등이기보다는 구소비에트 엘리트 집단 내부의 분화와 경쟁의 결과로 설명된다(Gill, 2006: 65; Ross, 2000: 405). 소비에트가 붕괴한 것 역시 정부와 반정부 세력 간의 협약에 의해서가 아니라 소련공산당 금지와 쿠데타의 실패(Hashim, 2002: 44), 또는 지역 민족주의와 분리주의의 결과라는 것이다(Giuliano, 2006: 278). 또한 비판자들은 이행론이 민주주의라는 단일하고 단선적인 이행의 경로를 전제하는 것과는 달리 탈소비에트 이행은 민주주의뿐 아니라 권위주의와의 혼합 체제 등 다양한 경로로 진행되고 있다고 지적한다(Laitin, 2000: 120).

두 번째로, 일련의 연구들은 제도 차원 또는 제도와 행위자 간의 상호작용을 통해 공산주의 국가가 민주주의로 이행한 경로를 분석한다. 제도 차원에서는 정부 구조나 선거제도의 효과 및 정당성을 고찰하는 규범적 또는 경험적 연구들이 다수 진행되었다(Laitin, 2000; Easter, 1996; Hale, 2006; 전홍찬, 1999; 이선우, 2015). 대통령제나 의원내각제의 제도 효과에 대한 비교정치학적 가설은 대표적으로 탈공산주의 국가를 대상으로 검토되는 주제들이라 할 수 있다. 의원내각제가 대통령제보다 민주주의적 체제 정착에 더 유리하다는 연구(Easter, 1996), 유라시아 국가의 후견자 대통령제와 유색혁명 간의 상관관계(Patronal Presidentialism)(Hale, 2006: 306), 러시아의 헌정 체제 연구(전홍찬, 1999; 이선우, 2015) 등이 제도적 차원에서의 연구에 속한다. 그 외에도 제도 디자인과 행위자 간의 상호작용에 주목하는 연구들은 어떻게 이행 초기의 제도 디자인이 게임의 규칙을 규정함으로써 행위자의 선택의 폭과 방식에 영향을 미치는지, 그리고 이를 통해 궁극적으로 민주주의 발전, 정체 또는 실패가 초래되는지를 논의한다.

세 번째 방향성은 이행 이전의 역사적·구조적 맥락에 대한 관심으로서, 산업화, 현대화, 교육, 계급구조, 시민사회, 민주주의적 정치 문화 등 구조적 변수들이 민주주의 이행에 결정적인 영향을 미친다고 본다. 이들은 대부분 소비에트 체제에 대한 문화, 역사, 정치 등 세부 지식을 풍부하게 보유하고 있는 지역학 연구자들로서 역사적 경로의존성을 더 중시한다(Laitin, 2000: 136).

이들의 문제의식은 전술한 바와 같이 러시아를 비롯한 탈공산주의 국가의 체제 붕괴와 민주주의 이행은 라틴아메리카나 아시아의 권위주의 체제하에서 진행된 민주화와는 근본적인 차별성을 갖는다는 점에서 출발한다. 권위주의 체제는 일반적으로 시장경제의 틀을 도입하고 있었으며 정치체제에서도 제도 자체의 부재보다는 변칙적 운영이 문제가 되는 상황이었다. 따라서 권위주의 체제의 민주화는 경제와 정치체제의 구조적·제도적 틀을 전면적으로 전환하는 것보다는 기존 원칙의 회복과 개혁 및 부패 청산 등 비교적 구체적인 과제에 집중해 있었다. 반면 탈공산주의 국가의 민주화에서는 사회주의 경제체제에서 자본주의 시장경제체제로의 이행 및 민주주의 정치체제로의 이행이 동시에 진행되며 근본적인 구조적·제도적 전환을 동반한다는 점에서 더욱 근본적이고 혁명적인 성격을 갖는다.

실제로 역사적·구조적 맥락하에서 민주주의적 제도의 도입은 자동적으로 민주적 체제의 작동으로 연계되지 않는다. 중요한 점은 어떤 제도가 도입되었으며 어떤 공식적 관계를 맺고 있는가가 아니라 그 제도들이 사회적·문화적 맥락 속에서 어떻게 작동하는가라는 점이다(Lovell, 2001: 28; 이인성, 1996: 352). 탈공산주의 이행기 국가들에서는 자주 새롭게 도입된 공식적 제도보다는 역사적으로 형성되어온 비공식적 제도들이 더 중요한 영향을 미친다. 따라서 지역학 연구자들은 공적 영역과 사적 영역 간의 이분화, 위계적인 국가 - 시민사회 관계와 같은 소비에트의 유산과 역사적 맥락이 어떻게 러시아의 정치 문화에 영향을 미쳤는지에 주목한다.

특히 시민사회의 취약성(Gill, 2006: 58), 정치적 이행과 경제적 이행 간 상관관계(Fish, 2007), 정치문화적 또는 제도적 연속성(Evans, 2011: 45; Birch, 2011: 704), 국제사회의 규범적 영향(Lankina and Getachew, 2006: 538; Lebanidze, 2014; Obydenkova, 2008, 2012) 등이 구조적 접근에서 다루는 대표적인 주제들이다.

공산주의가 붕괴된 지 20여 년이 지난 현재 장기적인 역사적·문화적 맥락을 중시하는 일련의 연구들은 민주화 이행의 실패 또는 경로의 다양화와 더불어 점차 영향력을 강화하고 있다.

이와 같은 선행 연구와 논쟁 구도가 보여주듯이 러시아의 민주주의 이행을 둘러싸고 특히 구조와 행위자라는 두 가지 차원의 설명이 상호 충돌해왔다. 그러나 두 가지 차원이 각각 배제적으로 유일하게 이행 경로의 설명에 적용될 수 있는 것은 아니다. 행위자가 전략적으로 선택할 수 있는 범주는 분명 역사적·구조적으로 제약되어 있으며 동시에 역사적·구조적 제약에도 불구하고 행위자의 능동성과 상호작용의 역동성은 존재한다. 따라서 탈소비에트 이행의 경로는 행위자 요소뿐 아니라 장기적이고 구조적인 역사 및 제도를 포괄하는 다차원적인 접근을 통해 설명될 수 있다. 중요한 것은 구조, 제도, 행위자의 세 가지 차원이 어떤 방식으로 상호작용하며 상호 제약 또는 강화하는지에 대한 구체적인 메커니즘을 밝히는 일이 될 것이다.

이 장에서는 민주화 전사부터 2016년 현재 시점까지 러시아 민주주의 이행의 구조적·제도적·행위자적 맥락을 다층적으로 분석함으로써 민주주의 이행 및 공고화 실패의 원인을 규명해보려 한다. 민주주의 이행기와 공고화 시기를 명확하게 분리하기는 어려우나 한 체제를 다른 체제로 이행하는 것은 무엇보다 핵심적 제도의 도입과 더불어 완료된다고 볼 수 있다. 따라서 이 장은 페레스트로이카가 시작되었던 1985

년부터 제도 디자인이 완료되고 정초선거가 개최되었던 1993년까지를 이행기로, 1993년부터 2016년 현재까지를 공고화 시기로 분류해서 고찰하려 한다. 공고화 시기는 다시금 옐친 시대(1993~1999)와 푸틴 시대(1999~2016)의 두 단계로 나누어 분석할 것이다.

3. 러시아의 민주주의 이행

1) 민주화 전사와 구조적 맥락

러시아는 구소련의 구성 공화국으로서 사회주의 체제와 민주집중제의 원리하에 공산당이 전 사회적 영역에서 독점적으로 권력을 행사한 사회주의 국가였다.

민주집중제는 레닌 시기 도입된 정책 결정 원리로서 당 내부의 자유로운 토론의 보장, 그리고 그 이후 최종 결정 사항에 대한 일관되고 통제된 집행이라는 양면적 노선의 통합을 의미했다. 그러나 스탈린 체제하에서는 민주집중제에 내재되어 있던 권위주의적 요소가 전면화되었으며 민주집중제는 실질적으로 모든 결정 권한의 중앙집권화 및 강제적 통제 체제로 변질되었다(장윤수, 1996: 80). 스탈린 체제하에서는 따라서 민주집중제라는 원칙하에 강제적인 대중 동원과 관료 기구의 비대화, 대중적 정치 참여 기회의 소멸 등 정치체제의 전반적인 권위주의화가 진행되었다. 공산당은 각 지역의 지구당 외에 직장과 작업 현장의 '기초 당 조직'으로도 조직되어 전체 국민 개개인의 삶에 직접적으로 개입 통제했으며 다른 자발적 정치조직의 형성은 억압되었다(박수헌, 1996: 666). 이는 국가와 개인을 연계하는 시민사회의 형성을 억제했고 수동적이고 권위주의적인 소비에트식 국가 - 시민사회 관계가 고착화되는 데 기여했다.

소련 경제 분야에서도 역시 1930년대 스탈린 체제하에 중앙집권적 계획경제체제가 정착했다. 계획경제체제는 집단적 소유와 중앙집권적 계획경제, 중공업 분야에의 집중과 서비스 부문의 제약 및 농업의 집단화 등을 특징으로 했다(조한범, 2005: 19). 소련공산당 산하 중앙계획기관은 계획과 경영, 가격과 임금 책정의 경제 정책 전반에서 독점적 지위를 누리고 있었으며 계획 수립부터 행정적 집행에 이르기까지 직접적인 명령과 세부적 조정 과정을 통해서 하부 조직에 개입했다(장덕준, 1997: 398). 시장 논리보다는 정치·관료적 논리에 의해 정책 결정이 이루어졌던 것이다. 반면 개별적인 하부 조직은 생산 활동에서의 자율성을 거의 보유하지 않고 있었다.

소련은 1950년대 말까지는 비교적 급속도의 경제성장을 이루었다. 그러나 1960년대 후반부터 대중의 소비생활 향상에 대한 압력이 증가하고 투자 효율성이 저하되는 등 중앙집권적 계획경제체제의 한계와 문제점이 누적되기 시작했다(장윤수, 1996: 77). 기업은 더욱 적은 생산량 할당을 원하고 노동자도 더욱 적은 작업량 할당을 원하는 가운데 기술적 진보에 대한 관심이나 효율성 제고에 대한 관심은 전적으로 부재하며 자원과 인력이 낭비적으로 운영되는 등 총체적인 경제체제의 부실화 현상이 나타났던 것이다(조한범, 2005: 28).

동시에 계획경제의 속성상 정치 엘리트와 경제 엘리트 간의 특수하고 긴밀한 관계가 형성되었다. 정치·경제 엘리트 간의 비공식적이고 개인적인 관계 연결망과 경로를 통해 정치·경제적 이익이 교환되는 소비에트 체제의 후견주의적 관행이 정착되기 시작했던 것이다. 또한 매니저들의 생산 능력 은폐, 신기술 도입의 봉쇄, 원료 및 시설의 남용 및 사적 유용과 노동력의 방만한 사용 등 경제·사회적 부조리와 부정부패가 만연했다(장덕준, 1997: 402). 1970년대부터는 공직자들이 공적 법과는 별도로 효율적 업무 수행을 위해 위법적 방식을 사용하는 경우가 확산되었다. 게다가 이런 사례들이 처벌받기는커녕 체제 안정에 기여하는 대안적 방식으로 묵인되면서 관행으로 정착했다(이인성, 1996: 359). 시민사회의 감시와 견제가 이루어지지 않는 가운데 당과 소수 엘리트 집단이 모든 권력을 독점했으므로 권력의 남용과 정경 유착 및 부정부패는 불가피한 결과라고 할 수 있다.

이에 1970년대 후반부터는 지속적으로 생산관계 개선과 경제 효율성 제고를 위한 중·장기적 경제개혁 시도가 이루어졌으며 사회주의경제체제에 시장경제 메커니즘의 도입이 요구된다는 논의가 확산되었다. 기업의 이윤 창출과 이윤 분배 참여의 동기를 활성화하기 위해 기업의 자주성을 고양하고 시장 메커니즘을 결합해야 한다는 논리였다.

1950년대 중반부터 흐루시초프와 브레즈네프 정권을 거쳐 무능력과 비효율성을 극복하기 위한 다양한 개혁 조치가 취해졌으나 이 조치들은 큰 실효를 거두지 못했다. 특히 브레즈네프 시대에는 정부가 국민의 생활환경 개선, 직업 보장, 식료품과 주택 보조, 가격 안정 등을 약속하는 대신 정권에 대한 지지를 확보하는 '신스탈린적 합의'에 의해 구조적 문제는 묵인되었다(이홍섭, 2000: 145).

2) 민주주의 이행 과정의 행위자 역학 관계

1985년 소련공산당 서기장으로 미하일 고르바초프(Михаил Горбачёв)가 집권하면서 시작된 페레스트로이카(Перестройка)는 러시아 민주화 이행의 문을 열었다. 페레스트로이카는 현실사회주의의 이론적·경험적 오류와 편향들에 대한 공개적인 문제 제기로서, 사회주의 역사에 큰 획을 긋는 사건이었다(장윤수, 1996: 70).

1980년대 초반 브레즈네프 집권기부터 소련에는 광범위한 부패와 경제적 침체, 사회 서비스의 노후화, 지하경제의 확산, 기술 개발의 낙후 등 위기적 징후가 만연했다. 고르바초프는 소비에트 체제의 자유화와 민주화를 기치로 페레스트로이카 개혁을 선포했다(Ljubownikow, Crotty and Rodgers, 2013: 157). 고르바초프는 스탈린식 계획경제체제의 중앙집권적 방식에 반대하며 사회주의경제체제와 시장 메커니즘의 결합을 추구했으며 기업이 생산활동과 이윤 분배에 참여함으로써 기업 자주성을 제고할 수 있다고 보았다.

초기 2년 동안 중앙 집중적인 행정 체계가 더욱 효율적인 방향으로 재조직되었으며 기업 재무 관리의 책임성과 자주성을 높이는 조치가 취해졌다(조한범, 2005: 31). 이 조치에 따라 25개 기업과 부서가 시장 원리에 입각해 해외 무역에 참여할 수 있도록 허용되었다. 또한 소유권 형태를 다양화해 사적인 개인 기업과 협동조합을 허용했으며, 외국 자본과 합작 기업 설립도 허용했다. 1987년부터는 기업의 자율성 확대, 중앙집권적 통제 체제의 전면적 개혁, 가격금융제도 개혁, 민주적 관리 체계 형성 등을 내용으로 하는 전면적인 경제개혁에 착수했다.

일반적으로 1987년 1월 소비에트공산당 중앙위원회 회의는 고르바초프 개혁의 출발점으로 간주되는데, 이 회의는 '직장, 소비에트, 당 자체에서의 경쟁적 선거'라는 명칭으로 개최되었다. 이 회의는 기업의 광범위한 정책 결정 자율성을 인정하는 내용을 담고 있는 경제개혁안을 도입했다. 또한 생산자들에게 동인을 부여함으로써 효율성을 높일 수 있다는 생각하에 노동자들에게 스스로 경영자를 선출할 수 있는 권리를 부여했다. 이 개혁들은 기업 지배인의 자율성을 확대해주는 '국영기업법', 소유권의 다원화를 법제화하는 과정으로서 '협동조합법', '개인 영업법', 외국과의 합작을 법제화한 '합영기업법' 등을 통해 법제화되었다. 그러나 고르바초프의 경제개혁은 소기의 성과를 거두지 못했으며 GDP는 1988년 5.5%에서 1991년 -13%로 급락하고 인플레이션은 1988

년 11%에서 1991년 128%로 급증했다(조한범, 2005: 33).

고르바초프는 또한 정치적으로도 다당제, 반대할 권리의 보장 같은 민주주의적 요소의 강화를 주장했으며 사회주의적 법치국가 실현을 목표로 사회경제 영역에 대한 국가 개입을 법적으로 규정했다. 고르바초프는 일차적으로 '인민대의원대회(Съезд народных депутатов)'라는 명칭으로 다수의 후보자를 대상으로 선출하는 정치적 제도를 새롭게 창출했다(Hashim, 2002: 51). 1989년 개최된 인민대의원대회 의원 선거는 공산당이 후보자를 지명했다는 점에서 전적으로 자유로운 경쟁 체제는 아니었지만 복수의 후보를 대상으로 개최된 최초의 경쟁 선거였다. 경쟁 선거는 파격적인 결과를 가져왔다. 39명의 지역 소비에트공산당 서기장들이 낙선했으며 당선자의 88%가 정치 신인이었다. 더불어 고르바초프는 1988년 12월 1일 인민대의원대회에 의해 제정된 헌법에 의거해 1990년 3월 소련 대통령으로 임명되었다.

자유화 조치를 통해 대안적이고 독립적인 시민단체들이 형성되었으며 환경단체 조직이나 정치적 정당 조직의 움직임이 활성화되었다. 비공식 집단은 1986년부터 등장하기 시작해 1987년에 3만여 개, 1989년에는 6만여 개에 달했다(강윤희, 2012: 190). 비록 이들 중 대부분은 특정인을 중심으로 하는 소규모 지식인 모임의 성격을 갖고 있었고 대중운동으로 발전한 경우는 메모리알(Мемориал) 같은 소수 사회운동 조직에 제한되었지만 이는 서구적 시민사회의 맹아로 평가된다.

고르바초프가 소련공산당의 개혁을 추진함으로써 민주적 중앙집권제와 당 내부의 조직적·이념적 통합성을 유지하는 것은 점차적으로 어려워져갔다. 더욱이 동유럽과 발틱 3국에서의 독립운동이 강화됨에 따라 소련은 소속 국가들과 주변국 및 다양한 사상적 경향성에 대해 관용적 입장을 표명할 수밖에 없는 압력에 당면했다(Hashim, 2002: 52). 1990년 2월 중앙위원회는 '사상의 다원주의, 비판의 자유, 관점과 입장의 다양성'을 허용하는 강령 초안을 발표했다. 결국 1990년 3월 제28차 당대회에서 당 조직 원리로서의 민주집중제는 공식적으로 폐기되었고(장윤수, 1996: 81) 공산당에 독점적인 지도적 지위를 부여하는 헌법 제6조를 삭제하는 개정안이 통과되었다.

그러나 페레스트로이카를 둘러싼 당 내부의 분열과 갈등은 심각했다. 동유럽 국가에서는 개혁의 필요성에 대한 당 하부 조직의 광범위한 합의와 지지를 배경으로 민주주의 이행이 진행된 것과 달리 고르바초프는 보수적인 당 하부 조직과 당 하급 관료들의 강력한 반발과 비판에 부딪쳤다(Hashim, 2002: 43). 당 관료들은 개혁이 자신들의 권력 기반을 와해시킬 것이라는 두려움 속에 페레스트로이카에 저항했다. 따라서 폴란드나 헝가리에서와 같이 공산당 권력이 실용주의적인 국가 관료 집단으로 이양되는 방식의 엘리트 간 협약의 성격은 취약했다.

당 내부에는 1990년 7월 소련공산당 제28차 당대회를 앞두고 특히 세 개의 정치 집단이 등장했다(장윤수, 1996: 70). 시장과 다양한 소유제, 법치국가 등의 요소를 포괄하는 인간적·민주적 사회주의 건설을 주장한 고르바초프를 위시한 중도주의적 페레스트로이카파, 공산당을 다당제하의 정당으로 전환할 것을 주장한 보리스 옐친(Борис Николаевич Ельцин) 중심의 급진 개혁파 세력인 민주강령파(демократическая платформа), 그리고 공산당의 유지와 기존 사회주의 질서 유지를 주장했던 보수적인 마르크스주의 강령파(Марксистская платформа)가 이들이다.

먼저, 페레스트로이카파는 고르바초프와 상층부 테크노크라트 노멘클라투라 세력을 포괄하는 세력이었다. 고르바초프는 소련 위기의 원인을 정치적 노멘클라투라가 경제전문가를 지배하기 때문이었던 것으로 진단했으며 정치·경제 전반적 체제의 개혁과 활성화의 필요성을 선포했다(Hashim, 2002: 51). 이로 인해서 기존의 정치적 노멘클라투라 세력을 견제하는 '테크노크라트 노멘클라투라', 즉 경제 전문가와 산업 엘리트 세력이 페레스트로이카를 기점으로 대거 등장했다(김창진, 1997: 157~158). 경제 전문가와 산업 엘리트의 영향력은 급속히 확대되었으며 1989년에 중앙위원회는 절반 이상이 과학기술 분야 인사로 구성되었다. '개인영업법', '협동조합법' 등 일련의 법안은 이들 산업 엘리트 세력의 이익을 증대하기에 유리했다(장덕준, 1997: 406). 이 법률에 따라 산업 엘리트는 외국 기업과의 합작 기업 설립, 자산 현금화, 신용, 부동산 거래, 수출입 업무 등의 영역을 활용하며 자신들의 이익을 관철시켜 나갔다.

둘째, 민주강령파는 옐친 및 28명의 민주강령파 소속 의원들을 포괄하는 급진파 세력이었다. 옐친과 고르바초프 간의 갈등은 1985년 고르바초프가 당선되던 시점부터 시작되었으며 특히 옐친이 1987년 정치국 후보에서 제명되고 모스크바 당 조직 대표직에서 해임당하는 사건을 통해 가시화되었다(Gill, 2006: 65). 그러나 옐친은 1989년 소비에트 인민대의원대회 의원에 당선됨으로써 재기했고, 1990년 3월 러시아인 민대의원대회 의원, 동년 5월 러시아 최고소비에트의장으로 선출되었다. 이들 민주강령파는 분파는 허용될 수 없다는 1990년 7월의 제28차 공산당 전당대회 결정에 반발하며 공산당을 탈퇴하기도 했다.

옐친 세력은 인민대의원대회 및 민족주의적 분리주의 운동 세력을 기반으로 성장했다. 고르바초프가 입법부 강화보다는 대통령직을 선택함으로써 인민대의원대회는 오히려 반고르바초프 세력의 활동 영역이 되었으며 옐친은 인민대의원대회를 기반으로 자신의 세력을 확대할 수 있었다(Gill, 2006: 66). 옐친은 또한 지역의 민족주의적 분리주의 운동을 적극적으로 활용해 자신의 지지 기반을 확대했다. 중앙에서의 소비에트 일당독재체제의 붕괴와 민주주의로의 이행 이후 지역 분리주의 운동은 더욱 강화되었다(Giuliano, 2006: 279). 공산당의 해체는 중앙 공산당 엘리트 충원 과정을 통해 유지되었던 지역 노멘클라투라 체제를 이완시켰으며 1990년에 공화국 의회에서 시행되었던 첫 번째 준경쟁적 선거를 통해 새로운 엘리트 세력 역시 등장했다. 이들 새로운 엘리트 세력은 공화국을 주도하는 민족의 권리 강화와 공화국의 자치권 강화를 주장하는 민족주의적 운동을 발판으로 성장했다(Giuliano, 2006: 279). 옐친은 이들 지역 엘리트 세력의 지지를 확보하기 위해 "감당할 수 있는 만큼 많은 자율권을 가져가라"라는 구호로 지역의 자치권 강화 요구에 호응했다(Moraski and Reisinger, 2007: 606). 또한 옐친 자신도 1990년 6월 러시아공화국의 독립을 선포하고 소비에트공산당에서 탈당했다.

마지막으로 셋째 분파인 보수주의적인 마르크스주의 강령파는 공산당 중앙위원회 및 1990년 건설된 러시아소비에트사회주의공화국 공산당(Коммунистическая партия Российской СФСР)을 기반으로 결집했다. 중앙위원회는 1990년 고르바초프의 반대에도 불구하고 소비에트공산당을 연방화하는 결정을 통과시키고 러시아공산당 조직의 독립을 선포했다. 다른 14개 공화국에는 이미 자체적인 공산당 하부 조직이 존재하고 있는 상황이었다. 러시아소비에트사회주의공화국 공산당은 반고르바초프 세력의 결집지가 되었으며 크라스노다르 출신의 교조주의적 공산주의자인 이반 폴로즈코프(Иван Кузьмич Полозков)가 압도적인 지지하에 첫 번째 서기장으로 선출되었다. 보수파는 일부 소련공화국 지도자들과 1991년 8월 19일 페레스트로이카 저지 및 소련 해체 반대를 목표로 쿠데타를 시도했다. 1991년 강경파 쿠데타에는 고르바초프의 부통령, 총리, KGB 수장 등 최고위급 공산주의자들이 참여했으나 3일 만에 실패로 끝났다. 이 쿠데타의 실패는 러시아 공산주의와 소련공산당의 결정적인 붕괴를 상징하는 사건이었다.

결국 고르바초프는 페레스트로이카 이후 폭발적으로 분출하는 정치개혁운동에 대한 통제력을 상실했다. 후속 효과들을 충분히 인식하지 못한 상태에서 간선 연방 대통령 선거나 직선 공화국 대통령 선거 등 파격적인 제도개혁을 단행한 결과였다는 것이다(임경훈, 2003: 483). 그리고 이 과정에서 옐친 급진개혁파로 주도권이 이동했다.

옐친과 민주강령파의 결정적인 주도권 장악은 1991년 중순부터 본격화되었다. 옐친은 1991년 7월 12일 57%의 지지를 받으며 러시아 대통령으로 선출되었을 뿐만 아니라 1991년 8월의 보수파 쿠데타를 수월하게 진압할 수 있었다. 보수파 쿠데타의 실패는 보수파 세력뿐만 아니라 중도주의적인 페레스트로이카 세력까지 결정적으로 정치적 영향력을 상실하는 계기가 됨으로써 소련 체제의 외적·내적 붕괴가 가속화되었다. 쿠데타 실패 직후인 1991년 8월 23일 고르바초프는 소련 대통령으로서 공무원의 정지활동 금지를 촉구했으며 당서기장직을 사임하고 소련공산당을 사회민주주의정당으로 전환했다. 이에 소련최고회의는 쿠데타에 관련된 공산당의 활동을 중지시키는 결의안을 채택했다. 이로써 소련공산당의 권력 독점은 종식되었으며 본격적으로 민주주의 이행이 논의되기 시작했다.

이를 기점으로 소비에트 연방의 해체도 가속화되었다. 고르바초프는 1991년 4월 23일 모스크바 외곽의 노보 - 오가료보에서 옐친을 비롯해 아홉 명의 연방공화국 수장들과 회동해 새로운 연방 구성 준비에 관한 협약에 서명했다. 이 협약에 따르면 공화국들은 재정권과 경제정책결정권을 포함해서 주권에 버금가는 강력한 권한을 보유하게 되었으며, 연방정부는 군사권과 외교권 및 공화국 간 교역조정권을 갖게 되었다(장덕준, 2003: 336). 최종적으로 1991년 12월 8일 옐친, 우크라이나 대통령 레오니드 크라프추크(Леонид Макарович Кравчук), 벨라루스의 스타니슬라프 슈스케비치(Станислав Станиславович Шушкевич)는 벨라루스의 비스쿨리에서 소비에트 연맹의 해체와 '독립국가연맹(Содружество Независимых Государств)'의 탄생을 선포했다. 독립국가연맹은 대외 안보 정책을 공동으로 수립하는 것을 내용으로 했으나 실질적으로 소속 국가에 대한 정치적 통제력은 지극히 취약했으며 국제사회에서도 국제법의 주체로 인정받지 못했다.

1991년 12월에 새로운 연방 계약이 체결된 이후 러시아공화국은 러시아연방공화국으로 국명을 개칭했다. 이로써 소련 내부 각국의 민주주의 이행은 개별 공화국 차원의 구조·제도적 여건 및 주요 행위자 간 역학 관계의 변동에 따라 다양한 경로로 분화되었다.

3) 민주주의 이행과 제도 변화

러시아 민주주의 이행기는 무엇보다도 핵심적인 제도적 틀의 도입과 더불어 완료되었다고 볼 수 있다. 여기서는 국가구조에 대한 제도 및 선거제도라는 두 가지 제도 도입을 통해 러시아 사례를 분석하고자 한다.

(1) 이원집정부제 도입

러시아공화국은 1992년 러시아연방공화국으로 국명을 개칭한 이후 극심한 갈등과 혼란기를 겪었다. 1978년 채택된 러시아공화국의 헌정체제는 의회 중심적 정부 구조를 명시하고 있는 소비에트 헌법을 바탕으로 했으며 소비에트 붕괴 이후 급조된 대통령 권력과 심각한 괴리가 발생했다(전홍찬, 1999: 278). 의회는 대통령 권력에 저항해서 의회 권한을 유지 및 강화하고자 했고 양자 간의 갈등이 몇 차례에 걸쳐 심화되었다.

옐친 정부와 의회 간의 갈등은 무엇보다도 급진적 경제개혁안과 점진적 경제개혁안을 둘러싸고 전개되었다(서동주, 2005: 289). 옐친은 1991년 제1부총리는 겐나디 부르불리스(Геннадий Эдуардович Бурбулис)로,

부총리는 급진개혁파 예고르 가이다르(Егор Тимурович Гайдар)로 내각을 구성했다. 이는 옐친의 급진적 경제개혁을 예고하는 조치로, 가이다르는 파격적인 가격 자유화 조치와 국영 기업체에 대한 금융 정책을 추진했다. 급진적인 경제개혁은 인민대의원대회에서 보수파의 저항을 야기해 제6차 인민대의원대회는 정부 불신임안을 제출하고 대통령의 총리 겸직 및 각료 임명권을 박탈하는 결의안을 통과시켰다. 옐친은 이에 맞서 오히려 가이다르를 총리서리로 임명했으나 제7차 인민대의원대회 총리 임명 동의안은 찬성 467표, 반대 486표로 부결되었다. 결국 옐친은 더 중도적인 빅토르 체르노미르딘(Виктор Степанович Черномырдин)을 총리로 임명했다.

옐친 대통령은 다시금 1993년 4월 새로운 헌법안 구상을 예고했고 의회 역시 경쟁적으로 동년 5월 새로운 헌법 도입을 선포했다. 옐친 대통령은 1993년 9월 21일 포고령 1400번을 통해 인민대의원대회와 러시아연방공화국 의회의 입법·행정권과 통제권을 박탈했다. 의회 역시 모든 대통령 권한을 박탈하고 이를 당시 부통령 알렉산드르 루츠코이(Александр Владимирович Руцкой)에게 이양한다는 결정으로 이에 저항했다. 결국 옐친은 1993년 10월 의회 해산과 초헌법적 개헌 절차를 강행해 1993년 12월 국민투표를 통해 새 헌법안을 통과시켰다. 옐친의 헌법안은 16개 지역 및 21개 공화국 중 8개 공화국에서 거부되었으나 58.4%의 지지로 통과되었다(Ross, 2000: 407).

1993년 12월 수립된 러시아 헌정 체제는 보통선거를 통해 직접 선출되는 대통령과 의회 다수당 세력을 기반으로 하는 총리 간의 권력 분립을 핵심으로 하는 이원집정부제(준대통령제)의 성격을 갖고 있다. 이원집정부제는 대통령제와 의원내각제 사이에 위치한 정부 형태를 지칭하며 뒤베르제의 연구 이후 독자적인 정부 구조로 논의되어왔다. 이원집정부제란 대통령과 총리가 권력을 분할한 구조로서 대통령은 국가원수로서 통치권을 행사하고 총리가 행정권을 행사하는 권력 구조를 의미한다. 이원집정부제의 정의에 대한 논의는 상당히 논쟁적이지만 최소한 직접 선출된 대통령, 대통령의 상징적 의미 이상의 정치권력, 의회의 총리와 내각 임명권 및 해산권, 대통령과 총리의 행정 권력 공유 등 네 가지 요소를 핵심으로 한다(엄구호·김연규, 2006: 236). 러시아의 정부체제는 이원집정부제 중 특히 대통령 - 의회형 유형으로 분류될 수 있으나 대통령의 압도적 권력 집중으로 인해 흔히 초대통령제(Super Presidentialism)로 통칭되기도 한다(전홍찬, 1999: 290).

신헌법은 일차적으로 대통령에게 내각 선임에서 주도권을 부여하고 있다(이선우, 2015: 269). 대통령은 총리를 제외한 다른 장관들에 대해 어떤 제약도 없이 임명권을 행사할 수 있다. 총리 임명 역시 하원인 국가두마가 총리 후보자의 인준을 거부할 수 있지만 세 차례 연속으로 거부할 경우 대통령은 하원을 해산할 수 있다. 두마는 내각에 대한 불신임을 표결할 수 있으나 1차 의결 시 대통령은 의회 불신임을 무시하고 내각을 유임할 수 있으며 2차 의결에서도 내각을 유임하고 의회를 해산할 수 있다.

또한 러시아 헌법은 대통령에게 광범위한 입법권을 부여하고 있는데, 러시아 대통령은 행정부를 대표해 두마에 법안을 제출할 수 있으며 명령과 포고령을 발할 수 있는 권한을 보유하고 있다. 이원집정부제의 대표적 사례인 프랑스의 경우 비상사태 또는 국민투표 및 헌법기관의 자문을 전제로 대통령의 명령발포권을 인정하고 있으나 러시아 대통령은 비상사태 선포나 국민투표뿐 아니라 어떤 헌법기관의 자문 없이도 포고령을 발할 수 있다(전홍찬, 1999: 287). 옐친 시기에는 1년에 평균 150개에서 200여 개에 이르는 포고령을 발했으며 1996년 대선 시기에는 약 두 배의 포고령을 공포했다(이선우, 2015: 272). 2000년대 중반 기록에 따르면 러시아 대통령은 매년 1000개가량의 포고령을 발의하기도 했다

(Kumar, 2008: 100). 또한 1993년 러시아헌법은 대통령에게는 임기를 보장한 반면, 의회에 대해서는 과도기적으로 2년 임기만 보장하고 있으며 2년 후에 제2차 두마 선거를 시행하는 것으로 규정했다(Baudoin, 2006: 682). 이런 측면에서 새로운 헌법은 당시 옐친을 중심으로 하는 개혁 세력의 입장이 그대로 관철된 '승자의 헌법'이라고 칭해지기도 했다.

그럼에도 러시아 정부 체제는 의회의 정당 세력 분포와 정치적 상황의 변동에 따라 총리 권력을 강화할 수 있는 제도적 가능성을 내포하고 있다. 즉, 대통령과 총리가 명확한 규정 없이 정부를 분할 관장하는 이중정부적 성격이 강하며, 따라서 강력한 다수당을 배경으로 할 경우 총리는 입법과 개헌 및 행정권의 장악에서 대통령 탄핵에까지 이르는 다양한 종류의 견제 장치를 확보할 수 있다.

또한 러시아 대통령은 포고령 선포권 등 입법 권한을 보유하고 있으나 입법부의 어젠다 설정과 입법 과정에 대한 직접적인 영향력은 의원내각제의 수상이나 일부 대통령제에 비해 상당히 제한적이다. 따라서 강한 정당 기율을 보유한 친정부적 다수당의 존재는 입법 과정에 대한 대통령의 주도권을 안정적으로 유지할 수 있는 핵심적인 요인이 된다. 이는 옐친과 푸틴 정부의 현격한 차이를 통해서도 나타난다. 옐친 정부는 안정적인 다수당 창출에 실패해 항상적인 정부 불안정성과 교착을 피할 수 없었던 반면, 푸틴 정부는 친정부 다수당의 안정적 지지로 인해 입법 과정을 주도할 수 있었다. 이후 이원집정부제는 푸틴 체제가 대통령과 총리, 대통령으로 이어지면서 권력을 유지할 수 있는 제도적 장치로 기능했다.

(2) 혼합선거제 도입

러시아의 1993년 헌법은 양원제를 채택했다. 상원인 연방회의는 89개의 연방 구성 주체 대표 각 2명씩 해서 총 198명으로 구성되었으며,

이들은 선거 없이 연방 구성단위의 행정부와 입법부 대표가 파견되는 형식으로 상원의원이 되었다. 하원인 국가두마는 총 450석의 선출위원으로 구성되었다.

초창기 국가두마의 선거제도는 정치적 갈등이 악화되고 권력의 이중화 속에서 정국이 마비되어가고 있던 1993년에 디자인되었으며 제도 디자인을 둘러싼 치열한 경쟁과 갈등 속에 탄생했다. 다수의 인민위원회 의원들은 다수대표제를 선호했기 때문에 순수다수대표제 지지자들과 혼합제 지지자들 간의 논쟁과 대립이 발생했다. 비례대표제는 구공산당 세력이 약화된 민주주의 이행기에 체코, 에스토니아, 폴란드 등 다수의 국가에서 도입되었던 선거제도로서, 개혁 엘리트가 선호했던 제도다(Dawisha and Deets, 2006: 694). 유권자의 지지 정도나 지역적 분포 등에 따른 선거제도의 효과를 예측하기 어려운 이행기에 개혁 엘리트는 비례대표제를 의회에 진입하기에 가장 유리한 선거제도로 인식했던 것이다. 반면 이미 두 회기 간의 인민위원회활동을 통해 정치적 기반을 보유하고 있던 공산주의자 구엘리트 세력은 다수대표제를 선호했다.

결과적으로 옐친은 절충안으로서 다수대표제와 비례대표제를 혼합한 혼합제를 제안했으며 친옐친파 빅토르 셰이니스(Виктор Леонидович Шейнис) 팀의 안에 근거해 225석은 비례대표제로, 나머지 225석은 다수대표제로 선출하는 혼합선거제를 5% 진입장벽과 더불어 채택했다.

혼합제는 정당 형성을 유도하고 정당 체제의 안정화를 추구한다는 목적을 갖고 제안되었으며 부분 수정과 더불어 채택되었다. 최종적으로 채택된 안에는 최초 안과는 달리 '모든 후보에 대한 반대'표가 도입되었으며, 중앙선거관리위원회를 통한 행정부의 위계적 통제 기능이 강화되었다. 혼합제는 옐친파의 주도하에 도입되긴 했지만 반대 세력의 비토를 완전히 통제하지 못한 가운데 이루어진 다양하고 대립적인 이해관계 간의 타협의 산물로 평가되기도 한다(Dawisha and Deets,

2006: 696).

러시아 혼합제는 이후 정당 체제 형성과 관련한 다수대표제 및 비례대표제의 상이한 제도적 효과를 비교적 명료하게 보여주었다. 다수대표제를 통해 두마에 진출했던 무소속 후보들은 정당 진입보다는 지역의 후견주의적 네트워크(Patronage Network) 활용을 선호했다(Kitschelt and Smyth, 2002: 1235). 반면 5% 진입장벽과 연계된 전국 단위의 폐쇄명부 비례대표제는 정당 체계 형성을 유도하는 제도적 효과를 발휘했다고 평가된다. 일례로 1994년부터 2003년까지 러시아 두마의원들의 투표 행태를 분석한 연구결과에 따르면, 다수대표제를 통해 두마에 진출한 의원들은 비례대표제를 통해 선출된 의원들에 비해 정당 기율이 더욱 약한 것으로 나타났다(Kunicova and Remington, 2008: 555). 러시아 선거제도는 2005년 푸틴 체제하에서 7% 진입장벽과 연계된 순수비례대표제로 전환되었다가 2014년 법 개정을 통해 다시 혼합제로 복귀했다. 2005년 법 개정에 대해서는 푸틴 체제에 대한 고찰 과정에서 자세하게 언급할 것이다.

대통령 선거제도로는 결선투표제가 도입되었다. 어떤 후보자도 과반수를 획득하지 못하면 두 주 후에 최다 득표자와 두 번째 순위 득표자를 대상으로 최종 결선 투표를 개최하는 방식이다. 도입 당시에는 유권자가 '모든 후보에 대한 반대'표를 선택할 수 있었으나 2008년 선거법 개정을 통해 이 조항이 삭제되었다(Clark, 2009: 343).

4. 민주주의 공고화의 실패

민주주의 공고화란 핵심적으로는 민주주의가 엘리트와 시민의 양 차원에서 "유일한 게임의 규칙"으로 인정되는 상황을 의미한다(Linz and

Stepan, 1996: 5). 즉, 공정하고 자유로운 선거를 통한 권력 교체가 장기적으로 반복될 때 민주주의는 공고화되었다고 간주된다. 그 외에 민주주의 공고화의 지표로서 자유롭고 활성화된 시민사회, 제도화되고 자율적인 정치사회, 헌정주의와 법의 지배, 민주적으로 제약되는 국가 관료, 정치·사회적으로 규제되는 경제사회 등이 제시되기도 한다(임경훈, 2003: 486).

러시아 민주주의 공고화 과정은 흔히 '선거 권위주의', '권위주의', '혼합 체제' 등의 명칭이 시사하는 바와 같이 2016년 현재 거의 실패한 것으로 평가되고 있다. 러시아 민주주의 공고화의 실패 과정은 민주주의 제도 디자인이 완료되었던 1993년부터 2016년 현재 시점까지를 포괄한다고 볼 수 있으며 이 시기는 다시금 옐친 시대(1993~1999)와 푸틴 시대(1999~2016)로 나누어 고찰할 수 있다. 여기서는 정당 체제와 시민사회 및 러시아연방 체제의 변화를 중심으로 민주주의 공고화가 실패한 경로와 한계를 분석하고자 한다.

1) 옐친 시대(1993~1999): 취약한 민주주의

옐친은 1991년 7월 대통령으로 당선되어 1996년 8월 재선된 후 1999년 12월 조기 사임하기까지 총 8년 동안 재임했다. 시장경제체제와 민주주의 헌정 질서를 도입하는 시기였던 옐친 정부에 대한 평가는 이중적이다. 옐친 정부는 한편으로는 정치적 혼란과 갈등의 시기로 평가되며(Chaisty, 2014: 588), 다른 한편으로는 갈등이 증폭되었음에도 러시아에서 짧지만 민주적이었던 시기로 평가된다(Bagashka, 2014: 490).

긍정적 평가자들은 1990년대까지 러시아에서는 게임의 규칙에 연속성이 존재했고 선거 규칙은 나름대로 존중되었으며 연방정부는 지방의 선거제도에 개입하지 않았다고 강조한다. 모든 참여자가 동등한 기회

▌표 7-1 ▌ 옐친 체제의 회기

회기	기간	지지도	소속	지지 기반
1기	1991년 7월 10일~1996년 8월 9일	57.30%	무소속	민주 러시아 운동
2기	1996년 8월 9일~1999년 12월 31일	53.82%	무소속	

를 누린 것은 아니었지만 선거는 기본적으로 경쟁적이었다는 것이다. 이 측면에서 옐친 시대는 행정부와 의회 간의 지속적인 갈등에도 불구하고 가장 개혁적이고 생산적인 시대로 기억되기도 한다.

반면 비판자들은 옐친 시기를 갈등과 혼란의 시기로 평가한다. 입법부의 정책 결정 과정은 항상적인 갈등과 지연으로 점철되었으며 행정부는 입법부에 대해 상당히 제한적으로만 통제력을 행사할 수 있었다는 것이다(Chaisty, 2014: 588).

옐친 정권의 불안정성은 급격한 이행과 그로 인한 정치·경제적인 위기를 배경으로 한다. 1991년 보수파의 쿠데타 실패 이후 옐친은 부르불리스, 가이다르, 알렉산드르 쇼힌(Александр Николаевич Шохин), 아나톨리 추바이스(Анатолий Борисович Чубайс) 등 젊은 경제학자들을 경제 관료로 기용하고 일명 '충격 요법'이라고 불리는 급진적인 시장경제 이행을 추진했다. 이 급진적 자유주의자들은 당시 IMF의 권고에 따라 가격 자유화와 사유화, 변동 환율제, 무역 자유화, 국영 기업 사유화, 농업 개혁, 통화 안정, 사회 정책의 축소와 같은 급진적인 개혁 정책을 도입했다.

그러나 옐친의 급진적인 시장경제 이행은 러시아 경제의 근간을 흔드는 심각한 부작용을 동반했다. 급진적 사유화와 가격 자유화, 공기업 사유화 등의 개혁 조치 이후 연간 천문학적인 물가 폭등과 대중 실업의 증가, 정부 지원금의 증가와 재정 적자의 누적 등 경제 전반에 걸친 문제점들이 등장했다. 가격 자유화 이후 인플레이션은 245%에 달했으며 1992년 여름부터 1994년 겨울까지 월 평균 20%의 인플레이션을 기록했다(조한범, 2005: 35). 1992년 한 해 동안만 인플레이션이 2510%에 달했으며 1991년부터 1994년까지 GDP는 매년 -12%에서 -19%까지 하락했다.

특히 러시아의 사유화 과정은 노멘클라투라 집단이 집단적 이익을 추구하고 분배한 과정이라고 평가된다(Ljubownikow, Crotty and Rodgers, 2013: 158). 러시아 사유화 프로그램은 외형적으로는 바우처 무상 분배를 통한 대중적 사유화 방식을 띠었으나 실제 사유화 대상 기업의 주식 취득 과정은 소속 노동자와 매니저에게 절대적으로 유리한 내용을 담고 있었다(장덕준, 1997: 393). 또한 지역 차원에서는 기존의 권위주의적인 노멘클라투라 세력이 권력의 공백기를 틈타 오히려 1992~1993년의 사유화 과정을 통해 자신의 세력을 공고화했다. 중앙정부가 취약해지고 국유 재산에 대한 통제권 주체가 불분명해진 상황에서 기업 매니저들은 노동자들과 연합해 국영 기업을 특정 집단의 소유권이나 통제권으로 전환하는 방식의 '자생적 사유화'를 추진했던 것이다(장덕준, 1997: 396).

당시 2000억 달러에 상당하는 기계, 제철, 석유·가스 등 500여 개의 국영 기업이 불과 72억 달러에 금융자본의 소유로 넘어갔다. 특히 일명 '올리가르히'로 통칭되는 소수의 금융 - 산업 자본가 세력은 1990년대 중반에는 주요 금융 자산의 거의 모든 영역을 실질적으로 통제하는 데 성공했다. 특히 블라디미르 구신스키(Владимир Александрович Гусинский), 보리스 베레조프스키(Борис Абрамович Березовский)를 비롯한 소수의 금융·언론 재벌은 1990년대에 언론사와 여타 기업들을 인수했으며 1996년 대선 당시 여론 조작과 정치 자금을 동원해 옐친의 재선을 가능하게 함으로써 옐친 정권의 실질적인 막후 세력으로 성장했다(장덕준, 2002: 309~311).

기업의 내부자들이 정치인들과 결탁해 국유 재산을 갈취하는 이러한 사유화를 '노멘클라투라 사유화'라고 부른다. 소로스는 러시아의 사유화를 일부 금융 엘리트가 국가 재산을 강탈하는 방식이라고 표현한 바 있으며, 이는 '강도자본주의'라는 표현을 낳기도 했다(우평균, 1999: 308). 이러한 '노멘클라투라 사유화'를 통해 노멘클라투라 집단의 정치 권력 역시 실질적으로 유지되었는데, 옐친 정권 1기에서는 대통령행정 실의 3/4, 정부의 3/4, 지역 엘리트의 80% 이상이 노멘클라투라 출신이 었다(김창진, 1997: 163).

경제체제 이행 과정에서 실시한 충격 요법의 실패, 소련의 붕괴와 국가성의 위기, 1993년 이후의 정치적 혼란 및 노멘클라투라 사유화 속에서 초창기 러시아를 지배했던 민주주의 낙관론은 급속히 쇠퇴하기 시작했다.

(1) 정당 체제

옐친 시대 러시아 정당 및 정당 체제는 권력당과 야당을 막론하고 취약성과 낙후성을 특징으로 했으며 파편화되어 있었다. 보수파 쿠데타가 실패한 이후로 소련공산당과 러시아소비에트사회주의공화국 공산당은 금지되었으며 다양한 정당이 그 시점을 전후로 해서 탄생했다. 우파 자유주의 개혁 정당으로는 최초의 반체제 정당으로 등장한 민주연맹(Демократическая коалиция) 외에 러시아민주당(Демократическая партия России) 등이 등장했다(박수헌, 1996: 669). 좌파 정당들 가운데서는 후일에 후신 정당인 러시아연방공산당(Коммунистическая партия Российской Федерации КПРФ)의 재건 과정을 주도한 다수의 정당이 등장했다.

특히 1993년 정초선거를 앞두고 극우 민족주의부터 공산주의까지 광범위한 이데올로기적 스펙트럼을 포괄하는 수십 개 정당이 조직되었다. 1993년 두마 선거에는 13개의 선거 블록 또는 정당, 그리고 1567명의 무소속 후보들이 등장했으며 이들은 대부분 정부에 비판적인 입장을 표명했다(Aron, 2008: 136). 1995년 두마 선거에서도 43개의 선거 블록과 정당 및 2688명의 무소속 후보들이 치열하게 경쟁했고, 1999년 선거에서도 26개의 선거 블록과 정당, 그리고 2320명의 무소속 후보들이 등장했다.

1993년도 첫 두마 선거를 기점으로 등장한 러시아 정당 체제는 일반적으로 네 개 집단으로 분류되는데, 바로 좌파 권위주의 정당, 우파 자유주의 정당, 민족주의 정당, 권력당이다. 권력당은 중도주의로 분류되기도 하지만 이념적 성격보다는 작동 방식의 특수성이 더욱 결정적이라는 점에서 독자적인 유형으로 판단해 권력당으로 분류한다. 1990년대 초반 정당 간 경쟁은 이 중 특히 좌파 권위주의 정당인 공산당 '러시아의 선택(Выбор России)'을 비롯한 우파 자유주의 정당, 민족주의 정당 간에 형성되었다.

첫째, 좌파 정당에는 공산당을 비롯해 농민당, 여성당 등이 분포했다. 소련공산당의 후신 러시아연방공산당은 러시아 전역에 당조직과 50만 명을 상회하는 당원을 보유하고 있는 정당으로, 1990년대 러시아 정당 중 조직적·이념적 차원에서 가장 안정적이고 중요한 정당으로 평가된다(Hashim, 2002: 55; Gill, 2006: 69). 폴란드나 헝가리의 동유럽 공산당이 사회민주주의 정당으로 전환해서 민주주의 이행에 비교적 순기능을 발휘한 것과 달리 러시아연방공산당은 교조주의적인 마르크스 - 레닌주의적 기조와 러시아민족주의를 정당 이데올로기로 선택했다(Hashim, 2002: 43). 러시아연방공산당은 1990년대 중반 이후 마르크스 - 레닌주의 계급투쟁 이론을 포기하고 러시아민족주의 우파 노선을 전면화했다.

공산당은 1993년 정초선거에서 예상을 뛰어넘는 성공을 거두면서 안정적으로 정당 체제에 진입했을 뿐만 아니라 체제가 붕괴된 이후 형성된 광범위한 비판적 여론을 수렴하는 중요한 제1야당으로 등장했다. 공산주의자들이 주도했던 '비타협적인 대중 - 애국주의' 노선이 1995~1999년 두마에서는 다수를 이루었으며 공산당이 그중 가장 큰 원내 교섭 단체를 구성하고 있었다. 1996년 대통령 선거에서는 러시아연방공산당 당수 겐나디 주가노프(Геннадий Андреевич Зюганов)가 40%에 달하는 3000만 명의 유권자의 지지를 확보했고 89개 연방 주체 중 30개 연방에서는 옐친을 앞서기도 했다(Aron, 2008: 137). 이들은 급격한 사유화나 소련 국가체제의 전면적 붕괴에 반대하면서 기존 체제의 부분적 유지를 전제로 하는 점진적 이행을 지지했다.

그 외에도 온건한 사회민주주의의 이념을 주창하는 노동자사회주의정당(Социалистическая партия трудящихся), 교조주의적 마르크스 - 레닌주의 정당인 러시아공산주의노동자정당(Российская Коммунистическая рабочая партия), 에두아르드 리모노프(Эдуард Вениаминович Лимонов)와 알렉산드르 두긴(Александр Гельевич Дугин)의 주도하에서 등장한 극우 스탈린주의 민족볼셰비키정당(Национал-большевистской партии НБП) 등의 좌파 정당이 존재했으나 이들 정당은 실질적인 영향력은 갖고 있지 않았다(Hashim, 2002: 53).

둘째, 우파 자유주의 정당들은 사유화 노선이나 국가 형태 문제에서 급속한 이행을 지지했다. 그리고리 야블린스키(Григорий Алексеевич Явлинский), 미하일 카시야노프(Михаил Михайлович Касьянов), 이리나 하카마다(Ирина Муцуовна Хакамада), 추바이스, 보리스 넴초프(Борис Ефимович Немцов) 등 우파 자유주의 정치인들은 1990년대 초·중반에 개인주의, 서구화를 통한 현대화, 시장경제 원칙 등 자유주의 이념을 주창하며 나름 비중 있는 정치적 세력을 형성했다. 이들은 야블로코(Яблоко), 경제자유당(Партия экономической свободы), 우파연합(Союз правых сил) 등의 정당을 조직해 1990년대 초반 비교적 성공적으로 두마에 진출했다. 그러나 충격 요법의 실패와 시장경제 이행의 부작용이 가시화되면서 우파 자유주의를 지지하는 세력은 1990년대 중반 이후로 급속히 축소되기 시작했다. 일부 군소 우파 자유주의 정당은 권위주의와 애국주의를 부분적으로 수용하면서 초창기 자유주의적 입장에서 후퇴했다.

셋째, 민족주의적 정당으로는 블라디미르 지리노프스키(Владимир Вольфович Жириновский)의 자유민주당(Либерально-демократическая партия России)이 대표적이다. 자유민주당은 이념적으로는 극우주의를 표방하고 있지만 실질적으로는 친정부적 기능을 수행하는 중도적 정당으로서, 일반적인 정당 분류 체계로는 분류하기 힘든 사례로 간주되기도 한다(Anderson, 2010: 400).

넷째, 권력당은 집권 엘리트 집단이 행정부 자원을 동원해 위로부터 창당하고 행정부의 직간접적인 협력 기관으로 작동하는 관제 정당을 의미한다. 옐친 정부는 정당 체제 형성 초기부터 '러시아의 선택(Выбор России)'이나 '우리집 러시아(Наш дом—Россия)' 같은 권력당 건설을 통해 입법부를 장악하고자 시도해왔다. 또한 권력당 외에도 인위적인 관제 야당의 창출을 지속적으로 시도해왔으며 이들의 정당정치적 공간을 적절한 수준으로 조율하는 데 주력해왔다. 이러한 좌파 관제 야당은 옐친 시대의 '이반 - 리브킨 블록(Блок Ивана Рыбкина)'에서 이후 푸틴 시기의 '모국(Родина)'과 '정의러시아(Справедливая Россия)'의 계보로 이어진다. 그러나 1993년부터 1999년까지 이 시도는 큰 성과 없이 무산되었다.

권력당이 비교적 영향력 있는 정당 세력으로 등장한 것은 1999년 두마 선거로, 이 선거에서는 권력당 지위를 둘러싸고 지방 행정부 수장들을 중심으로 조직된 '조국 - 전 러시아(Отечество—Вся Россия)' 연정과 크렘린을 기반으로 하는 선거블록 '통합(Единство)' 간에 치열한 경쟁이 전개되었다(Gel'man, 2006: 552). '통합'과 '조국 - 전 러시아'는 450석의 두마의석 중 235석을 점유하고 있었으며 결국 2001년 말 거대 여당 '통합러시아(Единая Россия)'로 합당했다. 초기 권력당은 이념적 성격이 취약했으나 1990년대 중반 이후 러시아의 국가성 회복과 강화를 중심으로 한 애국주의를 전면화하면서 세력을 강화하기 시작했다.

(2) 연방 체제

옐친 시대는 취약한 중앙정부와 강하고 파편화된 지역정부들로 특징지어진다. 지방 정치 세력에 막대한 자율권을 부여하면서 등장한 옐친 정부는 지방정부에 대한 통제력을 거의 상실했다. 1992년 옐친 정부와 공화국들 간에 맺어진 협약에 따라 강한 지역정부는 특별한 세금 감면 혜택을 요구했으며 약한 지역정부는 지역 기업의 재활을 위한 연방정부의 재정 지원 혜택을 요구했다. 1993년 헌법 역시 중앙집권적 연방 체제의 성격을 갖고 있었으나 실제로 21개 공화국들은 다른 연방 주체들과 달리 자체 헌법과 의회 및 대통령직, 무역과 투자 업무 수행 권한, 지하자원에 대한 통제권과 조세징수권 등 주권에 버금가는 권한을 누리고 있었다(장덕준, 2003: 339). 1994년 이후 연방정부와 지방정부 간의 쌍무조약 체결을 통해 러시아연방 체제의 비대칭성은 더욱 강화되었다. 이 결과 지역정부에 대한 중앙정부의 통제 권력은 현격히 약화되었다.

1999년에는 89개 지역 행정부 수장이 모두 직접선거를 통해 선출되었으며 막강한 정치기구를 구축해 정치적 서비스를 제공하고 있었다(Hale, 2005: 153). 강력한 지역 행정부 수장들은 위계적인 행정 조직을 통해 지역 전체의 정치적 역학 관계를 효과적으로 통제했다. 특히 지역 엘리트의 정치조직과 정치화된 금융 산업 기관과 같은 조직들은 엘리트의 이익 집약과 이익 표출 및 자원 동원 통로로 작동할 뿐만 아니라 막강한 영향력을 가지고 선거에 개입해왔기 때문에 실질적으로 정당의 기능을 수행해왔다(Hale, 2005: 152).

따라서 지역 행정부 수장들은 2000년대 중반 통합 러시아에 합류할 때까지 다수가 무당파였으며, 개인적 정치조직과 네트워크에 기반을

두고 지역의 모든 자원을 통제·관리하고 있었다. 이 상황은 순수비례
대표제의 도입과 더불어 정당 기반 정치활동이 전면화된 2000년대 말
에도 사실상 유지되었다(Isaacs and Whitmore, 2014: 706). 즉, 지역 정치
공간의 일자리와 자원은 정당이 아니라 여전히 주지사를 비롯한 지역
엘리트의 통제하에 있었다는 것이다.

(3) 시민사회

시민사회 역시 옐친 초기에는 파편화된 상태로나마 활성화되었으나
1990년대 후반 옐친 후기로 가면서 축소되기 시작했다. 러시아 비정부
기구(Non-Governmental Organization: NGO)는 크게 풀뿌리 NGO, 전문
가 NGO, 관제 NGO 등 세 가지 유형으로 분류된다(Crotty, 2009: 90~91).
풀뿌리 NGO는 지역에 거점을 두고 있으며 환경, 동물 애호 등 단일 쟁
점만을 중심으로 하는 NGO들을 포괄한다. 전문가 NGO는 전통적인 러
시아 인텔리겐치아를 역사적 맥락으로 하는 정치·정책적 NGO들로서
전국적 또는 국제적 조직을 기반으로 활동하는 경우가 일반적이다. 마
지막으로 관제 NGO는 정부기관과 긴밀하게 연계되어 있는 친정부 단
체들로서 정부의 재정 지원으로 상주 인력과 사무실을 운영하는 경우
가 대부분이다.

풀뿌리 NGO나 관제 NGO 대다수는 실질적으로 시민사회 발전에 그
다지 기여하는 바가 없다는 것이 전문가들의 평가다(Crotty, 2009: 101).
페레스트로이카 시기에 등장했던 환경운동 단체 등 풀뿌리 NGO들은
소비에트 체제 붕괴와 민주주의 이행 초기 단계에는 비교적 중요한 역
할을 담당했으나 체제 붕괴 과정에서 파편화되었으며 지역 조직을 연
계하는 통합 조직을 건설하는 데에 실패하면서 급속히 약화되어갔다
(Ljubownikow, Crotty and Rodgers, 2013: 158). 이 조직들은 국가와 시민
사회 관계에서 자신의 정치적 위치를 정립하기보다는 소규모 지역 조

직의 차원에 머무르면서 고립되어갔다.

따라서 옐친 집권 초기 활성화되었던 시민사회는 다시 침체되기 시작했으며 언론도 위축되기 시작했다. 시사주간지 ≪이토기(Итоги)≫, ≪뉴타임스(Новое время)≫, ≪모스크바뉴스(Московские новости)≫처럼 정부에 비판적인 잡지와 신문들도 폐간되었고, 유력 일간지 ≪독립신문(Независимая газета)≫과 ≪이즈베스티야(Известия)≫ 같은 경우는 사주가 교체되는 방식으로 친정부적으로 순화되었다(Aron, 2008: 139). 1996년 러시아 대통령 선거 당시 대표적인 민영 방송 NTV는 공산당에 광고 시간을 부여하는 것을 거절하면서 전적으로 옐친의 선거 방송 기구로 기능했으며, 2차 선거 직전에 있었던 옐친의 심장마비 사안을 감추기도 했다(Levitsky and Way, 2010: 60). 1990년부터 2000년까지의 선거 관련 서베이 결과에 따르면 10% 가까운 응답자들이 직접적인 선거조작 또는 투표 매매 사례에 대해 알고 있다고 응답했으며 40%가 TV 선거 보도의 공정성에 대해 회의적이라고 응답했다(Birch, 2011: 707).

앞에서 고찰한 바와 같이 1990년대 옐친 정권은 불안정하고 낙후된 정당 체제와 갈등으로 점철된 행정부 - 의회 관계, 중앙 - 지방 관계의 위계적 통제력을 상실해버린 취약한 중앙정부, 시민사회의 저발전 등 다각적인 문제점과 한계를 노정했다. 더욱이 1998년 세계경제 위기에 당면해 자본주의 시장경제로 이행한 지 몇 년 만에 러시아 정부는 모라토리엄을 선언했다. 취약한 경제구조, 왜곡된 시장경제 이행의 여파, 심각한 부패 등의 내적 요인에다가 해외 자본의 급격한 유출, 천연자원 가격의 하락 등 외적 요인이 중첩되면서 러시아는 총체적인 위기 국면에 빠져들었던 것이다. 금융위기로 인해 은행의 절반이 도산했으며 루블화 가치는 1/4로 절하되었다(조한범, 2005: 44).

국내 정치적으로도 옐친 정부 말기 정국은 극히 불안정했으며 옐친 대통령의 건강이 악화되면서 유고 시의 권한 이양 문제, 의회의 탄핵안 제출, 임명 동의안 등을 둘러싸고 행정부와 의회 간의 갈등이 첨예화되었다. 그 결과 옐친 집권 2기에 들어서만 총 네 번의 전면 개각이 이루어졌다(서동주, 2005: 287~288). 총리는 체르노미르딘와 세르게이 키리엔코(Сергей Владиленович Кириенко)를 거쳐서 예브게니 프리마코프(Евгений Максимович Примаков)와 세르게이 스테파신(Сергей Вадимович Степашин)으로 교체되었으며, 최종적으로 블라디미르 푸틴(Владимир Владимирович Путин)으로 교체되었다. 푸틴은 총리로 지명된 이후 1999년 옐친의 조기 퇴진과 후계자 지명 과정을 거쳐 2000년 대선에서 직접 대통령으로 선출됨으로써 옐친 체제를 잇는 후계자로 정착했다.

2) 푸틴 시대(1999~2015): 공고화의 실패와 권위주의로의 회귀

옐친 시대가 갈등과 민주주의의 양면성을 보유했던 시대로 평가되고 있다면 푸틴 시대는 질서와 권위주의의 양면성을 갖고 있는 시대로 평가된다.

푸틴 체제의 권위주의화는 점차적으로 진행되어서 푸틴 후기로 갈수록 전면화되었다. 혹자는 푸틴 1기(2000~2004)까지는 연정 대통령제(Coalitional Presidentialism), 즉 민주주의 체제로 분류하고 푸틴 2기(2004~2008)부터는 권위주의적 대통령제(Authoritarian Presidentialism)로 분류하기도 한다(Chaisty, 2014: 592). 푸틴 3기(2008~2012)는 푸틴 총리와 드미트리 메드베데프(Дмитрий Анатольевич Медведев) 대통령의 이원적 권력 구조로 유지되었으며 푸틴이 다시 2012년 3월 대선에서 대통령으로 당선됨으로써 푸틴 4기(2012~)가 시작되었다.

2000년부터 시작된 푸틴 1기 체제는 권위주의적 통제가 아직 전면화되지 않은 가운데 비교적 민주적인 방식으로 푸틴이 주도권을 장악했던 시기다. 푸틴은 무엇보다도 네 개 정당으로 구성된 다수 연정의 지

┃표 7-2┃ 푸틴 체제의 회기

직위	임기	지지도	소속	지지 기반
대통령권한대행	1999년 12월~2000년 5월		통합당	
대통령	2000년 5월~2004년 5월	53.44%	통합당/무소속	
대통령	2004년 5월~2008년 5월	71.31%	무소속	통합러시아
총리	2008년 5월~2012년 5월		통합러시아	
대통령	2012년 5월~2018년 5월(예정)	63.60%	통합러시아	

지를 받았다. 권력당인 통합당도 이미 푸틴 집권 시점부터 두마 의석의
상당 비율을 차지하고 있었으며 통합러시아 이후부터는 다수당 지위를
유지해왔기 때문에 푸틴은 내각 구성 및 해체 과정에서 전폭적인 의회
지지를 받을 수 있었다(이선우, 2015: 273). 푸틴 시기에 입법부는 행정
부와의 적극적인 협조하에 신속하게 정책을 결정했으며 입법안이 하루
에 두마회의를 세 번 통과한 사례도 없지 않았다(Chaisty, 2014: 588).

푸틴은 대중적인 지지와 입법부 지지를 기반으로 해서 지방정부, 정
당, 시민사회에 대한 위계화를 추진하는 가운데 올리가르히 세력을 비
롯해서 옐친의 패밀리 세력을 숙청하고 자신의 독자적인 권력 기반을
구축했다. 2003년 유코스(ЮКОС) 사태와 미하일 호도로프스키(Михаил
Борисович Ходорковский)의 체포 구금은 올리가르히 세력에 대한 러시
아 정부의 간섭과 통제를 예고하는 사건이었다(Baudoin, 2006: 679).

푸틴의 권력 장악을 더욱 용이하게 했던 것은 푸틴이 고유가를 기반
으로 해서 빠른 경제 회복에 성공했다는 점이었다. 1999년부터 유지된
고유가라는 호조건 속에서 2000년 러시아 경제성장률은 8.5%에 달했
으며, 2001년에는 1999년 IMF 당시 받은 구제금융 중 3억 5000만 달러
를 조기 상환할 수 있었다(조한범, 2005: 47).

이에 푸틴은 2000년 9월에 '정보 안보 독트린(Doctrine of Information
Security)'을 발표하며 대중매체와 정보 시장에 대한 국가적 통제를 선
포했다(Lysenko and Desouza, 2010: 1180). 국가만이 러시아 시민에게

객관적인 정보를 제공한다는 것이었다. 푸틴 정부는 인터넷을 포함해 모든 대중매체를 국가의 영향력하에 두고 모든 정보의 흐름을 통제하기 시작했다. 대중매체의 소유권은 친정부 인사 및 조직에 넘겨졌으며 직간접적인 언론 통제가 이루어졌다. 2004년 2차 세계 언론 자유 인덱스(Worldwide Press Freedom Index)는 러시아의 언론 자유 상황을 166개국 중 148위로 발표하기도 했다(Riggs and Schraeder, 2005: 147).

2004년 푸틴 2기 들어 권위주의적 성격은 더욱 명확하게 가시화되었으며 이 시기부터 프리덤하우스는 러시아를 더 이상 민주주의 국가로 분류하지 않기 시작했다. 푸틴 체제의 권위주의화는 2004년부터 2005년 사이 추진한 일련의 제도 개혁을 통해 이루어졌으며, 선거제도, 정당제도, 연방 체제, 언론, NGO 등 중요한 정치사회적 기제에 대한 전면적인 제도 개혁이 진행되었다.

2004년 말 개정된 정당법에서는 당원 규모가 기존의 1만 명에서 5만 명으로, 그리고 당 지부 건설이 기존의 절반이던 연방 주체에서 전체 연방 주체로 대폭 강화되었다. 그중 최소한 89개 지역 중 50% 이상의 지역, 즉 44개 연방 주체에서는 당원 수 규모 500명, 전체 당원 수 규모 5만 명을 입증할 것 등이 추가되었으며 지역 기반의 선거 블록 건설은 금지되었다. 정당법 개정을 통해 지역 정당 설립이 제도적으로 차단됨으로써 지역 행정부나 정치 세력의 독자적인 성장 기반이 약화되었고 지역 정치 조직의 활동 영역은 자치단체 차원으로 축소되었다(Golosov, 2011: 628).

러시아 정부는 또한 2005년 선거법 개정을 통해 혼합제를 폐지하고 순수비례대표제로 전환했으며 기존의 5% 진입장벽을 7%로 상향 조정했다. 정당 창당 요건이 대폭 강화되고 블록 구성을 통한 선거 참여도 금지된 가운데 2007년 선거에서는 실질적으로 46개의 정당 중 15개 정당만이 참여할 수 있었다(Gel'man, 2008: 919). 새로운 선거법은 더 나아가 의원이 정당을 탈퇴할 경우 의원을 교체할 수 있는 권한을 정당에 부여함으로써 의원들에 대한 정당의 영향력을 강화했다. 순수비례대표제로의 전환과 진입장벽의 7% 상향 조정을 통해 실질적으로 친민주주의적인 소규모 정당 세력의 의회 진입 가능성이 거의 전적으로 차단되었다(Finkel and Brudny, 2012: 17). 순수비례제 도입과 정당 체제 강화는 러시아의 이원집정부제 틀 안에서 의회 다수에 기반을 두고 강력한 총리 권력을 구축하고자 했던 푸틴의 전략적 선택으로 설명된다(유진숙, 2009: 181). 이러한 선거법과 정당법 개정의 제도적 효과는 특히 2007년 12월 2일에 개정 선거법에 의거해 치러진 의회 선거에서 가시화되기 시작했다.

(1) 정당 체제

푸틴 체제하에서는 패권 정당 체제, 즉 실질적인 정당 경쟁이 거의 이루어지지 않는 정당 체제가 형성되었다. 이는 러시아가 권위주의로 회귀했음을 반영한다. 푸틴 체제하에서는 크게 공산당, 권력당, 민족주의 정당의 세 가지 정당 집단이 형성되었다. 우파 자유주의 정당들은 2000년 이후 심각한 조직적·이념적 위기와 침체에 당면했으며 지속적으로 두마 진출에 실패하면서 침체되거나 재야 저항 운동으로 전환했다.

공산당, 권력당 및 민족주의 정당이 공히 애국주의·민족주의를 표방하고 있기 때문에 사회문화적 관점에서의 권위주의 - 자유주의 간 이념 경쟁은 거의 사라졌다고 할 수 있다. 또한 공산당이 전통적인 좌파적 요소를 상당 부분 상실했기 때문에 좌우 간 이념 경쟁 역시 실질적으로 전개되지 않고 있다. 이러한 정당 스펙트럼의 집중은 특히 2007년 선거 이후부터 본격적으로 형성되었다. 2007년 선거에서 통합러시아, 공산당, 자유민주당 같은 기존 정당을 포함해 '모국'을 기반으로 새롭게 구성된 '정의러시아(Справедливая Россия)' 등 네 개 정당만 의회에 진출

	통합러시아	공산당	정의러시아	자유민주당	야블로코*
당원 규모	2,009,937명	154,244명	414,558명	185,573명	54,911명
지구당	83개	81개	83개	83개	75개
당수	블라디미르 푸틴· 드미트리 메드베데프**	겐나디 쥬가노프	니콜라이 레비체프· 세르게이 미로노프***	블라디미르 지리노프스키	세르게이 미트로힌· 에밀리야 슬라브노바****
점유율 및 의석수 2016	54.18%(343석)	13.35%(42석)	6.21%(23석)	13.16%(39석)	1.99%(0석)
2011	49.32%(238석)	19.19%(92석)	13.24%(64석)	11.67%(56석)	3.43%(0석)
2007	64.3%(315석)	11.57%(57석)	7.74%(38석)	8.14%(40석)	1.59%(0석)
2003	37.57%(22석)	12.61%(40석)		11.45%(36석)	4.3%(4석)
1999		24.3%(113석)		5.58%(17석)	5.93%(20석)
1995		22.3%(157석)		11.18%(51석)	6.89%(45석)

주: * 야블로코는 자유주의적 정당의 추이를 참고하기 위해 추가로 고려함.
** 드미트리 메드베데프는 2012년 당수로 취임함.
*** 세르게이 미로노프는 2013년 당수로 취임함.
**** 에밀리야 슬라브노바는 2015년 당수로 취임함.
자료: 우평균(2012); https://ru.wikipedia.org/wiki.

했으며 이 구도는 2016년 선거까지 기본적으로 유지되고 있다.

공산당은 옐친 체제하에서보다는 영향력이 대폭 축소되었으나 유일하게 정당 이념과 조직적 정체성을 갖고 있는 정당으로 볼 수 있다. 자유민주당과 정의러시아 같은 정당은 독자적인 정치 세력이기보다는 행정부의 충실한 협력 기관으로 기능하고 있는 관제 야당에 가깝다.

권력당인 통합러시아는 2000년대 중반부터 급속히 성장해 정당 체제를 장악하기 시작했다. 통합러시아는 1999년 통합당으로 창당되었으나 '조국 - 전 러시아'를 흡수 통합한 뒤 2003년에 37.57%를 동원했다. 통합러시아는 2006년에 이미 178명의 연방 상원의원 중 107명, 전체 연방 구성 주체 행정부 수장의 2/3를 영입했으며, 116만 명가량의 당원 및 2600여 개의 지구당 조직을 확보했다. 통합러시아는 특히 2006년 정당법과 선거법 개정을 통해 성장했다(유진숙, 2009: 181). 순수비례대표제로 전환되었던 2007년 선거에서 64.3%를 득표함으로써 전체 의석의

┃표 7-4┃ 대통령 재가 입법안 비율(1994~2007)

	제1회기 (1994~1995)		제2회기 (1996~1999)		제3회기 (2000~2003)		제4회기 (2004~2007)	
	건수	비율	건수	비율	건수	비율	건수	비율
총 입법안 건수			2133건		2125건		2713건	
두마 3차 본회의 통과	464건	100%	1045건	100%	781건	100%	1087건	100%
대통령거부권 행사	263건	29.3%	185건	18%	31건	4%	7건	0.64%
대통령과 상원거부권 행사			113건	11%	10건	1%	3건	0.28%
대통령 재가	354건	76%	724건	69%	730건	93%	735건	91.9%

자료: Remington(2008: 976).

70%인 315석을 장악할 수 있었던 것이다. 순수비례대표제 도입 이후 지역 엘리트들은 대거 통합러시아에 입당했으며 거의 모든 지방의회 역시 통합러시아가 장악했다. 권력당의 독점적 지위가 강화되고 자유 민주당 및 모국 등 관제 야당들과 긴밀한 공조 체제가 안정화되면서 실질적인 정당 경쟁은 차단되기 시작했다.

〈표 7-4〉는 권력당을 창출하는 데 실패해 정국이 불안정했던 옐친 정부와 강력한 권력당을 기반으로 한 푸틴 정부 간 입법부 - 행정부 관계의 변화를 명확하게 보여준다. 옐친 정부 시기에는 대통령 재가까지 간 입법안의 비율이 70% 전후 수준에 머물렀지만 푸틴 집권 이후에는 93% 전후로 극도로 높은 수준을 기록했다.

통합러시아가 내건 정당 이념은 블라디슬라프 수르코프(Владислав Юрьевич Сурков)의 '주권 민주주의(Sovereign Democracy)'로 요약된다(Ju, 2010: 307). 수르코프가 2006년 「미래의 민족화(Nationalisation of Future)」라는 논문을 통해 주권 민주주의 개념의 세부적 구상과 방향성을 제시한 이후 주권 민주주의는 푸틴 정부의 이념적 방향성 및 통합러시아의 공식적인 정당 이념으로 수용되었다. 주권 민주주의는 민주주의라는 국제적 규범을 러시아식으로 해석하고 적용한 것으로서 민주주의에 대한 상대주의적·선별적 수용을 담고 있다. 대표적으로 주권 민주주의적 관점에서는 다원주의적 원칙과 자유주의적 접근은 서구적 해석일 뿐이며 독재 체제는 주권 민주주의를 구축하기 위해 불가피한 과정으로 인정된다. 반면 서구적 자유주의 시장경제체제는 긍정적으로 수용된다. 주권 민주주의는 따라서 일반적인 민주주의 개념과는 상당히 상이한 내용을 담고 있는데, 강한 국가, 경제 영역에 대한 국가 통제의 강화, 러시아의 강대국 지위 복구, 평등한 분배 및 민족주의를 핵심 내용으로 한다.

이때 주권 민주주의 개념이 전제하는 러시아 민족은 민족적 혈통이나 정치 공동체의 시민적 소속에 의해 규정되지 않는다. 러시아 민족은 러시아성, 즉 러시아의 문화적 가치와 러시아 정신에 대한 소속감과 정체성을 핵심으로 하며(Panov, 2010: 85), 이는 팽창주의적이고 제국주의적인 러시아의 역사를 반영하고 있다고 해석된다(Panov, 2010: 85).

권력당의 강화는 강력한 입법부와 다수당 지지 세력을 기반으로 총리 권력을 구축하고자 했던 푸틴의 전략으로 설명될 수 있다. 통합러시아 등장을 기점으로 러시아 선거의 경쟁성과 정당 체제의 다원성은 급격히 약화되었으며, 러시아 정치체제의 권위주의화가 가시화되기 시작했다(Evans, 2011: 43).

이러한 권력당의 장악은 한편으로는 정치적 게임 공간에서의 불평등성과 엘리트의 후견주의적 담합을 통해, 다른 한편으로는 직접적인 선거 부정과 조작을 통해 실현된다고 볼 수 있다. 권력당이 권력을 장악하는 방법은 다음과 같다.

첫째, 권력당의 장악은 러시아 엘리트의 적극적인 협조와 후견주의적 담합을 통해 현실화된다. 후견주의는 정치적 교환이 개인적 관계와 구체적 징벌 및 포상의 기제를 통해 작동하는 방식이다(Hale, 2011: 583). 러시아와 같이 정부가 경제 엘리트와의 후견주의적 네트워크를 유지하기 위해 내부자 사유화(Insider Privatisation)를 진행한 경우 엘리트 세력은 금융과 언론 자원에 대한 독점적 권리를 유지할 수 있다(Levitsky and Way, 2010: 64). 후견주의적 정치 문화 속에서는 공식적 제도보다는 비공식적 제도에 의해, 원칙의 적용보다는 협상을 통한 거래에 의해 정치체제가 작동한다. 이러한 정치 문화에서 국가는 분업이나 집단 간 관계를 설정하는 공식적 직위보다는 개인적 친분이나 충성도에 따라 자신의 자원을 분배한다(Buck, 2007: 505). 엘리트 세력은 특히 자원, 대중매체 접근성, 그리고 법 접근성의 세 가지 방식으로 특혜를 누린다(Levitsky and Way, 2010: 58). 예를 들어 현직자들은 조직적·물질적 국가 자원을 직접적으로 활용할 수 있다.

둘째, 권력당의 장악은 직간접적인 선거 부정과 선거 조작을 통해 현실화된다. 통합러시아는 선거 조직부터 완료에 이르는 모든 과정에서 인적·물적 자원을 동원하는 공식적·비공식적 통로를 거의 독점하고 있으며 이는 선거의 공정성을 심각하게 훼손하고 있다(유진숙, 2007: 218). 이 통로는 지방정부를 중심으로 하는 정치·경제 분야의 엘리트 네트워크로 구체화되는데, 이들은 선거권 위임, 선거관리위원회의 협조, 그리고 투표용지의 노골적인 구매 또는 위조에까지 이르는 다양한 형태로 선거에 개입한다. 특히 직선제가 폐지되면서 독자적인 정치적 기반을 상실한 지방 행정부 수장들은 전적으로 중앙의 통제하에 선거 조작 및 부정에 협조하게 되었다(Mebane and Kalininz, 2010: 5). 일례로 2007~2008년 선거 당시 잉구셰티아공화국에서 광범위한 선거 보이콧 운동을 전개했던 인터넷 사이트 '잉구셰티아 닷 알유(Ingushetiya.ru)'에 따르면 유권자의 거의 절반(54%)이 넘는 9만 명의 시민들이 선거 보이콧 운동에 참여했다. 그러나 공식적으로 집계된 선거 통계 결과 잉구셰티아의 투표 참여율은 99%였으며, 통합러시아의 지지율 역시 거의 90% 이상으로 발표되었다. 이는 개표 조작을 비롯한 직접적인 선거 부정 가능성을 시사하고 있다(Lysenko and Desouza, 2010). 유럽평의회의원총회 (PACE)의 선거감시단 단장 안드레아스 그로스(Andreas Gross)는 2008 년 러시아 대통령 선거를 "자유롭지도, 공정하지도 않은 선거"라고 총 평했다(Clark, 2009: 343). 특히 대통령 선거 과정에서는 두마 선거보다 더 자주 선거 조작이 이루어지고 있는 것으로 알려져 있으며 유럽안보 협력기구(OSCE) 선거감시단도 대통령 선거에 대해 더 비판적인 논평을 내놓기도 했다(Birch, 2011: 709).

이러한 정당 체제는 러시아 권위주의 체제의 핵심적 요소를 보여주 고 있다. 정당이 민주주의적 경쟁 체제의 핵심적 기제로 발전하기보다 는 오히려 정치적 경쟁을 통제하고 권위주의적 지배를 조직화하는 통 로로 적극적으로 활용되고 있는 것이다(유진숙, 2007). 이와 같은 맥락 에서 러시아 정당 체제는 일반적으로 '패권 정당 체제(Hegemonic Party System)' 또는 '주도 정당 체제(Dominant Party System)' 등으로 불린다. 패권 정당은 구조적으로 정당 경쟁이 차단되고 통제된 비경쟁적 정당 체제를 배경으로 한다. 조반니 사르토리(Giovanni Sartori)는 정당 체제 내부의 비경쟁성은 비판자와 경쟁자가 동일한 권리를 향유하지 못하고 있을 때, 그리고 경쟁에 대한 위협, 제한, 또는 공개적 비판으로 인한 처벌 등이 존재할 때 시작된다고 말한다(Sartori, 1976: 218).

(2) 연방 체제

정당 체제 개혁과 더불어 푸틴 정부는 연방 체제 개혁도 다차원적으 로 진행했다. 1990년대에 지방 엘리트는 상당한 자율성을 누리고 있었 으며 2000년대 초반까지만 하더라도 지방 엘리트에 대한 중앙정부의 통제력은 제한적이었다. 모스크바 시장 유리 루시코프(Юрий Михайлович Лужков)의 블록 '조국(Отечество)', 사마라 주의 주지사 콘스탄틴 티토프 (Константин Титов)의 블록 '러시아의 목소리(Голос России)', 타타르스탄 대통령 민티메르 샤이미예프(Минтимера Шаймиева)의 '전 러시아(Вся Россия)', 케메로보 주의 주지사인 아만 툴레예프(Аман Гумирович Тулеев)의 블록 '민중정부(Народовластие)' 등 지방 행정부 수장은 당시 독자적으로 강력한 정치 조직을 보유하고 있었다(Reuter and Remington, 2009: 515).

푸틴은 특히 2004년 베슬란 사태 이후 지방 엘리트 세력의 정치 세력화를 방지하고 연방의 위계적 질서를 강화하기 위해 일련의 연방 개혁을 단행했다. 이 개혁은 일곱 개의 연방지구 창출, 연방위원회 개혁, 새로운 국가위원회 창출, 대통령에게 주지사 해임권과 지역의회 해산권 부여, 지역법을 연방법에 상응하게 조정 등의 다양한 개혁을 포괄했다(Kumar, 2008: 97). 일곱 개 관구로 분할해 감독하는 새로운 관료 체제는 중앙과 지방 간 위계적인 권력 구조를 재구축하기 위한 것이었다. 또한 대통령은 지방 행정부 수장을 해임하거나 지방의회를 해산할 수 있는 권한을 부여받았으며 지방 입법 과정은 연방법에 상응하도록 조정되었다. 2001년 당시 지역과 공화국을 비롯한 전 연방 주체에서 통과된 법은 30만 개에 달했으며 그중 7만 개의 법이 연방법과 충돌했다(Ross, 2003: 41). 이에 연방지구에 파견되는 전권자(полпред)는 지역 연방 주체의 사법 체계를 전면적으로 검토하고 연방법에 조응하도록 강제할 수 있는 권한을 부여받았다.

푸틴 정부는 또한 2002년 치른 지방선거제도를 50%는 다수대표제로, 50%는 비례대표제로 선출하는 혼합제로 변경했으며(Reuter and Remington, 2009: 511), 더 나아가 2005년 지방 행정부 수장에 대한 선거를 폐지하고 임명제로 전환함으로써 지방정치 세력의 독자성을 제한했다(Gel'man, 2008: 919). 지방 행정부 수장에 대한 직선제는 2012년 5월 8년 만에 다시 부활되었으나 이미 지방 엘리트 집단의 독자성은 상당히 위축된 이후였다.

(3) 시민사회

소비에트 시기의 하향식 국가 - 시민사회 관계 역시 특히 푸틴 2기 들어 적극적으로 재구축되기 시작했다. 푸틴은 2004년에 '시민포럼 (Civic Forum)'을 만들어 NGO와 러시아 시민사회에 대한 적극적인 통제를 시도했다(Crotty, 2009: 88). 연방정부는 시민포럼을 통해 산재되어 있던 NGO를 조직화·체계화했을 뿐만 아니라 NGO의 내부적인 방향성과 활동 내용 및 방식의 결정 과정에 개입하기 시작했다. 또한 2006년에 제정된 'NGO등록법'으로 NGO의 내부 행사에 대표자를 파견할 수 있도록 규정하는 등(강윤희, 2012: 199) NGO에 대한 감시 체제를 강화했으며 해외 지원금의 출처나 사용 내역을 보고하도록 규정했다. 또한 활동 목적이나 위상과 무관하게 NGO에 세금을 부과하는 법 개정을 동반했다. 푸틴은 이러한 법 개정을 러시아의 자주성, 민족적 독립성, 영토적 통합성, 문화적 유산과 민족적 이익을 훼손하는 그룹들을 통제하기 위한 것이라고 선포했다(Crotty, 2009: 89).

반면 관제 NGO는 활성화되기 시작했다. 특히 2005년에 조직된 '나시 (Наши)'는 푸틴 행정부의 이론가인 수르코프와 정치자문가 글렙 파블롭스키(Глеб Олегович Павловский)가 구상한 대규모 청년 조직이다. 나시의 비공식적 지도자 바실리 야케멘코(Василий Григорьевич Якеменко)에 따르면 러시아는 내적·외적으로 적에 둘러싸여 있는데 외부적 적은 유라시아의 지배를 추구하고 있으며 내부적 적은 1990년대 '올리가르히 자본주의'로의 회귀나 파시즘의 구축을 추구한다는 것이다.

나시는 수천 명의 회원과 10만여 명의 동조자를 포괄하는 거대한 규모의 조직이며 산하 지역 조직은 매월 2만~3만 달러의 활동비를 지원받는 것으로 알려져 있다(Finkel and Brudny, 2012: 21). 2007년 선거에서는 두 명의 나시 활동가들이 두마에 진출했으며 수십 명의 하급 활동가들이 지역 의회에 진출하기도 했다. 나시는 또한 2007~2008년 선거 당시 우크라이나의 오렌지혁명에 자극받은 자유주의적 청년운동을 제압하는 데 효과적으로 동원되기도 했다(Finkel and Brudny, 2012: 17).

이 외에도 푸틴 정부는 간접적 개입을 통해 다수의 극우 조직을 관리하고 있다. 대표적인 극우파 조직 '러시아양식(русский образ)'은 크렘린의 주요 관리 및 협력 대상으로 알려져 있다(Horvath, 2014: 469). 러시아양식은 2003년 애국주의적 관점을 표방하는 잡지로 처음 등장했으며 젊은 세대를 중심으로 최첨단의 마케팅 전략과 인터넷 기반의 네트워크 전략을 구사하면서 급속히 성장했다. 러시아 정부는 수르코프의 주도하에 2008~2009년 선거 시기부터 러시아양식을 중요한 정치 세력으로 육성했다. 이들은 표면적으로는 도시적이고 젊은 이미지하에 실용주의적이고 유럽적인 민족주의를 표방하고 있으나 이면에서는 스킨헤드 집단과 긴밀히 교류하며 네오파시즘과 인종주의를 적극적으로 선동하고 있다. 러시아양식의 주도자 일리야 고랴체프(Илья Витальевич Горячев)와 니키타 티호노프(Никита Сергеевич Тихонов)는 군사 웹사이트이자 네오파시스트 웹사이트인 vojnik.borda.ru 출신으로 알려져 있다. 러시아양식과 같은 극우파 조직의 관리는 민족주의적 정서를 이용 및 동원하는 것일 뿐만 아니라 통제의 의미를 갖고 있다고 해석되기도 한다(Horvath, 2014: 469).

권위주의적인 푸틴 정부에 대한 러시아 시민사회의 광범위한 직간접적 지지는 다양한 서베이에도 반영되고 있다. 푸틴 정부에 대한 대중적 지지도는 2000년대 초반부터 70~80%에 육박하는 높은 수준을 유지해왔다. 1990년대 중반 시행된 서베이에서 응답자의 58%는 '민주주의'의 어감에 대해 부정적이라고 답변했고 긍정적이라고 답변한 응답자는 20%에 머물렀다(Pammett, 1999: 47). 응답자의 28%는 '민주주의'가 무엇을 의미하는지 모르거나 민주주의는 무의미하다고 답변했다. 또한 러시아의 민주주의에 대한 만족도 조사에서 80%는 불만족스럽다고 답변했으며 그중 44% 매우 불만족스럽다고 답변했다. 2004년 푸틴의 도지사 선거 폐지 결정에 대한 여론조사에 따르면 44%의 응답자가 푸틴의 결정을 지지한다고 답변한 반면 42%만이 동의하지 않는다고 답변했다(Sharafutdinova, 2007: 364). 일반적으로 자유주의 및 민주주의 지지 세력으로 간주되는 중산층의 경우 역시 권위주의 지지 성향에서는 크게 다르지 않다. 러시아 중산층의 75%, 중산층 핵심 집단의 79%가 푸틴 정부를 지지한다고 답변했으며 69%가 개혁보다는 안정이 더 중요하다고 답변했다(Gontmakher and Ross, 2015: 279).

푸틴 3~4기(2008~2016)에 이르러 러시아의 권위주의는 더욱 공고화되기 시작했으며 특히 패권 정당 체제에 기반을 둔 권위주의적 통치 방식이 전면화되기 시작했다. 푸틴 3기는 특히 푸틴이 3선 개헌을 포기하고 총리직을 맡으면서 푸틴 - 메드베데프라는 양두 체제로 진행되었다. 2007년 10월 푸틴은 아직 대통령직을 수행하는 가운데 통합러시아 비례대표 1순위로 두마 선거에 출마할 것을 선포했다. 아울러 통합러시아가 다수당 지위를 확보할 경우 차기 행정부의 총리직을 맡겠다고 선언했다. 이는 헌법의 연속적인 3선 금지를 우회하면서 3선 개헌 없이 집권을 연장할 수 있는 전략적 선택이었다. 3선 개헌의 포기는 외부적으로 민주적 외형을 유지하고자 했던 푸틴의 의도 및 색깔혁명에 대한 우려로 설명된다(이선우, 2015: 260). 푸틴은 2008년 헌법 개정을 통해 원래 4년이던 대통령 임기를 6년으로 연장하고 연속적인 3선을 금지했다.

5. 민주화 이후 민주주의의 평가

푸틴 4기(2012~2018)가 중반에 접어든 현재 향후 러시아에서의 민주주의의 미래를 예측하는 것은 쉬운 일이 아니다.

일부 연구는 러시아 권위주의 체제의 불안정성을 시사하는 몇 가지 요소를 고려할 때 장기적으로 민주주의 이행의 가능성을 완전히 배제할 수는 없다고 주장한다.

무엇보다 패권 정당 체제에 대한 러시아 엘리트 간의 합의가 얼마나 공고한지에 대해서는 논쟁의 여지가 존재한다. 토머스 레밍턴(Thomas Remington)은 러시아의 패권 정당 체제가 아직 고착화되지 않았다고 해석하기도 한다. 즉, 러시아 정당 체제는 오로지 지대와 후견주의적 관계를 배분하는 메커니즘일 뿐이며, 따라서 초대통령제의 권력을 위임받은 정당이 효율적이고 안정적으로 엘리트 지지를 보장해온 멕시코의 제도혁명당(PRI)과는 다르다는 것이다(Remington, 2008: 979). 패권 정당 체제의 한계는 푸틴 정권이 푸틴 개인의 카리스마에 전적으로 의존하고 있다는 점에서도 지적되고 있다. 러시아의 정당 권력은 다른 권위주의 정권의 패권 정당들에 비해 인적 연속성이나 조직적 항구성이 취약할 수밖에 없다는 것이다(Isaacs and Whitmore, 2014: 699). 이 관점에서 러시아 패권 정당의 기능은 자생적으로 자신의 조직과 권력을 재생산하기보다는 푸틴 정권을 지원하는 기능에 제한되며, 따라서 멕시코 사례와 같이 장기적으로 존속하기는 어려울 것이라는 전망이다.

둘째, 하위 체계의 독자성과 민주적 성격이 부분적으로나마 유지되고 있다는 지적이다. 사법 체계의 독립성(Chandler, 2014: 745; Trochev, 2012: 18~34), 지역 차원에서의 민주화(Obydenkova, 2008, 2011; Lankina and Getachew, 2006: 537; Evans, 2014: 299; Obydenkova and Libman, 2013: 459) 등은 러시아가 다원화와 복잡화 과정 속에서 민주주의 이행을 재개할 수도 있음을 시사하고 있다.

셋째, 2011~2012년 두마 선거와 대통령 선거 시기에 몇몇 주요 도시를 중심으로 전개되었던 대규모 부정선거 규탄 대중시위는 비판적 시민사회의 맹아로 해석되곤 한다. 2011년 12월 모스크바에서 열린 부정선거 규탄시위는 규모와 조직 차원에서 이전의 사회운동보다 규모가 훨씬 컸을 뿐만 아니라 민족주의자, 사회주의자, 자유주의자 등 다양한 이념적 스펙트럼을 지닌 수만 명이 참여해 세계적으로 주목받은 바 있다(고상두·강현희, 2014: 1; Holmes, 2012: 248).

그러나 권위주의적 통치 체제, 국가에 대한 낮은 신뢰, 후견주의적 정치 문화, 총체적 부패, 시민사회의 부재 등은 러시아 민주주의 이행의 비관적 전망을 뒷받침하는 현상들이다. 현재 러시아의 권위주의 체제는 상당히 공고화된 상태이며 더욱이 소비에트 시기부터 뿌리내려왔던 후견주의적 정치 문화는 총체적인 부패의 배경이 되고 있다. 2010년 러시아 70개 지역의 1만 7500명을 대상으로 시행된 서베이에 따르면 요구되는 뇌물의 규모는 2005년에서 2010년 사이에 두 배로 증가했으며 총액은 GDP의 0.60%에 달한다고 한다(Holmes, 2012: 237). 국제적인 부패 관련 정보를 비교·측정하는 세계부패지수(Global Corruption Barometer: GCB)의 2008년 조사 결과에 따르면 러시아 응답자 중 29%가 뇌물을 상납한 적이 있다고 응답했다(Holmes, 2012: 237).

이러한 분석은 러시아 민주주의 공고화의 실패가 특히 소비에트 시기부터 고착되어온 취약한 시민사회, 민주주의적 견제 및 감시제도의 부재, 후견주의적 정치 문화와 제도적 관행 등과 같은 구조적·제도적 요소들을 통해 설명될 수 있음을 보여준다. 이와 같은 분석 결과는 미시적인 행위자 역학 관계만으로는 민주주의 이행과 공고화를 설명하기 어렵다는 최근의 논의를 지지해주고 있다.

참고문헌

강윤희. 2012. 「러시아 체제전환: 민주화 이행과정에서의 시민사회의 역할과 한계」. ≪슬라브 학보≫, 27(1), 181~210쪽.

고상두·강현희. 2014. 「러시아의 정치적 갈등 시민의 정치적 태도 유형에 따른 반정부시위의 변화 분석」. ≪슬라브학보≫, 29(1), 1~23쪽.

김창진. 1997. 「러시아의 체제전환과 '노멘클라뚜라'」. ≪한국정치학회보≫, 31(3), 149~168쪽.

박수헌. 1996. 「이행기 러시아의 정당정치」. ≪한국정치학회보≫, 29(4), 663~696쪽.

서동주. 2005. 「러시아 옐친과 푸틴기 내각개편」. ≪국제정치논총≫, 45(4), 283~305쪽.

엄구호·김연규. 2006. 「이원집정부제 러시아 정부의 불안정성에 관한 연구」. ≪국제정치논총≫, 46(3), 235~257쪽.

우평균. 1999. 「러시아위기의 배경에 대한 연구」. ≪한국정치학회보≫, 32(4), 303~321쪽.

_____. 2012. 「러시아 대선결과 분석과 중산층의 정치세력화 가능성」. ≪정치정보연구≫, 15(1), 243~270쪽.

유진숙. 2007. 「푸틴 집권 2기 러시아 정당체계의 성격: 패권정당모델 적용 가능성의 검토」. ≪한 국정치학회보≫, 41(2).

_____. 2009. 「러시아의 선거제도 개혁: 권력관계, 확산, 제도변화」. ≪국제정치논총≫, 49(4).

이선우. 2015. 「메드베데프-푸틴 양두체제의 제도적 기반」. ≪국제정치논총≫, 55(2), 259~291쪽.

이인성. 1996. 「러시아의 체제개혁과 정치부패」. ≪한국정치학회보≫, 30(2), 351~368쪽.

이홍섭. 2000. 「소연방의 경제개혁과 체제변동」. ≪국제정치논총≫, 40(1), 141~160쪽.

임경훈. 2003. 「비교 민주화 이행론과 러시아의 탈공산주의 이행」. ≪국제정치논총≫, 43(3), 477~494쪽.

장덕준. 1997. 「러시아 초기 사유화의 정치적 성격」. ≪슬라브학보≫, 12(2), 387~428쪽.

_____. 2002. 「체제 전환기 국가의 성격」. ≪한국정치학회보≫, 36(2), 303~322쪽.

_____. 2003. 「러시아 연방제의 성격 고찰」. ≪국제정치논총≫, 43(4), 325~351쪽.

장윤수. 1996. 「맑스주의의 위기와 페레스트로이카의 실패」. ≪한국정치학회보≫, 30(1), 69~88쪽.

전홍찬. 1999. 「러시아 헌정체제의 비교연구」. ≪한국정치학회보≫, 33(2), 277~302쪽.

조한범. 2005. 『러시아 탈사회주의 전환과 사회갈등』. 서울: 통일연구원 연구총서.

Anderson, Jr. Richard D. 2010. "When the Center can hold: The Primacy of Politics in Shaping Russian Democracy." *Communist and Post-Communist Studies* 43, pp. 397~408.

Aron, Leon. 2008. "Was Liberty Really Bad for Russia?(Part II)" *Demokratizatsiya* 16(2).

Bagashka, Tanya. 2014. "Representation in Hybrid Regimes: Constituency and Party Influences on Legislative Voting in the Russian Duma 1996-1999." *Social Science Quarterly* 95(2).

Baudoin, Marie-Elisabeth. 2006. "Is the Constitutional Court the Last Bastion in Russia Against the Threat of Authoritarianism?" *Europe-Asia Studies* 58(5), pp. 679~699.

Birch, Sarah. 2011. "Post-Soviet Electoral Practices in Comparative Perspective." *Europe-Asia Studies* 63(4), pp. 703~725.

Buck, Andrew D. 2007. "Coalition Politics in a Postsocialist Russian City, 1994-2001." *Sociological Forum* 22(4).

Chaisty, Paul. 2014. "Presidential Dynamics and Legislative Velocity in Russia, 1994-2007." *East European Politics* 30(4), pp. 588~601.

Chandler, Andrea. 2014. "Citizenship, Social Rights and Judicial Review in Regime Transition: the Case of Russia." *Democratization* 21(4), pp. 743~766.

Clark, William A. 2009. "The Presidential Transition in Russia. March 2008." *Electoral Studies* 28, pp. 322~345.

Crotty, Jo. 2009. "Making a Difference? NGOs and Civil Society Development in Russia." *Europe-Asia Studies* 61(1), pp. 85~108.

Dawisha, Karen and Stephen Deets. 2006. "Political Learning in Post-Communist Elections." *East European Politics and Societies* 20(4), pp. 691~728.

Easter, G. M. 1996. "Personal Networks and Postrevolutionary State Building: post-Soviet Russia reexamined." *World Politics* 48(4).

Evans, Alfred B. 2011. "The Failure of Democratization in Russia: A Comparative Perspective." *Journal of Eurasian Studies* 2, pp. 40~51.

Evans, Allison D. 2014. "Local Democracy in a Hybrid State: Pluralism and Protest in Volzhskiy, Russia." *Post-Soviet Affairs* 30(4), pp. 298~323.

Finkel, Evgeny and Yitzhak M. Brudny. 2012. "Russia and the Colour Revolutions." *Democratization* 19(1), pp. 15~36.

Fish, M. Steven. 2007. "Democratization and Economic Liberalization in the Postcommunist World." *Comparative Political Studies* 40(3), pp. 254~282.

Gel'man, Vladimir. 2006. "From Feckless Pluralism to Dominant Power Politics? The Transformation of Russia's Party System." *Democratization* 13(4), pp. 545~561.

_____. 2008. "Party Politics in Russia: From Competition to Hierarchy." *Europe-Asia Studies* 60(6), pp. 913~930.

Gill, Graeme. 2006. "A New Turn to Authoritarian Rule in Russia?" *Democratization* 13(1), pp. 58~77.

Giuliano, Elise. 2006. "Secessionism from the Bottom up: Democratization, Nationalism, and

Local Accountability in the Russian Transition." *World Politics* 58(2), pp. 276~310.

Golosov, Grigorii V. 2011. "The Regional Roots of Electoral Authoritarianism in Russia." *Europe-Asia Studies* 63(4), pp. 623~639.

Gontmakher, Evgeny and Cameron Ross. 2015. "The Middle Class and Democratisation in Russia." *Europe-Asia Studies* 67(2), pp. 269~284.

Hale, Henry E. 2005. "Why Not Parties? Electoral Markets, Party Substitutes, and Stalled Democratization in Russia." *Comparative Politics* 37(2), pp. 147~166.

_____. 2006. "Democracy or Autocracy on the March? The Colored Revolutions as Normal Dynamics of Patronal Presidentialism." *Communist and Post-Communist Studies* 39, pp. 305~329.

_____. 2011. "Formal Constitutions in Informal Politics: Institutions and Democratization in Post-Soviet Eurasia." *World Politics* 63, pp. 581~617.

Hashim, S. Mohsin. 2002. "Shadows of the Past Successor Parties in the Polish, Hungarian, and Russian Transitions." *Problems of Post-Communism* May/June, pp. 42~58.

Holmes, Leslie. 2012. "Corruption in Post-Soviet Russia." *Global Change, Peace & Security* 24(2), pp. 235~250.

Horvath, Robert. 2014. "Russkii Obraz and the Politics of "Managed Nationalism"." *Nationalities Papers: The Journal of Nationalism and Ethnicity* 42(3), pp. 469~488.

Isaacs, Rico and Sarah Whitmore. 2014. "The Limited Agency and Life-Cycles of Personalized Dominant Parties in the Post-Soviet Space: the Cases of United Russia and Nur Otan." *Democratization* 21(4), pp. 699~721.

Ju, Jin-Sook. 2010. "Institutional Reform and Discourse on Democracy in Russia." *The Korean Journal of International Studies* 8(2), pp. 299~325.

Kitschelt, H. and R. Smyth. 2002. "Programmatic Party Cohesion in Emerging Postcommunist Democracies - Russia in Comparative Context." *Comparative Political Studies* 35(10), pp. 1228~1256.

Kumar, Rajan. 2008. "Putin's Legacy and the State of Democracy in Russia." *International Studies* 45(2), pp. 89~103.

Kunicova, J. and T. F. Remington. 2008. "Mandates, Parties and Dissent - Effect of Electoral Rules on Parliamentary Party Cohesion in the Russian State Duma, 1994-2003." *Party Politics* 14(5), pp. 555~574.

Laitin, David D. 2000. "Post-Soviet Politics." *Annu. Rev. Polit. Sci.* 3, pp. 117~148.

Lankina, Tomila V. and Lullit Getachew. 2006. "A Geographic Incremental Theory of Democratization: Territory, Aid, and Democracy in Postcommunist Regions." *World Politics* 58(4), pp. 536~582.

Lebanidze, Bidzina. 2014. "What makes Authoritarian Regimes Sweat? Linkage, Leverage and

Democratization in Post-Soviet South Caucasus." *Southeast European and Black Sea Studies* 14(2), pp. 199~218.

Levitsky, Steven and Lucan A. Way. 2010. "Why Democracy needs a Level Playing Field." *Journal of Democracy* 21(1).

Linz, Juan and Alfred Stepan. 1996. *Problems of democratic transition and consolidation. Southern Europe, South America and Post-communist Europe.* Baltimore: The Johns Hopkins University Press.

Ljubownikow, Sergej, Jo Crotty and Peter W. Rodgers. 2013. "The State and Civil Society in Post-Soviet Russia: The Development of a Russian-Style Civil Society." *Progress in Development Studies* 13(2), pp. 153~166.

Lonkila, Markku. 2008. "The Internet and Anti-military Activism in Russia." *Europe-Asia Studies* 60(7), pp. 1125~1149.

Lovell, David W. 2001. "Trust and the Politics of Postcommunism." *Communist and Post-Communist Studies* 34, pp. 27~38.

Lysenko, Volodymyr V. and Kevin C. Desouza. 2010. "Cyberprotest in Contemporary Russia: The Cases of Ingushetiya.ru and Bakhmina.ru." *Technological Forecasting & Social Change* 77, pp. 1179~1193.

Mebane, Walter R. Jr. and Kirill Kalininz. 2010. "Electoral Fraud in Russia: Vote Counts Analysis using Second-digit Mean Tests." Prepared for presentation at the Annual Meeting of the Midwest Political Science Association, Chicago, IL, April 22~25.

Moraski, Bryon J. and William M. Reisinger. 2007. "Eroding Democracy: Federal Intervention in Russia's Gubernatorial Elections." *Democratization* 14(4), pp. 603~621.

Obydenkova, Anastassia and Alexander Libman. 2013. "National Autocratization and the Survival of Sub-National Democracy: Evidence from Russia's Parliamentary Elections of 2011." *Acta Politica* 48, pp. 459~489.

Obydenkova, Anastassia. 2008. "Regime Transition in the Regions of Russia The Freedom of Mass Media: Transnational Impact on Sub-National Democratization?" *European Journal of Political Research* 47, pp. 221~246.

_____. 2011. "Democratization at the Grassroots: the European Union's External Impact." *Democratization* 19(2), pp. 230~257.

Pammett, Jon H. 1999. "Elections and Democracy in Russia." *Communist and Post-Communist Studies* 32, pp. 45~60.

Panov, Petr. 2010. "Nation-Building in Post-Soviet Russia: What Kind of Nationalism is Produced by the Kremlin?" *Journal of Eurasian Studies* 1, pp. 85~94.

Remington, Thomas. 2008. "Patronage and the Party of Power: President-Parliament Relations Under Vladimir Putin." *Europe-Asia Studies* 60(6).

Reuter, Ora John and Thomas F. Remington. 2009. "Dominant Party Regimes and the Commitment Problem. The Case of United Russia." *Comparative Political Studies* 42(4), pp. 501~526.

Riggs, Jonathan W. and Peter J. Schraeder. 2005. "Russia's Political Party System as a (Continued) Impediment to Democratization: The 2003 Duma and 2004 Presidential Elections in Perspective." *Demokratizatsiya* 13(1), pp. 141~151.

Ross, Cameron. 2000. "Federalism and Democratization in Russia." *Communist and Post-Communist Studies* 33, pp. 403~420.

_____. 2003. "Putin's Federal Reforms and the Consolidation of Federalism in Russia: One Step Forward, Two Steps Back!" *Communist and Post-Communist Studies* 36, pp. 29~47.

Sartori, Giovanni. 1976. *Parties and Party systems*. New York: Cambridge University Press.

Schmitter, P. C. and Karl T. L. 1994. "The Conceptual Travels of Transitologists and Consolidologists: How Far to the East Should They Attempt to go?" *Slavic Rev.* 53(1), pp. 173~185.

Sharafutdinova, Gulnaz. 2007. "Why was Democracy lost in Russia's Regions? Lessons from Nizhnii Novgorod." *Communist and Post-Communist Studies* 40, pp. 363~382.

Trochev, Alexei. 2012. "Suing Russia at Home." *Problems of Post-Communism* 59(5), pp. 18~34.

8장

헝가리 민주주의의 공고화와 현안:
공산주의에서 민주주의로

김대순 | 한국외국어대학교

1. 서론

동유럽이라는 말은 명확하게 정의를 내릴 수 없는 용어다. 지리상으로는 북쪽을 기준으로 발트 해(Baltic Sea), 남쪽으로는 아드리아 해 (Adriatic Sea), 그리고 남동쪽으로는 흑해(Black Sea) 연안 국가를 경계선으로 삼각 구도에 속한 지역을 동유럽이라고 지칭하지만, 이는 고정된 개념이 아니다(Batt, 2003: 9). 언어상으로는 게르만 어와 라틴 계열 어족에 속한 국가를 서유럽, 슬라브 언어 계통에 속한 국가를 동유럽이라고 부르지만 이러한 구분 또한 명확하지 않다. 예컨대 동유럽이라고 불리던 헝가리는 어족상 핀 - 우그르어(Finn-Ugric) 계열이며 루마니아는 라틴어 계열에 해당한다. 문화적인 관점에서는 동(east)이라는 용어를 "열등, 미신, 위험, 적대, 낙후, 부패, 불확실, 여성성" 등으로 해석하는 반면, 서(west)는 "우월, 과학, 안전, 근대성, 미덕, 합리적 이성, 남성성"과 같은 대조적인 개념으로 이해한다(Hupchick, 1994). 이러한 개념은 서는 우월하고 동은 열등하다는 이분법적 인식이 반영된 것으로 선입견이 다분하다. 정치·이데올로기적 관점에서는 동구는 공산주의 국가로 인식되는 반면, 서구는 자본주의를 기반으로 한 민주주의 국가를 의미한다. 이러한 인식의 배경은 한때 국제사회에 소련과 미국 중심의 대결 구도로 양극화된 냉전 체제가 성립되었기 때문이다. 동유럽이라는 용어는 당시 열강의 세력 균형 의식이 다분히 반영된 이데올로기적 발상이다. 지금과 같은 탈냉전시대에서 이러한 이데올로기적 발상은 변화를 반영하지 못한 구시대의 산물이다. 마지막으로 동유럽이라는 용어는 공산주의 체제에서 민주주의로 이른바 체제 전환(Rendszerváltás)을 경험한 국가를 지칭한다.

여기서 의미하는 체제 전환은 1970~1980년대에 남미와 남유럽에서 발생했던 민주화 과정과 달리 동시다발적 성격을 띠었던 포괄적 전환을 지칭한다. 남미와 남유럽은 주권을 행사할 수 있는 독립 민족국가였고 경제적으로도 시장자본주의 기제를 갖추고 있었다. 물론 정치적으로는 권위주의적 통치 면모를 나타냈으나, 체제 내 자유화, 그리고 이후에는 민주화 과정을 거치면서 점진적으로 체제의 변혁을 일궈낼 수 있었다. 이와 달리 동유럽은 소련의 직간접적인 영향하에 주권을 제약받았음은 물론 각 국가가 지니고 있었던 독특한 민족의식과 국가성도 퇴보한 상태로 남아 있었다. 또한 경제적으로도 시장경제가 아닌 계획경제하에 거의 모든 생산과 서비스가 통제되었기에 자본주의 성장 기반은 매우 취약했다. 따라서 1989~1991년 동구에서 발생한 체제 전환은 과거 남유럽과 남미에서 발생했던 변혁보다 범위와 여파가 좀 더 포괄적이고 광범위한 변혁을 의미한다고 할 수 있다. 클라우스 오페(Claus Offe)가 지적했듯 동유럽은 정치, 경제, 사회의 삼중적 체제 전환(triple transformation)을 동시적으로 이행해야 했던 것이다(Offe, 1996). 현재 동유럽은 이러한 체제 전환을 성공적으로 이행했다고 볼 수 있으며, 그러한 과업은 EU와 NATO의 가입으로 가시화되었다. 즉, 과거 동유럽이라고 불리던 국가는 이제 '하나의 유럽' 또는 유럽 통합이라는 역사적 과정에 동참하게 된 것이다. 이러한 과정에서 중유럽 또는 중·동부유럽이라고 불리는 헝가리, 폴란드, 그리고 구체코슬로바키아 연방공화국은 민주 체제 전환의 기수다. 헝가리, 폴란드, 체코, 슬로바키아 이 4개국은 이미 14세기부터 이른바 비셰그라드 그룹(Visegrad Group), 즉 V4라는 중유럽 지역 경제 협력 공동체를 구성해 영내 무역 활성화와 경제 협력을 모색했다(Dangerfield, 2009: 1735~1753). 공산주의 체제하에서 비셰그라드 협력은 잠정적으로 중단되었으나 체제 전환 후 V4는 경제 협력은 물론 정치, 안보, 환경, 에너지, 그리고 문화 교류 등 다방면에서 협력의 범위를 확대해가고 있다.

이 장은 이러한 배경을 바탕으로 구공산주의 국가 중 체제 전환의 기수였던 헝가리를 중심으로 격변의 정치 변동과 민주화 과정을 면밀히 고찰한다. 헝가리는 구사회주의 국가 중 가장 자유로운 개혁과 변혁을 주도하면서 1989년 2월 1일 대한민국과 제일 먼저 국교 수립을 체결한 국가다. 양국 간 수교 체결 이래로 대한민국과 헝가리의 무역 규모는 40배 이상 성장했으며, 2015년 12월 개최된 비셰그라드 국가수반과의 다자간 회담은 헝가리와 대한민국 간의 기존의 경제 협력을 확대하는 것은 물론 민간 차원에서의 문화 교류 증진, 헝가리의 체제 전환 경험 전수 등 협력의 폭을 다방면에서 확대하기로 합의했던 중요한 장이었다. 이러한 중요성을 고려해 이 장에서는 헝가리 정치 발전과 민주주의 공고화 과정을 다음과 같은 순서로 고찰한다.

2절에서는 동유럽 공산주의 성립의 배경과 특성을 살펴보고 당시 체제 내 개혁을 시도했던 1956년 헝가리혁명의 전개와 의미를 재조명한다. 3절에서는 전환기 헝가리 민주주의 이행 과정과 제 문제점을 분석하고 민주주의 공고화 과정을 진단해 현 헝가리 민주주의의 현 주소가 어디쯤인지 결론을 도출한다.

2. 동유럽의 공산주의와 민주화 전사

1) 동유럽 공산주의 체제의 성립 배경

동유럽에서 공산주의 체제가 성립된 시점은 제2차 세계대전이 종결된 이후다. 나치에 의해서 점령되었던 대부분의 동유럽 지역이 소련군에 의해 해방되었으므로 전후 소련은 해당 지역에 대한 자국의 기득권을 관철시킬 수 있는 유리한 입지에 놓여 있었다. 물론 구유고슬라비아와 알바니아의 경우 요시프 브로즈 티토(Josip Broz Tito)와 엔베르 호자(Enver Hoxha)를 중심으로 민족공산주의자들이 반나치 저항 운동을 펼치면서 전후 자력으로 공산주의 체제를 성립했으나, 다른 대부분의 동유럽 국가들은 소련의 직간접적인 영향하에 놓여 있었다(Swain and Swain, 2003: 31~54). 이러한 상황이 비롯된 것은 전쟁의 종식이 다가오는 시점인 1945년 2월 크림반도의 휴양지 얄타에서 승전국 대표인 루즈벨트, 처칠, 그리고 스탈린이 회동한 얄타회담(Yalta Conference)에서였다. 당시 스탈린은 소련의 주변국에 대해 친소적이거나 최소한 소련에 우호적인 정부를 구성하고자 했고, 이러한 계획에 대해 스탈린은 루즈벨트와 처칠로부터 합의를 이끌어냈다(Dunn, 1998: 243~249). 대신 루즈벨트와 처칠은 소련군에 의해 해방된 동유럽 지역에서 자유총선이 실시될 수 있도록 스탈린으로부터 양보를 이끌어냈다. 당시 스탈린은 해방된 동유럽 지역을 소련의 직접적인 영향권하에 두고자 했으나, 그의 계획에 처칠과 루즈벨트가 반발할 것을 예상해 한시적으로나마 그들의 요구 사항에 동의했다. 그 결과 전후 해방된 동유럽 지역에서 공산당은 소련군 주둔이라는 매우 유리한 정치적 입지를 확보했음에도 정권 획득과 같은 즉각적인 조치를 단행하지는 않았다. 오히려 스탈린은 점진적 방식으로 공산당 일당 독재 체제를 확립하도록 각국 공산당 지도부에 지시했는데, 전후 동유럽 국가의 공산화 과정에서 발견할 수 있는 공통점은 크게 세 가지로 요약할 수 있다.

첫째, 공산당은 전후 경제 재건 문제와 각종 주요 개혁안과 관련해 대중에게 호소할 수 있는 우호적인 이미지를 창출하는 데 집중했다. 예컨대 공산당은 전쟁으로 피폐해진 경제 부흥과 민심을 얻고자 시민이 필요로 했던 음식, 옷가지 등의 생필품을 조달했고 무엇보다도 농민들이 오랫동안 갈망했던 토지를 무상으로 분배해주었다. 이는 당시 소련이 물자를 원조해주었기에 가능했으며, 지역 내 공산주의자들은 선심 정책으로 소련과 공산당의 우호적인 이미지를 창출하려고 시도했다. 특히 제2차 세계대전 당시 공산당원들은 투옥의 경험이 있거나 반나치 저항 운동과 같은 민족전선 운동을 주도한 전례가 있었으므로 전후 이들이 주도했던 개혁은 각국 시민들에게 우호적인 메시지로 전달되었다.

둘째, 공산당은 우호적인 대중 이미지를 바탕으로 전후 비공산 계열 정당의 인사들과 함께 임시 연립정부 구성에 참여했다. 제2차 세계대전 당시 공산당은 반나치 투쟁을 전개한다는 구실로 국내 또는 해외에서 활동 중인 재야인사들과 함께 민족해방전선을 구축했다. 전후에는 민족해방전선의 후속인 민족전선정부(National Front Governments)를 구성했는데, 당시 공산당은 임시 연립정부 창립에 주도적인 역할을 맡으면서 입지를 구축해나갔다. 이렇게 연립정부 구성에 공산당이 적극적인 역할을 한 이유는, 공산당이 첫 자유총선을 준비할 당시 지역 내 대중 지지도가 비공산 계열의 정당과 비교해 상대적으로 취약했기 때문이었다. 체코슬로바키아를 제외하면 지역 내 공산당은 첫 자유총선에서 승리를 확신할 수 없는 상황이었고, 이러한 불확실성을 일소하고자 공산당은 연립정부 구성에 협력적인 태도를 보였다. 예컨대 폴란드의 통합노동당(Polish United Workers' Party), 불가리아의 조국전선(Fatherland Front), 루마니아의 민족민주전선(National Democratic Front), 그리고 형가리공산당 모두 최소한 외형상으로는 비공산당 계열의 정당과 협력을 모색하는 체제를 구축했다(McCauley, 1977: 39~127). 또한 이러한 연립정부 체제 구성에서 공산당은 주요 요직, 예컨대 내무부와 국방부 장관직을 차지함으로써 추후 해당 권력 기관을 통해 비공산 계열 정당 지도부를 협박하고 체포하는 등의 강압적인 수단으로 활용했다.

셋째, 공산당은 연립정부 내에서 세력을 확장하고 추후 공산당 일당 단일 체제를 구축하기 위해 '통일전선전술'과 유사한 위장 전술을 구사했다. 헝가리의 작은 스탈린이라 불리는 마차시 라코시(Mátyás Rákosi)에 의해 붙여진 이른바 '살라미 전술(Szalámi Taktika)'은 세력이 약한 공산당이 그 세력을 증가시키기 위해 비공산 계열의 인사들을 하나하나 포섭 또는 제거하는 방식을 지칭하는데,[1] 공산당은 이러한 전술을 구사해 전후 등장한 민주 계열의 정당을 강제적으로 해산시켰다. 강제 해산을 위한 구실로 공산당은 공모를 꾸미거나 쿠데타로 정권을 찬탈했다. 전자는 헝가리공산당이 구사한 방법이며, 후자는 에드바르트 베네시(Edvard Beneš) 대통령의 사임을 연출한 체코슬로바키아가 사용한 방법이었다.

종합하자면 제2차 세계대전이 종결된 후 동유럽이 공산화한 이유는 소련 지도부의 직간접적인 영향하에 모스크바로부터 이식된 스탈린 방식의 공산주의 체제가 성립되었기 때문이라고 요약할 수 있다. 자력으로 공산화에 성공한 구유고슬라비아와 알바니아를 제외하고서 전후 동유럽의 공산당은 스스로의 권력을 구축하기에 지지 기반이 취약했고, 그러한 상황에서 이들은 미봉책으로 비공산 계열의 정당과 함께 한시적으로나마 협력했다. 이러한 협력 체제는 냉전이 가시화될수록 한계

---

1   살라미는 헝가리인들이 즐겨먹는 염장 소시지로, 얇게 썰어서 주로 식빵에 함께 넣어먹는 음식이다. 살라미 소시지를 하나하나 얇게 자르듯이 전후 재등장한 민주 계열 정당들과 인사들을 차례차례 제거한다는 함축적 의미로 공산당이 사용했다.

가 서서히 나타나기 시작했으며, 1947~1948년을 기점으로 대다수의 동유럽 지역에서는 인민공화국 또는 사회주의공화국이 선포됨으로써 동유럽의 공산주의는 공고화되었다.

2) 공산주의 체제의 특징

인민공화국 또는 사회주의공화국의 선포와 아울러 동유럽 국가에서 공통적으로 착수한 작업은 헌법의 개정이었다. 기존에 헌정사의 전통을 지녔던 소련의 정치적 영향력하에 속해 있던 동유럽 국가들은 1936년 채택된 소련헌법(1936 Soviet Constitution)을 모델로 공산헌법을 제정했다. 이 헌법은 스탈린이 주창했던 이른바 '일국사회주의(Socialism in One Country)'를 실현하기 위한 정치적 도구로 이용되었다. 즉, 기존에 레닌이 생존하던 시기에는 진정한 사회주의 국가의 건설은 전 세계 사회주의 혁명에 의해 구현 가능할 것이라는 관점이 지배적이었다면, 1936년 채택된 스탈린 헌법은 소련 하나의 국가만으로도 사회주의 건설이 가능하다는 대의명분을 제시한 것이었다. 따라서 스탈린 헌법을 모델로 공산헌법을 개정한 대부분의 동유럽 국가는 스탈린이 구상했던 방식대로 국가 체제를 탈바꿈했는데, 동유럽에서 발견된 스탈린주의(Stalinism)의 공통된 요소는 다음과 같다(Weiner, 1994: 17~30; White, 1993: 2~12; Gill, 2011: 89~163).

- 스탈린에 대한 맹목적인 충성
- 스탈린에 대한 우상 숭배 강요[2]

---

2   스탈린이 아닌 대안적 우상 숭배를 강조한 대표적인 동유럽 공산주의자 인사로는 루마니아의 니콜라에 차우셰스쿠(Nicolae Ceausescu), 알바니아의 호자, 그리고 유고슬라비아의 티토를 예외적으로 들 수 있다.

- 반체제 세력의 숙청 및 추방, 정치범 수용소 설치
- 공산당의 우월성과 충성도 확립
- 사유재산 폐지와 통제경제 확립[3]
- 경제개발 5개년 계획에 따른 급속한 산업화와 도시화
- 농업의 집단화와 협동조합 체제 구축[4]
- 계급 또는 국가의 적을 감시하기 위한 사회 내 비밀 감시망 구축
- 종교, 결사, 집회, 표현, 이주, 언론의 자유 폐지 및 통제
- 공산당 이데올로기 주입을 위한 교육제도 확립

즉, 정치, 경제, 사회 내의 모든 공공 영역과 사적 영역을 일괄적으로 통제할 수 있는 획일화된 체제가 성립되었다고 해석할 수 있는데, 이러한 체제 확립은 국가별로 조금씩 상이했으나 동유럽 내 강경파 스탈린주의 추종자들에 의해 단행되었다. 예컨대 헝가리 스탈린 공산주의자 라코시(1948~1953년 재임)는 자신의 체제를 공고화하기 위해 반체제 인사를 비롯한 공산당 내 정적을 제거했는데, 라코시에 의해 숙청된 사람은 35만 명이 넘는다. 다른 대다수의 동유럽 국가에서도 이와 유사한 숙청과 우상 숭배 문화가 성행했으며, 그 결과 개인이라는 인격체는 공산주의자들이 표방하는 계급 없는 포괄적 유토피아 사회 실현을 위해 희생되어야만 했다. 이는 저명한 정치이론가 한나 아렌트(Hannah Arendt)가 지목했던 전체주의 체제(Totalitarianism)가 전후 동유럽 국가에 출현함을 의미했는데, 스탈린주의는 바로 그러한 공산주의의 모태다(Arendt, 1951: 508~541).

---

3   헝가리의 경우 1970년대 중반을 기점으로 개인사업자를 대상으로 소규모 사업을 할 수 있도록 허용되었고, 일부 시장경제 요소를 도입하는 것도 허용되었다.
4   폴란드와 유고슬라비아는 예외인데, 이들 국가에서는 농업의 비집단화 또는 농장의 자율 경영이 허용되었다.

실제로 소련 지도부는 스탈린 방식의 전체주의 체제를 좀 더 일관성 있게 공고화시키기 위해 개별 동유럽 국가의 지도자에게 소련이 주도하는 경제와 군사 협력 기구에 가입할 것을 강요했다. 1949년 창설된 경제상호원조회의(Council for Mutual Economic Assistance: COMECON)는 당시 미국의 유럽 경제 부흥 지원 프로그램인 마셜 플랜(Marshall Plan)과 자본주의 진영 경제협력개발기구(OECD)에 대한 대응으로 창설되었다. 경제상호원조회의는 소련연방공화국 내 노동의 분업을 촉진해 영내 무역을 증진하고 궁극적으로는 사회주의 국가들 간에 자립 경제체제를 구축하는 것을 주요 목표로 설정했다. 예컨대 소련은 원유를 비롯한 원자재를 회원국에 저렴하게 공급했고, 체코슬로바키아와 폴란드는 승용차를, 헝가리는 버스를 공급했으며, 리투아니아는 실리콘을 제조하는 역할을 분담했다(Crawford, 1996: 38). 바르샤바조약기구(Warsaw Pact)는 1955년 5월 창설되었는데, 이 기구는 당시 미국이 주도하는 NATO에 대한 공산주의 진영 국가 간의 군사 동맹이었다.[5] 바르샤바조약기구의 창설 취지에 따르면 소련 진영 공산주의 국가 내 서구로부터 침입이나 전쟁이 발발할 경우 동맹국은 이에 대한 군사적 지원을 제공한다고 명시하고 있다. 하지만 이러한 대의명분은 사실상 소련군이 동맹국에 주둔하는 구실을 제공했고, 각 동유럽 국가 내에 친소련 군부 세력을 심는 데 이용되었다(Crawford, 1996: 39). 예컨대 1968년 체코슬로바키아에서 발생한 이른바 프라하의 봄은 앞서 제시한 바르샤바조약기구의 개입을 촉구했던 사건은 아니었으나, 당시 소련은 이 개혁운동을 소련 체제에 도전하는 행위로 간주해서 무력으로 진압했다.

---

5   유고슬라비아의 티토는 바르샤바조약기구에 가입하지 않았으며, 알바니아는 1968년 탈퇴했다.

요컨대 이러한 동유럽 내 스탈린주의의 공산 체제 성립은 각국에서 스탈린을 추종하는 강경파 공산주의자에 의해, 그리고 소련이 주도적으로 경제·군사 지원을 함에 따라 가능했으며 이후 동유럽은 점차 전체주의 체제로 탈바꿈되었다. 이 과정은 1953년 3월 5일 스탈린이 사망함으로써 전환점을 맞이했다.

3) 탈전체주의 시대: 1956년 헝가리혁명

스탈린 사망 후 소련 지도부에는 한시적으로나마 집단 지도 체제가 등장했다. 지도부의 핵심 인사는 내부인민위원회(NKVD)[6] 수장 라브렌티 베리아(Lavrentii Beria), 총리 게오르기 말렌코프(Georgy Malenkov), 그리고 니키타 흐루쇼프(Nikita Khrushchev)가 중심을 이룬 이른바 트로이카 체제였다. 초기에는 말렌코프와 베리아가 공산당 서열 1·2순위였으나(*The New York Times*, 1953.3.10), 말렌코프는 당 중앙위원직에서 사임했고 베리아는 국가 전복과 관련된 음모론에 휘말려 숙청되었다. 결과적으로 소련 지도부 내 권력 다툼은 흐루쇼프의 승리로 귀결되었고, 1953년 9월 14일 그는 소련공산당 제1서기장으로 취임했다. 흐루쇼프는 스탈린 시대의 혹독함을 탈피하고 체제 내 일부 완화된 조치를 허용하는 듯한 정치적 제스처를 취했는데, 정치범 석방과 수용소 폐쇄 등의 조치가 그러했다. 특히 1956년 2월 25일 제20차 소련공산당 전당대회에서 흐루쇼프가 연설한 '비밀연설'은 탈전체주의 또는 탈스탈린화 과정을 알리는 첫 신호탄이었다. 이 전당대회에서 흐루쇼프는 스탈린 시대에 자행되었던 정치 범죄와 우상 숭배를 비판했는데(Kontler, 2002:

---

6   내부인민위원회는 본래 행정 업무를 담당하는 기관이었으나 주된 역할은 소련의 보안을 책임지는 것이었다. 소련에 반대하는 반체제 인사를 비롯한 불순세력을 숙청했으며, 부농(Gulag)을 강제 이주시키는 등 국가 안보와 관련된 핵심 기구였다.

425), 마치 그는 전임자와는 다른 근본적인 개혁을 시도할 것처럼 연설했다. 본래 이 연설은 소련공산당 당원만을 대상으로 이루어진 비공개 연설이었으나, 라디오 자유유럽방송(Radio Free Europe)과 미국의 소리(Voice of America) 등 서방 진영의 대표적인 방송 매체를 통해 소련의 위성국인 동유럽에도 널리 전파되었다. 이 연설은 동유럽의 공산당 지도부에 큰 혼란을 불러일으켰는데, 당시 이들은 흐루쇼프가 발언한 연설은 스탈린주의의 기조이던 일국사회주의 대신 각국의 현실에 부합한 다양한 방식의 공산주의를 추구할 수도 있다는 것을 의미한다고 해석했다.[7] 그 결과 그동안 스탈린 방식의 혹독한 공산주의를 추종했던 강경파 공산당 수뇌부는 동요하기 시작했고, 이는 역으로 개혁공산주의자의 입지를 강화시키는 계기가 되었다. 체제 내 개혁을 시도했던 신호탄은 1956년 10월 헝가리 부다페스트에서 발생했다.

1956년 10월 23일 발발한 헝가리혁명은 미완에 그친 2주간의 시민혁명이었다. 애초에는 평화적인 학생 시위로 시작되었으나 소련군 개입 후 시위는 민족의 자유와 독립을 위해 투쟁하는 반소 무장 봉기로 변모했다. 당시 미국을 비롯한 서방 진영 국가들은 헝가리혁명에 직접적으로 개입하지 않으면서도 자유를 위해 투쟁하는 헝가리 시민들에 대해 전폭적인 지지를 보냈다. 예컨대, 1956년 ≪타임(Time)≫지의 표지는 "자유를 위해 투쟁하는 시민(Freedom Fighters)"이라는 표어로 헝가리 시민들을 당해 연도 인물로 선정했는데, 이러한 사실은 당시 헝가리혁명에 관한 서방의 주요 여론이 어떻게 형성되었는지를 가늠할 수 있는 단적인 사례다. 혁명의 전개 과정은 다음과 같았다.

폴란드 브와디스와프 고무우카(Władysław Gomułka)의 개혁안 소식을 전해들은 대학생들은 1956년 10월 23일 부다페스트 공과대학에

---

7   "Khrushchev's Secret Speech", http://www.soviethistory.org(2015년 6월 1일 검색).

집결했다. 집결한 대학생들은 그동안 갈망했던 개혁안을 16개의 조항으로 정리해 작성했는데,[8] 이 중 이들이 가장 급선무로 간주했던 사항은 소련군의 철수였다. 그러한 배경에는 제2차 세계대전 종전 이래로 헝가리 땅에 주둔했던 소련군이 체제 개혁에 가장 큰 걸림돌로 작용한 점이 자리하고 있었다. 16개 조항을 작성한 대학생들은 자신들의 요구를 대외적으로 선포하기 위해 시가행진을 벌였고 라디오방송국으로 향했다. 이러한 시위를 지켜본 시민들은 행진에 가세했고 시위는 수십만 명이 참여하는 대중시위로 변모했다. 학생과 시민들은 라디오방송국 앞에서 16개 조항을 방영해달라고 촉구했고 방송국 진입을 시도하던 중 당시 방송국을 지키고 있었던 국가보안기구 소속 경비원들이 이를 저지하면서 시위자에게 총격을 가했다. 유혈 충돌이 발생하자 평화시위를 하던 시민들은 경찰서의 무기고를 털어 보안 경비원과 대치했고, 이때부터 시위는 무장 봉기로 전개되었다. 당시 사건을 주시하던 에르뇌 게뢰(Ernő Gerő)는 시위의 정당성을 부인했는데, 그는 시위는 불법 행위이며 시위에 가담한 시민들은 폭도라고 매도했다. 이 발언에 흥분한 시민들은 에르뇌 정권의 퇴진을 요구하며 1953년 한때 개혁을 추진했던 너지 임레(Nagy Imre)의 정계 복귀를 촉구했다. 사태가 심각해지자 에르뇌는 23일 밤 소련군의 개입을 요청했고, 이윽고 헝가리와 주변국에 주둔하고 있던 소련군은 24일 새벽 부다페스트로 진군했다. 당초에 소련 지도부는 소련군의 병력과 화력이 우세하기 때문에 사태가 쉽게 진압될 것이라고 예상했으나, 헝가리 시민들은 게릴라 시가전을 펼치며 강하게 저항했다. 교전이 장기전의 양상으로 전개될 수 있다고 판단한 소련 지도부는 당초의 강경 진압 노선에서 선회해 시민들의 요구

---

8   1956년 헝가리 시민혁명의 전개와 관련된 사건의 시계열 재구성은 Rainer, Békes and Byrne (2002)을 참조했다.

를 일부 수용하기로 결정했고, 이에 10월 28일 너지는 에르뇌를 대신해 제1서기장으로 복귀했다.

정계에 복귀한 너지는 이 시위를 "국가 민주혁명"으로 간주하며 혁명의 정당성을 인정했고, 이후 정전을 선포했다(Litván, 1996: 184). 또한 너지는 다당제 도입을 비롯한 비공산 계열 인사와의 접촉을 시도하는 등 정치·경제 분야에서 폭넓은 개혁안을 도입했다. 너지의 리더십 하에 상황은 잠시 안정 국면으로 돌입하는 듯했으나, 31일 중동에서 발생한 수에즈 위기는 소련 지도부의 대헝가리 정책에 변수로 작용했다. 수에즈 위기 발발로 영국과 프랑스는 이집트를 상대로 전쟁에 직면했고, 미국 대통령 아이젠하워 또한 헝가리 사건에 직접 개입할 의사가 없음을 표명하자, 소련 지도부는 다시 강경 노선으로 선회했다.[9] 이윽고 소련 지도부는 너지 개혁안과 혁명을 전복시키고자 제2차 소련군 투입을 결정했고, 1차 개입 때보다 훨씬 더 많은 대규모의 병력을 동원했다. 11월 1일 너지는 헝가리가 중립국임을 선포하고 UN에 보호를 요청했다. 그러나 너지는 서방 진영을 비롯한 UN으로부터 긍정적인 답변을 받지 못했고, 11월 4일 대규모의 소련군이 부다페스트로 진군하기 전 유고슬라비아 대사관으로 망명했다. 투입된 소련군은 저항하는 헝가리 시민군을 진압했고 혁명은 2주 만에 실패로 종결되었다.

혁명은 진압되었으나 그 의미와 여파는 지대했다. 소련 지도부를 비롯한 강경파 헝가리공산당에 헝가리혁명은 피지배 계층의 인내가 한계

---

9   헝가리 사건에 대해 수에즈 위기가 소련 지도부를 강경책으로 전환시켰다는 결정적인 증거는 없다. 그러나 분명한 점은 수에즈 위기는 당시 세계의 관심을 헝가리에서 중동으로 분산시키는 전환점이 되었다는 것이다. 소련 지도부의 입장에서는 너지가 주도하는 개혁안을 좌시할 수만은 없었는데, 최악의 경우 혁명의 정당성을 인정해야만 하는 상황에 직면한다면 그 여파가 다른 소련 진영의 동유럽 국가에도 전파될 개연성이 있었기 때문이다. 이는 궁극적으로 소련의 국제적 위상이 추락되고 소련 주도의 공산주의 실패를 인정하는 것으로, 그들은 그러한 시나리오를 수긍할 수 없었다.

에 도달했을 때 어떠한 결과가 초래할 수 있는지 교훈을 제시했다. 이는 추후에도 민중 봉기와 같은 사건이 발생할 수도 있다는 개연성을 의미했고, 그러한 두려움은 헝가리공산당 지도부에 기존에 그들이 추구했던 노선을 재고해야 한다는 당위성을 시사했다. 실제로 헝가리에는 혁명이 진압된 이래로 기존의 혹독한 공산주의와는 다른 다소 유화된 형태의 공산주의가 등장했는데, 이는 카다르 야노시(Kádár János)의 '굴라시 공산주의(Goulash Communism)"로 대표된다(Gough, 2006). 또한 1956년 혁명은 헝가리 주변국의 공산당 지도자에게도 경종을 울리는 사건이었다. 이는 어떠한 개혁안을 구상했든 간에 자신들이 추진하고자 하는 개혁안이 소련 지도부의 강령과 노선을 이탈할 경우 자신들도 헝가리와 유사한 운명에 처해질 수 있다는 교훈을 주었다. 실제로 1956년 헝가리 시민혁명의 여파에 따라 동유럽에서 체제 내 개혁을 모색했던 움직임은 한시적으로나마 주춤했다. 변화는 1968년 봄 체코슬로바키아에서 발생한 프라하의 봄 사건과 1980년대 초 폴란드 자유노조 연대운동에서 재차 등장했다.

종합하자면 1956년 헝가리혁명은 스탈린 사후에 따른 탈전체주의화 과정에서 발생했던 체제 내 개혁이자 반소 투쟁이라고 해석할 수 있다. 혁명 전개 당시 너지를 비롯한 개혁공산주의자들은 스탈린의 일국 사회주의를 부정하며, 당시 국내 실정에 맞는 수정 사회주의를 구현하고자 일련의 개혁안을 단행했다. 이러한 개혁안은 대학생을 비롯한 헝가리 시민 대다수가 지지했던 16개 조항에 잘 드러나 있으며, 당시 이들이 가장 중요하게 여겼던 목표는 소련의 간섭으로부터 벗어난 독립적인 사회주의를 구현하는 것이었다. 비록 이러한 시도는 소련의 탱크와 무력행사라는 강압 정치에 의해 실패했으나, 1956년 혁명은 30년 후 공산당 집권 체제의 균열과 체제 붕괴라는 역사적 과정을 이끈 사건이자 헝가리 시민들의 소중한 용기를 상징하는 사건이다. 아렌트가 지적했듯이 동유럽에서 "혁명을 일구어낸 것은 혁명가가 아니라 거짓말을 하는 권력에 대해 일어선 시민들이었다. 그들이 바로 혁명가였던 것이다"(Arendt, 1951).

3. 헝가리 민주주의 공고화와 현안

1) 민주화의 서막

아마도 20세기 동유럽 공산주의의 몰락과 민주주의의 서막을 극적으로 연출한 장면은 베를린 장벽이 붕괴됨에 따라 독일이 재통일한 일일 것이다. 실제로 독일의 통일은 독일인에게만 해당하는 단순 사건이 아니라 냉전의 종식을 가장 극적이면서도 상징적으로 표현했던 역사의 시금석으로 평가된다(김왕식 외, 2015: 17~214). 이러한 역사적 사건이 독일에서 정점에 이르렀다면 그러한 과정의 서막은 헝가리에서 시작되었다. 서막은 1989년 6월 27일 오스트리아와 헝가리 국경 지대에서 연출되었는데, 당시 오스트리아 외무장관인 알로이스 모크(Alois Mock)와 헝가리 외무장관 호른 줄러(Horn Gyula)는 공동 국경 지대의 철조망을 함께 제거했다(Kéri, 2010: 16). 이는 헝가리 정부의 단독 결정이 아니라 사전에 소련 외무부에 헝가리공산당 지도부의 결정을 타진한 후 취한 행동이었는데(Brown, 2000), 이는 추후 독일의 통일에 기여하는 기폭제가 되었다.

여기서는 헝가리의 체제 전환이 발생하기 이전에 등장한 주요 사건과 현안을 우선적으로 고찰하고 이후 민주화 과정의 특징을 당시 구성된 세력들의 관계를 통해 분석한다.

(1) 오스트리아·헝가리 공동 국경 개방의 배경과 중요성

1980년대 말 헝가리는 소련 진영의 다른 어떤 동유럽 국가보다도 경제적·사회적 측면에서 개혁과 개방을 주도하는 기수 중 하나였다. 단적인 예로 헝가리는 1988년 서울올림픽 참가를 가장 먼저 신청한 공산주의 국가였는데, 이러한 결정은 당시 북한과의 외교 단절이라는 대가를 치르고서 단행한 것이었다. 1988년 말 헝가리는 기업법을 개정해 외국인 직접투자 유치에 매우 적극적인 입장을 보였으며, 서방 진영의 텔레비전 방송과 라디오 프로그램에도 비교적 자유롭게 접속할 수 있었다. 여행의 자유에 대해서도 매우 관용적이었는데 당시 헝가리 시민은 물론 정치범에게도 공산주의 국가와 서방 자본주의 국가를 자유롭게 여행할 수 있는 보통여권이 부여되었다. 이러한 자유화의 움직임에 따라 1980년대 말 당시 동독 시민은 같은 사회주의 진영 국가 중 국경과 인접하면서도 상대적으로 저렴한 물가의 혜택을 누릴 수 있는 헝가리에서 종종 여름휴가를 만끽했다. 대규모 휴양지가 집중되어 있는 벌러톤 호수 주변과 쇼프론 지역이 대표적이었는데, 1989년 8월 19일 쇼프론 피크닉은 동독 시민들에게 역사적 전환점이 되었다. 이날 오스트리아와 헝가리 국경 인접 지역인 쇼프론에서 여름휴가를 마친 수천 명의 동독인들이 개방된 헝가리 국경을 넘어 오스트리아 주재 서독대사관으로 대거 망명했던 것이다(김철민 외, 2014: 179). 또한 이러한 움직임은 이후로도 계속되었다. 당시 국경지대 감독을 책임지고 있던 바시 라슬로(Vass László)는 당시의 상황이 얼마나 당혹스러웠는지를 다음과 같이 회상했다. "수천의 동독 시민들이 국경을 넘어서 오스트리아로 향했을 때 나는 어떻게 해야 할지 몰랐다. 해당 관청에 전화했으나 그들도 뭐라고 특별하게 결정을 내리지 못했다. 수많은 사람들을 총구로 저지할 수도 없었다. 나는 그대로 상황이 전개되도록 내버려두었고 그냥 사태를 지켜보았다. 집에 돌아와서 아내에게 낮에 일어난 사건을 말해주었다. 아내는 내가 아주 큰 실수를 저질렀다고 질책했다. 아내는 당국이 책임을 묻는 구실로 나를 감옥에 보낼 것이라고 했다"(김철민 외, 2014: 180).

그러나 바시가 우려했던 상황은 발생하지 않았고 오히려 이 사건은 같은 해 11월 냉전의 상징이었던 베를린 장벽이 무너지는 장면을 연출한 하나의 역사적인 서막이었다.[10] 헝가리의 국경 개방이 없었다면 통일 독일이 없었을 것이라고 단정할 수는 없다. 그럼에도 당시 동독의 에리히 호네커(Erich Honecker)는 고르바초프의 개혁과 개방 조치에 강하게 저항하며 체제를 끝까지 지탱하려 했고(Verdery, 1999: 74), 이러한 체제의 균열이 동독 내에서가 아니라 바로 이웃 국가인 헝가리에서 발생했다는 사실을 주지할 때 독일 통일에 기여한 헝가리의 역할을 과소평가해서는 안 될 것이다.

(2) 너지의 재매장식과 카다르

오스트리아·헝가리 국경 개방이 냉전 종식의 서막을 대외적으로 표출했던 시금석이었다면, 1989년 6월 16일 치러진 너지의 재매장식은 헝가리 공산주의 체제의 붕괴를 상징적으로 나타낸 사건이었다(Rainer, 2002). 전술했듯이 너지는 1956년 헝가리혁명 발발 당시 헝가리 시민의 지지를 바탕으로 정권에 복귀한 개혁공산주의자였다. 너지는 1956년 사건을 민주혁명이라고 간주했으며 혁명 전개 당시에는 공산당 일당제를 폐지하고 다당제를 부활시키는 등 체제 내 개혁을 추구한 인물

---

10   당시 헝가리 당국이 동독인들의 망명을 허용한 배경은 크게 두 가지 관점에서 설명할 수 있다. 당시 소련의 고르바초프는 동유럽 지역에서 소련군의 점진적 철수를 이미 결정한 상태였고, 그는 헝가리에서 발생하고 있는 사건은 헝가리의 문제이지 소련의 문제가 아니라고 선을 그었다. 이 외에도 서독의 총리이던 헬무트 콜(Helmut Kohl)은 헝가리 총리인 네메트 미클로시(Neméth Miklós)와 함께 동독인들의 서독 망명 루트를 보장하는 비밀협약을 체결했다. 협상의 대가로 콜은 헝가리에 대규모 투자 및 차관 제공을 약조했다.

이었다. 그러나 그가 추구했던 정치적 이상은 결국 혁명의 실패로 좌절되었고, 너지와 그를 따르는 인사들은 소련 당국에 체포되어 루마니아 스나고프에 소재한 감옥에 구금되었다.[11] 인민재판에서 너지는 국가 전복죄와 모반의 혐의로 1958년 6월 16일 쥐퇴 감옥에서 비밀리에 처형당했는데, 처형 후 그의 주검이 어디에 매장되었는지는 오랫동안 알려지지 않았다.

1988년 5월 강경파 공산당 서기장 카다르가 당 지도부에서 축출되고 나서야 비로소 1956년 사건에 대해 진상 규명을 요구하는 목소리가 당 내외에서 나오기 시작했다. 특히 그러한 요구는 혁명의 생존자와 유가족이 주축이 되었는데, 이들은 1988년 6월 5일 헝가리 문예지에 시국선언을 했다(*Irodalmi Újság*, 1988.6.6). 1956년 사건에 대한 재조사와 진상 규명을 골자로 한 이 시국선언에서 36명의 유가족과 생존자는 역사 진상규명위원회 창설을 선언했다(Litván, 2008). 바샤르헤이 미클로시(Vásárhelyi Miklós), 헤게듀스 이슈트반(Hegedűs István), 괸츠 아르파트(Göncz Árpád)를 주축으로 한 위원회 대표단은 정확한 진상 규명을 요구하며 당국과 교섭을 시작했고 그러한 협상은 1988~1989년 여름 동안 지속되었다. 특히 1989년 1월 말 공산당 수뇌부 내 개혁공산주의자 포즈거이 임레(Pozsgay Imre)가 1956년 사건을 "반혁명이 아닌 민중 봉기"로 재평가함에 따라 역사진상규명위원회의 요구사항은 탄력을 받아 신속하게 관철되었다. 이윽고 너지를 비롯한 순직한 희생자의 무덤이 발굴되었고 너지 서거 31주년을 기념해서 같은 해 6월 16일 부다페스트 영웅광장에서 희생자의 재매장을 위한 추도식이 거행되었다. 15만 명의 군중이 참여한 재매장식에 초대받지 않은 자는 카다르를 비롯

---

11   혁명 진압 후 너지와 그의 동료들은 유고슬라비아 대사관에 임시적으로 망명했다. 사면을 보장하겠다는 약속을 믿고 대사관에 나온 너지와 동료들은 소련 당국에 의해 즉각 체포되었고 비밀리에 스나고프로 송환되었다.

한 공산당 수뇌부 내 강경파 인사들이었다. 이들의 참여를 배제한 것은 그들의 입장에서는 모욕이었으며, 그날은 지금껏 그들이 추구해왔던 정치적 이상과 체제의 실현이 실패했음을 보여준 상징적인 날이었다.

반면 희생자들에게 너지의 재매장식은 집권 체제에 대한 저항을 대외적으로 표출한 정치적 시위였으며, 동시에 카다르 체제의 부조리를 폭로한 역사적인 행보였다. 즉, 1989년 6월 16일 거행된 너지의 재매장식은 혁명의 참여로 무고하게 숨진 희생자만 묻은 것이 아니라 카다르 집권 체제 자체를 함께 묻어버린 상징적인 행사였다. 이는 티모시 가턴 애시(Timothy Garton Ash)가 지적했듯이, "카다르가 맥베스였던 반면, 반코의 유령, 즉 너지는 영웅광장에 누워 있었다"라고 비유할 수 있다(김철민 외, 2014: 182~183).

한 가지 흥미로운 사실은 너지의 재매장식을 치른 2주 후인 7월 6일 헝가리대법원이 너지에 대한 인민재판의 평결을 기각하며 너지의 법적 복귀를 결정하던 찰나, 그를 배신하고 30년간 독재자로 군림했던 카다르가 숨졌다는 것이다. 너지의 재매장식 당시 카다르는 자신의 자택에서 텔레비전 방송으로 사건을 지켜보고 있었다. 카다르에 대한 평전을 쓴 로저 고프(Roger Gough)에 따르면 당시 카다르는 자신의 동료와 통화를 하고 있었는데, 카다르는 "흐느끼고 있었다"고 한다(Gough, 2006: 249). 아마도 너지를 비롯한 수많은 무고한 시민들을 처형대로 보냈다는 죄책감이 카다르를 심적으로 힘들게 했을 것이다. 또한 너지의 재매장식을 지켜보면서 자신의 종말 또한 가까워졌음을 감지했을지도 모른다. 실제로 카다르는 대법원의 평결이 나온 지 한 달이 채 되지 않아 생을 달리했다. 헝가리 공산주의의 종말과 더불어 민주화의 서막이 도래하고 있었던 것이다.

(3) 반체제 인사와 재야 민주 세력

역사진상규명위원회를 창립한 핵심 인사가 1956년 헝가리 시민혁명에 참여한 베테랑과 유가족들로 구성된 반면 이들과는 별도로 집권 공산당 체제에 저항했던 재야 민주 세력은 크게 두 집단으로 구분할 수 있다. 하나는 농촌 지역에서 성장한 작가 출신의 민족주의자 집단이고 다른 하나는 대도시에서 성장한 경제·사회학자 및 철학자다. 이 두 집단은 직업, 신앙, 출생지와 거주지 등을 비롯한 인구통계학적인 변수로 구분할 수 있지만 이러한 일차적인 사회구성 요소보다 더 중요한 구분점은 바로 양 집단 간의 대립적인 정치적인 성향이다. 전자는 보수적이고 민족주의적인 정치적 성향을 나타내는 반면, 후자는 진보 성격의 범세계주의와 보편적인 인권 보장의 가치 실현을 지향한다. 공산주의 체제하에서 이 두 집단은 수동적인 방식으로 집권 체제에 저항했고 체제전환 이후에는 대립 진영을 형성하며 과도기 헝가리 정계에서 주요 행위자로 부상했다.

민족주의자 집단은 1930년대 양차 세계대전 사이 헝가리에 등장했던 민족주의 작가운동(Népi Írok Mozgalom)에 뿌리를 두고 있다. 시골 지역 출신의 작가들이 주축이 되어 출현한 이 사회운동은 당시 도시 지역에 비해 낙후된 농촌 지역의 개화와 근대화를 목표로 종합적인 토지개혁 실시와 국민교육 실현을 주창했다(Mudde, 2001: 33~53; Romsics, 1999: 170~175). 특히 이들은 당시 귀족 출신의 집권 엘리트에게 궁핍한 농촌의 현실을 알리고자 촌락과 촌락을 시찰하며 농민의 현실을 그들의 일지에 생생하게 기록했는데, 사회학적 간행물인 『헝가리의 발견(Magyarország Felfedezése)』이 대표적이다. 이후 민족주의 작가들은 3월 전선을 결성하는 등 정치적으로 영향력을 발휘하려고 시도했으나(Tőkés, 1970: 87), 헝가리의 제2차 세계대전 참전과 전후 공산주의 시대의 도래로 그들의 이상을 실현하지는 못했다. 단, 공산주의 체제하에서 민중 작가들은 주로 문예 및 문학 작품에서 자신들이 추구하는 이상을 간접적으로 독자에게 전달하며 간간이 명맥을 이어나갔다.

1980년대 자유화와 개방의 움직임에 따라 민중 작가들은 더욱 적극적인 활동을 펼쳤는데 당시 이들의 주요 관심사는 헝가리 소수민족의 권리를 향상시키는 것이었다. 제1차 세계대전에서 패전한 후 체결된 트리아농 조약(Trianon Szerződés)에 따라 한때 오스트리아·헝가리 제국 내에 거주하고 있던 헝가리 민족은 하루아침에 소수민족으로 전락했다. 주로 루마니아의 트란실바니아 지방, 슬로바키아의 브라티슬라바 지역, 세르비아, 크로아티아, 그리고 우크라이나 서남부 지방으로 흩어진 헝가리 소수민족은 그들의 문화와 언어 사용, 그리고 종교의 자유에서 제약을 받았다(김대순, 2012). 이러한 상황은 공산주의 체제하에서도 변하지 않은 상태로 남아 있었는데, 공산주의에서는 각 국가의 민족주의 대신 '사회주의자 동우애' 같은 공동체 가치가 강조되었으므로 이러한 정치적인 배경에서는 동족 민족의 처우를 개선하는 것과 같은 현안은 이차적인 문제로 경시되었다. 당면 현실에 도덕적 분노를 느낀 민족주의 성향의 작가들은 1987년 가을 부다페스트 외곽에 위치한 작은 마을 라키테렉에 모여 집권 공산당 체제의 부도덕성과 불합리성을 비판하며 체제 내 근본적인 개혁을 모의했다(Falk, 2003: 138~139; Tőkés, 1996: 197~199). 한 가지 주목할 만한 사실은 이러한 반체제 인사의 모임에 개혁공산주의자의 대표 인사인 포즈거이가 참석했다는 점인데, 당시 포즈거이는 민족주의 진영 인사들과 친밀한 관계에 있었다. 특히 그의 친구이자 작가인 비로 졸탄(Bíro Zoltán)과 밀접한 관계였는데, 이들은 헝가리의 체제 내 개혁은 개혁공산주의자와 민족주의자 간의 협력으로 진행되어야 한다는 점에서 의견을 같이했다(Bíro, 2015.9.1). 라키테렉 회합의 결과로 민족주의 진영 작가들은 헝가리민주포럼(Magyar Demokrata Fórum)을 창립했고, 이후 헝가리민주포럼은 체제 전환 직후에 헝가리 정치를 선도한 대표적인 의회 정당으로 탈바꿈하는 데 성공했다.

대도시 출신의 인문·사회학자 집단은 1970년대 말 체코슬로바키아 연방공화국에서 등장한 77헌장 선언과 이에 동조한 헝가리 인권운동에서 유래를 찾아볼 수 있다. 헝가리 인권운동가 인사는 주로 유태인 출신으로 헝가리 막시스트의 거장인 루카치 게오르그(Lukács György) 학파의 제자들로 구성되었는데, 이들은 당시 공산당의 폭력과 인권 탄압을 규탄하며 언론의 자유와 보편적 인권 보장을 주장했다(Falk, 2003: 125~135; Tőkés, 1996: 186~200). 헝가리의 인권운동가들은 ≪연설자(Beszélő)≫라는 지하 정기 간행물을 출간해 자신들의 요구 사항을 시민에게 유포했고, 자택에서 일반 학생과 대중을 상대로 비밀리에 강좌를 개설하는 등 체제 내 개혁을 촉구하는 사회운동을 주도했다. 한 가지 주목할 만한 사실은 당시 헝가리 인권운동가들은 앞서 헝가리민주포럼을 창설한 민족주의자 작가들과는 협력을 모색하지 않았다는 점이다. 이들은 체제의 근본적인 개혁을 달성하기 위해서는 좀 더 과감하고 근본적인 정치 개혁이 선행되어야 한다고 보았으며, 이를 위해서는 집권 공산당과 타협해서는 안 된다고 판단했다. 인권운동가들은 체제 내 개혁을 위한 선결 조건으로 공산헌법의 개헌을 요구했으며, 이러한 사실은 당시 인권운동가의 대표인사인 키시 야노시(Kis János)의 「사회계약설(Társadalmi Szerződés)」에서 잘 드러났다. 이 글에서 키시는 헝가리가 근본적인 정치·경제·사회 변혁을 달성하기 위해서는 집권 공산당 "카다르가 물러나야 한다"라고 주장했다(Kiss and Vida, 2005: 47~48). 이 외에도 키시는 공산당 일당 독재 체제를 지양하고 의회 민주주의를 실현하기 위해 의회와 사법부의 권한을 강화해야 한다고 주장하는 등 권력 분배를 위한 헌정 골자를 제시했다. 키시를 비롯한 헝가리 인권운동가들은 1988년 5월 1일 자유구상네트워크라는 사회포럼을 창설했고

(Bozóki and Karácsony, 2002: 87), 같은 해 11월 13일 자유구상네트워크를 자유민주연합(Szabad Demokrata Szövetség)으로 개칭했다. 자유민주연합은 헝가리민주포럼과 아울러 체제 전환 후 대표적인 의회 정당으로 등극했다(김대순, 2014: 66~70).

이 두 주류의 야권 집단 외에 헝가리공산당청년연맹의 대안체인 청년민주연합(Fiatal Demokrata Szövetség), 그리고 양차 세계대전 당시 존재했던 역사적 정당인 독립소지주당(Független Kisgazda FöldMunkás és Polgári Párt), 기독교민주시민당(Keresztény Demokrata Nép Párt)이 존재했으며, 사회민주당이 재창당되는 등 1980년대 후반기 헝가리에는 향후 다당제 체제를 갖추기 위한 다양한 정치 행위자가 야권에 등장했다. 이들 모두는 집권 공산당의 권력 독점에 반대하며 근본적이고도 민주적인 개혁을 요구했다.

지금까지 자유화의 움직임이 정점에 도달했던 1970~1980년대 헝가리의 국내 정치 상황과 세력들의 구성요소, 그리고 주요 현안 등을 살펴보았다. 동 시기 이웃 국가 폴란드에서는 시민사회를 대표하는 솔리다리티 연대 노조운동이 집권 공산당 체제에 도전하며 단일 노선을 구축한 반면, 헝가리에서는 그처럼 단합된 시민사회의 목소리가 상대적으로 미약했다. 재야 야권 세력은 민족주의 성향의 엘리트와 범세계주의를 지향하는 인권운동가 집단으로 분열되었고, 이들은 상호 간 협력보다는 경쟁을 모색했다. 그러한 경쟁 관계에서 민족주의 진영 보수 엘리트는 체제 내 개혁을 위해 개혁공산주의자와의 타협이 불가피하다고 간주했던 반면, 진보 진영 인권운동가들은 공산당과의 타협은 불가하다고 판단했다. 이러한 대립 구도에서 정작 헝가리 시민사회는 두 양자 엘리트 집단이 주도하는 사회 내 변혁의 움직임에 동참할 수 없었고, 전환기 헝가리 시민사회는 수동적인 행위자로 남아 있었다. 그러나 전반적인 시민의 정치 참여가 부재했음에도 불구하고 오스트리아·헝가리의 국경 개방 사건과 너지의 재매장식은 40년 이상 지탱해온 헝가리 공산주의 체제의 종식을 가장 상징적으로 나타낸 역사적 시금석이라고 평가할 수 있다.

2) 민주주의 이행 과정

체제 전환기 헝가리 민주주의의 이행은 집권 공산당과 야권 대표 간의 협상 과정에서 성사되었다. 이른바 원탁협상이라고 불리는 정치 협약은 1989년 2~4월 폴란드의 집권 공산당과 솔리다리티 대표 간에 성사된 협상에서 유래를 찾아볼 수 있으며, 헝가리는 폴란드 모델을 따라 같은 해 6~9월 대표 간 협상을 진행했다. 본래 재야의 야권 대표는 집권 공산당과의 타협을 모색하지 않았으나,[12] 시민사회의 폭넓은 지지를 얻지 못한 상태에서 재야 세력의 정통성은 취약할 수밖에 없었다. 이에 야권 대표는 그들 간 단결을 조성할 수 있는 야권연대 원탁협상을 구성했다.

(1) 공산당과 야권의 원탁협상

1989년 3월 22일 헝가리민주포럼 대표이자 독립법조인포럼 의장인 코녀 임레(Kónya Imre)는 야권연대를 촉구하는 성명을 발표했고 이윽고 여덟 개의 민주 계열 정당과 사회조직이 참여한 야권연대 원탁협상이 출범했다(Kónya, 2015.9.2). 헝가리민주포럼, 자유민주연합, 청년민주연합, 기독교민주시민당, 독립소지주당, 사회민주당, 헝가리시민당, 바이치 - 질린스키 우정사회(Bajcsy-Zsilinszky Társaság), 독립노동조합민주연맹으로 구성된 야권연대는 집권 공산당에 대응하기 위한 한시적인 연대기구로, 이들은 원탁협상에서 주로 정치적인 성격의 문제를 논의했

---

12 물론 민족주의자 진영 엘리트는 개혁공산주의자와의 협력을 사전에 모색했다.

다. 당시 원탁협상에는 시민사회를 대표하는 일부 노동조합과 이익집단 단체가 참여했으나, 이들에게는 관측자로서의 입지만 부여되었다. 따라서 투표권 같은 결정권은 부재했다. 원탁협상은 1989년 6월 13일부터 1989년 9월 18일까지 매일같이 국영 텔레비전 방송으로 생중계되었는데, 상정된 협상의 안건은 크게 일곱 가지로 구분할 수 있다(Bozóki, 2003: 95).

- 신선거법
- 형법과 이와 관련된 절차 개정안
- 새로운 미디어법과 홍보를 위한 법안
- 개헌
- 헌법재판소와 대통령직 창설을 위한 법안
- 정당과 정당 재원에 관한 법안
- 평화적 체제 전환을 보장하기 위한 법안(공산당의 준군사기구 및 민병대 해체, 작업장에서 공산당의 정당 활동 금지)

협상 결과는 엇갈렸다. 집권 공산당과 야권연대 원탁협상 모두 첫 다섯 가지 안건에 대해서는 최소한 원칙적으로는 동의했으나, 나머지 문제에 대해서는 이견을 나타냈다. 특히 대통령직 문제가 가장 큰 화두였는데 양자 모두는 대통령직 창설에는 원칙적으로 동의했으나, 대통령 선출 방식과 대선 시기를 두고서 이견을 좁히지 못했다(Elster, 1993: 96). 집권 공산당은 국민이 대통령을 선출하는 직선제를 주장하면서 대선은 1990년 4월 첫 자유총선 이전에 먼저 치러져야 한다고 주장했다. 반면 야권연대는 자유총선으로 선출된 첫 민주의회에서 대통령을 간선으로 선출해야 한다고 주장했다. 대통령 선출 방식과 시기를 두고서 양자 간 첨예한 이견이 대립되는 가운데 일부 야권연대 대표는 집권 공산당이 원탁협상 자체를 철회할 수도 있다고 판단했다. 특히 보수 정당들, 예컨대 헝가리민주포럼, 기독교민주시민당, 헝가리시민당은 집권 공산당 대표의 입장을 어느 정도 반영해야 한다고 주장하며, 다른 야권 연대 대표에게도 타협을 촉구했다(O'Neil, 1997: 204). 이러한 입장은 당시 헝가리민주포럼 대표인 언털 요제프(Antall József)의 협상안으로 가시화되었는데, 1989년 8월 17일 언털은 "대통령은 한 차례에 한해 직선제로 임기 5년제에 선출할 수 있다"라고 제안했다(Ripp, 2006: 443). 헝가리민주포럼을 비롯한 야권연대 대표는 언털이 제시한 타협안에 대해 수긍하는 입장을 보였으나, 당시 가장 급진적인 정치노선을 걷고 있던 자유민주연합과 청년민주연합은 대선은 첫 자유총선 이후에나 간선으로 치러야 한다고 강하게 반발했다.

(2) 민주체제로의 전환

결과적으로 대통령직 문제는 집권 공산당을 상대로 단결된 입장을 보이던 야권연대의 내부 분열을 초래했고 그러한 균열은 원탁협상이 최종화되는 시점까지도 지속적으로 표면화되었다. 1989년 9월 18일 집권 공산당과 야권연대는 앞서 제시한 일곱 가지 안건에 대해 최종 합의안을 도출하는 서명안을 체결했다. 반면 대통령직 문제에 대해 가장 큰 이견을 보였던 자유민주연합과 청년민주연합은 협상 결과 자체에 대해서는 거부권을 행사하지 않았으나 합의된 내용에 관해서는 서명하지 않았다. 또한 자유민주연합과 청년민주연합 대표는 대통령직 문제와 함께 원탁협상에서 완전한 합의안에 도달하는 데 실패한 안건은 차후 국민투표 방식으로 결정할 것이라고 선언했다. 실제로 1989년 11월 26일 자유민주연합과 청년민주연합 대표는 헝가리 시민들에게 다음 네 가지 안건, 즉 작업장에서 공산당의 정당 활동은 금지되어야 하는가, 공산당의 준군사기구 또는 민병대는 해체되어야 하는가, 공산당이 소유한 재산은 청산되어야 하는가, 대선은 총선 이후에 치러야 하는가에 대해 의견을 물어보았다(김철민 외, 2014: 187).

국민투표 캠페인에서 집권 공산당은 앞의 세 가지 안건에 대해서는 긍정을, 마지막 안건에 대해서는 부정을 호소했고, 청년민주연합과 자유민주연합은 모든 안건에 대해 긍정을 호소했다. 국민투표 결과 0.2%라는 매우 근소한 차이로 청년민주연합과 자유민주연합의 입장이 관철되었고, 그 결과 대선은 첫 자유총선 후 치르는 것으로 일단락되었다.

그러나 이 국민투표는 단순히 대선의 시기에 대해 국민의 의견을 물어본 것이 아니었다. 이 국민투표에는 당시 집권 공산당과 일부 야권연대가 구상했던 치밀한 정치적 계산이 숨어 있었다(Kim, 2013: 90~95). 전술했듯이 집권 공산당에는 1956년 사건에 대해 역사적인 재평가를 내린 포즈거이라는 유명한 개혁공산주의자가 있었다. 원탁협상에 참여한 인물 중 포즈거이는 대중 인지도가 가장 높았을 뿐만 아니라, 개혁적인 정치 성향으로 대중의 지지율 또한 매우 높았다. 이러한 인지도는 집권 공산당 입장에서 볼 때 매우 고무적인 현상이었는데, 첫 자유총선이 치러질 당시 대중 분위기는 반공산주의(anti-Communism)가 지배적이었고, 이러한 상황에서 집권 공산당은 첫 자유총선에서 승리할 것이라는 보장이 없었다. 따라서 대선을 총선보다 먼저 치를 경우 집권 공산당은 포즈거이라는 유명 인사를 대통령으로 확실히 당선시킬 수 있었고, 설령 그들이 첫 자유총선에서 패배하더라도 포즈거이는 자신들의 권력을 재공고화할 수 있는 안전장치 구실을 할 것이었다.

반면 포즈거이에 견줄 만한 대항마를 확보하고 있지 못했던 야권연대는 이러한 집권 공산당의 정치적 계산을 사전에 감지했고, 그러한 이유에서 대선보다 총선을 먼저 치러야 한다고 주장했다. 따라서 야권연대의 입장에서 볼 때 국민투표는 사실상 자신들이 포즈거이를 첫 민주 대통령으로 수긍할 수 있는지를 물어보는 문제였고, 이에 대해 보수 계열 정당은 타협의 여지를 나타낸 반면 자유민주연합과 청년민주연합은 끝까지 반대했던 것이다. 결국 국민투표로 양자 간의 대립은 해결되었고 헝가리공산당은 추후에도 포즈거이를 비롯한 다른 인사들을 대통령 후보로 천거할 수 없었다. 국민투표 실시 후 헝가리 정치는 첫 자유총선과 전환기에 출현했던 다양한 현안을 다루기 위한 국면으로 접어들었다.

종합하자면 헝가리 민주주의의 이행은 집권 공산당과 야권연대 간의 협상으로 성사된 평화적인 정권 교체라고 요약할 수 있다. 개헌을 포함해 원탁협상에서 논의된 주요 일곱 가지 안건은 모두 1990년 4월 첫 자유총선을 성공적으로 치르기 위한 필수 법안들이었다. 또한 국민투표에 상정된 안건, 예컨대 공산당의 준군사기구 해체와 같은 발의안도 평화적 정권 교체를 위한 제반적 여건을 조성하기 위한 것이었다고 해석할 수 있다. 따라서 헝가리의 체제 전환은 원탁협상 결과에 따른 정치 엘리트 주도로 위로부터 진행된 개혁이라고 판단할 수 있다. 또한 그러한 체제 전환 과정에서 정작 시민사회는 주요 입법안과 정책을 형성할 수 있는 의사 결정 과정에서의 참여가 배제됨으로써 전환기 헝가리 민주주의의 정통성은 매우 취약한 상태에서 시작했다고 볼 수 있다. 즉, 루돌프 퇴케시(Rudolf Tőkés)가 지적했듯이 헝가리 민주주의는 "협상혁명(Negotiated Revolution)"의 결과였고(Tőkés, 1996), 그러한 체제 전환 과정에서 시민사회는 수동적인 행위자로 남게 됨으로써 헝가리 민주주의 서막은 평화적이지만 체제 자체 내에 한계성을 내재한 채 시작되었다.

3) 민주주의 공고화 과정

성공적인 민주주의의 공고화를 객관적으로 측정할 수 있는 표준화된 지표는 없다. 학자마다 민주주의 공고화를 조금씩 상의하게 바라보고 있으며 그러한 다양성에 따라 민주주의 발전의 견고성을 평가하는 척도도 조금씩 다르기 마련이다. 달은 자신의 저서 『민주주의와 비평 (Democracy and its Critics)』에서 공정하고 자유로운 선거에 따른 평화적 정권 교체 이외에도 정보, 표현, 집회, 결사의 자유를 비롯한 시민의 다양한 이해관계를 효과적으로 반영할 수 있는 제도적 장치가 구비되어야만 비로소 진정한 민주주의가 발전할 수 있다고 평가했다(Dahl, 1989). 헌팅턴은 자신의 저서 『제3의 물결(The Third Wave)』에서 민주주의 공고화로 나아갈 수 있는 전제 조건으로 자유선거를 통한 정권 교체가 최소한 두 번 이상에 걸쳐(two turn-over test) 평화적으로 이루어져야 한다고 주장했다(Huntington, 1991). 린츠와 스테판은 자신들의 저서 『민주적 체제 전환과 공고화의 문제점(Problems of Democratic Transition and Consolidation)』에서 자유로운 정치사회, 경제사회, 시민사회, 가용할 수 있는 관료제, 그리고 법치주의 원리가 확립되었을 때 민주주의는 공고화된다고 피력했다(Linz and Stepan, 1996). 동유럽 민주주의의 공고화를 심도 있게 연구한 카렌 다위샤(Karen Dawisha)·브루스 패럿(Bruce Parrott), 장 지에론카(Jan Zielonka)는 앞서 제시한 비교정치학자가 활용한 지표를 민주주의 공고화에 필수적인 선결 여건으로 제시했다(Dawisha and Parrott, 1997; Zielonka, 2001). 이 선행 연구로 볼 때 민주주의 공고화에서 가장 근본적이면서도 절차상 최소한의 제반 여건은 공정하고 자유로운 선거에 따른 평화적인 정권 교체라고 할 수 있다. 특히 동유럽과 같이 공산주의 체제가 40년 이상 지속된 레짐에서는 진정한 의미에서의 자유롭고 공정한 선거가 치러질 수 없었기에 이 지역의 자유선거에 따른 평화적 정권 교체와 정치 변동은 동유럽 민주주의의 공고화를 판단할 수 있는 가장 중요한 분석틀 중 하나라고 할 수 있다. 이러한 사실을 고려해 여기서는 헝가리의 민주적 공고화를 체제 전환 이래부터 현재까지 치러진 총선을 통해 고찰해본다. 또한 이후 헝가리의 실질적인 민주주의 공고화 과정에서 가장 중요했던 현안과 쟁점을 주제별로 선별해 고찰하고 현재 민주주의의 발전 또는 퇴보 상태를 분석한다.

(1) 총선(1990~2014)과 정당 체제의 변화

다른 동유럽 국가와 달리 헝가리는 체제 전환 초창기 자유선거에 따른 정권 교체가 정권 임기 만료일까지 지속되었던 유일한 국가였다. 1990년 4월 첫 자유총선를 실시한 후 헝가리는 현재까지 정권이 일곱 번 교체되었다. 1990년대 초반부터 중반까지는 원내 여섯 개의 정당이 중심을 이루며 다당제의 면모를 나타냈으나 1990년대 후반부터 정당 체제는 사실상 양당제 구도로 변모했다. 2010년 총선 이후에는 1990년대 주요 정당으로 활동했던 대다수의 의회 정당이 소멸했고 대신 극우 정당을 비롯한 신생 정당이 야권에 새롭게 등장했다. 또한 2010년 총선 이래로 정권은 중도우파 보수 성향의 청년민주연합 및 시민정당이 독점적 지위를 누리면서 정권의 연장에 성공했다.

1990년 총선 결과 중도 우파 보수 정당인 헝가리민주포럼이 집권했고 야권에는 진보 진영을 대표하는 자유민주연합이 원내 가장 큰 야당이었다. 헝가리공산당의 계승 정당인 헝가리사회당은 정치적 명맥을 겨우 유지했는데, 이는 다른 동유럽 국가에서도 그러했듯이 당시 체제 전환기 유권자의 반공산주의 정서가 반영된 결과였다. 이러한 결과와는 대조적으로 1994년 총선에서는 헝가리사회당이 압승을 거두며 정계로 화려하게 부활하는 데 성공했다. 반면 기존 집권당인 헝가리민주포럼을 비롯한 다른 정당들은 정치적 비중이 상대적으로 크게 감소했다. 당시 선거 분석에 따르면 1994년 총선에서 구공산당인 헝가리사회당이 승리할 수 있었던 주요 원인은 헝가리 유권자의 과거 구공산주의 시대의 안정적인 사회에 대한 향수 때문이었다(Körösényi, 1999: 48).

■ 표 8-1 ■ 헝가리의 총선 결과(1990~2014)

정당명	1990		1994		1998		2002		2006		2010		2014	
	비율(%)	의석수	비율(%)	의석수	비율(%)	의석수	비율(%)	의석수	비율(%)	의석수	비율(%)	의석수	비율(%)	의석수
헝가리사회당	10.9	33	33.0	209	32.9	134	42.1	178	43.2	186	19.3	59	19.1	29
자유민주연합	21.4	92	19.7	69	7.6	24	5.6	19	6.5	18	-	-	-	-
청년민주연합 및 시민정당	9.0	21	7.0	20	29.5	113	41.1	188	42.0	164	52.7	263	66.8	133
헝가리민주포럼*	24.7	164	11.7	38	2.8	2	*		5.0	11	-	-	-	-
독립소지주당**	11.7	44	8.8	26	13.2	48	0.8				-	-	-	-
기독교민주시민당***	6.5	21	7.0	22	-	-	-	-	-	-	**		**	
헝가리인의 삶과 정의당****	-	-	-	-	5.5	14								
더 나은 헝가리를 위한운동	-	-	-	-	-	-			-	-	16.6	47	11.5	23
다른 정치를 위한연합	-	-	-	-	-	-			-	-	7.48	16	2.51	5

주: * 헝가리민주포럼은 2002년 청년민주연합 및 시민 정당과 함께 연합 공천으로 총선에 출마했음. 또한 2010년 총선에서 단 한 석도 확보하지 못해 이후 정계에서 소멸함.
** 독립소지주당은 2002년 의회 진입에 실패한 이래 헝가리 정계에서 소멸함.
*** 기독교민주시민당은 2010년과 2014년 청년민주연합 및 시민정당과 함께 연합 공천으로 총선에 출마함.
**** 헝가리인의 삶과 정의당은 1998년 단 한 차례 의회에 진입했으나 이후 거듭 실패했고 정계에서 소멸함.
자료: 헝가리 공식 국회사이트(http://www.parlament.hu) 통계에서 총선 자료를 종합해 저자가 작성.

즉, 헝가리 유권자는 민주주의가 과거 공산주의 시대와 비교해 좀 더 안정적인 사회복지 제반 여건을 구비해줄 것으로 기대했으나, 현실적으로 시장경제의 원리에 입각한 이른바 전환기 '소수의 수혜자'와 '다수의 패배자'라는 현상을 경험하자 이에 대한 실망감이 집권당에 대한 징벌적 투표(penal voting) 형태로 표출되었다는 것이다.

1998년 총선에서는 다시 중도 우파 보수노선으로 정권이 교체되었는데, 이로써 청년민주연합 및 시민정당이 제1집권당의 입지를 확보했다. 청년민주연합 및 시민정당은 본래 중도 좌파 성향의 정당이었다. 창립 당시 당의 명칭은 청년민주연합이었는데 1992년 중반부터 당의 노선을 본래의 중도 좌파 진영에서 중도 우파로 서서히 선회했다. 이러한 노선 변화는 1995년 기존 당의 명칭을 청년민주연합 및 시민정당으로 개칭하면서 이루어졌다. 청년민주연합의 노선 선회는 헝가리민주포럼과의 관계에서 비롯되었다. 1990년 첫 자유총선에서 승리해 집권한 헝가리민주포럼은 집권한 지 1년이 채 되지 않아 당의 지지도가 급격히 하락했다. 이러한 변화를 인지한 청년민주연합은 향후 민주포럼의 정치적 공백을 예상하며 기존에 당이 추구했던 정치노선을 버리고 민주포럼이 차지했던 보수 방향으로 선회했던 것이다. 이러한 변화는 1995년 당명의 개칭과 아울러 3년 후 1998년 총선에서 결실을 보게 되었다. 반면 기존 집권당의 위치에서 근소한 차이로 패배한 헝가리사회당은 원내 가장 큰 야당의 입지를 구축했다. 이러한 변화에 따라 집권당 청년민주연합 및 시민정당과 헝가리사회당의 양당 구도 체제가 성립했다. 실제로 2002년 총선부터 2010년까지는 이 두 정당 간의 경쟁이 주축을 이루면서 좌파 진영에는 헝가리사회당이, 우파 진영에는 청년민주연합 및 시민정당이 중심을 이루는 구도로 변모했다. 이 경쟁 구도에서 헝가리사회당은 자유민주연합과 연립정부를 구성해 연이어 정권 획득에 성공했으나 2007년 가을 재정 위기가 발생하자 사회당의 지지도는 급격히 하락했다.

2010년 총선은 기존 좌우 대립의 양당 구도에서 판도 변화를 일으킨 분수령이었는데, 이 시점부터 청년민주연합 및 시민정당의 독점적 입지가 공고화되기 시작했다. 당시 청년민주연합 및 시민정당은 헝가리사회당이 방탕한 예산안 지출과 불투명한 재정 관리로 경제 위기를 초래했다고 주장하면서 심판론을 제기했고 이러한 캠페인은 성공적인 것으로 판명되었다. 특히 헝가리사회당 당수이자 수상인 주르차니 페렌츠(Gyurcsány Ferenc)가 국가 재정 상태에 대해 거짓말을 한 것이 국민들에게 탄로 나면서 사회당에 대한 유권자의 신뢰는 급격히 하락했다.[13] 이후 헝가리사회당을 비롯한 1990년대 기존의 군소 정당들은 입

---

13 2006년 5월 총선에서 승리한 후 주르차니는 헝가리사회당 국회의원과 지도부가 참석한 비공개 석상에서 국가가 처한 위급한 재정 상황을 언급했다. 당시 주르차니는 헝가리사회당은 총선에서 승리하기 위해 국가 재정 상태에 대해 국민을 상대로 아침, 점심, 저녁에 거짓

지가 더욱더 축소되었고 그 결과 좀 더 큰 정당에 병합되거나 정계에서 점차 소멸했다. 한 가지 주목할 만한 사실은 2010년 총선 이후 야권에 신생 정당이 등장한 것인데 서구 녹색당의 정치 노선을 표방하는 다른 정치를 위한 연합(Lehet Más Politika)과 극단적 헝가리 민족주의를 추구하는 요빅(Jobbik, 더 나은 헝가리를 위한 운동)을 들 수 있다. 특히 헝가리 극우 정당 요빅은 2010년 총선에서 부각된 이후 정치적 비중이 나날이 증가하고 있으며, 2016년 현재 집권당 청년민주연합 및 시민정당의 입지를 위협하고 있다.

요컨대 체제 전환 후 헝가리 정당 체제는 기존 여섯 개의 정당이 주축을 이룬 다당제 구도에서 1998년을 기점으로 양당제 체제로 전환했다고 할 수 있다. 이러한 구도는 2010년 총선 이전까지 유지되었으며 정권은 우파 진영에서 시작해 좌파로, 그다음 좌파에서 우파로, 다시 우파에서 좌파로 빈번한 정권 교체를 경험했다. 빈번한 정권 교체에도 불구하고 전환기 헝가리 정치는 임기 중 정권 퇴진 또는 정권 탈환을 위한 군부 쿠데타 같은 사태는 발생하지 않았다. 오히려 의회 정당 주도의 정당정치가 민주화 이행기부터 점차로 정착되어갔다고 볼 수 있으며 이러한 안정적인 정당정치는 헝가리 정치 체제의 특성이라고 할 수 있다.

(2) 헌정 체제 확립과 법치주의 원리의 공고화

전환기 헝가리 민주주의의 공고화를 가늠하는 기준 중 하나는 바로 법치주의 원리의 확립이다. 공산헌법에 따르면 헝가리 시민은 인민재판소에서 결정된 판결에 대해 무조건적으로 수긍해야 했으며 판결의 공정함과는 상관없이 항소할 권리도 없었다. 그 결과 이른바 계급의 적

말을 했다고 실토했다. 이 연설은 헝가리사회당 소속 몇몇 국회의원에 의해 언론에 누설되었고 이에 주르차니를 비롯한 헝가리사회당에 대한 국민의 신뢰는 급격히 하락했다. 분노한 시민들은 거리 시가행진을 벌이며 정권 퇴진을 요구했다.

(Class Enemy)으로 불리는 시민들은 정치적인 이유로 정치범 수용소에 구금되거나 숙청되었고 광범위한 범위 내에서 인권이 유린되었다. 이러한 현상을 인지해 체제 전환기의 과도기 정부가 가장 먼저 도입한 법안은 헌법재판소 설립과 사형제도 폐지에 관한 법안이었다. 원탁협상 당시 야권은 헌법재판소가 법치주의 원리와 민주주의를 확립시키는 데 중추적인 역할을 할 것이며, 이에 따라 모든 시민은 법 앞에 동등한 처우를 받을 수 있을 것이라고 기대했다. 집권 공산당도 헌법재판소 설립에 대해 찬성했는데, 이들은 당시 지배적인 반공산주의 정서를 반영해 구체제 공산당 엘리트에 대한 보복 조치가 취해질 경우 헌법재판소가 이들을 법 앞에 평등이라는 원리로 보호해줄 것이라고 기대했다. 실제로 과도기 언털 행정부는 공소시효가 이미 말소된 법안을 손질해 특정 공산당 엘리트를 처벌하려고 시도했으나 헌법재판소는 그러한 보복을 엄중한 법의 해석으로 무마시켰다. 이는 이른바 제테니 - 타카치 법안에 관련된 사건이었다.

국회의원 제테니 졸트(Zétényi Zsolt)와 타카치 페테르(Takács Péter)의 이름을 명명해 입법화된 이 법안에 따르면 구체제 당시 발생했던 중대한 특정 범죄, 예컨대 반역, 모살, 살인을 자행하고서도 그동안 정치적인 이유로 처벌을 면죄받았던 가해자는 법의 심판을 받게 되었다(김대순, 2015: 168). 이는 당시 형법에 따라 공소시효가 이미 만료된 범죄에 대해 소급의 원리를 적용해 가능했는데, 제테니와 타카치는 1944년 12월 21일에서 1990년 5월 2일 사이에 발생했던 범죄의 전면 재조사와 함께 가해자의 사법처리를 주장했다.[14] 이들은 해당 시기는 구체제의 특성상 정의 실현을 공정하게 집행할 수 없었던 특별한 상황이었으므로 법의 소급 적용은 가능하다고 주장했다. 해당 시기의 선별적 선택과

---

14 해당 시기는 독재 및 외세의 간섭으로 인해 헝가리 주권을 상실한 시기다.

법의 소급 여부 가능성에 대해 논란이 빚어지는 가운데 당시 언털 행정부는 지지 의사를 표명했는데, 국가는 과거에 발생했던 오심과 부정의를 올바르게 시정할 도덕적 책무가 있다고 강조했다.

이와는 반대로 당시 야당이던 자유민주연합과 청년민주연합은 입법안을 반대했는데, 이들은 이 법안이 사회 내 의혹, 불안, 두려움, 증오의 감정을 증폭시킴으로써 사회 구성원 간 일종의 마녀사냥과 같은 부정적 효과를 초래할 것이라고 주장했다. 또한 제테니와 타카치가 발의안 법안은 당시 지성인 집단과 시민사회를 중심으로 많은 논쟁을 불러일으켰는데, 특히 양차 세계대전 사이에 생존했던 전쟁 포로는 법의 소급 범위를 1944년 12월 21일이 아닌 그 이전까지로 확장해야 한다고 주장했다.[15] 논란과 이견이 계속되는 가운데 1991년 11월 4일 언털 행정부는 제테니 - 타카치 법안을 통과시켰고, 이에 법안의 시행만 남은 듯했다.

그러나 11월 18일 대통령 괸츠 아르파트(Göncz Árpád)는 이 법안의 합법성에 대한 우려를 표명했고, 이에 해당 법안의 위헌 여부를 판가름하기 위해 법안을 헌법재판소로 송부했다. 또한 관련 법안의 합법성 판결 여부가 정치와 사회에 미치는 중요성과 파장을 인식해 12월 18일 괸츠는 헌법재판소를 직접 방문했다. 판사들과 비공개로 이루어진 회의에서 괸츠는 법의 평결과 사법 처리 결정은 민주 국가가 바탕을 두고 있는 법치주의 원칙에 입각해 엄격히 집행되어야 한다고 역설했다. 이듬해 봄 1992년 3월 3일 헌법재판소는 여덟 가지 이유를 내세워 입법

---

15 자유민주연합 국회의원으로서 당시 법안의 찬반 논쟁에 참여했던 헉 페테르(Hack Péter)는 제테니와 타카치가 설정한 법안의 한정 시기를 확장해야 한다고 주장했다. 헉에 따르면 호르티 미클로시(Horthy Mikós, 1920~1944년 재임)가 섭정하던 시기에 유태인과 좌익 세력은 정치적인 이유로 막대한 사회적 차별 조치와 박해를 받았다. 헉은 이들의 피해 규모 산정과 가해자에 대한 사법 처리가 지금도 이루어지지 않고 있다고 지적하면서, 당시 제테니와 타카치가 발의안 법안의 범위를 좀 더 포괄적으로 확장했어야 한다고 피력했다.

안이 위헌이라는 판결을 내렸는데, 이 평결에 따르면 제테니 - 타카치 법안은 '법적 안정성의 원칙(Principle of Legal Security)'을 위배한다는 것이었다(김대순, 2015: 169). 법적 안정성의 원칙이란 모든 시민은 법 앞에 평등하며 법의 테두리 안에서 동등하게 보호받을 권리가 있다는 원리로, 제테니 - 타카치 법안이 이 원칙을 침해했다고 헌법재판소는 판단한 것이었다. 또한 헌법재판소는 입법안이 명시한 특정 중대 범죄 처벌과 관련된 선별 시기에 대한 판단이 매우 자의적이며, 이는 헌법이 명시한 법의 등가성의 원리에 불합치된다고 판단했다. 궁극적으로 헌법재판소는 공소시효가 이미 만료된 상황에서 범죄자의 처벌은 그 범죄가 중대하더라도 소급 효과를 적용해 범죄자를 처벌할 수 없다는 평결을 내림으로써 사실상 범죄자에게 법적 면책권을 제공한 것이다.

이 위헌 결정은 가해자에 대한 사법 처리를 기대했던 사회 내 보수단체와 언털 행정부 내 강경파로서는 수용할 수 없는 평결이었다. 이에 이듬해 1993년 2월 언털 행정부는 공소시효를 손질하는 방법이 아닌 다른 방편으로 해당 범죄자를 기소하려고 재차 시도했다. 이는 공산주의 시기부터 줄곧 시행되어왔던 1973년 형법 자체를 개정해 가능했는데, 이러한 수정은 전면 개정이 아닌 특정 범죄에 대한 선별적 부분 개정이었다. 해당 법안의 합법성이 재차 의심되는 가운데 대통령 괸츠는 이 법안 또한 헌법재판소로 송부했는데, 해당 법안 역시 위헌으로 판명되었다. 헌법재판소는 동일한 이유를 위헌의 근거로 제시했는데, 공소시효의 수정이든 형법 자체의 개정이든 특정 범죄를 사법 처리하기 위해서 국가가 임의적으로 법을 손질하는 행위는 헌법이 제시한 법적 안정성의 원칙을 침해하는 것이라고 판결했다. 이에 언털 행정부는 헌법재판소의 판결에 따라서 해당 법안을 폐기했다. 이후 언털 행정부는 공직에서 공산당과 연루된 간부를 제외하는 이른바 색출법(Az átvilágítási törvény) 및 1956년 헝가리혁명과 관련된 특별법을 제정해 구체제 공산당 엘리트를 처벌하려고 시도했으나 이 역시 헌법재판소의 평결로 무마되었다.

요컨대 이 사례는 전환기 헝가리 민주주의에서 헌법재판소와 같은 사법기관이 당시 지배적인 대중 정서나 정권의 의도와는 상관없이 법의 해석만으로 등가성의 원리를 확립한 사건이라고 할 수 있다. 공산주의 과거사 정리의 일환으로 채택된 제테니 - 타카치 법안은 특정 범죄와 범죄자에 대한 정의 구현을 호소하며 법의 소급 적용을 시도했으나 헌법재판소는 그러한 시도는 헌정 질서의 확립에 불합치되는 것으로 판단했다. 이 판결은 논란의 여지가 남아 있으나 전환기 헝가리 민주주의에서 법치주의 원리가 어떻게 확립되었는지를 상징적으로 나타낸 사건이라고 할 수 있다. 이 외에도 헌법재판소는 헌법상에 주어진 권한과 관할권을 두고서 정치 행위자 간 벌어진 권력 다툼에 중요한 중재자 역할을 했는데, 대표적인 사건이 공영방송 국장 임명권에 관한 것이었다.

(3) 공영방송의 공정성과 언론의 자유

민주주의 국가에서 언론과 표현의 자유는 아무리 강조해도 지나치지 않을 것이다. 수백 년 전 토머스 제퍼슨(Thomas Jefferson)이 미국의 독립선언서에서 명확하게 밝혔듯이 "언론의 자유는 자유의 커다란 방파제와 같은 것으로 어느 독재 정부에 의해서도 절대로 제한받아서는 안 된다".[16] 즉, 언론과 표현의 자유는 민주주의 공고화에 꼭 필요한 제반 여건이라 할 수 있으며 전환기 헝가리 엘리트는 이러한 중요성을 인식해 원탁협상에서부터 언론의 자유를 보장하기 위한 논의를 시작했다. 이 협상 결과에 따르면 집권 공산당과 야권연대는 언론의 공정함과

---

16 "Freedom of the Press", http://www.famous-quotes.com/topic.php?tid=747(2016년 2월 10일 검색).

자유를 보장하는 원칙에는 합의했다. 그러나 이렇게 성립된 원칙과 달리 언론의 공정성 보장 방안을 두고서 이견을 보였는데, 특히 공영방송의 국장 임명안과 해임안 문제를 두고서 발생한 대통령과 총리 간의 권한 논쟁이 그러했다.

원탁협상 이후 논의된 정치 협상에 따르면 전환기 공영 텔레비전과 라디오방송국을 관장하는 국장 임명은 총리의 천거하에 대통령이 임명하기로 되어 있었다. 이러한 공동 임명안을 규정화한 이유는 총리가 천거한 인사가 친정부 인물일 경우 언론의 중립성에 문제가 될 수 있기에 대통령의 공동 서명하에 최종 승인을 이끌어내기 위해서였다. 이 규정에 입각해 1990년 6월 헝가리 의회는 국영텔레비전 방송국 국장에는 사회학자 출신인 헝키시 에레미르(Hankiss Elémer)를, 라디오방송국 국장에는 역시 사회학자인 곰바르 처버(Gombár Csaba)를 임명했다. 임명된 헝키시와 곰바르는 영국 BBC 모델에 입각해 국영방송국을 이끌려고 시도했으나 이러한 시도는 같은 해 여름 총리 언털이 라디오와 텔레비전 부국장에 친정부 인사안을 제출하면서 난관에 부딪쳤다. 당시 언털은 헝키시와 곰바르가 편성한 방영 프로그램에 불만을 품고 있었는데, 그는 방영된 프로그램이 정부에 대해 너무 비판적이고 중립적이지 못하다고 판단했다. 이에 언털은 국장을 견제하고자 부국장에 친정부 인사를 단행했으나 대통령 괸츠는 그러한 임명안에 대해 서명을 거부했다. 이에 언털은 헌법상에 주어진 대통령의 임명안은 명목상의 권한으로 실질적인 권한을 행사할 수 없으므로 결정을 재고하라고 괸츠에게 권고했다. 권고에도 불구하고 괸츠는 서명을 거부했고 이에 언털은 관련 문제를 헌법재판소에 송부했다. 헌재에 송부한 편지에서 언털은 대통령의 공직 임명권이 무엇을 의미하는지 해석해달라고 요청했는데 1991년 9월 23일 헌법재판소는 다음과 같이 판결했다. "대통령은 총리가 천거한 인사안에 대해 거부할 수 없다. 단, 그러한 천거가 민주적 질서를 심각하게 위해한다면 임명을 거부할 수 있다"(Kim, 2013: 135).

요컨대 헌법재판소는 한 가지 예외적 사항을 제외하면 임명안에서 총리에게 무게를 실어준 것인데, 이는 헝가리 정치체제의 근본을 고려한 결정이었다. 즉, 헌재의 해석에 따르면 헝가리 정치체제는 1848년 이래로 총리 중심의 의원내각제이었고 대통령은 행정부 밖에서 존재하는 상징적인 국가수반이므로 공직 임명과 같은 실질적인 권한을 행사할 수 없다는 것이다. 반면 헌재의 이러한 명확한 판결은 "민주적 질서를 심각하게 위해한다면 임명을 거부할 수 있다"라는 애매모호한 예외 규정과 불합치된다. 즉, 민주적 질서를 심각하게 저해한다는 의미가 논란의 여지가 다분하기 때문에 헌법상의 권한 논쟁은 이 판결로 완전히 해결될 수 없었던 것이다. 실제로 대통령 괸츠는 판결 이후에도 총리가 천거한 임명안에 서명하지 않았는데, 그는 언털의 추천안은 언론의 자유와 중립성을 저해하는 것이며 이는 곧 민주질서를 위해하는 것이므로 동의할 수 없다고 주장했다.

임명안이 헌재의 판결로도 관철되지 않자 1992년 5월 총리 언털은 국영방송국 국장의 해임을 대통령에게 권고했다. 당시 언털은 헝키시와 곰바르가 중립적이고 공정한 방송 프로그램 편성에 실패했음을 해임의 근거로 제시했다. 그러나 괸츠는 총리의 해임안에도 서명하지 않았다. 그는 어느 정치적 계파와도 연계가 없는 현 국영방송국 국장의 해임은 언론의 중립성과 표현의 자유를 침해하는 것이라고 주장했다. 이에 총리 언털은 자신의 해임안 권고가 대통령이 주장한 언론의 자유를 침해하는지와 관련한 판결을 재차 헌법재판소에 요청했다. 1992년 6월 8일 헌법재판소는 판결을 내렸는데, 이는 기존의 평결과 일맥상통했다. "대통령은 총리가 천거한 임명 및 해임안에 대해 서명을 보류할 수 없다. 단, 그러한 천거가 민주적 질서를 심각하게 위해할 때는 반대할 수 있다"(Kim, 2013: 135).

즉, 헌재는 한편으로는 대통령의 공직 임명 및 해임안은 대통령이 독자적으로 판단할 수 있는 헌법상의 실질적인 권한이 아닌 것으로 판결한 것이다. 반면 헌재의 결정은 애매모호한 예외적 규정을 재차 언급하며 대통령 판단의 재량권을 완전히 박탈하지 않은 것으로 해석할 수 있다. 실제로 대통령 괸츠는 이 판결 이후에도 총리의 해임안은 헌재가 예외 규정으로 제시한 민주주의 질서를 저해하는 것으로 판단했고 이에 서명하지 않았다. 한 가지 흥미로운 사실은 헌재가 규명한 이러한 예외적 규정은 당시 헌법에 수록되지 않았던 새로운 조항이라는 것이다. 즉, 전환기 정치 행위자 간 헌법상의 권한에 대한 논쟁이 발생하자 헌법재판소가 중재자 역할을 한 것인데, 헌재는 법의 해석이라는 명분하에 사실상 입법 기능까지도 담당했던 것이다. 이는 역으로 말하자면 삼권분리의 원칙을 놓고 볼 때 헌재는 입법의 기능을 담당하는 의회의 소관까지로 영역을 넓혀간 것으로 볼 수 있으며 그만큼 의회의 입법 기능은 축소된 것으로 해석할 수 있다. 실제로 헝가리 의회는 헌재의 이러한 역기능을 고려해 헌재가 입법 기능의 역할을 할 수 없도록 법을 개정했다.

종합하자면 공영방송국 국장의 임명안과 해임안 문제는 과도기 헝가리 민주주의의 특성을 상징적으로 나타낸 사건이라고 할 수 있다. 당시 민주주의 경험이 부족한 상황에서 주요 정치 행위자는 헌법상에 주어진 각자의 권한과 역할을 다르게 해석하면서 마찰을 빚었고, 그 과정에서 헌법재판소가 중재자의 역할을 이행했다. 비록 관련 문제는 헌법재판소의 개입으로도 완전히 해결되지는 않았으나 언론의 자유를 놓고 발생한 정치 행위자 간의 권한 논쟁은 민주주의 경험이 부족한 국가에서 발생할 수 있는 통과의례와 같은 사건이었다. 헝가리의 EU 가입 후 언론과 표현의 자유는 EU가 제시한 기준에 도달했으나 지금은 언론에 다시 정치적 개입의 그림자가 드리우고 있다. 언론과 표현의 자유 보장이라는 관점에서 현 헝가리 민주주의는 아직 완전한 의미의 성숙한 공고화에는 도달하지는 못한 상태다. 현재 헝가리 민주주의의 본질은 다음에 나오는 '민주화 이후 민주주의 평가'에서 상세히 다룬다.

(4) 헝가리 소수민족과 인권 문제

민주주의에서 인권의 중요성은 아무리 강조해도 지나치지가 않다. 1948년 12월 UN 총회에서 세계인권선언이 채택된 후 각국은 보편적 인권 보장을 위한 법적·제도적 장치를 마련했으며, 오늘날 인권 보장은 민주국가의 초석 중 하나로 널리 인식되고 있다. 유럽은 유럽인권보호조약, 헬싱키조약, EU인권헌장 채택에 이르기까지 인권 보장의 기수에 서서 관련 법안과 제도적 장치를 꾸준히 마련했다. 특히 EU는 각국에 소재해 있는 소수민족의 권리 또한 동등하게 존중하고 마땅히 보장해주어야 하는 의무사항으로 간주했다. 이러한 사실은 구공산주의 동유럽 국가들이 EU 가입을 희망하면서 이에 대응해 EU 집행부가 제시한 이른바 코펜하겐 척도(Copenhagen Criteria)에서 알 수 있다. 특히 헝가리와 같이 주변국에 300만 명 이상의 헝가리 소수민족이 흩어져 살고 있는 상황에서는 헝가리를 비롯한 주변 당사국이 소수민족의 권리 보장 문제를 해결하지 않고는 헝가리의 EU 가입 자체가 불가능했다. 여기서는 헝가리 소수민족과 인권 보장이라는 관점에서 전환기 민주주의를 진단한다.

헝가리 민족이 현 국경을 넘어 주변 국가에 거주하게 된 근본 원인은 1920년 6월 4일 프랑스 베르사유 트리아농 궁전에서 결성된 트리아농 조약(Treaty of Trianon)에 기인한다. 이 조약은 제1차 세계대전 패전국인 헝가리를 상대로 전쟁 배상에 대한 책임을 묻는 것으로, 당시 승전국인 영국과 프랑스는 이전 헝가리왕국이 누렸던 영토의 2/3(71%) 이상을 주변국에 할양하도록 결론을 지었다. 그 결과 한때 헝가리왕국 내에서 거주하던 헝가리 시민은 오늘날 헝가리와 국경을 마주하고 있는 국가, 즉 슬로베니아, 크로아티아, 세르비아, 슬로바키아, 루마니아 영토 내에 머물게 되었으며, 이들은 하루아침에 소수민족으로 전락했다. 결론적으로 헝가리 입장에서 바라보면 트리아농 조약은 불평등 조약이었다. 이에 조약 체결 이후로도 헝가리 지도층은 왕국 시대에 누렸던 영토를 수복하고자 갈망했다. 제2차 세계대전 당시 나치 독일의 동맹국으로 활약한 헝가리의 입장은 바로 이러한 역사적 맥락에서 비롯된 것이다. 반면 헝가리 국경과 인접한 이웃 국가의 입장에서는 헝가리 정부의 소수민족 문제를 헝가리의 영토 수복에 관한 염원과 별개의 문제로 간주할 수 없었고, 이에 소수민족의 권리 신장 문제는 당사국 간에 매우 민감한 정치적인 쟁점으로 남았다(김대순, 2012: 102~118). 이러한 상황에서 구공산주의 동유럽 국가의 EU 가입 신청은 관련 현안에 대한 해결을 촉구했는데 코펜하겐 척도에서 제시한 다음 조항이 그러하다. "EU 회원국을 희망하는 국가는 EU가 제시한 민주주의, 법치주의, 인권, 그리고 소수민족 존중 및 보호를 보장해야 한다."[17]

이러한 조항은 1994년 프랑스 전 총리인 에두아르 발라뒤르(Edouard Balladur)가 소수민족 권리를 보장하고 주변 국가 간 영토 침해 불가침성을 강조하는 내용으로 작성한 발라뒤르 계획안에 의해서 구체화되었다. 그 이후 EU는 1997년 암스테르담 조약과 2001년 라켄 선언(Laeken Declaration)에서 소수민족 권리 신장과 영토 침해 불가침성을 재차 강조하며 당사국 간 관련 문제에 대한 해결을 촉구했다. 이에 헝가리 정부는 주변국과 차례대로 현 국경의 변경 불가침성을 인정하고 소수민족 권리 신장을 보장받는 기본 조약을 체결했고, 이후 EU에 가입할 수

---

[17] "Accession Criteria", http://ec.europa.eu/enlargement/policy/glossary/terms/accession-criteria_en.htm(2016년 3월 29일 검색).

있었다. 즉, 헝가리 소수민족과 관련된 인권 보장은 EU가 주도한 발의 안에 대해 가입 희망국 당사자가 의무적으로 이행한 공동의 외교적인 성과물이라고 해석할 수 있다.

한 가지 주목해야 할 사실은 이러한 공동의 외교적인 노력은 각 정부에서 일관적으로 추진한 것은 아니라는 점이다. 각 행정부가 추구한 외교 정책은 조금씩 상이했으며, 특히 민족주의 진영의 보수 정부가 정권을 획득했을 당시에는 각국의 국익 추구가 EU 가입을 위한 필수요건을 충족시키는 것보다 더 중요했다. 예컨대 반헝가리 소수민족 정책을 추진한 슬로바키아의 블라디미르 메시아르(Vladimír Mečiar, 1990~1991, 1992~1998년 재임) 정부와 헝가리 소수민족의 중요성을 정치적 쟁점으로 극대화시킨 오르반 빅토르(Orbán Viktor, 1998~2002년 재임) 정부가 대표적이다. 해당 시기 양국은 헝가리 소수민족 문제에서 화해하기보다는 대립적인 국면이었고 이에 EU 가입을 위한 외교적인 노력은 큰 진전을 이루지 못했다. 정권이 바뀐 후에야 비로소 관련 문제가 해결되었으며 당사국은 EU에 가입할 수 있었다.

이 외에 또 하나 주목할 점은 헝가리를 비롯한 주변국의 EU 가입이 소수민족 문제의 완전한 해결을 의미하지는 않는다는 것이다. EU 가입 전 헝가리를 비롯한 당사국은 EU 집행부가 제시한 가입 충족 여건을 미래의 회원국으로서 마땅히 지켜야 하는 공동의 가치로 인지하기보다는 가입을 위한 어쩔 수 없는 수단으로 간주했다. 그 결과 가입 후 헝가리를 비롯한 주변국은 헝가리 소수민족 권리 신장 문제에서 다시 외교적 마찰을 빚었는데, 2010년 이후 재집권에 성공한 현 오르반 정부가 대표적이다. 오르반 정부는 주변국에 거주하고 있는 헝가리 소수민족에 대해 이중 국적 수여와 같은 특별지위를 일방적으로 부여했는데, 주변국은 이러한 오르반 행정부의 조치를 당사국의 의사를 무시한 내정 간섭이라고 판단하고 있다. 또한 현 유럽 난민 사태에서 헝가리가 보여

▎표 8-2 ▎ 행정부별 주요 어젠다(1990~현재)

	언털 행정부 (1990~1994)	호른 행정부 (1994~1998)	오르반 행정부 (1998~2002)	메제시 행정부 (2002~2006)	주르차니 행정부 (2006~2010)	오르반 행정부 (2010~)
정치	- 정치 행위자 간 관할권 논쟁	- 사회당의 정권 탈환	- 헝가리 민주주의 공고화의 시작 - 양당제 정당체제로 이행	- 사회당의 정권 탈환	- 사회당의 재집권 성공	- 보수 민족주의자 진영의 정권 탈환 및 재집권 성공
경제	- 점진적 사유화 방식으로 시장경제 활성화	- 신속한 사유화와 재정 건전성 회복을 위한 긴축 재정 시행	- 4% 이상의 경제성장 및 안정화	- 4% 이상의 경제성장 지속	- 과도한 사회복지 지출에 따른 재정 위기 발생, IMF에 구제금융 요청	- IMF 요구에 따른 긴축 재정 시행 - 사유화된 국영 자산의 재국유화 시행
외교	- 세 가지 외교노선 기틀 확립 - 유럽 통합 - 주변국과의 우호 증진 - 헝가리 소수민족 권리 보호	- 외교 노선 중 유럽 통합과 주변국과의 우호 증진을 최우선 과제로 이행 - 헝가리의 NATO 가입 전기 마련	- 외교 노선 중 헝가리 소수민족 권리 향상을 최우선 과제로 이행 - 자국민을 보호하는 특별법 채택	- EU와 NATO 가입	- EU와 NATO 회원국으로서 위상 강화와 역할 모색	- 유로회의론적 입장 고수 - 헝가리 소수민족의 권리 향상을 위한 법안 시행 - EU의 난민 할당 수용을 강력히 반대
공산주의 과거 청산	- 보상법, 56년 혁명 특별법, 중대범죄자 처벌을 위한 소급법 적용	- 공산당국과 협조한 사실을 검열하는 색출법 시행	- 색출 검열 대상 확대	- 색출 검열 대상 축소	- 색출법 중단	- 헝가리공산당 출신의 고위 간부에 대한 정치 재판 시행
기타 안건 과 쟁점	- 임기 중 총리 언털의 사망으로 당내 보로시 페테르가 대리 역할 수행	- 신헌법 초안이 마련되었으나 여야 합의 실패로 무산	- 헝가리의 NATO 가입	- 자국민을 보호하는 특별법 폐기 - 총리 메제시의 과거 첩자 활동이 쟁점화되면서 중도 사임 - 당내 젊은 재력가 주르차니 정부 출범	- 대통령 쇼욤 라슬로의 민족주의적 발언으로 슬로바키아 내 헝가리 소수민족에 거주하는 지역에 입국 거부 사태 발생	- 정부에 비판적인 언론 통제, 헌법재판소 권한 축소, 헝가리 민족주의 가치를 표방하는 신헌법 채택, 집권 정당에 유리한 선거법 개정, 국정 교과서 추진, 친러시아 외교 노선 추구 등 전반적으로 권위주의 체제의 특성을 보임

자료: Körösényi, Tóth and Török(2007: 26~58)을 참조해 저자가 작성.

준 배타적인 난민 수용 태도와 국익 추구 역시 헝가리 정부가 소수민족 또는 이와 관련된 이민 정책 문제에서 EU가 추구하는 보편적 인권 실현을 다르게 해석하고 있다는 사실을 보여준다. 즉, 전환기 헝가리는 EU가 제시한 가입 여건을 충족시킴으로써 보편적 인권의 보장에 대한 제도적인 기틀을 마련했으나 가입 후 관련 문제를 적용하는 데서는 한계점을 드러내고 있다고 해석할 수 있다. 전환기 헝가리의 실질적인 민주주의 성과와 현안을 행정부별로 요약하면 〈표 8-2〉와 같다.

4) 민주화 이후 민주주의 평가

오늘날 헝가리 민주주의는 공고화된 민주주의로 평가받는다. 공고화된 시점에 대해서는 이견이 있을 수 있으나 아그 아틸라(Agh Attila)는 1998년 총선 이후를 민주주의 공고화의 초기 단계로 간주한다(Agh, 2001: 157~179). 이러한 주장은 앞서 살펴보았듯이 1998년을 기점으로 헝가리 정당 체제가 사실상 양당제 구도로 변모하면서 안정화된 국면을 나타냈기 때문이다. 헌팅턴이 제시한 '두 번의 정권 교체'와 평화적 정권 교체를 이룬 시점도 바로 이 시기였으며, 최소한 외형상으로는 안정적인 민주주의 체제의 국면을 보였다. 또한 해당 시기 헝가리 거시경제는 마이너스 국면에서 탈피해 연간 4% 이상의 경제성장을 보이면서 경제적 번영이 정치적 안정의 견인차 역할을 한 사실도 초기 민주적 공고화에 매우 중요한 요소로 작용했다. 궁극적으로 2004년 5월 1일 헝가리는 EU에 가입할 수 있었으며 이후 헝가리는 EU가 추구하는 보편적 민주 가치와 인권 보장, 그리고 세계 평화에 이바지하기 위해 회원국으로서의 소임을 이행하고 있다.

그러나 이러한 긍정적인 성과와 달리 최근 헝가리 민주주의를 바라보는 지배적인 시각은 다소 부정적이며, 그러한 특성을 나타내는 표현으로 "비자유적 민주주의(Illiberal democracy)"를 손꼽는다(Batory, 2016: 283~303; Kornai, 2015: 34~48). 비자유적 민주주의는 비록 자유선거를 통해 평화로운 정권 교체를 이루었지만 언론과 표현의 자유 등 시민의 자유가 제약을 받는 체제를 일컫는다. 헝가리 민주주의가 이러한 유형의 체제로 평가받는 배경에는 현 오르반 총리가 추구하는 권위주의적 스타일의 정치 리더십을 하나의 원인으로 손꼽을 수 있다.[18] 하지만 근본적인 원인은 전환기 헝가리 민주주의 이행의 경로와 선택에서 찾아볼 수 있다.

전술했듯이 전환기 헝가리 민주주의 이행은 엘리트가 주도한 위로부터의 전환이었다. 집권 공산당 대표와 재야 민주 세력 대표 간에 성사된 원탁협상은 평화적 정권 교체에는 기여했으나 시민대표를 의사결정 과정에서 배제시킴으로써 민주주의 정통성은 매우 취약한 상태에 머물러 있었다. 전환기 헝가리 시민에게 정치는 자신들의 일상생활과는 동떨어진 세계에서 활동 중인 위정자들만의 게임으로 비추어졌으며, 이러한 거리감은 줄곧 정치적 무관심 또는 회의감으로 표출되었다. 예컨대 구사회주의 동유럽 국가 시민이 정치기관과 정치인에 대해 갖는 신뢰도를 측정한 가치 비교 연구 결과에 따르면, 1990년대 헝가리 시민은 줄곧 정치인과 정치기관[19]에 대해 매우 높은 수준의 불신을 나타냈다(Mishler and Rose, 1997: 418~451). 이러한 성향은 2000년대 이후로도 변하지 않은 상태로 남아 있었는데, 시모나 쿠코비츠(Simona Kukovic)에 따르면 헝가리 시민이 정치기관[20]에 대해 보여준 신뢰도는 평균 29%를 겨우 상회하는 정도였다(Kukovic, 2013: 20~30). 또한 같은 조사 결과에서 헝가리 시민이 정치인 또는 정치기관에 대해 갖는 높은 불신임도는 민주주의 자체에 대한 불만족으로도 표출되었는데, 민주주의에 대한 만족도는 평균 30%에 지나지 않았다. EU 27개국 회원국의

18 　오르반은 러시아 푸틴 대통령을 비자유적 민주주의의 대표적 인사로 손꼽으며 자신은 푸틴의 강력한 카리스마와 정치적 리더십을 모방하고 싶다고 표명했다. 오르반은 친중국·친러시아 외교 정책을 추구하며, 유럽 통합에 대해서는 회의적인 입장을 나타내고 있다.

19 　여기서 정치기관은 행정부, 의회, 대통령, 사법부, 공무원, 그리고 정당을 의미한다.

20 　여기서 정치기관은 정당, 행정부, 그리고 의회를 의미한다.

평균 만족도가 53%라는 점을 고려할 때 헝가리 시민이 보여준 민주주의에 대한 만족도는 상대적으로 매우 저조하다고 할 수 있다.

물론 정치기관과 민주주의에 관한 시민의 낮은 신뢰도가 시민사회의 취약성을 의미하지는 않는다. 테리 콕스(Terry Cox)와 샌도르 갈러이(Sándor Gallai)에 따르면 1990년대 헝가리 시민사회는 주로 다양한 사회조직이 형성되는 양적 팽창을 이루는 시기였고, 밀레니엄이 지난 이후부터는 그러한 시민사회가 서서히 질적인 성장을 나타내면서 정치 의사 결정 과정에 좀 더 적극적으로 참여하는 연계성이 형성되고 있다고 주장한다(Cox and Gallai, 2014: 51~67). 그러나 이러한 시민사회와 정책 입안자 간 연계성 형성에는 주로 정치에 관심 있는 일부 시민사회 단체만 참여하고 있다는 한계성을 보이고 있으며, 따라서 헝가리 시민사회가 서구와 유사한 양태로 변모하고 있다고 결론을 내리는 것은 아직 시기상조다. 더욱이 활동 중인 주요 헝가리 시민사회 단체도 정치의 당파성에 따라 한쪽으로 편향된 성향을 나타나고 있는 사실을 고려하면, 헝가리 시민사회가 중립적인 태도로 감시견 역할을 하고 있는지에 대해서는 의문점이 남는다. 예컨대 현 오르반 정부는 친정부 시민단체를 육성하기 위해 비공식적으로 막대한 재정적 지원을 제공하고 있으며, 1990년대 말 등장한 시민동아리(Polgári Kör)는 바로 그러한 전형이라고 할 수 있다. 이에 대한 대응으로 야권에서는 반정부 시위를 주도할 수 있는 유사한 시민단체를 육성하고 있으나 시민동아리만큼 대중에게 영향력 있는 단체는 현재 부재하다. 따라서 헝가리 정당정치는 시민사회의 영역까지 깊숙이 침투해 있다고 볼 수 있으며 이처럼 정치 엘리트가 주도하는 민주정치의 이면에는 수동적인 시민사회가 존재함을 알 수 있다. 그렇다면 왜 헝가리 시민사회는 정치에 관해 회의적이거나 수동적인 태도를 일관하는가?

부르스트 라슬로(Bruszt László)와 데이비드 스타크(David Stark)는 원탁협상에서 헝가리 시민사회 취약성을 찾아볼 수 있다고 주장한다. 이들은 전환기 집권 공산당이 당시 야권대표에게 체제 전환을 위한 정치적 협상을 먼저 제시한 계기는 1956년 헝가리혁명의 교훈에 있다고 지적한다(Bruszt and Stark, 1991: 201~245). 2절에서 살펴보았듯이 헝가리혁명은 소련군 개입으로 실패한 미완에 그친 혁명이었다. 비록 혁명은 좌절되었으나 집권 공산당에는 피지배 계층의 인내가 한계에 도달했을 때 어떠한 결과가 초래될 수 있는지를 단적으로 보여준 사건이었다. 헝가리 시민에게도 혁명은 잊을 수 없는 유훈을 남겼는데, 혁명의 실패에 따른 정치 보복과 숙청은 다시는 역사적으로 반복해서는 안 되는 사건으로 기억되었다. 이러한 암묵적 합의가 혁명 실패 후 유화된 형태의 굴라시 공산주의 체제를 조성했고, 헝가리 시민들은 동유럽 내 상대적으로 풍요로운 소비재 경제를 누리는 대신 정치적 도전은 자제했다. 궁극적으로 공산주의 당시 시민의 정치사회화 역할을 할 수 있는 사회적 단위는 가정에 있었으나, 가정에서조차 정치 쟁점은 중요한 대화 주제가 아니었고, 이러한 비정치화된 사회는 정치에 관해 수동적이고 회의적인 태도를 조성하는 데 일조했다. 같은 관점에서 미슐러와 로즈도 전환기 전반적인 동유럽 시민사회의 정치적 수동성은 구공산주의 체제와 그 체제가 남긴 유산과 연관성이 있다고 주장한다(Mishler and Rose, 1997: 418~451). 따라서 이러한 역사적 맥락에서 바라볼 때 헝가리의 원탁협상은 수동적인 시민사회를 배경으로 진행된 정치 엘리트 간 협상이었으며 이들에게 가장 중요한 안건은 평화적 체제 전환이라고 할 수 있다. 이러한 이행 경로가 이들이 목표로 설정했던 평화적인 정권 교체를 달성하는 데는 일조했으나, 전환기 헝가리 민주주의는 애초부터 정통성이 취약한 상태에서 시작했고 시민사회의 정치 참여를 배제한 것이 그러한 취약성의 근본 원인이라고 할 수 있다.

물론 현 헝가리 시민사회가 전환기에 보여준 정도까지 정치에 관해

회의적이거나 방관적인 태도로 줄곧 머물러 있다는 말은 아니다. 앞서 살펴보았듯이 당파성이 있긴 하지만 다양한 시민사회 조직이 활동 중이며 이들은 자신들의 주요 안건을 정책 입안자에게 호소하며 연계 구도를 모색하고 있다. 또한 현재의 권위주의적인 오르반 행정부에 대해 다소 비판적이고 독립적인 시각을 견지하는 시민단체와 비영리단체도 곳곳에서 출범하고 있다. 예컨대, 헝가리 유럽사회(Hungarian Europe Society)는 자발적인 시민의 참여하에 구성된 사회단체로, 언론과 표현의 자유, 인권 보장, 공정한 법치주의 원리를 실현하기 위해 감시견 역할을 하고 있다.[21]

요컨대 민주화 이행 경로는 헝가리 민주주의와 특히 시민사회의 정치적 사회화 과정에 지대한 영향을 행사했다고 해석할 수 있으며, 전환기 헝가리 민주주의의 정치 문화는 다소 신민적인 양태를 보였다고 할 수 있다.[22] 신민적인 정치 문화는 정치 엘리트의 의사 결정 과정에 필요한 독립성을 보장해주고 안정적인 정국을 이끌어갈 수 있는 장점을 지니고 있다. 반면, 참여적 정치 문화는 정치 엘리트가 사회 내 유권자가 요구하는 현안과 문제에 대해 좀 더 관심 있게 바라보고 효과적으로 대응할 수 있는 여건을 조성해준다. 이 두 정치 문화는 서로 배타적인 것이 아니라 상보적이고 혼재적인 특성이 있다는 점을 고려할 때, 헝가리 민주주의는 그러한 양면적 특성을 함께 갖추고 있다고 할 수 있다. 건전한 시민사회 구성이 민주적 공고화를 촉진시키는 주요 요소 중 하나라는 점을 고려할 때(Linz and Stepan, 1996: 3~37), 현 헝가리 정부는 시민사회와의 연계를 어떻게 건설적으로 발전시켜나갈지에 대한 방안을 다각도로 모색할 필요가 있다. 그러한 건설적 연계가 헝가리 민주주의

---

21 자세한 사항은 다음을 참조. http://www.europatarsasag.hu/hu(2016년 3월 31일 검색).
22 자세한 논의는 김대순(2014: 40~50)을 참조.

의 공고화와 밝은 미래를 결정지을 수 있는 열쇠다.

4. 결론

이 장에서는 헝가리에 대한 심층 연구를 통해 구사회주의 동유럽 국가의 민주주의 이행과 공고화 과정을 고찰했다. 헝가리를 비롯한 비셰그라드 회원국은 전환기 정치·경제·사회의 동시적 체제 전환을 성공적으로 이행했고 서방의 주요 경제·안보 협력체인 EU와 NATO에 가입했다. 이로써 냉전시대에 한때 공산주의 국가로 불렸던 동유럽 국가는 시장 자본주의와 민주적 공고화를 성공적으로 달성했고 현재는 EU 회원국으로서 다양한 역할을 모색하고 있다. 그러나 이러한 가시적인 성과와 달리 최근 서유럽의 정치평론가들은 동유럽의 민주주의가 다시 퇴행하는 모습을 보이고 있다고 지적한다. 헝가리 사례를 비추어볼 때 그러한 평가의 이면에는 다음과 같은 문제가 발견되었다.

첫째, 헝가리 민주주의는 아직 성숙한 민주 가치의 내면화를 나타내지는 못하고 있다. 앞서 살펴보았듯이 헝가리 민주주의는 전환기 자유선거를 기반으로 평화적인 정권 교체를 이루어냈고 이행 과정에서 점차로 안정적인 정당 체제로 변모하는 등 절차상에서는 성공적인 민주주의 단면을 보였다. 특히 원탁협상부터 정치 엘리트가 주도한 안정적인 정당정치와 정치 국면은 신생 의회 민주주의의 모습을 보였다고 볼 수 있다. 그러나 그러한 안정적인 정당정치의 이면에는 제삼자, 예컨대 다양한 사회구성원의 대표들이 자신들의 이권을 정치 의사 결정 과정에 반영할 수 있는 기회를 제한함으로써 얻은 결과라는 사실이 숨어 있었고, 따라서 애초부터 헝가리 민주주의는 시민사회의 성장이 제한된 상태에서 시작된 것이었다. 시민사회와 정치 연계성의 취약성을 나타내는 주요 지표로는 정치에 관한 헝가리 시민들의 높은 불신과 회의감을 들 수 있다. 전반적으로 헝가리 시민들에게 정치는 위정자들만의 세계이거나 또는 일부 관심 있는 사람들만의 문제로 인식되었다. 정치기관에 대한 시민의 신뢰는 줄곧 매우 낮은 상태에 머물러 있었으며, 이는 다른 주변국과 비교해서도 상대적으로 낮은 수치였다. 특히 헝가리의 경우 1956년 혁명의 교훈과 이에 따른 유화된 형태의 굴라시 공산주의 체제 성립은 시민사회와 정치에 관한 연계성을 더욱 약화시켰으며 그러한 취약성은 민주화 이후로도 변하지 않은 상태로 남아 있었다. 물론 시민사회에 관한 최근 연구 결과에 따르면 헝가리 시민사회와 정치 의사 결정 과정의 연계성이 점차 강화되고 있는 추세이지만 전반적으로 헝가리 시민이 정치에 관해 보이는 태도는 냉소적이라고 할 수 있다.

둘째, 헝가리 민주주의는 다양한 가치관과 관용성의 미덕을 강조하는 다원주의와는 거리가 먼 비자유적 민주주의 양태를 나타내고 있다. 현 집권 보수정권인 오르반 행정부는 의회에서 의석 2/3 이상(199석 중 133석)을 차지하고 있는데, 이러한 압도적인 정치적 비중을 활용해 권위주의적인 리더십을 추구하고 있다. 예컨대 보수 가치와 이념에 편향적인 신헌법 채택, 언론의 자유를 제약한 신미디어법 채택, 헌법재판소의 판결 권한 축소, 외국 계열 기업만을 대상으로 한 차별적 조세 징수는 현 오르반 정부가 추구하는 가치가 무엇인지를 단적으로 보여주는 대표적인 사례다. 더욱이 유럽으로의 난민 이주 사태가 전개되고 있는 상황에서 난민 수용 반대의 여론을 주도하고 이들에 대한 배타적인 태도를 보임으로써 현 EU가 추구하는 보편적 민주 가치의 실현과는 거리가 먼 행보를 취하고 있다. 주권 국가로서 오르반 행정부가 자신들이 추구하는 가치를 실현하는 것은 당연한 일이지만, 비판과 반대의 목소리를 경청하지 않는 것은 다원주의의 미덕이나 합의제 민주주의[23]와는 거리가 먼 정치체제라고 할 수 있다. 공고화된 헝가리 민주주의가 좀 더 발전하기 위해서는 다양한 민주 가치를 좀 더 효과적으로 제도에 반영할 수 있는 정치제도화 및 그러한 가치의 내면화가 동시에 진행되어야 하며, 이러한 과정은 헝가리 민주주의가 당면해 있는 시대적 과제라고 할 수 있다. 그러한 역사적 과정에서 정치 변혁의 열쇠는 헝가리 시민이 쥐고 있으며 이들은 좀 더 적극적이고 능동적인 태도로 민주주의 발전에 관심을 기울여야 할 것이다.

---

23   자세한 논의는 Lijphart(1999: 31~47)를 참조.

참고문헌

김대순. 2012. 「탈 사회주의 시대 헝가리 외교정책의 변화: 동족민족 처우개선 문제 및 주변국 정책, 미완의 과제」. ≪민족연구≫, 49.

_____. 2014. 『헝가리 현대 정치론: 전환기 동유럽 정치』. 파주: 신광문화사.

_____. 2015. 「체제전환기 동유럽 공산주의의 과거사 정리문제: 헝가리 사례를 중심으로」. ≪서양사학연구≫, 35.

김왕식 외. 2015. 『독일에서 한국의 통일을 보다』. 서울: 대한민국역사박물관.

김철민 외. 2014. 『동유럽 체제전환 과정과 통일 한국에 주는 의미』 서울: 한국외국어대학교.

Ágh, A. 2001. "Early Democratic Consolidation in Hungary and the Europeanisation of the Hungarian Polity." A. Ágh and G. Pridham(eds.). *Prospects for Democratic Consolidation in East Central Europe.* Manchester: Manchester University Press.

Arendt, H. 1951. *The Origins of Totalitarianism.* New York: Schocken Books.

Batory, A. 2016. "Populists in Government: Hungary's System of National Cooperation." *Democratization*, vol. 23, no. 2.

Batt, J. 2003. "Defining Central and Eastern Europe in White." J. Batt and P. Lewis(eds.). *Developments in Central and Eastern European Politics.* London: Palgrave MacMillan.

Bíró, Z. 2015.9.1. 이메일 인터뷰.

Bozóki, A. 2003. *Politikai Pluralizmus Magyarországon 1987-2002.* Budapest: Századvég Kiadó.

Bozóki, A. and G. Karácsony. 2002. "The Making of a Political Elite: Participants in the Hungarian Roundtable Talks of 1989." A. Bozóki(ed.). *The Roundtable Talks of 1989.* Budapest: Central European University Press.

Brown, A. 2000. "Transnational Influences in the Transition from Communism." *Post-Soviet Affairs*, vol. 16, no. 2.

Bruszt, L. and D. Stark. 1991. "Remaking the Political Field in Hungary: From the Politics of Confrontation to the Politics of Competition." *Journal of International Affairs,* vol. 45, no. 1.

Cox, T. and S. Gallai. 2014. "Civil Society and Policy Actors in Post-Communist Hungary: Linkages and Contexts." *Perspectives on European Politics and Society,* vol. 15, no. 1.

Crampton, J. 1997. *Eastern Europe in the Twentieth Century and After.* New York: Routledge.

Crawford, K. 1996. *East Central European Politics Today.* Manchester: Manchester University Press.

Dahl, R. 1989. *Democracy and its Critics*. London: Yale University Press.

Dangerfield, M. 2009. "The Contribution of the Visegrad Group to the European Union's Eastern Policy." *Europe Asia Studies*, vol. 61, no. 10.

Dawisha, K. and B. Parrott(eds.). 1997. *The Consolidation of Democracy in East Central Europe*. Cambridge: Cambridge University Press.

Dunn, D. 1998. *Caught between Roosevelt and Stalin: America's Ambassador to Moscow*. Kentucky: The University Press of Kentucky.

Elster, J. 1993. "Bargaining over the Presidency." *East European Constitutional Review*. Fall 1993/Winter 1994.

Falk, B. 2003. *The Dilemmas of Dissidence in East Central Europe*. Budapest: Central European University Press.

Gill, G. 2011. *Symbols and legitimacy in Soviet Politics*. Cambridge: Cambridge University Press, pp. 89~163.

Gough, R. 2006. *A Good Comrade: János Kádár, Communism and Hungary*. New York: I. B. Tauris.

Granville, J. 2006. "Poland and Hungary, 1956: A Comparative Essay Based on New Archival Findings." K. McDermott and M. Stibbe(eds.). *Revolution and Resistance in Eastern Europe*. New York: Berg.

Huntington, S. 1991. *The Third Wave: Democratization in the Late Twentieth Century*. Norman: University of Oklahoma Press.

Hupchick, P. 1994. *Culture and History in Eastern Europe*. New York: St. Martin Press.

Irodalmi Újság. 1988. "Történelmi Igazságtételt!: Felhívás A Magyar Társadalomhoz." 16 June.

Kennedy, M. 1991. *Professionals, Power, and Solidarity in Poland*. Cambridge: Cambridge University Press.

Kéri, L. 2010. *A Rendszerváltás Krónikája 1988-2009*. Budapest: Kossuth Kiadó.

Kim, D. S. 2013. *The Transition to Democracy in Hungary: Árpád Göncz and the Post-Communist Presidency*. London and New York: Routledge.

Kiss, J. and I. Vida(eds.). 2005. *Magyarországi Pártprogrammok 1988-1990*. Budapest: ELTE Eötvös Kiadó.

Kontler, L. 2002. *A History of Hungary: Millenium in Central Europe*. New York: Palgrave MacMillan.

Kónya, I. 2015.9.2. 이메일 인터뷰.

Kornai, J. 1992. *The Socialist System: The Political Economy of Communism*. Princeton: Princeton University Press.

_____. 2015. "Hungary's U-Turn: Retreating from Democracy." *Journal of Democracy*, vol. 26, no. 3.

Körösényi, A. 1999. *Government and Politics in Hungary.* Budapest: Central European University Press.

Körösényi, A., C. Tóth and G. Török. 2007. *A Magyar Politikai Rendszer.* Budapest: Osiris Kiado.

Kukovic, S. 2013. "Distrust in Political Institutions: Comparisons between New Democracies of Central and Eastern Europe." *Journal of Comparative Politics,* vol. 6, no. 2.

Lewis, P. 1994. *Central Europe Since 1945.* New York: Longman.

Lijphart, A. 1999. *Patterns of Democracy.* New Haven: Yale University Press.

Linz, J. and A. Stepan. 1996. *Problems of Democratic Transition and Consolidation: South Europe, South America, and Post-Communist Europe.* Baltimore: Johns Hopkins University Press.

Litván, G. 2008. *Maradunk a Tényeknél: Történelmi-Politikai Írások.* Budapest: 1956-os Intézet.

Litván, G.(ed.) 1996. *Hungarian Revolution of 1956: Reform, Revolt, and Repression 1953-1963.* London: Longman.

Mason, D. 1996. *Revolution and Transition in East Central Europe.* London: Westview Press.

McCauley, M. 1977. *Communist Power in Europe 1944-1949.* London: MacMillan.

Mishler, W. and R. Rose. 1997. "Popular Evaluations of Civil and Political Institutions in Post-Communist Societies." *The Journal of Politics,* vol. 59, no. 2.

Mudde, C. 2001. "In the Name of the Peasantry, the Proletariat, and the People: Populism in Eastern Europe." *East European Politics and Societies,* vol. 15, no. 1.

New York Times. 1953. "Vast Riddle: Demoted in the latest Soviet Shake-up." 10 March.

O'Neil, P. 1997. "Hungary: Political Transition and Executive Conflict: The Balance or Fragmentation of Power." R. Taras(ed.). *Post-Communist Presidents.* Cambridge: Cambridge University Press.

Offe, C. 1996. *The Varieties of Transition: The East European and the East German Experience.* London: Polity Press.

Rainer, J. 2002. "The Reburial of Imre Nagy: A Symbolic Act of Democratic Transformation in Hungary." L. Congdon and B. Király(eds.). *The Ideas of Hungarian Revolution Suppressed and Victorious 1956-1999.* New York: Columbia University Press.

Rainer, J., C. Békes and M. Byrne. 2002. *The 1956 Hungarian Revolution: A History in Documents.* Budapest: CEU Press.

Ripp, Z. 2006. *Rendszerváltás Magyarországon 1987-1990.* Budapest: Napvilág Kiadó.

Romsics, I. 1999. *Hungary in the Twentieth Century.* Budapest: Corvina Kiadó.

Swain, G. and N. Swain. 2003. *Eastern Europe Since 1945.* London: Palgrave MacMillan.

Swain, N. 2015.9.20. 이메일 인터뷰.

Tőkés, R. 1970. "Popular Front in the Balkans: 3. Hungary." *Journal of Contemporary*

History, vol. 5, no. 3.

_____. 1996. *Hungary's Negotiated Revolution: Economic Reform, Social Change and Political Succession.* Cambridge: Cambridge University Press.

Verdery, K. 1999. "What was Socialism, and Why did it fall?" V. Tismaneanus(ed.). *The Revolutions of 1989.* New York: Routledge.

Weiner, R. 1994. *Change in Eastern Europe.* Connecticut: Greenwood Publishing Group.

White, S. 1993. "Eastern Europe after Communism." S. White, J. Batt and P. Lewis(eds.). *Developments in East European Politics.* London: The Open University Press.

Zielonka, J.(ed.) 2001. *Democratic Consolidation in Eastern Europe.* Oxford: Oxford University Press.

"Accession Criteria." http://ec.europa.eu/enlargement/policy/glossary/terms/accession-criteria_en.htm(2016년 3월 29일 검색).

"Freedom of the Press." http://www.famous-quotes.com/topic.php?tid=747(2016년 2월 10일 검색).

"Hungarian Europe Society." http://www.europatarsasag.hu/hu(2016년 3월 31일 검색).

"Khrushchev's Secret Speech." http://www.soviethistory.org(2015년 6월 1일 검색).

"Parliamentary Elections in Hungary." http://www.parlament.hu(2016년 1월 20일 검색).

9장

아랍의 봄 민주화운동의 비교정치학적 분석:
혁명 발발의 불가측성과 민주화 성공의 구조적 요인

장지향 | 아산정책연구원

1. 서론

2011년 초 튀니지에서 반독재 민주화 혁명이 예기치 못하게 발발했고 곧 주변 여러 나라로 퍼지면서 '아랍의 봄' 민주화운동이라는 도미노 현상이 이어졌다. 빈곤, 청년 실업, 정부의 부정부패, 사회관계망서비스(SNS)의 활성화 등이 아랍 민주화운동의 급작스러운 발발과 급속한 확산의 원인으로 제기되었다. 그러나 이러한 원인은 혁명 발발 당시의 우발성과 불가측성 및 이후 개별 국가별 민주화 이행 과정에서 나타난 다양성의 배경을 체계적으로 설명하지 못하고 있다. 무엇보다 20~30년간 안정적으로 유지되어온 장기 독재 정권이 왜 하필 2011년에 갑작스럽게 붕괴했는지를 설명하지 못하고 있다. 또한 혁명의 발생지인 튀니지는 북아프리카에서 부유한 나라에 속하며, 트위터, 페이스북 등 SNS의 활성화는 혁명이 일어나지 않은 걸프 산유 왕정에서 가장 뚜렷하게 나타나는 현상이기도 하다. 더불어 왜 튀니지와 이집트에서는 혁명 직후 비교적 평화롭게 정권 퇴진이 이루어진 반면, 시리아와 예멘에서는 정권이 시위대를 무자비하게 탄압해서 내전으로까지 이어졌는지, 또한 요르단, 바레인, 알제리, 모로코, 오만에서 발생한 시위는 정권의 즉각적인 내각 총사퇴나 개혁 약속으로 이어질 수 있었는지에 대한 논리적인 설명도 부족하다.

이 장에서는 아랍의 봄 민주화운동에서 나타난 혁명의 우발성과 민주화 이행 과정의 다양성에 대해 더욱 설득력 있는 분석을 제시하고자 한다. 우선 아랍의 봄 민주화운동의 우발성과 불가측성을 설명하기 위해 단시간에 변화한 주요 행위자의 인센티브와 그에 따른 새로운 행보에 주목한다. 혁명이란 우연하고 사소한 계기를 통해 발생하는 우발적인 현상이며 그 배후에는 새로운 기회를 포착한 행위자의 손익 계산과 합리적 선택이 있다. 독재 정권이 예기치 못한 사건으로 여론에 대한 통제력을 잃는 순간 정권에 대한 깊은 불만이 폭발적으로 표출되기 시작한다. 짧은 시간 동안 행위자는 주변의 대다수 시민이 자신과 마찬가지로 개인 선호도를 오랫동안 숨겨왔다는 정보를 업데이트하고 적극적으로 민주화 시위에 참여하게 되는 것이다. 시위대에 참여하고 정권에 반대해 얻을 수 있는 혜택이 그 비용을 크게 뛰어넘기 때문이다.

권위주의 정권에 충격을 가하는 우연한 계기가 언제 어떻게 찾아오는지 정확히 알 수는 없으나 일단 변화가 시작되면 그 파급력은 걷잡을 수 없이 확산되며 정권의 갑작스러운 붕괴라는 극적인 변화로 이어진다. 권위주의 정권하의 시민들은 언론 통제와 탄압으로 인해 자신의 의사를 자유롭게 표현할 수 없고 독재 정권은 시민이 가진 불만의 정도를 정확히 알 길이 없기 때문이다. 겉으로 매우 안정적으로 보이던 튀니지나 이집트의 장기 독재 정권이 갑작스럽게 붕괴한 것은 혁명의 우발성과 예측 불가능성을 보여주는 또 하나의 역사적 사례다. 독재자와 측근 엘리트, 시민들 모두 당시 독재 정권의 지지 기반이 얼마나 취약했는지를 제대로 인식하지 못하고 있었다.

다음으로 아랍의 봄 민주화운동이 성공적이고 안정적인 민주화로 연결되는지 여부는 정치에 개입하지 않는 전문 직업주의 군부, 독자적 자본가 계층, 현실 정치의 경험이 풍부한 반정부 조직이 이행 과정에서 얼마나 효과적으로 갈등을 조정하느냐에 달려 있다. 또한 정부의 복지 정책이 석유 자원에 의존하지 않을 경우 민주화가 더욱 빠르고 순조롭게 진행될 수 있다. 각 나라의 고유한 권력 지형과 지배 구조가 서로 다른 이해관계를 가진 혁명 참여자들의 갈등 과정을 규정하기 때문에 어디서든 민주화의 장애물은 비슷함에도 불구하고 개별 국가의 혁명 결과는 매우 다르다. 혁명은 예기치 않게 극적으로 일어날 수 있지만 민주화의 성공은 여러 구조적 조건을 필요로 한다.

2절에서는 아랍의 봄 민주화운동의 발발 배경과 특징을 분석한다. 먼저 비교 혁명 이론을 소개하면서 중동 혁명의 대표적 사례인 1979년 이란 이슬람혁명을 역사적으로 고찰한다. 이어서 2011년 아랍의 봄 민주화운동에서도 발견되는 혁명의 우발성과 불가측성을 둘러싼 이론적 근거를 추적한다.

3절에서는 아랍의 민주화운동 발발 이후 빠른 속도로 확산된 정치·경제·사회·안보의 변화가 각 나라마다 어떠한 모습으로 진행되었는지 살펴본다. 이를 위해 튀니지, 이집트, 시리아, 걸프 산유 왕정에서 나타난 다양한 탈혁명 경로를 주요 세력의 갈등과 타협 양상별로 비교 분석한다. 가장 먼저 혁명이 일어났고 가장 성공적으로 탈혁명 이행기를 이끌어가는 튀니지, 혁명에 성공해 독재 정권을 무너뜨렸으나 군부 독재로 회귀한 이집트, 독재 정권이 반정부 시위대를 무력 진압하면서 내전 상태로 치달은 시리아, 산유 왕정이 대대적인 복지 공세를 통해 불만을 잠재우고 반정부 시위를 사전에 막은 걸프 국가들의 사례를 비교 고찰한다. 이를 통해 아랍 신흥 민주주의가 제도적으로 이행되는 절차와 아랍 권위주의가 회귀하고 공고화되는 과정을 대조 분석한다.

마지막으로 각 사례에서 보여주는 민주화 이행의 경로와 선택을 통해 아랍의 봄 이후 민주주의를 평가한다. 아랍의 봄 민주화운동 이후 나타난 국내·역내 권력 지형의 쟁점별·사례별 변화 분석이 혁명 일반 이론과 비교 민주화 이론에 주는 발전적 함의를 알아보고자 한다. 또한 튀니지, 이집트, 시리아, 걸프 산유 왕정의 민주화 사례를 한국의 민주화운동과 비교 분석해 민주화 연구의 비교정치학적 함의를 살펴보고자 한다.

2. 아랍의 봄 민주화운동의 배경과 특징

1) 중동 혁명의 역사적 고찰과 이론적 배경: 이란의 이슬람혁명부터 아랍의 봄까지

2011년 1월 튀니지에서 누구도 예상치 못한 반독재 민주화운동이 발발했다. 튀니지의 재스민혁명은 이웃 아랍 국가들로 빠르게 확산되어 아랍의 봄이라는 도미노 현상을 불러왔다. '왜 지극히 안정적으로 보이던 정권이 사소한 충격으로 급작스럽게 무너지는가'라는 질문은 레자 샤 팔레비(Reza Shah Pahlavi) 왕정을 무너뜨린 1979년 이슬람혁명 직후 본격적으로 논의되기 시작했다. 이 질문은 이후 동유럽 공산주의 정권의 연속적인 붕괴를 가져온 1989년 혁명과 2011년 아랍의 봄 혁명을 분석하는 데에도 적용되었다. 실제로 아무도 일련의 혁명을 예측하지 못했다. 20~30년간 권위주의 정권을 안정적으로 유지해왔던 튀니지의 지네 엘아비디네 벤 알리(Zine El Abidine Ben Ali)와 이집트의 호스니 무바라크(Hosni Mubarak)는 왜 민주화 시위가 일어난 지 한 달도 못되어 부와 권력을 순순히 포기했는지, 왜 하필 2011년에 이들의 장기 독재 정권이 순식간에 붕괴했는지에 대한 논리적인 분석은 제시되지 못하고 있다.

1979년 이란 이슬람혁명의 경우 미국 중앙정보국(CIA)에서 교육받은 최정예 비밀경찰 사바크(SAVAK)와 40만 명의 현대식 군대를 보유했던 샤가 무장도 하지 않은 시위대 앞에서 그렇게 빨리 허망하게 주저앉을 것이라고는 아무도 예상치 못했다. 샤의 군대와 관료는 해외 군사 경쟁이나 외부 압박도 없었고 도시를 중심으로 조직된 시위에 농민들은 거의 참여하지도 않았다. 미국 CIA도 1977년 8월 보고서에서 "샤의 권력이 더욱 강해졌기 때문에 가까운 미래에 이란 정치에서 큰 변화를 기대하기는 어렵다"라고 결론 내렸다. 1978년 8월에는 큰 규모의 시위가 주요 도시에서 일어나고 있었으나 CIA는 여전히 "현재 이란은 혁명의 단계로 가고 있지 않다. 반체제 세력에는 민중을 동원할 수 있는 능력이 없다"라고 보고했다. 샤가 이란을 도망치듯 떠나기 4일 전인 1979년 1월 12일의 CIA 보고서 역시 "샤의 반대 세력들은 서로 추구하는 목표가 달라서 한 번도 통일된 운동으로 뭉쳐본 경험이 없고 오히려 서로 경쟁하느라 바쁘다"라고 분석했다(Mousavian and Shahidsaless, 2014).

당시 병에 걸려 몸과 마음이 황폐했던 샤는 독재 체제의 몰락을 막기 위해 사력을 다하지 않았고 우유부단하게 행동했다. 1978년 6월 대학생들의 시위가 점차 과격해지자 샤는 비밀경찰 사바크의 국장을 교체했고 8월에는 총리를 바꿨다. 9월 대규모 평화 시위대에 대한 발포와 강경 진압으로 수많은 사상자를 낸 '검은 금요일' 사건 이후에는 왕실부 장관을 해임했고 총리를 교체한 지 석 달도 되지 않아 또 총리를 바꿨다(Zabir, 2012). 최대 우방국 미국의 카터 대통령이 샤를 공공연히 비판하자 샤의 권력 약화설이 급속히 전파되었고 여론은 걷잡을 수 없이 나빠졌다. 결국 샤는 1979년 1월 이란을 떠나버렸다.

샤의 전향적 태도는 민심을 달래지도 엘리트를 단합시키지도 못했다. 정권의 향방과 독재자의 향후 거취에 대해 끊임없이 눈치를 보고 손익계산을 따져본 엘리트들은 독재자의 우유부단한 태도 덕분에 비교적 쉽게 결정을 내렸다. 샤의 측근 엘리트는 체제 수호 대신 탈출을 선택했다. 몰락해가는 정권을 수호하기 위해 목숨을 걸고 격렬히 저항할 인센티브와 믿음이 없었기 때문이다. 결국 샤에 반대하는 시위가 본격화되자 수천 명의 이란 상류층은 바로 재산을 챙겨 나라를 등졌다. 독재자를 향한 시민의 격렬한 분노와 독재자의 유약함을 확인한 지배 엘리트가 내린 선택이었다.

특히 군부는 샤의 정치적 미래가 불확실해지자 재빨리 독자적으로 움직였고 육군 참모총장이 군의 중립화를 선언했다. 이는 샤 체제 붕괴에 결정적으로 작용했고 군부 엘리트 가운데 극소수를 제외한 장교들 대부분은 혁명 세력에 투항했다. 사실 고위급 장교 엘리트들은 모두 샤의 충복이 아니었다. 쿠데타에 대한 두려움에 시달리던 샤가 충성파만으로 사바크를 조직해 군부 전체를 철저한 감시 체제하에 두고 무력화하고자 했기에 군 내부에서는 샤에 대한 불만이 굉장히 높았다(Moaddel, 1992; Tezcur, 2008; Ward, 2014).

혁명과 민주화운동의 진행 과정에서 시시각각 변하는 인센티브에 반응하는 주요 행위자로는 독재자와 지배 엘리트, 혁명 참여자가 있다. 우선 독재자의 말 한 마디, 행동 하나는 측근 엘리트의 주관적 믿음에 지대한 영향을 끼치기 때문에 독재자의 정권 수호 의지는 개인 한 명의 의지를 훨씬 뛰어넘는 효과를 지닌다(Bueno de Mesquita and Smith, 2009). 독재자는 보상과 억압을 통해서 엘리트를 통제하고 엘리트는 독재자의 정치적 안정과 보상에 대한 믿음을 전제로 정권에 대한 충성을 결정한다. 보상 문제에서 가장 핵심은 신뢰의 문제다. 독재자는 현재의 정치적 필요 때문에 엘리트에게 미래의 보상을 약속하지만 시간이 경과하면서 언제라도 약속을 어길 가능성이 있기 때문이다(Axelrod, 1984; Weingast,

2005).

만약 독재자가 더 많은 개인 권력을 축적하기 위해 약속을 지키지 않고 기회주의적으로 행동할 경우 엘리트에게는 세 가지 선택이 있다. 첫째, 동료 엘리트와 연합을 구성해 동맹을 맺은 후 세력 균형을 통해 개인 독재의 공고화를 막을 수 있다. 둘째, 독재자의 권력이 지나치게 막강해졌다고 판단될 경우 현상 유지를 위해 줄서기를 선택할 수 있다. 마지막으로, 지배 엘리트는 독재자와 정권에 대한 충성을 포기하고 바로 이탈할 수 있다(셸링, 2013). 바로 이란 혁명 과정에서 샤 체제의 엘리트가 선택한 극단의 방법이다. 독재 체제를 유지하는 가장 큰 원천은 독재자에 대한 엘리트의 믿음이며 믿음이 깨지는 순간 엘리트는 새로운 대안을 찾아 이탈한다. 즉, 독재자가 권력을 상실했다고 엘리트가 믿기 시작하는 순간 걷잡을 수 없이 빠른 속도로 극적인 정권 붕괴가 일어난다(한병진, 2010).

여기서 독재 정권의 미래는 독재자와 엘리트의 관계뿐만 아니라 엘리트 간의 관계에 의해서도 결정되는 것을 알 수 있다. 이란 혁명의 사례가 보여주듯이 독재자가 체제 수호에 대한 자신감을 상실할 경우 엘리트의 협동은 순식간에 사라지고 정권은 붕괴하고 만다. 독재자가 반체제 시위에 대해 강력한 의지를 표명하며 단호한 입장을 보일 경우 엘리트는 다른 엘리트의 참여를 예상하고 자신 역시 정권 수호에 동참한다. 엘리트의 선택은 다른 엘리트의 선택에 크게 좌우되기 때문이다(딕시트·네일버프, 2009). 하지만 반대로 독재자의 유약한 태도가 노출될 경우 엘리트는 주변의 엘리트가 정권 지키기에 소홀할 것으로 예상하고 자신도 개인적으로 살 길을 알아보기 시작하면서 엘리트의 집단적 믿음에 균열이 일어나기 시작한다.

이처럼 정권이 작은 충격에도 무너질 수 있는 긴박한 상황에서 정권을 유지하는 버팀목은 엘리트의 협력이다. 그런데 엘리트는 언제나 승자의 편에 서고 싶어 한다. 이러한 욕구는 법의 보호를 받을 수 없는 독재 정권에서 더욱 강하다(Bueno de Mesquita and Smith, 2009). 승자를 잘못 예상할 경우 독재자의 미움을 받아 정치적 박해와 숙청 같은 커다란 피해를 감수해야 하기 때문이다. 따라서 엘리트는 눈치작전을 벌일 수밖에 없다. 바로 독재자의 정치적 미래에 대한 기대가 엘리트의 선택에 영향을 미치고 이것이 다시 주위 엘리트의 선택에 영향을 미치면서 독재자의 권력을 공고화할 수도 있고 붕괴시킬 수도 있기 때문이다.

물론 독재자와 엘리트의 전략적 행보 못지않게 혁명에 참여하는 시민의 선택 역시 중요하다. 혁명 참여 여부를 결정하는 데 행위자가 주관적으로 믿는 혁명의 성공 가능성이 높을수록 참여에서 기대하는 보상의 크기가 증가하며, 이를 계산하는 데 가장 큰 영향을 미치는 요소가 바로 독재자가 통제하고 있는 국가의 장악력이다. 그런데 대규모 시위가 발생하기 전 사람들의 대부분은 혁명의 성공 가능성을 아주 낮게 측정한다. 평소에 아무리 체제에 불만이 많았다고 하더라도 대부분은 막상 주변의 눈치를 보고 행동에 옮기기를 꺼려한다. 초기의 손익 계산만으로는 혁명을 시작하는 핵심 대중이 등장하기 어려운 이유다. 하지만 다행히 많은 사람들이 시위에 동참하기 이전에 소수의 활동가가 시위를 주동하고 이끈다.

이란혁명의 경우 이슬람 성직자들의 죽음을 무릅쓴 용기 있는 행동이 엄청난 폭발력을 갖고 시위를 선도했다. 성직자들의 초기 시위에 대해 샤가 즉각적인 진압을 벌이지 않고 정부 당국도 강경하게 대처하지 못하자 시위대의 규모가 점차 커져갔다(Gheissari and Nasr, 2006). 혁명의 성공 가능성에 대한 주관적 기대가 상승해 참여자가 대폭 증가한 것이다(Kahneman and Tversky, 1979). 이 시점을 기해 혁명 참여로 얻는 혜택이 비용을 뛰어넘을 수 있다는 믿음이 걷잡을 수 없이 확산되었다. 혁명의 성공 가능성에 대한 기대는 주변 행위자에게 크게 영향 받는다.

따라서 굳이 많은 사람이 한꺼번에 혁명 성공에 대한 큰 기대를 가질 필요는 없다. 핵심 행위자의 주관적 기대가 변하는 것만으로도 큰 변화가 발생할 수 있다.

혁명의 초기 단계에서 독재자의 우유부단한 결정으로 인한 정치적 자유화는 성난 민심을 달래기보다는 혁명의 성공 가능성을 높이는 매우 중요한 촉매제 역할을 한다. 정치적 억압이 약해지면서 다양한 반대 세력의 목소리가 봇물 터지듯 나오며 개선된 정치적 상황만큼 기대 수준 역시 가파르게 상승한다. 하지만 현실의 개선 정도가 상승된 기대 수준을 따라가지 못하면서 기대 수준과 현실 사이의 간극이 갈수록 커진다. 결국 기대 수준의 가파른 상승으로 인해 행위자는 좌절감을 느끼고 더욱 강하게 저항을 조직하게 된다. 이에 상황은 개선되었지만 혁명 활동은 더욱 활발해지는 역설적인 상황이 발생한다(Kahneman, 2011).

또한 상황이 개선되다가 갑자기 악화될 경우 기대 수준과 현실 간의 괴리가 급속히 확대되어 혁명 참여자의 좌절감이 폭발하면서 혁명의 세기와 속도가 증폭하기도 한다. 상황이 일관되게 나쁠 경우 체념을 하지만 상황이 개선되면 기대 수준 역시 상승하기 때문이다. 상승하는 기대 수준과 반대로 현실이 역행하는 순간 이전에 쉽게 참았던 억압과 부조리가 견딜 수 없는 현실로 변한다. 이에 손실을 강하게 느낀 행위자는 원래 상태를 회복코자 저항한다.

이란 샤 체제의 붕괴 과정에서 볼 수 있듯이 오랜 기간 고도의 탄압을 지속하던 정권이 갑자기 압박을 늦추면 시민들은 바로 들고 일어난다. 상황이 개선될 때 시민들은 혁명의 성공 가능성을 높게 인식하기 때문이다. 개선된 상황에서는 혁명 세력이 정치적·경제적 자원을 더 많이 동원할 수 있으므로 성공에 대한 주관적 확률 값이 상승한다. 혁명은 이길 가능성에 기반을 둔 합리적 판단의 결과다. 2011년 일어난 아랍의 봄 민주화운동을 둘러싼 예측 상황도 마찬가지였다.

2) 아랍의 봄 민주화운동의 특징: 불가측성과 다양성

여기서는 아랍의 봄 민주화운동의 특징으로서 우발성과 예측 불가능성을 강조하며, 이를 설명하기 위해 단시간에 변화한 미시적 인센티브와 새로운 가능성에 반응하는 행위자들의 전략적 행보에 주목한다. 합리적 선택 이론에 따르면 혁명은 우연한 계기를 통해 발생하는 예측 불가능한 사회 정치 현상이며 그 배후에는 새로운 기회를 포착한 행위자의 손익 계산과 효용에 따른 선택이 있다(Kuran, 1995; Kurzman, 2004; Przeworski, 1991). 권위주의 정권이 사소한 계기로 여론에 대한 통제력을 잃는 순간 정권에 대한 깊은 불만이 공공연하게 표출되기 시작한다. 시민들은 대다수 동료 시민이 자신과 마찬가지로 정부에 대한 반감을 오랫동안 숨겨왔다는 정보를 얻고 민주화 시위에 적극 참여하게 된다. 이는 시위대에 참여하고 정권에 반대해 얻을 수 있는 혜택이 그 비용을 크게 뛰어넘는다고 계산했기에 가능하다(장지향, 2011).

권위주의 정권에 충격을 가하는 계기가 언제 어떻게 찾아오는지 정확히 알 수는 없으나 일단 충격이 가해지면 그 파급력은 걷잡을 수 없이 빠르게 확산되며 장기 독재 정권의 붕괴라는 극적인 변화로 이어진다. 폐쇄적이고 억압적인 정권일수록 혁명의 시작과 정권의 붕괴는 더욱 예상치 못하게 일어난다. 권위주의 정권의 공포 정치하에서 시민들은 자신의 의사를 자유롭게 표현할 수 없고 독재 정권은 시민의 불만 정도를 정확히 알 길이 없기 때문이다(Friedkin and Johnson, 2011; Kuran, 1995). 시민들 역시 사적인 자리에서 정권에 대한 서로의 불만을 간접적이나마 어렴풋이 확인할 수 있지만 그 정도와 깊이에 대해서는 확신을 가질 수 없다.

독재 정권의 안정성은 소수 지배 엘리트의 탄압으로 쉽게 유지할 수 있지만 실제로는 폭발 직전의 매우 취약한 단계를 위장한 것에 불과하다. 오래된 독재 정권의 내구성은 대부분 물질의 상태가 근본적으로 변하기 직전의 매우 불안정한 단계를 기반으로 한다. 시스템이 감당할 수 있는 최대의 압력에 직면해 있지만 아직 임계점에 도달하지 않아 표면적으로는 안정적으로 보이는 단계일 수 있다(Taleb, 2010). 그런데 겉으로 보이는 인위적인 안정과 실제의 취약함을 구분하기가 매우 어렵다는 것이 문제다. 따라서 정권과 시민들 모두는 몰락 직전의 정권 기반이 얼마나 취약한지를 제대로 인식하지 못한다(장지향, 2011).

독재자와 측근 엘리트가 지나친 여론 통제와 숙청이 난무하는 공포정치 때문에 지지 기반의 취약 정도를 가늠할 수 없다는 사실은 정권 자체에 더욱 위험한 일이다. 특히 지배 엘리트는 자율성이나 전문 직업성을 갖고 있지 못하기 때문에 여론의 왜곡을 증폭시키는 역할을 한다. 감시 체제하에서 정권에 대한 정확한 여론은 존재할 수가 없다. 하지만 이란과 아랍 권위주의 체제의 붕괴 사례에서 보았듯이 여론 통제가 심한 사회일수록 정권에 대한 불만이 폭발적으로 분출된 후 그 여파가 극적인 변화로 이어지기 마련이다.

아랍의 봄 혁명에 대한 이론적 논의에서 독재자의 행위와 선택을 중점적으로 분석해보면 혁명 직전의 상황은 개인 독재 체제가 견딜 수 있는 최대의 압력을 수용한 단계이며, 이때 독재자의 돌발적이고 이중적인 태도는 정권 붕괴의 촉매제로 작용한다. 여러 독재 정권에서 나타났던 장기적인 경제난과 외교적 고립은 체제의 약점일 수 있으나 정권을 유지시켜나가는 데는 큰 문제가 아니다. 정권 유지의 가장 큰 위협은 현재 단계가 불만이 폭발하기 직전의 단계이며 정권 몰락으로 쉽게 이어질 수 있다는 사실을 깨닫지 못한다는 점이다. 이때 독재자의 갑작스러운 태도 변경은 극적인 체제 붕괴를 촉발하는 요소가 된다.

따라서 혁명 발발 직후 독재 정권의 미래는 정권의 내구성에 대한 엘리트의 믿음과 확신에도 크게 달려 있다. 그런데 이들의 믿음과 확신은 외부 요인이 아니라 내부의 실책, 특히 독재자에 의해 결정된다. 더불어 엘리트의 계산과 선택은 주위 엘리트의 선택에 대한 기대와 반응에 달려 있다. 대체로 그 기대와 반응은 한쪽 방향으로 바람과 추세를 타기 마련이어서 한 사람의 자신감은 다른 엘리트의 자신감으로 이어진다. 엘리트의 사이의 갈등과 반목 역시 실망과 불안의 연쇄작용으로 이어져서 폭발력을 갖고 확산된다. 엘리트의 자신감이 다른 이의 자신감을 강화하는 역순으로 엘리트의 불안과 실망은 다른 엘리트에게 영향을 준다. 상호의존적으로 눈치를 보고 의존하는 구조하에서 엘리트의 확신과 믿음은 삽시간에 사라지기도 하고 급변하기도 한다(Kahneman and Tversky, 1979). 엘리트의 변심 역시 혁명 시위대의 변화와 마찬가지로 폭발력을 갖고 표출된다. 여론에 따라 자신의 선택을 맞춰왔던 엘리트는 여론이 변하면 태도가 돌변하기 때문이다. 이러한 변심은 주위 엘리트에게 신속하게 전파되고 엘리트 사이에는 미래에 대한 불확실성이 급속하게 퍼져간다. 결국 엘리트의 변심으로 인해 안정적이었던 장기 독재가 갑작스럽게 무너지는 것이다.

지금껏 합리적 선택 이론과 전망 이론의 분석을 통해 살펴보았듯이 아랍의 봄에서 나타난 우발성과 불가측성에 비춰볼 때 이슬람이나 아랍 예외주의 접근법은 설명력을 상실했다. 안정적으로 보이던 튀니지, 이집트의 장기 독재 정권이 갑작스럽게 붕괴한 것은 혁명의 우발성과 예측 불가능성을 보여주는 또 하나의 역사적 사례다. 또한 사후적 인과관계에 초점을 맞추어 거시 구조(macro foundations)의 점진적인 변화와 이의 축적에 따른 정치 변동에 주목하는 역사적 제도주의 역시 정보 확산(information cascade)의 정치적 논리와 이에 따른 합리적 선택의 배경을 설명해내지 못했다. 2011년 아랍 시민들도 1989년 동유럽 공산주의 정권을 무너뜨린 구사회주의권 시민들과 마찬가지로 새로운 기회 앞에서 정치적 비용과 혁명 성공의 혜택을 저울질하고 민주화 시위에 적극적으로 참여했다. 정권에 대한 불만이 공공연하게 표출되고 서로의 의사와 선호를 확인한 시위대는 빠른 속도로 영향력을 확대해갔다. 이는 국경을 넘어 더욱 빠른 속도로 걷잡을 수 없이 커져갔고 결국 극적인 변화를 가져왔다(장지향, 2011). 대부분의 독재 체제는 특별한 예고 없이 갑작스럽게 붕괴한다. 아랍의 봄의 발발과 이에 따른 독재 정권의 몰락 사례에서도 마찬가지였다.

또한 아랍의 봄을 분석한 많은 연구가 민주화 혁명이 발발하고 주변국으로 급속하게 확산한 원인으로 빈곤, 청년 실업, 정부의 부정부패, SNS의 활성화 요소를 강조하고 있다. 그러나 이러한 설명은 혁명 발발의 우발성과 이후 국가별 다양한 전개 양상 간의 인과관계를 체계적으로 밝히지 못하고 있다.

무능한 정부와 경제 위기는 혁명이 일어나지 않았던 알제리에서 가장 극명히 나타나는 문제점이었다. 혁명의 발생지인 튀니지는 북아프리카에서 부유한 나라에 속하며, 트위터와 페이스북의 활성화는 혁명이 일어나지 않은 사우디아라비아와 아랍에미리트, 카타르, 쿠웨이트를 포함한 걸프 산유 왕정에서 가장 뚜렷하게 나타나는 현상이었다. 이는 중동의 사회 네트워크망에서 명백하게 나타나고 있다(〈표 9-1〉 참조). 우선 아랍의 봄 민주화운동이 일어나 장기 독재자를 몰아낸 튀니지, 이집트, 리비아, 예멘의 자료를 보더라도 혁명의 발발과 휴대폰, 인터넷, 페이스북을 포함한 사회 네트워크망의 발전도 사이에는 일관된 상관관계가 존재하지 않는다. 전체 인구당 인터넷 사용자 비율을 보면 튀니지와 이집트는 중간 지수를 나타내고 있으나 리비아와 예멘은 꽤 낮은 지수를 보이고 있다. 휴대폰 보유율 역시 비슷한 양상을 보이며 페이스북 가입률의 경우에는 일정한 패턴이 없다.

반면 민주화 혁명이 거의 일어나지 않았던 걸프 산유 왕정의 휴대폰 보유율과 인터넷 사용자 비율, 페이스북 가입률은 매우 높다. 다시 말

▍표 9-1▍ 중동의 사회 네트워크망(2014년 기준)

국가명	인구 (백만 명)	100명당 휴대폰 보유율(%)	인구당 인터넷 사용자 비율(%)	인구당 페이스북 가입률(%)
알제리	38.7	93	17.2	11
바레인	1.19	173	98.7	33.1
이집트	85.3	114	53.2	14.5
이란	77.9	88	55.7	N/A
이라크	35.8	95	9.2	8.2
이스라엘	8	121	75.8	50
요르단	6.6	148	87.3	39.3
쿠웨이트	3.9	218	92.5	33.7
레바논	4.5	88	80.7	38.3
리비아	6.2	161	21.8	13.9
모로코	33.1	132	61.3	15.8
오만	3.7	158	80.3	18.9
팔레스타인	2.6	N/A	60.6	33.6
카타르	2.2	146	95	34.4
사우디아라비아	30.6	180	66	22.1
시리아	22.1	71	28.1	N/A
튀니지	10.9	128	46.2	31.0
터키	77.3	95	56.7	39.4
아랍에미리트	9.3	178	95.7	41.7
예멘	27.4	68	20	N/A

자료: Henry(2013); IMF(2015).

해 혁명의 배경으로 널리 회자되었던 빈곤, 실업, 정부의 무능과 부정 부패, SNS의 활성화는 혁명의 촉진 요소가 될 수는 있으나 혁명 발발의 결정적 원인은 아니다.

3. 아랍의 봄 이후 민주주의 이행 및 공고화 과정

아랍의 봄 민주화운동에서 나타난 우발성과 불가측성의 공통점에도 불구하고 혁명 발발 이후 아랍 국가들은 민주화 이행 과정에서 매우 다양한 경로를 보여주었다. 그러나 왜 튀니지에서는 순탄한 민주화 이행이 이루어진 반면 이집트에서는 군부의 간섭이 이행 과정을 방해했는지, 시리아에서는 아사드 정부군, 반군, 이슬람 극단주의 테러 조직 ISIS(Islamic State of Iraq and Syria, 이슬람국가) 간에 내전이 발생했는지, 또한 걸프 산유 왕정에서는 거의 시위가 발생하지 않았는지에 대한 비교 분석이 매우 부족하다.

실제로 튀니지에서는 민주화운동 이후 비교적 평화로운 정권 퇴진이 이루어진 반면, 이집트에서는 정권 퇴진 이후 민주화 이행 과정에서 군부가 영향력을 지속적으로 발휘했고 결국 군사 쿠데타로 첫 민주정부를 몰아냈다. 시리아에서는 민주화 시위대에 대한 정권의 무자비한 탄압이 일어나 내전으로 이어졌고 소수파 알라위 정권이 다수 수니파 민간인을 상대로 학살을 계속하고 있다. 그러나 사우디, 이란, 터키 등 역내 세력과 미국, 유럽, 러시아를 중심으로 한 역외 이해 당사자들 간의 팽팽한 대립으로 인해 내전 해결의 실마리를 찾지 못하고 있는 가운데 이슬람 극단주의 테러 조직 ISIS가 부상해 2015년 여름 시리아 난민 사태가 세계적 인도주의의 위기로 대두되었다. 한편 걸프 산유 왕정은 민주화운동의 확산이라는 외부 충격을 거의 받지 않았고 여타 군주국에서 발생한 시위는 즉각적인 회유로 조용히 마무리되면서 극명한 대조를 보이고 있다.

혁명 이후 민주화로의 이행은, 전문 직업주의 군부가 존재하고 권위주의 정권에 포섭되거나 이와 결탁한 자본가 층이 얇으며 자생적인 반정부 재야 조직의 제도권 현실 정치 경험이 많고 정부의 재정이 부족해 복지 정책이 미흡할 경우 더욱 빠르고 순조롭게 이루어졌다. 전문 직업적 군부, 독립적인 비즈니스 계층, 경험 많은 반정부 조직, '자원의 저주(resource curse)'의 여부가 혁명 이후 민주주의 이행의 성패를 좌우하는 결정적인 요소다. 개별 국가 내 서로 다른 권력 지형이 혁명의 파급

｜표 9-2｜ 아랍의 국가군 분류

		전체 사회구조와의 연계성	
		상 ↔ 하	
특수 사회계층으로부터의 자율성	상 ↕ 하	제한적 민주주의 국가: 튀니지	위압적 권위주의 국가: 이집트
		보수적 군주 국가: 걸프 산유 왕정	폐쇄적 독재 국가: 시리아

력을 조절할 뿐만 아니라 혁명 이후에도 서로 다른 이해관계를 가진 혁명 참여자들 간의 갈등 과정을 조정하기 때문이다.

〈표 9-2〉에서 보듯이 전체 사회구조와의 연계성 및 특수 사회계층으로부터의 자율성이 높고 낮음에 따라 아랍의 국가는 크게 폐쇄적 독재 국가, 위압적 권위주의 국가, 보수적 군주 국가, 제한적 민주주의 국가로 구분된다. 시리아는 폐쇄적 독재 국가, 이집트는 위압적 권위주의 국가, 걸프 산유 왕정은 보수적 군주 국가, 튀니지는 제한적 민주주의 국가에 해당한다. 따라서 혁명의 발발이라는 동일한 정치 현상에도 불구하고 혁명 이후의 이행 과정은 권력 배분 관계와 국가 - 사회 간 상호작용에 따라 매우 다른 양상을 나타내며 발전했다.

아랍의 국가는 정권의 성격, 자본주의 모델의 양식, 시민사회의 발전도, 전체 사회구조에 대한 국가의 책임성, 특수 사회 계층으로부터의 관료의 자율성, 세계화 대응력 등을 포함한 종합적인 국가 능력에 따라 서로 다른 국가군으로 분류된다. 민족과 정치체제의 차이뿐 아니라 누구에게 얼마나 오랫동안 어떠한 방식으로 식민 지배를 받았는지, 석유자원의 보유량은 얼마나 되며 이에 대한 영향력을 누가 행사하는지 등의 세부 기준 역시 능력의 요소에 포함된다(Luciani, 2009).

식민 지배의 직간접적인 영향을 받은 아랍의 대부분 국가는 과대 성장 국가와 과소 발전 사회의 특징을 나타냈다. 대부분의 중동 무슬림 국가에서 근대 국가는 서구의 식민지 지배와 맞물려 위로부터 강압적

으로 형성되었고 이 과정에서 과도로 성장한 강권 국가와 국가의 후원
망 아래 조직된 소수 사회 세력만이 권력과 혜택을 독점해왔다. 소수
기득권 엘리트가 장악하고 있는 국가는 석유나 외부 원조 등의 지대에
크게 의존한 채 물리력 행사를 통해 다원주의를 위축시켜왔고 국가의
세금 징수 능력, 정권의 정당성, 은행과 재정 기관의 신용도는 대부분
저조했다. 이처럼 신흥 독재 정권이 정치 참여의 확대와 사회경제적 평
등을 요구하는 시민사회를 철저히 탄압하자 이슬람식 개혁을 주장하는
조직이 대안 세력으로 높은 지지를 받았다(Henry and Springborg, 2010;
Jang, 2008).

역량 있는 국가는 사회 구성원 전체에 대한 책임감을 보유하고 있어
서 사회 내부에 깊숙이 침투되어 시민의 요구에 대해 화답한다. 또한
국가는 사회를 위해 기본적으로 재산권을 보호하고 거래와 계약의 안
전을 보장할 뿐만 아니라 갈등을 해결하기 위해 지속적으로 협상함으
로써 제도화된 채널을 제공해 순탄하게 정책을 변화시킨다. 이는 곧 권
력의 획득과 행사 과정에서 정권의 정책적 정향에 대한 높은 지지 기반
및 정당성과도 연결되어 있다(Evans, 1995).

또한 유능한 국가의 관료는 특정 계급, 특히 경제적으로 영향력 있는
사회 계층의 정치적 압력으로부터 독립적이고 자율적이다(Thelen and
Steinmo, 1992). 대규모 공적 조직인 직업 관료제는 정경 유착을 기반으
로 한 후원 관계로부터 독립적이고 국가의 재정을 지대가 아닌 세금,
특히 직접세 징수와 산업화를 통해 충당하기 때문이다. 일반적으로 국
가와 사회 행위자의 거리가 가까울수록 민주적 가치, 경제적 효율성,
사회 복지의 수준이 낮아질 것으로 여기지만 이러한 지대 추구 논리와
는 달리 자율성을 보유한 관료가 있는 경우 근접성으로 인한 부정부패
는 쉽게 일어나지 않는다. 국가와 사회 간의 근접성은 얼마든지 협조적
인 관계로 전환될 수 있고 정책 변경이나 경제성장을 위해 유용하게 작

동할 수 있기 때문이다(Hall and Soskice, 2001; Schneider, 1998).

우선 튀니지, 이집트는 아랍 국가들 가운데 개방적인 체제를 갖고 있는 권위주의 국가였다. 따라서 아랍의 봄 혁명을 경험한 국가들 가운데 이 두 나라만이 사실상의(de facto) 정권 퇴진을 이룰 수 있었다. 이들 정권은 세계화의 압력하에서 제한적이나마 자유 경쟁 체제와 다원주의를 도입했고 시민사회 단체가 제도권 내로 편입되었다. 또한 경제 엘리트는 강력한 재야 이슬람 운동에 대해 비교적 약한 거부감을 느꼈다. 반면 시리아는 소수 부족과 종파 엘리트가 권력을 장악하고 경제 소유권 대부분을 통제 관리하는 폐쇄적 국가다. 사적 영역이 부재한 가운데 시민사회는 지속적인 탄압을 받았고 제도권 활동의 경험이 거의 없기 때문에 매우 급진적인 성격을 띠고 있다.

산유 왕정은 종교와 혈연에 기초한 공동체 의식을 강조하는 소수 왕족에 의해 지배되고 있다. 이들 왕정은 시민을 상대로 무차별적인 복지 정책을 확대하며 지대 국가(rentier states)의 권위주의적 안정성을 공고히 했다. '자원의 저주', '풍요의 역설(plenty paradox)'로 설명되는 이러한 현상은 '납세 없이 대표 없다(no taxation, no representation)'라는 논리하에 왕족의 세습 네트워크를 강화하고 시민의 정치 참여를 사전에 막는다. 산유 왕정의 풍부한 재정은 자국 내의 억압 기구를 강화시킬 뿐만 아니라 이웃 비산유 군주국에도 원조 형식의 지대로 제공되어 비밀경찰과 군을 포함한 강권 기구를 확장하는 데 이용되고 있다(장지향, 2011).

1) 튀니지의 성공적인 민주주의 이행

아랍의 봄 이전 튀니지는 이집트와 함께 위압적 권위주의 국가군에 속했다. 위압적 권위주의 국가의 능력은 낮은 연계성과 높은 자율성으로 나타나며, 폐쇄적 독재 국가와 비교하면 관료제의 위계질서가 뚜렷하고 조직력이 탄탄해 사회 특수층으로부터 독립성이 높다(Brumberg, 2002; Langohr, 2004). 또한 국가가 사회 통제를 위해 회유와 협박 두 가지 전략 모두를 구사한다는 점에서 사회 전반에 대한 연계성과 정부의 책임성은 낮지만 폐쇄적 독재 국가보다 사회에 대해 화답하는 정도가 높았다.

이들 국가군에서는 제한적이나마 정치 자유화 과정이 나타났으나 일당 지배 엘리트가 위로부터 실시한 정책이었기 때문에 매우 형식적이었다. 냉전 시기 사회주의와 민중주의를 내세웠던 이들 국가의 자본주의 모델은 프랑스식 국가주의 체제와 독일식 과점 체제의 혼합형을 기반으로 했다. 세계화 시기 국내외 시민사회의 자유화 요구가 높아지자 국가는 제한적이나마 글로벌 경쟁 시스템의 요소를 일부 도입했고 점진적이나마 다원주의가 소개되었다. 하지만 제도권 경험이 부족했던 시민사회는 국가와의 상호 관계에서 낮은 협상력을 보였고 조직 발전의 기회를 놓쳤다(Amin, 2000; Lust-Okar, 2008).

아랍의 봄 혁명 직후 치러진 튀니지와 이집트의 선거에서는 온건 이슬람 정당이 다수당으로 부상하면서 이슬람 정치 문화와 자유 민주주의의 공존 가능성이 제기되었다. 아랍 세계에서 부패하고 무능한 권위주의 정권의 대안으로 가장 높은 지지를 받고 있는 최대의 야권 세력은 이슬람식 개혁을 주장하는 이들이었다. 첫 민주 선거를 통해 집권당이 된 튀니지의 엔나흐다(Ennahda)당과 이집트의 무슬림형제단(Muslim Brotherhood)은 무슬림 민주주의와 이슬람의 현대화를 강조했다. 이들 아랍 무슬림 정치 세력은 1990년대 말부터 터키의 온건 이슬람 정당인 정의발전당(Justice and Development Party)의 성공을 벤치마킹해 반서구주의를 포기하고 자유 민주주의와 세계화, 민영화를 강조하기 시작했다(Onis, 2001).

특히 튀니지 이슬람 정치 세력의 온건화와 제도권 편입은 아랍의 봄 민주화운동에서 가장 성공적인 사례다.[1] 아랍의 봄 혁명 5주년이 지난 지금 자유롭고 공정한 선거를 통한 정부 교체의 여건이 제도화되고 다원주의 정치 문화가 자리를 잡아가는 유일한 나라가 튀니지다. 튀니지는 아랍의 봄을 겪은 나라 가운데 예외적으로 안정적인 민주화 이행기에 접어들었다. 또한 시민사회는 점차 국가로부터 자율성을 확보하고 다양한 구성원을 포함하기 시작하고 있다. 국가도 국내외 압박하에서 실질적으로 많은 양의 개혁을 실시하고 있으며 그 혜택 역시 고르게 분배하고 있다. 튀니지는 제한적인 민주주의 국가군으로 이행하고 있으며 시민과의 연계성을 다져가며 사회보장제도를 확충하기 위해 노력하고 있다. 또한 자율성이 높은 관료는 국가 재정을 지대나 후원 관계가 아닌 세금 징수와 산업 활동을 바탕으로 충당하고자 한다(Bellin, 2013). 제한적 민주주의 국가는 지역 내 여타 국가군과 비교해 상대적으로 역량 있는 국가로 분류된다.

튀니지의 온건 이슬람 정당 엔나흐다는 2011년 벤 알리 독재 정권을 무너뜨린 민주화운동을 이끌어 첫 민주총선에서 압승을 거뒀다. 이슬람 공동체가 주도적으로 외국인 투자를 유치하고 경제를 부흥시키겠다는 구상을 내놓기도 했다. 그러나 3년여의 집권 기간 동안 엔나흐다당은 정치적·경제적 측면 모두에서 국민의 기대에 부응하지 못했고 결국 후속 선거에서 패배했다. 무엇보다 집권 기간 동안 경제 운영의 실패로 인해 물가 급등과 대량 실업이 이어졌으며 집권 후기에는 세속주의 성향의 야권 지도자 두 명이 암살되면서 급속히 신뢰를 잃었기 때문이다.

1 　온건화란 반체제 정치조직이 급진적 목표를 포기하고 대의제 과정으로 편입되어 민주적 경쟁, 평화로운 정권 교체, 다원주의 보호의 원칙을 수용하는 현상이다. 이는 이념적 위치나 경제 및 대외 정책보다는 국내 정치의 주요 쟁점에 관한 조직의 입장에 변화가 있을 때 더욱 의미 있다. 문화나 이념의 차이에 크게 상관없이 이슬람주의자나 사회주의자를 포함한 모든 정치 세력에 적용되는 보편적인 기준이다(Wickham, 2004).

튀니지의 두 번째 총선에서는 세속주의 정당 니다 투니스(Nida Tunis)가 집권 여당 엔나흐다를 제치고 217석 가운데 85석을 확보해 제1당이 되었다. 엔나흐다의 선거 패배는 튀니지 정치에서 합의를 기반으로 한 민주주의와 다원주의 발전의 계기가 되었다. 니다 투니스는 최다 의석을 얻었음에도 과반을 넘지 못했기에 32%를 얻은 엔나흐다당과 연립정부를 꾸려야 했고 세속주의자와 이슬람주의자들은 합의를 도출하기 위해 타협점을 찾아가야 했다.

무엇보다 이들 경쟁 세력은 2014년 아랍 이슬람 세계에서 가장 자유주의적이고 민주적이라는 평가를 받는 헌법 개정에 합의했다. 94%의 국회 지지를 얻어 통과한 새 헌법은 이슬람을 국교로 정하고 있지만 다른 아랍 국가들처럼 이슬람법 샤리아를 법의 근간으로 삼는다고 명시하지 않는다. 대신 시민은 법의 정당한 보호하에 신앙의 자유를 가진다고 명시하고 있으며 특히 비무슬림에게 폭력을 행사하거나 종교적 공격을 선동하는 것을 엄격히 금지한다. 또한 법 앞에서 남녀의 평등을 보장하며 여성의 권리도 적극 보호하도록 규정하고 있다(Freedom House, 2015). 사실 엔나흐다당은 집권 후기인 2013년 반정부 시위가 전국적으로 확산되자 야권과 대화를 통해 스스로 권력을 내려놓고 선거 일정을 잡았다. 엔나흐다당은 이슬람 정당임에도 89명 의원 중 여성 의원이 41명일 정도로 여성의 권리 확대에도 관심이 많았다. 이들 여성 의원은 의회뿐만 아니라 헌법 제정 위원회를 비롯한 주요 시민단체 등에서 적극 활동해오고 있다.

2014년 총선 실시는 집권당의 결단 덕분에 가능했으나 그 배후에는 국정 혼란을 종식시키고 세속주의자와 이슬람주의자 세력 간에 합의를 이끌어내고자 나섰던 시민단체의 중재가 큰 몫을 했다. 튀니지 최대 노동조합인 노동총연맹은 변호사연맹, 인권단체와 협력해서 '국민대화(Tunisian National Dialogue Quartet)'를 설립했고 집권당과 야당을 협상

테이블에 앉혀 대화의 장을 마련했다. 결국 조기 헌법 제정과 총선 실시의 합의를 이끌어낸 이들은 2015년 노벨평화상을 수상했다.

아울러 튀니지의 시민사회 대표자들은 '진실과 존엄 위원회'를 설립해 인권을 적극 보호하고 국민의 화합을 이끌어내고자 했다. 위원회는 국제연합개발계획(UNDP) 등 국제기구와 협력해 무고하게 학대받거나 인권 유린을 당하는 국민이 없도록 하고 법질서와 공적 제도를 통해 화합의 근간을 세우려는 중이다. 벤 알리 독재 시절 경찰에 비해 차별을 받았던 군부 역시 의회에 적극 협력하는 태도를 보이고 있다. 비록 2015년 튀니지 박물관과 휴양지에서 이슬람 극단주의 테러 조직 ISIS를 추종하는 세력이 외국인 관광객을 겨냥해서 두 차례 테러 사건을 일으켜 신흥 민주정부의 치안 능력이 문제시되기도 했으나 시민 대다수가 정부를 지지하고 있다.

그렇다면 아랍의 봄 혁명 이후 왜 튀니지는 제한적이나마 민주주의 체제로 이행되어가는 반면 이집트는 권위주의 회귀로 선회했는지에 대한 설명이 필요하다. 튀니지와 마찬가지로 이집트에서도 이슬람 정치 세력의 온건화가 나타났고 두 국가 모두 중동 시민사회의 발전도 차원에서 보면 예외적인 사례에 속한다. 식민지 유산 이론에서 분석하듯이, 대부분의 중동 시민사회는 조직적 저발전 양상을 띠고 있다(Anderson, 1987; Ayubi, 1995; Henry and Springborg, 2010; Posusney, 2005). 제3세계 국가의 일반적인 경험과 마찬가지로 중동의 근대 국가 형성과 사회 구성 과정에서도 서구의 영향이 결정적으로 작용했다. 독립 이후 신생 국가는 식민 지배 시기에 형성된 내부 관료 체제와 외부 국경선을 가지고 출발했다. 하지만 식민 지배하에서 강압적으로 실시된 국가 건설은 여러 가지 문제를 내포하고 있었다. 중동 근대 국가의 특징 가운데 하나는 제국주의 식민지 유산으로 인해 비정상적으로 비대해진 강권 기구와 극도로 위축된 시민사회의 비대칭적 조합이다(Jang, 2008).

제3세계에서 근대 국가 형성과 자본주의의 도입은 식민 지배 시기에 시행되었으며 작위적인 과정하에서 강력한 헤게모니를 가진 토착 계급이 생겨날 수 없었다. 군대와 비밀경찰로 무장한 국가권력을 견제할 수 있는 독립적인 세력 대신 독재 정권과 후원 관계를 맺은 특수 계층만 존재했다(Acemoglu, Johnson and Robinson, 2001). 국가의 보호를 받는 소수 자본가나 국가가 관리하고 통제하는 노동자 계급은 국가의 영향력으로부터 자유로울 수 없었고 민주주의 발전의 원동력이 되지 못했다. 이들은 오히려 권위주의 정권의 동맹 세력으로 활동하며 특혜를 부여하는 기존의 권력 구조를 유지하려 했다(Bellin, 2002; Eickelman, 2002). 이렇듯 헤게모니 계급의 부재하에 국가의 우위는 지속되었고 근대화의 목표하에 지배 엘리트는 식민 지배 시기의 강권 기구를 복원해 국내의 정치적 경쟁자를 견제하고 민중을 탄압했으며, 이는 탈식민 국가의 특징으로 자리 잡았다(Moore, 1966; Rueschemeyer, Stephens and Stephens, 1992; Skocpol, 1979).

결국 독재자의 횡포를 막고 민주주의를 가져오기 위해서는 정실 자본가나 무능한 어용 노조가 아닌 적극적인 사회 세력이 필요하다. 국가의 영향력으로부터 독립적인 세력만이 억압적 권위에 대항하고 기득권층을 견제해 기존의 권력 구조에 변화를 가져올 수 있기 때문이다. 중동 무슬림 국가에서는 세속 자유주의자 세력과 이슬람주의자들이 독립 세력의 정당성을 두고 경쟁을 벌여왔다. 전자는 아랍 사회주의와 범아랍주의를 주장하며 1980년대 이전 시기를 풍미했고, 후자는 1980년대 이후 대표적인 반정부 세력으로 급속히 부상했다. 세속 자유주의자 그룹은 무능하고 부패한 권위주의 정부에 과감히 맞서 저항하지도 않았을뿐더러 서구로부터 지속적인 지원을 받았다는 점에서 이슬람 운동 세력에 비해 정당성과 도덕성이 떨어졌다(Mahoney, Kimball and Koivu, 2009).

결국 일반 대중의 이슬람주의 정당을 향한 지지는 튀니지와 이집트의 첫 민주선거에서 표로 결집되었다. 그러나 튀니지의 이슬람 정당은 체제 내에서 안정적으로 제도화의 경로를 거친 반면 이집트의 이슬람 정당은 정부를 이끈 지 1년여 만에 민심을 잃고 군부 쿠데타로 쫓겨나고 말았다. 튀니지의 엔나흐다당은 이집트의 무슬림형제단과 달리 세속주의자 세력과의 타협을 통해 제도 내에서 합의를 도출하는 역량을 갖췄기 때문이었다. 또한 튀니지의 군부는 이집트의 군부와 달리 여러 이권에 깊숙이 개입되어 있지 않았고 조직의 역할을 국방의 의무에만 한정시켜왔다.

2) 이집트의 군부 권위주의로의 회귀

1956년 당시 소연방의 지지를 받던 이집트가 서구의 대공산권 방위 구축을 위한 바그다드조약에 반대하며 수에즈 운하의 국유화를 선언하자 영국·프랑스·이스라엘 군이 시나이 반도를 공격했다. 수에즈전쟁으로도 불리는 2차 중동전쟁을 통해 이집트 대통령 가말 압둘 나세르(Gamal Abdel Nasser)는 아랍 민족주의의 영웅이자 비동맹 독자 노선의 지도자로 부상했다. 이후 나세르가 시나이 반도에 군을 투입하면서 3차 중동전쟁이 시작되었으나 아랍의 대패로 끝났다. 나세르는 전쟁의 책임을 지고 사퇴했고 이집트는 운하의 통행료 수입과 석유 공급이 끊기자 극심한 경제 위기에 직면했다.

1970년대 말 이집트 대통령인 무하마드 안와르 사다트(Muhammad Anwar Sadat)는 미국의 지미 카터(Jimmy Carter) 대통령의 중재하에 캠프 데이비드에서 이스라엘과 평화 협정을 체결했다. 1년 후 이집트는 이스라엘로부터 시나이 반도를 돌려받았다. 사다트는 이집트 우선주의, 친서구주의, 이스라엘 인정, 시장경제 도입 등의 정책을 실시하면서 나세르의 아랍 민족주의, 적극적 중립주의, 아랍 사회주의와의 단절을 선언했다. 이집트가 캠프 데이비드 협정에서 팔레스타인 문제와 이스라엘의 점령지 문제는 배제한 채 자국의 국익만을 챙긴 것에 대해 팔레스타인해방기구(Palestine Liberation Organization)와 다른 아랍 국가는 거세게 반발했고 이집트에 대한 단교 조치를 단행했다.

3차 중동전쟁의 대패와 이집트의 친서구 노선 채택 이후 아랍 세계에서는 범아랍주의에 대한 회의가 확산되면서 이슬람 운동의 급진화가 진행되기 시작했다(Gause, 2009). 1981년 사다트는 급진 이슬람주의자에게 피살당했다. 1980년대에 이르러 무능한 부패 정권에 대한 반대 운동은 탈민족주의와 친이슬람주의 운동으로 조직되었다. 범아랍주의 대신 대중의 마음을 얻은 이슬람주의에 따르면 세계화의 확산은 이슬람 사회를 서구식 소비주의로 오염시키려는 자본주의의 음모이며 국제통화기금(IMF)의 개방 압력 역시 무슬림 민중을 고통으로 몰아넣는 미국의 책략에 불과했다(Amin, 2000; Ottaway and Carothers, 2004). 시민사회 내 이슬람주의의 부상은 2003년 이라크전이 시작되면서 미국 개입과 무능한 정부 반대, 이슬람 공동체를 중심으로 한 무슬림의 단결이라는 구호로 더욱 심화되었다(Gerges, 2005).

그러나 2000년대 초반 이집트에서는 이슬람의 역할을 개혁적으로 해석하고 자유 민주주의의 개념을 받아들이려는 정치 세력이 부상했다. 이 온건 이슬람주의자들은 이슬람이 국가의 규제와 사회주의를 반대한다는 점에서 신자유주의와 공통점이 있음을 강조하기도 했다. 이슬람 원리주의 세력 내 젊은 세대가 이슬람 국가 건설의 목표를 철회하고 국민주권, 다원주의, 법질서 준수 등의 규범을 받아들인 것이다. 이러한 신진 이슬람 정치 세력은 선거 경쟁을 통해 다수 의석을 차지하기 위해서 지지 기반 확대에 매진했다. 아랍의 대표적인 이슬람 정치 조직인 이집트의 무슬림형제단 역시 급진 노선을 폐기하고 이슬람과 자유

민주주의의 양립 가능성을 강조하기 시작했다(장지향, 2010).

이집트의 무슬림형제단은 무바라크가 30년을 장기 집권하는 동안 조직적 규모와 영향력 면에서 독재 정권의 가장 큰 위협이었다. 무슬림형제단은 2000년대 중반 이후 의회 내 최대 야권 블록을 형성하며 세속 권위주의 독재에 저항했다. 그러나 무슬림형제단 지도부는 민주주의와 다원주의를 지지한다고 선언했지만 당내 전통 보수파와 급진 강경파 간 마찰을 피할 수는 없었다. 결국 무슬림형제단은 여성 참정권에 대한 지지를 공식화했으나 여성의 국가 수장 자격 여부에 대해서는 명확한 입장을 공표하지 못했다(Wickham, 2004).

이집트 이슬람 정치 세력의 온건화는 이슬람 자본가 계층의 존재 덕분에 가능했다. 이슬람 자본가는 과대 성장한 권위주의 국가를 견제할 수 있는 독립적인 사회 세력이 될 수 있다. 탈식민 근대 국가의 발전 과정에서 국가와 후원 - 수혜 관계에 놓인 소수 세속 산업 자본가와 달리 이슬람 자본가는 국가의 지속적인 감시와 규제의 대상이었다(Henry and Springborg, 2001; Richards and Waterbury, 2008). 따라서 이들은 국가의 영향력으로부터 독립적이었고 기득권의 교체를 주장하는 이슬람 운동의 세력 확장에 대한 거부감이 약했다. 하지만 국가와 이슬람 정치 세력 사이의 마찰이 계속되고 이슬람 자본가에 대한 국가의 규제가 강화되자 이슬람 자본가는 이슬람 정치 세력 가운데 온건 개혁파와의 관계를 돈독히 하면서 자신들의 입지를 강화시켰다(장지향, 2010).

이집트는 근대 이슬람 은행의 발생지이기도 하다. 이집트의 이슬람 은행은 개방 정책을 실시한 사다트 정부하에 1977년 도입되었다. 1980년대 중반 이슬람 은행은 이슬람 부흥주의를 도모하려는 걸프 산유 왕정의 적극적인 자금 유치 전략에 힘입어 10% 이상의 시장 점유율을 확보하며 전성기를 맞이했다(Jang, 2010). 1990년대 초반 국가의 간섭이 조금씩 줄어들면서 이슬람 은행의 시장 점유율과 지점 수가 꾸준히 증가하기도 했다. 걸프 산유국에 거주하는 이집트의 해외 노동자들도 이슬람을 기업 윤리로 삼는 이슬람 투자회사를 통해 송금과 투자를 해오면서 이집트 내 이슬람 자본가 세력은 중소 규모의 비즈니스 계층으로 성장할 수 있었다(Soliman, 2004).

실제로 무슬림형제단의 온건 개혁파, 이슬람 은행, 이슬람 투자회사 사이에는 연계가 발견되고 있다. 1970년대 말 사다트 정권하에서 이슬람 정치 세력이 활발한 대중 활동을 벌일 당시 무슬림형제단 내 개혁파 성향의 여러 당원이 이슬람 은행의 창립 멤버이자 종교 운영위원회의 임원으로 종사했고 투자회사의 경영에도 깊이 간여했다(Amin, 2000; Henry and Springborg, 2001; Korany, 2009).

2011년 11월과 2012년 1월에 걸쳐 실시된 첫 민주총선에서 무슬림형제단이 이름만 바꾼 자유정의당(Freedom and Justice Party)이 45% 득표로 다수당이 되었고 살라피 누르당(Nour Party)은 25%, 와프드(al-Wafd) 당, 자유 이집트당(Free Egyptians), 사회민주당(Social Democrats)을 포함한 세속 자유주의 세력은 각각 18%의 지지를 얻었다. 이어 2012년 5월에는 60여 년 만에 처음으로 민주 대선이 실시되었다. 역사적인 대선에는 5000만 명의 유권자 가운데 46.4%가 참여했는데, 이는 30% 이상의 문맹률을 고려할 때 비교적 높은 참여율이었다.

총 13명의 대권 주자 가운데 유력한 당선 후보는 무바라크 정권에서 마지막 총리를 지낸 아흐마드 샤피크(Ahmed Shafiq), 아랍연맹 사무총장과 무바라크 정권에서 외무장관을 지낸 아므르 무사(Amr Moussa), 과거 무슬림형제단 소속이던 온건 이슬람주의자 압둘무님 아불푸투흐(Abdel Moneim Aboul Foutouh), 무슬림형제단의 자유정의당 후보 무함마드 무르시(Mohammed Morsi)였다. 대선의 쟁점은 크게 경제난 해소, 치안과 법질서 회복, 이스라엘과 미국 관계로 압축되었다. 네 명의 주요 후보자 모두 빈곤 퇴치, 실업 문제 해결, 최저 임금 보장을 기반으로 하는 경제개혁의 필요성을 주장했다. 이들 주요 대선 후보의 공약에 따르면 샤피크와 무사는 구정권을 지지하는 보수파에, 아불푸투흐와 무르시는 종교적 보수파에 속했다. 다만 무사와 아불푸투흐는 샤피크와 무르시보다 중도적 성향을 보였다. 5월 선거에서는 어느 후보도 과반을 득표하지 못했고 6월 결선 투표에서 무르시가 51.7%를 얻으면서 가까스로 승리했다(장지향, 2012; Egypt State Information Service, 2012).

하지만 결선 투표 전후 과도정부를 장악하고 있던 군부의 횡포로 인해 이집트의 민주화 이행은 최대의 위기를 맞았다. 군부 과도정부의 꼭두각시인 헌법재판소는 결선 투표를 이틀 앞두고 6개월 전 치러진 총선이 위법이라며 의회 해산 명령을 내렸다. 무슬림형제단의 자유정의당이 다수당이 되었기 때문이다. 또한 군부는 결선 투표의 결과 발표를 무기한 연기했다가 일주일이 지나서야 무르시의 승리를 선언했다. 민주화 혁명 이후에도 실세로 군림했던 군사최고위원회는 신헌법 제정 시 군부가 거부권을 행사할 수 있도록 필요한 조치를 취해두었고 무르시의 임기 단축 가능성마저 시사했다(장지향, 2012).

무슬림형제단 출신 대통령의 실수도 컸다. 첫 민선 대통령 무르시는 무슬림형제단의 첫 번째 선택이 아니었으며 투표에 참가하지 않거나 다른 후보를 지지했던 수천만 명의 마음도 얻어야 했다. 당시 이집트는 세계은행의 사업 용이성 평가에서 110위를 차지했고, 외환 보유고는 150억 달러 이하로 떨어졌으며, IMF 차관 협상이 1년 넘게 지연된 상태였다(IMF, 2015; Kirkpatrick, 2012). 그러나 국정 운영 경험이 없던 무슬림형제단 정부는 이슬람의 역할을 지나치게 강조하며 경제 살리기와 사회 통합을 신속히 이뤄내지 못했고 집권 1년 만에 군부 쿠데타로 축출되었다. 독재자를 축출한 혁명이 민주주의의 안착으로 반드시 이어지지 않는다는 명제가 중동과 아랍 세계에서도 증명된 셈이다.

군부는 무르시를 축출하는 과정에서 무슬림형제단 지지 시위대를 유혈 진압해 1000여 명이 사망했다. 쿠데타 직후 군부가 세운 과도정부의 주도로 군부의 권한을 확대하고 대부분의 이슬람 조직을 테러 단체로 규정한 새 헌법이 국민투표에서 통과되었다. 새로운 공안 헌법에 민간인도 군사법정에 세울 수 있다는 조항이 포함되면서 시민운동가들이 대거 체포되기도 했다. 2014년 5월 실시된 대통령 선거에서는 군부의 실세 압둘팟타흐 엘 시시(Abdel Fattah el-Sisi) 국방장관이 낮은 투표율하에 당선되었다.

이집트의 군부 재집권이 나쁘지만은 않다는 견해도 있다. 무르시와 무슬림형제단이 집권한 기간 동안 경제와 치안이 엉망이었기 때문이다. 난생 처음 정권을 잡은 이슬람 세력은 국정 운영에 미숙했고 정정 불안이 더해지면서 민생 파탄이라는 말까지 나돌았다. 혁명 후 민주화 과정은 시민의 기대 심리를 한껏 높인다. 무바라크 정권하에서 오랜 경제난에 지쳤던 시민들은 눈에 띄는 변화를 기대하고 있다.

하지만 민주주의란 시민의 대표를 자유롭고 공정하게 뽑는 정치적 기재이지 경제를 효과적으로 살릴 수 있는 시스템이 아니다. 오히려 민주주의는 명령 하달식의 권위주의 체제보다 경기 부흥에 취약하다. 특히 신흥 민주주의 체제에서는 기대감에 부푼 시민들의 다양한 요구에 귀 기울여야 하기 때문에 새로운 정책을 입안하고 실행하는 데 시간이 더 오래 걸린다(Schmitter and Karl, 1991; O'Donnell and Schmitter, 1986). 새로 선출된 정부의 운영 능력이 기대에 못 미친다고 해서 군부가 개입해 대통령을 축출하고 다수당을 해산한다면 민주주의를 실습할 기회는 결코 가져볼 수 없다(Rustow, 1970). 다수결 원칙에 기반을 둔 민주주의에서 선거 결과에 승복하는 것은 가장 기본적인 약속이다. 이집트 군부는 자유 민주주의의 근간인 선거를 새로운 게임의 규칙으로 받아들이지 않았다. 무르시 정부의 무능에 대한 평가와 처벌은 군부 쿠데타가 아닌 4년 뒤 투표장에서 이루어져야 했다(Jang and Kim, 2013).

민주화 이행에서 이집트의 실패와 튀니지의 성공을 결정한 핵심 요소는 이집트 군부의 응집력이었다. 가장 성공적인 민주화 이행기를 겪고 있는 튀니지 강권 기구의 경우 군부와 경찰 사이의 알력과 갈등으로 인해 이집트보다 낮은 응집력을 보이고 있다. 두 국가 모두 비슷하게 높은 수준의 시민사회 발전도와 반정부 세력의 응집력을 보였으나 강권 기구의 응집력에서 드러난 차이가 혁명 이후 민주화의 결과를 매우 다르게 만들었다. 이집트 군부는 가장 강력한 정치 세력으로서 60년간 누려온 기득권을 포기하지 않았고 정치 전면에 다시 등장했다. 혁명 직후 군부가 과도정부를 이끌고 있을 때부터 군부에 의해 민주주의가 후퇴할 것이라는 우려는 높았다. 당시 군사최고위원회는 임시 헌법 곳곳에 군부가 거부권을 행사할 수 있는 장치를 마련해두었다. 이제 무슬림형제단이 해체됨에 따라 무소불위의 힘을 가진 군부를 견제할 수 있는 세력마저 사라졌다.

무슬림형제단이 정치 무대에서 사라짐에 따라 이슬람 극단 강경주의 세력에 방어막이 되어줄 온건 이슬람 세력도 없어졌다. 그러나 2013년 군부 쿠데타로 무슬림형제단의 주류 온건파가 대거 체포되자 이슬람 커뮤니티에서는 급진 강경파의 목소리가 높아지면서 무력 저항의 주장마저 퍼지는 추세다. 또한 무슬림형제단의 실용 중도 노선이 이슬람 사상에 어긋난다며 비난해왔던 극보수 강경 이슬람주의 살라피 세력은 군부의 무슬림형제단 해산을 환영했다(장지향, 2012).

엘 시시가 집권한 이후 이집트 내 군부 동조 세력과 무슬림형제단 지지자 간의 갈등으로 인한 사회 분열은 무바라크 치하 때보다 훨씬 심각하다. 군사정권이 치안 회복을 명분 삼아 경찰국가를 지향하면서 인권과 시민 자유를 억압하고 언론 탄압을 자행하고 있기 때문이다. 군부가 사회를 통합하고 경제를 살리기 위해서는 무엇보다 뿌리 깊은 정실 자본주의 구조를 개혁해야 하지만 현 경제 이권의 절반 이상을 장악하고 있는 군부가 기득권을 포기한 채 공정하고 투명한 경쟁 구조를 도입할 인센티브는 매우 낮다(Topol, 2012). 미국, 사우디, 아랍에미리트, 쿠웨이트로부터 받는 막대한 군사·경제 원조를 기존 시장 개혁을 위해 사용할 가능성도 낮아 보인다. 군사정권하의 이집트는 단기적인 안정을 찾고 있으나 강압 기구의 공포 정치가 만들어낸 안정은 장기적이지 못하다. 혁명을 통해 분출되었던 열린사회에 대한 기대를 충족시키지 못하고 억누르는 것에 불과하기 때문이다.

게다가 최근 시나이 반도에서 일어나고 있는 이슬람 극단주의 테러에서도 볼 수 있듯이 인위적 안정은 극단주의 세력의 공격에 매우 취약하기도 하다. 극단주의 무장 단체들이 군사정권을 향해 선전포고를 하면서 주요 수입원인 관광 산업은 큰 타격을 입고 있다. 이들 극단주의 단체의 일부는 ISIS의 이집트 지부를 자처하고 있으며 군사정부는 동북부 시나이 반도에서 이슬람 극단주의 무장 단체를 상대로 테러와의 전쟁을 벌이는 중이다. 이집트 정부는 테러의 배후에 무슬림형제단이 있다고 규정하며 반정부 세력에 대한 탄압을 가중하고 있다. 그뿐만 아니라 테러와의 전쟁을 명목으로 그간 소원해진 미국과의 관계를 회복하고 경제적 지원도 바랄 수 있게 되었다. 미국은 군사 쿠데타 이후 이집트 원조를 중단했으나 이집트와 관계를 복원하는 것이 미국의 안보 이익과 부합되기에 2015년 4월 군사 원조와 재정 지원을 재개한다고 밝혔다.

3) 시리아 세습 독재 정권의 민주화 탄압과 내전

시리아는 정치 자유화의 경험이 부재하고 독재 체제에 머물러 있는 공포 국가다. 국가가 직접 사적 소유권의 대부분을 통제 관리하기 때문에 이들의 자본주의 모델은 극단적인 국가주의에 가깝다. 국가의 지속적인 탄압과 배제로 인해 시민사회는 협상이나 대화의 경험이 거의 없기 때문에 매우 급진적인 성격을 띤다. 또한 국제 금융 기구의 만성적인 채무국으로서 구조조정의 압박과 해법에 따라 많은 양의 개혁을 실시하지만 지극히 형식적이며 문서상의 법률(de jure)에 불과하다.

이들 국가는 폐쇄적인 '벙커(bunker state)' 속에 숨은 채 세계화의 영향으로부터 매우 독립적이다. 국가가 낮은 연계성을 보유하고 있어서 사회 전체 구성원을 향한 책임성이나 화답성이 낮고 감시, 통제, 처벌을 통한 탄압의 통치 방식을 고수한다. 따라서 이들 국가는 종종 사유기업을 국유화하거나 임의적이고 과도한 세금 징수를 통해 재정을 충당하는 약탈 국가이기도 하다(Parks, 2013). 게다가 국가의 자율성 역시 낮기 때문에 관료가 경제 권력층의 압력이나 회유에 취약하며 공적 영역에서 부정부패가 만연하다.

시리아 대외 정책의 기조는 반미와 반이스라엘이다. 1980년대 들어 대이스라엘 강경 국가와 온건 국가의 분열은 이란 - 이라크 전쟁을 겪으면서 반미와 이슬람주의라는 새로운 이념으로 심화되었다. 반이스라엘 노선이 반미로 이어지면서 강경파와 온건파 갈등은 연장되었고 아랍 민족주의는 더욱 설득력을 잃어갔다. 아랍 국가인 이라크와 이란 이슬람 공화국 사이의 전쟁을 둘러싸고 폐쇄적 독재 국가인 시리아, 리비아, 알제리, 예멘은 미국 정부의 지원을 받은 이라크를 반대하며 이란을 적극적으로 지지했다. 하지만 1991년 걸프전을 기점으로 부상한 국가 우선주의로 인해 아랍 내부의 갈등이 깊어지기 시작했다. 이라크가 형제 아랍 국가인 쿠웨이트를 침공하자 기존의 대이스라엘, 대미 정책에 따른 구분에 관계없이 대부분의 아랍 국가가 이라크를 비난했다. 집단행동에서 예외였던 요르단과 팔레스타인 자치정부의 전신인 팔레스타인해방기구는 국제적으로뿐만 아니라 아랍 세계 내부에서도 고립되었다.

시리아는 북한과 마찬가지로 부자 세습에 성공한 독재 체제다. 하페즈 아사드(Hafez Assad)는 자신의 동생을 포함해 지도자의 자리를 노리는 이들을 숙청해 잠재적 경쟁자들을 제거해왔다. 아사드 일가는 이슬람 소수 종파 알라위 공동체와 선별한 바트당(Baath Party) 엘리트만으로 정권의 내구성을 유지하고 있다. 아사드 정권 내구성의 배후에는 고도로 훈련되고 높은 충성심을 갖고 있는 소수 정예 친위부대도 존재한다. 친위부대의 임무는 정치, 경제, 군 엘리트를 감시해 쿠데타를 미연에 방지하고 독재자 일가를 호위 경호하는 것이다. 시리아의 공화국 수비대와 제4기갑사단은 쿠데타나 반란을 진압할 수 있도록 고안된 최정예 부대다. 물론 이밖에도 정보부, 정치안보부, 공군정보국, 국방정보국의 정보기관이 있으며 이들 기관은 각각 해외 비밀 작전, 국내 보안, 일반인 감시 등 서로 다른 보안 기능을 수행하고 있다(Brownlee, 2007; Jang and Lee, 2014).

시리아는 1946년 프랑스로부터 독립한 이후로 정치적 권리와 시민적 자유 수준이 세계 최하위권에 머물러왔다. 프리덤하우스에 따르면 지난 40년 동안 시리아의 정치적 권리와 시민적 자유 지수는 매우 제한적인 변화를 겪었다. 첫 번째 변화는 알라위파 군부 엘리트가 쿠데타를 일으켜 아사드가 정권을 잡은 직후 나타났다. 부당하게 권력을 장악한 지도자는 대중의 지지를 얻기 위해 민간 부문 개혁을 추진하고 경제 분야에서 정부 개입을 축소시켰다. 그러나 이러한 개혁은 1970년대 수니파 반정부 시위에 대한 정부의 무자비한 탄압으로 주춤해졌고 1982년 수니파 무슬림형제단의 봉기를 진압하는 과정에서 하마 대학살(Hama Massacre)이 일어나면서 완전히 끝나버렸다. 이어 2000년에 취임한 바샤르 아사드(Bashar Assad) 역시 집권 초기에는 정치범을 석방하고 다원주의를 수용하는 개혁을 실시해 개인숭배 세습 체제를 타파하는 듯 보였으나 오래가지 못했다(Freedom House, 2015).

아사드 정권은 아랍의 봄 시기에 조직된 반독재 민주화 평화 시위대에 대해 무자비한 탄압과 인권 유린을 자행했고 이는 결국 내전으로 이어졌다. 시리아의 혁명이 점차 내전으로 변해갈 때 많은 이들이 아사드 대통령 역시 튀니지, 이집트의 독재자와 마찬가지로 곧 부와 권력을 포기하고 물러날 것이라고 예측했다. 적어도 내전이 본격화되면 리비아의 카다피처럼 반군에 의해 최후를 맞게 될 것이라고 내다봤다. 하지만 시리아의 부자 세습 체제는 의외로 강고했다. 내전이 5년 넘게 지속되고 있으나 아사드 정권이 언제 몰락할지, 몰락한 후의 시리아는 어떤 모습일지 정확히 알 수 없다.

시리아의 독재 정권이 정확히 언제 무너질지 예측할 수는 없지만 특별한 전조 현상 없이 돌연 붕괴할 것은 확실하다. 아사드 정권은 본질적으로 매우 취약하며 폭발 직전의 불안정을 일시적으로 억눌러 현재의 내구성을 유지하고 있기 때문이다 겉으로 보이는 안정은 인위적인 탄압으로 충분히 가능하다. 아사드 정권의 내구성과 시리아 내전 장기화의 원인은 크게 두 가지다.

첫째, 강권 기구를 장악하고 있는 지배 엘리트가 정권의 생존을 위해 강한 응집력을 보이고 있기 때문이다. 1970년 하페즈 아사드가 바트당 내부 권력 투쟁 과정에서 쿠데타로 정권을 잡은 이래 지배 엘리트는 한 번도 지도자를 선출해본 적이 없다. 따라서 이들 엘리트는 불확실한 미래보다 현재 바샤르 아사드가 이끄는 세습 독재를 선호한다. 도시 비즈니스 엘리트도 실현 가능한 대안을 찾지 못했기 때문에 현 정권을 지지하고 있다. 반면에 대표적 반아사드 야권 세력인 자유 시리아군(Free Syrian Army)은 탈영한 정부군 사병이나 군 경험이 전혀 없는 민간인으로 이루어져 오합지졸에 가깝다.

둘째, 이란, 러시아, 중국이 아사드 정권을 꾸준히 지원해온 것에 비해 반아사드 UN의 반군 지원은 체계적이지 못하다. 역내에서 사우디를 중심으로 한 걸프 산유 왕정이 무기와 자금을, 터키가 난민 거처를 지원하고 있으나 대상이나 경로를 둘러싸고 혼선을 빚고 있다. 또한 미국은 아프가니스탄과 이라크전의 피로감으로 인해 아시아 중시 정책을 천명한 후 "뒤에서 이끌겠다(leading from behind)"라는 말만 되풀이하고 있다. 유럽 역시 재정적 어려움 때문에 시리아 사태에 소극적인 태도를 보이고 있다. 무엇보다 지휘 체계도 제대로 갖추지 못한 반군을 지원하는 데 드는 노력과 비용은 아무리 무너져가는 정권이라 할지라도 현 정권의 유지에 비해 훨씬 크다(Jang and Lee, 2013).

리비아도 시리아와 마찬가지로 폐쇄적 독재 국가에 해당하며 공포 국가군에 속한다. 리비아에서는 친카다피(Muammar al-Gaddafi) 세력, 반군, 이슬람주의 그룹 간의 내전 이후 국가 건설 과정에서 공적 제도 부재의 문제점과 분파 간 극심한 분열이 발생했고 민주화에 실패했다. 아랍의 봄 혁명이 리비아에도 빠르게 확산되자 전국적으로 반카다피 봉기가 일어났다. 북부 벵가지에서 반정부 시위가 발생해 정부의 강경 진압으로 대규모 사상자가 속출하면서 전국적으로 시위가 확산되었다. 이는 곧 내전으로 이어졌고 국제연합 안전보장이사회(United Nations Security Council)는 비행 금지 구역을 선포하고 민간인 보호에 나섰다. 결국 북대서양조약기구(NATO) 군이 공습을 시작한 후 카다피는 반군에 생포되어 최후를 맞았다. 이로써 8개월의 내전 끝에 42년 독재가 무너졌고 2011년 말 임시정부가 수립된 후 국민의회 선거가 실시되었다. 카다피가 몰락한 이후 리비아에서는 민주화와 국가 재건 사업이 시작되었고 많은 이들의 우려와 달리 공적 제도와 사적 영역의 총체적인 부재에도 불구하고 비교적 안정적인 이행 과정이 진행되는 듯했다(Vandewalle, 2013).

하지만 2014년 7월 무장 세력들 간의 충돌이 격화되면서 민주주의 이행기는 큰 위험에 처했고 지역과 이념으로 분열된 1700여 개의 무장 세력이 동시 다발적으로 활개를 치기 시작했다. 이후 리비아에는 과거

| 표 9-3 | 아랍의 봄 민주화운동이 일어난 국가의 군부 성격과 혁명의 결과 비교

국가명	군부의 성격	민주화 혁명의 결과
튀니지	전문직업주의	민주화
이집트	정치권력과 경제 이권 장악	쿠데타
시리아	세습 정권에 대한 높은 충성심	내전 장기화
리비아	제도화 경험 부재	두 개의 정부와 의회가 존재하는 혼란 상태
예멘	분열과 파편화	내전 후 대리전 시작

정부의 군과 치안을 맡았던 세력과 민병대 세력이 세운 두 개의 정부와 두 개의 의회가 공존하고 있는 실정이다. 즉, 토착 민주화의 이행 과정에서 국가 조직과 제도 관리 경험의 부재로 인해 파벌 간의 분쟁이 끊이지 않아 국가 재건 과정은 위기를 맞고 있다. 의회 다수파였던 이슬람주의 세력은 2014년 총선에서 참패하자 미스라타(Misrata) 민병대를 앞세워 트리폴리 공항을 장악하고자 시도했고 신의회 세력과 알 바이다(Al Bayda) 정부의 연합인 세속주의 세력이 이에 맞서면서 무력 충돌이 격화되었다. 리비아에서는 현재 트리폴리를 장악한 이슬람계 정부와 동부 투브루크에 있는 친서구 정부가 서로 정통성을 주장하며 대립하고 있다. 국제사회는 6월 총선을 통해 구성된 의회가 리비아의 합법적 정통성을 가지고 있다고 승인했지만 구세력은 이들을 투브루크로 몰아낸 후 별도의 의회를 만들었으며 친이슬람 세력을 규합해 정부를 구성했다.

〈표 9-3〉의 아랍 국가별 군부의 성격과 이에 따른 혁명의 결과에서 볼 수 있듯이 리비아의 혼란은 강권 기구인 군부와 경찰이 공식적인 제도화의 과정을 거치지 못했기 때문에 발생했다. 제대로 된 국가 운영의 경험이 없던 리비아나 파벌 간의 알력과 분쟁으로 일관되었던 예멘 군부의 역사는 결국 내전으로 이어졌다. 2015년부터 UN은 리비아의 혼란 상태를 해결하기 위해 주요 이해 당사자를 대상으로 중재 노력을 기울이고 있으나 실마리가 보이지 않고 있다.

같은 해 10월 UN은 리비아 통합정부 구성안을 제안했는데, 구의회와 신의회가 이를 승인할 경우 통합정부 구성의 가능성이 높아질 수도 있다. 하지만 중부 지역에서는 ISIS 추종 세력이 중부 유전 지대를 장악하고 영향력 확대를 시도하고 있으며, 벵가지를 중심으로 한 동부 지역에서는 리비아 정부군과 ISIS의 리비아 지부를 자처하는 안사르 알 - 샤리아(Ansar al-Sharia) 극단주의 조직 간에 무력 충돌이 지속되고 있다(장지향, 2015).

4) 걸프 산유 왕정의 권위주의 공고화

아랍의 봄 직후 걸프 산유 왕정에서는 눈에 띌 만한 사회 동요의 움직임이 나타나지 않았고 요르단과 모로코에서 발생한 소규모 시위는 정권의 즉각적인 개각 결정으로 일단락되었다. 산유 왕정은 오일 머니를 기반으로 한 무차별적 사회보장 제도를 통해 시민의 정치 참여 요구를 봉쇄했으며 이러한 통치 전략은 이번에도 어김없이 효과적으로 작동했다. 걸프 산유 왕정의 '길들여진' 혁명은 이웃 국가에서 나타난 시민 혁명의 도미노 현상과 극명한 대조를 보였고 지대 국가의 체제 내구성을 다시금 과시했다. 부유한 산유 왕정의 통치 목표는 정권의 안정성 유지이므로 종종 이웃인 비산유 왕정에도 금전적 도움을 주면서 이들의 시민사회마저 지극히 국가 의존적으로 포섭해버리기도 한다.

아랍 왕정은 걸프 산유 군주국인 사우디, 쿠웨이트, 아랍에미리트, 카타르, 바레인, 오만과 비산유 군주국인 요르단, 모로코로 나뉜다. 이들 국가는 유기체적 공동체 의식을 강조하는 소수 왕족이 지배하고 있으며 위압적 권위주의 국가와 마찬가지로 자유화된 권위주의 체제이지만 권위주의로의 회귀가 자주 일어나지는 않는다. 보수적 군주 국가 가운데 산유 왕정의 자본주의 모델은 사적 자본의 분산 배치가 특징인 앵

글로 색슨식인 반면, 비산유 왕정의 경우 독일식의 과점 체제다. 산유 왕정의 경우 직접 식민 통치를 받은 것이 아니라 보호령 치하에 놓여 있었기 때문에 전통적 상인 계층이 비교적 덜 파괴되었고 이는 앵글로 색슨식 모델과의 친화력을 높였다.

한편 시민사회는 부족주의의 지배 이데올로기와 걸프 스타일의 국가 조합주의 양식이 결합되어 지극히 국가 의존적이다. 세계화에 대한 대응력의 경우 이들 보수 왕정은 경제 영역에 국한되기는 하지만 상당량의 개혁을 이뤄냈다. 그러나 정실 자본주의하에서 개혁으로 인한 혜택은 기득권층 엘리트가 독식해오고 있다.

석유자원은 국가의 징수 부담을 덜어줄 뿐만 아니라 권위주의 정권으로 하여금 시민의 이익 대표를 무시할 수 있게 해준다. 동시에 소수 엘리트 간의 협력 관계를 강화시키고 결국 국가의 자율성을 저하시킨다(Herb, 2005; Karl, 1997; Ross, 1999; Ross, 2008). 비교 관점에서 살펴보면 보수적 군주 국가의 국가 의존적 사기업 중심의 경제체제는 위압적 권위주의 국가의 체제보다 효율적이고 경쟁력이 높다. 이들의 관료제 역시 소수의 특정 네트워크에 의해 불투명하게 운영되는 폐쇄적 독재 국가의 제도보다 비교적 높은 차원의 자율성을 나타낸다. 결국 보수 왕정은 아랍의 봄과 민주화 확산의 영향을 상대적으로 덜 받은 국가군으로서 정권의 내구성을 보여줬다.

아랍의 봄 이후 사우디가 주도하고 아랍에미리트가 적극 지지한 민주화 시위의 조기 진압과 체제 안정화 정책은 혁명의 확산을 차단하는 데 매우 효과적이었다. 걸프 산유 왕정의 민주화 요구 탄압은 국제적인 비난을 불러오기도 했으나 이웃 나라들이 민주화에 실패하고 군부 권위주의로 돌아가거나 무정부 내전 상태로 전락하자 오히려 정당성을 인정받고 있는 추세다.

이들 산유 지대 국가의 내구성은 대외 정책을 통해서도 유지되고 있다. 산유 왕정은 근대 국가 설립 이래 친서구, 경제 중심, 실리 추구에 기반을 둔 대외 정책 노선을 추구해왔다. 이들은 세계화 시기 신자유주의 영향하의 수렴화 현상 속에서 친서구 실용주의 정책을 더욱 공고화시킬 수 있었다. 최근 들어 반미 강경 노선 일변도를 택했던 아랍 공화국들마저 산유 왕정이 고수해온 실리와 경제 우선주의로 대외 정책을 우회하는 양상이 발견되고 있다. 1980년대 이집트부터 2000년대 리비아에 이르기까지 많은 아랍 국가는 자신의 대외 정책을 보수 군주국 정책의 핵심인 경제적 실용주의로 전환시켜왔다.

중동의 탈식민 신생 국가는 국가 이데올로기와 대외 정책에서 친서구와 비동맹 중립의 길로 양분되었다. 친서구주의를 택한 온건 산유국과 달리 강경 사회주의 공화국은 제3의 길을 취했다. 특히 후자는 외세 의존적 정부를 반대하는 청년장교단이 군사 쿠데타로 왕정을 무너뜨리고 사회주의 공화국을 세운 경우였다. 1952년 이집트를 시작으로 1958년 이라크, 1963년 시리아, 1969년 리비아가 각각 왕정에서 아랍 사회주의 공화국으로 전환했고 튀니지, 알제리, 남예멘이 각각 1956년, 1962년, 1967년에 독립과 함께 사회주의 공화국으로 출발했다. 따라서 새롭게 건립된 공화국과 사우디를 중심으로 한 왕정 사이에는 첨예한 대립 양상이 나타났다(Sluglett, 2009). 1965년 북예멘에서 아랍 민족주의를 지지하는 군사 쿠데타에 의해 왕정이 무너지자 사우디와 요르단은 왕정 복고 세력을 지지한 반면 이집트는 새로운 예멘공화국을 지원하기도 했다. 현재 보수 산유 왕정은 급진 이슬람 지하디스트 격퇴전을 이끌어 역내 질서 회복과 안정 유지를 가져올 수 있는 지도자로서 확고하게 자리매김했다.

현재 걸프 산유 왕정의 리더인 사우디는 심각한 정치·경제적 위기에 처해 살만 빈 압둘아지즈 알 사우드(Salman bin Abdulaziz Al Saud) 국왕 체제의 리더십이 시험대에 올라 있기는 하다. 우선 사우디는 미국 셰일가스 업계와의 경쟁에서 시장 점유율의 우위를 지키고자 증산 정책을 고수하면서 저유가로 인한 재정 압박을 심각하게 받고 있다. 산유 왕정은 원유 판매 수입 덕분에 무차별적 복지 정책을 실시해 왕족의 세습 네트워크를 강화할 수 있었으나 이러한 통치 메커니즘에 위기가 닥친 것이다. 또한 2015년 1월 새로이 왕위에 오른 살만 국왕은 왕위 계승 구도를 일방적으로 전격 수정해 왕실 내부 구성원의 불만이 고조되었다. 30대 초반의 젊은 나이에 제2왕세자이자 국방장관이 된 무함마드 빈 살만(Mohammad bin Salman) 왕자는 출구 전략도 없이 예멘 내전에 깊숙이 개입해 실리도 명분도 챙기지 못했다는 평가를 받고 있다.

여기에 미국의 오바마 정부가 역외 균형(offshore balancing)을 통해 새로운 중동 정책을 추구하고 이란과 역사적인 핵 협상을 타결하자 살만 국왕 체제의 위기는 더욱 고조되었다. 반면 사우디의 경쟁자인 시아파 맹주 이란은 미국과 핵 협상을 타결한 이후 국제무대에 복귀하면서 삼중고에 시달리는 사우디와 크게 대비되는데, 이는 역내 수니파 대 시아파의 세력 균형에 변화를 예고하고 있다(장지향, 2015).

그러나 아랍의 봄 혁명의 확산 위기에 효과적으로 대처해온 사우디는 셰일가스 혁명이라는 외부 충격에 대해서도 에너지 패권을 유지해나가려 한다. 미국의 중동 에너지 의존도가 낮아진 대신 중국이 무서운 기세로 수요 공백을 메우고 있기 때문이다. 미국의 셰일가스가 유럽과 아시아의 OECD 회원국에 에너지 우산을 제공할 수 있을지는 몰라도 중국과 비OECD 국가의 에너지 소비는 이들 국가의 소비를 훨씬 뛰어넘는다는 논리다. 사우디는 국제 석유 수요와 공습을 조절하기 위해 예비 원유를 생산해낼 수 있는 유일한 잉여 생산국이다. 더구나 사우디 왕정은 전통적으로 현상 유지 선호 정책을 표방해왔고 이러한 우방국은 미국에 귀중한 자산이다. 미국의 셰일가스 개발로 중동 석유에 대한 의존도가 낮아졌다 할지라도 세계 경제와 긴밀히 연계되어 있는 미국의 국내 경제는 여전히 중동 석유의 영향권 아래 놓여 있다. 세계 석유 시장의 공급 충격은 어디든 영향을 미치기 때문이다(장지향, 2015).

한편 비산유 왕정 모로코 역시 위로부터의 개혁을 통해 아랍의 봄을 정권 안정화의 계기로 삼은 나라다. 모로코는 극심한 빈부 격차, 만성적인 청년 실업, 언론 통제, 잦은 파업 등으로 인해 아랍의 봄 확산 효과가 강력하게 미칠 것으로 예상되는 나라였다. 모로코 경제를 장악하던 실질적인 권력은 왕실의 지주회사였고 민간 부문의 경제 엘리트들 역시 왕실의 지분을 보호하면서 혜택을 챙기고 있었다. 또한 2000년대 중반 이후 카사블랑카를 중심으로 알카에다와 연계된 대형 자살폭탄 테러가 발생하기도 했다(Spiegel, 2015).

그러나 모로코 국왕 무함마드 6세(Mohammed VI)의 반정부 시위에 대한 조기 대처는 반정부 시위를 가장 효과적이고 평화적으로 누그러뜨리고 시민들의 불만을 잠재운 사례로 꼽힌다. 2011년 국왕은 개혁 조치를 즉각 단행해 왕실의 권력 일부를 포기했다. 파격적인 개혁 조치에는 헌법 개정을 비롯해 장관 임명권과 의회 해산권을 총리에게 위임, 의회의 독립성 보장, 지방 분권화 강화, 시민적 자유와 정치 권리에 대한 대대적인 보호, 다문화성 강화 등이 포함되었다.

이에 첫 민주 총선에서 이슬람 정당인 정의발전당이 승리하자 당 대표인 압델릴라흐 벤키라네(Abdelilah Benkirane)가 총리로 임명되었다. 현재 모로코 의회는 국왕의 고유 권한인 안보와 외교, 종교 문제를 제외한 모든 문제에 실질적인 발언권을 갖고 있다. 대신 국왕은 자신의 권위를 유지하기 위한 방법으로 왕성한 대외 활동을 택했다. 미국과 프랑스와의 관계는 계속적으로 유지하고 서부 아프리카 국가들과 교류 확대를 통해 모로코의 존재감을 알리고 투자를 활성화시키고자 노력하고 있는 모습은 국내적으로 큰 지지를 받고 있다. 또한 왕실은 국왕 보유의 식품 생산 및 유통업계의 주식을 대거 매각하기도 했다.

물론 모로코의 경제성장률은 여전히 더디며 특히 청년 실업률은 30%대에서 떨어지지 않고 있어 아랍의 봄 발발의 촉매제로 작용했던 문제점들이 산재해 있다. 사회·경제적 혜택이 대부분 왕실과 그 측근에게만 돌아가는 보수적 군주 국가의 사회 구조 자체 때문이다. 무함마드 6세가 주도했던 사회 인프라의 대대적인 충원과 여타 경제개혁의 결과물들이 아랍의 봄 이후에도 왕실과 경제 엘리트에게만 돌아간다는 것이다(Storm, 2013; Willis, 2014). 그럼에도 위로부터의 자유화 개혁은 느린 속도이지만 경제 활성화로 이어지고 있으며 하층부의 생활수준이 전반적으로 상승되면서 빈민층의 수도 하락하고 있다.

4. 결론: 아랍의 봄 이후 민주주의 평가

아랍의 봄 혁명은 인류 역사상 대부분의 혁명과 마찬가지로 매우 우연한 계기로 발생했다. 튀니지 소도시의 무허가 청과 노점상 청년이 시 정부의 단속에 항의하며 분신한 사건이 촉발 요소였다. 독재 정권이 예기치 못한 사건으로 인해 여론에 대한 통제력을 잃는 순간 정권을 향한 불만은 폭발적으로 쏟아져나오기 시작했다. 민주화 시위대는 권위주의 체제의 탄압과 단속하에서 숨겨왔던 정권 반대 의사를 서로 확인한 후 빠른 속도로 영향력을 확대해갔고 결국 극적인 변화를 가져왔다. 시위대에 참여해 정권을 무너뜨려 얻을 수 있는 혜택이 그 비용을 크게 뛰어넘는다는 계산을 기반으로 했기 때문이다.

독재 정권에 충격을 가하는 계기가 언제 어떤 식으로 찾아오는지 정확히 알 수는 없으나 일단 변화가 시작되면 그 파급력은 걷잡을 수 없이 확산되며 정권의 갑작스러운 붕괴로 이어진다. 권위주의 체제의 여론 통제로 인해 시민들뿐만 아니라 독재자와 지배 엘리트 역시 당시 정권의 지지 기반이 얼마나 취약했는지를 제대로 인식할 수 없었다.

높은 불가측성을 나타낸 아랍의 봄 혁명과 민주화운동 사례를 비춰볼 때 이슬람 문화주의나 아랍 예외주의 접근법은 오류로 드러났다. 안정적으로 보이던 아랍의 장기 독재 정권이 갑작스럽게 붕괴한 것은 혁명의 우발성을 보여주는 또 하나의 역사적 사례이기 때문이다. 2011년 아랍 세계의 시민들도 1979년 이란의 샤와 1989년 동유럽 공산주의 정권을 무너뜨린 시민들과 마찬가지로 새로운 기회 앞에서 정치적 비용과 혁명 성공의 혜택을 저울질하고 민주화 시위에 적극적으로 참여했다. 또한 거시 구조와 사후 인과 관계에 초점을 맞추는 역사적 제도주의 역시 새로운 기회를 포착한 행위자의 손익 계산과 이에 따른 폭발적인 정치 변동을 설명하지 못했다.

독재 정권의 붕괴와 혁명 발발의 주요 행위자는 독재자와 지배 엘리트, 참여 시민이다. 우선 독재 정권의 미래는 독재자와 엘리트의 관계에 달려 있다. 독재자는 보상과 처벌을 통해 측근 엘리트를 통제하고 엘리트는 독재 정권의 지속성에 대한 믿음을 전제로 독재자에게 충성을 제공한다. 그러나 지배 엘리트는 독재자가 정치적 필요에 따라 언제든지 자신을 숙청할 수 있다는 것을 잘 알고 있다. 따라서 법질서가 없는 독재 정권의 엘리트는 승자 편에 서기 위해 늘 동료의 행보를 살핀다. 독재 정권이 몰락해가는 순간 지배 엘리트의 마지막 선택이 집단적으로 급변하는 이유가 여기에 있다. 엘리트 개인의 선택은 다른 엘리트의 선택에 의해 좌우되며 이는 다시 동료 엘리트의 선택에 영향을 미치면서 독재 정권의 미래를 결정한다.

동시에 민주화 시위대의 참여 여부를 둘러싼 시민의 계산 역시 독재 정권의 붕괴에 결정적인 요소다. 시민들은 혁명의 성공 가능성이 높고 이후 참여에 대한 보상이 크다고 판단하면 시위에 가담한다. 그러나 독재 정권에 대한 불만이 아무리 크더라도 장기간 공포정치를 펼쳐온 권위주의 국가 시스템 전체를 상대로 즉각적인 저항을 결정하기란 쉽지 않다. 이때 용기 있는 소수의 주도자가 일반 대중과는 다른 손익계산을 통해 시위를 주동한다. 이들 역시 혁명 성공의 가능성을 높게 계산하지는 않지만 독재 체제하에서 치러야 할 비용을 매우 높게 보기 때문에 위험을 무릅쓰고 시위 선도를 결정한다.

독재 정권의 지배 엘리트와 마찬가지로 시위대의 참여 시민들 역시 혁명 성공의 기대치를 두고 주변 동료에게 크게 영향을 받는다. 즉, 소수 선동가가 시위를 주도하면 사람들 사이에 혁명의 성공 가능성에 대한 주관적 기대가 집단적으로 높아지며 점차 더 많은 참여자를 끌어모은다. 결정적인 분기점을 거치면서 혁명 참여로 얻는 혜택이 비용을 넘어설 수 있다는 믿음이 순식간에 퍼지는 것이다.

민주주의의 장애물은 모든 국가에서 유사하다. 하지만 민주화운동과 혁명의 결과는 개별 국가의 고유한 권력 지형과 자원 배분 구조에 따라 달라진다. 더구나 독재 정권을 무너뜨린 혁명과 이후 민주화의 성공은 큰 연관마저 없어 보인다. 혁명은 빈곤, 청년 실업, 트위터와 페이스북의 확산 등의 촉발 요소가 합해지면서 우연한 기회에 극적으로 일어날 수 있지만 안정적인 민주주의의 건설은 그렇지 않다. 민주화 이행에는 전문 직업주의 군부, 구정권과 독립적인 비즈니스 계층, 현실정치 경험이 풍부한 시민사회 조직이라는 구조적인 요소가 필요하기 때문이다.

혁명 이전 튀니지와 이집트는 동일한 국가 군인 위압적 권위주의 국가로 분류되었다. 두 나라에는 비슷한 수준의 비즈니스 계층과 재야 단체가 존재했고 튀니지 엔나흐다당과 이집트 무슬림형제단 모두 온건 이슬람 정당이었다. 하지만 양국은 유사한 경로의 혁명을 거친 후 매우 다른 민주화 이행기를 거치고 있다. 튀니지는 아랍의 봄 혁명을 겪은 나라 가운데 유일하게 민주화 이행에 성공했고 선거를 통한 정부 교체와 다원주의 제도화가 점차 공고화되어가고 있다. 반면 이집트에서는 군부가 첫 민주정부를 집권 1년 만에 쿠데타로 몰아냈다. 이는 튀니지 군부가 이집트 군부와 달리 정치 개입을 멀리하고 경제 이권을 장악하지도 않았기 때문이다. 또한 튀니지 강권 기구의 경우 군부와 경찰 사이의 알력과 갈등으로 인해 이집트보다 조직 내 응집력이 낮았다. 이러한 차이가 튀니지에 순조로운 민주주의 이행을 가져왔다.

이집트의 쿠데타와 권위주의 회귀 현상을 두고 최악의 무슬림형제단 정부보다는 나은 차악이라는 평가도 있다. 국정 운영의 경험이 없던 이슬람주의자들은 경제 살리기와 사회 통합을 제때 이뤄내지 못했고 정정 불안까지 가져왔기 때문이다. 하지만 민주주의란 시민의 대표를 자유롭고 공정하게 뽑는 정치적 기제이지, 경제를 효과적으로 살릴 수 있는 시스템이 아니다. 특히 신흥 민주주의에서는 혁명 후 한껏 높아진 시민의 기대 심리 때문에 새로운 정부에 평가가 대부분 부정적일 수밖에 없다. 새로 선출된 정부의 능력이 기대에 못 미칠 경우 심판은 군부 개입이 아닌 다음 선거를 통해 이뤄져야 했다. 다수결 원칙에 기반을 둔 민주주의에서 선거 결과에 대한 승복은 가장 기본적인 약속이다. 군사정권하의 이집트는 안정을 찾아가는 듯 보이나 공포 정치가 만들어 낸 안정은 장기적이지 못하다. 혁명을 통해 분출되었던 기대를 인위적으로 억누르는 것에 불과하기 때문이다.

아랍의 봄 민주화운동이 일어난 나라 가운데 가장 혹독한 시련을 겪고 있는 나라는 시리아다. 아사드 정권은 민주화 시위대를 무자비하게 탄압했고 이는 정부군, 반군, 이슬람 극단주의 테러 조직 ISIS 간의 내전으로 이어졌다. 부자 세습 독재 정권은 의외로 높은 내구성을 보이며 내전이 5년 넘게 지속되고 있다. 강권 기구를 장악하고 있는 지배 엘리트가 정권의 생존을 위해 강한 응집력을 보이고 반아사드 UN의 반군 지원이 이란, 러시아의 아사드 정권 지원에 비해 체계적이지 못하기 때문이다. 시리아의 독재 정권이 언제 무너질지 정확히 알 수는 없지만 독재 정권의 붕괴와 혁명 발발의 여러 사례에서 보았듯이 특별한 전조 현상 없이 갑작스레 붕괴할 것은 확실하다. 여타 독재 정권들과 마찬가지로 아사드 정권 역시 폭발 직전의 불안정을 인위적으로 억눌러 현재의 내구성을 유지하고 있기 때문이다.

한편 걸프 산유 왕정에서는 시위가 거의 발생하지 않았거나 불만을 조직하려는 소수의 움직임은 즉각적인 회유로 마무리되었다. 산유 왕정의 '길들여진' 혁명은 이웃 국가에서 나타난 혁명의 도미노 현상과 극명한 대조를 보였고 지대 국가의 체제 내구성을 과시했다. 왕정의 민주화 억압은 국제적인 비난을 불러오기도 했으나 혁명을 경험한 이웃 나라들이 군부 권위주의로 돌아가거나 무정부 내전 상태로 전락하자 정당성을 인정받고 있는 추세이기도 하다.

아랍의 봄 혁명 이후 민주화 이행에 유일하게 성공한 튀니지는 최근 자국 내 이슬람 극단주의 테러의 확산으로 어려움을 겪고 있다. 이라크의 이식 민주주의 달리 높은 정당성을 갖고 있는 자생적 민주주의라 할지라도 신흥 민주주의 체제는 태생적으로 불안정할 수밖에 없다. 1989년 동유럽혁명을 겪고 새롭게 민주주의 체제를 출범한 나라들 역시 경제적·행정적·안보적으로 효율성을 보이지는 않았다. 다만 민주주의의 열린 시스템은 장기적 발전의 선순환을 가져올 것이며 이는 튀니지에도 해당되는 희망적인 예측이다.

참고문헌

딕시트(Avinash Dixit)·네일버프(Barry Nalebuff). 2009. 『전략의 탄생』. 이건식 옮김. 서울: 쌤
    앤파커스.

셸링, 토머스(Thomas Schelling). 2013. 『갈등의 전략』. 이경남 옮김. 서울: 한국경제신문사.

장지향. 2010. 「세계화 시기 자본의 민주적 함의: 이슬람 자본의 성장에 따른 무슬림 포괄 정당
    의 부상에 대한 이론적 고찰」. ≪국제지역연구≫, 19(1).

_____. 2011. 「혁명의 우발성과 다양성: 2011년 '중동의 봄'을 어떻게 설명할 것인가?」. ≪아산
    정책연구원 이슈 브리프≫, 11.

_____. 2012. 「아랍의 봄 이후 이집트의 첫 민주적 대통령 선거」. ≪선거연구≫, 2(2).

_____. 2015. 「중동: 항구적 교착상태, 리더없는 극단화 그리고 혼란의 일상화」. 『2016 아산
    정세전망: 뉴 노멀』.

한병진. 2010. 「한국 선거 권위주의의 정치동학」. ≪대한정치학회보≫, 17(3).

Acemoglu, Daron, Simon Johnson, James Robinson. 2001. "The Colonial Origins of
    Comparative Development: An Empirical Investigation." *American Economic Review*
    91(5).

Amin, Galal. 2000. *Whatever Happened to the Egyptians?* Cairo: American University in
    Cairo Press.

Anderson, Lisa. 1987. "The State in the Middle East and North Africa." *Comparative Politics*
    20(1).

Axelrod, Robert 1984. *The Evolution of Cooperation.* New York: Basic Books.

Ayubi, Nazih. 1995. *Over-Stating the Arab State: Politics and Society in the Middle East.*
    London: Tauris.

Bellin, Eva. 2002. *Stalled Democracy: Capital, Labor, and the Paradox of State-Sponsored
    Development.* Ithaca: Cornell University Press.

_____. 2013. "A Modest Transformation: Political Change in the Arab World After the "Arab
    Spring"." Clement Henry and Ji-Hyang Jang(ed.). *The Arab Spring Will It Lead to
    Democratic Transitions?* New York: Palgrave Macmillan.

Brownlee, Jason. 2007. "Hereditary Succession in Modern Autocracies." *World Politics* 59(4).

Brumberg, Daniel. 2002. "The Trap of Liberalized Autocracy." *Journal of Democracy* 13(4).

Bueno de Mesquita, Bruce and Alastair Smith. 2009. "Political Survival and Endogenous
    Institutional Change." *Comparative Political Studies* 42(2).

Eickelman, Dale. 2002. "Bin Laden, the Arab 'Street,' and the Middle East's Democracy
    Deficit." *Current History* 101(651).

ESIS(Egypt State Information Service). 2012. "Presidency." http://www.sis.gov.eg/En/FourSt Template.aspx?Category_ID=29.

Evans, Peter. 1995. *Embedded Autonomy: States and Industrial Transformation*. Princeton: Princeton University Press.

Freedom House. 2015. *Freedom in the World*. Lanham: Rowman & Littlefield Publishers.

Friedkin, Noah E. and Eugene C. Johnson. 2011. *Social Influence Network Theory: A Sociological Examination of Small Group Dynamics*. Cambridge: Cambridge University Press.

Gause, F. Gregory. 2009. "The International Politics of the Gulf." Louise Fawcett(ed.). *International Relations of the Middle East*. Oxford: Oxford University Press.

Gerges, Fawaz. 2005. *The Far Enemy: Why Jihad Went Global*. Cambridge: Cambridge University Press.

Gheissari, Ali and Vali Nasr. 2006. *Democracy in Iran: History and the Quest for Liberty*. Oxford: Oxford University Press.

Hall, Peter and David Soskice. 2001. "An Introduction to Varieties of Capitalism." Peter Hall and David Soskice(ed.). *Varieties of Capitalism: The Institutional Foundation of Comparative Advantage*. Oxford: Oxford University Press.

Henry, Clement M. and Robert Springborg. 2010. *Globalization and the Politics of Development in the Middle East*. Cambridge: Cambridge University Press.

Henry, Clement, Jang Ji-Hyang and Robert Parks. 2013. "Introduction." Clement Henry and Ji-Hyang Jang(ed.). *The Arab Spring Will It Lead to Democratic Transitions?* New York: Palgrave Macmillan.

Henry, Clement. 2013. "Political Economies of Transition." Clement Henry and Ji-Hyang Jang(ed.). *The Arab Spring Will It Lead to Democratic Transitions?* New York: Palgrave Macmillan.

Herb, Michael. 2005. "No Representation without Taxation? Rents, Development and Democracy." *Comparative Politics* 37(3).

IMF(International Monetary Fund). 2015. *IMF Statistics Data*.

Jang, Ji-Hyang and J. James Kim. 2013. "Think Twice A Comparative Perspective on the Political Transition in Egypt." *Asan Issue Brief*, no. 56.

Jang, Ji-Hyang and Peter Lee. 2013. "The Syrian Civil War and Its Implications for Korea." *Asan Report*.

_____. 2014. "Unknown Horror or Deliberate Indifference? A Comparative Analysis of Human Rights Violations in North Korea and Syria." *Asan Issue Brief*, no. 2014-19.

Jang, Ji-Hyang. 2008. "Islamic Fundamentalism." William A. Darity(ed.). *International Encyclopedia of the Social Sciences*. vol. 3, 2nd edition. Detroit: Macmillan

Reference.

Kahneman, Daniel and Amos Tversky. 1979. "Prospect Theory An Analysis of Decision under Risk." *Econometrica* 47(2).

Kahneman, Daniel. 2011. *Thinking, Fast and Slow.* New York: Farrar, Straus and Giroux.

Karl, Terry Lynn. 1997. *The Paradox of Plenty: Oil Booms and Petro-States.* Berkeley: University of California Press.

Kéchichian, Joseph. 2012. *Legal and Political Reforms in Saudi Arabia.* New York: Routledge.

Kirkpatrick, David. 2012. "As Egypt Votes, Growing Crime is Top Issue." *International Herald Tribune*(May24).

Korany, Bahgat. 2009. "The Middle East since the Cold War." Louise Fawcett(ed.). *International Relations of the Middle East.* Oxford: Oxford University Press.

Kuran, Timur. 1995. *Private Truths, Public Lies: The Social Consequences of Preference Falsification.* Cambridge: Harvard University Press.

Kurzman, Charles. 2004. *The Unthinkable Revolution in Iran.* Cambridge: Harvard University Press.

Langohr, Vickie. 2004. "Too Much Civil Society, Too Little Politics: Egypt and Liberalizing Arab Regimes." *Comparative Politics* 36(2).

Luciani, Giacomo. 2009. "Oil and Political Economy in the International Relations of the Middle East." Louise Fawcett(ed.). *International Relations of the Middle East.* Oxford: Oxford University Press.

Lust-Okar, Ellen. 2008. "Taking Political Participation Seriously." Ellen Lust-Okar and Saloua Zerhouni(ed.). *Political Participation in the Middle East and North Africa.* Boulders: Lynne Reinner.

Mahoney, James, Erin Kimball and Kendra Koivu. 2009. "The Logic of Historical Explanation in the Social Sciences." *Comparative Political Studies* 42(1).

Moaddel, Mansoor. 1992. *Class, Politics, and Ideology in the Iranian Revolution.* New York: Columbia University Press, 1992.

Moore, Barrington Jr. 1966. *Social Origins of Dictatorship and Democracy.* Boston: Beacon Press.

Mousavian, Seyed Hossein and Shahir Shahidsaless. 2014. *Iran and the United States: An Insider's View on the Failed Past and the Road to Peace.* Bloomsbury Publishing.

O'Donnell, Guillermo and Philippe C. Schmitter. 1986. *Transition from Authoritarian Rule: Tentative Conclusions about Uncertain Democracies.* Baltimore: The Johns Hopkins University Press.

Onis, Ziya. 2001. "Political Islam at the Crossroads: From Hegemony to Co-existence." *Comparative Politics* 7(4).

Ottaway, Marina and Thomas Carothers. 2004. "Think Again: Middle East Democracy." *Foreign Policy* 83(6).

Parks, Robert. 2013. "Algeria and the Arab Uprisings." Clement Henry and Ji-Hyang Jang(ed.). *The Arab Spring Will It Lead to Democratic Transitions?* New York: Palgrave Macmillan.

Posusney, Marsha Pripstein. 2005. "The Middle East Democracy Deficit in Comparative Perspective." Marsha Pripstein Posusney and Michele Penner Angrist(ed.). *Authoritarianism in the Middle East: Regimes and Resistance.* Boulder: Lynne Rienner.

Przeworski, Adam. 1991. *Democracy and the Market.* New York: Cambridge University Press.

Richards, Alan and John Waterbury. 2008. *A Political Economy of the Middle East.* Boulder: Westview Press.

Ross, Michael. 1999. "The Political Economy of the Resource Curse." *World Politics* 51(2).

_____. 2008. "Oil, Islam, and Women." *American Political Science Review* 102(2).

Rueschemeyer, Dietrich, Evelyne Huber Stephens and John D. Stephens. 1992. *Capitalist Development and Democracy.* Chicago: University of Chicago Press.

Rustow, Dankwart. 1970. "Transitions to Democracy: Toward a Dynamic Model." *Comparative Politics* 2(3).

Schmitter, Philippe C. and Terry Lynn Karl. 1991. "What Democracy Is⋯ and Is Not." *Journal of Democracy* 2(3).

Schneider, Bob Ross. 1998. "Elusive Synergy: Business-Government Relations and Development." *Comparative Politics* 31(1).

Skocpol, Theda. 1979. *States and Social Revolutions: A Comparative Analysis of France, Russia and China.* Cambridge: Cambridge University Press.

Sluglett, Peter. 2009. "The Cold War in the Middle East." Louise Fawcett(ed.). *International Relations of the Middle East.* Oxford: Oxford University Press.

Soliman, Samer. 2004. "The Rise and Decline of the Islamic Banking Model in Egypt." Clement M. Henry and Rodney Wilson(eds.). *The Politics of Islamic Finance.* Edinburgh: Edinburgh University Press.

Spiegel, Avi Max. 2015. *Young Islam: The New Politics of Religion in Morocco and the Arab World.* Princeton: Princeton University Press.

Storm, Lise. 2013. *Party Politics and the Prospects for Democracy in North Africa.* New York: Lynne Reinner Publishers.

Taleb, Nassim. 2010. *The Black Swan: The Impact of the Highly Improbable.* New York: Random House and Penguin.

Tezcur, Gunes Murat. 2008. "Intra-Elite Struggles in Iranian Elections." Ellen Lust-Okar and Saloua Zerhouni(ed.). *Political Participation in the Middle East and North Africa.*

Boulders: Lynne Reinner.

Thelen, Kathleen and Sven Steinmo. 1992. "Historical Institutionalism in Comparative Politics." Sven Steinmo, Kathleen Thelen and Frank Longstreth(ed.). *Structuring Politics: Historical Institutionalism In Comparative Analysis.* Cambridge: Cambridge University Press.

Topol, Sarah. 2012. "The Plagues of Egypt." *Newsweek*(July 16).

Vandewalle, Diederik. 2013. "Libya after the Civil War: The Legacy of the Past and Economic Reconstruction." Clement Henry and Ji-Hyang Jang(ed.). *The Arab Spring Will It Lead to Democratic Transitions?* New York: Palgrave Macmillan.

Ward, Steven R. 2014. *Immortal, Updated Edition: A Military History of Iran and Its Armed Forces.* DC: Georgetown University Press.

Weingast, Barry. 2005. "Persuasion, Preference Change, and Critical Junctures: The Microfoundations of a Macroscopic Concept." Ira Katznelson and Barry R. Weingast(ed.). *Preferences and Situations: Points of Intersection between Historical and Rational Choice Institutionalism.* New York: Russell Sage Foundation.

Wickham, Carrie Rrosefsky. 2004. "The Path to Moderation: Strategy and Learning in the Formation of Egypt's Wasat Party." *Comparative Politics* 36(2).

Willis, Michael. 2014. *Politics and Power in the Maghreb: Algeria, Tunisia and Morocco from Independence to the Arab Spring.* Oxford: Oxford University Press.

Zabir, Sepehr. 2012. *The Iranian Military in Revolution and War.* Taylor & Francis.

결론

김호섭 | 중앙대학교
이병택 | 동북아역사재단

　이 책에서 다룬 각 나라에서 펼쳐진 민주주의로의 이행과 공고화는 오디세우스의 여정만큼이나 다양하고 굴곡진 과정이었다. 각 나라마다 처한 정치적 상황은 달랐고 그만큼 민주화 문제에 대한 해법도 달랐다. 각 나라별로 민주주의 공고화에 대한 정도는 차이가 있지만 아직까지 궁극적인 성패는 더 두고 보아야 할 것이다. 결론에서 각 나라의 민주화를 다시 정리하는 것은 마음 내키지 않는 일이다. 독자들에게도 별다른 감동을 전하지 못할 것이 뻔하기 때문이다. 그럼에도 불구하고 앞으로의 민주화 비교 연구와 한국 민주주의의 발전을 위해 몇 가지 제언을 첨언하는 일은 나름대로 의미가 있다고 생각된다.

　우선 한국의 민주화 비교 연구를 위해 민주주의의 정의에 대해서 한 가지 짚고 넘어갈 일이 있다. 오늘날 민주주의는 하나의 정치적 기제 또는 수단의 의미를 갖는 것이 아니라, 이상적인 정치적 목적으로 간주되고 있다. 그러다 보니 인류의 훌륭한 성취로 인정되는 모든 것이 민주주의 제도 속에 내재해야 한다고 주장되기도 한다. 인민의 복지에 대한 관심은 민주주의 정체에만 존재하는 것이 아니다. 군주제도 나름대로 인민에 대한 복지에 관심을 가지지 않을 수 없었다. 인민의 의견에 관심을 가지는 것도 민주주의 정체만의 특징은 아니라고 할 수 있다. 민주주의를 가치의 측면에서 고려하다 보면 역사적 현실을 도외시한 채 이른바 유교의 가치와 민주주의 가치가 혼란스럽게 비교되기도 한다. 지향하는 가치의 측면에서 보면 그 차이는 대단히 모호하고 분별할 수 없는 것으로 바뀔 수 있다. 이런 식의 비교는 유교에 대한 이해를 모호하게 만들 뿐만 아니라 민주주의에 대한 이해도 어렵게 만드는 원인이 된다.

민주적 방식으로 정치를 하지 않을 수 없는 과정에서 성취된 정치적 성과들을 민주주의의 고유한 특성으로 간주하는 것은 마차를 말 앞에 세우는 격이다. 민주적 방식의 정치가 마을의 유일한 게임이 되려면 그렇게 하지 않을 수밖에 없는 필요성이 있어야 한다. 그러한 필요성이 없을 경우 사람은 가능하다면 민주적 방식을 우회하거나 뒤틀게 마련이다. 민주적 방식의 대결과 타협을 거부하거나 회피함으로써 귀결된 정치적 결과에 대한 만족스럽지 못한 경험은 민주적 방식으로 문제를 해결할 수 없게 한다. 그렇기 때문에 정치적 문제를 민주적 방식으로 해결하기 위해 요구되는 태도나 가치를 학습하는 과정은 힘들 수밖에 없고 의미 있는 과정이다. 따라서 민주적 방식을 통한 정치적 성과를 민주주의 체제로 특징짓는 것은 민주주의의 성장을 역사적으로 평가하는 데 유리한 측면이 있다.

첫째, 이 시각은 민주 세력 대 반민주 세력의 대결이라는 이분법적 틀로 민주주의의 성장을 보려는 경향으로부터 일정 정도 거리를 둘 수 있게 한다. 비근한 예로 태국에서 탁씬 세력이나 그 반대 세력 어느 누구도 민주 세력으로 특징짓기 힘들 것이다. 그러나 탁씬에 대한 지지는 민주적 방식의 관점에서 보면 정치적으로 상당히 존중되어야 할 측면이 있다. 그에 대한 지지를 단순히 포퓰리즘으로 평가하는 일은 다분히 규범적 시각에만 갇히는 꼴이다.

사회세력을 중심으로 역사를 기술하는 것은 대단히 흔한 일이다. 이러저러한 세력들이 서로 싸웠고 그중 어떠한 가치를 주장한 쪽이 승리했다는 식의 내레이션 구성은 대중들에게 쉽게 이해되고 받아들여진다. 근대 역사학을 여는 데 크게 기여했다고 알려진 레오폴트 폰 랑케(Leopold von Ranke)의 경우에도 세력사 중심의 역사 기술을 했다는 사실은 인간 인식의 자연적 경향이 어떠한지를 잘 대변한다고 할 수 있다. 세력사 중심의 역사 인식은 영국의 자유주의를 자신들의 업적으로 전유하고자 했던 이른바 '휘그'의 역사 해석에 이미 잘 드러나 있기도 하다. 민주화에 대한 이야기도 인간 인식의 자연적 성향을 벗어나기는 쉽지 않을 것이다.

그럼에도 불구하고 민주화 과정을 기술할 때 세력사 중심의 서술을 벗어나야 할 필요성은 여러 사례에서 나타났다. 민주 대 그 부정으로서의 반민주 대립으로 정치 현상이 명백해질 때가 분명히 있을 수 있다. 가령 민주주의 이행을 서술할 때는 비교적 세력 중심으로 서술하는 것이 명쾌해질 수 있다. 그러나 대부분의 새로운 정치적 성취는 상대방의 부정으로 해석되거나 설명될 수 없다. 민주주의 발전사에서 보면 상대방을 부정하는 것은 흔한 현상이나, 상대의 부정을 통해 새로운 정치적 성취를 이룬 경우는 드물다. 특히 민주주의적 방법은 상대방에 대한 부정보다는 상대방의 인정을 요구한다. 나와 동일한 지능을 가졌다고 도무지 인정할 수 없는 이웃과 대화할 경우에도 대화의 순간만큼은 그를 나와 동일한 지능을 가진 자로 받아들여야 하기 때문이다.

둘째, 민주주의의 상대성에 대한 긍정이다. 민주주의를 정치적 방식으로 간주하는 것은 민주주의를 상대화하는 데 도움을 준다. 이러한 주장에 대해서는 강력한 반발이 야기될 가능성이 농후하다. 그럼에도 몇 가지 보완적 설명을 하고자 한다. 민주주의를 절대적인 가치로 간주하는 사람들은 대체로 그렇지 못한 사람들을 인정하지 못하는 경향이 있다. 9·11테러 이후 이라크에 민주주의 정체를 수립해야 한다는 명분을 내세워 침공한 미국의 태도에서 그러한 절대성이 엿보이기도 한다. 물론 여기서 '민주주의'는 정치의 방식이 아니라 미국이 민주주의를 통해 성취한 특정한 정치적 가치체계를 의미할 가능성이 크다. 그렇기 때문에 미국이 설정한 목표는 애초에 잘못된 과녁을 겨냥한 것이다. 해방 이후 한국 민주화의 경험을 볼 때 선거를 통한 정치적 권위의 수립과 인정을 학습하는 데도 대단히 긴 시간과 고통이 수반되었다는 점을 상기한다면, 다른 나라에 민주주의를 수립한다는 계획이 얼마나 무모한 것인지 잘 이해할 수 있다.

민주주의의 상대성에 대한 인정은 민주주의적 방식의 정치가 성취할 수 있는 정치적 효과에 대해 과신하거나 불신하지 않게 해준다. 이것은 민주주의 만능론나 민주주의 무용론을 벗어나서 민주주의의 효과적 운용이나 민주주의를 잘 활용하는 정치적 지혜를 학습하게 하는 데 도움이 될 수 있다. 사실상 한국에서 민주주의 교육은 민주주의를 지나치게 가치 지향적인 내용으로 채우고 있다. 반면 현실 정치에서 작동하는 민주주의는 '표의 대결'이라는 대단히 기계적인 태도로 점철되어 있다. 따라서 한국에서 민주주의에 대한 교육과 민주주의의 현실은 서로 격리된 채로 있으며, 이것은 한국 사회에 널리 퍼진 정치 냉소주의의 상당한 원인이다. 물론 필자는 한국인이 선거를 통한 정치적 학습 과정을 잘 견뎌왔으며, 앞으로 한 걸음 진전된 정치적 지혜를 획득할 것이라는 점을 굳게 믿고 있으며 또 믿고 싶다.

덧붙이자면 고대 정치이론가들은 군주정, 귀족정, 민주정에 대해 비교적 자유롭게 비교했다. 물론 특정한 정체를 가진 나라를 방문할 경우에는 신중하게 정체에 관해 언급했겠지만 말이다. 어쨌거나 플라톤의 철인정치나 아리스토텔레스의 혼합정치 관념은 자유로운 비교와 연구

516

의 결과로서 제안된 것이라고 할 수 있다. 오늘날 민주화 이론은 '권위주의'나 '독재'를 민주화의 전 단계로 특징짓는다. 그러나 권위주의나 독재라는 용어는 민주주의와 비교되기 이전에 이미 '나쁜' 것으로 상정된 것이 아니냐는 의구심을 일으킨다. 필자는 고대의 정치체제의 분류 방식이 중립적이라는 생각은 추호도 가지고 있지 않다. 그리고 어떠한 정치적 분류 체계도 모종의 가치적 지향을 가진다고 생각한다. 그럼에도 불구하고 그 정도의 차이는 존재할 것이다.

권위주의(authoritarianism)라는 말은 너무 포괄적이고 애매할 뿐만 아니라 부정적인 용어다. 정치적 동물로서 인간은 권위를 떠나서는 살 수 없는 존재다. 한때 영국의 휘그 역사가에게 자유는 권위의 부정으로 사고되었다. 그들은 기존의 군주 권위를 부정하고 폐지하면 자유가 실현될 것으로 생각했다. 그러나 권위를 부정한 결과는 무정부 상태로 귀결되었다. 자유를 권위의 부정으로 본 휘그파는 문제의 핵심을 잘못 파악했던 것이다. 인간이 누릴 수 있는 안전한 자유가 정치적 권위를 기반으로 해서 수립될 수 있다는 점은 아주 간단한 정치적 통찰에 해당한다. 그럼에도 정치적 투쟁의 한가운데서는 상대방의 부정이 지배적인 현상이 되었다. 따라서 민주주의 이전 체제의 성격을 지시하는 권위주의라는 용어는 의미하는 바가 대단히 애매할 뿐 아니라, 과거의 부정을 포함하고 있다. 이러한 시각에서 보면 가산제(patrimonialism)라는 베버의 분류가 더 실질적인 측면이 있다. 적어도 이 용어는 권위의 작동 원칙을 지시하고 있기 때문이다. 가산제를 활용한 조어인 '가산제적 민주주의'라는 용어는 민주주의 제도가 가산제적 원칙에 따라 진행되는 측면을 가리킨다. 이 책에서 다룬 필리핀, 태국, 동유럽, 러시아 등의 비교 사례 연구는 여러 가지 가산제적 형태의 권위가 그 사회에 대단히 뿌리 깊게 형성되어 있다는 점을 보여주었다.

만일 권위주의라는 용어가 가산제적 권위를 포괄하는 것으로 해석될 수 있다면, 권위주의에 대한 평가는 섬세하게 진행되어야 할 필요가 있다. 스페인의 민주화 사례에서 프랑코 정권의 성격이 그러한 예에 해당한다. 이 문제는 민주화 과정을 이해하는 데 대단히 중요한 사안이다. 즉, 이 문제는 민주적 권위에 대한 경험이 없었던 사람들이 과거로부터 물려받은 여러 가지 형태의 권위를 어떠한 방식으로 활용하느냐, 또는 궁극적으로는 그러한 권위의 뿌리를 어떻게 민주적인 형태로 바꾸어내느냐 하는 등의 정치적 지혜와 관련된다. 물론 혁명을 통해 과거의 주요한 권위를 파괴하는 급진적 정책이 사용될 수도 있고, 아니면 과거의 권위로부터 한 발자국도 벗어나지 못하는 답보 상태가 지속될 수도 있다. 이 책에서 다룬 각 나라의 권위주의와 민주주의의 관계는 각 국가의 역사적 맥락에 따라 다양하게 나타났다.

스페인의 민주화는 프랑코 체제의 법질서를 통해 민주적인 질서를 배태했다는 점에서 이색적이었으며, 헝가리의 사례는 신민적 정치 문화와 참여적 정치 문화가 혼재하면서 민주화 과정에서 서로 배타적 성격을 표출하기보다는 상보적인 작용을 했다는 점이 특이했다. 반면 러시아의 민주화 과정에서는 권위의 파편화가 진행되었으며, 그러한 파편화를 방지하기 위해 푸틴에 의해 다시 과거의 권위 수립 방식이 동원되었다. 러시아 사람들은 민주주의적 효능에 대해 의심하고 있으며, 정당은 민주주의적 경쟁 체제를 형성하기보다는 정치적 경쟁을 통제하고 권위주의적 지배를 조직화하는 통로의 역할을 한다. 러시아의 사례는 새로운 스타일의 정치적 문제 해결 방식을 수립하는 일이 쉽지 않다는 것을 잘 보여준다. 태국과 필리핀의 민주화 사례들도 과거의 유산으로부터 큰 영향을 받고 있다는 점을 동일하게 지적할 수 있다. 그리고 반복된 역사적 사례가 보여주듯이 과거로부터 내려오는 권력이나 권위가 해체되는 과정에서 권력의 공백을 이용해 1인 통치, 이른바 독재가 성립되기도 했다.

끝으로 민주주의를 정치적 방법으로 간주하는 것은 정치를 탄력적으로 보는 데 도움을 줄 수 있다. 한국의 정치 세계는 가치 지향적 태도가 지배적이었고 지금도 여전히 그렇다. 이러한 이유로 정치적 목표를 성취하는 데 필요한 방법적인 관심은 소홀했다. 이 현상을 가리켜서 이념의 과잉과 정치의 왜소화라고 부를 수 있다. 혹자는 이 현상을 신념 윤리의 문제로 지목하기도 한다. 즉, 한국 정치에서 책임 윤리가 실종한 원인을 신념 윤리로 경도된 데서 찾는 것이다. 신념 윤리를 견지한 사람은 정치적 결과에 관계없이 자신들의 존재 이유를 유지할 수 있기 때문이다. 사실상 인류의 역사를 일관하면 신념 윤리로 경도되는 것은 인간의 일반적인 경향이라는 사실을 발견할 수 있다. 그리고 타인의 잘못된 의견을 교정하려는 진지한 진리주의가 다른 한편에 존재한다는 사실도 목격할 수 있다. 가장 대표적인 사례로는 종교적 신념이 상이하기 때문에 온 지구를 물들일 정도로 많은 피를 흘리면서 싸운 서구 근대의 종교 전쟁을 들 수 있다. 서구 근대 정치는 신으로 상정되는 신념들 간의 투쟁을 벗어나려는 정치적 발상으로부터 유래한 측면이 있다. '세속화'라고 불리기도 하는 교조적 권위에 대한 거부는 정치적 동의의 대상을 일반인으로 전환시키는 데 큰 역할을 했다. 그리고 정치 세계에서 일반인이 부상한 것은 민주화 과정과 맞물려 있었다. 민주주의 이행과 공고화를 설명하는 주요한 변수 중의 하나로서 정부의 정책을 지지하거나 비판할 수 있는 능력을 가진 '시민사회'는 근대 일반인의 성장과 떼어서 사고할 수 없을 것이다.

그러나 진리주의는 인간을 끈질기게 유혹하는 대상이다. 진리에 기준해서 인간의 마음을 치유하려는 시도가 역사를 통해 집요하게 반복되었다는 점은 진리주의의 유혹을 증명하고 있다. 소크라테스의 철학을 통한 인간 고양론을 시작으로 인간을 고치려는 다양한 시도가 인류의 정치사를 점철해왔다. 정치적인 해법을 강조하는 미국 연방주의자들의 용어를 빌면 이러한 시도는 파벌의 문제를 치유하기 위해 그 원인을 제거하려는 발상에서 비롯된다. 그리고 그 방법으로는 파벌의 존재에 필수적인 자유를 파괴하거나, 아니면 모든 시민에게 동일한 의견, 동일한 정념, 그리고 동일한 이해관계를 부여하는 것이다. 첫 번째 구제책은 정치적 생활에 필수적인 자유를 폐기하는 우를 범함으로써 고치려는 질병보다 더 심각한 문제를 야기할 수 있는, 지혜가 결여된 대책이다. 그리고 두 번째 구제책은 실천적이지 못한(impracticable) 대책으로 분류된다. 왜냐하면 파벌을 만들어내는 잠재적인 원인들이 인간 본성에 내재하고 있기 때문이다. 따라서 인간이 구할 수 있는 해법은 파벌로 인해 생기는 해악이나 효과를 통제하는 데 있을 뿐이다.

연방주의자가 제안하는 정치적 해법은 상대의 파벌을 '소인당'으로 지목함으로써 진리 투쟁을 벌이는 데 있지 않다. 그러한 해법은 파벌의 성격을 더욱 강화시키는 효과를 낼 것이고, 파벌 간의 투쟁을 생사의 투쟁으로 바꿀 것이다. 결국 정치적 해법은 진리주의의 극단과 방임이라는 극단 사이에 존재할 것이다. 민주주의 이행기에서 권위주의적 정권에 대항하는 세력들 간의 연합이 민주화 이후 바뀐 정황으로 인해 새롭게 이합집산하는 현상을 여러 나라의 사례에서 목도해왔다. 그리고 민주주의 공고화에는 '서로 경쟁하는 정당들'의 존재와 그들 간의 평화적 정권 교체가 주요한 변수 중 하나라는 점도 논의되었다. 그러나 정당들의 경쟁 체제는 민주주의 공고화에 대단히 중요하지만, 정당들의 경쟁을 생사의 투쟁으로 변질되지 않게 하는 일도 쉽지 않았다.

각 나라별로 파벌들 간의 경쟁을 조율하는 방식에는 상당한 차이가 있었다. 대만의 경우 민주화를 요구하는 세력을 공식적인 정부의 채널 안으로 점진적으로 받아들이면서 민주화로의 이행을 이루었고, 여(與)에서 야(野)로 정권 교체를 이루고 다시 야에서 여로 정권 교체를 이룸으로써 경쟁적인 정당 체제를 수립하는 데 성공했다. 간단히 말해 학습

520

에 성공한 것이다. 다만 국가에 저항성을 갖춘 시민사회의 성장이 미진하다는 점은 사회적 다양성을 확보하기 어렵게 만든다. 여러 가지 원인이 있겠지만 작은 섬나라라는 지정학적 제약이 크게 작용하고 있는 것으로 보인다.

태국의 경우에는 탁씬 세력과 반탁씬 세력의 폭력적 힘겨루기 싸움으로 인해 정국이 혼란에 빠지고, 그 결과 2006년과 2014년 두 차례에 걸쳐 군부가 개입하는 비극적인 과정이 초래되었다. 1997년 제정된 인민헌법은 가장 민주적이라고 평가된다. 문제의 핵심은 헌법의 제정에 있다기보다는 헌법을 수립하는(establish) 데 있다. 영국의 경우 대헌장(Magna Carta)이 형식적으로 수립되기까지 150여 년이 걸렸고, 무려 32번에 걸친 추인(追認)이 필요했다고 전해진다. 탁씬의 경우에는 기존에 정치적 존재성이 없던 주민들을 정치로 끌어들임으로써 자신의 세력을 확대했다는 점에서는 정치적인 재기(才器)가 있다고 보인다. 그러나 정치적 존재성을 부여하기 위해 우선적으로 다른 희생(세금)을 요구한 영국의 사례와 달리, 탁씬은 주민들에게 시혜적인 의료 복지를 제공함으로써 그들을 정치적으로 동원한 측면이 있다. 이와 관련해 영국 헌정사에서 하원이라는 직책은 300여 년이라는 오랜 기간 동안 '부담(burden)'으로 인식되었다는 점도 정치의 성격을 이해하는 데 참고할 만하다.

필리핀의 경우에는 주요한 가문들(전통적인 엘리트)이 파벌로서 지배하는 나라라고 할 수 있다. 예전에는 국왕으로 군림하는 자가 대귀족들의 이해관계를 결정적으로 거스를 경우 그들은 여러 가지 방법, 특히 무력으로 그 국왕을 대체하려 했던 사례를 통해 잘 알 수 있다. 필리핀의 사례에서 우리는 린츠가 강조하는 "국가 없는 민주주의는 없다"라는 말을 가장 잘 이해할 수 있다. '국가성(stateness)'은 민주주의 공고화의 주요한 변수로 언급되고 있다. 그리고 필리핀의 국가 성격을 이해하기 위해서는 무엇보다도 필리핀 민주화의 전사(前史)를 일별하는 것이 도움이 된다. 영국 헌정사와 비교해서 필리핀에서는 대귀족들 간의 전쟁에 의해 그 세력이 약화되지 않았고, 튜더 왕가처럼 대귀족의 세력을 끊임없이 약화시키는 정치적 간계(奸計) 또한 찾아볼 수 없다. 또한 귀족들이 권력(칼)을 내려놓고 호화 사치품 애호가로 바뀌는 행복한 장면을 연상하기도 쉽지 않다. 이러한 시각에서 보면 마르코스의 '독재'는 필리핀의 역사에서 일종의 에피소드에 지나지 않는다. 마르코스의 독재는 독일의 나치즘이나 이탈리아의 파시즘에서처럼 국가성을 바탕으로 한 통치가 아니라 마르코스의 개인적 독재라고 보는 편이 더 나을 것이다. 영국의 경우 크롬웰은 정치적 파벌이 만연한 가운데 1인 통치를 했다. 그의 통치는 개인적인 능력에도 크게 의존했지만, 그 이전에 형성된 국가성에도 빚진 바가 많았다. 요약하면 필리핀은 근대 민족국가로 진입하는 과정에서 국민의 형성에 애로를 겪고 있으며 국가 형성은 요원한 것이 아닌가 생각된다.

국가 형성이 부진한 필리핀과 달리 아르헨티나는 1816년 식민지 상태에서 벗어난 이후 근대화 세력과 이를 반대하는 연방국가제를 선호했던 지방의 토호 세력 간의 내전에서 근대화 세력이 승리하고, 그 이후 근대화를 추진할 강력한 국가를 구축하는 데 성공했다. 약 30년에 걸친 80세대의 개발 독재는 자유무역주의라는 경제적 원칙에 입각해서 농업 중심의 경제성장을 추진했고, 영국을 중심으로 한 국제 환경 속에서 경이로운 성장을 이룩했다. 그러나 1914년 제1차 세계대전과 1930년대 대공황을 겪으면서 자유무역주의는 더 이상의 설득력을 갖지 못했다. 그러다가 페론이 등장하면서 복지국가 모델이 도입되었고 페론의 후원하에 노조가 부상했다. 자유주의와 페론주의 간의 교체는 그 이후 순환적인 경제 위기 속에서 반복되었지만 아르헨티나의 정치는 아직까지도 별다른 해결책을 찾지 못하고 있다. 아르헨티나의 경우 경제적 변수가 정치를 대단히 규정하고 있다는 점을 인정하면서도 민족 또는 국민의 부재 현상을 지적하지 않을 수 없다. 근대 국가를 민족 국가라고 말한다면 민족(국민)의 이야기가 방향성을 가지고 서서히 등장해야 한다고 믿는다. 민주적 정치를 하려면 경쟁과 갈등 속에서도 흐릿하게 그려지는 '민(국민)'의 존재가 있어야 할 것 아닌가?

러시아에서 파벌들 간의 조율 문제는 푸틴의 사례에서 나타나듯이 러시아 사회에 널리 통용되는 후견주의적 네트워크를 통해 가장 잘 통제된다. 옐친 집권기에 정당들의 난립을 경험했던 푸틴으로서는 러시아 선거의 경쟁성과 다원성을 약화시키면서 정치적 안정을 구축하는 것이 더 낫다고 판단했을 수 있다. 민주적 의사 결정의 경험이 없는 사회에 파벌들 간의 경쟁성을 유지하면서도 정치적 의사 결정을 도출해 내는 민주적 의사 결정 방법을 습득하는 일은 정치적으로 지난한 과제임이 틀림없다. 두 가지 원칙이 상황에 따라 서로 보완할 수 있다면 어렵지 않게 문제를 해결할 수 있다. 예를 들어 지하철에 선착순의 원칙과 나란히 노약자석, 임산부석, 장애인석을 동시에 배치할 수 있는 것처럼 말이다. 그러나 버스 줄서기의 경우 선착순의 원칙과 연장자순의 원칙을 동시에 적용한다면 큰 혼란이 빚어질 수밖에 없다. 선거에 후견주의적 네트워크가 개입할 때는 대체로 부패, 타락, 패거리주의가 성행했다.

앞에서는 민주주의를 가치의 체계라기보다는 정치적 방법으로 간주하는 것이 정치를 이해하는 데 도움이 된다고 논의한 바 있다. 민주주의를 잘해서 또는 잘하기 위해서 성취한 정치적 성과까지 민주주의라는 말 속에 포함시키면 민주주의라는 개념은 과부하에 걸릴 위험성이 크다. 바꾸어 말하면 사람들은 민주적 방식의 정치를 잘 실천하지 못한다고 보는 편이 더 낫다는 것이다. 인류의 역사를 관통해서 가장 간단한 형식의 군주제가 고대사회의 주류를 이루었다는 점만으로도 인간의 자연적인 정치적 능력은 민주적 방식의 의사 결정과 거리가 멀다는 것을 알 수 있다. 그리고 민주주의가 가치를 실현하는 면에서 다른 정치 체제보다 더 우월하다고 주장할 필요는 없을 것이다. 가치 체계의 면에서 민주주의보다 더 우월하다고 주장할 사상의 체계는 많지 않은가? 타인을 개종할 가능성이 있다면 민주주의보다 훨씬 고귀한 대상을 성취할 수 있다고 주장할 가치 체계는 많을 것이다. 따라서 민주주의를 정치적 필요의 산물로 이해하는 것이 대단히 중요하다. 좀 더 부가적인 표현을 덧붙이자면 민주주의를 정치적 필요의 산물로 이해하는 일은 민주주의가 '단순히' 형식적인 절차가 아니라 불가피한 경우가 아니면 꼭 지켜야 할 필요가 있다는 감각을 형성하는 데 요구된다.

지금까지 민주주의를 실질적(substantive) 규정으로 해석하는 데 이의를 제기하면서 정치적 방법으로서의 민주주의의 의의를 개진했다. 실질적 의미로 민주주의 체제를 해석할 경우 비서구 나라가 당면하는 큰 어려움은 서구가 오랜 세월 동안 구성해온 정치적 삶의 방식이 곧 민주주의에 해당한다는 점이다. 그들의 삶의 방식은 그 자신들이 당면한 정치적 문제의 해결 방식과 관계되어 있기 때문에 비서구 나라들은 서구의 정치적 삶의 양식을 영원히 답습할 수밖에 없는 처지에 빠지게 된다. 왜 우리가 그들의 삶의 방식을 영원히 모방해야 하는가? 이 질문에 대해서는 입장에 따라 답변이 서로 다를 것이다.

이와 같은 질문은 더 구체적인 의문으로 발전한다. 미국의 대법원이 민주적인 제도인지 아니면 비민주적인 제도인지에 대한 논쟁은 미국 내에서도 여전히 결판이 나지 않는 사안이다. 토크빌은 고전적인 민주주의 이론의 입장에서 선출직이 아닌 미국의 대법원을 비민주적 제도라고 간주한다. 물론 그는 미국의 대법원이 미국의 민주주의를 유지하는 데 대단히 중요한 역할을 한다고 보지만 말이다. 덧붙여 영국의 입헌군주정은 민주주의 제도라고 할 수 있는지, 일본에서 천황의 존재는 민주주의와 양립되는지에 대한 의문을 들 수 있다. 태국의 사례에서 보았듯이 군주가 민주주의의 반대자는 아닐지라도 민주주의에 대한 적극적 옹호자라고 보기는 힘들 것이다. 하물며 신의 후손으로 간주되는 천황은 분명 민주주의를 선호하지 않을 것이다. 왜냐하면 영국의 헌정사에도 드러나듯이 대의제 통치의 원칙으로 자리를 잡은 '선출' 관념은 분명 세습의 관념에 기초한 군주제와는 양립하기 힘들기 때문이다.

이러한 의문은 민주주의의 전반적 역사를 조망하면 더욱 짙어진다. 베르나르드 마넹(Bernard Manin)이 대의제 정부를 분석한 바에 따르면, 고대 아테네의 민주주의가 가진 관심의 초점은 근대 민주주의와는 달랐다. 아테네의 민주주의가 관직 수행에 평등하게 참여할 수 있는지의 여부에 기울어 있었다면, 근대의 민주주의에 대한 논의는 권력의 정통성에 초점을 두었다. 이러한 관심 또는 편향의 차이로 인해 근대에는 '추첨'과 '선거'라는 기제 중에서 선거가 선택되었다. 추첨보다는 선거가 동의에 기초한 권력을 수립하는 일과 선출된 사람의 결정에 대한 투표자의 정치적 구속력을 세우는 데 안전한 방법이라고 생각되었기 때문이다. 근대의 대의제 통치는 통치의 정통성을 세습의 원칙에서 찾는 군주제에 대한 비판적 태도로부터 성장했기 때문에 비세습적 절차인 추첨과 선거의 차이는 무시할 만한 것으로 보였다.

그러나 오늘날에는 대의제 민주주의에 대한 불만이 쌓이면서 그 보완책이나 대안으로서 아렌트의 주장에서 나타나듯이 고전적 민주주의 정신을 강조한 '참여 민주주의(participatory democracy)'의 이념이 등장하기도 하고, 위르겐 하버마스(Jürgen Habermas)처럼 이성적 소통을 강조하는 '심의 민주주의(deliberative democracy)'가 거론되기도 한다. 또한 근대의 자유주의적 민주주의에 대한 불만으로서 공동체에 대한 헌신이나 충성을 강조하는 '공동체주의'를 내세우는 사람들도 있다. 이렇게 보면 민주주의의 의미나 가치는 미정(未定)으로 보는 것이 맞을 것이다. 그리고 민주주의가 생명력을 소진하지 않는 이상 그 의미나 가치는 미정인 채로 남아 있을 것이다.

민주주의의 역사와 서구인들의 민주주의에 대한 논쟁을 보면 민주주의에 대한 '서구인'들의 사고는 시대에 따라 끊임없이 변하고 민주주의에 대한 반응 역시 시대에 따라 달라진다는 평범한 사실을 깨닫는다. 그렇다면 민주주의의 보편적 가치를 주장하면서 정치체제를 비교하는 틀로서 민주주의 체제를 '비서구' 나라들에 적용할 수 있는가라는 의문은 가시지 않는다. 영원히 불변하는 기준이 존재하는 것이 아니고 더군다나 정치적 사물 자체의 의미도 끊임없이 변하기 때문이다. 이런 가운데 서구의 모방자로 영원히 남지 않을까라는 의문이 제기되는 것이다. 이러한 의문은 서구의 충격으로 근대화를 받아들인 일본이 근대화를 이루어가는 가운데서 이미 제기한 바 있다. 일본의 지식인들은 처음에는 서구와 대등하게 되려는 모방자로서 행동했으나 그 시도가 불가능한 것임을 깨닫고선 서구와의 차이를 세우고 서구를 극복하려는 방향으로 나아갔다. 현 시점에서 볼 때 속 좁은 국수주의의 면모가 두드러진 일본인들의 도전을 성공적이었다고 말하고 싶은 생각은 추호도 없다. 그러나 지금쯤 우리는 그들이 제기한 문제를 한 번은 반추해보아야 할 것이다.

이 책에서 다룬 각 나라의 사례들에서는 공통적인 정치적 필요성이 드러났다. 그것은 바로 안정된 정치적 권위를 수립해야 할 필요성이다. 헌팅턴, 후쿠야마 등 하버드학파는 권위라는 용어보다 '정치 질서'를 더 선호하는 듯하다. 어쨌거나 권위의 안정성은 대단히 파악하기 힘든 사물이다. 아랍의 민주화 분석에서 저자는 아랍의 혁명을 예측하지 못한 우발적 사건으로 묘사한다. 주변의 관찰자들이 독재 정권의 지지 기반이 허약하다는 점을 지각하지 못했다는 말이다. 아랍 이외의 나라들에서도 속절없이 지지 기반이 무너져 내린 독재의 사례를 볼 수 있었다. 그에 반해 태국의 탁씬이나 아르헨티나의 페론처럼 그 영향력이 상대적으로 오래 지속되는 경우도 있었다. 베버의 용어를 빌지 않더라도 그들이 서로 다른 유형의 권위를 수립했다는 점은 쉽게 이해될 것이다. 아르헨티나 페론의 경우 저자는 그를 '메시아', 즉 카리스마적 권위를 가진 자로 묘사한다. 카리스마적 권위는 개인적 자질에 의존하기 때문에 불안정한 것이다. 그러나 페론은 페론주의라는 복지국가의 모델로 살아남았다. 다른 한편으로 대만의 장제스를 중심으로 한 국민당이나 스페인의 프랑코 정권은 변화에 적응하면서 스스로를 유지할 수 있는 안정적 권위를 수립했다. 여기서 안정성(stability)은 군사정권이나 강경한 정권에서 나타나는 휘어지지 않는 성격(rigidity)과 구별해야 한다. 딱딱한 사물은 임계점을 지나면 끊어져버리는 성격을 지닌다.

이른바 '민주주의 공고화'는 민주적 방식의 통치가 안정적인 권위를 수립하는 과정에 대한 이론을 의미한다. 민주주의로의 이행은 대체로 기존의 권위주의 정권이 경제적 실패나 위기를 제대로 수습하지 못하거나, 대중들의 정치활동이 활성화되거나, 정권이 내부적으로 분열하는 경우에 일어난다고 설명된다. 그러나 이러한 요인들은 민주적 정권에도 예외가 아니기 때문에 특별히 민주주의 이행을 설명하는 데 한징될 필요가 없다. 우리나라의 제2공화국이던 장면 정권이 붕괴하는 과정은 그 한 사례가 될 수 있겠다. 어떠한 정부도 이와 같은 요인들을 통치하지 못하면 유지될 수 없다. 따라서 민주적 정권의 경우에도 그 나라의 사회적 문제들을 헤쳐갈 수 없다면 정치적 권위를 수립하기 힘들다. 민주주의를 명분으로 주장하는 것과 민주적 통치를 하는 것은 다른 문제다. 필리핀이나 아르헨티나의 민주주의 공고화 실패의 사례는 이를 충분히 설명해준다. '공고화(consolidation)'는 통치의 효과성에서 구해야 한다.

권위주의 체제에서 민주주의 체제로의 안정적인 이행 과정에 영향을 미치는 요인들에는 엘리트들과 시민사회, 그리고 이들 간에 체결된 협약이 중요하다. 조직되지 않은 대중이나 민중 세력에 의해 권위주의 정권이 붕괴될 수 있다고 하더라도 그들이 안정적인 민주주의를 수립할 가능성은 희박하기 때문이다. 혼란한 사태를 수습하기 위해서는 정치적인 대표성을 가진 엘리트들의 존재가 중요하다. 그러한 엘리트들에 의해 사회적 협약이 체결되면 그들의 지지자들은 그 협약을 수용하고 존중할 가능성이 크다. 왜냐하면 대표성을 가진 엘리트들은 권위를 가진 존재이기 때문이다. 조율 이론(coordination theory)의 용어로 표현하면 정치적 협약을 위해서는 사람들의 집약이 필요한데, 사람들은 '두드러진 지점들(salient points)'을 중심으로 잘 모이기 때문이다. 민주화 이전의 상황에서 두드러진 지점으로는 특정한 인물, 정치제도, 사회 세력, 군부, 시민사회 등이 있었다. 이와 같은 지점들을 중심으로 저자들은 민주화 내레이션을 구성했다. 민주주의가 공고화된 나라와 그렇지 못한 나라를 두드러진 지점들을 중심으로 기술할 때 한 가지 큰 차이점이 발견된다. 독재나 권위주의 체제를 기술할 때는 특정한 인물이나 사회세력이 두드러지게 나타난다는 것이다. 인물이나 세력이 두드러진다는 점은 그들이 정치제도로부터 권위를 위임받은 것이 아니라는 사실을 나타낸다.

제도적 권위와 개인의 권위를 구분하기 위해 영국에서 여자를 왕으로 앉히려 한 흥미로운 사례를 들어보자. 1066년 영국을 정복한 윌리엄은 세 아들 중 장남인 로버트에게 왕위를 물려주지 않고 대신 둘째 아들 루퍼스에게 왕위를 잇게 했다. 셋째인 헨리에게는 아무런 토지도 물려주지 않았다. 둘째 아들로 왕위를 물려받은 윌리엄 2세가 사냥터에서 화살을 맞고 죽자 그 자리에 있던 헨리는 급히 말을 몰아 왕실 보물을 차지하고 첫째 아들인 로버트에게 돌아갈 왕위를 빼앗았다. 하지만 헨리 1세(1068~1135)는 후계자로 삼을 적자가 없었기 때문에 자신의 딸 마틸다를 왕위에 앉히려 했다. 칼의 위력이 지배하는 당시의 거친 정치 세계에 여자를 왕으로 앉히려는 발상은 자신의 사례를 되돌아봐도 녹록치 않은 일이었다. 그래서 그는 기회가 될 때마다 귀족들에게 자신의 딸 마틸다에 대한 충성을 거듭 맹세하게 했다. 그 당시 딸에게 영지를 상속하는 관습이 사회적으로 통용되고 있었지만, 헨리가 예상했듯이 왕위를 마틸다에게 넘겨주는 일은 성공하지 못했다. 물론 마틸다의 아들이 후에 헨리 2세로 등극했지만 말이다.

이와 상반되는 일이 랭커스터 가문의 헨리 7세(1457~1509)의 자손들에게 일어났다. 헨리 7세는 1845년 보스워스 전투에서 요크 가문의 리처드 3세에게 승리를 거두면서 정복권(right of conquest)을 주장하며 왕위에 올랐다. 정복권은 어떻게 보면 가장 영예로운 권리이지만 다른 한편으로는 가장 위태로운 권리이기도 했다. 그는 자신의 약혼녀인 엘리자베스가 가진 요크 가문의 상속권에 자기 왕위를 의탁할 마음이 전혀 없었기 때문에 이러저러한 권리를 내세우면서 왕위에 올랐다. 그는 마음속으로 리처드 2세를 폐위하고 왕위에 오른 헨리 4세를 자신의 선례로 염두에 두었고, 왕위를 오래 점유함으로써 안정적인 상속권을 후손에게 물려주고자 했다. 헨리 7세의 뒤를 이어 그의 아들 헨리 8세가 등극해 오랜 기간 동안 거의 절대적이라고 할 정도의 권한을 가지고 통치했다. 헨리 8세는 랭커스터 가문과 요크 가문의 적장자로서, 자신의 아버지와 달리 왕위 승계의 난제로부터 벗어나 있었을 뿐만 아니라 오랜 장미전쟁의 결과로 대귀족들이 상당히 약화되어 있었기 때문이다.

그러한 헨리 8세의 경우도 왕위를 승계할 아들을 얻기 위해 첫째 부인과 파혼하고, 둘째 부인인 엘리자베스의 어머니를 처형하기도 했다. 그의 사후에 셋째 부인의 소생인 에드워드 6세가 아홉 살의 나이로 왕위에 등극했지만, 성년이 되기 전에 죽고 말았다. 에드워드 6세는 종교적인 이유로 가톨릭을 신봉하던 메리의 왕위 승계를 인정하지 않고 헨리 7세의 증손녀 정도 되는 제인에게 왕위를 물려주고자 했다. 메리의 왕위 승계를 인정하지 않은 에드워드의 결정으로 엘리자베스의 왕위 승계 가능성도 사라져버렸다. 그러나 인민들은 제인의 정통성을 전혀 인정하지 않았기 때문에 메리가 왕위에 올랐다. 그리고 메리의 사후에는 그로부터 신변의 위협을 받던 엘리자베스가 왕위에 등극하는 드라마틱한 장면이 연출되었다.

여기서 눈여겨볼 점은 헨리 1세의 경우와 달리 한 왕조에서 남계(男系)가 끊겼을 때 여자에게 자연스럽게 왕위가 이전되었다는 사실이다. 이는 튜더 왕조의 세습적 정통성이 확실하게 수립되었기 때문에 가능한 일이었다. 그리고 메리의 정통성 인정은 직계 왕위 승계를 인정한 것이었다. 왕위 승계는 늘 정치적 격변을 동반하는 일이었다. 말 그대로 혁명이 한 번씩 일어나는 일이었던 것이다. 왕위 승계에 안정성을 부여하는 일은 정치적 혼란을 막는 한편 군주를 폭정에 빠지지 않게 하는 데에도 기여한다. 이것은 제도적 권위의 수립을 통해 군주정을 안정시키려는 정치적 방책이었다. 엘리자베스의 통치를 거치면서 튜더 왕조의 정치적 권위는 안전하게 수립되었고, 그 결과 스튜어트 왕조로 왕위가 승계되는 과정도 대단히 평온한 방식으로 진행되었다.

영국사에서 제도적인 정치적 권위를 수립하는 과정과 대조해서 이 책에 실린 각 나라의 사례를 비교해볼 수 있다. 제도적인 권위가 어느 정도 잘 수립된 나라의 경우 그렇지 못한 나라보다 비교적 안정적인 이행 과정을 거친다. 그런 나라의 경우에는 비록 혁명의 과정을 거치더라도 정치적인 결집의 지점을 명확하게 제시하므로 무질서한 혼란이 일어나는 것이 아니라 새로운 규칙을 수립함으로써 실질적인 개혁을 진척시킬 가능성이 크기 때문이다. 이러한 시각에서 보면 '물결'로 표현되는 민주화운동은 냉철하게 고려할 때 정치적 성공으로 귀착될 가능성이 커 보이지 않는다. 오랜 기간 정치적 훈련을 경험하지 않은 인민이 민주적 의사 결정 과정에 쉽게 적응하리라고 기대하는 것은 정치적인 넌센스일 것이다. 그리고 정치사상적인 맥락에서 볼 때 '동의'를 지나치게 '자유의지적(voluntary)' 측면으로 해석하는 것은 인간 본성에 대한 '소박한(naive)' 견해로부터 나온다고 할 수 있다.

정치적 권위를 수립하는 것이 중요하다면 그와 더불어 정치적 권위를 변경하는 것도 마찬가지로 중요하다. 민주주의로의 이행은 정치적 권위를 변경하는 것에 해당하기 때문이다. 앞에서 권위의 수립을 먼저 언급한 까닭은 권위주의에서 민주주의로 이행한다는 표현이 너무 막연하다는 느낌을 들기 때문이다. 이행 과정이 좀 더 구체적이기 위해서는 '두드러진 지점'이 명확하게 표시되어야 할 것이다. 단순히 여러 세력이 뭉쳐서 권위주의 체제의 전복을 논의하고 저항하고 승리하고 선거에서 이겨 집권하는 등의 내레이션은 도대체 무엇이 바뀌었는지를 정확하게 지적하지 못하기 때문이다. 자칫하면 그러한 내레이션은 폭정을 일삼는 왕을 처단하기 위해 거사를 일으키는 일상적인 역사 드라마로 비쳐질 가능성도 있다.

이러한 위험을 벗어나기 위해서는 민주주의 공고화 과정에서 두드러진 권위의 지점이 어떻게 변경되었는지를 논의하는 것이 매우 중요하다. 러시아의 민주화 과정에서는 고르바초프, 옐친, 그리고 푸틴으로 이어지는 일종의 차르식 권위가 지나갈 뿐, 새로운 권위가 수립되지 않고 있다고 보인다. 이러한 상황에서는 사실상 차르의 권위를 명확하게 제한하는 것만으로도 의미 있는 개혁이 될 것이다. 태국이나 필리핀의 사례에서는 제도적인 정치적 권위를 어디에 두고 있는 것인지가 명확하게 드러나지 않는다. 태국에서는 탁씬과 그의 지지 세력이 등장하고, 그 반대 세력이 나타나고, 군부가 모습을 보이고, 간간이 국왕이 개입하지만 정치적 권위의 소재가 불분명한 채 진행되고 있다. 필리핀에서는 '전통적인 엘리트'라 불리는 사회세력이 권력을 장악하고 있다는 사실만 부각되는 듯하다.

여기서 다시 영국 정치사를 참조하자. 영국혁명에서는 정치 권위의 핵심인 국왕을 주변부로 몰아내고 의회가 두드러진 자리를 차지한다. 이 이야기를 단순히 특정한 세력이 기존의 권력자를 대신해서 권력을 장악한다는 식으로 이해하지 말아야 한다. 영국의 하원은 왕에게 돈을 대는 정치적 조력자로 시작해서 300여 년이라는 오랜 세월 동안 하나씩 하나씩 정치적 학습을 한 결과 집합적인 의사 결정을 할 수 있는 정치적 집단으로 성장했다. 그리고 하원을 선출하는 인민들은 그들을 통해서 정치적 학습을 하는 것이다. 그들에게 주어진 정치적 수단은 세금을 부과하는 것이었으며, 그들의 통치 수단은 논쟁을 통해 수립되는 법을 통한 지배였다. 영국인들에게는 국왕과 의회라는 두 가지 정치적 권위의 선택지가 있었기 때문에 정치적 권위를 수월하게 변경할 수 있었던 것이다.

한 가지 더 염두에 둘 것은 인민의 동의는 '선출'이라는 관념에 기초한 것이기 때문에 정치적 권위가 제한적임을 함의한다는 것이다. 그리고 인민의 충성은 절대적 복종이 아니라 조건부가 된다. 인민의 동의는 정치적 격변기에 세습 군주를 폐위하고 왕위에 등극한 왕이 한번쯤 통치의 정통성으로 생각해봄직한 원칙이다. 이는 영국사에서 확실한 세습의 정통성을 갖춘 리처드 2세를 폐위시키고 왕위에 등극한 헨리 4세가 넌지시 언급했던 원칙이기도 하다. 그리고 튜더 왕조를 열었던 헨리 7세의 머릿속에 떠올랐을 법한 원칙이기도 하다. 그러나 이 원칙은 권력을 획득한 자에게는 너무나 불안정한 것으로 비쳤고, 통치의 안정성을 강조하는 자에게는 혁명의 문을 열어놓는 것이나 다름없는 것으로 보였다. 인민으로부터 선출된 하원은 차츰 인민의 동의라는 원칙을 전유함으로써 국왕과 의회는 대접전을 벌였고, 이로써 두 차례의 혁명이 일어났다.

첫 번째 혁명에서는 찰스 1세를 폐위하고 왕위를 폐지함으로써 인민의 동의가 승리하는 듯했다. 그러나 정치적 권위와 종교적 권위가 폐지된 상태에서 모든 사람은 각자 자신이 꿈꾸는 공화국을 말했고, 사회는 파벌이 난무하는 가운데 무정부상태에 빠졌다. 그 결과 크롬웰의 1인 통치로 귀착되고 말았다. 크롬웰의 사후 정치적 혼란을 수습할 수 있는 방책은 왕정복고밖에 없었다. 그러나 이번에는 왕이 다시 인민의 동의 원칙으로부터 떨어진 통치의 기반을 수립하려 했다. 왕정복고 이후 등극한 찰스 2세는 처음에는 의회에 적응하는 듯했지만 집권 후반기로 접어들수록 독자 노선으로 나아갔다. 그리고 그의 뒤를 이은 동생 제임스 2세는 의회를 무시하고 왕의 절대 권한을 수립하려 했다. 이에 왕의 자의적인 권력을 제한하기 위해 두 번째 혁명이 일어났다. 이 혁명에서 의회는 인민의 동의를 우위에 두면서도 정치적 안정을 위해 왕위 상속권을 부정하지 않았다. 그러나 왕의 '선출(elect)'이라는 관념은 정치적 안정을 강조하는 토리파를 불안하게 했기 때문에 휘그파는 인민에 의한 왕의 '지명(appoint)'을 제시하는 선에서 토리파와 타협했다. 선출이나 지명처럼 일견 말장난처럼 보이는 논쟁이 격렬하게 일어난 것은 제임스 2세에게는 갓 태어난 왕위 상속자 아들이 있었기 때문이다. 이러한 방식으로 영국은 정치적 권위의 안정과 변화의 원칙을 조율했다.

　오늘날 자유민주주의 이론은 휘그 이론가들에 의해 많은 영향을 받았다. 그들의 사고는 대체로 권위에 대한 '저항'의 정신을 표현한다. 그리고 그들은 인간의 의지를 주로 '자유의지적' 측면에서 해석하곤 한다. 휘그 이론가에 맞선 데이비드 흄(David Hume)이 인간의 자유의지를 부정하는 데에는 대단히 깊은 정치적 함의가 있다. 이 책이 다룬 여러 나라의 사례에서 보았듯이 저항의 열정만으로는 민주주의 공고화를 이루기 힘들다. 정치적 권위가 사라진 상태에서 느껴지는 도도한 혁명적 해방감에 도취된다면 정치적 자유를 성취하기는 불가능하다. 오늘날 정치사상적 흐름은 대체로 공산주의까지도 자유주의의 한 형태로 이해하고 있다. 둘 다 인간 해방에 목적을 두지 않았는가. 자유주의나 공산주의를 표방하는 나라들은 모두 '민주주의'를 내세우지 않았는가. 일견 이념적으로 대단한 차이를 나타내는 것으로 보였던 정치적 사물들이 사실상 같은 뿌리의 정신으로부터 나왔다는 점은 역사의 아이러니다.

이러한 시각에서 보면 현재 한국에서 민주주의의 공고화를 성취하기 위해 필요한 것은 정치적 권위의 수립이다. 저항적 민주주의 운동을 거친 후 30여 년이 흐른 지금까지도 유독 정치적 권위에 대한 신뢰는 나아지지 않고 있다. 이러한 현상의 원인은 여러 가지로 설명할 수 있지만, 필자는 한 가지만 지적하고자 한다. 한국 정치사에서 자유의 문제는 주로 권리의 문제로 다루어졌다. 권리의 쟁취가 사람들에게 주요한 관심의 대상이었던 것이다. 해방 이후에 각종 단체가 우후죽순처럼 생겨난 현상은 권리는 쟁취하지 않으면 빼앗긴다는 일종의 강박관념으로부터 생긴 것이 아닌가 한다. 이에 반해 책임으로서의 자유는 간과되었다. 권리를 쟁취하려는 사람은 있어도 행위의 결과에 대해 책임을 지겠다는 태도를 찾아보기는 힘들다. 그리고 사회 전반적인 책임 부재의 부담은 고스란히 정치권에 이전되고 있다. 한국 사회에 전반적으로 퍼져 있는 책임 부재의 일차적 책임은 정치인들에게 있겠지만, 일반인들도 면책을 주장하기 힘들 것이다. 민주적 의사 결정이 잘 이루어지기 위해서는 모여서 의사 결정을 하고 그에 대해 책임을 떠맡는 태도가 요구된다. 이러한 의사 결정과 책임이 반복되어 농축되는 가운데 정치적 권위는 자연스럽게 생기는 것이다.

민주화운동기념사업회

민주화운동기념사업회는 한국의 민주화운동을 기념하고 그 정신을 계승하기 위해 '민주화운동기념사업회법'에 의해 2001년 설립된 공공법인이다. 민주화운동 기념, 민주화운동에 관한 사료 수집과 관리, 민주화운동과 민주주의 연구·교육, 기념관 건립 등의 사업을 추진하고 있다. 이러한 활동을 통해 민주화운동의 올바른 역사 정립과 민주주의 지평을 확대하고, 나아가 한국 민주화운동의 역사와 성과를 세계에 알려 지구촌 민주주의 발전에 기여하고자 한다.

신형식 ｜ 한국민주주의연구소 소장
권진욱 ｜ 한국민주주의연구소 연구원
황정옥 ｜ 한국민주주의연구소 연구위원

엮은이

김호섭 ｜ 중앙대학교 정치국제학과 교수
이병택 ｜ 동북아역사재단 연구위원

집필진 (가나다순)

고명현 ｜ 아산정책연구원 연구위원
고주현 ｜ 연세대학교 동서문제연구원 연구교수
김남국 ｜ 고려대학교 정치외교학과 교수
김대순 ｜ 한국외국어대학교 헝가리어과 외래교수
김동엽 ｜ 부산외국어대학교 동남아지역원 HK교수
김호섭 ｜ 중앙대학교 정치국제학과 교수
유진숙 ｜ 배재대학교 정치언론안보학과 교수
이동윤 ｜ 신라대학교 국제관계학과 교수
이병택 ｜ 동북아역사재단 연구위원
장지향 ｜ 아산정책연구원 선임연구위원
지은주 ｜ 고려대학교 평화와민주주의연구소 연구교수

한울아카데미 1948

민주화운동의 세계사적 배경

ⓒ 민주화운동기념사업회, 2016

기획 ı 민주화운동기념사업회
엮은이 ı 김호섭·이병택
펴낸이 ı 김종수
펴낸곳 ı 한울엠플러스(주)
편집 ı 신순남

초판 1쇄 인쇄 ı 2016년 12월 12일
초판 1쇄 발행 ı 2016년 12월 20일

주소 ı 10881 경기도 파주시 광인사길 153 한울시소빌딩 3층
전화 ı 031-955-0655
팩스 ı 031-955-0656
홈페이지 ı www.hanulmplus.kr
등록번호 ı 제406-2015-000143호

Printed in Korea.
ISBN 978-89-460-5948-1 93300(양장)
　　　978-89-460-6267-2 93300(반양장)

※ 책값은 겉표지에 표시되어 있습니다.